Ernst Curtius

Die Stadtgeschichte von Athen

Ernst Curtius

Die Stadtgeschichte von Athen

ISBN/EAN: 9783743366091

Hergestellt in Europa, USA, Kanada, Australien, Japan

Cover: Foto ©ninafisch / pixelio.de

Manufactured and distributed by brebook publishing software (www.brebook.com)

Ernst Curtius

Die Stadtgeschichte von Athen

DIE
STADTGESCHICHTE VON ATHEN

VON

ERNST CURTIUS.

MIT EINER ÜBERSICHT DER SCHRIFTQUELLEN
ZUR TOPOGRAPHIE VON ATHEN

VON

A. MILCHHOEFER.

MIT 7 KARTENBLÄTTERN GEZEICHNET VON J. A. KAUPERT
UND 32 IN DEN TEXT GEDRUCKTEN ABBILDUNGEN.

BERLIN.
WEIDMANNSCHE BUCHHANDLUNG.
1891.

Druck von Fischer & Wittig in Leipzig.

VORWORT.

Das Buch, das ich den Freunden des Alterthums übergebe, ist eine Topographie Athens vom geschichtlichen Standpunkte. Ihr sollte sich eine topographische Darstellung in örtlichem Zusammenhange anschliessen; daher die Titelangabe „Topographie" am Rande der Druckbogen und Kartenblätter. Von dieser Ortsbeschreibung ist einstweilen abgesehen, weil in nächster Zeit für den alten Stadtboden zwischen „Theseion" und Attaloshalle durch Eisenbahnanlagen neue Aufklärung in Aussicht steht; ebenso schien es für den Fuss der Akropolis gerathen, die Erfolge methodischer Ausgrabungen abzuwarten.

Auch so ist, was ich biete, ein Ganzes, ein lange vorbereitetes, in sich abgeschlossenes, geschichtliches Bild. Denn seitdem es mir vergönnt war, in früher Jugend noch vor Vollendung meiner akademischen Studien durch Jahre langen Aufenthalt auf dem Boden von Athen heimisch zu werden und in voller Unbefangenheit die frischen Eindrücke von Natur und Menschenwerk in mich aufzunehmen, habe ich nicht wieder aufgehört, unablässig an dem geistigen Aufbau der alten Stadt zu arbeiten, ihrer geschichtlichen Entwickelung nachzudenken, die sicheren Grundlagen wissenschaftlicher Ortskunde herbeizuschaffen so wie durch längeren oder kürzeren Besuch Athens mit allen Fortschritten topographischer Anschauung vertraut zu bleiben.

Je erfolgreicher aber in den letzten Jahrzehnten die Erforschung des attischen Bodens gewesen ist und je mehr sich der Kreis derer erweitert hat, welche an allen Fragen athenischer Topographie lebendigen Antheil nehmen, um so mehr musste ich es jetzt für eine wichtige Aufgabe halten, die Alterthümer der Stadt in einem möglichst klaren Gesammtbilde zusammenzufassen, um die Hauptpunkte aus dem Staube, den die antiquarischen Einzelforschungen aufgerührt haben, in eine freiere Luftschicht und einen grösseren Zusammenhang zu bringen. Auf diesem Wege schien mir eine fortschreitende Verständigung unter den zu geschichtlicher Forschung berufenen Mitarbeitern auf diesem wichtigen Gebiete hellenischer Alterthumskunde am ehesten erreichbar.

Zu lernen fühle ich mich noch heute eben so bereit, wie am Anfange meiner attischen Studien, und wenn ich auch fünfzig Jahre lang die Probleme athenischer Stadtgeschichte immer von Neuem durchdacht und meine Ergebnisse auf Grund der neueren Entdeckungen immer wieder zu ergänzen oder zu berichtigen redlich bestrebt gewesen bin, so liegt mir doch der Gedanke fern, einen Abschluss machen zu können, und Niemand soll mir den Vorwurf machen können, dass ich etwas Fertiges zu geben glaube und wohlbegründeten Einwendungen gegenüber an meinen Anschauungen eigensinnig festhalte. Was ich in Anspruch nehme, ist nichts als eine unbefangene Prüfung des Gesammtbildes in Beziehung auf die natürlichen Bodenverhältnisse, die geschichtliche Entwickelung der Stadt und den Charakter ihrer Denkmäler.

Die Uebersicht der Schriftquellen, welche mein treuer Studiengenosse Professor Milchhöfer zusammengestellt hat, ist bestimmt, das Citiren im Texte zu erleichtern und über das literarische Material zu orientiren, ohne auf Vollständigkeit Anspruch zu machen.

Was mir an technischer Unterstützung in so reichem Maße zu Gute gekommen ist, verdanke ich meinem Freunde, dem Geheimen Kriegsrathe im Großen Generalstabe Dr. Kaupert, dessen hohe Verdienste um unsere Kenntniss von Attika alle Alterthumsforscher zu würdigen wissen. Seine Karten zeugen davon, wie verständnissvoll er sich in die charakteristischen Formen des Bodens von Athen eingelebt hat. Nächst ihm bin ich meinem von Olympia her nahe verbundenen Freunde Dr. Dörpfeld den wärmsten Dank schuldig; er hat mich mit dem neu gefundenen Material versehen und auf jede Anfrage bereitwilligst Auskunft gegeben. Endlich hat mich bei der Correctur auch durch sachlichen Beirath Professor Dr. M. Fränkel auf das Liebenswürdigste unterstützt. Mit diesen Freunden verbunden, kann ich hoffen, dass die Stadtgeschichte von Athen bei allen auf einem so schwierigen Gebiete unvermeidlichen Mängeln im Ganzen ihres Gegenstandes nicht unwürdig gefunden werden wird.

E. C.

Uebersicht des Inhalts.

	Seite
Schriftquellen zur Topographie von Athen	1 – CXXIV
Geschichte der Stadt	1
1. Die Stadtlage	1 – 18
2. Athen bis Solon	19 – 66
3. Die Tyrannis	67 – 97
4. Themistokles — Kimon	98 – 137
5. Perikles — Lykurgos	138 – 218
6. Die hellenistische Zeit	219 – 245
7. Die römische Zeit	246 – 303
8. Die Zeit nach Pausanias	304 – 319
Erläuterungen zu den kartographischen Beilagen von J. A. Kaupert	320 – 327
Verzeichniss der eingedruckten bildlichen Darstellungen	328 – 329
Register	330 – 339
Berichtigungen	340

Schriftquellen zur Topographie von Athen.

A. Der Boden.
(Höhen, Schluchten, Gewässer, Vegetation.)

Agraihügel (s. E. Agrai).
Akropolis.
  Thukyd. II, 15. ἡ ἀκρόπολις ἡ νῦν οὖσα ... καλεῖται δὲ διὰ τὴν παλαιὰν ταύτῃ κατοίκησιν καὶ ἡ ἀκρόπολις μέχρι τοῦδε ἔτι ὑπ' Ἀθηναίων πόλις. (Vgl. *Pausanias* I, 26, 6. Auf Inschriften des fünften Jahrh. lautet die Bezeichnung gewöhnlich πόλις, später ἀκρόπολις. Seltene Schwankungen bis Ol. 100 s. *Jahn-Michaelis*, *Pausaniae descr. arcis Athenarum.* S. 25, 36.
  Herodot. VII, 140, Orakelvers, Z. 2. πόλιος τροχοειδέος ἄκρα κάρηνα.
  Aristoph. Lys. 480 fg. ὅ τι βουλόμενοί ποτε τὴν Κραναὰν κατέλαβον, ἐφ' ὅ τι μεγαλόπετρον, ἄβατον ἀκρόπολιν, ἱερὸν τέμενος.
  Eurip. Hippolyt. 30. πέτραν Παλλάδος. Vgl. Glaukopion (unten). *Ion.* 12. Παλλάδος ὄχθον, 1434. Ἀθάνας σκόπελον.
  Himer. or. III, 12. τὸν κολωνὸν τῆς Παλλάδος. *Valer. Max.* V, 3 ext. 3 *excelsam praesidii Minervae arcem.*
  Kekropia, von Kekrops genannt, s. *Plin.* VII, 56 u. öfter.
Ardettos (vgl. G. Gerichtshöfe).
  Harpocrat. Ἀρδηττός ... τόπος Ἀθήνησιν ὑπὲρ τὸ στάδιον τὸ Παναθηναικὸν πρὸς τῷ δήμῳ τῷ ὑπένερθεν Ἀγρυλίων
  Hesych. Ἀρδηττός ... τόπος περὶ τὸν Ἰλισσὸν ἐγγὺς τοῦ Παναθηναικοῦ σταδίου.
  Pollux VIII, 122. ὁ Ἀρδηττὸς Ἰλισσοῦ μέν ἐστι πλησίον *Plut. Thes.* 27 ἀπὸ Παλλαδίου καὶ Ἀρδηττοῦ καὶ Λυκείου προσβαλόντες (die Athener gegen die Amazonen).

Zum Richtereid auf dem Ard. vgl. *Harpocr.* u. a. O. *Suid.* Ἀρδηττις. *Bekker, Anecd. gr.* I, S. 443, 24 (ebenda: Heros Ard.)

Areopag (vgl. G. Gerichtshöfe. B. Ares. Athena Areia. Anaideia. Hybris. Erinyen. Pan. C Amazonen. Oidipus).
  Herod. VIII, 52. τὸν κατεναντίον τῆς ἀκροπόλιος ὄχθον, τὸν Ἀθηναῖοι καλέουσι Ἄρειον πάγον.
  Aeschyl. Eumenid. 688 f. πάγον δ' Ἀρειον τόνδ' Ἀμαζόνων ἕδραν σκηνάς θ' ὅτ' ἦλθον ... ... καὶ πόλιν νεόπτολιν τήνδ' ὑψίπυργον ἀντεπύργωσαν τότε. Ἄρει δ' ἔθυον, ἔνθεν ἐστ' ἐπώνυμος πέτρα πάγος τ' Ἄρειος. vgl. *Paus.* I, 28, 5. ἔστι δὲ Ἄρειος πάγος καλούμενος, ὅτι πρῶτος Ἄρης ἐνταῦθα ἐκρίθη.
  Eustath. ad Dionys. Perieg. 653. ἀφ' ὧν (Ἀμαζόνων) ὡς ἐξ Ἄρεως καταγομένων καὶ ὁ Ἄρειος πάγος ὠνόμασται.
  Lucian. Pisc. 42. καὶ παρὰ τὸν Ἄρειον πάγον ἔτι πλείους ἀνέρπουσιν (auf die Burg). Gegenüber der Pnyx: *Lucian. bis accus.* 9. s. unten Pnyx. Gegenüber der Pansgrotte: s. B. Pan; der Agora: *Suid.* τοξόταις.
  Bekker, Anecd. gr. I, S. 253, 26. ἐπάνω μὲν δικαστήριον τὸ ἐν Ἀρείῳ πάγῳ· ἔστι γὰρ ἐν ψιλῷ λόφῳ. *Steph. Byz.* Ἄρειος πάγος· ἀκρωτήριον Ἀθήνησιν, ὡς Ἀπολλόδωρος ἐν τῷ περὶ θεῶν ἐνάτῳ.

Bäume s. Baumpflanzungen.
Barathron
  Bekker, Anecd. gr. I, 219, 10. βάραθρον·

Ἀθήνησι δ' ἦν ὄρυγμά τι ἐν Κειριαδῶν δήμῳ τῆς Οἰνηίδος φυλῆς, εἰς ὃ τοὺς ἐπὶ θανάτῳ καταγνωσθέντας ἐνέβαλλον. Vgl. Thucyd. II, 67, 4, ἀπέκτειναν πάντας καὶ εἰς φάραγγας ἐσέβαλον. [Lexx. βάραθρον und ὄρυγμα· Der Scharfrichter: ὁ ἐπὶ τῷ ὀρύγματι vgl. z. B. Pollux VIII, 71. Dinarch. c. Demosth. 62. Lycurg c. Leocr. 121.] Plato de republ. 439 E. ἀνιὼν ἐκ Πειραιῶς ὑπὸ τὸ βόρειον τεῖχος ἐκτός, αἰσθόμενος νεκροὺς παρὰ τῷ δημίῳ κειμένους u. s. w. Vita Secundi (Sauppe, Philol. XVII. S. 152) κατέβαινεν εἰς Πειραιᾶ, ἐν γὰρ ὁ τόπος ἐκείνῃ τῶν κολαζομένων. Plut. Themist. 22. πλησίον δὲ τῆς οἰκίας κατεσκεύασεν (Themistokles) ἐν Μελίτῃ τὸ ἱερόν (der Artemis Aristobule), οὗ νῦν τὰ σώματα τῶν θανατουμένων οἱ δήμιοι προβάλλουσι καὶ τὰ ἱμάτια καὶ τοὺς βρόχους τῶν ἀπαγχομένων καὶ καθαιρεθέντων ἐκφέρουσιν.

Barathron beim Metroon *Phot. (Suid.)* μητραγύρτης.

[Der phrygische Bettelpriester wird in Athen εἰς βάραθρον geworfen, zur Sühnung an dieser Stelle seine Bildsäule und das Metroon errichtet, das Barathron zugeschüttet. Vgl. *Schol. Aristoph. Plut.* 431 (= *Suid.* βάραθρον) χάσμα τι φρεατῶδες καὶ σκοτεινόν.]

Baumpflanzungen (vgl. B. Eleosaltar, auch G. Akademie, Lykeion. II. Private Grundstücke).

Ἄγνος, *Alciphr.* I, 39 vgl. E. χρυσοῖς στενωπός.

Feigenbaum (ἱερὰ συκῆ).

Paus. I, 37, 2. ἐν τούτῳ τῷ χωρίῳ (Lakiadai an der heil. Strafse s. E) Φύταλόν φασιν οἴκῳ Δήμητρα δέξασθαι καὶ τὴν θεὸν ἀντὶ τούτων δοῦναί οἱ τὸ φυτὸν τῆς συκῆς. Vgl. ebenda das Epigramm auf dem Grabe des Phytalos.

Philostrat. Vit. soph. II, 20, 3. ἰτάπη (Apollonios) ἐν τῷ προαστείῳ τῆς Ἐλευσινάδε λεωφόρου, ὄνομα μὲν δὴ τῷ προαστείῳ ἱερὰ συκῆ, τὰ δὲ Ἐλευσινόθεν ἱερά, ἐπειδὰν ἐς ἄστυ ἄγωσιν, ἐκεῖ ἀναπαύουσιν.

Athen. III, S. 74 D καλεῖν τοὺς Ἀθηναίους ἱερὰν μὲν συκῆν τὸν τόπον, ἐν ᾧ πρῶτον εὑρέθη, (ἡ συκῆ). Vgl. *Etym. magn.* ἐγετηρία.

Hesych. ἱερᾷ συκῇ ἐν τῇ εἰς Ἐλευσῖνα ἀγούσῃ ὁδῷ.

Phot. ἱερὰ συκῆ· οὕτω λέγεται ἡ παρὰ τὴν Ἐλευσῖνα ὁδός. [Ἐλευσινάδε ὁδόν?]

Λεύκη s. Weifspappel.

Lorbeer, Oliven beim Altar des Eleos s. B.

Μορίαι s. Ölbäume.

Ölbäume (vgl. B. Eleos).

Im Pandroseion auf der Burg.

Apollod. III, 14, 1, 6. Ἀθηνᾶ — ποιησαμένη τῆς καταλήψεως Κέκροπα μάρτυρα ἐφύτευσεν ἐλαίαν, ἣ νῦν ἐν Πανδροσείῳ δείκνυται. Vgl. *Athen.* XV, S. 694 D. *Hygin. Fab.* 164. *Cicero de leg.* I, 1, 2. *Plin.* XVI, 240.

Dionys. Halicarn. de Din. 13. (*Philochoros fr.* 146) πέμπειν εἰς τὸν τῆς Πολιάδος νεὼν εἰσελθοῦσαν καὶ θῦσαι εἰς τὸ Πανδρόσειον, ἐπὶ τὸν βωμὸν ἀναβᾶσαν τοῦ Ἑρκείου Διός, τὸν ὑπὸ τῇ ἐλαίᾳ κείμενον.

Pollux IX, 17. ἡ δὲ κωμῳδία καὶ ἀστῆς ἐλαίας εἴρηκε τῆς ἐν πόλει.

Hesych. ἄστη ἐλαία· ἡ ἐν ἀκροπόλει, ἡ καλουμένη πάγκυφος διὰ χθαμαλότητα. Vgl. *Pollux* VI, 163. *Hesych.* πάγκυφος.

Pausan. I, 27, 2. περὶ δὲ τῆς ἐλαίας οὐδὲν ἔχουσιν ἄλλο εἰπεῖν ἢ τῇ θεῷ μαρτύριον γενέσθαι τοῦτο ἐς τὸν ἀγῶνα τὸν ἐπὶ τῇ χώρᾳ. λέγουσι δὲ καὶ τάδε, κατακαυθῆναι μὲν τὴν ἐλαίαν, ἡνίκα ὁ Μῆδος τὴν πόλιν ἐνέπρησεν Ἀθηναίοις, κατακαυθεῖσαν δὲ αὐθημερὸν ὅσον τε ἐπὶ δύο βλαστῆσαι πήχεις. Vgl. *Herodot.* VIII, 55.

Heil. Ölbäume in der Akademie (Μορίαι).

Aristoph. Nub. 1105. ἀλλ' εἰς Ἀκαδημίαν κατιὼν ὑπὸ ταῖς μορίαις ἀποθρέξει. *Schol.* αἱ ὄντως ἱεραὶ ἐλαῖαι τῆς θεοῦ αἵ καλοῦνται μορίαι.

Schol. Soph. Oed. Col. 701. ὁ δ' Ἴστρος καὶ τὴν ἀριθμὸν αὐτῶν διέξεισι· — ἔνιοι δὲ κλάδον τὸν τῆς ἐν Ἀκαδημίᾳ ἐλαίας ἀπὸ τῆς ἐν ἀκροπόλει φυτευθῆναί φασιν. Vgl. *Schol. a. a. O.* 704 unter B. Zeus Morios — Kataibates.

A. Der Boden. (Baumpflanzungen — Eridanos.)

Phot. (Suid.) μορίαι ἐλαῖαι ἦσαν δὲ πρῶται δώδεκα τὸν ἀριθμόν, αἱ μεταφυτευθεῖσαι ἐκ τῆς ἀκροπόλεως εἰς Ἀκαδημίαν.
Paus. I, 30, 2. καὶ φυτόν ἐστιν (in der Akademie) ἐλαίας, δεύτερον τοῦτο λεγόμενον φυνῆναι.

Pappeln.
(Schwarzpappel, αἴγειρος.)

Hesych., (Suid.) αἰγείρου θέα· αἴγειρος ἐν Ἀθήναις πλησίον τοῦ ἱεροῦ, ἔνθα, πρὶν γενέσθαι θέατρον, τὰ ἱερὰ ἐπεγίγνετο. Vgl. παρ' αἰγείρου θέα. Ἐρατοσθένης φησί, ὅτι πλησίον αἰγείρου τινὸς θέα — — ἐγγὺς τῶν ἱερῶν, ἕως οὖν τούτου τοῦ φυτοῦ ἐξετείνετο καὶ κατεσκευάζετο τὰ ἱερά, — ἔχοντα σανίδας — ἐφ' αἷς ἐκαθέζοντο πρὸ τοῦ κατασκευασθῆναι τὸ θέατρον.
Bekker Anecd. gr. I. S. 354, 25. Ἀθήνησιν αἴγειρος ἦν, ἧς πλησίον τὰ ἱερὰ ἐπεγίγνετο εἰς τὴν θέαν πρὸ τοῦ θέατρον γενέσθαι· οὕτω Κρατῖνος.

Vgl. S. 419. ἀπ' αἰγείρου θέα καὶ παρ' αἰγείρου· ἡ ἀπὸ τῶν ἐσχάτων ... αἴγειρος γὰρ ἐπάνω ἦν τοῦ θεάτρου, ἀφ' ἧς οἱ μὴ ἔχοντες τόπον ἐθεώρουν.
Suid. ἀπ' αἰγείρου θέα. *Eustath. ad Od.* ε. S. 1523, 55. Vgl. G. Theater.

Hesych. ἀπ' αἰγείρων. „Ἀνδροκλέα τὸν ἀπ' αἰγείρων" ἀντὶ τοῦ συκοφάντην· ἐπειδὴ ἐκ τῆς ἐν τῇ ἀγορᾷ αἰγείρου τὰ πινάκια ἐξῆπτον, *** οἱ ἔσχατοι.

(Weißpappel, λεύκη).

Andocid. de myst. 133. μετέσχον δ' αὐτῷ οὗτοι πάντες, οἱ παρασυλλεγέντες ὑπὸ τὴν λεύκην, οὓς ὑμεῖς ἴστε οἷοί εἰσιν.

Platanen (vgl. B. Altar der Eleos).
(Auf der Agora.)

Plut. Cimon. 13. τὴν μὲν ἀγορὰν πλατάνοις κατεφύτευσεν. Vgl. *Polit. praec.* 24.
Hephaestio S. 73. (Frgm. Aristoph. Georg. 13.) ἐν ἀγορᾷ δ' αὖ πλάτανον εὖ διαφυτεύσομεν.
Plut. Demosth. 31 beim Erzbilde des Demosthenes (vgl. D) παραπέφυκεν οὐ μεγάλη πλάτανος.
Pollux VIII, 112. τὰς ζημίας (der Weiber) γράφοντες ἐξετίθεσαν ἐπὶ τῆς πλατάνου τῆς ἐν Κεραμεικῷ. Vgl. *Hesych.* πλάτανος.

(Im Lykeion.)
Max. Tyr. 24, 4. Sokrates soll auch gesprochen haben ὑπὸ πλατάνῳ ἐν Λυκείῳ.
Theophrast. Hist. plant. I, 11. ἦ γε οὖν ἐν τῷ Λυκείῳ ἡ πλάτανος ἡ κατὰ τὸν ὀχετὸν ἔτι νέα οὖσα περὶ ἐμὲ καὶ τριάκοντα πήχεις ἀφῆκεν.

(Die Platane am Ilisos.)
Plato Phaedr. 229 A. ΣΩΚ. δεῦρ' ἐκτραπόμενοι κατὰ τὸν Ἰλισσὸν ἴωμεν — — ΦΑΙ. ὁρᾷς οὖν ἐκείνην τὴν ὑψηλοτάτην πλάτανον; vgl. 230 B und B. Boreasaltar. Schwarzpappel s. Pappel.

Weiden (?) vgl. Ἄγνος.
Lycurg. c. Leocr. 112. Φρυνίχου γὰρ ἀποσφαγέντος νύκτωρ παρὰ τὴν κρήνην τὴν ἐν οἰσνίοις (oder οἰσινίοις? *Thucyd.* VIII, 92 giebt an „οὐ πολὺ ἀπὸ τοῦ βουλευτηρίου.")

Weißpappel s. Pappel.

Brunnen (s. Kallirrhoe, Klepsydra, Quellen, auch G. Aquaeducte).

Plin. XXXI, 3, 28. Athenis Enneacrunos nimbosa aestate frigidior est, quam puteus in Iovis horto.

Empedo s. Klepsydra.

Enneakrunos s. Kallirrhoe.

Erdrisse (Klüfte, unterirdischer Gang.) Vgl. Barathron und B: Ge Olympia.

Paus. I, 27, 3. ἔστι δὲ περίβολος ἐν τῇ πόλει τῆς καλουμένης ἐν κήποις Ἀφροδίτης οὐ πόρρω, καὶ δι' αὐτοῦ κάθοδος ὑπόγαιος αὐτομάτη· ταύτῃ κατίασιν αἱ παρθένοι (die Arrhephoren von der Burg.) Vgl. C. *Aglauros.*

Eridanos.

Paus. I, 19, 5. ποταμοὶ δ' Ἀθηναίοις ῥέουσιν Εἰλισσός τε καὶ Ἠριδανῷ τῷ Κελτικῷ κατὰ τὰ αὐτὰ ὄνομα ἔχων, ἐκδιδοὺς εἰς τὸν Ἰλισσόν.
Plato Critias 112 A. τὸ δὲ πρὶν ἐν ἑτέρῳ χρόνῳ μέγεθος μὲν ἦν (d. Urburg von Athen) πρὸς τὸν Ἠριδανόν καὶ τὸν Ἰλισσόν ἀποβεβηκυῖα καὶ περιειληφυῖα ἐντὸς τὴν Πύκνα καὶ τὸν Λυκαβηττόν u. s. w. (Vgl. unten: Pnyx und Lykabettos.)
Strab. IX, 397. ἐν τῇ συναγωγῇ τῶν ποταμῶν ὁ Καλλίμαχος γέλων φησίν, εἴ τις θαρρεῖ γράφειν τὰς τῶν Ἀθηναίων παρ-

IV A. Der Boden. (Felsen — Ilisos.)

θένος „ἀφύσσεσθαι καθαρὸν γάνος Ἠριδανοῖο", οὐ καὶ τὰ βοσκήματα ἀπόσχοιτ' ἄν. εἰσὶ μὲν νῦν αἱ πηγαὶ καθαροῦ καὶ ποτίμου ὕδατος, ὥς φησιν, ἐκτὸς τῶν Διοχάρους
5 καλουμένων πυλῶν πλησίον τοῦ Λυκείου, πρότερον δὲ καὶ κρήνη κατεσκεύαστό τις πλησίον πολλοῦ καὶ καλοῦ ὕδατος· εἰ δὲ μὴ νῦν, εἴ γε εἰς θαυμαστόν, εἰ πάλαι πολὺ καὶ καθαρὸν ἦν, ὥστε καὶ πότιμον εἶναι,
10 μετέβαλε δὲ ὕστερον;

Phot. lex. (vgl. Hesych. Suid.) Ἠριδανός· ποταμὸς ἐν τῇ Ἀττικῇ, οὗ αἱ πηγαὶ ἐκτὸς τῶν Διοχάρους πυλῶν.

Felsen (s. Pnyx, Lykabettos u. s. w.).
15 Ἀγέλαστος πέτρα (?)
Schol. Aristoph. Equit. 785. πέτρα παρ' Ἀθηναίοις, ὅπου καθίσαι φασὶ Θησέα μέλλοντα καταβαίνειν εἰς Ἅιδου.
Vgl. Bekker, Anecd. gr. I. S. 337, 7. Hesych.
20 s. v. CIA. II., 834 b Col. II. Z. 47.
Ἄκραι s. B. Apollon Hypakraios.
Κεκρόπιαι πέτραι s. ebenda.
Μακραί s. B. Apollon Hypakraios und Pan.
Gärten s. B. Aphrodite ἐν κήποις G. Akade-
25 mie, Lykeion; auch H.
Gang (unterirdischer) s. oben: Erdrisse.
Gefilde (am Nordabhang der Burg).
Aristid. Panathen. I. S. 161 (Dindf.) πεδίων τε κάλλη καὶ χάριτας — — ἀπὸ τῆς
30 ἀκροπόλεως πεχυμένων καὶ ἐγκαταμεμιγμένων τῇ πόλει.
Vgl. Euripid. Ion 495 fg., s. B: Pan; auch oben: Platanen.
Glaukopion (vgl. Akropolis, Lykabettos).
35 Schol. Euripd. Hippolyt. 29. ὅτι ἡ Τροιζὴν ... ἀντικειμένη τῇ Ἀττικῇ καὶ τῷ Γλαυκωπίῳ ὄρει τῆς Ἀττικῆς.
30. πέτραν Παλλάδος φησὶ τὸ Γλαυκώπιον ὄρος.
40 33. πέτραν δὲ Παλλάδος φησὶ τὸ ἐν Ἀττικῇ Γλαυκώπιον. οἱ Καλλίμαχος ἐν Ἑκάλῃ μέμνηται περὶ δὲ τὸ ὄρος Γλαυκώπιον καλεῖσθαι ἀπὸ τοῦ ἐπωνύμου.
Eustath. ad Hom. Odyss. β 398. ὅτι ἀπὸ
45 τοῦ γλαυκῶπις Γλαυκώπιον ἡ ἀττικὴ ἐλέχθη, ἀκρόπολις ἡ καὶ ἀπλῶς, δηλοῦσιν οἱ παλαιοί.
Etym. magn. Γλαυκώπιον τὴν ἀκρόπολιν οἱ ἀρχαῖοι· ἡ τὸ ἐν ἀκροπόλει τῆς Ἀθηνᾶς ἱερόν.
50
Γλαυκώπις ... ἡ ἀπὸ τοῦ Γλαυκωπίου ὄρους, ὃ Λυκαβηττὸς καλεῖται.
Steph. Byz. Ἀλαλκομένιον ... ἐκ τοῦ Ἀλαλκομενίως δὲ καὶ Ἀθηναίδος τῆς Ἱπποδότου Γλαύκωπος, ἀφ' οὗ τὸ Γλαυ- 55
κώπιον.
Strab. VII, 299. ἄλλοις δ' αἰτιᾶται (Apollodor) φάνεσθαι περὶ Γερήνων καὶ τοῦ Ἀκακησίου καὶ Δήμου ἐν Ἰθάκῃ, Πηλεθρονίου δ' ἐν Πηλίῳ, Γλαυκωπίου δ' ἐν 60
Ἀθήναις.

Grotten s. B. Apollo Hypakraios, Pan; D. Dreifüße: Paus. I, 21, 3.
Haine, vgl. Gärten.
Helikon. 65
Bekker, Anecd. gr. I. S. 326, 31. Κλείδημος ἐν ἀρχαίῳ Ἀτθίδος ... τῷ δ' ὀχθῳ πάλαι ὄνομα τούτῳ, ὃς νῦν Ἀγραι καλεῖται, Ἑλικὼν καὶ ἡ ἰσχυρὰ τοῦ Ποσειδῶνος τοῦ Ἑλικωνίου ἐπ᾿ ὄρους. 70
S. 334, 12. ὀνομασθῆναι δὲ αὐτὸ (τὸ χωρίον Ἀγραι) ἀπὸ τῆς Ἀρτέμιδος, πρότερον Ἑλικῶνα καλούμενον.

Ilisos, vgl. A. Ardettos, Eridanos, Kallirrhoe, Quellen. B. Musen, Nymphen. C. Boreas. 75
E. Agrai. G. Stadion.
CIA. I., 210, Z. 2. Ἰλισοῦ] 273 frg. f.
Z. 16. Ἰλισοῦ.
Paus. I, 19, 5. ποταμοὶ δὲ Ἀθηναίοις ῥέουσιν Εἰλισσός τε καὶ Ἠριδανῷ τῷ Κελ- 80
τικῷ κατὰ τὰ αὐτὰ ὄνομα ἔχων, ἐκδιδοὺς εἰς τὸν Εἰλισσόν.
Strab. IX, 400. Der Kephisos (s. unten). θέρους μειοῦται τελέως. ἔστι δὲ τοιοῦτος μᾶλλον ὁ Ἰλισσὸς ἐκ θατέρου μέρους τοῦ 85
ἄστεος ῥέων εἰς τὴν αὐτὴν παραλίαν ἐκ τῶν ὑπὲρ τῆς Ἀγρας καὶ τοῦ Λυκείου μερῶν καὶ τῆς πηγῆς, ἣν ὕμνηκεν ἐν Φαίδρῳ Πλάτων.
Plato Phaedr. 229 A. ΣΩΚΡ. δεῦρ' 90
ἐκτραπόμενοι κατὰ τὸν Ἰλισσὸν ἴωμεν. ΦΑΙΔ. εἰς καιρόν, ὡς ἔοικεν, ... ἀνυπόδητος ὢν ἔτυχον· σὺ μὲν γὰρ δὴ ἀεί, ῥᾷστον οὖν ἡμῖν κατὰ τὸ ὑδάτιον βρέχουσι τοὺς πόδας ἰέναι, καὶ οὐκ ἀηδές, ἄλλως τε καὶ 95
τήνδε τὴν ὥραν τοῦ ἔτους τε καὶ τῆς ἡμέρας.

229 B. χαρίεντα γοῦν καὶ καθαρὰ καὶ διαφανῆ τὰ ὑδάτια φαίνεται καὶ ἐπιτήδεια κόραις παίζειν παρ' αὐτά.
Himer. or. III, 3. νῦν (im Frühjahr) πλοῦ-σια μὲν Ἰλισσοῦ καὶ διαφανῆ τὰ νάματα.
Seneca, Phaedr. 13 fg. ubi per graciles levis Ilissos | labitur agros piger et steriles | ubi maeandros per inaequales amne maligno radit arenas. Vgl. *Herodian.* I, 213, 6. (Lentz.)
Plin. IV, 7, 24. *Ptolem.* III, 15, 7.

Kallirrhoe, Enneakrunos.
Gerhard, A. V. IV, Tf. 307 (Schwfg. Vb.) und *Jahr. arch.* 1888, S. 83 — *Athen. Mitth.* XIII, S. 228 (Schwfg. Scherbe von der Akropolis): Brunnenhaus mit der Inschrift KAVIPOE.
Thucyd. II, 15. (Vorher das Dionysion ἐν λίμναις) ἵδρυται δὲ καὶ ἄλλα ἱερὰ ταύτῃ ἀρχαῖα. καὶ τῇ κρήνῃ τῇ νῦν μὲν τῶν τυράννων οὕτω σκευασάντων Ἐννεακρούνῳ καλουμένῃ, τὸ δὲ πάλαι φανερῶν τῶν πηγῶν οὐσῶν Καλλιρρόῃ ὠνομασμένῃ, ἐκεῖνοί τε ἐγγὺς οὔσῃ τὰ πλεῖστον ἄξια ἐχρῶντο (die ältesten Ansiedler auf der Burg und südlich davon) καὶ νῦν ἔτι ἀπὸ τοῦ ἀρχαίου πρό τε γαμικῶν καὶ ἐς ἄλλα τῶν ἱερῶν νομίζεται τῷ ὕδατι χρῆσθαι. (Vgl. *Harpocrat.* Ἐννεάκρ. u. Λουτροφόρος, *Hesych.* Ἐννεάκρ., *Pollux* XIII, 43).
Plato Axioch. 364 A. ἐξιόντι μοι ἐς Κυνόσαργες καὶ γενομένῳ μοι κατὰ Ἰλισσὸν — — Κλεινίαν ὁρῶ τὸν Ἀξίοχου θέοντα ἐπὶ Καλλιρρόην.
Stat. Theb. XII, 624. Callirroe novies errantibus undis.
Solin. VII, 18. Callirrhoen stupent fontem nec ideo Cruneson [Crunescon H. A.] fontem alterum nullae rei numerant.
Plin. IV, 7, 24. (In Attica fontes) — — Calliroe Enneacrunos.
Herod. VI, 137. αὐτοὶ Ἀθηναῖοι λέγουσι . . . φοιτᾶν γὰρ ἀεὶ τὰς σφετέρας θυγατέρας ἐπ' ὕδωρ ἐπὶ τὴν Ἐννεάκρουνον, . . . ὅκως δὲ ἔλθοιεν αὗται, τοὺς Πελασγοὺς (κατοικισμένους ὑπὸ τῷ Ὑμησσῷ) . . μίσθαι σφέας.
Cratin. frg. 186. im *Schol. Aristoph. Equ.* 526. Ἄναξ Ἄπολλον, τῶν ἐπῶν τῶν ῥευμάτων,

καναχοῦσι πηγαί, δωδεκάκρουνον τὸ στόμα, Ἰλισσὸς ἐν τῇ φάρυγι ..
Paus. I, 14, 1. πλησίον (dem Odeion) δέ ἐστι κρήνη, καλοῦσι δὲ αὐτὴν Ἐννεάκρουνον, οὕτω κοσμηθεῖσαν ὑπὸ Πεισιστράτου· φρέατα μὲν γὰρ καὶ διὰ πάσης τῆς πόλεώς ἐστι, πηγὴ δὲ αὕτη μόνη· ναοὶ δὲ ὑπὲρ τὴν κρήνην (der Demeter u. s. w.).
Hierocles Hippiatr. praef. Ταραντῖνος δὲ ἱστορεῖ, τὸν τοῦ Διὸς νεὼν κατασκευάζοντας Ἀθηναίους Ἐννεακρούνου πλησίον u. s. w.
Etym. m. Ἐννεάκρουνος· κρήνη Ἀθήνησι παρὰ τὸν Ἰλισσόν ἤ, πρότερον Καλλιρόη ἴσκεν· Πολύζηλος Δημοτενδάφιῳ δὲ (*Com. Att. Frgm.* ed. *Kock* I, S. 790, 2) "ἄξει πρὸς Ἐννεάκρουνον, εὔυδρον τόπον."
Isocrat. XV, § 287. οἱ μὲν αἰτῶν ἐπὶ τὰς Ἐννεακρούνου ψύχουσιν οἶνον. Vgl. *Alciphr.* III, 49 u. 51.
Plin. XXXI, 3, 28. Athenis Enneacrunos nimbosa aestate frigidior est, quam puteus in Iovis horto.

Kephisos.
Strab. IX, 400. ποταμοὶ δ' εἰσὶν ὁ μὲν Κηφισσὸς ἐκ Τρινεμέων τὰς ἀρχὰς ἔχων, ῥέων δὲ διὰ τοῦ πεδίου, ἐφ' οὗ καὶ ἡ γέφυρα (vgl. *Paus.* I, 37, 3, 4) καὶ οἱ γεφυρισμοί, διὰ δὲ τῶν σκελῶν τῶν ἀπὸ τοῦ ἄστεος εἰς τὸν Πειραιᾶ καθηκόντων (vgl. *CIA.* II, 167, Z. 122 fg. *Xenophon. hist.* II, 4, 19) ἐκδίδωσιν εἰς τὸ Φαληρικόν, χειμαρρωδῶς τὸ πλέον, θέρους δὲ μειοῦται τελέως. Vgl. Ilisos.

Klepsydra.
Paus. I, 28, 4. καταβᾶσι δέ, οὐκ ἐς τὴν κάτω πόλιν ἀλλ' ὅσον ὑπὸ τὰ Προπύλαια, πηγή τε ὕδατός ἐστι καὶ πλησίον Ἀπόλλωνος ἱερὸν ἐν σπιλαίῳ.
Aristoph. Lysistr. 911 fg. Κl. τὸ τοῦ Πανὸς καλόν. ΜΥ. καὶ πῶς ἔθ' ἁγνή, διτ' ἂν ἔλθωμ' ἐς πόλιν; Κl. Κάλλιστα δή, ποι, λουσαμένη τῇ Κλεψύδρᾳ. *Schol.* 319. ἐν τῇ ἀκροπόλει ἐν κρήνη ἡ Κλεψύδρα, πρότερον Ἐμπεδὼ λεγομένη, ὠνομάσθη δὲ Κλεψύδρα διὰ τὸ ποτὲ μὲν πλημμυρεῖν ποτὲ δὲ ἐνδεῖν. ἔχει δὲ τὰς φύσεις ὑπὸ γῆς φερούσας εἰς τὸν Φαληρέων δῆμον. Vgl. *Hesych.* Κλεψύδρα und Πειθώ· ἡ νῦν καλουμένη Κλεψύδρα, κρήνη ἐν ἄστει.

A. Der Boden. (Kolonos — Pnyx.)

Schol. Aristoph. Av. 1694. Κρήνη ἐν ἀκροπόλει ἐν Κλεψύδρα, ἧς Ἴατρος ἐν τῇ ιδ΄ μέμνηται, τὰ παρὰ τοῖς συγγραφεῦσιν ἀναλεγόμενος. οὕτως δὲ ὠνομάσθαι, ἐπειδὴ ἀρχομένων τῶν ἐτησίων πληροῦται, παυομένων δὲ λήγει ... εἰς ταύτην δὲ φησιν ἡματωμένην φιάλην πεσοῦσαν ὀφθῆναι ἐν τῷ Φαληρικῷ ἀπέχοντι σταδίους εἴκοσι. φασὶ δὲ αὐτὴν ἀλέμυρον βάθος ἔχειν, τὸ δὲ ὕδωρ ἁλμυρόν. Vgl. „Cruneson" bei Solin oben: Kallirrhoe; nach E. Curtius Hermes XXI, S. 199 fg. — Κρουνίσκον.
Kolonos, s. E.
Kykloboros.
Aristoph. Equ. 137. ἅρπαξ, κεκράκτης, Κυκλοβόρου φωνὴν ἔχων.
Schol. Κυκλοβόρος, ποταμὸς τῶν Ἀθηναίων, οὐκ ἀεί, οὐδὲ διὰ παντὸς ῥέων, ἀλλὰ χειμάρρους. ἄλλως. ποταμὸς τῆς Ἀττικῆς χειμάρρους ὁ Κυκλοβόρος, ὑπὸ Ἀθηναίων χωσθείς. Vgl. Hesych. (Phot.) s. v.; Eustath. ad Il. B. 246.
Leuke, s. oben Baumpflanzungen.
Limnai, s. Quartiere, E.
Lykabettos (vgl. oben Glaukopion).
Plato, Critias 112 A (s. oben Eridanos). Die Urburg Athens: τὸν Λυκαβηττὸν ὅρον ἐκ τοῦ καταντικρὺ τῆς Πυκνὸς ἔχουσα. Vgl. Schol. u. Hesych. Λυκαβηττός.
Amelesagoras bei Antig. Karyst. 12. (Athene) ἀφικομένην δὲ εἰς Παλλήνην φέρειν ὄρος, (den Lykabettos), ἵνα ἔρυμα πρὸ τῆς ἀκροπόλεως ποιήσῃ ... τῇ δὲ Ἀθηνᾷ φερούσῃ τὸ ὄρος, ὃ νῦν καλεῖται Λυκαβηττός, κορώνην φησὶν ἀπαντῆσαι — — τὴν δὲ ἀκούσασαν (die Botschaft von dem Ungehorsam der Kekropstöchter) ῥῖψαι τὸ ὄρος, ὅπου νῦν ἔστι.
Aristoph. Nub. in Phot. lex. Πάρνης· ἐς τὴν Πάρνηθ᾽ ὀργισθεῖσαι φροίδαι κατὰ τὸν Λυκαβηττόν (die Wolken).
Marin. Vit. Procl. 30. ἐπιάρχ (Proklos) ἐν τοῖς ἀνατολικωτέροις τῆς πόλεως πρὸς τῷ Λυκαβηττῷ, ἔνθα καὶ τὸ τοῦ καθηγεμόνος Συριανοῦ κεῖται σῶμα. (Vgl. unt. N.
or. 838 B, Isokrates beim Kynosarges begraben [s. G, Gymnasien] ἐπὶ τοῦ λόφου ἐν ἀριστερᾷ).
Theophrast. de signis 1, 4. Φαεινὸς Ἀθή-

νῃσιν ἀπὸ τοῦ Λυκαβηττοῦ τὰ περὶ τὰς τροπὰς συνιδὼν· παρ᾽ οὗ Μέτων ἀκούσας 50 τὸν τοῦ ἐνὸς ἔοντα εἴκοσιν ἐνιαυτὸν συνέταξεν.
Xenoph. Oecon. 19, 6. ξηρὰ μὲν γοῦν μοι δοκεῖ εἶναι ἡ περὶ τὸν Λυκαβηττὸν (γῆ).
Plato Eryx. 400 B. ἐν δὲ Σκύθαις τοῖς 55 νομάσιν εἰ τις τὴν Πολυτέλως οἰκίαν κεκτημένος εἴη, οὐδὲν ἂν πλουσιώτερος δοκοῖ εἶναι, ἢ εἰ παρ᾽ ἡμῖν τὸν Λυκαβηττόν. (Vgl. Timaeus lex. Platon. Λ. ὄρος τραχύ).
Stat. Theb. XII, 621. pingui melior Lyca- 60 bessos oliva.
Makrai, s. B. Apollo Hypakraios u. Pan.
Moriai, s. Baumpflanzungen.
Museionhügel.
Plut. Thes. 27 (s. Pnyx). περὶ Πνύκα καὶ 65 τὸ Μουσεῖον kämpften die Athener ἀπὸ τοῦ Μουσείου συμπεσόντες mit den Amazonen.
Paus. I, 15, 8. Δημήτριος ... ἐσήγαγεν εἰς αὐτὸ φρουρὰν τὸ ἄστυ, τὸ Μουσεῖον καλούμενον τειχίσας. ἔστι δὲ ἐντὸς τοῦ περι- 70 βόλου τοῦ ἀρχαίου τὸ Μουσεῖον, ἀπαντικρὺ τῆς ἀκροπόλεως λόφος, ἔνθα Μουσαῖον ᾄδειν καὶ ἀποθανόντα γήρᾳ ταφῆναι λέγουσιν· ὕστερον δὲ καὶ μνῆμα αὐτόθι ἀνδρὶ ᾠκοδομήθη Σύρῳ. (S. I.: Philopappos.) τότε 75 δὲ Δημήτριος τειχίσας εἶχε.
Vgl. I, 16, 1. Plutarch. Demetr. 34 u. 46.
Vgl. C.I.A. 316—318 unten F. [Mauern]: Makedon. Kastell.
Ölbäume, s. Baumpflanzungen. 80
Orygma, s. Barathron.
Panopsbrunnen.
Plato Lysis 203 A. ἐπορευόμην μὲν ἐξ Ἀκαδημίας εὐθὺ Λυκείου τὴν ἔξω τείχους ἐπ᾽ αὐτὸ τὸ τεῖχος· ἐπειδὴ δ᾽ ἐγενόμην 85 κατὰ τὴν πυλίδα, ᾗ ἡ Πάνοπος κρήνη, (vgl. G. Palaestra.)
Hesych. Πάνωψ· ἥρως Ἀττικός· ἔστι δὲ αὐτοῦ καὶ νεὼς καὶ ἄγαλμα καὶ κρήνη. Vgl. Phot. Πάνωψ. 90
Pappeln { s. Baumpflanzungen.
Platanen {
Pnyx. (Vgl. zur Lage auch E: Kolonos und Melite, Schol. Aristoph. Av. 997.)
C.I.A. I, 501. Grenzstein, gef. (nach Pitta- 95 kis) in einer Felsgrube bei der Nordwestecke

A. Der Boden. (Pnyx — Quellen.)

des „Bema der Pnyx". *Πύργος Πυκνός.*
[Vgl. aus derselben Gegend (nach Pitt.)
die Trittyengrenzsteine der Kerameer u. Lakiaden
unter E: Trittyen. — Reste von Felsinschriften
ebenda Pitt. Ἐφημ. ἀρχ. 1852, N. 1137
= Göttling, „Das Pelasgikon u. d. Pnyx",
S. 18, und Ἐφ ς μ. a. a. O. N. 1136. =
Göttling, Ges. Abh., I, S. 91; *Pelasg. u. Pnyx,*
S. 20 fg.]

Plato Critias 112 A. Die alte Burg Athen
(s. Eridanos) περιειληφυία ἐντὸς τὴν Πύκνα
καὶ τὸν Λυκαβηττὸν ὅρον ἐκ τοῦ κατάντικρυ
τῆς Πυκνὸς ἔχουσα.

Plut. Thes. 27, von den Amazonen: οἱ
γὰρ ἂν ἐν ἄστει κατεστρατοπέδευσαν οὐδὶ
τὴν μάχην συνῆψαν ἐν χρῷ περὶ τὴν Πνύκα
καὶ τὸ Μουσεῖον. — — ἱστορεῖ δὲ Κλείδημος ... τὸ μὲν εὐώνυμον τῶν Ἀμαζόνων
κέρας ἐπιστρέφειν πρὸς τὸ νῦν καλούμενον
Ἀμαζόνειον, τῷ δὲ δεξιῷ πρὸς τὴν Πύκνα
κατὰ τὴν Χρύσαν ἥκειν μάχεσθαι δὲ πρὸς
τοῦτο τοῖς Ἀθηναίοις ἀπὸ τοῦ Μουσείου
ταῖς Ἀμαζόσι συμπεσόντας.

Lucian. bis accus. 9. καί τι μὲν ἐνταῦθά
που ἐπὶ τοῦ λόφου (d. Areopag) κάθησο ἐν
τὴν Πύκνα ὁρῶσαν καὶ περιμένουσα.

Harpocrat. Προπύλαια ταῦτα· Δημοσθένης Φιλιππικοῖς. (XIII, 28 = XXIII,
207) δύναται μὲν δεικτικῶς λέγεσθαι ἅτε
ἐφωρμένων τῶν Προπυλαίων ἀπὸ τῆς Πυκνός,
βέλτιον δὲ ἀναφορικῶς ἀκούειν. Vgl. *Aeschin. de fals. leg.* 74.

Pollux VIII, 132. Πνὺξ δὲ ἦν χωρίον
πρὸς τῇ ἀκροπόλει, κατεσκευασμένον κατὰ
τὴν παλαιὰν ἁπλότητα, οὐκ εἰς θεάτρου
πολυπραγμοσύνην.

Lucian. Jup. tragoed. 11. πῶς ἂν καὶ
προσδοκῴης (der Koloss von Rhodos), εἰ μὴ
θέλεις ἀναστῆναι ἅπαντας ὡς μόνος καθίζοιο τὴν Πύκνα ὅλην θατέρῳ τῶν πυγῶν
ἐπιλαβών· ὥστε ἄμεινον ποιήσεις ὀρθοστάδην ἐκκλησιάζων, ἐπικεκυφὼς τῇ συνεδρίῳ.

Demosth. de cor. § 169. πᾶς ὁ δῆμος ἄνω
καθῆτο. Vgl. *Plut. Nic.* 7. τὸν δῆμον
καθήμενον ἄνω, *Aristoph. Eccl.* 96. ὑπερβαίνειν, *Equ.* 313. κἀπὸ τῶν πετρῶν ἄνωθεν
τοῖς φόροις δυννοσκοπῶν.

780. ἐπὶ ταῖσι πέτραις οὐ φροντίζει σκληρῶς σε (τὸν δῆμον) καθήμενον οὕτως.
Aristoph. Pax 680. ὅστις κρατεῖ νῦν τοῦ
λίθου τοῦ ἐν τῇ Πυκνί. Schol. λίθῳ δὲ τῷ
βήματι τῷ ἐν τῇ Πυκνί.
Plut. Themist. 19. τὸ βῆμα τὸ ἐν Πυκνὶ
πεποιημένον ὥστ' ἀποβλέπειν πρὸς τὴν θάλασσαν ὕστερον οἱ τριάκοντα πρὸς τὴν χώραν ἀπέστρεψαν.
Pollux VIII, 132 f. ἐνεκλησίαζον δὲ πάλαι
μὲν ἐν τῇ Πυκνί ... αὖθις δὲ τὰ μὲν ἄλλα
ἐν τῷ Διονυσιακῷ θεάτρῳ, μόνας δὲ τὰς
ἀρχαιρεσίας ἐν τῇ Πυκνί. Vgl. *Thucyd.*
VIII, 97, Pamphilos bei *Hesych.* Πνύξ
(Strategenwahl).
Athen. V, 213 D, (vgl. *Schol. Plat. Critias.*
112 A). τὸ θέατρον ἀνεκκλησίαστον ... καὶ
τὴν θεῶν χρησμοῖς καθωσιωμένην Πυκν'
ἀφῃρημένην τοῦ δήμου.
Cic. de fin. V, 2, 5. eum locum libenter
invisit (L. Cicero), ubi Demosthenes et Aeschines inter se decertare soliti sunt.

Das Thesmophoreion auf d. Pnyx, s.
B. Demeter Thesmophoros.

Ein Gerichtslokal. *Aristoph. Vesp.* 1109,
s. G. Gerichtslokale.

Wohnungen, Mauern.
Aeschin. I, 81 f. u. *Schol.* s. H. a. Anf.
Aristoph. Eccl. 243. ἐν ταῖς ψυγαῖς μετ' ἀνδρὸς ᾤκει ἐν Πυκνί. Vgl. die τειχία
Aristoph. Vesp. 1109, *Eccles.* 496.)
Schol. Aristoph. Av. 997 (= *Suid.* Μέτων
— — Φιλόχορος λέγει ἐπὶ Ἀψείδους τοῦ
πρὸ Πυθοδώρου (= 433 a. Chr.) ἐλιοτρόπιον (θεῖναι Μέτωνα) ἐν τῇ νῦν οὔσῃ
ἐκκλησίᾳ πρὸς τῷ τείχει τῷ ἐν τῇ
Πυκνί.

Quellen, Quellbrunnen (vgl. Baumpflanzungen (Weiden), Brunnen, Kallirrhoe, Klepsydra, Panopsbrunnen).

Im Allgemeinen.
Plutarch. Solon 23, *Themist.* 31. s. D. Hydrophore. *Thucyd.* II, 48.
Schol. Aristoph. Av. 997 (= *Suid.* Μέτων)
[Φρύνιχος Μονοτρόπῳ·] Μέτων ὁ Λευκονοεὺς ὁ τὰς κρήνας ἄγων.
Vitruv. 8, 3. Aquae autem species est,
quae cum habeat non satis perlucidas venas,

spuma uti flos natat in summo, colore similis vitri purpurei. Haec maxime considerantur Athenis: ibi enim ex hujusmodi locis et fontibus et in Asty et ad portum Peiraeeum ducti sunt salientes, e quibus bibit nemo propter eam causam, sed lavationibus et reliquis rebus utuntur: bibunt autem ex puteis et ita vitant eorum vitia.

Quelle beim Asklepieion.

CIA. IV, 1, 499ᵃ (Porosstein in der Polygonalmauer am Südabhang der Burg 22½ m. südlich vom Brunnen) Ὅρος κρήνης. Vgl. IV. 2, S. 128, N. 499ᵇ.

Paus. I, 21, 4. ἔστι δ᾽ ἐν αὐτῷ (im Asklepieion) κρήνη, παρ᾽ ᾗ λέγουσι Ποσειδῶνος παῖδα Ἁλιρρόθιον θυγατέρα Ἄρεως Ἀλκίππην αἰσχύναντα ἀποθανεῖν ὑπὸ Ἄρεως.

Plin. II, 224. quae in Aesculapii fonte Athenis immersa sunt, in Phalerico redduntur. (Vgl. jedoch Klepsydra.)

Quellen am Ilisos (vgl. Kallirrhoe).

Plato Phaedr. 230 B (s. oben Platanen). ἥ τε αὖ πηγή χαριεστάτη ὑπὸ τῆς πλατάνου ῥεῖ μάλα ψυχροῦ ὕδατος. Vgl. *Strab.* IX, 400.

Quellen beim Lykeion (s. oben Eridanos).

Strab. IX, 397. εἰσὶ μὲν νῦν αἱ πηγαὶ καθαροὶ καὶ πότιμον ὕδατος, ὥς φασιν, ἐκτὸς τῶν Διοχάρους καλουμένων πυλῶν πλησίον τοῦ Λυκείου, πρότερον δὲ καὶ κρήνη κατεσκεύαστό τις πλησίον πολλοῦ καὶ καλοῦ ὕδατος.

Leitung im Lykeion.

Theoph. Hist. pl. I, 1ᵇ. ἡ πλάτανος ἡ κατὰ τὸν ὀχετόν (s. oben Platane).

Quelle beim Grab des Sokrates (auf dem Weg zum Peiraieus), *Marin. Vit. Procl.* 10 (s. J. Gräber, Gr. d. Sokrates.)

„Puteus in Jovis horto" s. oben Brunnen und Kallirrhoe.

Unbenannte Quelle.

Pollux VIII, 113. καὶ λέων δὲ τις ἐκαλεῖτο κρηνοφύλαξ, χαλκοῦ πεποιημένος ἐπὶ κρήνης τινός, δι᾽ οὗ τὸ ὕδωρ ἐφέρετο. (Vgl. auch das Epigramm, *CIA*. III, 196, B: Hermes.)

Salzquell (im Erechtheion).

Paus. I, 26, 5. καὶ (διπλοῖν γὰρ ἐστι τὸ

οἴκημα) καὶ ὕδωρ ἐστὶν ἔνδον θαλάσσιον ἐν φρέατι .. καὶ τριαίνης ἐστὶν ἐν τῇ πέτρᾳ σχῆμα. ταῦτα δὲ λέγεται Ποσειδῶνι μαρτύρια ἐς τὴν ἀμφισβήτησιν τῆς χώρας γενέσθαι. (Vgl. VIII, 10, 4.)

Apollodor. III, 14, 1, 2. (Ποσειδῶν) ... πλήξας τῇ τριαίνῃ κατὰ μέσην τὴν ἀκρόπολιν ἀπέφηνε θάλασσαν, ἣν νῦν Ἐρεχθηΐδα καλοῦσι. (Vgl. *Strab.* IX, 396.)

Bikelia.

Paus. VIII, 11, 12. Ἀθηναίοις δὲ μαντεύμα ἐκ Δωδώνης Σικελίαν ἦλθεν οἰκίζειν· ἡ δὲ οὐ πόρρω τῆς πόλεως ἡ Σικελία λόφος ἐστὶν οὐ μέγας. (Vgl. *Suid.* Ἀννίθας.)

Suid. Σικελίζειν· φασὶν Ἀτταλικοὶ Ἀρχιδάμῳ γενέσθαι πενθηρότατον, Σικελίαν φιλάττεσθαι καὶ τὸν μὲν νῆσον ἔχειν δι᾽ ἐυληψίας· καὶ ἐς τὸν τρισκελῆ λόφον κατὰ τὴν Ἀττικήν, ᾧ κεῖται τοῦτο τὸ ὄνομα Σικελία, κατέλυσε τὸν βίον μαχόμενος.

Dio Chrysost., or. 17 (S. 277 Dindf.). Ἀθηναίοις ἐρωτῶσι περὶ τῆς νήσου Σικελίας ἔχρισε προσλαβεῖν τῇ πόλει τὴν Σικελίαν. λόφον τινὰ ἐγγὺς ὄντα τῆς πόλεως. οἱ δὲ ... οὕτως ἐκφρονες ὑπῆρχον διὰ τὴν ἐπιθυμίαν τοῦ πλείονος, ὥστε τὸν θεὸν αὐτοῖς ἐνόμιζον λέγειν ἐν ἐνὶ τείχει περιλαβεῖν τὰς Ἀθήνας καὶ τὴν ἀπὸ μυρίων που σταδίων οὖσαν νῆσον.

CIA. III, 61, *A. Col.* III, Z. 9—10 χωρ. Σικελίας (?) πρὸς τ ....

Flinders Petrie, Hawara, Biahmu and Arsinoe, Lond. 1889, S. 28; *Papyrus-Fragm.* 80 u. 81; Periegese des Peiraieus u. des Weges nach Athen, Z. 26, Σικελίαν προς ισ ....

Skirosbach.

Paus. I, 36. 4. διιόντι (τὸν Σκῖρον s. C.) ἐν τῇ μάχῃ (gegen Erechtheus) θάπτουσιν Ἐλευσίνιοι πλησίον ποταμοῦ χειμάρρου, καὶ τῷ τε χωρίῳ τὸ ὄνομα ἀπὸ τοῦ ἥρωός ἐστι καὶ τῷ ποταμῷ.

Stein des Silen.

Paus. I, 23, 5. ἔστι (bei den Propyläen) δὲ λίθος οὐ μέγας, ἀλλ᾽ ὅσον καθίζεσθαι μικρὸν ἄνδρα· ἐπὶ τούτῳ λέγουσιν, ἡνίκα Διόνυσος ἦλθεν ἐς τὴν γῆν, ἀναπαύσασθαι τὸν Σιληνόν.

B. Gottheiten und Personificationen.

Alle Götter.
CIA. II, 1171 (Basis, Akropolis) ὁ δῆμος
ὁ Χίων — — Ἀθηνᾷ Πολιάδι καὶ θεοῖς
πᾶσι. Vgl. II, 1327 (das Nymphenrelief
5 Nani, unter Nymphen).
Paus. I, 5, 5. ἔστιν οἱ (Ἀδριανῷ) πάντα
γεγραμμένα Ἀθήνησιν ἐν τῷ κοινῷ τῶν
θεῶν ἱερῷ.
Paus. I, 18, 9. Ἀδριανὸς δὲ κατεσκεύ-
10 ασατο Ἀθηναίοις ... καὶ θεοῖς τοῖς πᾶσιν
ἱερὸν κοινόν.
Die zwölf Götter.
Altar:
Thucyd. VI, 54, 7. ὃς (Peisistratos d. J.)
15 τῶν δώδεκα θεῶν βωμὸν τὸν ἐν τῇ ἀγορᾷ
ἄρχων ἀνέθηκε ... καὶ τῷ μὲν ἐν τῇ ἀγορᾷ
προσοικοδομήσας ὕστερον ὁ δῆμος Ἀθηναίων
μεῖζον μῆκος τοῦ βωμοῦ ἐφάνισε τοὐπί-
γραμμα. Vgl. 55, 1.
20 Vit. X. or. 847 A. (von der Statue des
Demosthenes s. D.) κεῖται ... πλησίον τοῦ
περισχοινίσματος καὶ τοῦ βωμοῦ τῶν δώδεκα
θεῶν.
CIA. III, 284 (Theatersitz). ἱερέως δώ-
25 δεκα θεῶν.
Processionen und Opfer.
Xenoph. Hipparch. III, 2. ἐν τοῖς Διονυ-
σίοις οἱ χοροὶ προσεπιχαρίζονται ἄλλοις τε
θεοῖς καὶ τοῖς δώδεκα χορεύοντες. Vgl.
30 CIA. II, 14, Z. 2; II, 57, Z. 7; II, 1536
(τοῖς δ. θ. καὶ τῇ Ἀγαθῇ Τύχῃ).
(Asyl.)
Herod. VI, 108. Ἀθηναίων ἱρὰ ποιεύντων
τοῖσι δώδεκα θεοῖσι ἱκέται ἱζόμενοι ἐπὶ τὸν
35 βωμὸν, ἐδίδοσαν σφέας αὐτούς. Vgl. Ly-
curg. c. Leocr. 93. Diodor XII, 39. Plut.
Nic. 13. Pericl. 31.
(Centralmeilenstein.)
Herod. II, 7. CIA. I, 522. CIA. II, 1078
40 (einst am äusseren Burgthor), Z. 3, 4. Vgl.
Plato Hipparch. 228 D.
Acheloos, s. Nymphen.
Adrasteia, s. CIA. I, 210, 273, s. K. Peirai-
eus: Bendis.

Agathe Tyche, (s. Ag. Daimon u. 12 Götter)
Aelian. Var. hist. IX, 39. (Statue der Ag. T.
im Prytaneion.)
(Opferinschriften.)
CIA. II, 162 (Lykurgische Bestimmungen).
Frg. C. Z. 9 ποιήσασθαι δὲ καὶ τῇ Ἀγαθῇ
Τύχῃ. Z. 20. [μετὰ τῶν ἐπιστατῶν τοῦ
ἱεροῦ τῆς Ἀγαθῆς Τύχης. Vgl. die Haut-
gelderinschrift CIA. II, 741 Frgm. a Z. 12;
b Z. 6; d Z. 11.
CIA. II, 586 (Decret d. Kollyteer) Z. 14
ἐν Ἀγαθῇ Τύ[χῃ]. (Vgl. CIA. II, 1566.)
Agathos Daimon.
CIA. III, 215 (beim Parthenon gef.).
[Ἀγαθὸν Δαίμονα].
CIA. III, 691 (Ehrenbasis) an d. Neben-
seiten: Ἀγαθοῦ Δαίμονος und Ἀγαθῆς
Τύχης.
Schöne, Griech. Rel. n. 109 (Basis in d.
Propyl.). Ἀγαθὸς Δα[ίμων]ν. (Bärt. Mann
mit Füllhorn) [Ἀγ]α[θὴ] Τύχη (Frau mit
Schleier, daneben zweite Frau).
Aglaia, s. Chariten.
Aidos.
CIA. III, 367 (Theatersitz). Ἱερείας
Αἰδοῦς.
Paus. I, 17, 1. καὶ γὰρ Αἰδοῦς σφίσι
(Ἀθηναίοις) βωμός ἐστι καὶ Φήμης καὶ
Ὁρμῆς.
Eustath. ad Il. X, 451. Ἀθήνησιν Αἰδοῦς
καὶ Ἀφελείας ἱερὸν βωμὸς περὶ τὸν τῆς
Πολιάδος Ἀθηνᾶς νεών, καθὰ καὶ Παυ-
σανίας ἱστορεῖ· ὃς οἱ μὲν παιδαγωγοῖς οἱ
δὲ τροφοῖς τῆς θεᾶς γενέσθαι φασίν. (Vgl.
Hesych. Αἰδοῦς βωμός. Bekker, Anecd. I,
S. 355, 16.)
Akratos, s. D. Eubulidesmonument.
Ammon, s. K. Peiraieus.
Anaideia.
Paus. I, 28, 5. τοῖς δὲ ἀργοῖς λίθοις,
ἐφ' ὧν ἑστᾶσιν ὅσοι δίκας ὑπέχουσι καὶ οἱ
διώκοντες (auf dem Areopag), τὸν μὲν
Ὕβρεως τὸν δὲ Ἀναιδείας αὐτῶν ὀνομά-
ζουσιν.

Vgl. *Phot. lex.* Θεός ἡ Ἀναίδεια (Tempel oder Altar der An. auf Rath des Epimenides nach dem Kylonischen Frevel gestiftet.) Vgl. *Xenoph. Symp.* VIII, 38; *Cic. leg.* II, 11, 28; *Zenob.* IV, 36.

Anteros.

Paus. I, 30, 1. τὸν δὲ ἐν πόλει βωμὸν καλούμενον Ἀντέρωτος ἀνάθημα εἶναι λέγουσι μετοίκων, ὅτι Μέλης Ἀθηναῖος μέτοικον ἄνδρα Τιμαγόραν ἐρασθέντα ἀτιμάζων ἀφεῖναι κατὰ τῆς πέτρας αὑτὸν ἐκέλευσεν, ἐς τὸ ὑψηλότατον αὐτῆς ἀνελθόντα.

Vgl. die ausführliche Erzählung bei *Aelian* (fr. 96 bei *Suid.* Μέλητος) nebst Beschreibung einer Statue. Für letztere auch *Kallistratos Imag.* 11.

Apheleia, vgl. Aidos.

Aphrodite.

(Schatzurkunden):

CIA. I, 198 frgm. d. Z. 9; 200 frgm. e Z. 11: Ἀφροδίτῃ.

CIA. II, 679 Z. 20; 681 Z. 18; 699 Z. 25 (Ἀφροδίτης ἱερέαι).

CIA. II, 702 Z. 4: ἐ]ν τῷ Ἀφροδισίῳ.

(Theatersitz):

CIA. III, 380: Ἀφ[ροδίτης]?

(Votivinschriften):

CIA. II, 1208 (Basis, gef. nordw. d. Akropolis): Οἱ αἱρεθέντ[ες ὑπ]ὸ [Ἀ]λαι[έων τὸ ἄγ]αλμα ποιήσασθαι τῇ Ἀφ[ροδίτει ἀν]αστάθεντες ὑπὸ τῶν δη[μοτῶν | ἀνέ]θεσαν τῇ Ἀφροδίτει (folgen die Namen, zuletzt:) Ἀν]αίας Ἀναιμάχης Ἀγκυλῆθεν ἐποίησεν.

CIA. III, 130ᵃ Votivrelief mit weiblicher Brust (Südabh. d Burg) . . . . ν[Ἀφρο]δίτῃ, ... ν πόκοις.

CIA. III, 188 (gef. nördlich vom Thurm des Andronikos) Ἀφροδίτῃ κατ' ὄναρ.

Vgl. *CIA.* II, 150 (Akrop.)

(Statue des Kalamis)

Paus. I, 23, 2. παρὰ δὲ αὐτὴν (der Leaina in den Propylaeen) ἄγαλμα Ἀφροδίτης, ὃ Καλλίου τέ φασιν ἀνάθημα εἶναι καὶ ἔργον Καλάμιδος. (Vgl. die Basis bei den Propyläen: *CIA.* I, 392 (IV, p. 44.) Καλλίας Ἱππονίκου ἀνέθ ηκ[ε]ν.

Lucian. Imag. 4. εἰ πολλάκις εἰς τὴν ἀκρόπολιν ἀνελθὼν καὶ τὴν Καλάμιδος Σωσάνδραν τεθέασαι. (Vgl. *ibid.* 6, *Dial. meretr.* III, 2.)

(Aphrodite und andere Götter.)

Paus. I, 8, 4 (im Arestempel, w. s.) ἔνθα ἀγάλματα δύο μὲν Ἀφροδίτης κεῖται, τὸ δὲ τοῦ Ἄρεως ἐποίησεν Ἀλκαμένης κτλ. Vgl. *CIA.* I, 318, 319 (bei d. Kapnikarea und Dimitrios Katiphori gef.) von U. Köhler *Annal. d. Inst.* 1865, S. 316 f. auf Verfertigung von Statuen der Aphrodite und des Ares bezogen; 319 Z. 17. . . . στήσαντι ἐν τῷ νεῷ (wohl eher Hephaistos u. Athene Hephaistia).

Jahrb. arch. 1888, S. 190, 3 (nahe der „Pyle d. Agora" gef.): I. O.] M. et Veneri et Mercurio Heliopolitanis u. s. w.

(Aphrodite und Isis³)

CIA. III. 162 (einst b. d. Panagia Spiliotissa; Nordathen) τεί] κιονια καὶ τὸ αἴτωμα |[π]αὶ τὰς πυκλίδας καὶ τὴν| Ἀφροδίτην τῇ θεῷ ἐκ τῶν ἰδίων ἀνέθηκεν ἐπισκευάσασα καὶ αὐτὴν | τὴν θεὸν καὶ τὰ περὶ αὐτὴν | οὖσα καὶ λυχνάπτρα αὐτῆς καὶ ὀνειραρφίτης. Στολίζοντος Αἰμιλίου |...ίπου Μιλιτέως, ἱερατ[εύ]οντος ἱεραγωγοῦ Διονυσίου Μαραθωνίου, ζακο[ρ] | τίοντος ἀγηφόρου Εὐπάρνου.

CIA. II, 1671, dreitheiliger Stein (Altar).

Ἑρμοῦ	Νυμφῶν	Ἴσιδος.
Ἀφροδίτης		
Πανός		

Aphrodite Enagonios.

CIA. III, 189 (Basis im Dionysostheater) Ἀφροδίτης Ἐναγωνίου.

Aphrodite, ἐν Κήποις (vgl. Urania).

Paus. I, 19, 2 (nach Erwähnung des Pythion und Delphinion) ἐς δὲ τὸ χωρίον ὃ Κήπους ὀνομάζουσι καὶ τῆς Ἀφροδίτης τὸν ναὸν οὐδεὶς λεγόμενός σφισιν ἐστι λόγος· οὐ μὲν οὐδὲ ἐς τὴν Ἀφροδίτην ἥ, τοῦ ναοῦ πλησίον ἕστηκε· ταύτης γὰρ σχῆμα μὲν τετράγωνον κατὰ ταὐτὰ καὶ τοῖς Ἑρμαῖς, τὸ δὲ ἐπίγραμμα σημαίνει τὴν Οὐρανίαν Ἀφροδίτην τῶν καλουμένων Μοιρῶν εἶναι πρεσβυτάτην· τὸ δὲ ἄγαλμα τῆς Ἀφροδίτης τῆς ἐν Κήποις ἔργον ἐστὶν Ἀλκαμένους καὶ τῶν Ἀθήνῃσιν ἐν ὀλίγοις (Kuhn., ἐν λόγοις codd.) θέας άξιον. *Paus.* I, 27, 3 (unterirdischer Gang), s. A: Erdrisse u. s. w. Zum Bild des Alkamenes vgl. *Lucian. Imag.* 8.

Plin. XXXVI, 5, 16. cujus (Alcamenis) sunt opera Athenis complura in aedibus sacris praeclarumque Veneris extra muros quae appellatur Ἀφροδίτη ἐν Κήποις.

CIA. I, 273 e. f (Schatzurkunde) Ἀφροδίτης ἐν Κήποις.

Aphrodite ἐπιτραγία.

CIA. III, 335 (Theatersitz) Ἀφροδί]της ἐπιτραγίας.

Aphrodite ἐφ' Ἱππολύτῳ (vgl. C. Hippolytos).

CIA. I, 212 (Schatzurkunde) [Ἀφρο]δίτης ἐ[π]ὶ [Ἱπ]πολύτῳ[ι.

Eurip. Hippolyt. 30 fg. ; πέτραν παρ' αὐτὴν Παλλάδος κατόψιον | γῆς τῆσδε ναὸν Κύπριδος ἐγκαθείσατο (Phaedra) | ἐρῶσ' ἔρωτ' ἔκδημον Ἱππολύτῳ δ' ἔπι | τὸ λοιπὸν ὠνόμαζεν ἱδρῦσθαι θεάν.

Schol. Odyss. λ, 321. Φαίδρα ἐρωτικῶς διατεθεῖσα ὑπὸ τοῦ Ἱππολύτου ... τὸ μὲν πρῶτον ἱερὸν Ἀφροδίτης ἐν Ἀθήναις ἱδρύσατο τὸ νῦν Ἱππολύτειον καλούμενον.

Diodor. IV, 62. Φαίδρα διὰ τὸ κάλλος ἐρασθεῖσα αὐτοῦ (Ἱππολύτου) τότε μὲν ἀπελθόντος εἰς Τροιζῆνα ἱδρύσατο ἱερὸν Ἀφροδίτης παρὰ τὴν ἀκρόπολιν, ὅπερ ἐν καθορῷ τῆς Τροιζῆνα.

Schol. Eurip. Hippol. 29 Ἀφροδίτης ἱερὸν ἱδρύσασθαι τὴν Φαίδραν φασίν· ἐκάλεσε δὲ Ἀφροδίτην ἐφ' Ἱππολύτῳ, ἣν Ἱππολυτίαν καλοῦσιν. Vgl. *Tzetz. ad Lycophr.* 1329.

Aphrodite Hetaira.

Athen. XIII, 571 C. τῆς παρ' Ἀθηναίοις καλουμένης Ἑταίρας Ἀφροδίτης· ἑταίραν δὲ Ἀφροδίτην, τὴν τοὺς ἑταίρους καὶ τὰς ἑταίρας συνάγουσαν.

Hesych. Ἑταίρας· ἱερὸν τῆς Ἀφροδίτης Ἀθήνησιν.

Aphrodite Pandemos.

Harpocr. πάνδημος Ἀφροδίτη ... Ἀπολλόδωρος ἐν τῷ περὶ θεῶν πάνδημόν φησιν Ἀθήνησι κληθῆναι τὴν ἀφιδρυθεῖσαν περὶ τὴν ἀρχαίαν ἀγορὰν διὰ τὸ ἐνταῦθα πάντα τὸν δῆμον συνάγεσθαι τὸ παλαιὸν ἐν ταῖς ἐκκλησίαις ἃς ἐκάλουν ἀγοράς. Νίκανδρος ἐν στ' Κολοφωνιακῶν Σόλωνά φησι σώματα ἀγοράσαντα εὐπρεπῆ ἐπὶ στέγης στῆσαι διὰ τοὺς νέους καὶ ἐκ τῶν περιγενομένων χρημάτων ἱδρύσασθαι Ἀφροδίτης πανδήμου ἱερόν.

Athen. XIII, 569 D. Φιλήμων ἐν Ἀδελφοῖς προϊστορῶν, ὅτι πρῶτος Σόλων διὰ τὴν τῶν νέων ἀκμὴν ἔστησεν ἐπὶ οἰκημάτων γύναια πριάμενος, καθὰ καὶ Νίκανδρος ὁ Κολοφώνιος ἱστορεῖ ἐν τρίτῃ Κολοφωνιακῶν φάσκων αὐτὸν καὶ Πανδήμου Ἀφροδίτης ἱερὸν πρῶτον ἱδρύσασθαι ἀφ' ὧν ἠργυρίσαντο αἱ προστᾶσαι τῶν οἰκημάτων.

Paus. I, 22, 3 (vorher Hippolytos). Ἀφροδίτην δὲ τὴν Πάνδημον, ἐπεί τε Ἀθηναίους Θησεὺς ἐς μίαν ἤγαγεν ἀπὸ τῶν δήμων πόλιν, αὐτήν τε σέβεσθαι καὶ Πειθὼ κατέστησε, τὰ μὲν δὴ παλαιὰ ἀγάλματα οὐκ ἦν ἐπ' ἐμοῦ· τὰ δὲ ἐπ' ἐμοῦ τεχνιτῶν ἦν οὐ τῶν ἀφανεστάτων.

Ἐφ. ἀρχ. 1888, S. 187 fg. (Psephisma zw. Nikepyrgos und Westeingang zur Burg gef.) Z. 1. Ἐπὶ ἱερείας Ἡγησιπύλης Ἐπ' Εὐθίου ἄρχοντος u. s. w. Z. 8 fg. ὅπως ἂν οἱ ἀστυνόμοι οἱ ἀεὶ λαγχάνοντες ἐπιμέλειαν ποιῶνται τοῦ ἱεροῦ τῆς Ἀφροδίτης τῆς Πανδήμου κατὰ τὰ πάτρια u. s. w. Z. 20 fg. (διδόσθαι τῇ βουλῇ) ὅταν ᾖ ἡ πομπὴ τῇ Ἀφροδίτῃ τῇ Πανδήμῳ παρασκευάζειν (τοὺς ἀστυνόμους) εἰς καθάρσιν τοῦ ἱεροῦ περιστερὰν καὶ περιαλεῖψαι τοὺς βωμοὺς καὶ πιττῶσαι τὰς [ὀροφὰς] καὶ λοῦσαι τὰ ἕδη u. s. w.

Ἐφ. ἀρχ. 1889, S. 127 fg. (vgl. *Bull. de corr. hell.* XIII, S. 160). Ebenda gef. vier Marmorbalken, (oben mit Tauben verziert, die geknotete Wollbinden halten); zwei mit Resten der Weihinschrift: Τούσδε σοι ὦ μεγάλη σεμνὴ Πάνδημε Ἀφροδίτη δήμου μὲν δώροις, εἴκοσιν ἱμετέρας — — darunter in kleineren Buchstaben: Ἀρχῖνος Ἀλυπήτου Σκαμβωνίδης, Μενεκράτης Δεξικράτους Ἰκαριεὺς θυγάτηρ, ἱέρεια τῆς Ἀφροδίτης — — — Δεξικράτους Ἰκαριέως θυγάτηρ. Ἀρχίνου δὲ μήτηρ.

Aphrodite Ψίθυρος. Vgl. Herm. Psithyristes.

Harpocr. Φιδυριστής. Vgl. *Hesych.*
Φιδύρα und Ἀφρ. Φιδύρος.
Bekker, anecd. I, 317, 11.
Aphrodite Urania (vgl. Aphr. ἐν κήποις).
Paus. I, 14, 7. πλησίον (dem Hephaistostempel) δὲ ἱερόν ἐστιν Ἀφροδίτης Οὐρανίας
... Ἀθηναίοις δὲ κατεστήσατο Αἰγεύς ...
τὸ δὲ ἐφ' ἡμῶν ἔτι ἄγαλμα λίθου Παρίου καὶ ἔργον Φειδίου.
Lucian. Dial. meretr. 7, 1. θύσω .. δεῖσαι ... τῇ Οὐρανίᾳ τῇ ἐν κήποις δάμαλιν.
Apollon.
CIA. I, 196, 198, 225, 273, Schatzurkunden.
CIA. I, 79. (Kirche τῆς Σωτείρας Κατήπης. Gegend Plaka, östl. d. Burg.)
Z. 9 fg. [ἡ δὲ βουλή] δύο ἄνδρε τοῦ ἀργυρίου τοῦ Ἀπόλλωνος — —] τοῦς χρημάτων αἱρείται.
Z. 14 fg. τὸ δὲ ταμία μετά — — —
τὸ (oder τοῦ) τίμενα ν[ὴ] τοῦ Ἀπόλλωνος
— — — ὅπως ἂν ὡς τάχιστα θεραπεύηται — — —
CIA. IV, p. 124, n. 534ᵃ u. *CIA.* II, 844 (zweiseitig beschriebenes Frgm. vom Südabhang der Burg):
a) (voreuklid.) Z. 2: Ἀπ]όλλωνι, Z. 1, 6: κριθῶν μεδίμνους —
b) Col. I, κ]ατὰ τὴν [μαντείαν τὴν δι' Ἅ]ρματος; Col. II (vgl. C. Erechtheus), Z. 13 fg.: Ἀθηναίᾳ [Ἀπό]λλωνι | τάδε ἔ[πι]σθαι (?) τῷ κυνῷ ἐμιποδῶ ἐπιεεξίδας u. s. w.
CIA. II, 1527 (Ost-Athen) Relief: Apollo a. Dreifuss, Artemis, Leto (*Lebas mon. fig.* 49, 1)
— — Βακχίο(υ) ἀνέθηκε. (Vgl. 1527ᵇ.)
CIA. II, 1046 (i. d. Stadionstrasse gef.)
— — Πειραιεὺς γυμνασιαρχ — — ἐπὶ
— —]άρχοντος ἀνέγραψ[εν — —]τάς τε τῶν ἐφήβ[ων καὶ — — Ἀπόλλ]ωνι.
CIA. II, 1316. ἔ]ππος νικήσας Ἀπόλλωνι. — — Ἐλευσίνια θυσία —
CIA. III, 109, 110, im kgl. Garten gef.
109. ὁ δεῖνα τὴν λαμπάδα] — — νικήσας Ἀπόλλωνι. 110. ὁ δεῖνα Προβαλίσιος τὴν λαμπάδα τῶν ἀνδρῶν Ἐπινίκια ν[ικήσα]ς Ἀπόλλωνι. 111. (im westlichen Theile der Stadt) Ἡγησίας [τοῖς ἐφήβοις λαμπ[άδα] νικήσας [Διονύσιος Μυροφίλου Κηφισιεὺς Ἀπόλλωνι. (Vgl. III, 179.)

CIA. III, 68 (beim Lysikratesdenkmal) Ἑστίᾳ καὶ Ἀπόλλωνι καὶ θεοῖς Σεβαστοῖς καὶ τῇ βουλῇ κτλ.
CIA. II, 159 (nach Pittakis nordöstl. der Burg bei Ioan. Mangutis. gef.). Κτησίας Εὐκτίμονος ἀνέθηκεν τῷ Ἀπόλλωνι Ἡ-[κ]άτην (s. indess *Kangabé, ant. hell.* 1085, 1186: Κτησίας als Stifter in Kos.).
Am Arestempel.
Paus. I, 8, 4. περὶ δὲ τὸν ναὸν (des Ares) ἑστᾶσιν Ἡρακλῆς καὶ Θησεὺς καὶ Ἀπόλλων ἀναδούμενος ταινίᾳ τὴν κόμην.
Paus. I, 3, 4. Ap. des Leochares s. *Ap. Patroos.* I, 3, 5 im Buleuterion.
Apollon Agyieus.
CIA. III, 175. Altar mit Relief: Apoll mit Leier (nach Pittakis '3 Altäre) zwischen Attalos- und Hadrianstoa; nach Velsen: Hadrianstrafse). Ἀγαθῇ τύχῃ | Ἀπόλλωνος Ἀγυιέως Προστατηρίο[υ] Πατρῷοι Πυθίου Κλαρίου Παναυνίου.
CIA. III, 177. Basis beim acharn. Thor (Pitt.) Ἀπόλλωνος Ἀγυιέως Ἀλεξικάκου.
CIG. I, 464. Ἀγαθῇ τύχῃ. Ἀπόλλωνι Προστατηρίῳ Ἀποτροπαίῳ Ἀγυιεῖ.
CIA. III, 159, beim Postament des Agrippa (Pitt.) Ἀπόλλωνι Ἀγυιεῖ τὸν [βωμὸν] οἱ πυλωροὶ ἀνέθηκαν].
Ap. Alexikakos (von Kalamis), s. Ap. Patroos.
Paus. I, 3, 4.
CIA. III, 177, s. Ap. Agyieus.
Ap. Apotropaios.
CIG. I, 464, s. Ap. Agyieus.
Ap. Daphnephoros.
CIA. III, 298 (Theatersitz). Ἱερέως Ἀπόλλωνος Δαφνηφόρου.
CIA. III, 720a, Z. 4, s. Ap. Patroos.
Ap. Delios.
CIA. I, 210 (Schatzurkunde), III, 270 (Theatersitz). Ἱερέως Ἀπόλλωνος Δηλίου.
Vgl. *CIA.* III, 652, 1085, 1298 u. a.
Bekker, Anecd. I, 299, 8.
Ap. Delphinios (vgl. G. Gerichtshöfe, ἐπὶ Δελφ.)
Paus. I, 19, 1. ἔστι δὲ καὶ ἄλλο ἱερόν (ausfer dem Pythion) Ἀπόλλωνος ἐπίκλησιν Δελφινίου. λέγουσιν δὲ ὡς ἐξειργασμένου

τοῦ ναοῦ πλὴν τῆς ὀροφῆς ἁγνὼς ἔτι τοῖς
πᾶσιν ἀφίκοιτο Θεσεὺς ἐς τὴν πόλιν u. s. w.
Pollux VIII, 119. τὸ ἐπὶ Δελφινίῳ ἱδρύ-
σθαι μὲν ὑπὸ Αἰγέως λέγεται Ἀπόλλωνι
Δελφινίῳ καὶ Ἀρτέμιδι Δελφινίᾳ.
Plut. Thes. 12. ὅπου νῦν ἐν Δελφινίῳ
τὸ περίφρακτον ἐστιν, ἐνταῦθα γὰρ ὁ Αἰγεὺς
ᾤκει καὶ τὸν Ἑρμῆν τὸν πρὸς ἔω τοῦ ἱεροῦ
καλοῦσιν ἐπ' Αἰγέως πύλαις. Vgl. 18.
C.I.A. III, 139 (Burg). αἰ᾽γεὺς Σμύραγδος
Μα[ραθώνιος] ευχὼν ὑγιείας Δελ[ινίῳ
Ἀπόλλωνι.
C.I.A. III, 939 (Athenis). [Ἀπό[λ]λω[ν]ι
Δελφιν[ίῳ [... ...] ἐλφινί[ων] μὴν ἱέ[ρειαν
—— — ὁ ἀνὴρ [αν]έθηκεν Εὐθ[ίας u. s. w.

Ap. Hypakraios (ὑπ᾽ ἄκραις).
Paus. I, 28, 4. κατεβῆναι δὲ, οὐκ εἰς τὴν
κάτω πόλιν ἀλλ᾽ ὅσον ὑπὸ τὰ Προπύλαια,
πηγή τε ὕδατός ἐστι (s. A Klepsydra) καὶ
πλησίον Ἀπόλλωνος ἱερὸν ἐν σπηλαίῳ. Κρε-
ούσῃ δὲ θυγατρὶ Ἐρεχθέως Ἀπόλλωνα ἐν-
ταῦθα συγγενέσθαι νομίζουσι.
Eurip. Ion. 16. τίκτει ἐν οἴκοις παῖδ᾽
ἀϊγνυκεν φοίβος· Ἐς ταὐτὸν ἄντρον οὗπερ
ηὐνάσθη θεῷ | Κρέουσα κάκτίθησιν ὡς θα-
νούμενον. V. 283. ΙΩΝ Μακραὶ δὲ χῶρός
ἐστ᾽ ἐπεὶ κέκληνται; ΚΡ. Τί δ᾽ ἱστορεῖς
τόδ᾽; ὡς μ᾽ ἀνέμνησάς τινος. ΙΩΝ τιμᾷ
σφε Πύθιος ἀστραπαί τε Πύθιαι; ΚΡ.
Τιμᾷ γ᾽ ἀτιμᾷ ὡς μήποτ᾽ ὤφελον σφ᾽ ἰδεῖν
u. s. w. V. 1482. Παρ᾽ ἀϊδώνων πέτραν
Φοίβῳ... κρυπτόμενον λέχος ἐγέννασθην.
Vgl. 11. Ἔνθα προσάρρως πέτρας | Παλλά-
δος ὑπ᾽ ὄχθῳ τῆς Ἀθηναίων χθονός | Μα-
κρὰς καλοῦσι γῆς ἄνακτες Ἀτθίδος. 936.
οἶσθα Κεκροπίας πέτρας [προσάρρυρον ἄν-
τρον, ἃς Μακρὰς κικλήσκομεν; Old᾽, ἔνθα
Πανὸς ἄδυτα καὶ βωμοὶ πέλας (vgl. Pans-
grotte). 1400. Κέκροπος ἐς ἄντρα καὶ Μα-
κρὰς πετρηρεφεῖς.
C.I.A. III, 91, bei den Propyl. (Gottling:
am Eingang zur Klepsydra), Schild mit Giebel,
darunter im Kranz: Πολέμαρχος. Im Felde:
[Π]ολύβιος Φαίστου | [Φλυ]εὺς πολέμαρχή-
σας τὸν ἐπὶ ... ... λίου ἄρχοντος ἐνιαυ-
τὸν Ἀπόλλωνι Ὑπακραίῳ ἀνέθηκεν. τ. Urne.
Ausserhalb des Schriftfeldes Palme.
C.I.A. III, 92 (vgl. Mittheil. d. Inst. III,

S. 144), beim Erechth. gef.: im Oelkranz:
ὁ δεῖνα ——]ευσης [Ἀπ]όλλωνι [ὑ]π᾽ ἄκραις. 50
Mitth. d. Inst. III, S. 144, Votivtafel.
Ἀπόλλωνι ὑπ᾽ ἄκραις ὁ γραμματεύσας
Ἐρῶτων ἀνέθηκεν.
Darunter in 3 Kränzen:
Ἀρχοντος Τρε[βελλίου | Ῥούφου]Δαμπι- 55
τρ[ίου·
Ὁ γραμματεύσας] τοῦ συνεδρ[ί]ου Ἐρώ-
των | Ἀντιγόνον | Βρααιεύς.
Θεσμοθέτης | Εἱρεναιος | Σώτον | Βερε-
νικίδης. 60
Vgl. *C.I.A.* III, 95 (beim Dipylon gef.) =
Mitth. d. Inst. a. a. O. ὁ βασιλεὺς u. s. w.
Δελτ. ἀρχ. 1888, S. 183 (gef. in der
Odysseusbastion). In Oelkränzen die Namen
der Thesmotheten Antigonos u. Herennius. 65
Göttling, Ges. Abh. I, S. 103, Felsinschrift
in der Grotte Ἀπόλλωνι?

Ap. Kerkyoneus.
C.I.A. III, 1203. ἱερεὺς Ἀπόλλωνος Κερ-
κυονέως. 70

Ap. Klarios, s. Agyieus.

Ap. Lykeios (Lykoktonos). Vgl. G.
Lykeion.
Schol. Demosth. XXIV, 14. ἐν δὲ καὶ ἱερὰ
ἐπὶ μὲν τοῦ Λυκείου Λυκοκτόνου Ἀπόλλωνος 75
u. s. w. (Vgl. die Beschreibung der Statue
des Ap. im Lykeion *Lucian. Anachars.* 7.)
C.I.A. III, 292 (Theatersitz). Ἱερέως Ἀπόλ-
λωνος Λυκέου.
C.I.A. III, 89. Altar (gef. bei der Kirche 80
Nikodemos im Osten Athens). Διονύσιος
Διονυσοδώρου | Κρωπίδης ἐπιμελητὴς Λυ-
κείου Ἀπόλλωνι, γυμνασιαρχοῦντος Καλλι-
κρατίδου | τοῦ Σενθρόμου Στειριέως.

Ap. Maleates. Ἐφ. μ. ἀρχ. 1884, S. 83 fg. 85
(Stein, angebl. beim botan. Garten gefunden,
doch s. Peiraieus unter Apollo, Asklepios):
Ἀπόλλωνος Μαλεάτου.

Ap. Musagetes, s. D. Eubulidesmonument
(*Paus.* I, 2, 5). 90
Vgl. *C.I.A.* II, 629, frgm. b, 110, Z. 8
(Technitendecret). [Ἀπόλλ]ωνος καὶ τῶν
Μ[ουσῶν].

Ap. Paion, *C.I.A.* I, 210, fig. k., Z. 23 fg.
Ἀπόλλωνος [Π]αιῶνος. 95

Ap. Panionios, s. Agyieus.

XIV B. Gottheiten und Personificationen. (Apollo Parnopios — Apollo Pythios.)

Ap. Parnopios.

Paus. I, 24, 8. τοῦ ναοῦ (Parthenon) δέ
ἐστι πέραν Ἀπόλλων χαλκοῦς, καί τὸ ἄγαλμα
λέγουσι Φειδίαν ποιῆσαι· Παρνόπιον δὲ
5 καλοῦσιν, ὅτι σφίσι παρνόπων βλαπτόντων
τὴν γῆν ἀποτρέψειν ὁ θεὸς εἶπεν χώρας.

Ap. Patroos (— Pythios, *Demosth.* XVIII, 141).

Paus. I, 3, 4. καὶ πλησίον (der Stoa des
Zeus Eleutherios) ἐποίησεν (Euphranor) ἐν
10 τῷ ναῷ τὸν Ἀπόλλωνα Πατρῷον ἐπίκλησιν.
πρὸ δὲ τοῦ νεὼ τὸν μὲν Λεωχάρης, ὃν
δὲ καλοῦσιν Ἀλεξίκακον Κάλαμις ἐποίησε.
Dann (I, 3, 5.) ᾠκοδόμηται δὲ καὶ — (das
Metroon).

15 *Vit. X. or.*, S. 843 B. ἔγραψε δὲ καὶ (Λεωχάρης) Νεοπτόλεμον Ἀντικλέους στεφανῶσαι καὶ εἰκόνα ἀναθεῖναι ὅτι ἐπηγγείλατο
χρυσώσειν τὸν βωμὸν τοῦ Ἀπόλλωνος (d.
Ap. Patroos?) ἐν τῇ ἀγορᾷ κατὰ τὴν μαν-
20 τείαν τοῦ θεοῦ. *Demosth.* l.VII, 54.

Priester.

CIA. III, 279 (Theatersitz). Ἱερέως | Ἀπόλλωνος | Πατρ[ῴ]ο[υ].

Vgl. *CIA.* III, 456, 687, 707, 720a, Z. 6
25 — — ἱερέως διὰ βίου [Ἀ]πόλλωνος Πατρῴο[υ] — — — — καὶ Δαφνηφόρον — —
Votivinschriften.

Vgl. *CIA.* III, 175. Vgl. Ap. Agyieus.

CIA. III, 116. Σοὶ τάδ' Ὀνήτωρ μῆλα,
30 Πατρῷε, σώματα νίκης u. s. w.

CIA. III, 176 (nach Pittakis bei Hag. Thomas, östlich vom Theseion gef.) — — Ἀπόλλωνι Πατρῴῳ καὶ Ἀρτέμιδι ἀνέθηκεν.

CIA. II, 1518 (Südabh. d. Burg) — —
35 μῶνδος [Ἀπόλλωνι Πα]τρῴῳ].

CIA. II, 1657 (beim Varvakion gefunden).
Ἀπόλλωνος Πατρῴου.

CIA. 1652. [ἱερο]ν Ἀπόλ[λων]ος πατρῴου
φ[ρατρία]ς (Η)ρα ... ων.
40 **Ap. Prostaterios.**

Vgl. *CIA.* III, 175, oben Ap. Agyieus.

CIA. III, 178 (nach Pittakis bei Hag. Athanasios gef.) Ἀπόλλωνι Προστατηρίῳ.

Belobigungsformeln der Prytanen: ὑπὲρ τῶν
45 θυσιῶν, ὧν ἔθυσαν τὰ πρὸ τῶν ἐκκλησιῶν τῷ
τε Ἀπόλλωνι τῷ Προστατηρίῳ καὶ τῇ Ἀρτέμιδι
τῇ Βουλαίᾳ u. s. w., z. B. *CIA.* II, 390,
417, 432. *Hesych. Phot.* προστατήριοι.

Ap. Pythios. (Vgl. Patroos.)

CIA. I, 2 (Skambonidendecret, beim „Theseion" gef.), C. Z. 20, ἐμ Πυθίον. 50

Philostr. Vit. soph. II, 1, 5, vom Panathenäenschiff: περιπλοῦσαν αὐτὸ (das Eleusinion) παρεμείβετο τὸ Πελασγικόν, κομιζόμενόν τε παρὰ τὸ Πύθιον ἐλθεῖν οἱ νῦν 55
ὥρμισται.

Paus. I, 19, 1. μετὰ δὲ τὸν ναὸν τοῦ
Διὸς τοῦ Ὀλυμπίου πλησίον ἄγαλμά ἐστιν
Ἀπόλλωνος Πυθίου.

Thucyd. II, 15. καὶ τὰ ἔξω (τῆς ἀκροπό- 60
λεως) πρὸς τοῦτο τὸ μέρος τῆς πόλεως
(πρὸς νότον) μᾶλλον ἵδρυται (die ältesten
Heiligthümer), τό τε τοῦ Διὸς τοῦ Ὀλυμπίου
καὶ τὸ Πύθιον καὶ τὸ τῆς Γῆς.

Strab. IX, S. 404, ἰσχύει τοῦ Ἀστερ- 65
παίου Διὸς ἐν τῷ τείχει μεταξὺ τοῦ
Πυθίου καὶ τοῦ Ὀλυμπίου.

Phot. Suid. Πύθιον, ἱερὸν Ἀπόλλωνος
Ἀθήνησιν ὑπὸ Πεισιστράτου γεγονός.

Hesych. ἐν Πυθίῳ χέσαι. Πεισίστρα- 70
τος ᾠκοδόμει τὸν ἐν Πυθίῳ ναὸν u. s. w.

Thucyd. VI, 54, 6. Πεισίστρατος ὁ Ἱππίου . . . υἱὸς . . . ὃς . . . ἀνέθηκε . . τὸν τοῦ
Ἀπόλλωνος τοῦ Πυθίου (βωμόν) . . . τοῦ
δ' ἐν Πυθίου ἔτι καὶ νῦν δῆλόν ἐστιν (τοὔ- 75
πίγραμμα) ἀμυδροῖς γράμμασι λέγον τάδε.

„μνῆμα τόδ' ἧς ἀρχῆς Πεισίστρατος
Ἱππίου υἱὸς | θῆκεν Ἀπόλλωνος Πυθίου
ἐν τεμένει". Der Altar mit der Inschrift
gefunden unterhalb der Kallirrhoe *(CIA.* 80
IV, 373 c).

Isaios V, 41. οἱ ἡμέτεροι πρόγονοι — —
ἀνέθεσαν τοῦτο μὲν ἐν Διονύσου τρίποδας
οὓς χορηγοῦντες καὶ νικῶντες ἔλαβον ...
τοῦτο δ' ἐν Πυθίου. 85

Plat. Gorg. 472 A. Ἀριστοκράτης ὁ Σκελλίου, οὗ ἐστιν ἐν Πυθίου (Πυθοῖ codd.)
τοῦτο τὸ καλὸν ἀνάθημα.

Vgl. *CIA.* I, 422 (nach Pittakis westl. v.
d. „Pyle d. Agora" gef.) Ἀριστοκράτης Σκελ- 90
λίου ἀνέθηκεν νικήσας [χορηγῶν] Κεκροπίδα[ις] ἐν ἑορτῇ Ἀ[πόλλωνος] (?)

Weihgeschenke aus dem Pythion, beim
Ilisos gefunden. *CIA.* I, 373 c (s. oben).

CIA. II, 1154, 1170, 1236, 1237, 1251. 95

CIA. I, 212 l. Schatz des Gottes.

B. Gottheiten und Personificationen. (Apollo Smintheus — Artemis Aristobule.) XV

CIA. III, 247. *ἱερέως Ἀπόλλωνος Πυθίου*.
CIA. III, 175, s. Agyieus.
Ap. Smintheus (u. Artemis)?
Vgl. *CIA.* II, 1597 (nach Pittakis b. Ioan.
Mangutis am Nordostabh. d. Burg gef.)
Ap. Tarsios.
CIA. III, 236, v. d. Schiffern geweiht.
Ap. Zosterios (in Athen?)
CIA. III, 301 (Sesselinschr., nahe d. Metropolis gefunden) *ἱερέως Ἀπόλλωνος Ζωστηρίου*.
Ara.
Hesych. *Ἀρᾶς ἱερόν: ἱερὸν Ἀρᾶς Ἀθήνησιν. Ἀριστοφάνης Ὥραις.*
Ares. (Vgl. Aphrodite und D. Elephanten, Pindar.)
Paus. I, 8, 4. *τῆς δὲ τοῦ Δημοσθένους εἰκόνος πλησίον Ἄρεώς ἐστιν ἱερόν, ἔνθα ἀγάλματα δύο μὲν Ἀφροδίτης κεῖται, τὸ δὲ τοῦ Ἄρεως ἐποίησεν Ἀλκαμένης, τὴν δὲ Ἀθηνᾶν ἀνὴρ Πάριος, ὄνομα δὲ αὐτῷ Λόκρος .. ἐνταῦθα καὶ Ἐνυοῦς ἄγαλμά ἐστιν, ἐποίησαν δὲ οἱ παῖδες οἱ Πραξιτέλους.*
CIA. III, 2 (Basis; Akropolis), Z. 5. *καὶ ἱερεὺς Ἄρεως Ἐνυαλίου καὶ Ἐνυοῦς καὶ Διὸς Γελέοντος ἱεροκήρυξ.*
CIA. II, 409b (Südabhang d. Burg), Z. 10, 11. *καὶ τῶν θυσιῶν ὧν ἔθυεν τοῖς — — καὶ τῷ Ἄρει καὶ u. s. w.*
CIA. III, 130 (Athen) *(Ἐπὶ ἱερέως τ)οῦ Ἄρεως Ἀπολλοφάνους*. Z. 4 fg. *τὸ κοινὸν τῶν Ἀχαρνέων ἀντὶ ..... χαριστήριον Ἄρει καὶ Σεβαστῷ.*
Artemis.
CIA. I, 4, Z. 15 (alte Opferinschrift): *Ἀρτέμιδι δέμ — —*
CIA. II, 162, frgm. c, Z. 24. *τῶν (ἱ)ερῶν τῆς Ἀρτέμιδος*.
Ἐφημ. ἀρχ. 2761. (Akrop.) *ἀναγράψ)αι [δὲ τόδε τὸ ψήφισμα ἐν στήλῃ λιθίνῃ καὶ στῆ[σαι ἐν τῷ ἱερῷ τῆς Ἀρτέμιδος ἐπὶ ἱερέως ...*
CIA. III 990, Herme (Hypapanti). *Διώ[μαχον δια]δεχή(σαντα τῇ) Ἀρτέμιδι (i).*
Ἀθήναιον VIII, S. 235, u. *Dittenberger, Syllog.* 426 (Thiasotendecr. beim Dipylon gefunden). Z. 12. *ἀναθεῖναι αὐτοῖς* (d. Thiasoten) *καὶ στήλην ἐν τῷ ἱερῷ τῆς Ἀρτέμιδος*. *Bull. de corr. hell.* 1888, S. 152 (Genossenschaft der Artemisiasten).

CIA. II, 1610. Kleiner Altar (Dipylon) *Μυροδάτης Ἀρτέμιδι ἀνέθηκε.* 50
Priesterin d. Art. *CIA.* III, 893.
CIA. III, 376 (Theatersitz). *Ἱερέως Ἄρτοις καὶ Ἀρ(τ)έμιδος.*
Art. und Apollo Smintheus? s. Ap. Sm.
Art. und **Μήτηρ θεῶν** s. Göttermutter. 55
Art. Agrotera. (Vgl. A. Agrai.)
Paus. I, 19, 6 (Vorher: Kodrosplatz). *Ἰλισσὸν δὲ τὸν Ἰλισσὸν χωρίον Ἄγραι καλούμενον καὶ ναὸς Ἀγροτέρας ἐστὶν Ἀρτέμιδος· ἐνταῦθα Ἄρτεμιν πρῶτον θηρεύσαι λέγουσιν* 60
ἐλθοῦσαν ἐκ Δήλου· καὶ τὸ ἄγαλμα διὰ τοῦτο ἔχει τόξον (dann: Stadion).
Eustath. ad Il. B, S. 361, 36. *Ἀγροτέρα Ἄρτεμις ... ἢ καὶ Ἀγραίαν παρὰ Πλάτωνι κατὰ Παυσανίαν ἀπὸ χωρίου πρὸς τῷ Ἰλισσῷ,* 65
ᾧ κλῆσις Ἄγραι καὶ Ἄγρα.
Bekker, Anecd. gr. I, 334, 12. *ὀνομασθῆναι δὲ αὐτὸ (τὸ χωρίον Ἄγραι) ἀπὸ τῆς Ἀρτέμιδος, πρότερον Ἑλικώνα καλούμενον.*
Plato Phaedr. 229 *B* (vom Altar des Bo- 70
reas, 2—3 Stadien unterhalb der Platane),
ᾗ πρός τὸ τῆς Ἄγρας διαβαίνομεν.
CIA. I, 210, Z. 8. [*Ἀρτέμιδος Ἀγροτέρας (δ)ημιέων ἀνθρακοθῶν.* Schatzurkund. ebenda 223, 273. *ἡ πρὸς Ἄγρας δρόμος* der Epheben 75
vgl. z. B. *CIA.* III, 1147, Col. III, Z. 48 fg.
Art. Ariste (vgl. Art. Hekate, Orthosia u. oben *Ἀθήναιον* VIII, S. 235, auch *CIA.* II, 1610.)
Paus. I, 29, 2. *κατιοῦσι δ' ἐς αὐτὴν (τὴν Ἀκαδήμιαν) περίβολός ἐστιν Ἀρτέμιδος καὶ* 80
ξόανα Ἀρίστης καὶ Καλλίστης· ὡς μὲν ἐγὼ δοκῶ καὶ ὁμολογεῖ τὰ ἔπη, τὰ Σαπφοῦς (Ἡίμερα, Hecker, Philol. 5, 429), *τῆς Ἀρτέμιδος εἰσιν ἐπικλήσεις αὗται, λεγόμενον δὲ καὶ ἄλλον ἐς αὐτὰς λόγον εἰδὼς ὑπερβή-* 85
σομαι.
Art. Aristobule.
Plut. Themist. 22, s. E. Melite. *τὸ τῆς Ἀρτέμιδος ἱερόν, ἣν Ἀριστοβούλην μὲν προσηγόρευσεν* (Themistokles) *... πλησίον δὲ τῆς* 90
οἰκίας κατεσκεύασεν ἐν Μελίτῃ τὸ ἱερόν, οὗ νῦν u. s. w. vgl. A. Barathron. *ἔκειτο δὲ καὶ τοῦ Θεμιστοκλέους εἰκόνιον ἐν τῷ ναῷ τῆς Ἀριστοβούλης ἔτι καθ' ἡμᾶς.*
Vgl. *Plut. de malign. Herod.* 37. *Θεμιστο-* 95
κλῆς Ἀνδωνίσας τῇ Ἑλλάδι τῶν μεγίστων ἀπο-

τῆς Σαλαμίνος ἱδρύσατο ναὸν Ἀριστοβούλης
Ἀρτέμιδος ἐν Μελίτῃ.

Art. Brauronia. (Vgl. G. Stos.)

Paus. I, 23, 7 (vorher Propyläen) καὶ
Ἀρτέμιδος ἱερόν ἐστι Βραυρωνίας. Πραξι-
τέλους μὲν τέχνη τὸ ἄγαλμα, τῇ θεῷ δὲ
ἐστιν ἀπὸ Βραυρῶνος δεῦρον τὸ ὄνομα.
Schatzurkunden, *C.I.A.* II, 162, 660,
Z. 9, 45, 679, Z. 2, 699.

Inventarurkunden des Brauronischen
Heiligth. *C.I.A.* II, 751 fg.

Darin erwähnt:
τὸ ἕδος 755, Z. 15.
τὸ ἕδος τὸ ἀρχαῖον 751 B, Col. II,
Z. 15g., 754, Z. 35 fg., 755, Z. 27 fg., 756,
Z. 14 fg. u. s. w.
τὸ λίθινον ἕδος 754, Z. 27, 755,
Z. 19, 756, Z. 7.
τὸ ἄγαλμα τὸ ὀρθόν (ἑστηκός) 751 B,
Col. II, Z. 9, 754, Z. 42, 756, Z. 20, 757,
Z. 29, 758 B, Col. II, Z. 32.
τὸ ἄγαλμα 758 B, Col. II, Z. 29 fg.,
759, Col. II, Z. 20 fg.
ὁ κίων, οὗ ἡ ἔλαφος 751 A, Col. I,
frgm. b, Z. 10.

Weihinschrift an A. Br. (oder Athena
Ergane?) (beim Brauronion gef.):
Δελτ. ἀρχ. 1889, S. 53, 8. Ἀρχεστράτη
ἀνέθηκε ὑπὲρ τῆς θυγατρὸς εὐξαμένη.

Art. Bulaia, s. Apollo Prostaterios.
Art. Delphinia, s. Ap. Delphin. (*Poll.* VIII, 119).
Art. Diktynna.

C.I.A. II, 1609 (Dionysostheater) Τιμοθέα
Ἁγνίου Ἐρχιεὺς γυνή, ὑπὲρ τῶν παιδίων
Ἀρτέμιδι Δικτύννῃ ἀνέθηκεν.

Art. Epipyrgidia, vgl. Art. Hekate u. Phosphoros.

Paus. II, 30, 2. Ἀλκαμένης δὲ ἐμοὶ δο-
κεῖν πρῶτος ἀγάλματα Ἑκάτης τρία ἐποίησε
προσεχόμενα ἀλλήλοις, ἣν Ἀθηναῖοι καλοῦ-
σιν Ἐπιπυργιδίαν· ἕστηκε δὲ παρὰ τῆς
Ἀπτέρου Νίκης τὸν ναόν.
C.I.A. III, 268 (Theatersitz). ἱερέως Χαρίτων
καὶ Ἀρτέμιδος Ἐπιπυργιδίας πυρφόρου.

Artemis ? Eukleia, s. Eukleia.

Art. Hekate.

(a. d. Burg.) *Paus.* II, 30, 2, s. Art. Epipyrgidia u. Phosphoros.

C.I.A. I, 208, Z. 2 (Schatzmeisterurkunde).
[Ἑρ]μοῦ καὶ Ἀρτέμιδος Ἑκάτης. *Hesych.*
Προπυλαία· Ἑκάτη. Δελτ. ἀρχ.
1888, S. 231, 3 (Bronze von d. Burg): Ἑκάτει.
(In Agrai.) *Plutarch. de malign. Herodot.* 26.
(Beim Dipylon.) Vgl. oben Ariste.
Hesych. Καλλίστη· ἡ ἐν τῷ Κεραμεικῷ
ἱδρυμένη Ἑκάτη, ἣν ἔνιοι Ἄρτεμιν λέγουσι.
Hekate Triglanthine. Vgl. E. Trigla.

Art Kalliste (s. Art. Ariste u. Art. Hekate).

Art. Kelkaia.

Arrian. Anab. VII, 19. Das ἕδος der Art.
Kelk. von den Persern entführt und mit den
Tyrannenmördern zurückgegeben.

Art. Kolainis.

C.I.A. III, 216. Innere Nordwand der Pinakothek, links vom Eingang, eingekratzt: Δέσποινα Ἀρτέμι Κολαινί.
C.I.A. III, 275 (Theatersitz). Ἱερέως Ἀρτέ-
μιδος Κολαινίδος. Vgl. 360. Überschrieben:
Κολαινίδος.
(Der Cultus in *Myrrhinus*: *Paus.* I, 31, 3.
Schol. Aristoph. Av. 873. *C.I.A.* II, 575.)

Art. Leukophryne.

Paus. I, 26, 4 (a. d. Burg) τῆς δὲ εἰκόνος
πλησίον τῆς Ὀλυμπιοδώρου χαλκοῦν Ἀρτέ-
μιδος ἄγαλμα ἕστηκεν ἐπίκλησιν Λευκοφρύ-
νης, ἀνέθεσαν δὲ οἱ παῖδες οἱ Θεμιστοκλέους.
Μάγνητες γὰρ ὧν ἦρχε Θεμιστοκλῆς λαβὼν
παρὰ βασιλέως Λευκοφρύνην Ἄρτεμιν ἄγου-
σιν ἐν τιμῇ.

Art. Lysisonos.

Schol. Apoll. Rhod. Arg. I, 288: ἱερὸν ἐν
Ἀθήναις.

Art. Oinaia.

C.I.A. III, 336 (Theaters.). Ἀρτέμιδος Οἰναίας.

Art. Orthosia (vgl. Art. Hekate, Ariste).

Schol. Pind. Ol. III, 54, καὶ ἐν Ἀθήναις
ἵδρυται, τὸ ἱερὸν δὲ ἐστιν ἐν Κεραμεικῷ.

Art. Phosphoros (vgl. Art. Epipyrgidia und Hekate).

Bleimarke, *Benndorf, Beiträge z. Kenntniss
des att. Theat.*, Tf. n. 40. Av. Ἀρτέμιδ[ι]
Φωσφόρῳ m. Altar, Rv. [Ἀ]θηνᾶ Νίκ[η].
Bull. de corr. hell. 1884, Tf. II, 50. Vgl.
Voropfer an die Phosphoros (nebst Apollo
Prostaterios). *C.I.A.* II, 432, 459.

Art. Propylaia, s. oben Art. Hekate.

B. Gottheiten und Personificationen. (Asklepios.) XVII

Asklepios (Hygieia u. s. w.).
(Asklepieion am Südabhang der Burg.)
CIA. II, 159b, Z. 16. Ἀσκληπιεῖον τὸ ἐν ἄστει.
CIA. II, 477b, Z. 5, ὁ ἱερεὺς τοῦ Ἀσκληπιοῦ τοῦ ἐν ἄστει.
CIA. III, 287 (Theatersitz), Ἱερέως Ἀσκληπιοῦ (vgl. unten 263).
Δελτ. ἀρχ. 1889, S. 55, 14, Z. 4 fg. ἱερέα τοῦ Σωτῆρος Ἀσκληπιοῦ (vgl. unten Marin. vit. Procli.)
Paus. I, 21, 4. τοῦ δὲ Ἀσκληπιοῦ τὸ ἱερόν ἔς τε τὰ ἀγάλματά ἐστιν, ὁπόσα τοῦ θεοῦ πεποίηται καὶ τῶν παίδων, καὶ ἐς τὰς γραφὰς θέας ἄξιον. ἔστι δὲ ἐν αὐτῷ κρήνη, παρ᾿ ᾗ λέγουσι Ποσειδῶνος παῖδα Ἁλιρρόθιον θυγατέρα Ἄρεως Ἀλκίππην αἰσχύναντα ἀποθανεῖν ὑπὸ Ἄρεως. (Vgl. A. Quellen CIA. IV, 499 a. b.) ἐνταῦθα ἄλλα τε καὶ Σαυρομάτικὸς ἀνάκειται θώραξ.
Plin. H. N. II, 225. quae in Aesculapii fonte Athenis mersa sunt, in Phalerico redduntur.
Lucian. Pisc. 42 (ein Theil der Volksmenge erklimmt die Burg vom Asklepieion aus).
Marin. vit. Procl. 29. Proclos hatte eine Wohnung γείτονα μὲν οὖσαν τοῦ Ἀσκληπιεῖον καὶ τοῦ πρὸς τῷ θεάτρῳ Διονυσίου. ἀνήει τις τὸ Ἀσκληπιεῖον .... καὶ γὰρ εὐτύχει τούτου ἡ πόλις τότε καὶ εἶχεν ἔτι ἀπόρθητον τὸ τοῦ Σωτῆρος ἱερόν.
CIA. II, 1649 (Südabhang d. Burg). Drei Fragmente einer Urkunde über Gründung u. Geschichte des Asklepieion. (Anf. d. 4. Jahrh.)
CIA. 1650 (Südabh.). Τηλέμαχος ἱδρύσατο τὸ ἱερὸν καὶ τὸν βω[μὸν τῷ Ἀσκλη]πιῷ πρῶ[τος u. s. w. (Vgl. vorige Inschr., frg. a, Z. 8: Τηλεμάχου Ἀχαρνέως u. 1442. Asklepioscult in Acharnai, Schol. Aristoph. Plut. 621.
Athen. Mitth. XIII, S. 339 fg., Nr. 516).
Ἀθήναιον V, 527 (vgl. Athen. Mitth. II, S. 174). Σωκράτης Σαραπίωνος Κηφισιε[ὺς Ἀσκ]ληπιῷ καὶ Ὑγι[εία] τὴν κρήνην καὶ τὴν εἴσοδο[ν κατεσκεύασε]ν καὶ ἐθύρωσεν.
CIA. II, 489b, Z. 9, Diokles, ὁ εἰληχὼς ἱερεὺς Ἀσκληπιοῦ καὶ Ὑγιείας meldet: di—
Curtius, Topographie.

τεθάρθαι τὰ θυρώματα τῆς πρότερον οὔσης εἰς τὸ ἱερὸν εἰσόδου, ὁμοίως δὲ καὶ τὴν ὀπίσω τοῦ προπύλου στέγην, ἔτι δὲ καὶ τὸν ναὸν τοῦ ἀρχαίου ἀφιδρύματος τοῦ τε Ἀσκληπιοῦ καὶ τῆς Ὑγιείας. Z. 15: παρακαλεῖ τὴν βουλὴν ἐπιχωρῆσαι ἑαυτῷ κατασκευάσαντι ἐκ τῶν ἰδίων θυρῶσαι τὸ ἀρχαῖον πρόπυλον στεγάσαι δὲ καὶ τοῦ προπύλου τὸ ὀπίσω μέρος καὶ τὸν ναὸν τὸν ἀπέναντι τῆ[ς] εἰσόδου vgl. Z. 21.
CIA. II, 162 (vgl. addend.) Opfer: Z. 21 — οἷς καὶ τῷ Ἀμφιαράῳ καὶ τῷ Ἀσκληπιῷ.
CIA. II, 1204 (Epistyl. 1,74 m lang) [Ζήνων Μιλήσι]ς ἱερεὺς γενόμε[νος Ἀσκληπιῷ καὶ [Ὑ]γιείᾳ ἀνέθηκεν] u. s. w.
Vgl. CIA. III, 65a, 68a–d, 68e: Δημήτριος Ἀντιόχου Σηιεῖος ζακόρευσας τὸ ἴδυμος τοῦ προπυλαίου στρώσας ἀνέθηκεν. Vgl. 68f (derselbe) στρώσας [τὸ ἴδυμος τὸ πε]ρὶ τὸν βωμόν.
Votive.
CIA. II, 835, 836, 839, 1440 fg. bis 1511.
CIA. III, 132, 132a–r, 144, 181, 181a–h. 182, 184, 184a, 185a–c u. a. m. (181c an Askl. Hyg. καὶ τοῖς ἄλλοις θεοῖς πᾶσι καὶ πάσαις. 132a Askl. Hyg. u. Hypnos.)
CIA. III, 171, 171a–k (Paeane an Askl., Telesphoros, Podaleirios, Machaon, Akeso, Aigle, Panakeia, Epione.)
(Ausserhalb des „Asklepieion ἐν ἄστει.")
CIA. II, 1654. [Ὁ] θεὸς ἔχρησεν τῷ δήμῳ τῷ Ἀθηναίων ἀναθεῖναι τ]ὴν οἰκίαν τὴν Σήμωνος καὶ τὸν κῆπον τὸν προσόντα] τῷ Ἀσκληπιῷ καὶ αὐτὸν Σήμωνα [ἱερέα εἶναι αὐτοῦ] u. s. w.
CIA. III, 163 (Basis, Athenastrasse). Ἔκαμπος Διονυσίου Φυλάσιος καὶ ἐπίσημος τὸν Ἀσκληπιὸν [τὸν]δε κωθιδρ[ύσατ]ν ὑπὲρ ἑαυτοῦ [καὶ] τοῦ ἱερέως [ἱππαγωγοῦ Διονυσίου] Μαραθωνίου στοιχίζοντος [Αἰμιλί]ου Ἀττικοῦ [Μιλιτέ]ως (vgl 162 oben, Aphrodite).
Vgl. III, 183 (nördlich der Burg bei Hag. Ioannis gef.); III, 99 (Hadrianostoa); III, 185 (Hag. Kyra, an Hygieia); 186 (nördl. vom „Prytaneion").
CIA. III, 263 (Theatersitz). Ἱερέως Ἀσκληπιοῦ | Πα[ι]ω[ν]ος (?), vgl. 287.

b

Athena.

Ohne Beinamen.

Weihgeschenke von der Akropolis, (also meist der Polias gestiftet:) vgl. z. B. *CIA*. I, 338, 343, 349, 351, 370, 375, 379, 395, 396; *CIA*. IV, S. 43, 373 c, g, w u. a., S. 79 fg., 373, 1—227 *(passim)*; *CIA*. II, 1376—1392 *(passim)*, 1422—39 *(passim)*; Δελτ. ἀρχ. 1888, S. 55. 92, 90 fg. 140, 154, 173 fg., 225, 231; Δελτ. 1889, S. 16 fg., 37 fg., 51, 119.
CIA. III, 282 (Theatersitz). ἱερέως Ἀθηνᾶς Ἀθηρίου.

Statuen und Gruppen.

Paus. I, 27, 6 (beim Erechtheion). ἔστι δὲ Ἀθηνᾶς ἀγάλματα ἀρχαῖα καὶ σφίσιν ἀπετάκη μὲν οὐδέν, μελάντερα δὲ καὶ πληγὴν ἐνεγκεῖν ἐστιν ἀσθενέστερα· ἐπέλαβε γὰρ καὶ ταῦτα ἡ φλόξ, ὅτε ἐσβεβηκότων ἐς τὰς ναῦς Ἀθηναίων βασιλεὺς εἷλε ἔρημον τῶν ἐν ἡλικίᾳ τὴν πόλιν.

Paus. I, 26, 4 (vor Nennung des Erechtheion). τούτου (Ἐρσαίου) καθέμενόν ἐστιν Ἀθηνᾶς ἄγαλμα, ἐπίγραμμα ἔχον ὡς Καλλίας μὲν ἀναθείη, ποιήσαι δὲ Ἐνδοιος.

Geburt der Athena.

Paus. I, 24, 2 (westlich vom Parthenon). Ἀθηνᾶ τέ ἐστιν ἀνιοῦσα ἐκ τῆς κεφαλῆς τοῦ Διός.

Paus. I, 24, 5. ἐς δὲ τὸν ναόν, ὃν Παρθενῶνα ὀνομάζουσιν, ἐς τοῦτον ἐσιοῦσιν. ὁπόσα ἐν τοῖς καλουμένοις ἀετοῖς κεῖται, πάντα ἐς τὴν Ἀθηνᾶς ἔχει γένεσιν, τὰ δὲ ὄπισθεν ἡ Ποσειδῶνος πρὸς Ἀθηνᾶν ἐστιν ἔρις ὑπὲρ τῆς γῆς.

Streit um das Land.

Im Parthenongiebel s. d. vorhergeh. Stelle.

Paus. I, 24, 3 (östlich vom Parthenon). πεποίηται δὲ καὶ τὸ φυτὸν τῆς ἐλαίας Ἀθηνᾶ καὶ κῦμα ἀναφαίνων Ποσειδῶν.

Athena und Marsyas.

Paus. I, 24, 1. ἐνταῦθα (zwischen dem Hlgth. d. Art. Brauronia und Ath. Ergane) Ἀθηνᾶ πεποίηται τὸν Σιληνὸν Μαρσύαν παίουσα, ὅτι δὴ τοὺς αὐλοὺς ἀνέλοιτο, ἐρρίφθαι σφᾶς τῆς θεοῦ βουλομένης.

Plin. XXXIV, 57. (Myron) fecit .. et Satyrum admirantem tibias et Minervam.

Athena in Cultverbindungen.

Athena im T. des Ares s. oben Ares (*Paus.* I, 8, 4). Vgl. unten Ath. Areia.

Athena und Hephaistos s. Ath. Hephaistia, Polias u. Prometheus (C).

Athena und Poseidon s. Ath. Hippia und Polias.

Paus. I, 37, 2. (im Phytalidenheiligthum an der heil. Straße) σὺν δὲ σφίσιν (Demeter und Kore) Ἀθηνᾶ καὶ Ποσειδῶν ἔχουσι τιμάς.

Athena und Prometheus (s. C. Prometheus) in der Akademie.

Paus. I, 30, 2. καὶ ἔνδον Ἀθηνᾶς (βωμός) vgl. Musen, Hermes, Herakles.

Athen. XIII, S. 561 E. τῆς Ἀκαδημίας ἐκδήλως τῇ Ἀθηνᾷ καθιερωμένης (vgl. auch Eros).

Vgl. die heiligen μορίαι der Göttin oben A. unter: Ölbäume, und unten: Zeus καταιβάτης.

Athena Archegetis.

CIA. III, 65. (Architravinschrift am sog. Thor der Agora siehe F.)

CIA. III, 66 (= *Athen. Mitth.* VII, S. 309). Friesinschrift einer Bogenhalle beim Thurm des Andronikos. [. . . καὶ] Ἀθηνᾷ Ἀρχηγέτιδι καὶ θεοῖς Σεβαστοῖς [. . . Ἑρμογένης . . . οὓς Γαργήττιος [καὶ . . .] ἐς Ἑρμογ[ένους] Γαργήττιος, γένει δὲ Διομήτριος Μαραθώνιος . . . . ν ἀνέθηκαν.

Vgl *CIA*. II, 1386 (Akrop.). Παλλὰς Ἐρεχθηΐδων ἀρχαγέτιν οὐκ κατὰ ναὸν ἄδε τοι ἱδρύθι, Φιλίππη [ἱερωτά]ος u. s. w.

Schol. Aristoph. Aves 515 (Eule auf der Hand). *Plut. Alcib.* 2.

Athena Areia.

Paus. I, 28, 5 (s. A. Areopag) καὶ βωμός ἐστιν Ἀθηνᾶς Ἀρείας, ὃν ἀνέθηκεν (Orestes) ἀποφυγὼν τὴν δίκην.

CIA. II, 333, Z 5 (auch *CIA*. II, 163, Z. 10 ?)

Vgl. *Paus.* I, 8, 4 (oben Ares).

Athena Bulaia s. Zeus Bulaios.

Athena Demokratia. (Vgl. Demokrateia.)

CIA. II, 1672; III, 165 (runder Altar beim Parthenon). Ἀθηνᾶς | Δημοκρατίας, unten am Rand: Ἡρώδης [?] ..

Athena Ee(tione? im Peiraieus?)
CIA. III, 340 (Theatersitz). Ἀθηνᾶς Ἡι-
[τιώνης?

Athena Ergane.
5 Paus. I, 24, 3. πρώτοι (die Athener) Ἀθηνᾶν
ἐπωνόμασαν Ἐργάνην, πρῶτοι δ᾽ ἀκώλοις
Ἑρμᾶς ** ὁμοῦ δέ σφισιν ἐν τῷ ναῷ Σπου-
δαίων (?) δαίμων ἐστίν.
Harpocr. Ὑγίεια Ἀθηνᾶ ... καὶ γὰρ
10 Ὑγίεια καλεῖται καὶ Νίκη καὶ Ἱππία καὶ
Ἐργάνη. (Vgl. Aelian. var. hist. I, 2.)
Sophocl. frgm. 724 (Dindf.) οἳ τὴν Διὸς
γοργῶπιν Ἐργάνην στατοῖς | λίκνοισι προσ-
τρέπεσθε.
15 Plut. Praec. reip. ger. 5. τὴν γὰρ Ἐργάνην
οὔτοι μόνον θεραπεύουσιν, ὡς φησι Σοφο-
κλῆς, οἱ παρ᾽ ἄκμονι τυπάδι βαρεία καὶ
πληγαῖς ὑπακούουσαν ὕλην ἄψυχον δημι-
ουργοῦντες.
20 Votivinschriften von der Burg.
Δελτ. ἀρχ. 1888, S. 138, 1 (westl. vom
Parthenon) — Ἀχαρνίων θυγάτη[ρ] Ἀθηναίῳ
Ἐργάνῃ ἀνέθηκεν (auch 1889, S. 53, 8?)
CIA. II, 1429 (westl. vom Parthenon gef.)
25 [Εὐπ]τήμων [Νικο]κλέους | [Ἀθε]ναίαι
[Ἀ]θηναίᾳ [Ἐρ]γάνει [ἀ]νέθηκεν.
Vgl. CIA. II, 1434 (zwischen Parthenon
und Südmauer). CIA. II, 1428 (östlich vom
Erechtheion). CIA. II, 1438 (Akropolis).
30 Vgl II, 1329 (Herodestheater). [Β]άγχιο[ς]
τῇ Ἀθηνᾷ τῇ Ἐργάνῃ u. s. w.
CIA. III, 1330 (Grabinschr. d. Euanthe),
Z. 2 fg.: εἰκόνα μὲν γραπτήν - - - θήκαμεν
ἐργοπόνοι Παλλάδος ἐν τεμένει.
35 **Athena Hephaistia**, s. Hephaistos.

Athena Hippia.
Paus. I, 40, 4 (s Poseidon und E. Kolonos
Hippios). καὶ βωμὸς Ποσειδῶνος Ἱππίου καὶ
Ἀθηνᾶς Ἱππίας.
40 **Athena Hygieia.**
Paus. I, 23, 4. τοῦ δὲ Διιτρεφοῦς πλη-
σίον (an den Propyläen) ἀγάλματά ἐστιν
Ὑγιείας τε ... καὶ Ἀθηνᾶς ἐπίκλησιν καὶ
ταύτης Ὑγιείας.
45 CIA. I, 335 (halbrunde Basis in situ vor
der südlichsten Säule des östlichen Propyläen-
flügels). Ἀθηναῖοι τῇ Ἀθηναίᾳ τῇ Ὑγιείᾳ |
Πύρρος ἐποίησεν Ἀθηναῖος.

Plinius XXXIV, 80 Pyrrhus (fecit) Hygiam
[et] Minervam.   50
Aristid. Or. II, p. 25 C. Ἀθηναίων δὲ
οἱ πρεσβύτατοι καὶ Ὑγιείας Ἀθηνᾶς βωμὸν
ἱδρύσαντο.
Plut. Pericl. 13. Erzählung von der Hei-
lung des Sklaven des Perikles: ἐπὶ τούτῳ 55
δὴ καὶ τὸ χαλκοῦν ἄγαλμα τῆς Ὑγιείας
Ἀθηνᾶς ἀνέστησεν ἐν ἀκροπόλει παρὰ τὸν
βωμόν, ὃς καὶ πρότερον ἦν, ὡς λέγουσιν.
Opfer an Ath. Hyg. nach den lykurgischen
Bestimmungen: CIA. II, 163, Z. 9.   60
Vgl. CIA. IV, S. 79 zu Nr. 362, u. 354.
Δελτ. ἀρχ. 1888, S. 95, Nr. 3 (Euphronios-
votiv von der Burg), auf d. oberen Fläche:
ἐπσίlαν Ὑγιεία[ι.
Δελτ. ἀρχ. 1888, S. 32 δ' (Vasenscherbe 65
von der Burg): Ἀ]θην[αί]αι Ὑγιε[ίαι Κ]άλλις
ἐποίησ[εν] καὶ ἀνέθ[ηκεν.

Athena Itonia.
CIA. I, 210, frg. k, Z. 12 fg. (Schatz-
urkunde). Ἀθηναίας Ἰτωνίας.   70

Athena Lemnia.
Paus. I, 28, 2 (am Ende der Akropolis-
beschreibung). καὶ τῶν ἔργων τῶν Φειδίου
θέας μάλιστα ἄξιον Ἀθηνᾶς ἄγαλμα, ἀπὸ
τῶν ἀναθέντων καλουμένης Λημνίας.   75
Plin. XXXIV, 54. Phidias — — fecit
... ex aere ... Minervam tam eximiae
pulchritudinis, ut formae cognomen acce-
perit.
Lucian. Imag. 4. τῶν δὲ Φειδίου ἔργων 80
τί μάλιστα ἐπῄνεσας; τί ἄλλο ἢ τὴν Λη-
μνίαν, ᾗ καὶ ἐπιγράψαι τοὔνομα ὁ Φειδίας
ἠξίωσε. 6. τὴν δὲ τοῦ παντὸς προσώπου
περιγραφὴν καὶ παρειῶν τὸ ἁπαλὸν καὶ ῥῖνα
σύμμετρον ἡ Λημνία παρέξει καὶ Φειδίας. 85

Athena ἡ μουσική.
CIA. II, 690, Z. 8. (Frgm. e. Inventar-
urkunde.) Ἀθηνᾶς τ]ῆς μουσικῆς.
CIA. II, 666, Z. 15. θε]οῦ τῆ[ς] μουσι[κῆ]ς.

Athena Nike, s. Nike (ἄπτερος).   90

Athena Oinanthe (?)
CIA. III, 353 (Theatersitz). Ἱερέ[ως Ἀ]θηνᾶς
[Οἰν]άνθης.

Athena Organe (s. Ergane).

Athena Paionia.   95
Paus. I, 2, 5. s. D. Eubulidesmonument.

Vit. X or. 843 E. Die Grabmäler des
Lykurg u. s. w. befanden sich ἀντικρὺς τῆς
Παιωνίας Ἀθηνᾶς ἐν τῷ Μελανθίου τοῦ
φιλοσόφου κήπῳ (vgl. II. I.).
5 **Athena** ἐπὶ Παλλαδίῳ (s. Zeus ἐπὶ Παλ-
λαδίῳ und G. Gerichtshof ἐπὶ Παλλαδίῳ.)
C.I.A. I, 273 frg. f. Z. 22 (Schatzurkunde).
Ἀθηναίας ἐπὶ Παλλαδίου.
Vgl. ebenda frg. f. Z. 5. Ἀθηναίας ἐπὶ
10 Παλλαδίῳ Ἀριστείῳ.
Plut. Thes. 27 (Amazonenkampf), ἀπὸ δὲ
Παλλαδίου καὶ Ἀρδηττοῦ καὶ Λυκείου προσ-
βαλόντας (die Athener) ὤσασθαι τὸ δεξιὸν
αὐτῶν (den recht. Flügel der Amazonen)
15 ἄχρι τοῦ στρατοπέδου.
Plut. de exil. 14. Unterrichtsstätten der
Philosophen: ἐν Λυκείῳ — ἐν Ἀκαδημίᾳ,
ἡ στοαί, τὸ Παλλάδιον, τὸ ᾠδεῖον.
Vgl. Catal. Herculan. col. XXIV (Bücheler
20 Ind. lect. Gryph. 1869 70, S. 15), προτερον
γὰρ ἐσχόλαζο[ν ἐπὶ] Πα[λλ]αδίῳ (Kleito-
machos und seine Freunde). Weiter unten:
σχολὴν ἰδίαν ἐπὶ Παλλαδί[ῳ σ]υνε[στ]ήσατο.
Palladion der Gephyraeer.
25 Schol. Aristid. Panath. III, S. 320 (Dindf.).
πολλῶν Παλλαδίων ... καὶ τοῦ παρὰ τῶν
Γεφυραίων καλουμένου, ὡς Φερεκύδης καὶ
Ἀντίοχος ἱστοροῦσιν.
Ioan. Lyd. de mens. III, 21. ... ἐν Ἀθή-
30 ναις τὸ πάλαι Γεφυραῖοι ... ὠνομάζοντο
διὰ τὸ ἐπὶ τῆς γεφύρας τοῦ Σπερχείου (sic)
ποταμοῦ ἱερατεύειν τῷ Παλλαδίῳ.
Vgl. Serv. ad Virg. Aen. II, 165, 166.
Athena Polias (s. Weihgeschenke).
35 Vgl. oben A. Erdriss, Salzquell, Oelbaum.
B. Poseidon, Zeus Hypatos, Dione, Hermes,
Hephaistos, Lethe. C. Butes, Erechtheus, Ke-
krops, Pandrosos, G. Sphaeristra. K. Peiraieus.
Die Burgheiligthümer d. Athena.
40 (S. auch Ath. Ergane.)
Im Hinblick auf die ausführlichen Nach-
weise bei *Michaelis, Der Parthenon* (insbes.
Anhang I, S. 285—317) und *Jahn-Michaelis,
Pausaniae descr. arc. Ath.* (S. 13 fg., 22 fg.,
45 *Append. epigr.*, S. 40 fg.), beschränken wir
uns auf eine Zusammenordnung der Schrift-
stellen nach den Bezeichnungen, unter welchen
die Burgheiligthümer der Athena und die
wichtigsten Abtheilungen derselben aufgeführt
werden. 50
1. Erwähnungen aus älterer Zeit
(bis zur Beendigung der Perserkriege).
ὁ νηός, ναός.
Homer. Il. B, 549. Athena setzt Erechtheus
ein: ἐῷ ἐνὶ πίονι νηῷ. Vgl. Odyss. η, 81 55
Athena: δῦνε δ' Ἐρεχθῆος πυκινὸν δόμον
(s. C: Erechtheus).
Plut. Cim. 5 Kimon (vor dem Auszug nach
Salamis) — ὤφθη λαβὼν ἐκ τῶν περὶ
τὸν νεὼν κρεμαμένων ἀσπίδων. 60
Τὸ ἱερόν.
Herod. V, 72. Die Priesterin zu Kleome-
nes: μὴ ἴισθι ἐς τὸ ἱερόν (vorher ἄδυτον
τῆς θεοῦ genannt, auf dieselbe Zeit bezügl.
Schol. Arist. Lys. 273 s. unten ἀρχαῖος νεώς). 65
Herod. VIII, 41 (von der Burgschlange) ἐν-
διαιτᾶσθαι ἐν τῷ ἱρῷ (vgl. Plut. Themist.
10: ὁ σηκός, unten: νεὼς τῆς Πολιάδος und
C. Erechtheus). Herod. VIII, 51, die Perser
— ὀλίγους εὑρίσκουσι τῶν Ἀθηναίων ἐν 70
τῷ ἱρῷ ἐόντας, ταμίας τε τοῦ ἱροῦ καὶ
πένητας ἀνθρώπους (vgl. μέγαρον) 53 τὸ
ἱρὸν συλήσαντες. 54 (von Xerxes) ἐμπρή-
σαντες τὸ ἱρόν. Thucyd. I, 126 ὡς ἱκέται
(die Anhänger des Kylon) ἀποθνῄσκοντας ἐν 75
τῷ ἱερῷ (vgl. den βωμός und τῶγαλμα,
τὸ ἕδος).
Τὸ ἄδυτον τῆς θεοῦ.
Herod. V, 72, s. ἱερόν.
Τὸ μέγαρον. 80
Herod. VIII, 53. οἱ δὲ ἐς τὸ μέγαρον
κατέφυγον (nach Ersteigung der Burg durch
die Perser). [Vgl. V, 77. τὸ μέγαρον τὸ
πρὸς ἑσπέρην τετραμμένον.]
Τὠγαλμα (τὸ ἕδος). 85
Herod. V, 71, Kylon: ἱκέτης ἵζετο πρὸς
τὠγαλμα. Plut. Sol. 12. Die Kylonier:
ἐξάψαντες τοῦ ἕδους κρόκην κλωστήν, u. s. w.
Ὁ βωμὸς ὁ ἐν τῇ ἀκροπόλει.
Thucyd. I, 126. Die Kylonier: καθίζουσιν 90
ἐπὶ τὸν βωμὸν ἱκέται τὸν ἐν τῇ ἀκρο-
πόλει (s. oben ἱερόν und τῶγαλμα).
2. Seit den Perserkriegen.
Ὁ νεὼς ὁ ἐν πόλει, ἐν ᾧ τὸ ἀρχαῖον
ἄγαλμα. 95

B. Gottheiten und Personificationen. (Athena Polias.)

CIA. I, 322, Bauurkunde v. Erechtheion. Α. Anf. ἐπιστάται τ. ν. τ. ε. π. u. s. w. (Andere Bauurkunden des Erechtheion: CIA. I, 60, 282, 321, 323, 324; IV, 1, 331 c (?); IV, 2, 321. *Jelt. ἀρχ.* 1888, S. 87 fg. — CIA. II, 829 (Ol. 99,2 = 395/4 v. Chr. Wiederherstellung vom Brande). Vgl. *Ἀρχαῖος νεώς*.

Ὁ ἀρχαῖος (παλαιὸς) νεώς.

CIA. IV, 1, 1 c, Z. 25. τ]οῦ δὲ ἱεροῦ ἀργυρί[ου (der eleusinischen Gottheiten) — — τὸ μὲν — — ταμιεύε]σθαι [ἐν περιπ]όλω[ι τῷ νοτέῳ?]ιν τοῦ τῆς Ἀθηναία[ς ἀρχαίου νε]ὼ ἐμπόλει.

CIA. I, 93, Z. 6. λοῤῥᾶ?]θεν τοῦ νεὼ τοῦ ἀρχ[αίου. (Aufstellung einer Stele.)

CIA. II, 74 a, Z. 14 — — τα τοῦ ἀρχαίου νεώ — II, 163, Z. 9 fg. (θυσίαν) — — τὴν ἐν τῷ ἀρ[χαίῳ νεῷ? θυο]μένην — 464, Z. 5 fg. (Reiterbild d. Ptolemaios VIII. στῆσαι — —) παρὰ τὸν νεὼ τ]ὸν ἀρχαῖον τῆς Ἀθηνᾶς τ[ῆς Πολιάδος. — Übergabeurkunden: CIA. II, 672, Z. 43. 733, Z. 6 (vgl. 735). 758 A. II, Z. 7 fg. (vgl. 751).

Xenoph. Hell. I, 6, a. Anf.: (i. J. 406 v. Chr.) ὁ παλαιὸς τῆς Ἀθηνᾶς νεὼς ἐν Ἀθήναις ἐνεπρήσθη. (Vgl. oben CIA. II, 829.)

Schol. Aristoph. Lysistr. 273. (Aufstellung einer Stele, nach der Invasion des Kleomenes), ἐν πόλει παρὰ τὸν ἀρχαῖον νεών.

Strab. IX, 396. ὁ ἀρχαῖος νεώς· ὁ τῆς Πολιάδος, ἐν ᾧ ὁ ἄσβεστος λύχνος, καὶ ὁ Παρθενών.

Ὁ ναὸς (τῆς Ἀθηνᾶς) τῆς Πολιάδος. CIA. II, 322, Z. 44. Aufstellung: παρὰ τὸν νεὼ τῆς Ἀθηνᾶς τῆς Πο[λιάδος. Vgl. Athen. Mitth. VIII, S. 59, Z. 25.

Paus. I, 27, 1 (nach der Beschreibung des Cultbildes und der Lampe im Erechtheion). κεῖται δὲ ἐν τῷ ναῷ τῆς Πολιάδος Ἑρμῆς ξύλου, I, 27, 3, die Arrhephoren τοῦ ναοῦ τῆς Πολιάδος οἰκοῦσιν οὐ πόρρω.

Herodot V, 82. Opfer an Athena Polias u. Erechtheus, s. C. Erechth.

Philochoros b. Dionys. Hal. de Din. 13. Κίων εἰς τὸν τῆς Πολιάδος νεὼν εἰσελθοῦσα u. s. w., vgl. Zeus Herkeios u. Pandrosos.

Clem. Alexandr. Protr. III, 45, S. 13 (Sylb.) Erichthonios (s. C.) ἐν τῷ νεῷ τῆς Πολιάδος κεκήδευται.

Himer. ecl. 5, 30 (vgl. Poseidon).

Eustath. Il. X, 451 (vgl. Aidos) Altar d. Aid. und Apheleia περὶ τὸν τῆς Πολιάδος Ἀθηνᾶς νεών. ad Odyss. α 356, die Burgschlange (vgl. oben Herod. VIII, 41 im ἱερόν) ἐν τῷ νεῷ τῆς Πολιάδος διαιτωμένη.

Ὁ ναός (τὸ τέμενος τῆς Ἀθηνᾶς).

Xenoph. hell. II, 3, 20. Die Dreissig (i. J. 404 v. Chr.) τὰ ὅπλα — — ἀνακομίσαντες εἰς τὴν ἀκρόπολιν συνέθηκαν ἐν τῷ ναῷ (Simonides) Anthol. Pal. 6, 2, von den Waffen der Perser: νηῷ Ἀθηναίης κεῖται ὑπωρόφια.

Paus. I, 27, 2. τῷ ναῷ δὲ τῆς Ἀθηνᾶς Πανδρόσου ναὸς συνεχής ἐστι. I, 27, 4 πρὸς δὲ τῷ ναῷ τῆς Ἀθηνᾶς, die Statue d. Lysimache (s. D.)

CIA. II, 776, vom Peploschiff, welches Plutarchos τρὶς ποτὶ νηὸν Ἀθηναίης ἐπέλασσεν.

Schol. Aristoph. Lys. 758. τὸν ἱερὸν δράκοντα τῆς Ἀθηνᾶς, τὸν φύλακα τοῦ ναοῦ.

Apollod. III, 14, 7, 1. Erichthonios begraben ἐν τῷ τεμένει τῆς Ἀθηνᾶς. | Plutarch. symp. qu. 9, 6 Poseidou: νεὼ κοινωνεῖ μετὰ τῆς Ἀθηνᾶς.

Vom Parthenon: Aristot. hist. anim. VI, 24, p. 577 b, 29. Ἀθήνῃσιν, ὅτι τὸν νεὼν ᾠκοδόμουν (vgl. Aelian de nat. anim. VI, 49, dieselbe Geschichte nach Aristot.: τὸν Παρθενῶνα).

τὸ ἱερόν (τῆς Ἀθηνᾶς).

Aristot. Ἀθην. πολιτ. (frgm. 402). Die Gelder, Schätze u. μετὰ τὸ ἄγαλμα τῆς Ἀθηνᾶς ἐν τῷ ἱερῷ τῆς Ἀθηνᾶς.

Ps.-Dicaearch. frg. 1, 1. Ἀθηνᾶς ἱερόν, ὁ καλούμενος Παρθενών. Hesych. Αἶσος· βωμός ... ἐν τῇ ἀκροπόλει ... πρὸς τῷ ἱερῷ.

ὁ νεὼς ὁ μέγας.

Philochoros i. Schol. Aristoph. Pax 605: (Ol. 85,3 = 438/7 v. Chr.) καὶ τὸ ἄγαλμα

τὸ χρυσοῦν τῆς Ἀθηνᾶς ἱστάθη, εἰς τὸν
ναὼν τὸν μέγαν.
Bauurkunden: *CIA.* I, 300—311; IV,
S. 36, 297 a b; S. 74, 311 a.

5 ὁ πρόναος.
Übergabeurkunden: *CIA.* I, 117, 119,
121—140.
Philostrat. Apollon. Tyan. II, 10. ἐν τῷ
προδόμῳ τοῦ Παρθενῶνος. *Lucian.*
10 *pisc.* 21. ἐν τῷ προνάῳ τῆς Πολιάδος
διασώμειν.

ὁ Ἑκατόμπεδος.
a) Als Name für den Tempel.
Hesych. Ἑκατόμπεδος — — μείζων
15 τοῦ ἐμπρησθέντος ὑπὸ τῶν Περσῶν ποσὶ
πεντήκοντα. *Harpocrat. Etymol. m.* Ἑκα-
τόμπεδον. *Plutarch. Pericl.* 13. (ἐκ. παρ-
θενῶν), *de soll. an.* 13. *Cato maj.* 5. Vgl.
die Stellen bei *Jahn-Mich.*, S. 13, 31).

20 b) Als engere Bezeichnung.
In den Übergabeurkunden *CIA.* I, 149,
151, 156, 158, 159; *CIA.* II, 642, 649—
654, 657—662, 665, 666, 667 (ἄγαλμα der
Parthenos), ebenso 670 u. 719. 701, Col. II,
25 Z. 47 (Thür des Hekatomp.), ebenso: 704,
708 u. 721.

ὁ Παρθενών.
a) Als Namen für den Tempel.
Jahn-Mich., S. 13 (zu *Paus.* I, 24, 5; vgl.
30 I, 1, 2; VIII, 41, 9). *Harpocrat.* ἀργυ-
ρόπους δίφρος (des Xerxes) — ἀνέκειτο
εἰς τὸν Παρθενῶνα τῆς Ἀθηνᾶς. *Plutarch.
Demetr.* 23. τὸν ὀπισθόδομον τοῦ Παρ-
θενῶνος ἀπέδειξαν αὐτῷ (dem Demetrios)
35 κατάλυσιν. *Bull. de corr. hell.* X, S. 452,
Frgm. einer Bau-(?)Inschrift.

b) Als engere Bezeichnung.
In Übergabeurkunden: *CIA.* I, 161, 164,
166, 169, 170, 173, 184, Z. 12 (Geldleistung
40 aus d. P.) *CIA.* II, 645 (ἐκ τοῦ Π. ebenso),
646—648, 655, 656, 677 II, Col. III, Z. 25,
678 A, Col. III, Z. 25, 751, frgm. a, Z. 1,
ebenda frgm. b, Z. 3 (εἰς τὸν Π. vgl. 758 B,
II, Z. 9 u. 15). — II, 667, die auf das
45 ἄγαλμα (vgl. Hekatomp.) bezügliche Stele;
ebenso 670, 719.

ὁ Ὀπισθόδομος.
Die Schriftst. s. *Jahn-Mich.*, S. 18 a. Ende u. fg.

Inschriften. *CIA.* I, 32 A, Z. 15 fg.
(Vorschriften über die Verwaltung der ἱερὰ
χρήματα). B. Z. 28 fg. (ἐν τῷ ἐπὶ δεξιά —
ἐπ' ἀριστερᾷ) — 109 (Frgm.), 191, Z. 3
(Frgm.), 273 frgm. a, Z. 20 (Ol. 88, 4) Zah-
lung von 30 Talenten (ἐκ τοῦ ὀπισθ)οδόμου.
CIA. II, 652, B. Z. 23, τάδε ἐν τῷ ὀπι-
σθοδόμῳ ἐκ τῆς κιβωτοῦ τῆς Βραυρωνόθεν.
vgl. 666, Z. 61, 685 (Frgm.). Ähnlich das
Frgm.: *Sitzungsber. d. Berliner Akad.* 1887,
S. 1201, Nr. 45, Z. 11. *CIA.* II, 720 A.,
Col. II, Z. 6; B., Col. I, Z 32; 721, Z. 19
(Thür) u. 23.

Athena „Promachos".

Paus. I, 28, 2 (zwischen Erechtheion und
Propyläen) ἄγαλμα Ἀθηνᾶς χαλκοῦν ἀπὸ
Μήδων τῶν ἐς Μαραθῶνα ἀποβάντων,
τέχνη Φειδίου· καὶ οἱ τὴν ἐπὶ τῆς ἀσπίδος
Λαπιθῶν πρὸς Κενταύρους μάχην καὶ ὅσα
ἄλλα ἐστὶν ἐπειργασμένα λέγουσι τορεῦσαι
Μῦν, τῷ δὲ Μυῖ ταῦτά τε καὶ τὰ λοιπὰ
τῶν ἔργων Παρρασιον καταγράψαι τὸν
Εὐήνορος. ταύτης τῆς Ἀθηνᾶς ἡ τοῦ δόρατος
αἰχμὴ καὶ ὁ λόφος τοῦ κράνους ἀπὸ Σου-
νίου προσπλέουσίν ἐστιν ἤδη σύνοπτα.

Paus. IX, 4, 1. μέγεθος μὲν οὐ πολὺ δὴ
τι ἀποδεῖ τῆς ἐν ἀκροπόλει χαλκῆς (die
Athena Areia des Pheidias in Plataiai).

Demosth. XIX, § 272. ἡ χαλκῆ ἡ μεγάλη
Ἀθηνᾶ . . ἣν ἀριστεῖον ἡ πόλις τοῦ πρὸς
τοὺς βαρβάρους πολέμου, δόντων τῶν Ἑλλή-
νων τὰ χρήματα ταῦτ', ἀνέθηκεν.

Schol. Demosth. XX, 13. τὸ ἀπὸ χαλκοῦ
(ἄγαλμα Ἀθηνᾶς) ὅπερ ἐποιήσαν(το) νικη-
σαντες οἱ ἐν Μαραθῶνι ἐκαλεῖτο δὲ τοῦτο
Προμάχου Ἀθηνᾶς.

Vgl. auch das Epigramm, *Benndorf, Mitth.
d. Inst.* VII, S. 46.

Andere Erwähnungen s. *Jahn-Mich. Paus.
descr. arc.*, S. 32 fg.

Athena Skiras, s. Skiron (E) u. Ilisen (K
a. Ende).
Ἀθήν. VIII, 274 fg., Salamis? (s. C. Eury-
sakeion).

Athena Soteira (s. Zeus Soter u. Peiraieus).

Athena Themis.
CIA. III, 323 (Theatersitz). Ὀλυμφόρου
Ἀθηνᾶς Θέμιδος.

Athena Zosteria (Athen?).
    C.I.A. I, 273, frg. f. Z. 24 (Schatzurkunde).
    Ἀθηναίας Ζωστηρίας.
Auxo, s Chariten.
5 **Basile**, s. C: Kodros und G. Palaestra des Taureas.
    Vgl. auch die Basileia *CIA.* II, 1573.
Bendis, s. K: Peiraieus.
Boreas.
10   Altar am Ilisos.
    Paus. I, 19, 5 (vorher Lykeion; Grab des Nisos) .... Ποταμοί δὲ) — ὁ δὲ Εἴλισσος ἐστιν οὗτος ἔνθα παίζουσαν Ὠρίθυιαν ὑπὸ ἀνέμου Βορέου φασίν, ἁρπασθῆναι· dann der Μου-
15   σῶν βωμός.
    Herod. VII, 189. ἱερὸν Βορέω ἱδρύσαντο παρὰ ποταμὸν Ἰλισσόν.
    Plato Phaedr. 229 B. Φ. Α J J P. οὐκ ἐν-
    θένδε μέντοι ποθὲν (in der Gegend der
20   Platane) ὑπὸ τοῦ Ἰλισσοῦ λέγεται ὁ Βορέας τὴν Ὠρίθυιαν ἁρπάσαι; ΣΩΚΡ. οὐκ, ἀλλὰ κάτωθεν ὅσον δὺ ἢ τρία στάδια, ᾗ πρὸς τὸ τῆς Ἄγρας διαβαίνομεν· καί που τίς ἐστι βωμὸς αὐτόθι Βορέου. Vgl. 229 C.
25   *Cicero de legib.* I, 1, 3. Athenis non longe a tua illa antiqua domo (des Atticus) Orithyiam Aquilo sustulit; sic enim est traditum.
    Apollon. Rhod. Arg. I, 215. Ἰλισσοῦ προ-
    παροιθι. *Apollod.* III, 15, 2. ἐπὶ Ἰλισσοῦ
30   ποταμοῦ. *Dionys. Perieg.* 423 f. *Stat. Theb.* XII, 630 f.
Chariten.
    (Auf der Burg.)
    C.I.A. III, 268 [Theatersitz]. ἱερέως Χαρί-
35   των | καὶ Ἀρτέμιδος Ἐπιπυργιδίας | Ἡγε-
    μόνος.
    Paus. I, 22, 8. κατὰ δὲ τὴν ἔσοδον ἰδί-
    την ἐς ἀκρόπολιν Ἑρμῆν, ὃν προπύλαιον ὀνομάζουσι, καὶ Χάριτας Σωκράτην ποιῆσαι
40   τὸν Σωφρονίσκου λέγουσιν (vgl. Hermes ἀνεχος).
    Paus. IX, 35, 2. τιμῶσι ἐκ παλαιοῦ καὶ Ἀθηναῖοι Χάριτας Αὐξὼ καὶ Ἡγεμόνην· τὸ γὰρ τῆς Καρποῦς ἐστιν οὐ Χάριτος ἀλλὰ
45   Ὥρας ὄνομα, τῇ δὲ ἑτέρᾳ τῶν Ὡρῶν νέμουσιν ὁμοῦ τῇ Πανδρόσῳ τιμὰς οἱ Ἀθηναῖοι, Θαλλὼ τὴν θεὸν ὀνομάζοντες.
    3. καὶ Ἀθήνησι πρὸ τῆς ἐς τὴν ἀκρόπο-

λιν ἐσόδου Χάριτές εἰσι καὶ αὗται τρεῖς· παρὰ δὲ αὐταῖς τελετὴν ἄγουσιν ἐς τοὺς 50 πολλοὺς ἀπόρρητον.
    Paus. IX, 35, 7. Σωκράτης τε ὁ Σωφρο-
νίσκου πρὸ τῆς ἐς τὴν ἀκρόπολιν ἐσόδου Χαρίτων εἰργάσατο ἀγάλματα Ἀθηναίοις· καὶ ταῦτα μὲν ἐστιν ὁμοίως ἅπαντα ἐν 55 ἐσθῆτι.
    Diogen. Laert. II, 19. Ἰούριν δὲ καὶ δου-
λεύσαι αὐτὸν (Sokrates) καὶ ἐργάσασθαι λίθους· εἶναί τε αὐτοῦ καὶ τὰς ἐν ἀκρο-
πόλει Χάριτας ἐνίοί φασιν, ἐνδεδυμένας 60 οὔσας (vgl. *Suid.* Σωκράτης).
    Schol. Aristoph. Nub. 773 (*Tzetzes*). Σω-
κράτης ... καὶ ἀγάλματα τῶν τριῶν Χαρί-
των εἰργάσατο, Πειθοῦς, Ἀγλαΐης, Θαλείας, ἃ ἕως ὅπισθε τῆς Ἀθηνᾶς ἐγγεγλυμμένα 65 τῷ τοίχῳ.
    Plinius XXXVI, 32. non postferuntur et Charites in propylo Atheniensium quas So-
crates fecit, alius ille quam pictor (philoso-
phus?), idem ut aliqui putant.   70
Chariten i. d. Akademie.
    Diog. Laert. IV, 1. (Σπεύσιππος) Χαρίτων
ἀγάλματα ἀνέθηκε ἐν τῷ Μουσείῳ τῷ ὑπὸ Πλάτωνος ἐν Ἀκαδημίᾳ ἱδρυθέντι (vgl. Musen).   75
Chariten, Demos (Roma).
    C.I.A. II, 605 (Hypapanti), Z. 5. ὁ δῆμος] ἔστησεν (τὸν δεῖνα) ἐν τῷ τεμένει τοῦ Δήμου καὶ τῶν Χαρίτων u. s. w. vgl. Jo-
seph. *Ant. Jud.* XIV, 8, 5. Im Heiligth. d. 80 Demos u. d. Chariten: Erzbild des Hohen-
priesters Hyrkanos.
    C.I.A. III, 265 (Theatersitz). ἱερέως Δήμου| καὶ Χαρίτων καὶ Ῥώμης.
    C.I.A. III, 661. (Attalosstoa.) ὁ δῆμος τὸν 85 ἱερέα Δήμου καὶ Χαρίτων —
    Vgl. *CIA.* II, 470, Z. 5, 6; 471, Z. 6; 467, Z. 7; 469, Z. 6; 1655.
    C.I.A. III, 224 b, c. ταῖς Χαρισί? ....
Daeira.   90
    C.I.A. I, 203 f. Schatzurkunde.
    C.I.A. II, 741. frgm. b, 2. (Hautgelder-
inschr.) τῇ Δαείρᾳ.
Demeter und Kore (vgl. unten die Mysterien-
heiligthümer in Agrai und das Eleusinion.) 95
    C.I.A. II, 375. Decret zu Ehren einer

Priesterin (Akropolis?) Z. 6. Aufstellung der Stele παρά τον ν[εών τῆς] Δήμητρο[ς (Vgl. Dem. Chloe.)
CIA. II, 484. 485. (Hypapanti u. Irenenkirche, Pittakis.) Fragmente, (auf den eleusinischen Cult bezüglich.)
CIA. II, 660, Z. 33. 36. τοῖν θεοῖν.
CIA. II, 679, Z. 14. [Δήμητ]ρος καί [Κόρ]ης ἱέρεια. Vgl. 681. Z. 14.
CIA. II, 1164 (nach Pitt.: Panag. Vlassaru, östl. „Theseion") ὁ δῆμος Μένιππον — — Δήμητρι καὶ [Κόρῃ?
CIA. II, 1203 (Basis, Pyrgiotissa). Ἀριστόνικος Ἀριστονίκου Οἰναῖος Δήμητρι καὶ Κόρῃ ἀνέθηκεν.
CIA. II, 1399. (Basis beim Thurm des Andronikos.) Δήμητρι καὶ Κόρῃ Φίλυλλα etc.
CIA. II, 1526 (Frgm. einer Basis, Südabhang d. Burg). ὁ δεῖνα — — [θ]οσ[ίκι]ος ἀνέθηκεν τοῖν θεοῖν.
CIA. II, 1608. Frgm. eines Epistyls am Eingang zur Akropolis. Μυσικλῆς u. s. w. — — — Δήμητρι καὶ Κόρῃ ἀνέθηκεν. (Vgl. Dem. Chloe.)
CIA. III, 169. (Kl. Altar von d. Burg.) Δήμητρι καὶ Κόρῃ Φώβιος δαδοῦχος.
CIA. III, 190 (in der Kirche Chorici, nordöstl. d. Burg. Pittakis). Δήμητρι καὶ Κόρῃ ἀνέθηκεν.
CIA. III, 356 (Theatersitz). Δήμητρος.
CIA. III, 910 („in templo Παναγίας", Nordabhang der Burg). Κλεομένης ... καὶ Φιλιώ ... τὴν ἑαυτῶν θυγατέρα Φιλιώ μυηθεῖσαν ἀφ' ἑστίας Δήμητρι καὶ Κόρῃ.
CIA. III, 919 (Παναγία Κρυστιάτη, Nordabhang der Burg?) τὴν δεῖνα] Ἀριστοκλέους ἐρρηφορήσασαν Δήμητρι καὶ Κόρῃ.
Auf Dem. u. K. bezüglich? *Δελτ. ἀρχ.* 1889, S. 113, 10 (Frgm. v. d. Burg).

Demeter und Pherrephatta.
CIA. II, 699, Z. 21 (Schatzmeisterurkunde). Z. 20. Δήμητρος καὶ Φερρεφ[άττ]ης [ἱέρεια].
CIA. III, 293 (Theatersitz). Ἱερέως Δήμητρος καὶ Φερρεφάττης. (Vgl. unten Pherephatte.)

Dem., Kore, Iakchos; Ἰακχεῖον.
Paus. I, 2, 4. καὶ πλησίον (dem Pompeion) ναός ἐστι Δήμητρος (darin Demeter und der fackeltragende Iakchos von Praxiteles).
Clem. Alexandr. Protr. 4, S. 18. (Sylbg.) ἦ πού γ' ἂν ἔτι τὴν Πραξιτέλους Δήμητρα καὶ Κόρην καὶ τὸν Ἴακχον τὸν μυστικὸν θεοὺς ὑπολάβοιμεν;
Plut. Aristid. 27. Λυσίμαχος .. ὃς ἑαυτὸν ἐκ πινακίου τινὸς ὀνειροκριτικοῦ παρὰ τὸ Ἰακχεῖον λεγόμενον καθιζόμενος ἔβοσκε. Vgl. *Alciphr.* III, 59.
Über d. Iackchoszug durch die Agora nach Eleusis vergl. *Schol. Aristoph. Ran.* 402. *Hesych.* δι' ἀγορᾶς.

Dem., Kore, Triptolemos, s. unten Dem. in Agrai.

Dem., Kore, Athena, Poseidon, an der heil. Strafse.
Paus. I, 37, 2 (Temenos des Lakios und Grab des Nikokles). ἔστι δὲ καὶ Ζεφύρου τε βωμὸς καὶ Δήμητρος ἱερὸν καὶ τῆς παιδός· σὺν δὲ σφίσιν Ἀθηνᾶ καὶ Ποσειδῶν ἔχουσι τιμάς s. Phytalos.

Demeter und Hades (θεός und θεά).
CIA. III, 1108. 1109. Als Kosmet d. Epheben ἱερεὺς θεοῦ καὶ θεᾶς Εἰρηναῖος Παιανιεύς. Vgl. Hades.

Dem. Achaia (der Gephyräer), Gephyraia.
Herod. V, 61. καί σφι (den Geph.) ἱρά ἐστι ἐν Ἀθήνῃσι ἱδρυμένα, τῶν οὐδὲν μέτα τοῖσι λοιποῖσι Ἀθηναίοισι, ἄλλα τε κεχωρισμένα τῶν ἄλλων ἱρῶν καὶ δὴ καὶ Ἀχαίης Δήμητρος ἱερόν τε καὶ ὄργια.
Vgl. *Aristoph. Achar.* 708 fg. *Hesych.* und *Etym. m.* Ἀχαία.
CIA. III, 373 (Theatersitz). Δήμητρος κουροτρόφου Ἀχαίας. Vgl. 337. Δήμητρος Ἀχαίας.

Dem. in Agrai (Metroon).
Paus. I, 14, 1. ναοὶ δὲ ὑπὲρ τὴν κρήνην (Enneakrunos) ὁ μὲν Δήμητρος πεποίηται καὶ Κόρης, ἐν δὲ τῷ Τριπτολέμου κείμενόν ἐστιν ἄγαλμα .... 4. πρὸ δὲ ναοῦ τοῦδε, ἔνθα καὶ τοῦ Τριπτολέμου τὸ ἄγαλμα, ἔστι βοῦς χαλκοῦς οἷα ἐς θυσίαν ἀγόμενος, πεποίηται δὲ καὶ καθήμενος Ἐπιμενίδης Κνώσσιος.
Eustath. ad Il. B, S. 361, 36. χώρα πρὸς τῷ Ἰλισσῷ ᾧ κλῆσις Ἄγρα καὶ Ἄγραι, οὗ

τὰ μικρὰ τῆς Δήμητρος ἤγετο — μυστήρια, ἃ ἐλέγετο τὰ ἐν Ἄγρης. *Plut. Demetr.* 26. τὰ πρὸς Ἄγραν.

Bekk. Aneed. gr. I, 326, 24 u. 334, 11. Ἄγραι χωρίον ἔξω τῆς πόλεως, ἱερὸν Δήμητρος, ἐν ᾧ τὰ μικρὰ μυστήρια ἄγεται, vgl. *Steph. Byz.* Ἄγρα καὶ Ἄγραι.

Suid. Ἄγρα· Δήμητρος ἱερὸν ἔξω τῆς πόλεως πρὸς τῷ Ἰλισσῷ.

Polyain. V, 17. παρὰ τὸν Ἰλισσόν, οὗ τὸν καθαρμὸν τελοῦσι τοῖς ἐλάττοσι μυστηρίοις.

Himer. Or. III, 4. νῦν καὶ τάχα δή σε (Ἰησοῦ?) μαντεύεται πάλιν ὁ ποταμὸς (Ἰλισσός) τὰ μυστήρια.

Himer. Ecl. X, 17. παρ᾽ Ἰλισσοῦ μυστικαῖς ὄχθαις.

CIA. II, 315. (Ephebeninschr. Panag. Pyrgiotissa.) Z. 9. τῆς θυσίας ἣν ἔθυσαν ἐν τοῖς πρὸς Ἄγραν μυστηρίοις.

CIA. I, 200 e, 273 e, f, Schatzurkunden. Μητρὸς ἐν Ἄγραις.

Bekker, An. gr. I, S. 273, 20. Κρόνιον τέμενος· τὸ παρὰ τὸ νῦν Ὀλύμπιον μέχρι τοῦ μητρῴου τοῦ ἐν Ἄγρᾳ. [Wachsm. st. ἀγορᾷ.]

Bekker An. gr. I, 327, 3. τὸ ἱερὸν τὸ μητρῷον τὸ ἐν Ἄγραις.

Dem. Chloe (Euchloos).

Paus. I, 22, 3 (s. Ge Kurotrophos); nach Aphrod. Pandemos: ἔστι δὲ καὶ τῆς Κουροτρόφου καὶ Δήμητρος ἱερὸν Χλόης.

Aristoph. Lysistr. 830 fg. ἀνδρ᾽ ὁρῶ προσιόντα ... παρὰ τὸ τῆς Χλόης. Schol. Χλόης Δήμητρος ἱερὸν ἐν ἀκροπόλει (nach Philoch.)

Schol. Soph. Oed. Col. 1600. (εὐχλόου Δήμητρος) ἱερὸν ἐστι πρὸς τῇ ἀκροπόλει ... οὕτω δὲ τιμᾶται ἐν τῆς κατὰ τῶν καρπῶν χλόης. Εὔπολις Μαρικᾷ (frg. 183.) ἀλλ᾽ εὐθὺ πόλεως εἶμι· θῦσαι γάρ με δεῖ | κριὸν Χλόῃ Δήμητρι.

CIA. II, 722, B. Z. 18 (Schatzmeisterurkunde). Δήμητρος τῆς Χλόης.

CIA. II, 631 (nach Koss: Akropolis), Z. 16. Δήμητρος Χλόης ἱερεῖα ἱερωσύνη Γ.] Vgl oben *CIA.* II, 375 u. 1608.

CIA. III, 349 (Theatersitz). Δήμητρο[ς] Χλόης.

CIA. III, 191. (Basisfragm. von der Burg.)

... ἄμον Νικοδ[ήμου ... ὁ πατὴ]ρ καὶ ἡ μήτηρ Δήμητρι Εὐχλόῃ ἀνέθηκεν.

Δελτ. ἀρχ. 1889, S. 129 fg., Nr. 4 = *Bull. de corr. hell.* XIII, S. 167, 4 (gef. am Westaufgang der Burg). Δήμητρι Χλόῃ· ἱέρεια Νικοβούλη u. s. w. Ebenda, S. 130, Nr. 5 (kleine Votivsäule gleichen Fundorts) Δήμητρι Χλόῃ | καὶ Κόρῃ | τὴν Κουροτρό|φον Εἰσίδοτος | ἀνέθηκεν | ἐπι᾽ ὀνείρου. Andere Inschriften s. Demeter u. Kore a. Anf.

Dem. Euchloos bei dem Kolonos Hippios.

Soph. Oed. Col. 1600. τὼ δ᾽ (die Töchter des Oedipus, um Wasser zu holen) εὐχλόου Δήμητρος ἐς προσόψιον πάγον μολόντε u. s. w.

Dem. Eleusinia (Eleusinion). (Vgl. oben Dem. u. Kore.)

Paus. I, 14, 3. (Bei Erwähnung des Tempels der Demeter u. Kore und des Triptolemos): πρόσω δὲ ἰέναι με ὁρμημένον τοῦδε τοῦ λόγου καὶ ὁπόσα [ἐς Clavier] ἐξήγησιν ἔχει τὸ Ἀθήνησιν ἱερὸν καλούμενον δὲ Ἐλευσίνιον, ἐπέσχεν ὄψις ὀνείρατος· ἃ δὲ ἐς πάντας ὅσιον γράφειν, ἐς ταῦτα ἀποτρέψομαι, s. oben Dem. in Agrai a. Anf.

Pollux X, 97. ἐν δὲ ταῖς Ἀττικαῖς στήλαις, αἳ κεῖνται ἐν Ἐλευσινίῳ (Bergk st. Ἐλευσῖνι) τὰ τῶν ἀσεβησάντων περὶ τὼ θεὼ δημοσίᾳ πραθέντα ἀναγέγραπται.

Vgl. *CIA.* I, 274 u. 275 (bei Hypapanti gef.), 276, 277 (bei Taxiarchi gef.); IV, 2, 277a (beim „Marktthor"), 277b (b. d. Attalosstoa). *Köhler, Hermes* XXIII, S. 392 fg., 1—3 (Nr. 2 bei Hag. Trias gelesen).

Ennius, Medea alt. Prolog., asta atque Athenas anticum opulentum oppidum Contempla et templum Cereris ad laevam aspice.

Thucyd. II, 17. οἱ πολλοὶ τά τε ἐρῡμα τῆς πόλεως ᾤκησαν καὶ τὰ ἱερά ... πάντα, πλὴν τῆς ἀκροπόλεως καὶ τοῦ Ἐλευσινίου καὶ εἴ τι ἄλλο βεβαίως κλῃστὸν ἦν.

Das Eleusinion ἐν ἄστει *CIA.* I, 1, Z. 37, 38; *CIA.* II, 834 b (passim). Das „E. ἐπὸ τῇ πόλει" s. unten *CIA.* III, 5, Z. 11, 38. (Festzüge, Denkmäler.)

Xenoph. Hipparch. III, 2. ἐντεῦθεν (von den „Hermen" [s. u.] nach Umkreisung des Marktes) καλὸν μοι δοκεῖ εἶναι κατὰ φυλὰς

εἰς τάχος ἀνιέναι τοῖς ἵπποις μέχρι τοῦ Ἐλευσινίου.
Callimach., Hymn. in Cer. 128 fg. μέσφα τά τάς πόλιος πρυτανεῖα τὰς ἀτελέστως | τὰς δὲ τελεσφορίας ποτὶ τὰν θεὸν ἄχρις ὁμαρτεῖν. Vgl. *Schol. Aristoph. Ran.* 369. G: St. Poikile.
Philostr. Vit. soph. II, 1, 5. Vom Panathenäenschiff, ἐκ Κεραμεικοῦ ἄρασαν..ἀφεῖται ἐπὶ τὸ Ἐλευσίνιον καὶ περιβαλοῦσαν αὐτὸ παραμείψαι τὸ Πελασγικόν (vgl. Pythion).
Schol. Aristoph. Equit. 566 — *Suid. πέπλος·* Vom Panathenäenschiff, ἐς καὶ τὴν πομπὴν ἀπὸ (διὰ Suid.) τοῦ Κεραμεικοῦ ποιοῦσι (ποιοῦν Suid.) μέχρι τοῦ Ἐλευσινίου.
C.I.A. III, 5 (bei Dittnitr. Katiphori gef.), Z. 10 fg. (von den Ephebon): ἵνα τῇ τετράδι ἐπὶ δέκα παραπέμψωσιν τὰ ἱερὰ μέχρι τοῦ Ἐλευσινίου τοῦ ὑπὸ τῇ πόλει. Z. 38 fg. καὶ στῆσαι τὴν μὲν (στήλην) ἐν Ἐλευσινίῳ τῷ ὑπὸ τῇ πόλει, τὴν δὲ ἐν τῷ Διογενείῳ, τὴν δὲ ἐν Ἐλευσῖνι. *C.I.A.* III, 6. („Athenis in domo Nicolai Ioannis" Fourm.) Fragment eines anderen Exemplares ders. Inschrift.

C.I.A. II, 315 (Panag. Pyrgiotissa), Z. 32. καὶ στῆσαι ἐν τῷ Ἐλευσινίῳ.
Clem. Alexandr. Protr. 13 (Sylbg.) Ἱμμάραδος ὁ Εὐμόλπου καὶ Δαείρας οὐχὶ ἐν τῷ περιβόλῳ τοῦ Ἐλευσινίου τοῦ ὑπὸ τῇ ἀκροπόλει (κεκήδευται); vgl. *Arnob. adv. gentes* VI, 6.

Denkmal d. Reitkünstlers Simon im Eleusinion (s. D.) *Xenoph. de re equ.* I, 1. Vgl. die Siegerlisten *C.I.A.* II, 969 B, Z. 1 (u. 968, Z. 16) ἀποβάτες ἐν Ἐλευσινίῳ Ἀμφιάραος u. s. w.

(Versammlungen.)
C.I.A. II, 431 (Unterstadt), Z. 30. Βουλὴ [ἐν βουλευτηρίῳ καὶ ἐκ] τοῦ βουλευτηρίου ἐν τῷ Ἐλευσινίῳ. Vgl. II, 372, Z. 4.
C.I.A. III, 2, Z. 3. Βουλὴ ἱερὰ ἐν Ἐλευσινίῳ. Vgl. *Indexid. de myst.* § 111.

Dem. Gephyraia, s. Achaia.
Dem. Karpophoros.
C.I.A. II, 1545 (Akropolis). ε]ὐεπινόμια [ποι]ωνον δὲ πο[....... Δήμητρ]ος Καρποφόρου] — — δεκάτῃ ει.

Dem. Kurotrophos
C.I.A. III, 372 (Theatersitz). Κουροτρόφου ἐξ Ἀγλαύρου Δήμητ[ρ]ος.
C.I.A. III, 373, s. Dem. Achaia.
Demeterheiligthum in Melite (vgl. Dem. Thesmophoros).
Schol. Aristoph. Ran. 501. ἐν Μελίτῃ δήμῳ τῆς Ἀττικῆς ἱδρύθη Ἡρακλῆς τὸ μικρὰ μυστήρια.

Dem. Ὀμ — —
C.I.A. III, 26 ἱερέως τῆς Ὀμ[πνίας Δήμητρος?] s. Zeus Eleuth.
Dem. Phrearrhoos.
C.I.A. III, 375 (Theatersitz). Δήμητρος Φρεα[ρ]ρόο[υ].
Dem. Thesmophoros.
Aristoph. Thesm. 657 fg. χρὴ — — περιθρέξαι τὴν Πύκνα πᾶσαν καὶ τὰς σκηνὰς καὶ τὰς διόδους διαθρῆσαι.
Schol. Aristoph. Thesmoph. 585. zu „ἀναπέμψαι" ἐν ὑψηλῷ (γάρ) κεῖται τὸ Θεσμοφόριον.
C.I.A. III, 190 a (Asklepieion). Tafel mit Altar u. zwei Schlangen in Relief. Darunter: ... λλιος Ξείλων Μελιτ[εὺς ...] Θεσμοφόροις ἀν[ερόθινεν?]. *Athen. Mitth.* XIII, S. 454 (Gefässhenkel, bei d. Ausgrabungen zwischen Areopag und Theseion gef.) ἐπ[ὶ Ἱε]ραευίου· [Θεσμοφορίοις?]
Demokrateia, s. Athena Dem.
C.I.A. II, 741, A (Hautgelderinschr.), frgm. c. 10, 11. ἐκ τῆς θυσίας τῇ Δημοκρατείᾳ παρὰ [στρατη]γῶν. Vgl. frgm. d. 3.
C.I.A. II, 470, Z. 62. (Dem. in Salamis?)
Demos, s. Chariten. Im Buleuterion: *Paus.* I, 3, 5.
Dione.
C.I.A. I, 324 c, Col. I, Z. 65; II, 50 (Bauinschrift vom Erechtheion) τὸν [κίονα τὸν] πρὸς τοῦ βωμοῦ τῆς Διώνης. Vgl. Col. I, Z. 36, II, 63, d. Col I, Z. 6 (τὸν τρίτον, τὸν ἕκτον κίονα) ἀπὸ τοῦ βωμοῦ τῆς Διώνης (von der Osthalle). *Δελτ. ἀρχ.* 1888, S. 88 a. E.
C.I.A. III, 333 (Theatersitz). Διώνης α... πον ...
Dionysos.
τὸ τέμενος τοῦ Διονύσου.
S. unten Dion. Eleuthereus und ἐν Λίμναις.
C.I.A. II, 307, Z. 23. 420 Z. 19, 55. Διόν.

B. Gottheiten und Personificationen. (Dionysos.)

VII, S. 480, Z. 35 fg. Das προπύλαιον τοῦ Διονύσου; *Andocid.* I, 38: s. G. Odeion.
Dionysos im Kerameikos. Vgl. Dionysos Melp., Eleuthereus a. E.(u.ἐπὶ τῆς ἐσχάρας?)
Paus. I, 2, 5. μετὰ δὲ τὸ τοῦ Διονύσου τέμενός ἐστιν οἴκημα ἀγάλματα ἔχον ἐκ πηλοῦ, βασιλεὺς Ἀθηναίων Ἀμφικτύων ἄλλοις τε θεοῖς ἑστιῶν καὶ Διόνυσον.
(Schatzurkunden.)
C.I.A. I, 197 c, 273 u. sonst.
(Priester.)
C.I.A. III, 314 (Theatersitz) ἱερέως Διονύσου.
C.I.A. III, 362. Ἰουλίου ἱερέως] Διονύσου J...
(Votive.)
C.I.A. II, 1338 (Akropolis). Frgm Weihung d. Techniten, 1409 (Dimitrios Katiph.) Basis: Πλείσταινον Σωκλέους Κεφαλῆθεν ἡ γυνὴ, Πλείστις καὶ ἡ θυγάτηρ Σωσινίκη, ἄρχοντα γενόμενον Διονύσῳ ἀνέθηκαν. Vgl. auch 1614.
C.I.A. III, 139. (kl. Ara beim Dipylon gef. mit Medusenmaske). Ζώσιμος Εὐχε[νί]ον | Διονύσῳ | εὐχήν.
C.I.A. III, 192. (Seidenfabrik; nordwestl. Th. d. Stadt; kl. Altar:) [Ἀγαθῇ] τύχῃ | ... | Διονύσῳ τε | [τὸν] βωμόν.
C.I.A. III, 194 (kl. Altar aus Porosstein gef. im Hause Caspari). Διονύσῳ Ἀβασκάντῳ | Ἀβασκάντου | Ἀλα[ιε]ύς.
Dion. Auloneus (in Athen?).
C.I.A. III, 297 (Theatersitz) Ἱερέως Διονύσου; doch vgl. 193.

Dionysos Eleuthereus.
C.I.A. III, 240 (Theatersitz) Ἱερέως Διονύσου Ἐλευθερέως.
C.I.A. III, 158 (Dionysostheater). — [Διονύσῳ Ἐλ]ευθερεῖ καὶ [Νέρωνι Κλ]αυδίῳ ... ἀνέθηκεν.
Paus. I, 20, 3. τοῦ Διονύσου δέ ἐστι πρὸς τῷ θεάτρῳ τὸ ἀρχαιότατον ἱερόν. δύο δέ εἰσιν ἐντὸς τοῦ περιβόλου ναοὶ καὶ Διόνυσοι, ὅ τε Ἐλευθερεὺς καὶ ὃν Ἀλκαμένης ἐποίησεν ἐλέφαντος καὶ χρυσοῦ. γραφαὶ δὲ αὐτόθι (Dionysos und Hephaistos, Pentheus, Lykurg, Ariadne).
Xoanon des Eleuthereus aus Eleutherai: *Paus.* I, 38, 8.

Brand des Tempels. *Clem. Alex. Protr.* p. 16 (Sylbg.).
Paus. I, 29, 2 (am Weg zur Akademie). καὶ ναός οὐ μέγας ἐστίν, ἐς ὃν τοῦ Διονύσου τοῦ Ἐλευθερέως τὸ ἄγαλμα ἀνὰ πᾶν ἔτος κομίζουσιν ἐν τεταγμέναις ἡμέραις. Vgl.:
Διόνυσος ἐπὶ τῆς ἐσχάρας.
C.I.A. II, 470, Z. 11. εἰσήγαγον δὲ καὶ τὸν Διόνυσον ἀπὸ τῆς ἐσχάρας θύσαντες τῷ θεῷ καὶ ἀνέθηκαν φιάλην κ. λ. τ.
C.I.A. II, 471 B, Z. 12, vgl. Z. 76. εἰσήγαγον δὲ καὶ τὸν Διόνυσον ἀπὸ τῆς ἐσχάρας εἰς τὸ θέατρον μετὰ φωτός.

Dionysos Lenaios. (Vgl. E. Lenaion.)
C.I.A. II, 741 (Hautgelderinschr.) Διονύσια τὰ ἐπὶ Ληναίῳ, s. a. Z. 10 b, Z. 4 d, Z. 9.
Hesych. ἐπὶ Ληναίῳ ἀγών· ἔστιν ἐν τῷ ἄστει Λήναιον, περίβολον ἔχον μέγαν καὶ ἐν αὐτῷ Ληναίου Διονύσου ἱερόν, ἐν ᾧ ἐπετελοῦντο οἱ ἀγῶνες Ἀθηναίων πρὶν τὸ θέατρον οἰκοδομηθῆναι. Vgl. *Phot.* Λήναιον u. *Bekker, An. gr.* I, 278, 8. *Etym. m.* ἐπὶ Ληναίῳ.
Hesych. Suid. αἰγίειρον θέα· s. A. Pappeln — πλησίον τοῦ ἱεροῦ u. s. w. Vgl. *Hesych.* Λίμναι unter Dion. ἐν Λίμναις.

Dionysos ἐν Λίμναις (vgl. E. Limnai).
Thucyd. II, 15. καὶ τὰ ἔξω (τῆς ἀκροπόλεως) πρὸς τοῦτο τὸ μέρος τῆς πόλεως (πρὸς νότον) μᾶλλον ἴδρυται, τό τε τοῦ Διὸς τοῦ Ὀλυμπίου καὶ τὸ Πύθιον καὶ τὸ τῆς Γῆς καὶ τὸ ἐν Λίμναις Διονύσου.
Apollod. c. Neaer. § 76. ἐν τῷ ἀρχαιοτάτῳ ἱερῷ τοῦ Διονύσου καὶ ἁγιωτάτῳ ἐν Λίμναις u. s. w. Vgl. *Isaeus* VIII, 35 (ἐν ἄστει).
Hesych. Λίμναι· ἐν Ἀθήναις τόπος ἀνειμένος Διονύσῳ, ὅπου τὰ Λήναια ἄγετο.
Schol. Aristoph. Ran. 216. Λίμνη· τόπος ἱερὸς Διονύσου ἐν ᾧ καὶ οἶκος καὶ ναὸς τοῦ θεοῦ. Καλλίμαχος ἐν Ἑκάλῃ ".Λιμναίῳ δὲ χοροστάσιας ἄγον ἑορτάς.'' Vgl. *Steph. Byz.* Λίμναι·
Phanodem. b. Athen. XI, 465 A: (als Lokal der Choen) τὸ ἱερὸν τοῦ ἐν Λίμναις Διονύσου vgl. X, 437, D. τὸ ἐν Λίμναις τέμενος.

Dionysos Melanaigis, vgl. *Suidas* Ἀπατούρια, *Conon narr.* 39.

Dionysos Melpomenos.

CIA. III, 278 (Theatersitz). Ἱερέως | Διονύσου Μελπομένου | ἐκ τεχνιτῶν.
Athen. V, S. 212 D. τέμενος τῶν [περὶ
5 τὸν Δ.] τεχνιτῶν. (Vgl. auch G. Buleuterion τεχνιτῶν.)
CIA. III, 274 (Theatersitz). Ἱερέως | Μελπομένου Διονύσου | ἐξ Εὐνειδῶν.
CIA. I, 4, Z. 17 (Opfervorschrift). Διο-
10 νύσ[ῳ Μελπομένῳ?] ἔριφος κριτός.
CIA. III, 20. (Akropolis.) Inschrift der dionysischen Künstler, Z. 12. [ἱερ]εὺς Μελ[πομέ]νο[υ].
Paus. I, 2, 5, s. C. Weihgeschenk des
15 Eubulides, II: Haus des Pulytion.
Paus. I, 14, 1, im Odeion Διόνυσος θίας ἄξιος.

Dionysos Morychos, vgl. Clem. Alex. Protr. IV, S. 14 (Sylb.).

20 Dionysos ὀρθός.

Athen. II, S. 38 C (nach Philochoros). Altar des D. Orth nebst Altar der Nymphen im Heiligthum der Horen.

Dionysos Paideios.

25 CIA. II, 1222. Ἀγωνιος — — | — — ἀγωνοθετήσας | [Διονύ]σῳ παιδείῳ.

Echo.

CIA. II, 470, Z. 7 fg. (Ephebeninschrift). ἐπαπέντισαν δὲ καὶ τοῖς ἱεροῖς ἐν ὅπλοις
30 μέχρι τῆς Ἠχοῦς καὶ προέπεμψαν αὐτά.

Eileithyia.

Paus. I, 18, 5. πλησίον (dem Sarapeion und dem Bündnissplatz des Theseus und Peirithoos) δὲ ᾠκοδόμητο ναὸς Εἰλειθυίας ...
35 μόνοις δὲ Ἀθηναίοις τῆς Εἰλειθυίας κεκάλυπται τὰ ξόανα ἐς ἄκρους τοὺς πόδας. τὰ μὲν δὴ δύο εἶναι Κρητικὰ καὶ Φαίδρας ἀναθήματα ἔλεγον αἱ γυναῖκες, τὸ δὲ ἀρχαιότατον Ἐρυσίχθονα ἐκ Δήλου κομίσαι.
40 I, 18, 6. s. Olympieion.
Isaeus V, § 39. τὴν δὲ μητέρα τὴν αὐτοῦ καθημένην ἐν τῷ τῆς Εἰλειθυίας ἱερῷ πάντες ἑώρων καὶ τούτῳ ἐγκαλοῦσαν ἃ ἐγὼ αἰσχύνομαι λέγειν.
45 CIA. II, 1586 (bei der Metropolis gef.). ἐπὶ ἱερείας Πο[μπίλ]ης Χε[ρί]ων — τὴν θυγατέρα ἀνέθηκεν (Ν)οσαίππην Εἰλυθίᾳ.
CIA. III, 925 („in muro balnei maioris."

Pittakis: „Panag. Kandili beim Lysikr.").
[τὴν δεῖνα] ἡ μή[τηρ] ... Εἰλυθείᾳ.   50
CIA. III, 926, (Basis; Finlay). Ἰούλιος Ὑπτά[ιος] τὴν ἑαυτοῦ θυγη[τέρα] — — Ἠλιθυίᾳ χαριστέριον | ἐπὶ ἱερείας Ἰσιδώρας (vgl. Ἀθήναιον IV, 118, 7).
CIA. III, 836 a, beim Asklepieion. Ἡλιθ[υιᾳ?] — — τὸν Βάσσον | — Εἰλειθυίᾳ 55 ἀνέθηκεν.

Eileithyia in Agrai.

CIA. III, 319 (Theatersitz). Ἐρατηφόροις ᾇ Εἰλιθυία[ς] ἐν Ἄγραι[ς].   60
(Kleidemos bei) Bekker Anecd. gr. I, S. 326, 30. τὰ μὲν οὖν ἄνω τὰ τοῦ Ἰλισοῦ πρὸς ἀγοράν (vielm. Ἄγραν) Εἰλιθυία.
CIA. II, 1590 (Votivsäule am Ilisos gef.).
Εὐκολίνη Ἠλιθία Φιλουμένη Ἀμφιμάχου 65 γυνὴ ἀνέθηκεν ἐπ' Ἀρτεμίας ἱερείας (dabei Kinderstatuetten).

Eirene (und Plutos).

Paus. I, 8, 2. μετὰ δὲ τὰς εἰκόνας τῶν Ἐπωνύμων ἐστὶν ἀγάλματα θεῶν, Ἀμφιά- 70 ραος καὶ Εἰρήνη φέρουσα Πλοῦτον παῖδα. Dann (ἐντεῦθεν) Lykurg, Kallias u. s. w. (Nach Paus. IX, 16, 2, von Kephisodotos).
Schol. Aristoph. Pax 1019. ἐν τῇ τῶν συνοικεσίων ἑορτῇ οἱ μέν φασιν Εἰρήνῃ 75 θυσίαν τελεῖσθαι, ᾗς ὁ βωμὸς οὐχ αἱματτοῦται.
Vgl. Isocrat. XV, 109. Nepos, Timoth. 2, 2. Plutarch. Cimon 13.
CIA. II, 741 (Hautgelderinschrift), frgm. a, 80 Z. 30. ἐκ τῆς θυσίας τῇ Εἰρήνῃ παρὰ στρατηγῶν (vgl. frgm. c, 6). Vgl. 457, Z. 7.
Paus. I, 18, 3 (im Prytaneion) καὶ θεῶν Εἰρήνης ἀγάλματα κεῖται καὶ Ἑστίας.

Eleos. Vgl. Z. Agoraios u. Hypsimedon.   85

Paus. I, 17, 1. Ἀθηναίοις δὲ ἐν τῇ ἀγορᾷ καὶ ἄλλα ἐστὶν οὐκ εἰς ἅπαντας ἐπίσημα καὶ Ἐλέου βωμός, ᾧ — — μόνοι τιμὰς Ἑλλήνων νέμουσιν Ἀθηναῖοι.
Stat. Theb. XII, 481 ff. Urbe fuit media 90 nulli concessa potentum | ara deum, mitis posuit Clementia sedem | et miseri fecere sacram; sine supplice numquam | illa novo u. s. w. 491 fg. Mite nemus circa, cultuque insigne verendo | vittatae laurus et supplicis 95 arbor olivae | Nulla autem effigies u. s. w.

B. Gottheiten und Personificationen. (Enyalios - Eukleia.) XXIX

Vgl. *Diodor.* XIII, 22. *Lucian. Timon* 12.
Demon. 57 u. A.
Asylstätte der Herakliden: *Apollod.* II,
8, 1, *Schol. Aristoph. Equ.* 1151, *Philostrat*
5 *epist.* 39, Stat a. a. O. u. A. m.; des Adrastos:
Apollod. III, 7, 1.
Enyalios, s. Ares (*CIA.* III, 2). *Poll.* VIII,
106, IX, 197.
Enyo.
10 *Paus.* I, 8, 4. Bild der Enyo im Arestempel, auch *CIA.* III, 2, vgl. Ares.
Eos.
Polemon (frgm. 42) im *Schol. Soph. Oed.
Col.* 100.
15 **Erinyen**
Paus. I, 28, 6. πλησίον (dem Areopag)
δὲ ἱερὸν θεῶν ἐστιν ἃς καλοῦσιν Ἀθηναῖοι
Σεμνάς, Ἡσίοδος δὲ Ἐρινῦς ἐν Θεογονία
... τοῖς δὲ ἀγάλμασιν οὔτε τούτοις ἔπεστιν
20 οὐδὲν φοβερόν, οὔτε ὅσα ἄλλα κεῖται θεῶν
τῶν ὑπογαίων. κεῖται δὲ καὶ Πλούτων καὶ
Ἑρμῆς καὶ Γῆς ἄγαλμα.
Pausan. VII, 25, 2. ἐς τὸν Ἄρειον πάγον
καὶ ἐπὶ τῶν θεῶν, αἳ Σεμναὶ καλοῦνται,
25 τοῖς βωμοῖς.
Thucyd. I, 126, 11, ἐπὶ τῶν σεμνῶν θεῶν
ἐν τοῖς βωμοῖς. *Schol.:* τῶν Ἐρινύων, ἃς
μετὰ τὸν Ὀρέστην οἱ Ἀθηναῖοι πλησίον τοῦ
Ἀρείου πάγου ἱδρύσαντο.
30 *Eurip. Electr.* 1270 fg. δειναί ... θεαὶ
... | πάγον παρ' αὐτὸν (Ἄρεως) χάσμα
δύσονται χθονός.
Schol. Eurip. Orest. 1650. φασὶ δὲ ὅτι
καὶ ἱερὸν οὗτος (ὁ Ὀρέστης) ἐν Ἀρείῳ πάγῳ
35 τῶν θεῶν (der Eumeniden) ἱδρύσατο.
Plutarch Thes. 27. καὶ ταύτῃ (vgl Museion
und F: Peiraiisches Thor) μὲν ἐκβιασθῆναι
μέχρι τῶν Εὐμενίδων καὶ ὑποχωρῆσαι ταῖς
γυναιξίν (den Amazonen).
40 *Schol. Lucian.* III, S. 68 (Jacobitz). σεμνὰς
θεὰς τὰς Ἐρινύας. τούτων γὰρ τὸ ἱερὸν
πλησίον τοῦ Ἀρείου πάγου.
Clem. Alexandr. Protr. 47 (Polemon): τῶν
Σεμνῶν Ἀθήνησι καλουμένων θεῶν τὰς μὲν
45 δύο Σκόπας ἐποίησεν ἐκ τοῦ καλουμένου
λυχνέως λίθου, Κάλαμις δὲ — — μέσην
αὐτῶν κ. τ. λ.
Vgl. *Plut. Solon* 12. *Diog. Laert.* I, 112.

Eros (s. Anteros).
Schol. Aristoph. Ach. 992. Im Heiligth. der 50
Aphrodite ἐν κήποις, von Zeuxis, rosenbekränzt.
Bekker An. gr. I, 317, 12. Eros mit Hermes
ψιθυριστής im Heiligth. der Aphr. Pandemos
(vgl. *Harpocr.* ψιθυριστής; s. unten: 55
Hermes).
Paus. I, 20, 2; in der Tripodenstrasse,
von Praxiteles (s. D).

(Eros in der Akademie.)
Paus. I, 30, 1. πρὸ δὲ τῆς ἐσόδου τῆς 60
ἐς Ἀκαδημίαν ἐστὶ βωμὸς Ἔρωτος ἔχων
ἐπίγραμμα ὡς Χάρμος Ἀθηναίων πρῶτος
Ἔρωτι ἀναθείη.
Athen. XIII, 561 D. τῆς Ἀκαδημίας ἐκδήλως τῇ Ἀθηνᾷ καθιερωμένης αὐτόθι τὸν 65
Ἔρωτα ἱδρυσάμενοι συνθύουσιν αὐτῷ.
Athen. XIII, 609 D. συνέβη δὲ, ὥς φασι
(Kleidemos), τὸν Χάρμον ἐραστὴν Ἱππίου
γενέσθαι καὶ τὸν πρὸς Ἀκαδημίᾳ Ἔρωτα
ἱδρύσασθαι πρῶτον, ἐφ' οὗ ἐπιγέγραπται 70
Ποικιλομήχαν' Ἔρως, σοὶ τόνδ' ἱδρύσατο βωμὸν | Χάρμος ὑπὸ σκιεροῖς
τέρμασι γυμνασίου.
Plut. Solon 1. λέγεται δὲ καὶ ὁ Πεισίστρατος ἐραστὴς Χάρμου γενέσθαι καὶ τὸ 75
ἄγαλμα τοῦ Ἔρωτος ἐν Ἀκαδημίᾳ καθιερῶσαι, ὅπου τὸ πῦρ ἀνάπτουσιν οἱ τὴν ἱερὰν
λαμπάδα διαθέοντες.
Hermias zu Plat. Phaedr. c. VII. ὁ δρόμος, ὁ μακρὸς τοῖς Παναθηναίοις ἀπὸ τοῦ 80
βωμοῦ τοῦ Ἔρωτος ἐγένετο· ἐντεῦθεν γὰρ
ἁψάμενοι οἱ ἔφηβοι τὰς λαμπάδας ἔθεον.

Eukleia (und Eunomia).
Paus. I, 14, 5. ἔτι δὲ ἀπωτέρω (von den
Tempeln der Demeter-Kore und des Triptolemos) ναὸς Εὐκλείας, ἀνάθημα καὶ τοῦτο 85
ἀπὸ Μήδων (P. kehrt, 14, 6, zum Kerameikos zurück).
Vgl. *CIA.* III, 61 B, II, Z. 34, ein Grundstück πρὸς τῷ Εὐκ[λείας να]ῷ? 90
Ἐφημ. ἀρχ. 1884, S. 169 fg., Z. 53 fg.:
(Restaurationsurkunde) ἱερὸν Εὐκλείας καὶ
Εὐνομίας - - - παλαίστραν.
CIA. III, 277 (Theatersitz). Ἱερέως Εὐκλείας καὶ | Εὐνομίας. 90
CIA. III, 623, 24. (Zwei Basen; 624 bei

B. Gottheiten und Personificationen. (Eumeniden — Göttermutter.)

Dimitr. Katiphori gef.); Z. 12 fg. (Q. Trebellius Rufus) καὶ ἱερέα Δροῦσον Ὑπάτον καὶ ἱερέα Εὐκλείας καὶ Εὐνομίας διὰ βίου u. s. w.
CIA. II, 1598 = III, 733. (Pittakis: in der Hag. Agathoclea, bei Megalo Monastirion). (ἡ δεῖνα) τὸν ἑαυτῆς ... ἄνδρα ... ἱερατεύσαντα Εὐκλείᾳ καὶ Εὐνομίᾳ ἀνέθηκεν.
CIA. III, 738. οἱ ἔφηβοι τὸν ἑαυτῶν κοσμητήν, ἱερέα Εὐκλείας καὶ Εὐνομίας — — — ἀνέθεσαν.

Eumeniden, s. Erinyen.

Ge.
Paus. I, 28, 6 (Statue im Heiligth. der Eumeniden s oben).

Ge Karpophoros.
Paus. I, 24, 3. ἔστι δὲ καὶ Γῆς ἄγαλμα (auf der Burg) ἱκετευούσης ὗσαί οἱ τὸν Δία.
CIA. III, 166 (Felsinschrift ca. 9 Meter nördl. vom Parthenon, gegenuber der 7. Säule von Westen her). Γῆς Καρ[πο]φόρου | κατὰ μαντείαν.

Ge Kurotrophos (vgl. Demeter Chloe, bes. Δελτ. ἀρχ. 1889, S. 130, 5).
Paus. I, 22, 3 (Aphrod. Pandemos). ἔστι δὲ καὶ Γῆς Κουροτρόφου καὶ Δήμητρος ἱερὸν Χλόης· τὰ δὲ ἐς τὰς ἐπωνυμίας ἔστιν αὐτῶν διδαχθῆναι τοῖς ἱερεῦσιν ἐλθόντα ἐς λόγους.
Suid. Κουροτρόφος Γῆ. ταύτῃ δὲ θῦσαί φασι πρῶτον Ἐριχθόνιον ἐν ἀκροπόλει καὶ βωμὸν ἱδρύσασθαι .. καταστῆσαι δὲ νόμιμον τοὺς θύοντας τινι θεῷ ταύτῃ προθύειν. Schol. Aristoph. Thesm. 299. εἶτε τῇ Γῇ εἶτε τῇ Ἑστίᾳ, ὁμοίως πρὸ τοῦ Διὸς θύουσιν αὐτῇ.
CIA. II, 481, Z. 59. ἔθυσαν (die Epheben) τὰ ἐξιτήρια ἐν ἀκροπόλει τῇ τε Ἀθηνᾷ τῇ Πολιάδι καὶ τῇ Κουροτρόφῳ καὶ τῇ Πανδρόσῳ.
CIA. III, 411 (vgl. C: Blaute). εἴσοδος πρὸς σηκὸν Βλαύτης καὶ Κουροτρόφου ἀνειμένη τῷ δήμῳ.
Athen. Mitth. II, S. 177. (Alter Grenzstein, jetzt bei den Propyläen). Κουροτρόφοι.
Ἀθήναιον VI, S. 144 (Serpentzemauer). Κο]υροτρο[όφ ...

CIA. IV, 1, 555 c (Basis oder Altar, Serpentzemauer). Κ]ουροτρόφον.
CIA. I, 4. (Alte Opfervorschrift. Akropolis). Z. 10, 11. [Γῇ Κουρ]οτρόφῳ ἔμι — — — χοῖ]ρος.

Ge Olympia.
Paus. I, 18, 7. ἔστι δὲ ἀρχαῖα ἐν τῷ περιβόλῳ (des Olympieion) Ζεὺς χαλκοῦς καὶ ναὸς Κρόνου καὶ Ῥέας καὶ τέμενος Γῆς ἐπίκλησιν Ὀλυμπίας. ἐνταῦθα ὅσον ἐς πῆχυν τὸ ἔδαφος διέστηκε u. s. w. (Neumondsopfer an den Anthesterien bei dem Erdschlund, Plut. Sull. 14.)
Plut. Thes. 27. .. τὴν στήλην τὴν παρὰ τὸ Γῆς Ὀλυμπίας ἱερὸν ἐπὶ ταύτῃ (der Amazone Antiope) κεῖσθαι.
Thucyd. II, 15 (v. den ältesten Heiligthümern) καὶ τὰ ἔξω (τῆς ἀκροπόλεως) πρὸς τοῦτο τὸ μέρος τῆς πόλεως (πρὸς νότον) μᾶλλον ἵδρυται, τό τε τοῦ Διὸς τοῦ Ὀλυμπίου καὶ τὸ Πύθιον καὶ τὸ τῆς Γῆς.

Ge Themis, s. Themis.
Göttermutter (Μήτηρ θεῶν, Rhea, vgl. Kronos).
CIA. III, 354 (Theatersitz). Μητρὸς θεῶν.
CIA. III, 1062. (Herme, Patissia). Z. 9. 10. ἐπὶ ἄρχοντος Ἰσ[αίου] Μητρὸς θεῶν καὶ Ἀγαπητὸς Ἀφ. Διονυσίου τοῦ Καλλίππου Λαμπτρέως.
Sitzungsber. der Berl. Akademie, 1887, S. 1201, 46, Postament. κατεφορέσασαν Μητρὶ θεῶν (im Ölkranz).
Vgl. CIA. I, 4, Z. 5. Μητρί — CIA. III, 67 (Dimitrios Katiphori). Μητρὶ θε]ῶν καὶ Σεβαστοῖς κα[ὶ τῇ πόλει].
CIA. III, 206 (Ziegel in einem Grabe beim Museion). ἱερέων Μητρὶ θεῶν Διονύσιος καὶ Ἀμμώνιος.
CIA. II, 607. οἱ σύλλογεῖς τοῦ δ[ή]μου ἀνέθεσαν Μητρὶ θεῶν ἐπὶ Ἡγησίου ἄρχοντος u. s. w.
Vgl. ebenda 471, Z. 23, 79. 465, Z. 7. 37. 466, Z. 35. 467, Z. 40.
CIA. II, 470 (Ephebeninschrift). Z. 13. ἔθυσαν καὶ τοῖς Γαλαξίοις τῇ Μητρὶ τῶν θεῶν καὶ ἀνέθηκαν φιάλην ἀπὸ δραχμῶν ἑκατόν. (Bekker, anecd. gr. I, 239, 25.)

Göttermutter u. Artemis (im Peiraieus[3])

B. Gottheiten und Personificationen. (Hades — Hephaistos.)

CIA. III, 207 (nach Pittakis nahe Hypapanti gef.). Μητρὸ[ς θε]ῶν καὶ [Ἀρ]τέμιδος. Metroon. (Vgl. *CIA*. II, 672, Z. 25.)
Pausan. I, 3, 5. (nach Erwähnung des Tempels des Apollo Patroos) ᾠκοδόμηται δὲ καὶ Μητρὸς θεῶν ἱερόν, ἣν Φειδίας εἰργάσατο: dann (πλησίον) das Buleuterion.
Aeschin. c. Timarch. § 60, 61. ὁ Πιττάλακος ἔρχεται γυμνὸς εἰς τὴν ἀγορὰν καὶ καθίζει ἐπὶ τὸν βωμὸν τὸν τῆς Μητρὸς τῶν θεῶν· ὄχλου δὲ συνδραμόντος, οἷον εἴωθε γίγνεσθαι, φοβηθέντες ὅ τε Ἡγήσανδρος καὶ ὁ Τίμαρχος μὴ ἀνακηρυχθῇ αὐτῶν ἡ βδελυρία εἰς πᾶσαν τὴν πόλιν (ἐπῄει δὲ ἐκκλησία) θέουσι πρὸς τὸν βωμὸν u. s. w.
Vit. X or. S. 842 E. (Λυκοῦργος) μέλλων τελευτήσειν εἰς τὸ μητρῷον καὶ τὸ βουλευτήριον ἐκέλευσεν αὑτὸν κομισθῆναι, βουλόμενος εὐθύνας δοῦναι τῶν πεπολιτευμένων.
Arrian. Anabas. III, 16, 8 (vgl. Tyrannenmörder, ihre Statuen): ἐν Κεραμεικῷ, ᾗ ἄντιμεν εἰς τὴν πόλιν καταντικρὺ μάλιστα τοῦ μητρῴου.
Diog. Laert. VI, 23, (ὁ Διογένης) τὸν ἐν τῷ μητρῴῳ πίθον ἔσχεν οἴκησιν. Vgl. Epistol. gr. S. 239 (Hercher.)
Arrian. Peripl. 9. ἐν τῷ μητρῴῳ Ἀθήνησιν ἡ τοῦ Φειδίου. Plin. XXXVI, 5, 17. est et in Matris magnae delubro eadem civitate (Athen) Agoracriti opus.
Vgl. Lycurg. c. Leocr. 184. Diog. Laert. II, 40, X, 16. Harpocr. Μητρῷον u. A. *CIA*. II, 404, 476. 836. III, 1085
Aeschin. c. Ctesiph. § 187 u. Schol. s. G. Buleuterion.
Phot. (Suid.) μητραγύρτης. Vgl. (G.) Buleuterion, (A.) Barathron.
Metroon in Agrai, s. Demeter.

Hades (Pluton)

Paus. I, 28, 6, s. Erinyen
CIA. II, 948 (Fragment von der Burg). Z. 1—3. τούσδε ἐπιμή[αι]ε ὁ ἱεροφάντης [τὴν κλίνην στρῶ]σαι τῷ Πλούτων[ι] καὶ τὴν τράπ[εζαν κοσμῆσαι] κατὰ τὴν μαντείαν τοῦ [θεοῦ]. Vgl. 949 (am Areopag) u. 950 (südlich d. Burg gef.). Neues Frgm. zu 949 (am Burgaufgang gef.) Jahr. arch. 1889, S. 57 fg.

CIA. III, 145, (Athen (?); mit Relief): Πολυτίμου Πλούτωνι καὶ Κόρῃ εὐχαριστήριον.

Hebe

Paus. I, 19, 3. Altar im Kynosarges (s. G. Gymnas. Kynosarg.).
CIA. III, 370, 374 (Theatersitze). Ἥβης.
[*CIA*. II, 581, u. Ἐφημ. ἀρχ. 1884, S. 170, Z. 58; auf Aixone bezügl.?]

Hegemone, s. Chariten
Hekate, s. Artemis Hekate.
Helios.

Vgl. Peiraieus.
CIA. III, 126 (Tripodeninschr). Ἡλί[ῳ?] s. D Dreifüsse.
CIA. III, 202 (kl. Ara b. Thurm d. Andronikos) Ἡλίῳ.
CIA. III, 313. Ἱερέως Ἡλίου. (Theatersitz.) Dazu Jahr. arch. 1889, S. 19, Nr. 16. Vgl. auch Zeus Meilichios. *CIA*. II, 1585.
Eidschwur: *CIA*. II, 66 b, 333

Helios, Horen u. a. G.

Schol. Aristoph. Equ. 729, Porphyr. de abstin. II, 7. Schol. Sophocl. Oed. Col. 100 (Polemon.)

Hephaistos

CIA. I, 179, 273 c, f. Schatzurkunden.
CIA. III, 288 (Theaters). Ἱερέως Ἡφαίστου.
CIA. III, 1280 e, Z. 4. ἱερεὺς Ἡφαίστου.
CIA. II, 1203 (Panag. Pyrgiotissa), Priester d. Heph.; vgl. Demeter u. Kore.
CIA. II, 1157 (ebenda gef.) Weihung der Βουλή an Heph.?
CIA. III, 4019 (Asklepieion). Ἡφαίστῳ? (Altar im Erechtheion.)
Paus. I, 26, 5. ἐπελθοῦσι δέ εἰσι βωμοὶ Ποσειδῶνος . . καὶ ἥρωος Βούτου, τρίτος δὲ Ἡφαίστου.
Vit. X or. S. 843 E. Κατῆγον δὲ τὸ γένος (die Butaden) ἀπωτάτω μὲν ἀπ᾿ Ἐρεχθέως τοῦ Γῆς καὶ Ἡφαίστου u. s. w.
(Hephaisteion.) Vgl. C. Eurysakeion E. Kolonos Agoraios.
Paus. I, 14, 6. ὑπὲρ δὲ τὸν Κεραμεικὸν καὶ στοὰν τὴν καλουμένην βασίλειον ναός ἐστιν Ἡφαίστου (darin Athenabild; πλησίον: Tempel der Aphrodite Urania).
Harpocration Κολωνίτας τοὺς μισθωτοὺς Κολωνίτας ὠνόμαζον, ἐπειδὴ παρὰ τῷ Κολωνῷ εἱστήκεσαν, ὅς ἐστι πλησίον τῆς

ἀγοράς, ἔνϑα τὸ Ἡφαιστεῖον καὶ τὸ Εὐρυσάκειόν ἐστιν.
Bekker Anecd. gr. I, S. 316, 23. χαλκᾶ· ὄνομα τόπου, ὅπου ὁ χαλκὸς πιπράσκεται. πιπράσκεται δὲ ὅπου τὸ Ἡφαιστεῖον.
Andocid. I, 40 ἰδὼν δὲ Εὔφημον τὸν Κυλλίον ἐν τῷ χαλκείῳ καϑήμενον, ἀναγαγὼν αὐτὸν εἰς τὸ Ἡφαιστεῖον λέγει u. s. w.
Isocrat. Trapecit. (XVII.) 15. ἐλθόντες βασανισθὰς ἀπενέγκωμεν εἰς τὸ Ἡφαιστεῖον.
Plato Critias 109 C. Ἥφαιστος δὲ κοινὴν καὶ Ἀθηνᾶ φύσιν ἔχοντες ... μίαν ἄμφω λῆξιν τήνδε τὴν χώραν εἰλήχατον. Vgl. 112 B.
Augustinus de Civ. dei XVIII, 12. ... in templo Vulcani et Minervae, quod ambo unum habebant in Athenis etc. *Clem. Alex. Protr.* II, 28.
CIA. II, 114, A. Z. 1 (Dimitr. Katiphori). ἐ̣ ἐδοξεν ἡ ἐπὶ Πυθοδότου ἄρ[χοντος] ἀντίθ[εκεν] Ἡφαίστῳ στεφανωθεῖσα ὑπὸ τοῦ δήμου u. s. w. B. Z. 4. [ἀνατεθῆναι τὸ ἄγαλμα τῷ Ἡφαίστῳ] καὶ τῇ Ἀθηνᾷ τῇ Ἡφαιστίᾳ.
CIA. IV, 2, 35 b. (Voreuklid. Inschr., südöstlich von der „Kapnikaraea" gef.), Z. 8. τοῦ Ἡφ[αί]στου καὶ τῆς Ἀθηναία[ς. Ζ. 17. τῆς δὲ πομπῆς ... οἱ ἱεροποιοί ἐπιμελόσθων. Ζ. 23 τῇ πεν]τετηρίδι [καὶ τοῖς Ἡφ]αιστείοις. Ζ. 25. λαμπαδ[ηδρόμια , καὶ] τὸν ἄλλον ἀγῶνα γίγνεσθαι καθά[περ ... καὶ]ν θεοῖ[ν οἱ ἱεροποιο]οἱ ποιοῦσι. Z. 29. τὸν δὲ βωμὸν τῷ Ἡφαίστῳ ...
Vgl. CIA. I, 318 (bei Dimitrios Katiphori) 319 (bei der Kapnikaraea gef.) über Verfertigung zweier Cultbilder (eines mit Schild) auf gemeinsamem Bathron.

Hephaistos in der Akademie.
Schol. Soph. Oed. Col. 57; mit Prometheus im Temenos der Athena in der Akademie verehrt (s. C. Prometheus).

Hera.
Paus. I, 1, 5 ἔστι δὲ κατὰ τὴν ὁδὸν τὴν ἐξ Ἀθηνῶν ἐκ Φαλήρου ναὸς Ἥρας οὔτε θύρας ἔχων οὔτε ὄροφον (Perserbrand; Bild d. Alkamenes), vgl. X, 35, 2 unter den ναοὶ ἐμπίμπραται der Tempel der Hera ἐπὶ ὀδῷ τῇ Φαληρικῇ.

CIA. I, 197. (Schatzurkunde) c. 3 Ἥρας ἰγX. CIA. I, 4 (Opfervorschrift), Z. 21 — — — ι· Ἡραίῳ· χο[ἶρος? CIA. II, 631, Z. 11, 12. Ἥ]ρας ἱερεία ἱερώσαντα.
Paus. I, 18, 9. Ἀδριανὸς δὲ κατεσκεύασατο μὲν καὶ ἄλλα Ἀθηναίοις (außer dem Olympieion), ναὸν Ἥρας καὶ Διὸς Πανελληνίου καὶ θεοῖς τοῖς πᾶσιν ἱερὸν κοινόν.

Hermen (s. Hermes, am Ende).

Hermes.
CIA. I, 4 (Opfervorschrift), Z. 23, 24. Ἑρμ]ῇ ἀρὴν κριτός.
CIA. IV, 2, 422, 1 (Asklepieion Frgm.) — — ὁ δεῖνα — — — τὸν Ἑρμῆν θεοῖ φρασ[αῖς εἰργάξ]το?
Δελτ. ἀρχ. 1888, S. 111, 2 u. CIA. I, 482, (am sog. Beuléschen Thor gef.). Ἑρμῇ τόδ' ἄγαλμα καλὸν Χάριτος μ' ἀνέθηκεν, Οἰνοβίου, κήρυξ, μνημοσύνης ἕνεκεν.
CIA. III, 105. (Agonist. Inschrift bei der Taxiarchenkirche). Z. 4: Ἑρμῇ, vgl. 104 (ebenda?), 106 (Dimitrios Katiphori).

(Herm. und andere Götter.)
Paus. I, 27, 1 (im Tempel der Polias). Ἑρμῆς ξύλου Κέκροπος εἶναι λεγόμενον ἀνάθημα, ὑπὸ κλάδων μυρσίνης οὐ σύνοπτον.
Paus. I, 28, 6 (Statue im Eumenidenheiligthum) s. Erinyen.
Paus. I, 30, 2 (Altar in der Akademie, s. Musen; mit Athena und Herakles)
CIA. III, 123. (Mit Relief; darunter:) [Ἀ]θλα τὰ τῆς νίκης Ὠφέλιμος Ἡρ[ακλείδης?] λα]μπάδας Ἑρμεῖς θῆκε καὶ Ἡρα[κλῆ]. Vgl. 114 a.

Hermes und Artemis.
CIA. I, 208, Z. 3. [Ἑρ]μοῦ καὶ Ἀ[φρό]μιδος Ἑκάτης, s. Art. Hek.

Hermes, Aphrodite, Pan (Nymphen, Isis), s. Aphrodite. Δελτ. ἀρχ. 1888, S. 190, 3. (kl. Altar, bei dem „Marktthor" gef.) I. O.] M. et Veneri et Mercurio Heliupolitanis u. s. w., s. Aphrodite

Hermes und Nymphen (vgl. diese).
CIA. III, 196. (Kopflose Herme „bei d. Giganten".) Ἑρμῆν Ναϊάδων συνοπάονα

στήί με τηδε | ἐσθλός ἀνὴρ κρίνης κρατο[ς] ἐπ' ἀενάου.
Hermes, Akamas und Zeus Herkeios.
5 Altar beim Dipylon s. Zeus Herk. und Akamas. C.
Hermes, Chariten, s. Herm. ἀμύητος u. προπύλαιος.
Hermes Agoraios.
10 *Paus.* I, 15, 1. ἰοῦσι δὲ πρὸς τὴν στοὰν (vom Tempel der Aphrodite Urania), ἣν Ποικίλην ὀνομάζουσιν.. ἔστιν Ἑρμῆς χαλκοῖς καλούμενος ἀγοραῖος καὶ πύλη πλησίον. *Aristoph. Equit.* 297. νὴ τὸν Ἑρμῆν τὸν
15 ἀγοραῖον. *Schol.* ἐν μέσῃ τῇ ἀγορᾷ ἵδρυται Ἑρμοῦ ἀγοραίου ἄγαλμα.
Vgl. *Hesych.* ἀγοραῖος Ἑρμῆς. — ἀφίδρυτο Κηφισόδωρος ἄρχοντος, ὡς μαρτυρεῖ Φιλόχορος ἐν τρίτῳ.
20 *Lucian Jup. trag.* 33. ὁ ἀγοραῖος (Ἑρμῆς), ὁ παρὰ τὴν Ποικίλην. *Schol.* Ἑρμῆς ὁ ἀγοραῖος ἐτιμᾶτο παρὰ τοῖς Ἀθηναίοις ἐν τῇ ἀγορᾷ ἱδρυμένος.
Bekker An. gr. I, S. 339, 1. ἀγοραῖος
25 Ἑρμῆς ἐν Ἀθήναισιν ἵδρυτο κατὰ τὴν ἀγοράν. *Vit. X or.* 844 B. Καλλιστράτου ... ῥήτορος δοκίμου ... καὶ ἀνατέθεντος τὸν βωμὸν τῷ Ἑρμῇ τῷ ἀγοραίῳ.
Hermes Amyetos (vgl. Propylaios u. Art.
30 Hekate).
Hesych. Ἑρμῆς ἀμύητος· Ἀθήνησιν ἐν ἀκροπόλει.
Diogenian. Proverb. 4, 63. Ἑρμῆς ἀμύητος· ἐπὶ τῶν μᾶλλον ἔν τισιν ἐμπείρων· χλευ-
35 αστικὴ δὲ ἡ παροιμία. Vgl. Herm. Τύχων.
Hermes Enagonios.
CIA. II, 1181. ("prope arcem" Fourm.); Ἑρμῇ ἐναγωνίῳ Αὐτοσθε[νίδης] Αὐτοσθε-
40 [νίδου Ξυ(π)ετεαιὼν ἀνέθηκεν) γυμνασιαρχήσας Κηκροπίδι φυλῇ [εἰς Πα]ναθήναια τὰ μεγάλα, στεφανωθεὶς ὑπὸ τῶν] συλλετῶν ἐπὶ Χαιρώνδου [ἀρχοντ]ος .... μων με ἐπ[οί]ησε.
CIA. II, 1298. Herm. En. u. Nike, s D.
45 Dreifüsse.
CIA. II, 1543 (Dionysosth. Frgm. einer Basis) — Παλληνεὺς [Ἑρ]μῇ ἐναγωνίῳ.
Hermes Hegemonios (s. Peiraieus).

Hermes Phalantheus.
CIA. II, 1606 (Basis, nach Pittakis westl. 50 vom „Thor d. Agora" gef.). Λυσικλῆς Ναυσικλέους [Ἑρμῇ] Φαλανθεῖ ἀνέθηκεν.
Hermes Propylaios (vgl. H. ἀμύητος, Chariten und Art. Hekate).
Paus. I, 22, 8. κατὰ δὲ τὴν ἔσοδον αὐτὴν 55 ἥδε τὴν ἐς ἀκρόπολιν Ἑρμῆν, ὃν προπύλαιον ὀνομάζουσι, καὶ Χάριτας Σωκράτην ποιῆσαι τὸν Σωφρονίσκου λέγουσιν.
Hermes Psithyristes.
Apollod. c. Neaer. 39. καὶ εἰσάγει αὐτὴν 60 καὶ τὰ παιδία εἰς οἰκίδιον, ὅ ἦν αὐτῷ παρὰ τὸν ψιθυριστὴν Ἑρμῆν.
Harpocr. Ψιθ. Ἑρμῆς· ἐν τις Ἀθήνησιν οὕτω καλούμενος. ἐτιμᾶτο δὲ Ἀθήνησιν καὶ ψίθυρος Ἀφροδίτη καὶ Ἔρως ψίθυρος 65 Vgl. *Bekker Anecd. gr.* I, 317, 11; *Eustath. ad Od. v.* 18.
Hermes Tychon (?).
Clem. Alex. Protr. 102 (S. 28 Sylb.). τί γὰρ ὑγιὲς, ὦ ἄνθρωποι, τὸν Τύχωνα 70 (*Meurs. st. Τεχῶνα*) Ἑρμῆν καὶ τὸν Ἀνδοκίδου καὶ τὸν Ἀμύητον; ἦ παντὶ τῷ δῆλον ὅτι λίθους, ὥσπερ καὶ τὸν Ἑρμῆν;
Hermen (Ἑρμαῖ), (auch Herm. Tychon und Amyetos?) 75
(Im Allgemeinen.)
Paus. I, 24, 3; IV, 33, 3.
Plato Hipparch. 228 D. (Ἵππαρχος) ἔστησεν ... Ἑρμᾶς κατὰ τὰς ὁδοὺς ἐν μέσῳ τοῦ ἄστεος καὶ τῶν δήμων u. s. w. .... 80 αὑτοῦ ποιήματα καὶ ἐπιδείγματα τῆς σοφίας ἐπέγραψεν.
Thucyd. VI, 27, 1. ὅσοι Ἑρμαῖ ἦσαν λίθινοι ἐν τῇ πόλει τῇ Ἀθηναίων (εἰσὶ δὲ κατὰ τὸ ἐπιχώριον, ἡ τετράγωνος ἐργασία, 85 πολλοὶ καὶ ἐν ἰδίοις προθύροις καὶ ἐν ἱεροῖς) μιᾷ νυκτὶ οἱ πλεῖστοι περιεκόπησαν τὰ πρόσωπα. Vgl. *Herodot* II, 51.
(Am Markte) vgl. auch E. Stoa Ἑρμῶν.
Harpocr. Ἑρμαῖ· Μυσικλῆς ἐν Κυλλι- 90 κρέτης ἐν τῷ περὶ Ἀθηνῶν γράψει τουτί· „ἀπὸ γὰρ τῆς ποικίλης καὶ τῆς τοῦ βασιλέως στοᾶς εἰσιν οἱ Ἑρμαῖ καλούμενοι". διὰ γὰρ τὸ πολλοὺς κεῖσθαι καὶ ὑπὸ ἰδιωτῶν καὶ ἀρχόντων ταύτην τὴν προσηγορίαν εἰλη- 95 φέναι συμβέβηκεν.

XXXIV   B. Gottheiten und Personificationen. (Hestia — Horme.)

Xenoph. Hipparch. III, 2. τὰς μὲν οὖν πομπὰς οἴομαι ἂν τοῖς θεοῖς κεχαρισμενωτάτως καὶ τοῖς θεαταῖς εἶναι, εἰ ὅσων ἱερὰ καὶ ἀγάλματα ἐν τῇ ἀγορᾷ ἐστι, ταῦτα ἀρξάμενοι ἀπὸ τῶν Ἑρμῶν κύκλῳ περὶ τὴν ἀγορὰν καὶ τὰ ἱερὰ περιελαύνοιεν τιμῶντες τοὺς θεούς ... ἐπειδὰν δὲ πάλιν πρὸς τοῖς Ἑρμαῖς γένωνται περιεληλακότες, ἐντεῦθεν καλόν μοι δοκεῖ εἶναι κατὰ φυλὰς τὰς τάχος ἀνιέναι τοὺς ἵππους μέχρι τοῦ Ἐλευσινίου.
Lysias XXIII, 3. ἐλθὼν ἐπὶ τὸ κουρεῖον τὸ παρὰ τοὺς Ἑρμᾶς, ἵνα οἱ Δεκελεῖς προσφοιτῶσιν. Vgl. die Rückseite der Dekeleerinschrift C/A. II, 841 b im Δελτ. ἀρχ. 1888, S. 160 fg., Z. 5: ὅπου ἂν Δεκελειῆς προσφοιτῶσιν ἐν ἄστει u. Z. 64 fg.
Demosth. Leptin. (XX) 112. ἐπὶ τῶν προγόνων — — τινὲς — — ἀγαπητῶς ἐπιγράμματος ἐν τοῖς Ἑρμαῖς ἐτύγχανον. (Vgl. E. Stoa Ἑρμῶν.)
Athen. IV, 167 F. τοῖς δὲ Παναθηναίοις ἵππαρχος ὢν (Demetrios) ἴκριον ἔστησε πρὸς τοῖς Ἑρμαῖς Ἀρισταγόρας μετεωρότερον τῶν Ἑρμῶν.
Athen. IX, 402 F. (Mnesimachos): „ἔξω Μάνη στεῖχ᾽ εἰς ἀγορὰν πρὸς τοὺς Ἑρμᾶς, οὗ προσφοιτῶσ᾽ οἱ φύλαρχοι."
Theodoret. Therapeut. XII (Porphyr. d. vit. Socr.). ἐν δὲ καὶ τῶν ἐπιτιμωμένων καὶ τάδε Σωκράτει, ὅτι εἰς τοὺς ὄχλους εἰσωθεῖτο καὶ τὰς διατριβὰς ἐποιεῖτο πρὸς ταῖς τραπέζαις καὶ πρὸς τοῖς Ἑρμαῖς.

(Herme beim Thor des Aigeus.)
Plut. Thes. 12. s. Apollo Delphinios.

(Herme des Andokides); vgl. Herm. Tychon u. C. Phorbanteion.
Andocid. I. 62. τὸν Ἑρμῆν τὸν παρὰ τὸ Φορβαντεῖον ... ὁ Ἑρμῆς, ὃν ὁρᾶτε πάντες, ὁ παρὰ τὴν πατρῴαν οἰκίαν τὴν ἡμετέραν, ὃν ἡ Αἰγηῒς ἀνέθηκεν, οὐ περικοπεὶς μόνος τῶν Ἑρμῶν τῶν Ἀθήνησιν. Plut. Alcib. 21 ὁ μέγας Ἑρμῆς, ὁ πλησίον αὐτοῦ (Ἀνδοκίδου) τῆς οἰκίας ἀνάθημα τῆς Αἰγηΐδος φυλῆς ἱδρυμένος. Vgl. Harpocrat. Ἀνδοκίδου Ἑρμῆς u. sonst.

(Im Gymnasium d. Ptolemaios.)
Paus. I, 17, 2 (s. G).

(Τετρακέφαλος und τρικέφαλος Ἑρμῆς.)
Eustath. Il. Ω 334. Ἑρμῆς τετρακέφαλος ἐν Κεραμεικῷ, Τελεσαρχίδου ἔργον, ᾧ ἐπιγέγραπται „Ἑρμῆ τετρακάρηνε, καλὸν Τελεσαρχίδου ἔργον Ἰλινθ᾽ ὁρᾷς."
Hesych. Ἑρμ. τρικέφ. Ἀριστοφάνης ἐν Τριφάλητι τοῦτο ἔφη παίζων κωμικῶς. παρόσον τετρακέφαλος Ἑρμῆς ἐν τῇ τριόδῳ τῇ [ἐν] Κεραμεικῷ ἵδρυτο.
Harpocr. τρικέφαλος ὁ Ἑρμῆς. Ἰσαῖος ἐν τῷ πρὸς Εὐκλείδην „μικρὸν δ᾽ ἄνω τοῦ τρικεφάλου παρὰ τὴν Ἑστίαν ὁδόν". τὸ πλῆρές ἐστι τοῦ τρικεφάλου Ἑρμοῦ. τοῦτον δέ φησι Φιλόχορος ἐν γ᾽ Εὐκλείδην (vielm. Προκλείδην, s. d. Lexicogr.) ἀνασθῆναι Ἀγκυλῆσιν.
Vgl. Suid. Etym. m. Phot. τρικέφαλος.

Hestia.

Paus. I, 18, 3. Bild d. Hest. im Prytaneion (s. G.). Vgl. Vit. Xor. S. 847 D, E, auch Theocrit Idyll. XXI, Z. 36. Pollux. I, 7 (der Heerd mit dem ewigen Feuer).
C/A. II, 478, Z. 3 ἴσως[ιν μετὰ τῶν ἐφήβων ἐν τῷ πρυτανείῳ τὰ εἰσιτητέρια τῇ τε Ἑ]στίᾳ καὶ τοῖς ἄλλοις [θεοῖς, u. sonst.
C/A. II, 596. Fragm. eines Decrets der Krokoniden (Attalosstoa). Z. 3 fg. ἐπειδὴ οἱ αἱρ[εθέντες ὑπὸ τῶν γ]εννητῶν οἰκο[δομεῖν — — —]ν τῆς Ἑστίας u. s. w.
C/A. III, 68. (Lysikratesdenkmal.) Ἑστίᾳ καὶ Ἀπόλλωνι καὶ θεοῖς Σεβαστοῖς καὶ τῇ Βουλῇ u. s. w.
C/A. III, 316, 317 u. Athen. Mitth. XIV, S. 321 (Theatersitz). Ἱερέως Ἑστίας ἐπ᾽ ἀκροπόλει καὶ Λειβίας καὶ Ἰουλίας.
C/A. III, 322 u. 365. Ἱερέας Ἑσ[τίας Ῥω]μαίων.

[Ἑστία ὁδός, s. E. Wege.]

Horen (vgl. Helios s. E.).
Paus. IX, 35, 2, s. Chariten.
Philochoros bei Athen. II, S. 38 C. τὸ Ὡρῶν ἱερὸν mit Altären des Dionysos Orthos u. d. Nymphen.
C/A. III, 212 (östlich d. Burg; Pittakis). Ὥραις καὶ Νύμφαις ἀνέθηκεν.

Horme.
Paus. I, 17, 1, s. Aidos.

Hybris.
Paus. I, 28, 5, s. Anaideia.
Hygieia (vgl. Asklepios).
Paus. I, 23, 4. τοῦ δὲ Ἰατρεφοῦς πλησίον (bei den Propyläen) θεῶν ἀγάλματά ἐστιν Ὑγιείας τε, ἣν Ἀσκληπιοῦ παῖδα εἶναι λέγουσι, καὶ Ἀθηνᾶς ἐπίκλησιν καὶ ταύτης Ὑγιείας (vgl. Ath. Hygieia).
Vit. X or. S. 839 D. ἡ τῆς μητρὸς (Ἰσοκράτους) εἰκὼν παρὰ τὴν Ὑγίειαν νῦν κεῖται μετεπιγεγραμμένη.
Hyperid. Frgm. XXXI, 9 (Blass). δεινὰ ἐποίησεν (Euxenippos) περὶ τὴν φιάλην ἰάσαις Ὀλυμπιάδα ἀναθεῖναι εἰς τὸ ἄγαλμα τῆς Ὑγιείας.
CIA. III, 185 (nach Pittakis bei Hag. Kyra gef.) Καλλίας ὑπὲρ τοῦ υἱοῦ αὑτοῦ Ὑγιείᾳ.
CIA. III, 460 (Basis im Ostflügel d. Propyl.). Σιμωστῇ Ὑγιείᾳ.
Iakchos, s. Demeter, Kore, Iakchos.
CIA. II, 1592 (Basis im Centr. Mus.) Ἱππόνικος Ἱππονίκου Ἁλωπεκῆθεν Ἰάκχῳ ἀνέθηκεν.
Ilisos, s. A: Ilisos (Schatzurkunden).
Isis (vgl. Serapis).
CIA. II, 1671 (Südabhang der Burg). Altar für Isis, Aphrodite, Pan, Nymphen, Hermes; vgl. Aphrodite.
CIA. II, 1612. (Basis in einer Kirche am Nordfufs der Burg.)
Σ]αραπι[δ]ι Ἰσιδι — — ἐπὶ Στησικράτους ἱε[ρέ]ως u. s. w.
CIA. III, 140, vgl. Serapis; 162, vgl. Aphrodite; 163, vgl. Asklepios.
CIA. III, 923 (Hermenfrgm. in den Fundamenten der neuen Metropolis gef.). ὁ δεῖνα — — — κανηφορήσασαν Σαράπιδος καὶ Εἴσιδος ἀνέθηκεν u. s. w.
CIA. III, 203 (Th. d. Andronikos).
Ἰσιδ[ι] Δικαιοσύν[ῃ] Κτησικλῆς — ἀνέθηκεν ἐπὶ ἱερέως Σώσου — — ζακορεύοντος Ζωπύρου u. s. w.
CIA. III, 204 (Pittakis: Theseion). Ἰσιδι καὶ θεοῖς Αἰγυπτίοις τὰς [δ]ᾶ[δ]α[ς ἀνέθηκε]?
CIA. III, 896 (Metropolis?) — — Ἀτταλος Κλανδίαν u. s. w. [εἰς Ἰσι]δος (?) ἀνέθηκεν.

CIA. III, 905 (Akropolis). Λού[πι]ος Ν[ούμμιος — — —] καὶ Νουμμία Βάσσα — — — τὴν ἱα[υ]τῶν θυγατέρα Νουμμί[αν — — Ε]ἴσιδι εὐ[χ]ήν.
Kore, s. Demeter und Pherephatte.
Kronos.
Paus. I, 18, 7. ἔστι δὲ ἀρχαῖα ἐν τῷ περιβόλῳ (des Olympieion) Ζεὺς χαλκοῦς καὶ ναὸς Κρόνου καὶ Ῥέας und Temenos der Ge Olympia.
Bekker An. gr. I, S. 273, 20. Κρόνιον τέμενος· τὸ παρὰ τὸ νῦν Ὀλύμπιον μέχρι τοῦ μητρῴου τοῦ ἐν Ἄγρᾳ (statt ἀγορᾷ Wachsm., Rh. Mus. XXIII, S. 17).
CIA. III, 77. [Ἑ]λ[α]φηβολιῶνος ιέ Κρόνῳ πόπανον δωδεκόμφαλον καθήμενον ἐπι[πεπλασμένον?].
Kurotrophos, s. Ge Kurotroph.
Lethe.
Plutarch symp. qu. IX, 6, in Athen: νέω κοινωνεῖ (Poseidon) μετὰ τῆς Ἀθηνᾶς, ἐν ᾧ καὶ βωμός ἐστι Λήθης ἱδρυμένος.
Leto.
CIA. III, 376 (Theatersitz). Ἱερέως Λητοῦς καὶ Ἀρ[τέμιδος].
Men, s. Serapis (CIA. III, 140).
Μήτηρ θεῶν, s. Götternutter.
Mitleid, s. Eleos.
Mnemosyne, s. D. Eubulidesmonument.
Moiren (s. Aphrod. ἐν Κήποις und Urania).
CIA. III, 357 (Theatersitz). Μοιρῶν.
Musen (vgl A: Museion).
Schatzurkunden. CIA. I, 273 d, e, f. Μουσῶν.
CIA. II, 1228 (Basis eines Votivs östlich d Burg; Plaka). — — Ἀχαρνεὺς λαμπαδα[ρ]χήσας ἐν τῷ ἐπὶ Μενάνδρου ἄρχοντος ἐνιαυτῷ Μούσαις ἀνέθηκεν.
CIA. III, 286 (Theatersitz). Ἱερέως Μουσῶν.
CIA. II, 629 (Akrop. Techniten). M. u. Apollo, s. Apollo.
Paus. I, 2, 5, s. D: Eubulidesmonument.
CIA. II, 1095 (Cippus beim Syntagmaplatz gef). ὅρος Μουσῶν κῆπου.
CIA. II, 1096 (Südabhang der Burg). Gleicher Stein mit derselben Inschrift.
Musencult am Ilisos.
Paus. I, 19, 5. ἐθέλουσι δὲ Ἀθηναῖοι καὶ

ἄλλων θεῶν ἱερὸν εἶναι τὸν Εἰλισσὸν καὶ Μουσῶν βωμός ἐπ' αὐτῷ ἐστιν Εἰλισσιάδων. *Steph. Byz. Ἰλισσός*, ποταμὸς τῆς Ἀττικῆς, ἐν ᾧ τιμῶνται αἱ Μοῦσαι Ἰλιάδες. ὡς Ἀπολλόδωρος. Vgl. *Himer. or.* XXII, 8. Musencult in der Akademie.

Pausan. I, 30, 2 (i. d. Akademie). ἔστι δὲ Μουσῶν τε βωμός καὶ ἕτερος Ἑρμοῦ, καὶ ἔνδον Ἀθηνᾶς, τὸν δὲ Ἡρακλέους ἐποίησαν. *Prolegom. Platon.* c. 4. μέρος (cod. Monac., pro cod. Vindob.] δὲ τοῦ διδασκαλείου τέμενος ἀνέθηκε ταῖς Μούσαις ὁ Πλάτων.

Diog. Laert. IV, 19. Πολέμων ἦν διατρίβων ἐν τῷ κήπῳ, παρ' ὃν οἱ μαθηταὶ μικρὰ καλύβια ποιησάμενοι κατῴκουν πλησίον τοῦ Μουσείου καὶ τῆς ἐξέδρας (vgl. *Catal. Hercul.* col. XIV, 2, 37 fg).

Diog. Laert. IV, 1. (Σπεύσιππος) Χαρίτων ἀγάλματα ἀνέθηκε ἐν τῷ Μουσείῳ τῷ ὑπὸ Πλάτωνος ἐν Ἀκαδημίᾳ ἱδρυθέντι.

Diog. Laert. III, 25. (Μιθριδάτης ὁ Πέρσης) ἀνδριάντα Πλάτωνος ἀνέθετο εἰς τὴν Ἀκαδημίαν καὶ ἐπέγραψε· Μιθριδάτης ὁ Ῥοδοβάτου Πέρσης Μούσαις εἰκόνα ἀνέθηκε Πλάτωνος, ἣν Σιλανίων ἐποίησε.

Museion (der Peripatetiker) beim Lykeion, *Diog. Laert.* V, 51, s. H: Garten des Theophrast.

Nemesis.

CIA. III, 208 (kl. Altar im Dionysos-Theater). [Τῇ]ι Νεμέσει | ... ιλ[ί]δης Σπ[λ-μων]έως Β[(σ)αιεὺς ὁ προστάτης τοῦ ἱεροῦ. *CIA.* III, 289 (Theatersitz). Ἱερέας Οὐρανίας Νεμέσεως. Vgl. *CIA.* III, 363.

Nephthys (s. Osiris).

Nike.

Nike Ἄπτερος.

Paus. I, 22, 4. τῶν δὲ Προπυλαίων ἐν δεξιᾷ Νίκης ἐστὶν Ἀπτέρου ναός.

Paus. III, 15, 7. γνώμῃ δὲ Λακεδαιμονίων τε ἐς τοῦτο ἐστι τὸ ἄγαλμα καὶ Ἀθηναίων ἐς τὴν Ἄπτερον καλουμένην Νίκην — τὴν Νίκην αὐτόθι αἰεὶ μενεῖν οὐκ ὄντων πτερῶν.

Paus. V, 26, 6. Κάλαμις δὲ οὐκ ἐχούσαν πτερὰ ποιῆσαι λέγεται (die Nike in Olympia) ἀπομιμούμενος τὸ Ἀθήνησι τῆς Ἀπτέρου καλουμένης ξόανον.

Harpocrat. Νίκη Ἀθηνᾶ. Λυκοῦργος ἐν τῷ περὶ τῆς ἱερείας, ὅτι δὲ Νίκης Ἀθηνᾶς ξόανον ἄπτερον, ἔχον ἐν μὲν τῇ δεξιᾷ ῥόαν ἐν δὲ τῇ εὐωνύμῳ κράνος, ἐτιμᾶτο παρ' Ἀθηναίοις, δεδήλωκεν Ἡλιόδωρος ὁ περιηγητὴς ἐν α΄ περὶ ἀκροπόλεως. (Anspielung auf den Granatapfel: vgl. *Anthol. Pal.* IX, 576: auf die Niken der Balustrade (?) *Anth. Plan.* IV, 282, s. *Athen. Mitth.* VII, S. 46.)

Ἀθηναίας Νίκης i. d. Schatzurkunden; vgl. *CIA.* I, 166 g, 3; 188, 5; 189 a, 1 fg.

(Opfer.) *CIA.* II, 163, Z. 20 fg. μίαν .. (βοῦν) ἐπὶ τῷ τῆς Νίκης (βωμῷ) προκρί[ναντες ἐκ τῶν] καλλιστευουσῶν βοῶν, καὶ θύσαντες τῇ [Ἀθηνᾷ τῇ] Πολιάδι καὶ τῇ Ἀθηνᾷ τῇ Νίκῃ ἀπασῶ[ν τῶν βοῶ τῶ]ν ἀπὸ τῶν τετταράκοντα μνῶν u. s. w. (Vgl. II, 471, Z. 14 f.)

Demosth. procem. LIV. ἐθύσαμεν τῷ Διὶ τῷ Σωτῆρι, καὶ τῇ Ἀθηνᾷ [καὶ] τῇ Νίκῃ, καὶ γέγονε καλὰ καὶ σωτήρια ταῦθ' ὑμῖν τὰ ἱερά.

CIA. III, 659, Z. 6 fg. ἱερέα Νίκης τῆς ἐξ ἀ]κροπό[λ]εως u. s. w.

Ath. Nike u. Art Hekate.

Bleimarke, *Benndorf, Beitr.*, s. Artemis Phosphoros.

Paus. II, 30, 2. s. Art. Epipyrgidia.

Andere Niken auf der Burg.

Paus. IV, 36, 6. Ἀθηναῖοι δὲ καὶ Νίκης ἀνέθηκαν ἄγαλμα ἐν ἀκροπόλει χαλκοῦν ἐς μνήμην τῶν ἐν Σφακτηρίᾳ.

(Nike auf der Hand der Parthenos.)

Jahn-Mich., Paus. descr. arc., S. 16, 42, u. *Athen. Mitth.* V, S. 95 fg.

(Die goldenen Niken.)

CIA. I, 32 B, Z. 2. τὰς Νίκας χρυσᾶς *CIA.* IV, 2, 331 e, Z. 6. ἐπιστάται τοῖν Νίκαιν u. s. w.

Schol. Aristoph. Ran. 720 Ol. 93, 2 (Geldprägung ἐκ τῶν χρυσῶν Νικῶν). *Quintil.* IX, 2. 92. Vgl. *CIA.* II, 642, 652, 654, 660, 667. *Bull. de corr. hell.* 1888, S. 289 Unter Lykurg: *CIA.* II, 678, Z. 47, 739. *Paus.* I, 29, 16. *Vit. X or.* 841 D.

Nike Olympia.

CIA. III, 245 (Theatersitz). Ἱερέως Ὀλυμπίας | Νίκης.
Nike u. Hermes.
CIA. II, 1298, s. Hermes und D. Dreifüsse.
Nymphen.
CIA. I, 503. auf der Höhe des „Nymphenhügels";
Παρθέν | Νυμφ[ῶν] | θεμόσθ[ιον?] (Vgl. dazu das Grabepigramm *CIA.* III, 1354.)
CIA. III, 369 (Theatersitz). ... νέης Πανδήμου νύμφης ....
CIA. III, 320 (Theatersitz). Ὑμνετριῶν Νύσα[ς νύ]μφης.
CIA. III, 351 (Theatersitz). Ὑμνετρίας Νύσα[ς] τροφοῦ ... Παιδούς.
CIA. III, 196, s. Hermes.
CIA. III, 212 und *Athen.* II, S. 38 C s. Horen.
(Nymphen am Ilisos.)
CIA. II, 1327. (Relief Nani, vom panath. Stadium): Flussgott, Pan, drei Nymphen, Hermes; unten: Mann mit Ross, zwei Göttinnen. Inschr.: οἱ πλυνῆς Νύμφαις εὐξάμενοι ἀνέθεσαν καὶ θεοῖς πᾶσιν (11 Namen).
Vgl. d. andere Rel. Nani *CIA.* II, 1600: Φιλοκρατίδης — — — Νύμφαις ὀμπν[ίαις].
Plato *Phaedr.* 230 B, 237 A, 259 D, 263 D, 279 B (nebst Acheloos und Pan). Vgl.
CIA. IV, 2, 503 a (Athen?)
(Nymphen bei der Akropolis verehrt.)
Vgl. *Michaelis, Annal. d. Inst.* 1863, S. 311 fg. A—C. Reliefs mit Pan, Hermes, Flussgott, Nymphen u. s. w., dazu *Athen. Mitth.* III, S. 182 fg. *CIA.* II, 1528.
CIA. II, 1515 (Asklepieion, Relief mit Pan und drei Nymphen). Ἀρχανδρος Νύμφαις κα[ὶ Πανί].
CIA. II, 1671 (dreitheiliger Altar vom Südabhange), s. Aphrodite, Hermes, Pan, Isis; im mittleren Theil Νυμφῶν.
Nysa.
CIA. III, 320. 351 s Nymphen.
Osiris (vgl. Isis).
CIA. III, 77 Z. 4. Πετδρομιανος γ' Νεφθύϊ καὶ Ὀσίριδ[ι] ἀλεκτρυόνα ... καμπώσεις, σπείρων πυρ[ούς] καὶ κριθάς, σπένδων μελίκρατον.

Rang. Ant. hell. 1096 (Pittakis: in Megalo Monastir.). — — Ὀσίριδι θεῷ | ἀν[έθηκεν].
Pan (s. Nymphen).
Grotte des Pan (vgl. Apollo Hypakraios).
Paus. I, 28, 4. (nach Erwähnung der Apollogrotte Lücke; Erzählung von der Sendung des Pheidippides) οὗτος μὲν οὖν ὁ θεὸς ἐπὶ ταύτῃ τῇ ἀγγελίᾳ τετίμηται. Vgl.
Herodot VI, 105. ὑπὸ τῇ ἀκροπόλι Πανὸς ἱρόν (ἱδρύσαντο).
Anthol. Plan. 259. πέτρης ἐκ Παρίης με πόλιν κατὰ Παλλάδος ἄκρην | στῆσαν Ἀθηναῖοι Πᾶνα τροπαιοφόρον. Vgl. 232.
Eurip. Ion 936 fg. KP. οἶσθα Κεκροπίας πέτρας; ΠΑΙΔ. Οἶδ᾽, ἵνθα Πανὸς ἄδυτα καὶ βωμοὶ πέλας. KP. Ἐνταῦθ᾽ ἀγῶνα δεινὸν ἠγωνίσμεθα.
492 fg. Πανὸς θακήματα καὶ | παραυλίζουσα πέτρα | μυχώδεσι Μακραῖς, ἵνα χοροὺς στείβουσι ποδοῖν | Ἀγραύλου κόραι τρίγονοι | στάδια χλοερὰ πρὸ Παλλάδος | ναῶν, συρίγγων | ὑπ᾽ αἰόλας ἰαχᾶς | ὕμνων, ὅταν αὐλίοις | συρίζης, ὦ Πάν, | τοῖσι σοῖς ἐν ἄντροις.
Aristoph. Lysistr. 720. τὴν μὲν γε πρώτην διαλέγουσαν τὴν ὀπὴν | κατέλαβον ᾗ τοῦ Πανός ἐστι ταὐλίον.
Hephaestio 10, 6 (*Cratin. frgm. inc.* 22. Mein., nach *Wilamow. Hermes* XIV, S. 183). χαῖρε χρυσόκερω βυβάκτα κήλων | Πάν, Πελασγικὸν ἀργὸν ἐμβατεύων.
Lucian Bis accus. 9. οὗτος (Pan) — — τὸ ὑπὸ τῇ ἀκροπόλει σπήλαιον τοῦτο (vom Areiopag aus gesehen) ἀπολαβόμενος οἰκεῖ μικρὸν ὑπὲρ τοῦ Πελασγικοῦ. Vgl. *Dial. deor.* 22, 3. *Schol. Clem. Alexandr. Protr.* III, 3, 4. τὸ καθύπερθεν σπήλαιον τοῦ Ἀρείου πάγου.
Votivrelief mit Rest d. Inschrift (gef. in der Bastion d. Odysseus) Δελτ. ἀρχ. 1888, S. 183 fg.
(Inschrift im Felsen, angeblich links von der Pansgrotte *CIA.* II, 715. Ἄρχων Ἐρέννιος Μέιππος.)
Pandemos s. Nymphen (*CIA.* III, 369) und Aphrod. Pand.
Pantheon s. a. Anf.: „Alle Götter".

Parthenos (Parthenon) s. Athena Parth.
Peitho (vgl. Chariten).
Paus. I, 22, 3. s. Aphrod. Pandemos.
CIA. III, 351 (Theatersitz). Ὑμνητρίας
Νύσα[ς] τροφοῦ ... Πειθοῦς.
Pheme.
Paus. I, 17, 1. s. Aidos.
Vgl. Aeschin. c. Timarch. (I) 128 und Schol.; de fals. leg. (II) 145.
Pherrephatta (s. Demeter Pher. und Hades). (Pherrephatteion.)
Hesych. Φιρεφάττιον τόπος ἐν ἀγορᾷ.
Demosth. (LIV) c. Conon. 7, 8. s. E: Leokorion.
Phosphoroi s. Artemis Phosph. u. Demeter.
CIA. III, 10. catal. Z. 16. ἱερεὺς Φωσφόρων.
CIA. III, unter den αἱσιοι z. B. No. 1041, II Z. 21; 1042 Z. 36: ἱερεὺς Φ. καὶ ἐπὶ Σκιάδος.
Pluton s. Hades.
Plutos s. Eirene.
Poseidon.
Paus. I, 2, 4. τοῦ ναοῦ (der Demeter beim Eintrittsthor) οὐ πόρρω Ποσειδῶν ἐστιν ἐφ' ἵππου, δόρυ ἀφιεὶς ἐπὶ γίγαντα Πολυβώτην (anders das Epigramm).
Paus. I, 37, 2. (an der heiligen Strafse) Altar des Zephyros: καὶ Δήμητρος ἱερὸν καὶ τῆς παιδός, σὺν δὲ σφίσιν Ἀθηνᾶ καὶ Ποσειδῶν ἔχουσι τιμάς (s. auch C: Phytalos).
(Poseidon und Athena im Streit.)
Paus. I, 24, 3 und 5. s. Athena.
(Pos.-Erechtheus im Erechtheion.)
Paus. I, 26. 5. ἐσελθοῦσι δέ εἰσι βωμοί, Ποσειδῶνος, ἐφ' οὗ Ἐρεχθεῖ θύουσιν ἐκ τοῦ μαντεύματος, ferner (C.) Butes und (oben) Hephaistos. Vgl. auch A: Salzquelle.
Hesych. Ἐρεχθεύς. Ποσειδῶν ἐν Ἀθήναις.
Plutarch. symp. quaest. 9, 6. Poseidon νεώ κοινωνεῖ μετὰ τῆς Ἀθηνᾶς. s. Lethe.
Himer. ecl. 5, 30. ὁ τῆς Πολιάδος νεὼς καὶ τὸ πλησίον τοῦ Ποσειδῶνος τέμενος.
Vit. X or. S. 843 B. Μήδειος, ὃς τὴν ἱερωσύνην Ποσειδῶνος Ἐρεχθέως εἶχε. Vgl. 843 C.

CIA. I, 387 (kl. Säule). Ἐπιτέλης | Οἰνοχάρης | Σωπατρου | Περγασῆθεν | Ποσειδῶνι | Ἐρεχθεῖ | ἀνέθηκεν. Vgl. CIA. III, 209.
CIA. III, 276 (Theatersitz). Ἱερέως Ποσειδῶνος Γαιηόχου καὶ Ἐρεχθέως. Vgl. CIA. III, 805. Δελτ. ἀρχ. 1888 S. 66, 1. 1889 S. 20, 18.
Poseidon Helikonios.
Bekker, Anecd. gr. I, 326, 30 (Kleidemos).
s. (E.) Agra, (A) Helikon. καὶ ἡ ἐσχάρα τοῦ Ποσειδῶνος τοῦ Ἑλικωνίου ἐπ' ἄκρον (des Agrahügels).
Poseidon Hippios. (s. E: Kolonos Hippios).
CIA. I, 197 (Schatzurkunde). Soph. Oed. Col. 54 fg.
Paus. I, 30, 4 ... καὶ βωμὸς Ποσειδῶνος Ἱππίου καὶ Ἀθηνᾶς Ἱππίας .... τὸ δὲ ἄλσος τοῦ Ποσειδῶνος καὶ τὸν ναὸν ἐνέπρησεν Ἀντίγονος.
Thucyd. VIII, 67. — — ἐς τὸν Κολωνόν (ἔστι δὲ ἱερὸν Ποσειδῶνος ἔξω πόλεως ἀπέχον σταδίους μάλιστα δέκα.)
Poseidon Kalaureates. CIA. I, 273.
Poseidon Phytalmios (vgl. Paus. I, 37, 2).
CIA. III, 267 (Theatersitz). Ἱερέως | Ποσειδῶνος | Φυταλμίου.
Poseidon χαμαίζηλος. CIA. III, 77.
Z. 18 Ποσειδῶνι χαμαιζήλῳ νηφάλιον.
Rhea, s. Göttermutter und Kronos.
Roma.
(Priester.) CIA. II, 985 D I, Z. 9. E I, Z. 51. II, Z. 51 (Delos?)
CIA. III, 265 (Theatersitz). vgl. Demos und Chariten.
Rundtempel der Roma und des Augustus auf der Akropolis.
CIA. III, 63. (rundes Epistyl) Ὁ δῆμος θεᾷ Ῥώμῃ καὶ Σεβαστῷ Καίσαρι, στρατηγοῦντος ἐπὶ τοὺς ὁπλίτας Παμμένους τοῦ Ζήνωνος Μαραθωνίου, ἱερέως θεᾶς Ῥώμης καὶ Σεβαστοῦ Σωτῆρος ἐπ' ἀκροπόλει, ἐπὶ ἱερείας Ἀθηνᾶς Πολιάδος Μεγίστης τῆς Ἀσκληπιάδου Ἁλαιέως θυγατρός. Ἐπὶ ἄρχοντος Ἀρίου [τοῦ Δωρίωνος] Παιανιέως.
CIA. III, 334 (Theatersitz). Ἱερέως θεᾶς Ῥώμης καὶ Σεβαστοῦ Καίσαρος.

Semnai s. Erinyen.
Serapis (s. Isis).

Paus. I, 18, 4. Ἐντεῦθεν (vom Prytaneion) ἰοῦσιν ἐς τὰ κάτω τῆς πόλεως Σαράπιδός ἐστιν ἱερόν ... οὐ πόρρω· Bündnisstätte des Theseus und Peirithoos.

C I A. II, 617. Sarapiastendekret.

C I A. III, 140. Platte mit Halbmond und Stern (Samml. Saburoff). Ἱερεὺ[ς] στολιστὶς Ἴσιδος καὶ Σαράπιδος Αὐρ. Ἐπαφρόδιτος τῷ Οὐρανίῳ Μηνὶ εὐχαριστήριον ἀνέθηκε.

C I A. III, 145 a. (Kl. Altar, Asklepieion.) Γάϊς τῷ κυρίῳ Σεράπιδι εὐξάμενος ἀνέθηκε.

Vgl. Ἐφ. ἀρχ. 1884 S. 170 (Restauration von Heiligthümern u. s. w.) Z. 56 Σαρα[π — — Z. 57 — ς ἀφώρισεν ἐν ἄστει.

Σπουδαίων (?) δαίμων.

Paus. I, 24, 3 (im Heiligthum der Ath. Ergane) ὁμοῦ δὲ σφισιν (den Hermen?) ἐν τῷ ναῷ Σπουδαίων δαίμων ἐστίν.

Thaleia, Thallo s. Chariten.
Themis (vgl. Athena und Ge).

Paus. I, 22, 1. μετὰ δὲ τὸ ἱερὸν τοῦ Ἀσκληπιοῦ, ταύτῃ πρὸς τὴν ἀκρόπολιν ἰοῦσιν Θέμιδος ναός ἐστι (Hippolytosgrab).

C I A. III, 350 (Theatersitz). Ἱερείας Γῆς Θέμιδος.

C I A. III, 318 (Theatersitz). Ἐρεχθέρου ἐ[γ]ῆς Θέμιδος].

C I A. III, 323. Ὀλιφόρου Ἀθηνᾶς Θέμιδος.

C I A. III, 329. Ἱερέως Θέ[μιδος?].

Tritopatreis.

C I A. II, 1062. ὅρος ἱεροῦ Τριτοπατρέων Ζακυαδῶ[ν — —

Suid (vgl. *Etym. magn.*) Τριτοπάτορες. Δήμων ἐν τῇ Ἀτθίδι φησὶν ἀνέμους εἶναι τοὺς Τριτοπάτορας, Φιλόχορος δὲ τοὺς Τριτοπάτρεις πάντων γεγονέναι πρώτους. Φανόδημος ἐν ἕκτῳ φησὶν ὅτι μόνοι Ἀθηναῖοι θύουσί τε καὶ εὔχονται αὐτοῖς ὑπὲρ γενέσεως παίδων ὅταν γαμεῖν μέλλωσιν.

Tyche (vgl. auch Agathe Tyche).

Philostr. Vit. soph. II, 1, 5· τὸ δ' ἐπὶ θάτερα τοῦ σταδίου νεώς ἐπέχει Τύχης καὶ ἄγαλμα ἐλεφάντινον. Vgl. G: Stadion.

Athen. Mitth. VIII, S. 288 (Basis, ursprünglich eines Weihgeschenkes der Paraler, in röm. Zeit neu verwendet): Ἀππίαν Ἀτταλία[ν Ῥη]γίλλαν, Κλ. Ἡρώδου τοῦ ἀρχιερέως γυναῖκα, ἱερασαμένην πρώτην τῆς Τύχης τῆς πόλεως, — — — οἱ ἐν Πειραιεῖ πραγματευταί u. s. w.

Winde. (Vgl. *Aelian de nat. an.* VII, 27.)

C I A. III, 77 (Opfervorschrift). (Ποσειδῶνος) Θε[ί] ἀνέμοις πόπανον χοινικιαῖον ὀρθόνφαλον δωδεκόνφαλον νηφάλιον. (S. Boreas, Zephyros, Tritopatreis.)

Ξενικὸς θεός.

C I A. I, 273. Frgm. f. Z. 18. Θεοῦ ξενικοῦ.

Zephyros.

Paus. I, 37, 2. (an d. heil. Strafse; vorher Heiligth. d. Lakios u. Grabmal d. Nikokles) ἔστι δὲ καὶ Ζεφύρου τε βωμὸς καὶ Δήμητρος ἱερὸν καὶ τῆς παιδός.

Zeus.

C I A. I, 504, im Felsboden des Hügels der Hag. Marina, Südseite: Ὅρος Διός.

C I A. I, 505 angeblich unterhalb 504: Ὅρος.

Paus. I, 24, 4. (östlich vom Parthenon) καὶ Διός ἐστιν ἄγαλμα, τό τε Λεωχάρους· καὶ ὁ ὀνομαζόμενος Πολιεύς (s. unten).

Paus. I, 18, 6 (Bild im Olympieion, s. Zeus Olympios). 7. ἔστι δὲ ἀρχαῖα ἐν τῷ περιβόλῳ (d. Olympieion) Ζεὺς χαλκοῦς καὶ ναὸς Κρόνου καὶ Ῥέας u. s. w.

Paus. I, 2, 5. s. Eubulidesmonument (D.)

C I A. II, 1554 (Basisfrgm. v. d. Burg.) ἀνέθεσαν Διὶ J'. — — — II, 1659 (kl. Säule, b. Theater gef.) Διός.

Vgl. Ἀθ.ιν. Χ. S. 74, 6 Priester: Διὸς καὶ — —

Ἐφ. ἀρχ. 1884 S. 170, Z. 55 Διὶ Ἰ]μητείῳ? od. [Σημείῳ?

C I A. III, 198, (gef. „vor der Aglaurosgrotte" Pittakis): Διὶ Ἀπολλωνίῳ Πατρώῳ.

C I A. III, 200 (Marmorbasis, am Parthenon): Διός ... κατὰ τὴν (ἐπιταγὴν?)

Zeus Agoraios.

C I A. I, 23, 24 (Vertragsurkunde), Frgm. a. Z. 4, 5: Διὶ τὸν Ἀγοραῖον.

Bekker, Anecd. gr. I, S. 338, 32. Ἀγοραῖος Ζεύς· βωμὸς Ἀθήνησιν, ὃς ἐκαλεῖτο Ἀγοραίου Διός. Vergl. *Hesych.* ἀγοραῖος. *Schol. Aristoph. Equit.* 410. *Aeschyl. Eumenid.* 973. *Euripid. Heraclid.* 70 (vgl. Eleos.).

Zeus Apemios (?).

Marm. Par. Ep. IV. 7. Stiftung des Deukalion an der Stätte des späteren Olympieion; Altar Διὸς τοῦ Ὀμβρίου Ἀπ[η]μ[ί]ου. Vgl. *Paus.* I, 18, 8.

Zeus Astrapaios.

Strab. IX S. 404. (Von d. Ἰαχάρα τοῦ Ἀστραπαίου Διὸς) ἐν τῷ τείχει μεταξὺ τοῦ Πυθίου καὶ τοῦ Ὀλυμπίου.

Zeus Bulaios (und **Athena Bulaia**).

Paus. I, 3, 5. S. Buleuterion.

Antiphon VI, 45. ἐν αὐτῷ τῷ βουλευτηρίῳ Διὸς Βουλαίου καὶ Ἀθηνᾶς Βουλαίας ἱερόν ἐστι.

Aeschin. II, 45 und *Schol.* Ἑστία βουλαία, der Altar des Z. B. Vgl. *Vit. X. or.* 837 F. *Xenoph. Hell.* II, 3, 52 und 55. Vgl. G. Buleuterion.

CIA. III, 272 (Theatersitz). ἱερέως | Διὸς Βουλαίου | καὶ Ἀθηνᾶς | Βουλαίας.

CIA. III, 683 (Basis, Hypapanti). ὁ δῆμος? ... τὸν ἱερέα Δι[ὸς Βου]λαίου καὶ [Ἀθη]νᾶς Βουλαίης.

Prytanenverzeichnis *CIA.* III, 1025 (Thor der Athena Archegetis) am Ende — — Διὶ Βουλ[αίῳ ἀνέθηκεν.

Zeus Eleutherios (vgl. Soter und [G.] Stoa d. Zeus Eleutherios).

Paus. I, 3, 2. ἐνταῦθα (bei den Bildsäulen des Konon, Timotheos, Euagoras) ἕστηκε Ζεὺς ὀνομαζόμενος Ἐλευθέριος (dann Hadrian und ὄπισθεν die Stoa des Zeus El.).

Isocr. IX, 59. καὶ τὰς εἰκόνας αὐτῶν (d. Konon und Euagoras) ἐστήσαμεν οὗπερ τὸ τοῦ Διὸς ἄγαλμα τοῦ Σωτῆρος.

Hesych. Ἐλευθέριος Ζεύς (= *Schol. Plat. Eryx.* S. 392 A): τοῦτον δὲ ἔνιοι καὶ Σωτῆρά φασι.

Harpocrat. Ἐλευθ. Ζεύς· Ὑπερίδης „τῷ μὲν τοίνυν Διί, ᾧ ἄνδρες δικασταί, ᾧ ἐπωνυμία γέγονε τὸν Ἐλευθέριον προσαγορεύεσθαι διὰ τὸ τοὺς ἐξελευθέρους τὴν στοὰν οἰκοδομῆσαι τὴν πλησίον αὐτοῦ." ὁ δὲ Διδυμός φησιν ἁμαρτάνειν τὸν ῥήτορα· ἐκλήθη γὰρ Ἐλευθέριος διὰ τὸ τῶν Μηδικῶν ἀπαλλαγῆναι τοὺς Ἀθηναίους. ὅτι δὲ ἐπιγέγραπται μὲν Σωτήρ, ὀνομάζεται δὲ καὶ Ἐλευθέριος, δηλοῖ καὶ Μένανδρος.

Paus. X, 21, 5 (von Kydias) ἀποθανόντος δὲ ὑπὸ τῶν Γαλατῶν τὴν ἀσπίδα οἱ προσήκοντες ἀνέθεσαν τῷ Ἐλευθερίῳ Διί (mit Epigramm).

6. τοῦτο μὲν δὴ ἐπιγέγραπτο πρὶν ἢ τοὺς ὁμοῦ Σύλλᾳ καὶ ἄλλα τῶν Ἀθήνησι καὶ τὰς ἐν τῇ στοᾷ τοῦ Ἐλευθερίου Διὸς καθελεῖν ἀσπίδας. Vgl. I, 26, 2.

CIA. II, 17 (Bundesgenossenurkunde, bei Hypapanti gef.). Z. 65. Aufstellung: παρὰ τὸν Δία τὸν Ἐλευθέριον.

Vgl. *CIA.* II, 164 Z. 6. — — (ὅτι ὁ δῆμος ὁ Κολοφωνίων ἀναιτίθησι) — καὶ τὴν πανοπλίαν Δ[ι]ὶ Ἐ[λευθερίῳ?

CIA. III, 7 (Ehrendekr. hadr. Zeit. Akr.), Z. 17, 18. τοῦ Διὸς τ]οῦ Ἐλευθερίου καὶ πρὸ | τοῦ ἱεροῦ ... τ]οῦ Διὸς τοῦ Πανδή[μου.

CIA. III, 9 Z. 4. τῷ τε Ἐλ[ευθερίῳ Διὶ καὶ Ἀδριανῷ Καίσαρι Σεβαστῷ Σωτῆρι, συγκαθ[ιδρῦσαι ... κολ]οσσικὴν εἰκ[όνα.

CIA. III, 26, 2. 3. ἱερεὺς τῆς Ὁμ[πνίας? Δήμητρος ... τοῦ Διὸς] τοῦ Ἐλευθερίου.

CIA. III, 1085 Z. 4. ἀρχιερεὺς Νέρωνος Κλαυδίου Καίσαρος Γερμανικοῦ καὶ Διὸς Ἐλευθερίου ἐκ τῶν Ἑλλήνων. (Vgl. 1091.)

Zeus Geleon.

CIA. III, 2 (Basis hadr. Zeit a. d. Burg). Z. 5. 6. ἱερεὺς Ἄρεως καὶ Ἐνυαλίου καὶ Ἐνυοῦς καὶ Διὸς Γελέοντος ἱεροκῆρυξ.

Zeus Georgos.

CIA. III, 77 Z. 12. Μαιμακτηριῶνος Διὶ Γεωργῷ κ πόπανον · χοινικιαῖον ὀρθόνφαλον δωδεκόνφαλον u. s. w.

Zeus Herkeios.

(Im Pandroseion.)

Dionys. Hal. de Din. 13 (*Philochoros*). κύων εἰς τὸν τῆς Πολιάδος νεὼν εἰσελθοῦσα καὶ δῦσα ἐς τὸ Πανδρόσειον, ἐπὶ τὸν βωμὸν ἀναβᾶσα τοῦ Ἑρκείου Διὸς τὸν ὑπὸ τῇ ἐλαίᾳ κατέκειτο.

CIA. II, 1664 (Rundaltar im Dipylon). Διὸς Ἑρκείου, Ἑρμοῦ, Ἀκάμαντος.

Zeus Hymettios? s. oben Zeus.

Zeus Hypatos.

Paus. I, 26, 5. πρὸ δὲ τῆς ἐσόδου (ins Erechtheion) Διός ἐστι βωμὸς Ὑπάτου, ἐνθα ἐμψύχων θύουσιν οὐδέν, πέμματα δὲ θέντες οὐδέν τι οἴνῳ χρήσασθαι νομίζουσιν.

Paus. VIII, 2, 3. ὁ μὲν γὰρ (Kekrops) Δία τε ὠνόμασεν Ὕπατον πρῶτος u. s. w. *Euseb. praep. ev.* X, 9, 22... ἔπειτα βωμὸν πυρ᾽ Ἀθηναίοις ἱδρύσαι πρῶτος (Kekrops). Vgl. den Βωμὸς τοῦ Θυηχοῦ *CIA.* I, 322. I, 79. II, 95. 324 b I Z. 61.

Zeus Hypsimedon, Hypatos.

CIA. III, 170 (Herodestheater). Ὑψιμέδων, ὕπατε, πάτερ Εἰρήνης βαθυπλ[ούτον] | σὸν Ἐλαίου (sic) βωμὸν ἱκετεύομεν ἡμεῖς, | Θρήκης u. s. w.

Zeus Hypsistos.

CIA. III. 148—155. (Kleine Säulen, Tafeln, Reliefs [mit Körpertheilen: Gesicht, Unterleib, Brüsten, Armen] meist von Frauen geweiht, an der Felswand bei der sog. Pnyx gefunden; 146 östl. vom Parthenon). Weihung: Ὑψίστῳ oder Ὑψίστῳ Δίι oder Θεῷ Ὑψίστῳ. Dahin gehören vermuthlich auch *CIA.* III, 237. 238, 147. 156.

CIA. III, 132, 1. (Asklepieion. Kl. ion. Kapitell mit Adler). — — θεῷ ὑψίστῳ — — εὐχαριστήριον. Vgl. auch Ἀθήναιον VIII S. 144.

Zeus Karios (vgl. Zeus Stratios).

Herod. V, 66. θύουσι δὲ οἱ συγγενεῖς αὐτοῦ (des Isagoras) Διὶ Καρίῳ. (Vgl. *Plut. de mal.* gn. *Herod.* 23.)

Zeus Kataibates.

Schol. Sophocl. Oed. Col. 704 (vgl. Zeus Morios).

Zeus Kenaios.

CIA. I, 208 Z. 9 (Schatzurkunde) Διὸς Κηναίου.

Zeus Ktesios (s. Peiraieus).

CIA. III, 3854 (Asklepieion). καὶ Διὸς [Κ]τησίου.

Zeus Meilichios.

Paus. I, 37, 4 διαβᾶσι δὲ τὸν Κηφισὸν βωμός ἐστιν ἀρχαῖος Μειλιχίου Διός. Ἐπὶ τούτῳ Θησεύς ὑπὸ τῶν ἀπογόνων τῶν Φυτάλου καθαρσίων ἔτυχε, λῃστὰς... ἀποκτείνας. Vgl. *Thucyd.* I, 126.

CIA. I, 4 (Alte Opfervorschrift). Z. 3. θαργηλ. Z. 4. 5. [Διὶ Μει]λιχίῳ ε[.. νεφά λ]ια.

CIA. II, 1584 (Nordabhang des Nymphenhügels; cylindrischer Cippus) Διὶ Μειλιχίῳ | Ζωπυρίων. 1585 (ebd. gef. viereckiger Stein mit Eintiefung). Ἡλίῳ καὶ Διὶ Μειλ[ιχίῳ] Μαμμία.

Zeus Moiragetes.

CIA. I, 93 (auf Heiligthümer der Athena Polias bezügl.). Z. 12 — ρυις Διὶ Μοιρηγέτη γ — —

Zeus Morios (vergl. A: μορίαι. In der Akademie.)

Sophocl. Oed. Col. 704 f. ὁ γὰρ αἰὲν ὁρῶν κύκλος | λεύσσει νιν (den Ölbaum) Μορίου Διός. *Schol.* Μόριον Δία εἶπε τὸν ἐπόπτην τῶν μορίων ἐλαιῶν· καί ἐστιν ὁ λεγόμενος Μόριος Ζεὺς [περὶ Ἀκαδημίαν], ὡς φησιν Ἀπολλόδωρος „περὶ Ἀκαδημίαν ἐστὶν ὅ τε τοῦ Καταιβάτου Διὸς βωμὸς ὃν καὶ Μόριον καλοῦσι, τῶν ἐπὶ μορίων παρὰ τὸ τῆς Ἀθηνᾶς ἱερὸν ἱδρυμένων."

Zeus Olympios (Olympieion).

CIA. I, 196. 198. 203. Schatz des Zeus Olympios.

CIA. IV, 2, 373[100] (Akrop.) Ὀλ]υμ[πίου]? Διός.

CIA. II, 607. Col. B, Z. 3 fg. (Lysikles) [ἱεροποιέσιν τῷ Διὶ] τῷ Ὀλυμπίῳ.

CIA. II, 162. κ]αὶ τοὺς αὐτοὺς μετὰ τῶν ἐπι[στατῶν τοῦ Ὀλυμπιείου (?) θύσασθα]ι τῷ Διὶ τῷ Ὀλυμπίῳ.

CIA. III, 243 (Theatersitz). ἱερέως | Διὸς Ὀλυμπίου.

CIA. III, 291 (Theatersitz). Φαιδυντοῦ | Διὸς Ὀλυμπί[ου] | ἐν ἄστει. (Olympieion.)

Paus. I, 18, 8. Τοῦ δὲ Ὀλυμπίου Διὸς Δευκαλίωνα οἰκοδομῆσαι λέγουσι τὸ ἀρχαῖον ἱερόν, σημεῖον ἀποφαίνοντες — — τάφον τοῦ ναοῦ τοῦ νῦν οὐ πολὺ ἀφεστηκότα.

Thucyd. II, 15. (Von den ältesten Heiligthümern) καὶ τὰ ἔξω (τῆς ἀκροπόλεως) πρὸς τοῦτο τὸ μέρος τῆς πόλεως (πρὸς νότον) μᾶλλον ἴδρυται, τό τε τοῦ Διὸς τοῦ Ὀλυμπίου καὶ τὸ Πύθιον καὶ τὸ τῆς Γῆς.

Aristot. Polit. V, 11, 4. παράδειγμα τούτου (der Ausbeutung durch die Tyrannen)

B. Gottheiten und Personificationen. (Zeus Olympios.)

καὶ τοῦ Ὀλυμπίου ἡ οἰκοδόμησις ὑπὸ τῶν Πεισιστρατιδῶν.

Vitruv. VII, *praef.* 15. Athenis Antistates et Callaeschros et Antimachides et Porinos architecti Pisistrato aedem Iovi Olympio facienti fundamenta constituerunt. post mortem autem ejus propter interpellationem reipublicae incepta reliquerunt. itaque circiter annis quadringentis (*Meurs. st.* ducentis) post Antiochus rex cum in id opus inpensam esset pollicitus cellae magnitudinem et columnarum circa dipteron conlocationem epistyliorumque et caeterorum ornamentorum ad symmetriam distributionem magna sollertia scientiaque summa civis Romanus Cossutius nobiliter est architectatus. (Vgl. 17.)

Liv. XLI, 20, 8. Magnificentiae (Antiochi) in deos vel Iovis Olympii templum Athenis, unum in terris inchoatum pro magnitudine dei, potest (testis) esse.

Vellej. Paterc. I, 10. Antiochus Epiphanes qui Athenis Olympieum inchoavit. Vgl. *Athen.* V, S. 194 A.

Ps.-Dicaearch. I, 1. Ὀλύμπιον ἡμιτελὲς μὲν καταπλῆξιν (*Casaub.* καταπληκτικήν, *Usener* κατάδηλον) δ᾽ ἔχον τὴν τῆς οἰκοδομίας ὑπογραφήν (τῇ τ. ὁ. ὑ. *Bursian*), γενόμενον δ᾽ ἂν βέλτιστον εἴπερ συνετελέσθη.

Strab. IX, 396. καὶ αὐτὸ τὸ Ὀλύμπιον ὅπερ ἡμιτελὲς κατέλιπε τελευτῶν ὁ ἀναθεὶς (Ἀντίοχος *Leake*) βασιλεύς.

Plut. Solon 32. ὡς ἡ πόλις τῶν Ἀθηναίων τὸ Ὀλυμπεῖον, οὕτως ἡ Πλάτωνος σοφία τὸν Ἀτλαντικὸν ἐν πολλοῖς καλοῖς μόνον ἔργον ἀτελὲς ἔσχηκεν.

Lucian Icaromenipp. 24. Zeus fragt εἰ τὸ Ὀλυμπιεῖον αὐτῷ ἐπιτελέσαι διανοοῦνται (Ἀθηναῖοι).

Hesych. Ὀλύμπιον (*Pamphilos*). τοῦτο ἀτελὲς ἔμεινεν Ἀθήνησιν οἰκοδομούμενον πολλάκις ἀρχὰς λαβὸν τῆς κατασκευῆς.

Plin. XXXVI, 6, 45. Sic est inchoatum (mit Säulenbau) Athenis templum Iovis Olympii, ex quo Sulla Capitolinis aedibus advexerat columnas.

Sueton. August. 60. reges amici alliique socii et singuli in suo quisque regno Caesareas urbes condiderunt et cuncti simul aedem Iovis Olympii Athenis antiquitus inchoatum perficere cummuni sumptu destinaverunt genioque eius dedicare.

Steph. Byz. Ὀλυμπιεῖον· τόπος ἐν Ἀθήναις, ὃν κτίσαντες Ἀθηναῖοι χρήμασιν Ἀδριανοῦ νέας Ἀθήνας Ἀδριανὰς ἐκάλεσαν, ὡς Φλέγων ἐν Ὀλυμπιάδων ιε΄.

Cass. Dio LXIX, 16. Ἀδριανὸς δὲ τό τε Ὀλύμπιον τὸ ἐν ταῖς Ἀθήναις ἐν ᾧ καὶ αὐτὸς ἵδρυται ἐξετοίμασε καὶ δράκοντα εἰς αὐτὸ ἀπὸ Ἰνδίας κομισθέντα ἀνέθηκε.

Spartian. Hadr. 13. per Athenas iter fecit atque opera quae apud Athenienses coeperat dedicavit ut Iovis Olympii aedem et aram sibi.

Philostr. Vit. Soph. I, 25, 3. τὸ δὲ Ἀθήνησιν Ὀλύμπιον δι᾽ ἑξήκοντα καὶ πεντακοσίων ἐτῶν ἀποτελεσθὲν καθιέρωσης ὁ αὐτοκράτωρ u. s. w.

Schol. Lucian III, S. 57, 2 (*Jacobitz.*) τὸ Ὀλύμπιον... διὰ μεγαλουργίαν ἀπορούντων Ἀθηναίων χρημάτων εἰς τὴν κατασκευὴν πλεῖον τῶν π΄ ἐτῶν παρέτεινε κτιζόμενον, ὡς καὶ ὁ ἐν Κυζίκῳ νεώς, καὶ οὐκ ἂν συνετελέσθησαν ἄμφω, εἰ μὴ Ἀδριανὸς ὁ αὐτοκράτωρ Ῥωμαίων δημοσίοις ἀναλώμασι συναντελάβετο τῶν ἔργων.

Paus. I, 18, 6. Ἀδριανὸς ὁ Ῥωμαίων βασιλεὺς τόν τε ναὸν (τοῦ Διὸς τοῦ Ὀλυμπίου) ἀνέθηκε καὶ τὸ ἄγαλμα θέας ἄξιον (aus Gold und Elfenbein)... ὁ μὲν δὴ πᾶς περίβολος σταδίων μάλιστα τεσσάρων ἐστίν, ἀνδριάντων δὲ πλήρης. Siehe (D) Bilder des Hadrian. Oben: Zeusbild aus Erz. Tempel des Kronos und der Rhea. Ge Olympia. (A) Brunnen: den puteus in Iovis horto.

Vit. X *or.* S. 839 B. Erzbild des Isokrates auf Säule πρὸς τῷ Ὀλυμπιείῳ. Vgl. *Paus.* I, 18, 8.

Bekker Anecd. gr. I, S. 273, 20. Κρόνιον τέμενος· (s. oben) τὸ παρὰ τὸ νῦν Ὀλύμπιον.

Strab. IX, S. 404. (von der ἐσχάρα τοῦ Ἀστραπαίου Διός): ἐν τῷ τείχει μεταξὺ τοῦ Πυθίου καὶ τοῦ Ὀλυμπίου.

Hierokl. Hippiatr. praef. Ταραντῖνος δὲ ἱστορεῖ τὸν τοῦ Διὸς νεὼν κατασκευάζοντας

B. Gottheiten und Personificationen. (Zeus Ombrios — Zeus Soter.) XLIII

Ἀθηναίους Ἐννιακρούνου πλησίον εἰσελαθῆναι ψηφίσασθαι τὰ ἐκ τῆς Ἀττικῆς εἰς τὸ ἄστυ ζεύγη ἅπαντα.
Zeus Ombrios, s. Apemios.
5 **Zeus ἐπὶ Παλλαδίῳ**. (Vgl. G. Gerichtshöfe).
  CIA. III, 273. Theatersitz: Βουζύγου ἱερέως Διὸς ἐν Παλλαδίῳ.
  CIA. III, 71 (östlich der Burg, Spon: in
10 aedicula D. Nicolai sub columnis Hadriani Fourm.: in hospitio Capucinorum aut in via, quae ducit ad theatrum Bacchi). ὁ δεῖνα ... ἱερ]εὺς τοῦ Διὸς τοῦ ἐπὶ Παλλαδίου καὶ βουζύγης — — χρήσαντος τοῦ Πυθίου
15 Ἀπόλλωνος, ὅτι χρὴ ἕτερον ἴδος τῆς Παλλάδος κατασκευάσασθαι ἐκ τῶν ἰδίων ποιήσας τοῖς τε θεοῖς καὶ τῇ πόλει ἀνέθηκεν.
Zeus Pandemos (s. Eleutherios).
  CIA. III, 7 Z. 17. 18. τοῦ Διὸς τ]οῦ
20 Ἐλευθερίου καὶ πρὸ | τοῦ ἱεροῦ .... τ]οῦ Διὸς τοῦ Πανδή[μου. Relief. Lebas Mon. fig. 371 (Müller-Schöll, Arch. Mitth. I, 63. Keil. Philol. 23, S. 239). Zeus Πάνδ]ημος (?) Ἀθηνᾶ, Ἡρακλῆς.
25 **Zeus Panhellenios**.
  Paus. I, 18, 9. Ἀδριανὸς δὲ κατεσκευάσατο μὲν καὶ ἄλλα Ἀθηναίοις, (auſser dem Olympieion) ναὸν Ἥρας καὶ Διὸς Πανελληνίου καὶ θεοῖς τοῖς πᾶσιν ἱερὸν κοινόν.
30 Dio Cassius LXIX, 16. τὸν δὲ σηκὸν τὸν ἑαυτοῦ τὸ Πανελλήνιον ὠνομασμένον οἰκοδομήσασθαι τοῖς Ἕλλησιν ἐπέτρεψε καὶ ἀγῶνα ἐπ' αὐτῷ κατεστήσατο (Ἀδριανός).
  CIA. III, 13 Z. 10. [ναὸν Πανελλ]ηνίου
35 Διὸς ἱφ[ιδρύσατο (Hadrian). Panhellenia s. CIA. III, 32. 33.
Zeus Philios (vgl. Peiraieus).
  CIA. II, 1330 (Votivrelief, mit Zeus, Adler unter dem Thron, Opferschwein).
40 Ἐραν[ισταὶ Διὶ] | Φιλίῳ ἀνέθεσαν ἐφ' Ἡγησίου ἄρ[χον]τος.
  CIA. III, 285 (Theatersitz). Ἱερέως Διὸς Φιλίου.
Zeus Phratrios.
45 In den Phratrien verehrt: Pollux I, 24. III, 52.
Zeus Polieus.
  Paus. I, 24, 4. καὶ Διός ἐστιν (östlich

vom Parthenon) ἄγαλμα, τό τε Λεωχάρους καὶ ὁ ὀνομαζόμενος Πολιεύς, ᾧ τὰ καθ- 50 ιστηκότα εἰς τὴν θυσίαν γράφων τὴν ἐπ' αὐτοῖς λεγομένην αἰτίαν οὐ γράφω. τοῦ Διὸς τοῦ Πολιέως κριθὰς καταθέντες ἐπὶ τὸν βωμὸν μεμιγμένας πυροῖς οὐδεμίαν ἔχουσι φυλακήν. ὁ βοῦς δὲ ὃν ἐς τὴν θυσίαν 55 ἑτοιμάσαντες φυλάσσουσιν, ἅπτεται τῶν σπερμάτων φοιτῶν ἐπὶ τὸν βωμόν. καλοῦσι δέ τινα τῶν ἱερέων βουφόνον** καὶ ταύτῃ τὸν πέλεκυν ῥίψας (οὕτω γάρ ἐστιν ὁ νόμος) οἴχεται φεύγων· οἱ δὲ ἅτε τὸν 60 ἄνδρα ὃς ἔδρασε τὸ ἔργον οὐκ εἰδότες ἐς δίκην ὑπάγουσι τὸν πέλεκυν.
  Paus. I, 28, 10. Ἀθηναίων βασιλεύοντος Ἐριχθέως, τότε πρῶτον βοῦν ἔκτεινεν ὁ βουφόνος ἐπὶ τοῦ βωμοῦ τοῦ Πολιέως Διός 65 s. Gericht beim Prytaneion. Vgl. Hesych. Σιπόλεια Schol. Aristoph. Pac. 419. Nub. 984. Porphyr. de abst. II, 10 und 29 fg.
  CIA. I, 149 fg. Von Ol. 88, 1 ab in Schatzmeisterurkunden: καρχήσιον ἀργυροῦν 70 Διὸς Πολιῶς, vgl. CIA. II, 649 Z. 12, II, 652 Z. 48. καρ]χήσιον Διὸς Πολιῶς ἀργυροῦ[ν, vgl. II, 660, 22. 23.
  CIA. III, 242. (Theatersitz, links vom Dionysospriester): ἱερέως Διὸς Πολιέως. 75
  Ἐφημ. ἀρχ. 3264. Stelenfrgm. östlich vom Herodestheater gef. αιοι[... ἀνέθ]ηκεν Διὶ Πολιε[ῖ.
  Hesych. Διὸς θάκοι καὶ πεσσοί· τινὲς γράφουσι ψῆφοι. φησὶ δὲ ἐν τῇ τῶν 80 Ἀθηναίων διαψηφίσει, ὅτι ἐμφισβήτει Ἀθηνᾶ καὶ Ποσειδῶν, τὴν Ἀθηνᾶν Διὸς διεθῆναι ὑπὲρ αὑτῆς τὴν ψῆφον ἐνεγκεῖν καὶ ὑποσχέσθαι ἀντὶ τούτου τὸ τοῦ Πολιέως ἱερεῖον πρῶτον θύεσθαι ἐπὶ βωμοῦ. 85
Zeus Soter (vgl. Zeus Eleutherios und K: Peiraieus).
  CIA. II, 741 (Lykurgische Zeit. Hautgelderinschr.). Z. 25 ἐκ τῆς θυσίας τῷ Διὶ τῷ Σωτῆρι παρὰ βοωνῶν. 90
  CIA. III, 167 Z. 6. Ephebeninschrift. ἀνέθεσαν τῷ Διὶ Σωτῆρι ἐφήβων ἐπὶ Σύλλα.
Zeus Soter und Nike. Demosth. proæm. LIV. s. Nike.
(Zeus Soter und Athena Soteira.) 95
Siehe K: Peiraieus.

(Zeus Soter, Herakles, Soteres.)
CIA. II, 616 Z. 22 fg. (Orgeonendekret.)
ἐπ[αι]νέσαι δὲ καὶ τοὺς ἐπιμελητὰς καὶ τοὺς
ἱεροποιοὺς τῷ Διὶ τῷ Σωτῆρι καὶ τῷ Ἡρακλεῖ
καὶ τοῖς Σωτῆρσιν.

Zeus Stratios.
CIA. III, 141 (Panag. Vlassaru). Ἀγαθῇ
Τύχῃ | [Διὶ Σ]τρατίῳ [Πολί]μων καὶ |
Δομέ]τιανὸς | Γερμανικοπο[λῖται καὶ Ἀ...
εὐ]χὴς χ[άριν].
CIA. III, 143 (Basis in der Nordstadt,
östlich von Varvakion). Διὶ Στρα τίῳ Γ.
Ν. | Κ. Δ. Μου σώνιοι ! εὐχῆς χάριν.
CIA. III, 201 (acharn. Strafse). Ἀγαθῇ
Τύχῃ—| Διὶ Στρατίῳ | Διότιμος Ὑευκράτης |
Δρόσερος Σεύηρος | οἱ Ἀμαστῖς.

Sitzungsber. d. berl. Akad. 1887, S. 1204.
58 (Akrop.) Διὶ Στρατίῳ — —
Ἐφ. ἀρχ. 1884, S. 170 Z. 55 (?) s. a.
Anf. Zeus.

Zeus Teleios.
CIA. III, 294. (Theatersitz.) Ἱερέως |
Διὸς Τελεί ου Ἑορζέγου.

Zeus Xenios.
CIA. III, 199 (kl. Altar. Akropolis. Kaibel
791). — Τόνδε Λύκο[ς ... καὶ ....]
κατ' ὄνειρον | τῷ ἐξ[ί]νων ἐφόρῃ βωμὸν
ἔθε[ν]το Διὶ. (Vgl. CIA. II, 475 Z. 15 fg.
die σύνοδος τοῦ Διὸς τοῦ Ξενίου, in
Delos?)

Zwölf Götter s. a. Anfang von B.

C. Heroen, Heroinen.

(Personenculte.)

Adeimantos s. D.
Adonis (Adonisklagen der Weiber). Aristoph.
Lysistr. 389 fg. Plut. Alcib. 18. Nic. 13.
Alciphr. I, 39, 8.
Adrastos.
Paus. I, 30, 4 (s. Kolonos Hippios).
ἡρῷον δὲ Πειρίθου καὶ Θησέως Οἰδίποδός
τε καὶ Ἀδράστου.
Agapetos.
CIA. II, 1062 (s. B. Götternmutter).
Aglauros (vgl. auch Eurip. Ion 492 fg. oben
B: Pansgrotte.)
Paus. I, 18, 2. Ὑπὲρ δὲ τῶν Διοσκούρων
τὸ ἱερὸν Ἀγλαύρου τέμενός ἐστιν. (Geschichte von den Kekropstöchtern und dem
Aufstieg der Perser zur Burg.)
Herod. VIII, 53. ἔμπροσθε ὦν πρὸ τῆς
ἀκροπόλιος, ὄπισθε δὲ τῶν πυλέων καὶ τῆς
ἀνόδου — — ταύτῃ ἀνέβησάν τινες (τῶν
Περσῶν) κατὰ τὸ ἱρὸν τῆς Κέκροπος θυγατρὸς Ἀγλαύρου, καίτοι περ ἀποκρήμνου
ἐόντος τοῦ χώρου.
Polyaen. I, 21, 2. Πεισίστρατος — —
παρήγγειλεν ἥκειν ἅπαντας εἰς τὸ Ἀνάκειον

μετὰ τῶν ὅπλων — — οἱ ἐπίκουροι προελθόντες ᾠρμημένοι τὰ ὅπλα κατήνεγκαν εἰς
τὸ ἱερὸν τῆς Ἀγραύλου.
Demosth. (XIX), de fals. lg. 303. τὸν ἐν
τῷ τῆς Ἀγλαύρου τῶν ἐφήβων ὅρκον. Schol.
Das Heiligth. d. Aglauros wurde errichtet:
περὶ τὰ προπύλαια τῆς πόλεως· καὶ ἐκεῖσε
ὤμνυον οἱ ἔφηβοι μέλλοντες ἐξιέναι εἰς
πόλεμον. Pollux VIII, 105.
CIA. II, 1369 (Basis, südl. d. Propyläen).
Ἀγλαύρου ἱέρεια Φειδοστράτη, | Ἐτεοκλέους
Αἰθαλίδου θυγάτηρ.
CIA. III, 372 (s. Demeter Kurotrophos
ἐξ Ἀγλαύρου).
Aiakos.
Herod. V, 89. οἱ Ἀθηναῖοι (auf Orakelspruch) τῷ — Αἰακῷ τέμενος ἀπέδειξαν
τοῦτο, τὸ νῦν ἐπὶ τῆς ἀγορῆς ἵδρυται. (Vgl.
Plut. Thes. 10).
Bekker, Anecd. I, S 212, 15. Αἰάκιον·
τόπος, οὗ φασι τὸν Αἰακὸν οἰκῆσαι. Vgl.
S. 360, 10. (τέμενος).
Aias (s. Eponymoi). Schol. Pind. Nem. II, 19.
Aigeus (vgl. Eponymoi).

Paus. I, 22, 5. καί οί παρά Ἀθηναίοις ἐστι καλούμενον ἡρῷον Αἰγέως.
Plut. Thes. 12. λέγεται δὲ τῆς κύλικος πεσούσης ἐκχυθῆναι τὸ φάρμακον (womit Theseus vergiftet werden sollte) ὅπου νῦν ἐν Δελφινίῳ τὸ περίφρακτόν ἐστιν, ἐνταῦθα γὰρ ὁ Αἰγεὺς ᾤκει, καί τὸν Ἑρμῆν τὸν πρὸς ἔω τοῦ ἱεροῦ καλοῦσιν ἐπ' Αἰγέως πύλαις (vgl. Apollo Delphinios).

Akademos (vgl. E: Akademie).
Schol. Demosth. XXIV, 114 (IX, S. 777 Dindf.) ἦν δὲ καί ἱερὰ — — ἐπί δὲ τῆς Ἀκαδημείας αὐτοῦ τοῦ Ἀκαδήμου τοῦ ἥρωος, ἐξ οὗ καί ὁ τόπος ἐκλήθη (Suid. Ἀκαδημία. *Diog. Laert.* III, 7).

Akamas (vgl. Eponymoi).
CIA. II, 1664 (Altar beim Dipylon), s. Hermes und Zeus Herkeios.

Alkmene.
Paus. I, 19, 3. Altar im Kynosarges (s. G: Kynosarg. und Herakleion).

Alkon (s. K. a. E: Phaleron).
Vit. Sophocl. 11. ἔσχε δὲ καί (Sophocles) τὴν τοῦ Ἄλκωνος ἱερωσύνην, ὃς ἥρως μετά Ἀσκληπιοῦ παρά Χείρωνι [*Mein.:* τραφείς.

Amazonen.
(Amazoneion.)
Plut. Thes. 27 (s. A: Pnyx). τὸ δὲ ἐν τῇ πόλει σχεδὸν αὐταῖς ἐνεστρατοπεδεῦσαι μαρτυρεῖται καί τοῖς ὀνόμασι τῶν τόπων καί ταῖς θήκαις τῶν πεσόντων. Der linke Flügel der Amazonen befand sich πρὸς τὸ νῦν καλούμενον Ἀμαζόνειον.... καί τάφους τῶν πεσόντων περί τὴν πλατεῖαν εἶναι τὴν φέρουσαν ἐπί τὰς πύλας παρά τὸ Χαλκώδοντος ἡρῷον, ἃς νῦν Πειραϊκὰς ὀνομάζουσιν (nach Kleidemos).
Diod. IV, 28. (Ἀμαζόνες) κατεστρατοπέδευσαν (ἐν τῇ Ἀττικῇ) ὅπου νῦν ἐστι τὸ καλούμενον ἀπ' ἐκείνων Ἀμαζόνειον.
Steph. Byz. Ἀμαζόνειον· τόπος ἐν τῇ Ἀττικῇ, ἔνθα Θησεύς τῶν Ἀμαζόνων ἱερείτευεν.
Harpocr. Ἀμαζόνιον· Ἰσαῖος ἐν τῷ πρὸς Διοκλέα. περί τῆς Ἀμαζόνων ἀφικνήσεως Ἀθήνησιν Ἀμμώνιος διαλέγεται ἐν τῷ περί βωμῶν καί θυσιῶν. ἔστι δὲ ἱερὸν ὃ Ἀμαζόνες ἱδρύσαντο. (Vgl. E: Horkomosion.) *Aeschyl. Eumenid.* 680 (s. A: Areopag.) Ἀμαζόνων ἕδραι σκηναί τε.

(Amazone Antiope.)
Paus. I, 2, 1. εἰσελθόντων δὲ ἐς τὴν πόλιν (vom Phaleron) ἐστίν Ἀντιόπης μνῆμα Ἀμαζόνος.
Plut. Thes. 27. ἔνιοι δέ φασι μετά τοῦ Θησέως μαχομένην πεσεῖν τὴν ἄνθρωπον (Ἀντιόπην) ὑπὸ Μολπαδίας ἀκοντισθεῖσαν καί τὴν στήλην τὴν παρά τὸ Γῆς Ὀλυμπίας ἱερὸν ἐπί ταύτῃ κεῖσθαι.
Plat. Axioch. S. 364 D. ταῖς Ἰτωνίαις — πλησίον γάρ ᾤκει τῶν πυλῶν πρὸς τῇ Ἀμαζονίδι στήλῃ — κατειλημμένομεν πότον.

(Amazone Molpadia.)
Paus. I, 2, 1. καί μνῆμά ἐστι καί Μολπαδίας Ἀθηναίοις.

Amphiaraos.
Paus. I, 8, 2. μετά δὲ τάς εἰκόνας τῶν ἐπωνύμων ἐστίν ἀγάλματα θεῶν, Ἀμφιάραος καί Εἰρήνη, φέρουσα Πλοῦτον παῖδα. Dann (ἐπευχθαι) Lykurg u. s. w.
CIA. II, 162. Lykurgische Bestimmungen. Frgm. C, Z. 21 zu opfern — — οἷς καί τῷ Ἀμφιαραίῳ καί τῷ [Ἀ]σκληπιῷ.

Amphilochos.
Paus. I, 34, 3. τῷ δὲ Ἀμφιλόχῳ καί παρ' Ἀθηναίοις ἐστίν ἐν τῇ πόλει βωμός.

Anakes (Anakeion) s. Dioskuren.

Androgeos.
Hesych. ἐπ' Εὐρυγύῃ ἀγών· Μελησαγόρας τὸν Ἀνδρόγεων Εὐρυγύην εἰρῆσθαί φησι τὸν Μίνωος, ἐφ' ᾧ τὸν ἀγῶνα τίθεσθαι ἐπιτάφιον Ἀθήνησιν ἐν τῷ Κεραμεικῷ.

Antigonos, s. Soteres.

Antinoos.
ἱερεύς Ἀντινόου, *CIA.* III, 1119 Z. 11, vgl. Z. 18. (Ἀντινόεια ἐν ἄστει) 1123 fg. 1128 u. sonst.
ἱερεύς Ἀντινόου ἐψήφον *CIA.* III, 1120 Z. 27 u. sonst.
ἱερεύς Ἀντινόου χορείου ἐκ τεχνειτῶν *CIA.* III, 280 (Theatersitz).

Antiochos, s. Eponymoi.
Antiope, s. Amazonen.
Antonia.

ίερέας θ'ιάς] Άντωνίας CIA III, 315 (Theatersitz). αρχαιρία Άντωνίας Στηματης III, 652 Z. 10.

Archegetai, s. Eponymoi.

Ardettos.
Pollux VIII, 122 (s. A: Berg Ard. u. G: Gerichtshöfe).

Aristogeiton, s. Tyrannenmörder.

Aristomachos, s. Heros Ιατρός.

Attalos, s. Eponymoi und D.
CIA. II, 1670 = CIA. III, 300 (Theatersitz). ίερέως Αττάλου έπωνύμου.

Augustus, s. B: Roma und unten: Sebastoi.

Blaute (und Kurotrophos).
CIA. III, 411 (Pent. Marm. beim Niketempel in einer türk. Bastion gefunden): είαοδος πρός αι κόν Βλαύτης καί | Κουροτρόφου άντι[μέν]η τω δήμω.
Pollux III, 87. ή δέ βλαύτη σανδάλιον τι είδος, καί ήρως Αθήνησιν ό έπί βλαύτη άνθηκε γάρ τις σκυτοτόμος βλαύτης λίθινον τύπον. Vgl. Hesych. βλαύτη· τόπος Αθήνησιν.

Burichos, s. D: Adeimantos.

Butes.
Paus. I, 26, 5. έσελθοῦσι (in das Erechtheion) δέ είαι βωμοί, Ποσειδώνος .. καί ήρως Βούτου, τρίτος δέ Ήφαίστου. γραφαί δέ έπί τών τοίχων τοῦ γένους είσί τού Βουταδών.
Harpocrat. Βούτης· ούτος έσχε τήν ιερωσύνην, καί οί άπό τούτου Βουτάδαι. καί Έτεοβουτάδαι οί απόγονοι τοῦ Βούτου.
Vgl. dens. Έτεοβουτάδαι.
Eustath. ad Iliad. A, S. 13, 50. έν δέ Βούτης υιός Ποσειδώνος, ώς Ησίοδος έν καταλόγω.
CIA. II, 1656 = CIA. III, 302 (auf einem Marmorsessel beim Erechtheion) Ίερέως Βούτου.

Chalkodon.
Plut. Thes. 27. τάς πύλας παρά τό Χαλκώδοντος ιερόν, άς νύν Πειραϊκάς όνομάζουσιν (Κήδεισος).

Chrysa.

Plut. Thes. 27 (vgl. A: Pnyx) vom rechten Flügel der Amazonen πρός τήν Πνύκα κατά τήν Χρύσαν ήκειν.

Demetrios, s. Soteres. 50

Demophon.
CIA. I, 210 Z. 20. 273 frg. f. Z. 19. (Schatzurkunden) Δημοφώντος.

Deukalion.
(Grab des Deukalion.) 55
Paus. I, 18, 8. s. Olympieion .. τάφον (des Deukalion) τοῦ ναοῦ τοῦ νῦν (Olympieion) οί πολύ άφεστηκότα.

Dexion.
Etym. M. p. 256, 6. Dexion hieß Sophokles als Heros: άπό τής τοῦ Ασκληπιοῦ δεξιώσεως. 60

Diktys, s. Perseus.

Diogenes (s. G: Gymnasien: Diogeneion).
CIA. II, 1669 = III, 299 (Theatersitz. 65 Διογένους εύεργέτου.

Diomos (s. E: Gau Diomeia, G. Gymnasion Kynosarges).
CIA. II, 603 Z. 20. Priester d. Diomos.

Dioskuren. 70
Paus. I, 18, 1. (Nach dem Theseion): τό δέ ιερόν τών Διοσκούρων έστίν άρχαίον· αύτοί τε έστώτες καί οί παίδες καθήμενοί σφισιν έφ' ίππων. (Gemälde des Polygnot: Vermählung mit den Leukippiden; des Mikon: Argonauten.) Vgl. Harpocrat. Πολύγνωτος. 75
I, 18, 2. υπέρ δέ τών Διοσκούρων τό ιερόν Άγλαύρου τέμενος έστιν.
Polyaen. I, 21, 2. Πεισίστρατος Αθηναίων τά όπλα βουλόμενος παρελέσθαι, παρήγγειλεν ήκειν άπαντας είς τό Ανάκειον μετά τών όπλων. οί μέν ήκον .. προελθείν αύτόν ηξίωσαν είς τό προπύλαιον .. οί έπίκουροι προελθόντες άράμενοι τά όπλα κατήνεγκαν είς τό ιερόν τής Αγραύλου. 80 85
Thucyd. VIII, 93. οί έν τώ Πειραιεί οπλίται — — έχώρουν ές τό άστυ καί έθεντο έν τώ Άνακείω τά όπλα.
Andocid. I, 45. τούς ιππέας έκέλευσαν έτι νυκτός σημήναι τη σάλπιγγι ήκειν είς τό Ανάκειον. 90
Demosth. XLV, 80. πονηρός ούτος (der Sklave Phormion) άνωθεν έκ τοῦ Ανακείου.

Bekker Anecd. gr. I, S. 212, 12. Ἀνάκειον· Διοσκούρων ἱερόν, οὐ νῦν οἱ μισθοφοροῦντες δοῦλοι ἱστᾶσιν. Doch vergl. *Suid.* ἀνάκειον.
Lucian Pisc. 42. οἱ δὲ καὶ πρὸς τὸ Ἀνάκειον προςθέμενοι κλίμακας ἀνέρπουσιν (auf die Burg; andre vom Pelasgikon, Asklepieion, Areopag, Talosgrab).
CIA. I, 206 Z. 5. 210. (Schatzurkunde.) Ἀνάκοιν Z. 26.
CIA. II, 660. (Schatzurkunde) Z. 44: τάδε ἐκ τοῦ Ἀνακίου. 679, 10. Ἀνάκοιν ὑδρίαι. Vgl. 699, 30 (s. Artem. Br.)
CIA. I, 3 Z. 10. Opfer. Ἀ]νά[κ]οιν (Σ]κιρ[οφοριῶνος?
Ἀνάκεια: s. Δελτ. ἀρχ. 1888 S. 118, 2 Z. 8.
CIA. IV, 2 S. 63 n. 34 (vgl. *CIA.* I, 34). Frgm. a in Nordathen („Gerani"), b—d in der „Stoa d. Hadrian" gef. Auf die Anakes bezügliches Decret; vgl. frgm. c, d Z. 43· a, b Z. 4, 8 und 10.
CIA. III, 195. (Altar von Dodwell beim „Gymn. d. Ptol." gesehen): Ἀγαθῇ τύχῃ Σωτήρων Ἀνάκοιν τε Διοσκούροιν ὅδε βωμός. Vgl. *Aelian. Var. hist.* IV, 5. πρῶτος ὁ Μενεσθεὺς Ἀνακάς τε καὶ Σωτῆρας ὠνόμασεν (die Diosk.)
CIA. III, 290 (Theatersitz). Ἱερέως Ἀνάκοιν καὶ ἥρωος Ἐπιτεγίου.

Drusus.
ἱερεὺς Δρούσου ὑπάτου: *CIA.* III, 1, 68 a fg. 623 fg. 1005 und sonst.

Epitegios Heros, s. Dioskuren.

35 *CIA.* III, 290.

Eponymoi.
Paus. I, 5, 1. ἀνωτέρω (über der Tholos) δὲ ἀνδριάντες ἑστήκασιν ἡρώων ἀφ' ὧν Ἀθηναίοις ὕστερον τὰ ὀνόματα ἔσχον αἱ φυλαί. 2. τῶν δὲ ἐπωνύμων ... ἔστι μὲν Ἱπποθόων ... Ἀντίοχος ... Αἴας ὁ Τελαμώνιος ... Λεώς .. Ἐρεχθεύς .. Αἰγεύς .. Οἰνεύς .. Ἀκάμας. 3. Κέκρωψ .. Πανδίων. 5 ὕστερον δὲ καὶ ἀπὸ τῶνδε ... φυλὰς ἔχουσιν Ἀττάλου .. Πτολεμαίων ... Ἀδριανοῦ I, 8, 2. μετὰ δὲ τὰς εἰκόνας τῶν ἐπ.: Amphiaraos, Eirene u. s. w.
Schol. Arist. Pac. 1183. τόπος Ἀθήνησιν παρὰ πρυτανεῖον, ἐν ᾧ ἐστήκασιν ἀνδριάντες, οὓς ἐπωνύμους καλοῦσιν.
Bekker Anecd. I, 449, 14. Ἀρχηγέται· ἡγεμόνες οἱ ἐπώνυμοι τῶν φυλῶν. Ἀριστοφάνης Γήρᾳ· ὁ δὲ μεθύων ἥμει πρὸς τοὺς ἀρχηγέτας.
Demosth. XX, 94. ὁ Σόλων ἐπέταξεν ἐκθεῖναι τοὺς νόμους πρόσθε τῶν ἐπωνύμων. *Schol.* ἀνδριάντες ἦσαν τῶν ἡρώων ... παρ' οἷς ὁ βουλόμενος νομοθετεῖν προετίθει ..... ἐν ἐπισήμῳ δὲ τόπῳ εἱστήκεισαν σκοπεῖν τῷ βουλομένῳ. Vgl. *Andok.* I, 83. *CIA.* II, 569 Z. 14. Priester: *CIA.* II, 339 Z. 4; 431 Z. 43. III, 1051.
Isocr. XVIII, 61. ἐψηφίσασθε ἡμᾶς στεφανῶσαι καὶ πρόσθε τῶν ἐπωνύμων ἀνειπεῖν. *Isae.* V, 38. *Demosth.* XXI, 103. χρήματα τῶν ἐπωνύμων.
Lucian Anacharsis 17. χαλκοῦν αὐτὸν (τὸν εὐεργέτην) ἀναστήσατε παρὰ τοὺς ἐπωνύμους.
Bekker Anecd. gr. I, 449, 22. (= *Suid.* ἄρχων) ὁ ἄρχων παρὰ τοὺς ἐπωνύμους (καθῆστο).

Erechtheus (s. Eponymoi u. B: Athena Poseidon Erechth. auch D: Bildwerke).
Homer Il. B, 547 fg. Δῆμον Ἐρεχθῆος μεγαλήτορος, ὅν ποτ' Ἀθήνη | θρέψε Διὸς θυγάτηρ τέκε δὲ ζείδωρος ἄρουρα) *Od.* η, 81. ἷξε δ' Ἐρεχθῆος πυκινὸν δόμον.
Paus. I, 26, 5. εἰσελθοῦσι (in das Erechtheion) δέ εἰσι βωμοὶ Ποσειδῶνος, ἐφ' οἷ καὶ Ἐρεχθεῖ θύουσιν ἔκ του μαντεύματος· u. s. w. (Vgl. z. d. Stelle *Jahn-Mich. Paus. descr. arc.* S. 22 fg.)
Herodot V, 82. οἱ δὲ (Ἀθηναῖοι) ἐπὶ τοιῇδε δώσειν ἔφασαν (den Epidauriern Holz vom heil. Ölbaum) ἐπ' ᾧ ἀπάξουσι ἔτεος ἑκάστου τῇ Ἀθηναίῃ τε τῇ Πολιάδι ἱρὰ καὶ τῷ Ἐρεχθεῖ.
VIII, 55. ἔστι ἐν τῇ ἀκροπόλι ταύτῃ Ἐρεχθέος τοῦ γηγενέος λεγομένου εἶναι νηός. u. s. w.
Δελτ. ἀρχ. 1888 S. 66, 1 Z. 3 und 6 (vgl. Poseidon) 1889 S. 12 n. 18 Z. 4.
CIA. II, 844 (vgl. Apollo) *Col.* II, Z. 5. Ἐρεχθεῖ Ἀρνίως.

Erichthonios.
Apollodor. III, 14, 7, 1. Έριχθονίου .. ταφέντος έν τώ τεμίνει της Άθηνάς. Clem. Alexandr. Protr. III, 45 S. 13. εί 5 δὲ Έριχθόνιος; ούχὶ έν τώ νεώ τής Πολιάδος κεκίδευται; vgl. Arnob. adv. nat. VI, 6.

Eudanemos.
Arrian. Anab. III, 16, 8. Die Bilder der Tyrannenmörder stehen έν Κεραμεικώ, ή 10 άνιμεν εἰς πόλιν κατανεικρύ μάλιστα τοῦ μητρώου ού μακρὰν τών Εὐδανέμων τοῦ βωμοῦ. όστις δὲ μεμύηται ταῖν θεαῖν ἐν Έλευσῖνι οἶδε τὸν Εὐδανέμου βωμὸν ἐπὶ τοῦ δαπέδου ὄντα (in Eleusis?). Vgl. Hesych. 15 Εὐδάνεμος· άγγελος παρὰ Αθηναίοις. Dionys. Halic. Dinarch. 11.

Eurygyes, s. Androgeos.
Erysakes (vgl. B: Hephaisteion).
Harpocrat. Κολωνέτας (vgl. Kolonos 20 Agoraios), ός έστι πλησίον τῆς άγοράς, ένθα τό Ηφαιστεῖον καὶ τὸ Εὐρυσάκειον έστιν.
Argum. II. Sophocl. Oed. Col. S. 16, 10. Vgl. Kolonos Agoraios: πρὸς τώ Εύρυ- 25 σακείω.
Pollux VII, 132. Der Kolonos έν άγορά παρὰ τὸ Εὐρυσάκειον.
Harpocr. (Suid.). Εὐρυσάκειον· τέμενός έστιν Εὐρυσάκους τοῦ Αἴαντος ἐν 30 Ἀθήναις ούτως όνομαζόμενον έν Μελέτη. Plut. Solon 10. κατέφκησαν ὁ μὲν (Αίας) έν Βραυρώνι ... ὁ δὲ (Εύρυσάκης) έν Μελίτη. Paus. I, 35, 2. Καὶ γὰρ Εὐρυσάκους βωμός έστιν έν Άθήναις.
35 Άθήν. VIII, S. 274 fg. (Südabhang der Burg.) Z. 21 fg. στῆλας λιθίνας δύο καὶ στήσαι [τὴν μὲν μίαν ἐν τῷ?] Εὐρυσακείῳ, τὴν δὲ ἐν τῷ [περιβόλῳ τοῦ?] νεώ τῆς Σκιράδος.
40 **Hadrian** (s. Eponymoi u. D: Bildwerke d. II).
CIA. III, 724. ἱερεὺς θεοῦ Ἀδριαν[οῦ --
CIA. III, 253 (Theatersitz). ἱερέως Άδριανοῦ Ἐλευθερίου (vgl. 492).
45 CIA. III, 681 (ἱερέως) θεοῦ Ἀδριανοῦ Πανελληνίου.
(Η. Σωτήρ, Ὀλύμπιος u. s. w. CIA. III, 465 fg.)

Harmodios, s. Tyrannenmörder.
Hekademos, s. Akademos.
Herakles (vgl. Theseus und Eurip. Herm. fur. 1323 fg.).
CIA. I, 4. (alte Opfervorschr.) Z. 19. Ηρ[ακλεῖ τράπεζα]?
CIA. I, 225, 3 (Schatzurkunde). ['Ηρ]ακλεῖ.
CIA. I, 2 — CIA. IV, 1 S. 4 (Skambonidendecret, gef. b. „Theseion"). Col. A. Z. 18. Ηρακλ]είοις?
CIA. II, 604. Decret d. Cholargeer oder Mesogeer, gef. b. „Theseion" Z. 8. Aufstellung: ἐν τῷ Ἡρακλείῳ τῷ ἐν κύκλῳ ἐν Χολαργέων. (Vgl. die „Mesogeerinschriften:" 602 gef. b. Acharn. Thor, 603 im nordwestl. Theil von Athen.)
CIA. II, 784 A. Z. 5. Ἡρακλέους ἱερομνή μον[ες] | Χαρίσανδρος, Δημοκρίτο[υ] | Δημοκλῆς [....]ος Άλωπ[εκῆθεν] ἀπέδοντο χωρίον Ἀλωπ[εκῆσι.
CIA. II, 1563 (südl. d. Propyläen). — Στ[ρατοκλέους Δαπεί θες] άνέθηκεν Ἡρακλεί.
CIA. II, 1564 (ovaler Stein, bei Hag. Triada gef.?). Σωκράτης Ἡρακλεί.
CIA. II, 1565 (Ovaler Stein. Südabhang der Burg. Herakles m. Löwenfell, Altar, Adoranten, Opferschwein). Δεισιστράτη ὑπὲρ τῶν παιδ[ίων] Ἡρακλεῖ άνέθηκε. 1505b (Fragm. eines ovalen Steins). Σίνες Ηρακλεῖ.
CIA. II, 1555 (Votivplatte, Südabhang der Burg). οἱ[οἱ Μη]ρεαίστρατος .. [άν]ἐθηκεν Ἡρα[κλεῖ [ἐπὶ Λ]ευκίσκο[υ άρχοντος.
CIA. II, 1665 (Altar: Südabhang der Burg). Ἡρακλέως θύειν τρία μονόμφαλα. Vgl. 1607.
CIA. II, 119. (Relief. Herakl. m. Löwenfell unter einem Baum.) Z. 3. σωφρονιστὴς Ἀθήναιος τοῖς ἐφήβοις τὸν Ἡρακλέα άπὸ τῆς ἐν Ἐλευσῖνι νείκης. Vgl. III, 77 Z. 26 fg.
CIA. II, 66 (Pittakis: Unterh. d. Theaters). [ό δῆμος. — —] άρχοντα καὶ ἱερέα Ἡρακλέος | ἐπὶ Ἀρίστείδου άρχοντος άνέθηκεν.
CIA. II, 986 b. (Tisch mit 3 Escharen) Σίμωνος Κυδαθ[ηναιώς] ἱερέως Ἡρακλέος καὶ κοινοῦ θιασωτῶν u. s. w.
CIA. III, 759. Priester des Herakles (d. Kosmet Hermeias).

Herakles und Hermes.
 CIA. III, 123 und 1114ª s. Hermes.
Herakles, Zeus Pandemos (?) u. Athena,
 s. Zeus Pand. (Vgl. auch Zeus Soter).
5 Herakles, die zwölf Götter und — —)
 CIA. II, 57 Z. 7 fg. S. Zwölf G.
Herakles in der Akademie.
 Paus. I, 30, 2 (Altar, s. Musen, Hermes).
 καὶ ἔνδον Ἀθηνᾶς, τὸν δὲ Ἡρακλέους
10 ἐποίησαν.
Herakles Alexikakos, s. Herakles in Melite.
Herakles am Arestempel.
 Paus. I, 8, 4. περὶ δὲ τὸν ναὸν (des
15 Ares) ἑστᾶσιν Ἡρακλῆς καὶ Ἀπόλλων.
Herakles in Gruppen, s. D.
Herakles in Melite.
 Schol. Aristoph. Ran. 501. οὐκ Μελίτης
 μαστιγίας) ἀντὶ τοῦ, ὁ ἐκ Μελίτης Ἡρακλῆς.
20 ἐν γὰρ Μελίτῃ δήμῳ τῆς Ἀττικῆς ἐμυήθη
 Ἡρακλῆς τὰ μικρὰ μυστήρια. ἔστι δὲ
 ἐκεῖ καὶ ἱερὸν Ἡρακλέους. — — ἐπιφα-
 νέστατον ἱερὸν Ἡρακλέους ἀλεξικάκου —
 τὸ δὲ τοῦ Ἡρακλέους ἄγαλμα ἔργον Ἀγε-
25 λαίου τοῦ Ἀργείου — — ἡ δὲ ἵδρυσις
 ἐγένετο κατὰ τὸν μέγαν λοιμόν. (Vgl. *Tzetz. Chil.* VIII, 325).
 Hesych. ἐκ Μελίτης μαστιγίας· —
 καλεῖται δὲ ὁ ἐν Μελίτῃ Ἡρακλῆς ἀλεξί-
30 κακος.
 Hesych. Μέλων Ἡρακλῆς· ὀνομα-
 σθῆναί φασι τὸν θεὸν οὕτως διὰ τὸ μὴ
 ἱερεῖα θύειν αὐτῷ τοὺς Μελιτεῖς ἀλλὰ τὸν
 καρπὸν τὰ μῆλα. Vgl. *Zenob.* V, 22. μῆλον
35 Ἡρακλῆς. (Apollodor) ὅτι θύεται Ἀθήνησιν
 Ἡρακλεῖ ἀλεξικάκῳ ἰδιάζουσά τις θυσία u.s.w.
Herakles im Kynosarges. (Vgl. G: Gym-
 nasion Kynosarges).
 Paus. I, 19, 3 (nach Erwähnung der
40 Aphrodite in den Gärten). ἔστι δὲ Ἡρακλέους
 ἱερὸν καλούμενον Κυνόσαργες· ... βωμοὶ
 δὲ εἰσιν Ἡρακλέους τε καὶ Ἥβης ... Ἀλκ-
 μήνης τε βωμὸς καὶ Ἰολάου πεποίηται.
 Vergl. *Harper. ἐν Διομείοις Ἡρά-*
45 *κλειον.*
 Schol. Aristoph. Ran. 651. τῶν Διομείοις)
 .. ἀπὸ Διόμου ἐρωμένου τοῦ Ἡρακλέους·
 ἔστι δὲ Ἡράκλειον αὐτόθι.
 Curtius, Topographie.

Athen. XIV, 614 D. ἐν τῷ Διομείων
 Ἡρακλείῳ. Vgl. *Steph. Byz.* Κυνόσαργες. 50
 Athen. VI, 234 E. ἐν Κυνοσάργει μὲν
 οὖν ἐν τῷ Ἡρακλείῳ στήλη τίς ἐστιν, ἐν ᾗ
 ψήφισμα μὲν Ἀλκιβιάδου .. λέγεται δ᾽ ἐν
 αὐτῷ ... τὰ δὲ ἐπιμήνια θυέτω ὁ ἱερεὺς
 μετὰ τῶν παρασίτων. οἱ δὲ παράσιτοι 55
 ἔστων ἐκ τῶν νόθων καὶ τῶν τούτων
 παίδων κατὰ τὰ πάτρια. Vgl. *Demosth.*
 XXIII, 213.
 Herod. VI, 116. Ἀθηναῖοι .. ἱστρατο-
 πεδεύσαντο ἀπιγμένοι ἐξ Ἡρακλείου τοῦ 60
 ἐν Μαραθῶνι ἐν ἄλλῳ Ἡρακλείῳ τῷ ἐν
 Κυνοσάργεϊ. οἱ δὲ βάρβαροι τῇσι νηυσὶ
 ὑπεραιωρηθέντες Φαλήρου .. ὑπὲρ τούτου
 ἀνακωχεύσαντες τὰς νέας ἀπέπλεον.
 Vit. X or. 838 B. ἔταξε δὲ (Ἰσοκράτης) 65
 μετὰ συγγενείας πλησίον Κυνοσάργους ἐπὶ
 τοῦ λόφου ἐν ἀριστερᾷ.
 Livius XXXI, 24. Philippus — — castra
 ad Cynosarges — templum Herculis gym-
 nasiumque, et lucus erat circumjectus — 70
 posuit.
 CIA. I, 66 (Akrop.) Z. 4. Ἡρά]κλειον.
 Z. 5. τῷ Ἡρακ[λείῳ]. Z. 14. Κυνόσαργ...
 CIA. I, 201, 214, 273 d. e. f. ἐκ Κυνοσ-
 άργους. 75
Herakles Menytes.
 Hesych. Μηνυτής· Ἡρακλῆς ἐν Ἀθήναις.
 Vit. Sophocl. 12. Geschichte von dem
 Traum des Sophokles, in welchem ihm
 Herakles einen Diebstahl offenbarte: λαβὼν 80
 οὖν τὸ τάλαντον (den Preis für die Ent-
 deckung) ἱερὸν ἱδρύσατο Μηνυτοῦ Ἡρα-
 κλέους.
Heroen.
 CIA. IV, 1 n. 3 A Z. 8. τῷ Ἥρῳ. C. 85
 Z. 1. Ἥρ[ῳν] Z. 6. Ἥρῳν ἐμπεδίῳ.
 CIA. I, 4 (Opferinschrift). Z. 12: Ἥρῳνι
 ἐμπ[εδίῳ.
 CIA. II, 1547 (Südabhang der Burg). —
 Ἥρῳ εὐξ[άμενος ἀνέθηκε]ν ἀπαρχήν — 90
 (Vgl. II, 1529, 1573, 1619.)
 CIA. II, 586. (Kollyteerdecret; zu opfern)
 Z. 7: καὶ τοῖς ἥρωσιν.
Heros Epitegios.
 CIA. III, 290, s. Dioskuren. 95
Heros ἰατρός.

C. Heroen, Heroinen. (Heros Παραγνι. — Kalos.)

Demosth. XIX, 249. διδάσκων δ' ὁ πατὴρ (des Aischines) γράμματα.. πρὸς τῷ τοῦ Ἥρω τοῦ Ἰατροῦ.
Schol. ἥρως] ούτως ἐκαλεῖτο ἥρως ἰατρός τις παρὰ τοῖς Ἀθηναίοις, ἐκλήθη δὲ ἥρως διὰ τὸ μέγεθος τοῦ σώματος. τὸ δὲ κύριον ὄνομα αὐτοῦ Ἀριστόμαχος.
Apollon. de Aeschin. orat. p. 401, 21. (p. 13 R.) Αἰσχίνης.. υἱὸς Ἀτρομήτου...
γεγονέναι δὲ (Ἀτρόμητον) τὸ κατ' ἀρχὰς δοῦλον καὶ πέδας ἔχοντα διδάσκειν γράμματα πρὸς τῷ Θησείῳ καὶ τῷ τοῦ Ἰατροῦ ἡρῴῳ.
Hesych. ἰατρός· ἥρως Ἀθήνησιν ἀρχαῖος.
[Bekker, Anecd, I, S. 262, 16. ἥρως ἰατρός· ὁ Ἀριστόμαχος, ὃς ἐτάφη ἐν Μαραθῶνι παρὰ τὸ Διονύσιον καὶ τιμᾶται ὑπὸ τῶν ἐγχωρίων.]
CIA. II, 403, 404 (Südende der Athenastraße, gegenüber dem sog. Boreasbrunnen). Über Verwendung der τύποι im Heiligthum des Ἥρως ἰατρὸς ἐν ἄστει.
(Ξένος ἰατρός, vgl. Toxaris).

Heros Παραγνι —
CIA. I, 4. Z. 20 vgl. 11. ἥρῳ Παραγνῃ — —

Herse, s. Aglauros, Pandrosos.

Hesychos.
Schol. Soph. Oed. Col. 489. οὗ (Ἡσύχου ἥρωος) τὸ ἱερόν ἐστι παρὰ τὸ Κυλώνειον [s. dieses unten] ἐκτὸς τῶν ἐννέα πυλῶν (Widderopfer an II., ehe man den Eumeniden opferte).

Hippolytos.
Paus. I, 22, 1. κέχωσται δὲ πρὸ αὐτοῦ (dem Tempel der Themis) μνῆμα Ἱππολύτῳ.
CIA. I, 212 (Schatzurkunde.) [Ἀφροδ]ίτης ἐ[πὶ Ἱπ]πολύτῳ.

Hippothoon, s. Eponymoi.
CIA. II, 567b, Z. 26 (Südabhang der Burg). τὴν μὲν στῆσαι (στήλην) ἐν τῷ Ἀσκληπιείῳ τὴν δὲ ἐν τῷ Ἱπποθωντίῳ. Vgl. Paus. I, 38, 4. Hesych. Phot. Ἱπποθοώντιον.

Hyakinthos. (?) Ἐφημ. ἀρχ. 1884, S. 170 Z. 52. Ὑακίνθιον.

Hypodektes.
CIA. II, 1061 (Orgeoneninschrift, im Nordwesten der Stadt gefunden). Z. 2. οἱ ὀργεῶνες ἐμίσθωσαν... τοῦ Ὑποδέκτου. Z. 4. — Ὑποδέκτου ἱερῷ. Z. 21 fg. καὶ στῆσαι (τὴν στήλην) ἐν τῷ ἱερῷ παρὰ τὸ ἄγαλμα τοῦ ἱεροῦ. τὸν Ὑποδέκτην — —

Ilisos, s. A: Fluss Ilisos.

Immaradoa.
Clem. Alex. Protr. III, 45 (S. 13 Sylb.), s. H: Eleusinion (Demeter Eleusinia). Immar. im Eleus. bestattet.

Io, s. D.

Iolaos.
Paus. I, 19, 3 (Altar im Kynosarges, s. Herakl. im Kyn.).
CIA. I, 210 Schatzurkunde. Ἰολ[έω.

Ion.
CIA. I, 210 Z. 8. Schatzurkunde. Ἰωνος ἐκ Πλεισ.. είων.?

Julia.
CIA. III, 317 s. Hestia.
CIA. III, 461 (Basis, beim „Marktthor" gef.). Ἰουλίαν θεὰν Σεβαστὴν Πρόνοιαν u. s. w. (vgl. 460 Σεβαστῇ Ὑγιείᾳ).

Julius.
CIA. III, 612 Z. 3 fg. ἱερέα θεοῦ Ἰουλίου καὶ ἱερέα θεοῦ Κ[αίσαρος Σεβα]στοῦ?

Kalamites.
Demosth. XVIII, 129. — — τ. ὡς ἡ μήτηρ (d. Aischines) τοῖς μεθημερινοῖς γάμοις ἐν τῷ κλεισίῳ τῷ πρὸς τῷ Καλαμίτῃ ἥρῳ χρωμένη, .. ἐξέθρεψέ σε. Vgl. Apollon. Vit. Aeschin. 401, 26.
Hesych. Καλαμίτης· τῷ Διονυσίῳ πλησίον. Vgl. Bull. de Corr. hell. 1877 S. 142.

Kalos.
Paus. I, 21, 4. Ἰόντων δὲ Ἀθήνησιν εἰς τὴν ἀκρόπολιν ἀπὸ τοῦ θεάτρου τέθαπται Κάλως.
Lucian Pisc. 42. ἔνιοι δὲ καὶ κατὰ τὸν τοῦ Κάλω τάφον ἀνίσπουσιν (auf die Burg), andre vom Pelasgikon, Asklepieion, Areopag, Anakeion.
Schol. I, 368, 14. ὁ μὲν Κάλως ἥρως παλαιός ἐν τῇ ἀκροπόλει τεθαμμένος.
Phot. Πέρδικος ἱερὸν παρὰ τῇ ἀκροπόλει· Εὐπαλάμῳ γὰρ ἐγίνοντο παῖδες Δαίδαλος καὶ Πέρδιξ, ἧς υἱὸς Κάλως, ᾧ φθονήσας ὁ Δαίδαλος τῆς τέχνης ἔρριψεν

αύτον κατά της ακροπόλεως, ίφ' ψ η Πέρδιξ
ίαυτην άνίρρησαν Αθηναίοι δε αυτήν
ίτίμηααν. (Vgl. Suid. s. v.; Apostol. XV, 96.
Athen. IX, 388 B.).

5 **Kekrops**, vgl. Eponymoi.
Im Erechtheion, s. Zeus Hypatos.
Clem. Alex. Protr. III, 45 S. 13. Αθήνησι
δε έν τη ακροπόλει Κέκροπος (τάφος έστίν):
vgl. Arnob. adv. nat. VI, 6. Theodoret.
10 Grace. affect. cur. VIII, 30 S. 115. και γαρ
Αθήνησιν, ώς Αντίοχος εν τη εννάτη γέγραφεν
ιστορία, άνω γε έν τη ακροπόλει
Κέκροπός έστι τάφος παρά την Πολιούχον
αυτήν.
15 CIA. I, 322, I, Ζ. 9. ε'μίεργα' επί τη
γωνία τη προς τού Κεκροπίου. Ζ. 58, 62,
εν τη προστάσει τη προς τψ Κεκροπίψ.
Ζ. 83. έπί τη πρ. κ. τ. λ. — — επί των
κορών.
20 CIA. I, 324 a. Col. II, Ζ. 24. Κ']εκροπίου.
Ζ. 25. Κ]εκρόπικα . . . . .
Δελτ. άρχ. 1889 S. 10 fg. no. 3. (Akropolis.
Ehrendecrete für die Epheben der
Kekropis.) Aufstellung: Ζ. 35. έν τψ τού
25 Κέκροπος ίε[ρψ.
CIA. III, 1276, Ζ. 8. ίε[ρ]εύς Κέκρο[π]ος,
Αρίστων Σωσιστράτου Αθμονεύς.

Keramos.
Paus. I, 3, 1. s. E: Agora im Kerameikos.
30 Harpocrat. Κεραμείς. Phot. Suid. Κεραμίς.

Klymene, s. Perseus.

Kodros.
Paus. I, 19, 5 (vorher Altar der Ilisischen
35 Musen). δείκνυται δε και ένθα Πελοποννήσιοι
Κόδρον τον Μελάνθου βασιλεύοντα
Αθηναίων κτείνουσι (sodann Ilisosübergang
nach Agrai).
Lycurg c. Leocr. 86. φασί . . τον Κόδρον
40 . . κατά τάς πύλας ύποδύντα φρύγανα
συλλέγειν προ τής πόλεως u. s. w.; hier sei
er getödtet worden. Vgl. Bekker Anecd. gr.
I, 192, 32. προ του τείχους.
CIA. III, 943 (Porosblock, gef. b. Lysi-
45 kratesdenkmal). Κόδρου τούτο πεύκμα
Μελανθείδαο [άνακτος], | ξείνε, το και
μεγάλην Άσίδα τειχίσαι[ο], | σώμα δ' έπ'

ακροπόλει φέρων τάρχυσεν [Αθηνίων] |
λαός, ις αθανάτοις δο[ξ]αν αειράμε[νος].
(Heiligthum des Kodros, des Neleus 50
und der Basile.)
CIA. IV, 2, 53 a. (Decret v. J. 418 v. Chr.
in der Südstadt gefunden). Ζ. 4. 14. 30: το
ιερόν τού Κόδρου και τού Νηλέως και τής
Βασίλης. Ζ. 12. 29. 32: το τέμενος τού 55
Νηλέως και τής Βασίλης. Ζ. 27: τό Νηλείον.
[Vgl. Plato Charmid. a. Anf. κατ-
αντικρύ τού τής Βασίλης ιερού. S. G:
Palaistra des Taureas.] Ζ. 35. (Bezug des
Regenwassers für das Heiligthum): οπόσον 60
εντός ή τού Διονυσίου και των πυλών
s. F: Thore, a. E.

Kollytos, Vater des Diomos, s. E: Diomeia
a. E.

Kolonos. 65
Soph. Oed. Col. 59 fg. τον ιππότην Κολωνόν
— — άρχηγόν des Demos K. (s. E.)

Kyamites.
(An der heil. Strafse); Paus. I, 37, 4.
Vit. X or. 837 D. 70

Kychreus.
Plut. Thes. 10. και Κυχρέα τιμάς θεών
έχειν Αθήνησι τον Σαλαμίνιον.

Kyloneion.
Schol. Soph. Oed. Col. 489. ου (Ηαύχου 75
έρωος) το ιερόν έστι παρά το Κυλώνειον
[O. Müller st. Κυθώνιον, Κιμώνιον] έκτος
των εννέα πυλών. Vgl. über den Tod der
Anhänger des Kylon: Thucyd. I, 126. Paus.
VII, 25, 2. 3. Herod. V, 71. Plut. Solon 80
12. Schol. Aristoph. Equit. 445.

Lakios.
Paus. I, 37, 2. προελθούσι δε ολίγον
(a. d. heiligen Strafse, s. Gräber d. Kephisodoros,
Heliodoros, Themistokles) Λακίου 85
τέμενός έστιν ήρωος, και δήμος ον Λακιάδας
ονομάζουσιν από τούτου.

Leokorion, s. E: Agora.

Lamia, **Leaina**, s. D. Adeimantos.

Leos, s. Eponymoi. 90
CIA. IV, 1 S. 4 no. 2 (Skamboniden-
inschrift, beim „Theseion" gef.). C. Z. 4. 5.
τψ Λεψ βούν τέλειον. Vgl. CIA. II,
864 Ζ. 1.

d*

Livia.
  CIA. III, 316, s. Hestia.
Lykos, s. G: Gerichtshöfe.
Machaon und Podaleirios.
  CIA. II, 1447 (Asklepieion). III, 171 b. c.
Melanippos.
  Harpocr. Μελανίππειον· Λυκοῦργος ἐν τῷ κατὰ Λυκόφρονος· Μελανίππου τοῦ Θησέως ἡρῷόν ἐστι, ὥς φησιν Ἀσκληπιάδης Τραγῳδουμένοις. Κλείδημος δ' ἐν πρώτῃ Ἀτθίδος ἐν Μελίτῃ αὐτὸ εἶναι λέγει.
Melite, s. E: Demos M.
Metiochos, s. G: Gerichtshöfe.
Molpadia, s. Amazonen.
Myrmex, s. E: Demos Skambonidai.
Narkissos, s. Sigelos.
Neleus, s. Kodros.
Nero.
  CIA. III, 1085 Z. 3 fg. ἀρχιερέως Νέρωνος Κλαυδίου Καίσαρος Γερμανικοῦ καὶ Διὸς Ἐλευθερίου ἐκ τῶν Ἑλλήνων.
Nisos.
  Paus. I, 19, 4. ἔστι δὲ ὄπισθεν τοῦ Λυκείου Νίσου μνῆμα, ὃν ἀποθανόντα ὑπὸ Μίνω βασιλεύοντα Μεγάρων κομίσαντες Ἀθηναῖοι ταύτῃ θάπτουσιν.
Oidipus.
  Paus. I, 28, 7. ἔστι δὲ καὶ ἐντὸς τοῦ περιβόλου (der Erinyen) μνῆμα Οἰδίποδος, πολυπραγμονῶν δὲ εὕρισκον τὰ ὀστᾶ ἐκ Θηβῶν κομισθέντα.
  Valer. Max. V, 3, ext. 3. Oedipodis ossa — — inter ipsum Arium pagum — et — Minervae arcem honore arae decorata — colis (Athen.).
  Paus. I, 30, 4 (s Kolonos Hipp., Sophocl. Oed. Col.) Altar des Poseid., der Athena, Hera, des Peirithoos, des Theseus, Οἰδίποδος τε καὶ Ἀδράστου.
Oineus, s. Eponymoi.
  Vgl. die Bleimarke Bull. de corr. hell. 1884 Tf. I, 19.
Oxythemis, s. D: Adeimantos.
Pandion, s. Eponymoi, auch Aristoph.
  Par 1183 und Schol.
  Paus. I, 5, 4. Πανδίονι δὲ καὶ ἄλλος ἀνδριάς ἐστιν ἐν ἀκροπόλει θέας ἄξιος.
  CIA. II, 553 (östl. Burgmauer. Inschrift der Pandionis). Z. 8. ἀναγράψαι δὲ τόδε τὸ ψήφισμα ἐν στήλῃ λιθίνῃ ἐμ Π[αν]δίονος τοὺς ἐπιμελητάς. Vgl. 556, Z. 8 fg. (Akropolis.) 558, 559 (von der Burg, ebenda aufzustellen). 554 b. 1179. (Priester des Pandion).
Pandrosos (vgl. Aglauros.)
  Paus. I, 27, 2 (vorher vom Ölbaum). τῷ ναῷ δὲ τῆς Ἀθηνᾶς Πανδρόσου ναὸς συνεχής ἐστι· καὶ ἔστι Πάνδροσος ἐς τὴν παρακαταθήκην ἀναίτιος τῶν ἀδελφῶν μόνη. (Vgl. die ausführlichere Geschichte Paus. I, 18, 2; anders Schol. Demosth. XIX, 303, S. 438, 17.)
  Dionys. Hal. de Din. 13 (Philochoros), s. Zeus Herkeios (Altar unter dem Ölbaum im Pandroseion).
  Apollodor III, 14, 1, 2. Ἀθηνᾷ — — ἱδρύσασθαι ἱλαίαν, ἣ νῦν ἐν τῷ Πανδροσείῳ δείκνυται.
  CIA. I, 322 l. Z. 44 fg. τῶν κιόνων τῶν ἐπὶ τοῦ τοίχου τοῦ πρὸς τοῦ Πανδροσείου. Vgl. II, Z. 63, 69.
  CIA. IV, 2 n. 321, III, Z. 32. τὰ μετακίονια τέτταρα ὄντα τὰ πρὸς τοῦ Πανδροσείου.
  CIA. II, 829. Z. 11. κατὰ τὸ Πανδροσεί[ον].
  Δελτ. ἀρχ. 1888, S. 87 fg. I, B Z. 27 und 41. ὁ πρὸς τοῦ Πανδροσείου αἶτος.
  Harpocr. ἐπίβοιον. Λυκοῦργος ἐν τῷ περὶ τῆς ἱερείας. Φιλόχορος δὲ ἐν β´ φησιν οὕτως· ἐὰν δέ τις τῇ Ἀθηνᾷ θύῃ βοῦν, ἀναγκαῖόν ἐστι καὶ τῇ Πανδρόσῳ θύειν ὄιν καὶ ἐκαλεῖτο τὸ θῦμα ἐπίβοιον.
  Paus. IX, 35, 2. τῇ δὲ ἱερᾷ τῶν Ὡρῶν νέμουσιν ὁμοῦ τῇ Πανδρόσῳ τιμὰς οἱ Ἀθηναῖοι, Θαλλὼ τὴν θεὸν ὀνομάζοντες.
  CIA. II, 481, 58. ἔθυσαν δὲ (die Epheben) [καὶ] τὰ ἐξιτητέρια ἐν ἀκροπόλει τῇ τε Ἀθηνᾷ τῇ Πολιάδι καὶ τῇ Κουρ[οτρό]φῳ καὶ τῇ Πανδρό[σῳ].
  CIA. II, 1383. (Basis v. d. Burg): [Ἀθη]νᾷ καὶ [Πα]νδρόσῳ u. s. w.; vgl. II, 1160. Priesterin.
  CIA. III, 887. [Λέ]ων? Λεωνίδου — — [καὶ ἡ γυνὴ — —] — θυγατέρα Ναυσιστράτην ἐ[ρρη]φορήσασαν Ἀθηνᾷ Πολιάδι καὶ Πανδρόσ[ῳ ἀν]έθηκαν u. s. w.

Panops, s. A: Panopsbrunnen.
Peirithoos, (vgl. Theseus a. Ende).
Paus. I, 30, 4 (s. E: Kolonos). Altar d. Poseidon Hippios und der Athena Hippia, ἱερῶν δὲ Πειρίθου καὶ Θησέως. Vgl. Paus. I, 18, 4.
Perdix, s. oben Kalos.
Perseus.
Paus. II, 18, 1. καὶ παρ' Ἀθηναίοις Περσέως τέμενος καὶ Δίκτυος καὶ Κλυμένης βωμὸς σωτήρων καλουμένων Περσέως.
Phorbas (Phorbanteion).
Andocid. I, 62. τὸν Ἑρμῆν τὸν παρὰ τὸ Φορβαντεῖον (s. B. Hermen: Ἀνδοκίδου Ἑρμῆς).
Harpocrat. Φορβαντεῖον Ὑπερίδης ἐν τῷ κατὰ Πατροκλέους ὅτι τὸ Ἀθήνησιν Φορβαντεῖον ὠνομάσθη ἀπὸ Φόρβαντος, βασιλεύσαντος Κουρήτων καὶ ὑπ' Ἐρεχθέως ἀναιρεθέντος διεδήλωσεν Ἄνδρων ἐν ὀγδόῃ τῶν Συγγενειῶν· ἦν δὲ Ποσειδῶνος υἱὸς ὁ Φόρβας, καθά φησιν Ἑλλάνικος ἐν πρώτῳ τῆς Ἀτθίδος.
Bekker, Anecd. S. 314, 11. Φορβαντεῖον· ἱερὸν Φόρβαντος, ὃς ἦν ἡνίοχος Θησέως.
Phosphoroi.
z. B. CIA. III, 10. 1041. 1042. 1048. ἱερεὺς Φωσφόρων καὶ ἐπὶ Σπιάδος (vgl. Hermes VI, S. 18 fg.).
Phytalos.
Paus. I, 37, 2. ἐν τούτῳ τῷ χωρίῳ (an der heiligen Straße; s. Heiligth. der Demeter und Kora) Φύταλόν φασιν οἴκῳ Δήμητρα δέξασθαι .... μαρτυρεῖ δέ μοι τῷ λόγῳ τὸ ἐπίγραμμα τὸ ἐπὶ τῷ Φυτάλου τάφῳ·
ἐνθάδ' ἄναξ ἥρως Φύταλός ποτε δέξατο σεμνὴν
Δήμητραν, ὅτε πρῶτον ὀπώρας καρπὸν ἔφηνεν,
ἣν ἱερὰν συκῆν θνητῶν γένος ἐξονομάζει·
ἐξ οὗ δὲ τιμὰς Φυτάλου γένος ἔσχεν ἀγήρως.
Podaleirios, s. oben Machaon.
Prometheus.
Paus. I, 30, 2. ἐν Ἀκαδημίᾳ δέ ἐστι Προμηθέως βωμός, καὶ θέουσιν ἀπ' αὐτοῦ πρὸς τὴν πόλιν ἔχοντες καιομένας λαμπάδας. (Vgl. Kerameikos: Schol. Aristoph. Ran. 131.)

Sophocl. Oed. Col. 54 fg. χῶρος μὲν ἱρὸς πᾶς ὅδ' ἔστ' (der Kolonos Hippios)· ἔχει δέ νιν | σεμνὸς Ποσειδῶν· ἐν δ' ὁ πυρφόρος θεὸς | Τιτὰν Προμηθεύς. Schol. 57. Τιτὰν Προμηθεύς] περὶ τοῦ τὸν Προμηθέα περὶ τὴν Ἀκαδήμειαν καὶ τὸν Κολωνὸν ἱδρῦσθαι Ἀπολλόδωρος γράφει οὕτω — — „συντιμᾶται δὲ καὶ ἐν Ἀκαδημίᾳ τῇ Ἀθηνᾷ καθάπερ ὁ Ἥφαιστος, καὶ ἔστιν αὐτῷ παλαιὸν ἵδρυμα καὶ ἐν τῷ τεμένει τῆς θεοῦ· δείκνυται δὲ καὶ βάσις ἀρχαία κατὰ τὴν εἴσοδον, ἐν ᾗ τοῦ τε Προμηθέως ἐστὶ τύπος καὶ τοῦ Ἡφαίστου. πεποίηται δέ, ὡς καὶ Δυσιμαχίδης φησίν, ὁ μὲν Προμηθεὺς πρῶτος καὶ πρεσβύτερος ἐν δεξιᾷ σκῆπτρον ἔχων· ὁ δὲ Ἥφαιστος νέος καὶ δεύτερος." καὶ βωμὸς ἀμφοῖν κοινός ἐστιν ἐν τῇ βάσει ἀποτετυπωμένος.
Sebaste. S. oben: Julia (Seb. Pronaia und Seb. Hygieia).
Sebastoi, Sebastos.
CIA. III, 654. [ἀνέθηκ]αν ἱ[ν] τῷ [ναῷ τ]ῶν Σεβαστῶν. (?)
ὁ ἀρχιερεὺς τῶν Σεβαστῶν. CIA. III, 12 Z. 43. 45; 57; 389. 668 fg.
ὁ ἀρχιερεὺς τοῦ οἴκου τῶν Σεβαστῶν διὰ βίου. CIA. III, 1085 Z. 5.
CIA. III, 252 (Theatersitz). ἱερέως καὶ ἀρχιερέως Σεβαστοῦ Καίσαρος.
ἱερεὺς θεοῦ Καίσαρος Σεβαστοῦ. CIA. III, 612 s. Julius.
Vgl. CIA. III, 63. 334; B. Roma.
Sigeios.
Alciphr. III, 58, 3 (vgl. Eustath. Od. 1967, 36; Strab. IX, 404, i. d. Oropia).
Skiros, s. E: Skironplatz.
Sophokles, s. Dexion.
Soteres.
Diod. XX, 46. οἱ Ἀθηναῖοι ... ἐψηφίσαντο χρυσᾶς μὲν εἰκόνας ἐφ' ἅρματος στῆσαι τοῦ τε Ἀντιγόνου καὶ Δημητρίου πλησίον Ἁρμοδίου καὶ Ἀριστογείτονος καὶ βωμὸν ἱδρυσαμένους προσαγορεῦσαι Σωτήρων. Vgl. CIA. II, 1400.
Plut. Demetr. 12. περὶ δὲ τοῖς βωμοῖς ἐκείνων ἐξιδρύσεν ἡ γῆ πέπλῳ πολὺ κώνειον.

Plut. Demetr. 10. τὸν τόπον, ὅπον πρῶτον ἀπέβη τοῦ ἅρματος, καθιερώσαντες καὶ βωμὸν ἐπιθέντες Δημητρίου Καταιβάτου προσηγόρευσαν.

CIA. II, 300. (Akrop.) Z. 38 fg. εἰκόνα χαλκῆν ἐν ἀγορᾷ πλὴν παρ' Ἁρμό]διον καὶ Ἀριστογείτ[ονα καὶ τοὺς Σωτ]ῆρας.

CIA. II, 616. Vgl. Zeus Soter, Herakles und die Soteres.

Priester der Soteren: vgl. *Hermes*, V, S. 339 fg.

Stephanephoros.

Harpocrat. Στεφανηφόρος· Ἀντιφῶν ἐν τῷ πρὸς Νικοκλέα· Στεφανηφόρου ἐρῶμεν, ὡς ἔοικεν, ἦν ἐν ταῖς Ἀθήναις· εἰς δ' ἂν ὁ Στεφανηφόρος ἥτοι τῶν Ἡρακλέους υἱῶν εἷς — — — οὐ μνημονεύει Ἑλλάνικος ἐν ἀπάτῳ Φορωνίδος, ἢ μήποτε τοῦ Ἀττικοῦ Στεφανηφόρον τὸ ἐρῷον ἦν, οὗ πάλιν ὁ αὐτὸς Ἑλλάνικος ἐν δευτέρᾳ Ἀτθίδος μέμνηται.

Hesych. στεφανοφορίοντα· ἀπ' οἴκου τινὸς καλουμένου Στεφανηφόρου.

Bekker Anecd. gr. I, 301, 19. Στεφανηφόρος ἥρως· ἥτοι ὅτι οὕτω καλεῖται ὁ ἥρως, ἢ ἐξ ἐπωνυμίας, διότι περὶ αὐτὸν εἶχε πολλαῖς στεφάνοις, ἢ ὅτι πλησίον αὐτοῦ οἱ στέφανοι ἐπιπράσκοντο.

Vgl. δραχμαὶ Στεφανηφόρου *CIA.* II, 467 Z. 30. 40, 476 Z. 31 u. s. w, *CIA.* III, 347 (Theatersitz). Στεφαν[ηφόρος].

Strategos.

Ἐφημ. ἀρχ. 1884 S. 170 (Restaurationsurkunde) Z. 53 — — — πρὸ τῶν προ[σ]ιο[λίω]ν θύσσιν ι[ρ]ω[ι] στρατηγῷ.

Talos, s. Kalos.

Theseus.

Plut. Thes. 35. ὅσαι ὑπῆρχε τεμένη πρότερον αὐτῷ (dem Theseus) εἰς πόλεως ἐξελούσας, ἅπαντα καθιέρωσεν Ἡρακλεῖ καὶ προσηγόρευσεν ἀντὶ Θησείων Ἡράκλεια πλὴν τεσσάρων, ὡς Φιλόχορος ἱστόρηκεν.

Schol. Aeschin. III, 13 (s. unten). δύο Θησεῖα ἐν τῇ πόλει * * * αὐτοῦ ἐπιτάφιον ποιήσαντες καὶ ἔξω τῆς πόλεως, ὃ ἔκτισεν αὐτῷ ἱερόν (Κίμων), ὅτι κατήνεγκεν αὐτοῦ ἐκ Σκύρου τὰ ὀστᾶ.

Paus. I, 17, 2. πρὸς δὲ τῷ γυμνασίῳ (des Ptolemaios) Θησέως ἐστὶν ἱερόν· γραφαὶ δὲ εἰσι Ἀμαζονενkampf, Kentaurenkampf; Theseus bei Amphitrite; (Ende des Theseus?); von Mikon (u. Polygnot). Vgl. *Plut. Cimon.* 8. ὁ μὲν δὴ Θησέως σηκὸς Ἀθηναίοις ἐγένετο ὕστερον ἢ Μῆδοι Μαραθῶνι ἔσχον, Κίμωνος τοῦ Μιλτιάδου ... τὰ ὀστᾶ κομίσαντος ἐς Ἀθήνας. (Vgl. über die Einholung der Gebeine *Thucyd.* I, 98. *Plut. Thes.* 35 fg. *Diodor.* IV, 62. XI, 60.)

Plut. Thes. 36. (*Philochoros*). καὶ κεῖται μὲν (der von Kimon nach Athen gebrachte Körper des Theseus) ἐν μέσῃ τῇ πόλει παρὰ τὸ νῦν γυμνάσιον.

Demosth. XVIII, 129. ὡς ὁ πατήρ σου (des Aeschines) Τρόμης ἐδούλευε παρ' Ἐλπίᾳ τῷ πρὸς τῷ Θησείῳ διδάσκοντι γράμματα.

Apollon. Vit. Aeschin. (p. 13 *Reisk.*). γεγονέναι δὲ κατ' ἀρχὰς (der Vater des Aeschines, Tromes) δοῦλον καὶ πέδας ἔχοντα διδάσκειν γράμματα πρὸς τῷ Θησείῳ καὶ τῷ τοῦ Ἰατροῦ ἐρῷῳ. (Vgl. Heros ἰατρός).

Plut. Thes. 27. ἦ τε τοῦ τόπου κλῆσις τοῦ παρὰ τὸ Θησεῖον ὕπερ Ὁρκωμόσιον (s. E.) καλοῦσιν. Vgl. such E: Bündnissstätte.

Strab. IX, 396. ἐκεῖνο Λεωκόριον, τοῦτο Θησεῖον· οὐ δύναμαι δηλῶσαι καθ' ἓν ἕκαστον ... καὶ ἔτι τὸ Λεωκόριον καὶ τὸ Θησεῖον μύθους ἔχει.

Aristoph. Eccl. 685 fg. τὸ δὲ θῆτ' ἐς τὴν παρὰ ταύτην (die St. Basileion). *Schol.* τοὺς θῆτας, τοὺς μισθωτοὺς εἰς τὸ Θησεῖον, ἐπεὶ πάλιν ἀπὸ τοῦ θῆτα ἄρχεται.

Aeschin. III, 13. ἀρχὰς φήσουσιν ἐκείνας εἶναι ἃς οἱ θεσμοθέται ἀποκληροῦσιν ἐν τῷ Θησείῳ.

Schol. ἐν τῷ Θησείῳ οἱ θεσμοθέται ἀεὶ ἐχειροτόνουν εὐτελεῖς τινας διοικήσεις, ὡς πρὸς τιμὴν τοῦ Θησέως τοῦ οἰκιστοῦ, οὗτινος τὰ ὀστᾶ ἐκεῖ ἔκειτο (vgl. oben).

Thucyd. VI, 61. καί τινα μίαν νύκτα καὶ κατέδαρθον ἐν Θησείῳ τῷ ἐν πόλει ἐν ὅπλοις.

CIA. II, 481 (Panag. Pyrgiotissa). ἐν τῷ Θησείῳ βαθμῇ.]. Vgl. II, 14 Z. 11.

CIA. IV, 1, no. 2 (Skambonideninschrift). C. Z. 14 Θη]σεῖον?

(Spiele, Opfer, Votive.)
CIA. II (Dimitr. Katiphori.), 444. 445.
Z. 2. Θησ[είων αγωνοθέτης. — Ζ. 4. θυσίαν συνετέλεσιν τῷ Θησεί κατά τά πάτρια και τ[ής λαμπάδος καί τοῦ γυμνικοῦ] αγώνος καί τοῦ Ιππικοῦ εποιήσατ[ο τ]ήν επιμέλ[ε]ιαν ...
CIA. II, 446 (Dimitr. Katiph.) Z. 13 fg: ανέθηκεν δε και] στήλην εν τῷ τοῦ Θησαίως τεμένει εις ήν ανέγραψεν τ[ούς νικήσαντας] (vgl. 448. 450. 451. 471 Ζ. 23. Ἀθήν. VIII, S. 399 fg. Ἀρχ. Δελτ. 1889. S. 147 fg. n. 52. CIA. III, 104. 107. 109).
CIA. II, 1180. (Boreasbrunnen, Minervastraíse). Ἱεροποιοί ανέθεσαν τῷ Θησεί επί Δπαίσιου άρχοντος u. s. w.
CIA. II, 1205. (Parthenon; klein. Altar.) Ἀπολλωνίδης .. ιερεύς γενόμενος τῷ Θησεί ανέθηκεν.
CIA. II, 1525 (Relief mit Theseus und Adorant). Θησεύς | Σώσιππος Ναυαρχίδου ανέθηκεν.
v. Sybel, Katal. d. Sculpt. i. Athen No. 2925: Statuette des Thes. Θησέως. (Kreta?)
(Theseion als Asyl.)
Diod. IV, 62. Plut. Thes. 36. de exil. 17. Hesych. Etym. M. Θησείον. Etym. M. Θησείοτριψ.
CIA. II, 834 b. (Eleusinische Bauurkunde.)
Materialien von Leuten εκ Θησείου bezogen (Sklaven, die sich daselbst als Händler niedergelassen hatten? Vgl. Köhler's Bemerkung S. 524).
(Tempelschatz, Priester.)
CIA. I, 203. 210. 215. 273 e. f. Θησέως. CIA. III, 295 (Theatersitz). Ἱερέως Θησέως.
Theseus am Arestempel.
Paus. I, 8, 4. περί δε τον ναόν (d. Ares) εστάσιν Ἡρακλῆς καί Θησεύς καί Ἀπόλλων.
Theseus und Peirithoos am Kolonos Hippios.
Paus. I, 30, 4 (s. Kolonos Hippios). Altäre des Poseidon und der Athena Hippia, ιερόν δε Πειρίθου καί Θησέως.
Soph. Oed. Col. 1596 fg. επεί δ' αφίκετο τον καταρράκτην οδόν χαλκοίς βάθροισι γης εἰν ερριζωμένον, | εστη κελεύθων εν

πολυσχίστων μιᾷ, κοίλου πέλας κρατῆρος, οὐ τά Θησέως | Πειρίθου τε κείται πιστ' αεί ξυνθήματα.
Theseus und Minotauros. Theseus, die Waffen findend. Gruppen auf der Burg s. D.
Tiberius.
CIA. III, 647. τον αρχιερέα Τιβερίου Καίσαρος Σεβαστού.
Toxaris.
Lucian. Scyth. 1. (Toxaris) ήρως εδοξε καί εντέμνουσιν αυτῷ Ξίφῳ ιατρῷ οι Αθηναίοι. Luc. a. a. O. 2. εστι δε ού πολύ από τοῦ Διπύλου εν αριστερά εις Ακαδημίαν ανιόντων ού μέγα το χώμα (des Denkmals des Toxaris) και ή στήλη χαμαί u. s. w.
Triptolemos.
Paus. I, 14, 1, s. Demeter in Agrai.
CIA. III. 704 Z. 4. ιερεύς [Τρπ]το[λ]έμου.
Tyrannenmörder.
Paus. I, 8, 5. οὐ πόρρω δε (von der Statue des Pindar beim Arestempel) εστάσιν Ἁρμόδιος καί Ἀριστογείτων ... τῶν δε ανδριάντων οι μεν εισι Κριτίου τέχνης, τούς δε αρχαίους εποίησεν Ἀντήνωρ (von Xerxes entführt, von Antiochos zurückgesandt).
Arrian Anabas. III, 16, 8. καί νύν κείνται Ἀθήνησιν εν Κεραμεικῷ αι εικόνες (der Τ.) ή άνιμεν ες πόλιν καταντικρύ μάλιστα τοῦ Μητρῴου οὐ μακράν τῶν Εὐδανέμων τοῦ βωμοῦ.
Timae. Lex. Plat. ὀρχήστρα· τόπος επιφανής εις πανήγυριν, ένθα Ἁρμοδίου καί Ἀριστογείτονος εικόνες.
Lucian Paras. 48. καί νῦν έστηκε χαλκοῦς (Aristogeiton) εν τῇ αγορᾷ μετά τῶν παιδικῶν.
Aristoph. Lys. 634. αγοράσω τ' εν τοις όπλοις εξής Ἀριστογείτονι.
Aristoph. Eccl. 682 f. εις την αγοράν καταδήσω (τα κληρωτήρια) κάτα στήσασα παρ' Ἁρμοδίῳ κληρώσω πάντας.
Plin. XXXIV, 17. Athenienses nescio an primis omnium Harmodio et Aristogitoni tyrannicidis publice posuerint statuas: hoc actum est eodem anno, quo et Romae reges pulsi.

Marm. Par. ep. 54 Z. 70. αἱ εἰκόνες
ἱστάθησαν Ἁρμοδίου καὶ Ἀριστογείτονος
... ἄρχοντος Ἀθήνησι[ν Ἀ]δειμάντου. (Die
ältere Gruppe von Antenor durch Xerxes
entführt; von Kritios und Nesiotes neu verfertigt, vgl. *Arrian. Anab.* III, 16. *Plin.*
XXXIV, 70. *Valer. Max.* II, 10 ext. 1.
Zurückstellung der älteren Gruppe: *Arrian.
Anab.* VII, 19.) Verbot der Aufstellung anderer Statuen in der Nähe, z. B.: *CIA.* II,

300 (Akrop.) Z. 38 fg. στῆσαι δ' αὐτοῖς
καὶ τὸν δῆμον εἰκόνα χαλκῆν ἐν ἀγορᾷ
πλὴν παρ' Ἁρμόδιον καὶ Ἀριστογείτονα
καὶ τοὺς Σωτῆρας, vgl. 410 (am Ende).
Diodor XX, 46. *Cass. Dio* XLVII, 20.
Pollux VIII, 91. ὁ πολέμαρχος — — —
καὶ τοῖς περὶ Ἁρμόδιον ἐναγίζει. (Vergl.
Demosth. XIX, 280.)
Paus. I, 29, 15. Grabstätte im Kerameikos.
Σῖνος ἰατρός, s. Toxaris.

D. Hervorragende Ehrenstatuen und Weihgeschenke.

Achilleus.
 Zosim. IV, 18 (neben der Parthenos).
Adeimantos (u. a. Günstlinge des Demetrios).
 Athen. VI, 253 A. Δεαίνης μὲν καὶ Λαμίας Ἀφροδίτης ἱερὰ καὶ βωμοὶ καὶ
Ἀδειμάντου καὶ Ὀξυθέμιδος τῶν κολάκων
αὐτοῦ (des Demetrios) καὶ βωμοὶ καὶ ᾠδαὶ
von den Athenern gegründet.
Aegis, s. Gorgoneion.
Agrippa.
 CIA. III, 575 (auf der grofsen Basis vor den Propyläen).
 [Ὁ δῆ]μος | Μ[ᾶρκον] Ἀγρίππα[ν] · Λε[υ-
κίου] υἱὸν | τρὶς ὕ[πατ]ον τὸν [ἑ]α[υτ]οῦ |
ε[ὐεργ]έτη[ν].
Vgl. *CIA.* III, 576 (Basis bei den Propyl. gef.).
ὁ δῆμος | Μᾶρκον Ἀγρίππαν | Λευκίου
υἱὸν | τὸν ἑαυτοῦ εὐεργέτην.
Aischylos (Sophokles, Euripides, Menandros).
 Paus. I, 21, 1. εἰσὶ δὲ Ἀθηναίοις εἰκόνες
ἐν τῷ θεάτρῳ καὶ τραγῳδίας καὶ κωμῳδίας
ποιητῶν, αἱ πολλαὶ τῶν ἀφανεστέρων· ὅτι
μή, γὰρ Μένανδρος, οὐδεὶς ἦν ποιητὴς κωμῳδίας τῶν ἐς δόξαν ἡκόντων. τραγῳδίας
δὲ κεῖνται τῶν φανερῶν Εὐριπίδης καὶ
Σοφοκλῆς. 3. τὴν δὲ εἰκόνα τὴν Αἰσχύλου
πολλῷ τι (*Schub.* τι *codd.*) ὕστερον τῆς τελευτῆς δοκῶ ποιηθῆναι [καὶ *Schub.*] τῆς
γραφῆς ἢ τὸ ἔργον ἔχει τὸ Μαραθῶνι.

Vit. X or. 841. F. εἰσήνεγκε δὲ καὶ
νόμους (Lykurg) ... τὸν δὲ ὡς χαλκᾶς
εἰκόνας ἀναθεῖναι τῶν ποιητῶν Αἰσχύλου,
Σοφοκλέους, Εὐριπίδου.
Alexander.
 Hyperid. XXVI, 2 (Blass). στῆσαι εἰκό[να
Ἀλεξάν]δρου βασι[λέως].
 CIA. III, 945. (Alexanderbasis.) S. auch
G: Odeion, *Paus.* I, 9, 4.
Amazonen, s. C (auch unten: Attalische Weihgeschenke).
Anako.
 Vit. X or. 839 D. τῆς δὲ μητρὸς Ἰσοκράτους καὶ Θεοδώρου καὶ τῆς ταύτης
ἀδελφῆς Ἀνακοῦς εἰκόνες ἀνέκειντο ἐν ἀκροπόλει, ὧν ἡ τῆς μητρὸς παρὰ τὴν Ὑγίειαν νῦν κεῖται μετεπιγεγραμμένη, ἡ δ'
Ἀνακοῦς οὐ σῴζεται.
Anakreon.
 Paus. I, 25, 1 (auf der Burg). τοῦ δὲ
Ξανθίππου πλησίον ἕστηκεν Ἀνακρέων ὁ
Τήιος — — καὶ οἱ τὸ σχῆμά ἐστιν οἷον
ᾄδοντος ἂν ἐν μέθῃ γένοιτο ἀνθρώπου.
Vgl. die Epigramme *Anthol. Pal. app. Plan.*
306 — 8.
Anthemion.
 Pollux VIII, 130. εἰκών ἐστιν ἐν ἀκροπόλει ἵππος ἀνδρὶ παρεστηκώς. καὶ τὸ
ἐπίγραμμα· Διφίλου Ἀνθεμίων τόνδ' ἵππον

θεοῖς ἀνέθηκαν, | θηχικοῦ ἀντὶ τέλους ἱππάδ' ἀμειψάμενος.
Antigonos, s. C. Soteres.
Antiochos (vgl. C).

5 *CIA*. III, 554 (Basis; Akropolis). [ό δῆμ]ος | [βασιλέα] Ἀντίοχον | [βασιλέ]ως Μιθριδάτου | [υἱόν, ἀρ]ετῆς ἕνεκα.
Antonius und Kleopatra.
Cass. Dio L, 15. τάς τε εἰκόνας αὐτῶν,
10 ἃς οἱ Ἀθηναῖοι ἐν τῇ ἀκροπόλει τὸ τῶν θεῶν σχῆμα ἐχούσας ἵστησαν, κεραυνοὶ ἐς τὸ θέατρον κατέρραξαν.
Plut. Anton. 60 s. Attalos.
Ariobarzanes.

15 *CIA*. III, 541—43. Basen; (n. 542 im Dionysosth. gef.).
Aristogeiton, s. C. Tyrannenmörder.
Aristonikos.
Athen. I, S. 19 A. ὅτι Ἀριστόνικον τὸν
20 Καρύστιον, τὸν Ἀλεξάνδρου σφαιριστήν, Ἀθηναῖοι πολίτην ἐποιήσαντο διὰ τὴν τέχνην καὶ ἀνδριάντα ἀνίστησαν.
Aristoteles.
CIA. III, 946, Herme (b. d. Kapnikarea
25 gef.) vgl. 947.
Arkadios.
Athen. Mitth. VI, S. 312. s. G.
Arsinoe, s. Ptolemaeer im Odeion (G.).
Attalos, s. Eponymoi.
30 *Plut. Anton.* 60. τοὺς Εὐμένους καὶ Ἀτταλου κολοσσοὺς Ἀντωνείους ἐπιγεγραμμένους. *CIA*. II, 1670 = III, 300 Theatersitz seines Priesters s. C.
Attalische Weihgeschenke.

35 *Paus*. I, 25, 2. πρὸς δὲ τῷ τείχει τῷ νοτίῳ (der Burg) Γιγάντων, οἳ περὶ Θρᾴκην ποτὲ καὶ τὸν ἰσθμὸν τῆς Παλλήνης ᾤκησαν, τούτων τὸν λεγόμενον πόλεμον, καὶ μάχην πρὸς Ἀμαζόνας Ἀθηναίων, καὶ τὸ Μαραθῶνι
40 πρὸς Μήδους ἔργον, καὶ Γαλατῶν τὴν ἐν Μυσίᾳ φθορὰν ἀνέθηκε Ἄτταλος, ὅσον τε δύο πηχῶν ἕκαστον.
Plutarch Anton. 60. καὶ τῆς Ἀθήνησι γιγαντομαχίας ὑπὸ πνευμάτων ὁ Διόνυσος
45 ἐκσεισθεὶς εἰς τὸ θέατρον κατενέχθη.
Audoleon (König von Paionien).
CIA. II, 312, Z. 57. στῆσαι δ' αὐτοῦ καὶ εἰκόνα χαλκῆν ἐφ' ἵππου ἐν ἀγορᾷ.

Augustus, s. B: Roma.
Autolykos.
Paus. I, 18, 3 (im Prytaneion) ἀνδριάντες δὲ ἄλλοι τε καὶ Αὐτόλυκος ὁ παγκρατιαστής (von Leochares? s. *Plin*. XXXIV, 8 § 79).
Berenike, s. G. Odeion. *Paus*. I, 8, 6.
Brutus und Cassius.
Cass. Dio XLVII, 20. ἐκεῖνοι (Ἀθηναῖοι) δὲ καὶ εἰκόνας σφίσι (τῷ Βρούτῳ καὶ τῷ Κασσίῳ) χαλκᾶς παρά τε τὴν τοῦ Ἁρμοδίου καὶ παρὰ τὴν τοῦ Ἀριστογείτονος ὡς καὶ ζηλωτὰς αὐτῶν γενομένους ἐψηφίσαντο.
Burichos, s. Adeimantos.
Caesar.
CIA. III, 428 Basis b. Panag. Pyrgiot.
Chabrias.
Corn. Nep. Chabr. 1, 3. Statua, quae publice ei (Chabriae) ab Atheniensibus in foro constituta est. Vgl *Diodor* XV, 33 (τὰς εἰκόνας), *Aeschin*. III, 243 (Statuen des Chabrias, Iphikrates, Timotheos).
Choregisches, s. Dreifüsse.
Chrysippos.
Paus. I, 17, 2 im Ptolemaion (s. G.). καὶ Χρύσιππος ὁ Σολεύς. Statue im Kerameikos: s. *Cicero, de finibus* I, 11, 39. *Diog. Laert*. VII, 182.
Demades.
Dinarch. I, 101. ἀλλὰ περιιδὼν (Δημοσθένης) αὐτὸν (τὸν Δημάδην) ἐν τῇ ἀγορᾷ χαλκοῦ σταθέντα. (Vgl. *Hyperid*. frg. 82, Blass = *Harpocr*. ἐξ υθύμια.)
Demetrios, s. C. Soteres.
Demetrios von Phaleron.
Bildwerke des Dem. nach *Plutarch Praec. reip. ger.* 27, *Corn. Nep. Milt*. 6: 300. *Varro bei Nonius* S. 528, *Plinius* XXXIV, 6 § 27: 360; ebenso *Diog. Laert*. V, 77. *Strab*. IX, S. 398 (über 300). *Dio Chrysost*. XXXVII, 41: 1500.
Diog. Laert. V, 77. κατασπάσαντες αὐτοῦ τὰς εἰκόνας . . . μία δὲ μόνη σώζεται ἐν ἀκροπόλει.
Demochares.
Vit. X or. S. 847 D. 851 D. Λάχης . . αἰτεῖ τὴν βουλήν u. s. w. . . . . Δημοχάρει Λάχητος Λευκονοεῖ εἰκόνα χαλκῆν ἐν ἀγορᾷ.

5 Demosthenes.

Paus. I, 8, 2. ἔστι δὲ καὶ Δημοσθένης (vorher Lykurg und Kallias genannt; dann τῆς τοῦ Δ. εἰκόνος πλησίον: der Arestempel).

Vit. X or. 847 A. κεῖται ἡ εἰκών (des Demosthenes) πλησίον τοῦ περισχοινίσματος καὶ τοῦ βωμοῦ τῶν δώδεκα θεῶν. Vergl. 847 D; 850 E.

Plut. Demosth. 30, 31. ἕστηκε δὲ (das Erzbild des Dem.) τοῖς δακτύλοις συνέχων δι' ἀλλήλων, περιπέφρακεν οὐ μεγάλη πλάτανος.

Vit. Demosth. (Westermann Biogr. S. 308). ἀνδριάντι αὐτὸν ἐτίμησαν στήσαντες ἐν τῇ ἀγορᾷ.

CIA. III, 944ᵃ Statuenbasis, gef. im Asklepieion.

Diitrephes

Paus. I, 23, 3. πλησίον (der Aphrodite des Kalamis, bei den Propyläen) δέ ἐστι Διιτρέφους χαλκοῦς ἀνδριὰς ὀϊστοῖς βεβλημένος.

CIA. I, 402. Basis von der Burg: Ἑρμόλυκος | Διιτρέφους | ἀπαρχήν, | Κρησίλας | ἐπόησεν. Vgl. Plin. XXXIV, 74. Cresilas (fecit) volneratum deficientem, in quo possit intellegi, quantum restet animae.

Diogenes (der Söldnerführer, vgl. G: Gymnasien, Diogeneion).

35 Diphilos, s. Anthemion.

Dinarch. I, 43 erwähnt: τὴν εἰς τὴν ἀγορὰν ἀνατιθεμένην (dem Diphilos) εἰκόνα.

Dreifüsse.

Isae. V, 41. οἱ ἡμέτεροι πρόγονοι ... ἀνέθεσαν τοῦτο μὲν ἐν Διονύσου τρίποδας, οὓς χορηγοῦντες καὶ νικῶντες ἔλαβον, τοῦτο δ' ἐν Πυθίου.

Plut. Aristid. I Aristides: νίκης ἀναθήματα χορηγικοὺς τρίποδας ἐν Διονύσου (κατέλιπεν). Vgl. CIA. II, 1257.

Plat. Gorg. 472 A. Νικίας ὁ Νικηράτου καὶ οἱ ἀδελφοὶ μετ' αὐτοῦ ὧν οἱ τρίποδες οἱ ἐφεξῆς ἑστῶτές εἰσιν ἐν τῷ Διονυσίῳ

— Ἀριστοκράτης ὁ Σκελλίου, οὗ αὖ ἐστιν ἐν Πυθίου τοῦτο τὸ καλὸν ἀνάθημα. Vgl. CIA. I, 422 (nach Pittakis beim Marktthor gef.)

Plut. Nic. 3. ὁ τοῖς χορηγικοῖς τρίποσιν ὑποκείμενος ἐν Διονύσου νεώς.

Choreg. Monument d. jüng. Nikias. CIA. II, 1246. Vgl. Athen. Mitth. X, S. 231. (Beim Pythion.) S. oben Apollo Pythios.

(In der Tripodenstrafse.)

Paus. I, 20, 1. ἔστι δὲ ὁδὸς ἀπὸ τοῦ Πρυτανείου καλουμένη, Τρίποδες· ἀφ' οὗ καλοῦσι τὸ χωρίον, ναοὶ θεῶν [ὅσον Robert, Hermes XIV, S. 315] ἐς τοῦτο μεγάλοι καὶ σφίσιν ἐφεστήκασι τρίποδες, χαλκοῖ μέν, μνήμης δὲ ἄξια μάλιστα περιέχοντες εἰργασμένα. (Satyr des Praxiteles u. a. Bildwerke.)

Athen. XII, 442 B. μετ' ἄριστον αὐτοῦ (Δημητρίου τοῦ Φαληρέως) περιπατήσαντος παρὰ τοὺς τρίποδας συνῆλθον εἰς τὸν τόπον παῖδες κάλλιστοι ταῖς ἑξῆς ἡμέραις, ἵν' ὀφθεῖεν αὐτῷ.

Athen. XIII, 591 B. τὸν ἐπὶ τριπόδων Σάτυρον (des Praxiteles).

CIA. II, 1298 (Basis vom Dionysostheater). Εἰ καί τις προτέρων [ἐ]ν[αγω]νίῳ Ἑρμεῖ ἔρεξεν | ἱερά, καὶ Νίκαι τοιάδε δῶρα πρέπει, | ἥν πάρεδρον [Βρο]μίῳ κλεινοῖς ἐν ἀγῶσι τεχνιτῶν [Πρ]αξιτέλης δισσοῖς εἵσαθ' ὑπὸ τρίποσιν.

Monument des Lysikrates.

CIA. II, 1242 (an der Ostseite des Epistyls). Λυσικράτης Λυσιθείδου Κικυννεὺς ἐχορήγει, | Ἀκαμαντὶς παίδων ἐνίκα, Θέων ηὔλει, | Λυσιάδης Ἀθηναῖος ἐδίδασκε, Εὐαίνετος ἦρχε.

Andere Choreg.-Inschr. CIA. I, 336 fg. II, 1234 fg.

(Oberhalb des Theaters.)

Vit. X or. 835 B. (Andokides.) νικήσας ἀνέθηκε τρίποδα ἐφ' ὑψηλοῦ ἀντικρὺς τοῦ Σιληνοῦ.

Harpocrat. κατατομή (Philochoros). Αἰσχρύλος Ἀναγυράσιος ἀνέθηκε τὸν ὑπὲρ τοῦ θεάτρου τρίποδα καταργυρώσας, τε-νικηκὼς τῷ προτέρῳ ἔτει χορηγῶν παισί.

καὶ ἐπίγραψεν ἐπὶ τὴν κατατομὴν τῆς πέτρας.

Paus. I, 21, 3. ἐν δὲ τῇ κορυφῇ τοῦ θεάτρου σπήλαιόν ἐστιν ἐν ταῖς πέτραις ὑπὸ τὴν ἀκρόπολιν· τρίπους δὲ ἔπεστι καὶ τούτῳ. Ἀπόλλων δὲ ἐν αὐτῷ καὶ Ἄρτεμις τοὺς παῖδάς εἰσιν ἀναιροῦντες τοὺς Νιόβης.
(Thrasyllosmonument vor der Höhle.)

CIA. II, 1247 (auf dem Architrav in der Mitte): Θράσυλλος Θρασύλλου Δεκελεεὺς ἀνέθηκεν | χορηγῶν νικήσας ἀνδράσιν Ἱπποθοωντίδι φυλῇ. | Εὔιος Χαλκιδεὺς ηὔλει, Νέαιχμος ἦρχεν, Καρκίδαμος Σώτιος ἐδίδασκεν.

CIA. II, 1292 (auf dem Postamente links): ὁ δῆμος ἐχορήγει, Πυθάρατος ἦρχεν | ἀγωνοθέτης Θρασυκλῆς Θρασύλλου Δεκελεεὺς | Ἱπποθοωντὶς παίδων ἐνίκα | Θέων Θηβαῖος ηὔλει | Πρόνομος Θηβαῖος ἐδίδασκεν.

CIA. II, 1293 (auf dem Postamente rechts): ὁ δῆμος ἐχορήγει, Πυθάρατος ἦρχεν ἀγωνοθέτης Θρασυκλῆς Θρασύλλου Δεκελεεὺς | Πανδιωνὶς ἀνδρῶν ἐνίκα Νικοκλῆς Ἀμβρακιώτης ηὔλει | Λύσιππος Ἀρκὰς ἐδίδασκεν.

CIA. III, 126 (an der östlichen Tripodensäule über dem Thrasyllosmonument):
Ἡλίῳ τὸν τρίποδα?] | Μάξιμος, Φίλιππος, Γάϊος] — — Στρατόνικος.

Felsinschriften unterhalb, östlich der Tripodensäulen. *CIA*. III, 125.
Α. Πισωνι[ανὸς καὶ | — — τρίποδ[α] ἀνέθεσαν.

Andere Felsinschriften mit blofsen Namen, ebenda. Vgl. *Felsen, Arch. Anz*. 1885, S. 58. *CIA*. III, 1303.

CIA. II, 1100 (Marmortafel. Beim Varvakion gef.).
ὅρος εἰς[όδου Kumanudes: ὁδὸν] τρίποδος.

Paus. I, 18, 8 (beim Olympieion, nach Erwähnung des Bildes des Isokrates): κεῖνται δὲ λίθου Φρυγίου Πέρσαι χαλκοῦν τρίποδα ἀνέχοντες, θέας ἄξιοι καὶ αὐτοὶ καὶ ὁ τρίπους.

Drusus (vgl. C).
CIA. III, 443 (Basis, Akropolis). Ὁ δῆμος | Νέρωνα Κλαύδιον Τιβέριον τὸν Δροῦσον τὸν ἑαυτοῦ εὐεργέτην.

Eberjagd, s. Kalydonische.
Elephanten am Arestempel.
Georg. Kodinos de Const. sign. S. 47, 14. αἱ δὲ στῆλαι τῶν ἐλεφάντων τῆς χρυσῆς πόρτης ἥκασιν ἐκ τοῦ ναοῦ τοῦ Ἄρεως ἀπὸ Ἀθηνῶν παρὰ Θεοδοσίου τοῦ μικροῦ.

Epicharinos.
Paus. I, 23, 9. Ἀνδριάντων δὲ ὅσοι μετὰ τὸν ἵππον (dem „hölzernen Ross") ἐστήκασιν Ἐπιχαρῖνον μὲν ὁπλιτοδρομεῖν ἀσκήσαντος τὴν εἰκόνα ἐποίησε Κριτίος.
CIA. I, 376 (Basis zw. Propyläen und Parthenon gef.) Ἐπι[χ]αρῖνος [ἀνέ]θηκεν ὁ — — — | Κριτίος καὶ Νησ[ι]ώτης ἐπο[ιησ]άτην.

Epimenides.
Paus. I, 14, 4. Sitzbild vor dem Tempel der Demeter und Kore in Agrai (s. B).

Erechtheus (vgl. C).
Paus. I, 27, 4. πρὸς δὲ τῷ ναῷ τῆς Ἀθηνᾶς (dem Erechtheion) — ἔστι δὲ ἀγάλματα μεγάλα χαλκοῦ, διαστῶτες ἄνδρες ἐς μάχην· καὶ τὸν μὲν Ἐρεχθέα καλοῦσι, τὸν δὲ Εὔμολπον. καίτοι λέληθέ γε οὐδένα Ἀθηναίων, ὅσοι τὰ ἀρχαῖα ἴσασιν, Ἰμμάραδον εἶναι παῖδα Εὐμόλπου τοῦτον τὸν ἀποθανόντα ὑπὸ Ἐρεχθέως.
Paus. IX, 30, 11. τὸ ἄγαλμα (des Dionysos) — ἔργων τῶν Μύρωνος θέας μάλιστα ἄξιον μετά γε τὸν Ἀθήνησιν Ἐρεχθέα.

Euagoras.
(Konon, Timotheos, Euagoras.)
Paus. I, 3, 2. πλησίον δὲ τῆς στοᾶς (der St. Basileios) Κόνων ἕστηκε καὶ Τιμόθεος υἱὸς Κόνωνος καὶ βασιλεὺς Κυπρίων Εὐαγόρας, dann (ἐνταῦθα): Zeus Eleutherios.
Isocr. IX, 57. Καὶ τὰς εἰκόνας αὑτῶν (Konon und Euagoras) ἐστήσαμεν οὗπερ τοῦ Διὸς ἄγαλμα τοῦ Σωτῆρος, πλησίον ἐκείνου τε καὶ σφῶν αὐτῶν.

Eubulidesmonument.
Paus. I, 2, 5. ἐνταῦθά ἐστιν (im Hause des Pulytion, s. H.) Ἀθηνᾶς ἄγαλμα Παιωνίας καὶ Διὸς καὶ Μνημοσύνης καὶ Μουσῶν, Ἀπόλλων τε [Ἀπόλλωνός τε einige codd.], ἀνάθημα καὶ ἔργον Εὐβουλίδου καὶ δαίμων τῶν ἀμφὶ Διόνυσον Ἄκρατος.

CIA. II, 1645. (Inschriftblock beim „Treiberschen Hause" gef.) Εὐβουλίδης Εὔχειρος Κρωπίδης ἐποίησεν.
Eule
5 Hesych. γλαῦξ ἐν πόλει· παροιμία· ἀνέκειτο γὰρ ὑπὸ Φαίδρου (Φειδίου Meurs.) ἐν τῇ ἀκροπόλει.
Dio Chrysost. XII, 6. τίς γε Φειδίου τέχνης πυρ´ Ἀθηναίοις ἔτυχεν (ἡ γλαῦξ)
10 οὐκ ἀπαξιώσαντος αὐτὴν συγκαθιδρῦσαι τῇ θεῷ, συνδοκοῦν τῷ δήμῳ.
Eumenes, s. Attalos.
Eumolpos, s. Erechtheus.
Euripides, s. Aischylos.
15 Gallier, s. Attalische Weihgeschenke.
Ge, Bildwerk auf der Burg, s. B.
Giganten, s. Attal. Weihgeschenke.
Gorgippos.
Dinarch I, 43. Demosthenes beantragt:
20 τὸ χαλκοῦς ἐν ἀγορᾷ στῆσαι Παιρισάδην καὶ Σάτυρον καὶ Γόργιππον τοὺς ἰχθίστους τυράννους.
Gorgoneion.
Paus. I, 21, 3. ἐπὶ δὲ τοῦ νοτίου καλουμένου τείχους, ὃ τῆς ἀκροπόλεως ἐς τὸ
25 θέατρόν ἐστι τετραμμένον, ἐπὶ τούτου Μεδούσης τῆς Γοργόνος ἐπίχρυσος ἀνάκειται κεφαλὴ καὶ περὶ αὐτὴν αἰγὶς πεποίηται.
V, 12, 4. Ἀντίοχος, οὗ δὴ καὶ ὑπὲρ τοῦ
30 θεάτρου τοῦ Ἀθήνησιν ἡ αἰγὶς ἡ χρυσῆ καὶ ἐπ᾽ αὐτῆς ἡ Γοργώ ἐστιν ἀνάθημα.
Hadrian (vgl. C).
Paus. I, 24, 7. ἐνταῦθα (im Parthenon) εἰκόνα ἰδὼν οἶδα Ἀδριανοῦ βασιλέως μόνου.
35 (Statuenbasen von d. Burg: CIA. III, 465. 488.)
(Auf der Agora.)
Paus. I, 3, 2. ἐνταῦθα (bei den Bildsäulen des Konon, Timotheos, Euagoras) ἕστηκε Ζεὺς ὀνομαζόμενος Ἐλευθέριος καὶ
40 βασιλεὺς Ἀδριανός. Dann (I, 3, 3. ὄπισθεν·) die Stoa (des Zeus Eleutherios).
(Im Olympieion.)
Paus. I, 18, 6. πρὶν δὲ ἐς τὸ ἱερὸν ἱέναι τοῦ Διὸς τοῦ Ὀλυμπίου.. ἐνταῦθα εἰκόνες
45 Ἀδριανοῦ δύο μέν εἰσι Θασίου λίθου, δύο δὲ Αἰγυπτίου· χαλκαῖ δὲ ἑστᾶσι πρὸ τῶν κιόνων ἃς Ἀθηναῖοι καλοῦσιν ἀποίκους πόλεις.... ἀπὸ γὰρ πόλεως ἑκάστης εἰκὼν

Ἀδριανοῦ βασιλέως ἀνάκειται, καὶ σφᾶς ὑπερεβάλοντο Ἀθηναῖοι τὸν κολοσσὸν ἀναθέντες ὄπισθε τοῦ ναοῦ θέας ἄξιον. Vgl. CIA. III, 479 fg.
(Statuenbasen des Hadrian im Theater): CIA. III, 464, 466 fg.
Harmodios, s. C. Tyrannenmörder.
Herakles-Thaten (vgl. C).
Paus. I, 24, 2. κεῖνται (auf der Burg, vor Erwähnung des Tempels der Ergane) ἑξῆς ἄλλαι τε εἰκόνες καὶ Ἡρακλέους· ἄγχει δέ, ὡς λόγος ἔχει, τοὺς δράκοντας.
Paus. I, 27, 6 (auf dem Wege vom Erechtheion zu den Propyläen): καὶ Κύκνος Ἡρακλεῖ μαχόμενος.
Herkulios.
CIA. III, 638 (Basis). Z. 4. παρὰ προμάχῳ Παλλάδι.
Hermen, s. B: Hermes a. E.
Hermolykos (vgl. Diitrephes).
Paus. I, 23, 10. (Ἀνδριάντων — ὅσοι μετὰ τὸν (δούριον) ἵππον) — — τὰ δὲ ἐς Ἑρμόλυκον τὸν παγκρατιαστὴν παρίημι.
Herodes (der König).
Statuenbasen von der Burg CIA. III, 550, 551.
Herodes Atticus. CIA. III, 660—671 (Panag. Pyrgiotissa).
Herodoros. CIA. II, 300. s. C. Tyrannenmörder.
Heuschrecke.
Hesych. καταχήνη· ὑπὸ Πεισιστράτου καλαμαίᾳ ἐμφερὲς ζῷον ἀπὸ τῆς ἀκροπόλεως προβεβλημένον, ὁποῖα τὰ πρὸς βασκανίαν.
Hipparchos.
Lycurg c. Leocr. 117. τὴν εἰκόνα (des Hipp.) — ἐξ ἀκροπόλεως ἀνελόντες καὶ συγχωνεύσαντες καὶ ποιήσαντες στήλην ἐψηφίσαντο εἰς ταύτην ἀναγράφειν τοὺς ἀλιτηρίους καὶ τοὺς προδότας· καὶ αὐτὸς ὁ Ἵππαρχος ἐν ταύτῃ τῇ στήλῃ ἀναγέγραπται καὶ οἱ ἄλλοι δὲ προδόται. Vgl. Thucyd. VI, 55.
Hölzernes Pferd.
Paus. I, 23, 8. Ἵππος δὲ ὁ καλούμενος δούριος ἀνάκειται χαλκοῦς (bei dem Tempel der Artemis Brauronia) — — καὶ Μενεσθεὺς καὶ Τεῦκρος ὑπεκκύπτουσιν ἐξ αὐτοῦ, πρὸς ἔτι δὲ καὶ οἱ παῖδες οἱ Θησέως.

Hesych. δούριος ἵππος· Ἀθήνησιν ἐν
ἀκροπόλει χαλκοῦς ἐστίν, καὶ ἐξ αὐτοῦ ἐκ-
κύπτουσι δ'.
Aristoph. Aves 1128. ἵππων ὑπόντων
μέγεθος ὅσον ὁ δούριος. Schol. — — —
ἀνέκειτο γὰρ ἐν ἀκροπόλει δούριος ἵππος
ἐπιγραφὴν ἔχων· „Χαιρίδημος Εὐαγγέλου
ἐκ Κοίλης ἀνέθηκεν."
CIA. I, 406. (Grofse Basisblöcke im Bezirk der Artemis Brauronia.) Χαιρίδημος
Εὐαγγέλ[ου | ἐ]κ Κοίλης ἀνέθηκεν | Στρογγυ-
λίων ἐποίησεν.
Honorius, s. G: Arkadius.
Hydrophore.
Plut. Themist. 31. εἶδε καὶ ἐν Μητρὸς
ἱερῷ τὴν καλουμένην ὑδροφόρον κόρην
χαλκῆν, μέγεθος δίπηχυν, ἣν αὐτὸς ὅτε
τῶν Ἀθήνησιν ὑδάτων ἐπιστάτης ἦν, ἱερῶν
τοὺς ὑφῃρημένους τὸ ὕδωρ καὶ παροχετεύ-
σαντας, ἀνέθηκεν ἐκ τῆς ζημίας ποιησά-
μενος.
Hyrkanos, s. Chariten (B).
Immarados, s. oben Erechtheus; auch C.
Io.
Paus. I, 25, 1. γυναῖκες δὲ πλησίον (bei
Anakreon) Ξενομένης Ἰὼ τὴν Ἰνάχου καὶ
Καλλιστὼ τὴν Λυκάονος πεποίηκεν. Vgl.
CIA. II, 1648 (Basis von der Burg). Μι-
τρόδωμος ἀνέθηκεν Ἰώθεν. | Ξενομένης
ἐποίησεν.
Iphikrates (vgl. Chabrias).
Paus. I, 24, 7. κατὰ τὴν ἴσοδον (des
Parthenon) εἰκόνα ἰδὼν οἶδα Ἰφικράτους.
Vgl. Demosth. XXIII, 130. Dionys. Hal. de
Lys. 12.
Isokrates.
(Auf der Burg.)
Vit. X or. 839 B. ἀνάκειται γὰρ (Isokr.)
ἐν ἀκροπόλει χαλκοῦς ἐν τῇ σφαιρίστρᾳ
τῶν ἐρρηφόρων κελιτιζων ἔτι παῖς ὤν, ὡς
εἶπόν τινες.
(Beim Olympieion.)
Paus. I, 18, 8 nach Erwähnung des Temenos der Ge Olympia: κεῖται δὲ ἐπὶ κίονος
Ἰσοκράτους ἀνδριάς.
Vit. X or. 839 B. ὅς (Ἀφαρεύς) καὶ
εἰκόνα αὐτοῦ (Ἰσοκράτους) χαλκῆν ἀνέθηκε
πρὸς τῷ Ὀλυμπιείῳ ἐπὶ κίονος.

(Bild des Isokr. im Pompeion):
Vit. X or. 839 C.
Isokrates' Mutter, s. oben Anako.
Itys, s. Prokne.
Juba.
Paus. I, 17, 4. Jubastatue im Ptolemaion (s. G).
Kalades (?)
Paus. I, 8, 4. περὶ δὲ τὸν ναὸν (des Ares) ἑστᾶσιν ... ἀνδριάντες δὲ Καλάδης
(καὶ Λάσος? Köhler) Ἀθηναίοις, ὡς λέγεται,
νόμους γράψας· dann Pindar.
Kallias, s. Lykurgos.
Kallisto, s. Io.
Kalydonische (?) **Jagd**.
Paus. I, 27, 6. ἔστι δὲ (auf der Burg,
zwischen Erechtheion und Propyläen) συὸς
θήρα, περὶ οὗ σαφὲς οὐδὲν οἶδα εἰ τοῦ
Καλυδωνίου.
Karneades.
CIA. II, 1406 (Basis gef. b. d. Attalosstoa). Καρνεάδην Ἀζηνέα Ἄτταλος καὶ
Ἀριαράθης Συπαλήττιοι] | ἀνέθηκαν.
Kleoitas' Bildwerk.
Paus. I, 24, 3 .. χρόνος ἐστὶν (nach dem Tempel der Athena Ergane erwähnt) ἐπι-
κείμενος ἀνὴρ * * Κλεοίτου, καί οἱ τοὺς
ὄνυχας ἀργυροῦς ἐνεποίησεν ὁ Κλεοίτας.
Vgl. VI, 20, 10. καὶ ἐπίγραμμά ἐπὶ ἀν-
δριάντι τῷ Ἀθήνησιν ἐπιγράψαι (Kleoitas)
„Ὃς τὴν ἱππάφεσιν ἐν Ὀλυμπίᾳ εὕρετο
πρῶτος | τεῦξέ με Κλεοίτας υἱὸς Ἀριστο-
κλέους."
Kleopatra, s. Antonius.
Knabe mit Weihwasserbecken.
Paus. I, 23, 7. καὶ ἄλλα ἐν τῇ Ἀθηναίων
ἀκροπόλει θεασάμενος οἶδα, Λυκίου τοῦ
Μύρωνος χαλκοῦν παῖδα, ὃς τὸ περιρραν-
τήριον ἔχει (darauf Heiligthum der Artemis
Brauronia).
Knabe das Haar scheerend, s. Mnesimache.
Vgl. auch Sklave des Perikles, Splanchnoptes, Suffitor.
Konon (vgl. Euagoras).
Paus. I, 24, 3. ἐνταῦθα (auf der Burg,
beim Bilde der Ge Karpophoros, s. B) καὶ
Τιμόθεος ὁ Κόνωνος καὶ αὐτὸς κεῖται

Κόνων. Vgl. *CIA.* II, 1360 (Basisstück ebenda gef.). Κόνων Τιμ[ο]θέου, Τιμόθεος Κόνω[νος].
Corn. Nep. Timoth. 2. Timotheo publice statuam in foro posuerunt: qui honos huic uni ante id tempus contigit, ut, cum patri populus statuam posuisset, filio quoque daret. sic juxta posita recens filii veterem patris renovavit memoriam.
Demosth. XX, 69, 70. χαλκῆν εἰκόνα. *Schol. Demosth.* XXI, 62.

Kuh (des Myron).
Plinius XXXIV, 57. Myronem... bucula maxime nobilitavit celebratis versibus laudata (s. *Anthol. Pal.* IX, 713 fg., 739 fg. *Auson. epigr.* 58 fg.), quando alieno plerique ingenio magis quam suo commendantur.
Tzetz. Chiliad. VIII, 372. ἡ πρὶν περὶ ἀκρόπολιν τῶν Ἀθηνῶν ἑστῶσα | βοῦς δάμαλις χαλκῆ * * καὶ τοὺς μαστοὺς σπαργῶσα" u. s. w. Vgl. *Overbeck, Schriftquellen* Nr. 550 fg. *Jahn-Mich.* 24, 11.*

Kyknos, s. oben Herakles.
Kylon, s. C: Kyloneion.
Paus. I, 28, 1. Κύλωνα δὲ οὐδὲν ἔχω σαφὲς εἰπεῖν ἐφ' ὅτῳ χαλκοῦν ἀνέθεσαν (zwischen Erechtheion und Propyläen) τυραννίδα ὅμως βουλεύσαντα u. s. w.

Lamia, s. Adelmantos.
Lasos? s. Kalades.
Leaina (vgl. Adeimantos).
Paus. I, 23, 2 (in den Propyläen). χαλκῆ λέαινα Ἀθηναίοις ἐστὶν ἐς μνήμην τῆς γυναικός (der Geliebten des Aristogeiton).
Plinius XXXIV, 72. Amphicrates leaena laudatur; vgl. *Plutarch de garrul.* 8. (ἐν πύλαις τῆς ἀκροπόλεως). *Polyain.* VIII, 45. (ἐν τῷ Προπυλαίῳ.)

Löwe aus Erz.
Pollux VIII, 113. καὶ λέων δέ τις ἐκαλεῖτο χρυσοφύλαξ, χαλκοῦ πεποιημένος ἐπὶ κρήνης τινός, δι' οὗ τὸ ὕδωρ ἐφέρετο ἐν ταῖς πρὸς ὕδωρ δίκαις.
Löwin, s. Leaina.
Lykurgos.
Paus. I, 8, 2. ἐνταῦθα (nach den Bildsäulen der Eponymen, des Amphiaraos und der Eirene) Λυκοῦργός τε κεῖται χαλκοῦς ὁ Λυκόφρονος, καὶ Καλλίας, dann Demosthenes.
Vit. X or. 852 fg. (auf Antrag des Stratokles) στῆσαι αὐτοῦ τὸν δῆμον χαλκῆν εἰκόνα ἐν ἀγορᾷ· vgl. 843 C. ἐν Κεραμεικῷ. Vgl. *CIA.* II, 240 (gef. bei der Pan. Pyrgiotissa). Frgm. des Ehrendecrets; und *Δελτ. ἀρχ.* 1888, S. 190, 2 (gef. beim Marktthor). Basisfragm. makedon. Zeit: Λυκοῦργος Λυκόφρονος Βουτάδης.
CIA. III, 944 (gef. bei der Panagia Pyrgiotissa). Basisfragm. röm. Zeit. Λυκοῦργος ὁ ῥήτωρ.

Bilder des Lykurg und seiner Söhne.
Vit. X or. 843 E. F. (beim Erechtheion).
Lysikrates, s. Dreifüsse.
Lysimache.
Paus. I, 27, 4. πρὸς δὲ τῷ ναῷ τῆς Ἀθηνᾶς ἔστι μὲν εὐήρης πρεσβύτις, ὅσον τε πήχεος μάλιστα, φαμένη * * * διάκονος εἶναι Λυσιμάχης.
Plinius XXXIV, 76. Demetrius Lysimachen (fecit) quae sacerdos Minervae fuit LXIIII annis. Vgl. *Plutarch. de vit. pud.* 14. *CIA.* II, 1376. (Epigramm von der Burg.)
Lysimachos im Odeion (G).

Marsyas.
Paus. I, 24, 1 s. B: Athena und Marsyas.
Menandros, s. Aischylos.
CIA. II, 1370. Basis im Dionysostheater.
Miltiades, S. d. Zoilos.
CIA. II, 1162. Statuenbasis (gef. b. Dimitr. Katiphori).
Vgl. *CIA.* II, 421 u. 446. (Ehrendecrete für M. ebenda gef.) unten G: Makra Stoa und Stoa Ῥωμαίον.
Miltiades (und Themistokles).
Paus. I, 18, 3 (Statuen im Prytaneion s. G, auf Römer umgeschrieben).
Schol. Aristid. III, S. 534 zu II, S. 216. (*Dindf.*) δύο εἰσὶν ἀνδριάντες ἐν τῷ Ἀθήνησι θεάτρῳ, ὁ μὲν ἐκ δεξιῶν Θεμιστοκλέους, ὁ δ' ἐξ ἐναντίων Μιλτιάδου, πλησίον δὲ αὐτῶν ἑκατέρου Πέρσης αἰχμάλωτος.

Mnesimache.
Paus. I, 37, 3. ἀγάλματα δὲ ἐπὶ τῷ ποταμῷ (beim Kephisos), Μνησιμάχης, τὸ

δὲ ἕτερον ἀνάθημα πειρομένοι οἱ τὴν κόμην τοῦ παιδὸς ἐπὶ τῷ Κηφισῷ.
Neoptolemos. *Vit. X or.* 843 F.
Nikias (der ältere und jüngere). Vgl. Dreifüfse.
Oinobios.
Paus. I, 23, 9. (ἀνδριάντων .. ὅσοι μετὰ τὸν [δούριον] ἵππον).. Οἰνοβίῳ δὲ ἔργον ἐστὶν ἐς Θουκυδίδην τὸν Ὀλόρου χρηστόν.
Olympiodoros.
Paus. I, 25, 2 (nach den attalischen Weihgeschenken) ἕστηκε δὲ καὶ Ὀλυμπιόδωρος u. s. w. 26, 3. Ὀλυμπιοδώρῳ δὲ τοῦτο μὲν ἐν Ἀθήναις εἰσὶν ἔν τε ἀκροπόλει καὶ ἐν πρυτανείῳ τιμαί.
Oxythemis, s. Adeimantos.
Pairisades, s. Gorgippos.
Pandaites und Pasikles.
CIA. II, 1395, fünf grofse Basisblöcke gef. im Bezirk der Athena Ergane. Statuen der Familie des Pandaites und Pasikles, von Sthennis und Leochares gefertigt.
Perikles.
Paus. I, 25, 1 (in der Nähe des Parthenon) ἔστι δὲ ἐν τῇ Ἀθηναίων ἀκροπόλει καὶ Περικλῆς ὁ Ξανθίππου καὶ αὐτὸς Ξάνθιππος — — — ἀλλ' ὁ μὲν Περικλέους ἀνδριὰς ἑτέρωθι ἀνάκειται.
Paus. I, 28, 2. δύο — ἀναθήματα (auf dem Rückweg zu den Propyläen) Περικλῆς ὁ Ξανθίππου und die Athena Lemnia des Pheidias.
Plinius XXXIV, 74. Cresilas .. et Olympium Periclen (fecit) dignum cognomine, mirumque in hac arte est quod nobiles viros nobiliores fecit. Vgl. *Plut. Pericl.* 3.
Δελτ. ἀρχ. 1889, S. 35 fg. (Basisfrgm. in der Südmauer der Burg beim Brauronion gef.) Περικλῆος | Κρισύλας ἐποίει.
Perser, s. Attalische Weihgeschenke, und **Miltiades**, auch Dreifufs beim Olympieion. (*Paus.* I, 18, 8.)
Perseus.
Paus. I, 23, 7. vor Erwähnung des Tempels der Artemis Brauronia: καὶ Μέδωνος Περαία τὸ ἐς Μέδουσαν ἔργον εἰργασμένον (θεασάμενος οἶδα).
Pferd, s. hölzernes Rofs.

Phaidros.
CIA. II, 331 (Dimitr. Katiph.). Erzbild auf der Agora.
Philippos von Makedonien (vgl. auch G: Odeion).
Liv. XXXI, 44, 4. Volksbeschlufs gegen Philipp V: ut statuae imaginesque omnes — — — tollerentur delerenturque; diesque festi, sacra, sacerdotes, quae ipsius majorumne ejus honoris causa instituta essent, omnia profanarentur. Vgl. *Dio Chrysost.* XXXVII, 41.
Phokion.
Plut. Phoc. 38. (Agora?).
Phormion.
Paus. I, 23, 10 (ἀνδριάντων — ὅσοι μετὰ τὸν [δούριον] ἵππον).. καὶ (τὰ ἐς) Φορμίωνα τὸν Ἀσωπίχου .. παρίημι.
Phrixos.
Paus. I, 24, 2 (zwischen den Bezirken der Artemis Brauronia und der Athena Ergane erwähnt) κεῖται δὲ καὶ Φρίξος ὁ Ἀθάμαντος ἐξενηνεγμένος ἐς Κόλχους ὑπὸ τοῦ κριοῦ. θύσας δὲ αὐτὸν ὅτῳ δὴ θεῷ .. τοὺς μηροὺς κατὰ νόμον ἐπιτεμὼν τὸν Ἑλλήνων ἐς αὐτοὺς καιομένους ὁρᾷ.
Plinius XXXIV, 80. Naucydes .. et immolante arietem censetur. Vgl. *CIA.* II, 1624 (Basis von der Burg). Ν[α]υκύδης Ἀργεῖος ἐποίησε.
Pindar.
Ps. Aeschin. ep. IV, 3. καὶ ἦν οὗτις (die Erzstatue des Pindar) καὶ εἰς ἡμᾶς ἔτι πρὸ τῆς βασιλείου στοᾶς καθήμενος ἐν ἐνδύματι καὶ λύρᾳ ὁ Πίνδαρος.
Paus. I, 8, 4. περὶ δὲ τὸν ναὸν (des Ares) ἱστᾶσιν ... ἀνδριάντες δὲ (Καλάδης ... καὶ) Πίνδαρος.
Platon.
Diog. Laert. III, 25. Statue von Silanion im Museion des Platon.
Prokne.
Paus. I, 24, 3. Πρόκνην δὲ τὰ ἐς τὸν παῖδα βεβουλευμένην αὐτήν τε καὶ τὸν Ἴτυν ἀνέθηκε Ἀλκαμένης.
Ptolemaios.
(Auf der Burg, Ptol. VIII, Soter.)
CIA. II, 464, 4. [στῆσαι δὲ] αὐτοῦ καὶ [εἰ]κόν[α] χαλκῆν ἐφ' ἵππου τὸν δῆμον

παρὰ τὸν νεὼ τὸν ἀρχαῖον τῆς Ἀθηνᾶς
τ[ῆς Πολιάδος].
(Im Odeion, s. G.)
Paus. I, 8, 6. τοῦ θεάτρου δὲ ὃ καλοῦσιν
Ὠιδεῖον ἀνδριάντες πρὸ τῆς ἐσόδου βασιλέων
εἰσὶν Αἰγυπτίων u. s. w.
(Im Ptolemaion.)
Paus. I, 17, 2. Erzstatue, s. Ptolemaion.
(G: Gymnasien.)
(Ptol., S. d. Juba).
C.I.A. III, 555 Basis „im gymnas. Ptolemaei" (Attalosstoa) gef.
Pyrrhos.
Paus. I, 11, 1. Ἀθηναίοις δὲ εἰκών ἐστι καὶ Πύρρου (im Odeion?).
Reiterstatuen.
Paus. I, 22, 4 (vor den Propyläen). τὰς μὲν οὖν εἰκόνας τῶν ἱππέων οὐκ ἔχω σαφῶς εἰπεῖν, εἴτε οἱ παῖδές εἰσιν οἱ Ξενοφῶντος εἴτε ἄλλως εἰς εὐπρέπειαν πεποιημέναι.
Jahrb. arch. 1889, S. 179 fg. (Die Plinthen und Reste der Weihinschriften sowie einer späteren Umschrift in der Südmauer der Burg sowie zwischen dem „Beule'schen Thor" und dem Agrippamonument gef.) οἱ ἱππῆς ἀπὸ τῶν πολεμίων, Ἱππαρχόντων Λακεδαιμονίῳ, Ξενοφῶντος, Προναπο. | Λέκιος ἐποίησεν Ἐλευθερεὺς Μύρονος.
Unbekannte Statuen beim Buleuterion der Technaiten (s. G.) Philostr. vit. Soph. II, 8, 2.
Diog. Laert. VII, 182: Unbek. Statue im Kerameikos, in der Nähe des Chrysippos.
Rind, s. Stier.
Rofs, s. hölzernes Rofs und Simon.
Satyr (des Praxiteles).
Paus. I, 20, 1. Vgl. E: Tripodenstrafse und oben: „Dreifüfse."
ὁ περιβόητος: Plinius XXXIV, 69
ὁ ἐπὶ τριπόδων σάτυρος. Athen. XIII, 591 B.
Satyros, s. Gorgippos.
Seleukos.
Paus. I, 16, 1. ἀνδριάντες δὲ χαλκοῖ κεῖνται .. ὀλίγον δὲ ἀπωτέρω (τῆς ποικίλης στοᾶς) Σέλευκος.
Silen, s. Marsyas.
Simon.

Xenoph. de re equ. I, 1. συνέγραψε μὲν οὖν καὶ Σίμων περὶ ἱππικῆς ὃς καὶ τὸν κατὰ τὸ Ἐλευσίνιον Ἀθήνησιν ἵππον χαλκοῦν ἀνέθηκε καὶ ἐν τῷ βάθρῳ τὰ ἑαυτοῦ ἔργα ἐξετύπωσεν. Vgl. Hierocl. Hippiatr. praef. p. 3, 21. Plinius XXXIV, 76
Sklave des Perikles (vgl. Athena Hygieia).
Plinius XXII, 44. verna carus Pericli Atheniensium principi, cum is in arce templum aedificaret repsissetque super altitudinem fastigii et inde cecidisset, hac herba (perdicio) dicitur sanatus ... hic est vernula, cuius effigies ex aere fusa est, [et] nobilis ille splanchnoptes.
XXXIV, 81. Styppax Cyprius uno celebratur signo splanchnopte Periclis Olympii vernula hic fuit, exta torrens ignemque oris pleni spiritu accendens.
Sokrates.
Diog. Laert. II, 43. Statue des S. von Lysippos im Pompeion.
Solon.
Paus. I, 16, 1. ἀνδριάντες δὲ χαλκοῖ κεῖνται πρὸ μὲν τῆς στοᾶς (der Poikile), Σόλων u. s. w.
Demosth. XXVI, 23. ὑμᾶς ... τὸν μὲν γράψαντα τοὺς νόμους Σόλωνα ἐψηφίσθαι χαλκοῦν ἐν ἀγορᾷ στῆσαι.
Aelian. var. hist. VIII, 16. ἀνέστησαν αὐτῷ (dem Solon) χαλκῆν εἰκόνα ἐν τῇ ἀγορᾷ.
Sophokles, s. Aischylos.
Spartokos.
C.I.A. II, 311, 40. [στῆσαι] δ' αὐτοῦ (d. Spartokos IV, König von Bosporos) καὶ εἰκόνα χαλκῆν ἐν τῇ [ἀγορᾷ] παρὰ τοὺς προγόνους καὶ ἱερέαν [ἐ]ν τῇ ἀκροπόλει.
Splanchnoptes, s. Sklave des Perikles.
Stier.
Paus. I, 24, 2. ἔστι δὲ καὶ ταῦρος (vor Erwähnung des Bezirks der Athena Ergane) ἀνάθημα τῆς βουλῆς τῆς ἐν Ἀρείῳ πάγῳ. ἐφ' ὅτῳ δὲ ἀνέθηκεν ἡ βουλή, πολλὰ δ' ἄν τις ἐθέλων εἰκάζοι.
Athen. IX, 396 D. Ἡνιόχος Πολυκλήτῳ „ὁ βοῦς ὁ χαλκοῦς ἢν ἂν ἰφθὸς δεκάπαλαι, | ὁ δ' ἴσως χλιαθηνὸν τίθεται τὴν χοῖρον λαβών."

Diogenian III, 67. βοῦς ἐν πόλει ἐπὶ τῶν θαυμαζομένων. Vgl. *Hesych.* u. *Prov. Bodl. et Vat.* βοῦς ἐν πόλει. *Lucilius Sat.* 339. *Athen. Mitth.* VII, S. 46. *Juhn-Michaelis* 24, 11.

Suffitor (vgl. auch Splanchnoptes).
Plinius XXXIV, 79. Lycius Myronis discipulus fuit, qui fecit dignum praeceptore puerum sufflantem languidos ignes et Argonautas ... Lycius et ipse puerum suffitorem.

Themistokles, s. Miltiades.
Plutarch. Them. 22, s. Artemis Aristobule.

Theseus (vgl. C).
Paus. I, 24, 1. τούτων πέραν (der Gruppe der Athena und des Marsyas auf der Burg) ἐστὶν ἡ λεγομένη Θησέως μάχη πρὸς τὸν ταῦρον τὸν Μίνω καλούμενον.
I, 27, 10. τὸν δὲ ἐν τῷ Μαραθῶνι ταῦρον ὕστερον Θησεὺς ἐς τὴν ἀκρόπολιν ἐλάσαι καὶ θῦσαι λέγεται τῇ θεῷ, καὶ τὸ ἀνάθημά ἐστι τοῦ δήμου τῶν Μαραθωνίων.
I, 27, 8 (Erzählung von den Waffen des Aigeus, die Theseus unter dem Stein findet). τούτου δὲ εἰκὼν ἐν ἀκροπόλει πεποίηται τοῦ λόγου, χαλκοῦ πάντα ὁμοίως πλὴν τῆς πέτρας (zwischen Erechtheion und Propyläen).

Thrasyllos, s. Dreifüfse.
Timotheos, s. Konon, Chabrias.
Tolmides.
Paus. I, 27, 5 (nach dem Erechtheion). ἐπὶ δὲ τοῦ δαφρου * καὶ ἀνδριάντες εἰσὶν * * ἐντὸς [Αἴνιος? μάντεως?] ὃς ἐμαντεύετο Τολμίδῃ, καὶ αὐτὸς Τολμίδης, ὃς Ἀθηναίων ναυσὶν ἡγούμενος u. s. w.

Tripoden, s. Dreifüfse.
Tropaia.

Paus. I, 15, 1. ἰοῦσι δὲ πρὸς τὴν στοὰν ἣν ποικίλην ὀνομάζουσιν . . ἔστιν Ἑρμῆς . ., καὶ πύλη πλησίον· ἔπεστι δέ οἱ τρόπαιον Ἀθηναίων ἱππομαχίᾳ κρατησάντων Πλείσταρχον.
Thucyd. IV, 12, 1 (den Schild des Brasidas) οἱ Ἀθηναῖοι . . ὕστερον πρὸς τὸ τροπαῖον ἐχρήσαντο, ὃ ἔστησαν τῆς προσβολῆς ταύτης (fur die Waffenthat bei Sphakteria).

Tyrannenmörder, s. C.
Viergespann (ehernes).
Paus. I, 28, 2. καὶ ἅρμα κεῖται χαλκοῦν ἀπὸ Βοιωτῶν δεκάτη καὶ Χαλκιδέων τῶν ἐν Εὐβοίᾳ.
Herodot V, 77. τέθριππον χάλκεον· τὸ δὲ ἀριστερᾶς χειρὸς ἕστηκε πρῶτον ἐσιόντι ἐς τὰ Προπύλαια τὰ ἐν τῇ ἀκροπόλει, ἐπιγέγραπται δέ οἱ τάδε· Ἔθνεα Βοιωτῶν καὶ Χαλκιδέων δαμάσαντες | Παῖδες Ἀθηναίων ἔργμασιν ἐν πολέμου δεσμῷ ἐν ἀχλυόεντι σιδηρέῳ ἔσβεσαν ὕβριν· | Τῶν ἵππους δεκάτην Παλλάδι τάσδ' ἔθεσαν. CIA. IV, 2, 334a und I, 334. Reste der alten und der erneuten Basis; (jene gleich nordöstl. bei den Propyläen gef.).

Wagen, s. Viergespann.
Widder.
Hesych. κριὸς ἀσελγόκερως· ἐν ἐν τῇ ἀκροπόλει πρὸς ἀνακείμενος μέγας χαλκοῦς u. s. w.
Photius κριῶν ἀσελγοκέρων· τὸν Ἀθήνησι χαλκοῦν, κυρίττοντα καὶ ὑβρίζοντα κέρασιν. Vgl. *Athen. Mitth.* VII, S. 46.

Widderopferer, s. Phrixos.
Xanthippos.
Paus. I, 25, 1; s. oben Perikles.

E. Demen (Quartiere), Plätze, Strafsen.

Älteste Stadt, s. A. Akropolis.
Thucyd. II, 15. τὸ δὲ πρὸ τούτου (vor dem Synoikismos des Theseus) ἡ ἀκρόπολις ἡ νῦν οὖσα πόλις ἦν καὶ τὸ ἐπ' αὐτὴν πρὸς νότον μάλιστα τετραμμένον. τεκμήριον δέ· τὰ γὰρ ἱερὰ ἐν αὐτῇ τῇ ἀκροπόλει [τὰ ἀρχαῖα τῆς τε Πολιάδος Ἀθηνᾶς] καὶ ἄλλων θεῶν ἐστι, καὶ τὰ ἔξω πρὸς τοῦτο τὸ μέρος τῆς πόλεως μᾶλλον ἵδρυται, τό τε τοῦ Διὸς τοῦ Ὀλυμπίου καὶ τὸ Πύθιον καὶ τὸ τῆς Γῆς

Curtius, Topographie.

E. Demen (Quartiere), Plätze, Strafsen. (Agora ἀρχαία — Agora im Kerameikos.)

καὶ τὸ ἐν Λίμναις Διονύσου — — ἵδρυται δὲ καὶ ἄλλα ἱερὰ ταύτῃ ἀρχαῖα. καὶ τῇ κρήνῃ τῇ νῦν μὲν τῶν τυράννων οὕτω σκευασάντων Ἐννεακρούνῳ καλουμένῃ, τὸ
5 δὲ πάλαι φανερῶν τῶν πηγῶν οὐσῶν Καλλιρρόῃ ὠνομασμένῃ, ἐκεῖνοί τε ἐγγὺς οὔσῃ τὰ πλεῖστον ἄξια ἐχρῶντο, καὶ νῦν ἔτι ἀπὸ τοῦ ἀρχαίου πρό τε γαμικῶν καὶ ἐς ἄλλα τῶν ἱερῶν νομίζεται τῷ ὕδατι χρῆσθαι.
10 καλεῖται δὲ διὰ τὴν παλαιὰν ταύτῃ κατοίκησιν καὶ ἡ ἀκρόπολις μέχρι τοῦδε ἔτι ὑπ᾿ Ἀθηναίων πόλις. Vgl. die „Stadt des Theseus" in der Inschrift des Hadriansthores (F.).
15 **Agora ἀρχαία.**

Harpocr. Πάνδημος Ἀφροδίτη· Ἀπολλόδωρος ἐν τῷ περὶ θεῶν Πάνδημόν φησι Ἀθήνησι κληθῆναι τὴν ἀφιδρυθεῖσαν περὶ τὴν ἀρχαίαν ἀγορὰν διὰ τὸ ἐνταῦθα
20 πάντα τὸν δῆμον συνάγεσθαι τὸ παλαιὸν ἐν ταῖς ἐκκλησίαις, ἃς ἐκάλουν ἀγοράς.

Agora im Kerameikos.
(Κεραμεικός als Demos s. unten.)

Paus. I. 2, 4. στοαὶ δέ εἰσιν ἀπὸ τῶν
25 πυλῶν ἐς τὸν Κεραμεικόν.

I. 3, 1. τὸ δὲ χωρίον ὁ Κεραμεικὸς τὸ μὲν ὄνομα ἔχει ἀπὸ ἥρωος Κεράμου — — πρώτη δέ ἐστιν ἐν δεξιᾷ καλουμένη στοὰ βασίλειος (s. G).
30 I. 14, 6. ὑπὲρ δὲ τὸν Κεραμεικὸν καὶ στοὰν τὴν καλουμένην βασίλειον ναός ἐστιν Ἡφαίστου (s. B).

I. 17, 1. Ἀθηναίοις δὲ ἐν τῇ ἀγορᾷ καὶ ἄλλα ἐστὶν οὐκ ἐς ἅπαντας ἐπίσημα
35 καὶ Ἐλέου βωμός (s. B).

I. 20, 6. Sulla: τοὺς ἐναντιωθέντας Ἀθηναίων καθείρξας ἐς τὸν Κεραμεικὸν τὸν λαχόντα σφῶν ἐκ δεκάδος ἑκάστης ἐκέλευσεν ἄγεσθαι τὴν ἐπὶ θανάτῳ.
40 Vgl. *Demosthen.* LIV, 7. περιπατοῦντος, ὥσπερ εἰώθειν, ἐν ἀγορᾷ μου. Vgl. unten Leokorion.

Philostr. Vit. soph. II, 8, 2. ἐλαίδιζε δείλης ἐν Κεραμεικῷ.
45 *Lucian. Jup. trag.* 15. ἀνέλθων ἐς τὸ ἄστυ, ὡς περιπατήσαιμι τὸ δείλινον ἐν Κεραμεικῷ.

Athen. V, 212 E. πλήρης δ᾿ ἦν ὁ Κεραμεικὸς ἀστῶν καὶ ξένων καὶ αὐτόκλητος εἰς τὴν ἐκκλησίαν τῶν ὄχλων συνδρομή 50 u. s. w., vgl. Stoa d. Attalos (s. G).

Athen. XII, 533 D. Θεμιστοκλῆς — — τέθραπται — — διὰ τοῦ Κεραμεικοῦ πλησιόντος ἰωθινὸς ἕλκειν.

Vit. X or. 852 D (Aufstellung der Bild- 55 säule des Lykurg; vgl. D): ἐν ἀγορᾷ. 843 C. ἐν Κεραμεικῷ.

Arrian Anabas. III, 16, 8. καὶ νῦν κεῖνται Ἀθήνῃσιν ἐν Κεραμεικῷ αἱ εἰκόνες (d. Harmod. und Aristogeit.; s. C), ᾗ ἄνιμεν ἐς 60 τὴν πόλιν, καταντικρὺ μάλιστα τοῦ Μητρῴου (s. B).

Schol. Arist. Ran. 402. εἰς Ἐλευσῖνα ὀδεύουσιν ἀπὸ τοῦ Κεραμεικοῦ προπέμποντες τὸν Διόνυσον. 65

Vgl. *Hesych.* δι᾿ ἀγορᾶς· διὰ τὸ τοὺς μύστας βακχάζειν τὸν Ἴακχον δι᾿ ἀγορῶν βαδίζοντας. Vgl. *Phot. Suid.* πέμπειν.

Plut. Sull. 14. ὁ περὶ τὴν ἀγορὰν φόνος ἐπέσχε πάντα τὸν ἐντὸς τοῦ Διπύλου 70 Κεραμεικόν. (Vgl. auch *CIA.* II. 163: unten: innerer Kerameikos.)

(Baumpfanzungen) vgl. oben A: Pappeln, Platanen.

(Tempel, heilige Bezirke, Altäre, 75 Götterbilder an und auf der Agora.)
Vgl. oben B: Zwölf Götter, Apollo Patroos (?), Ares, Eleos, Erinyen, Göttermutter (Μητρῷον), Pherephatte, Zeus Eleutherios; C: Aiakos, Amphiaraos, Eirene, Eponymoi, Eud- 80 anemoi, Herakles, Hermes ἀγοραῖος, Hermen, Theseus, Tyrannenmörder.

(Ehrenstatuen, Weihgeschenke.)
Vergl oben D: Adeimantos, Audoleon, Brutus, Cassius, Chabrias, Chrysippos, De- 85 mades, Demosthenes, Diphilos, Euagoras, Hadrian, Kallias, Konon, Lykurgos, Pindar, Seleukos, Solon, Timotheos u. A.

(Thore.)

Vgl. F: Triumphalthor (mit Tropaion über 90 Pleistarchos), Thor der Athena Archegetis.

(Öffentliche Bauten, Verwaltungsgebäude.)

Vgl. unten G: Agoranomion, Archeia, Buleuterion, Heliaia, Metroon, Poleterion?, Pry- 95 tanikon, Stoen (Alphitopolis? St. des Attalos,

St. Basileios, St. Eleutherios, St. Ἑρμῶν, Μακρᾱ Στ., Stoa Poikile), Strategion, Thesmothesion, Tholos (Skias).

Agora-Bezirke und Plätze.

5 ἀγοραί, s. Verkaufslokale.
Bema der römischen Feldherren, s. G: Stoa des Attalos,
Dekeleer-Platz, s. oben B: Hermen.
Eretria, s. unten besonders.
10 Ἴκρια, Gerüste, s. Tribünen.
Κέρυκος λίθος. *Plut. Solon.* 8; vgl. πρατῆρι λίθος: *Pollux* III, 78. 126.
Κύκλοι, s. Verkaufslokale.
Leokorion.
15 *Thucyd.* I, 20. τῷ Ἱππάρχῳ περιτυχόντες (die Tyrannenmörder) περὶ τὸ Λεωκόριον καλούμενον τὴν Παναθηναϊκὴν πομπὴν διακοσμοῦντι.
VI, 57. ὥρμησαν εἴσω τῶν πυλῶν καὶ
20 περιέτυχον τῷ Ἱππάρχῳ παρὰ τὸ Λεωκόριον καλούμενον.
Demosth. LIV, 7 fg. Περιπατοῦντος . . . ἑσπέρας ἐν ἀγορᾷ μου . . παρέρχεται Κτησίας — μεθύων, κατὰ τὸ Λεωκόριον, ἐγγὺς
25 τῶν Πυθοδώρου [vgl. Στειναί und H: Pythodoros]. κατιδὼν δ' ἡμᾶς — — παρῆλθε πρὸς Μελίτην ἄνω· ἔπινον γὰρ ἐνταῦθα — — παρὰ Παμφίλῳ τῷ κναφεῖ Κόνων οὑτοσί u. s. w., οὓς ἐξαναστήσας ὁ Κτησίας
30 ἐπορεύετο εἰς τὴν ἀγοράν, καὶ ἡμῖν συμβαίνει ἀναστρέφουσιν ἀπὸ τοῦ Φερρεφαττίου καὶ περιπατοῦσι πάλιν κατ' αὐτό πως τὸ Λεωκόριον εἶναι καὶ τούτοις περιεγχάνομεν.
35 *Schol.* ἱερεῖον, μνημεῖον τῶν Λεωκόρων ἐν μέσῳ τῷ Κεραμεικῷ — Λεώς γάρ, ὁ Ὀρφεως, υἱὸν μὲν ἔσχε Κύλανθον, θυγατέρας δὲ τρεῖς, Φασιθέαν, Θεόπην, Εὐβούλην· οἵ ὑπὲρ τῆς χώρας σφαγιασθεῖσαι ἔτι παρ-
40 θένοις, ἀπαλλαγέντες τε τοῦ λιμοῦ, ἐτίμησαν Ἀθηναῖοι τῷ ἱερῷ.
Demosth. LX, 29. ἐμεμνέσαν Λεωντίδαι μυθολογουμένας τὰς Λεὼ κόρας, ὡς αὐταῖς ἔδοσαν σφάγιον τοῖς πολίταις ὑπὲρ τῆς
45 χώρας. Vgl. *Cic. de nat. deor.* III, 16 u. 19. *Aelian Var. hist.* XII, 28. *Aristid. Panath.* I, 119.

Harpocrat. Λεωκόριον· τὸ δὲ Λεωκόριον εἶναί φησι Φανόδημος ἐν δ' Ἀτθίδος ἐν μέσῳ τῷ Κεραμεικῷ. Vgl. *Phot. Suid.* 50 *Hesych.* u. d. W.
Theophylact. Ep. 12. ἐπὶ τὸ Λεωκόριον τὰς διατριβὰς ἡ αὐλητρὶς Χρυσογόνη πεποίηται.
Alciphr. III, 5, 1. ἐπὶ Ἀερόντιον ἡμῖν τὴν 55 ἑταίραν ἄγων· — μένει — μικρὸν ἄπωθεν τοῦ Λεωκορίου.
Strab. IX, 396. ἐκεῖνο Λεωκόριον, τοῦτο Θησεῖον· οὐ δύναμαι δηλῶσαι καθ' ἓν ἕκαστον . . . . καὶ ἔτι τὸ Λεωκόριον καὶ τὸ 60 Θησεῖον μέθοδες ἔχει.
Apostol. X, 53. Sprichwort: Λεωκόριον οἰκεῖς· ἐπὶ τῶν λιμωττόντων.
Orchestra.
Phot. lex. Ὀρχήστρα· πρῶτον ἐκλήθη, 65 ἐν τῇ ἀγορᾷ εἶτα καὶ τοῦ θεάτρου τὸ ἡμικύκλιον.
Timaeus Lex. Ὀρχήστρα· τὸ τοῦ θεάτρου μέσον χωρίον, καὶ τόπος ἐπιφανὴς εἰς πανήγυριν, ἔνθα Ἁρμοδίου καὶ Ἀριστογεί- 70 τονος εἰκόνες.
Vergl. *Plato Apol.* 26 D. (Büchermarkt.) *Andocid.* I, 38 (G: Odeion).
Ὀστρακισμοῦ τόπος, vgl. Περιαχοίνισμα.
Plut. Aristid. 7. ὄστρακον λαβὼν ἕκαστος 75 . . ἔφερεν εἰς ἕνα τόπον τῆς ἀγορᾶς περιπεφραγμένον κύκλῳ δρυφάκτοις.
Schol. Aristoph. Equ. 855. ἐφράσσετο σανίσιν ἡ ἀγορὰ καὶ κατελίποντο εἴσοδοι δέκα. 80
Pollux VIII, 20. περιχοινίσαντες δέ τι μέρος τῆς ἀγορᾶς u. s. w.
Perischoinisma (vgl. das Vorige).
Vit. X or. 874 A. Die Statue des Demosthenes πλησίον τοῦ περιχοινίσματος καὶ 85 τοῦ βωμοῦ τῶν δώδεκα θεῶν.
Alciphr. II, 3, 11. ποῖον περιχοίνισμα; vgl. *Etym. M.* p. 349, 15.
Über den Gebrauch von περιχοινίζειν s. *Wachsmuth, Athen* I, S. 167, Anm. 4; in der 90 Stoa Basileios: *Demosthen.* XXV, 23; vom heliastischen Dikasterion: *Pollux* VIII, 123, vgl. 141.
Πρατὴρ λίθος, s. oben Κήρυκος λίθος.
Σχιναί (vgl. Verkaufslokale). 95

e*

Demosth. LIV, 7. κατὰ τὸ Διοπόριον ἐγγὺς τῶν Πυθοδώρου, vgl. XVIII, 169.
Harpocr. σκηνίτης· Ἰσοκράτης Τραπεζιτικῷ (XVII, 33). *Πυθόδωρον* γάρ τον σκηνίτην καλούμενον .... μήποτε δ᾽ ώς ἀγοραῖον καλούμενον, ἐπειδὴ ἐν σκηναῖς ἐπιπράσκετο πολλὰ τῶν ὠνίων. Vgl. *Harpocr.* γέρρα.
Schwurstein der Archonten.
Pollux VIII, 86, s. G. Stoa Basileios.
Vgl. *Plut. Solon* 25. *Harpocr. (Phot. Suid.)*
λίθος.
Tribünen (ἴκρια), vgl. Bema.
Phot. ἴκρια (*Eustath. ad Odyss.* γ 350; S. 1472, 4). ἴκρια τὰ ἐν τῇ ἀγορᾷ, ἀφ᾽ ὧν ἐθεῶντο τοὺς Διονυσιακοὺς ἀγῶνας πρὶν ἢ κατασκευασθῆναι τὸ ἐν Διονύσου θέατρον.
Pollux VII, 125. ἰκριοποιοί δ᾽ εἰσὶν οἱ πηγνύντες τὰ περὶ τὴν ἀγορὰν ἴκρια (vgl. B: Hermen auf dem Markte, aber auch G: Theater und die ἴκρια im Neleion: Ἐφημ. ἀρχ. 1884, S. 162, Z. 27. 28).
Verkaufslokale (κύκλοι vgl. σκηναί): meist innerhalb oder in der Nähe des Marktes.
Vgl. im Allgemeinen *Hesych. Harpocr. Suid.*
κύκλοι. *Pollux* VII, 11, 78. IX, 47. X, 18. 82. *Schol. Aristoph. Equ.* 137. *Lysias* XXIV, 26. XXXIII, 6.
Ἀλφιτόπωλις, s. G. Stoa A.
τὰ ἀνδράποδα. *Pollux* VII, 11 X, 19. (ἀγορὰ) Ἀργείων, *Hesych.* s. v. Bekker, *anecd.* I, 212, Z. 23.
τὰ ἀρώματα. *Pollux* IX, 47.
τὰ γέλγη. *Pollux* IX, 47.
(ἀγ.) γυναικεία. *Pollux* X, 18.
Theophrast. Charact. 2, 22.
τὸ ἔλαιον. *Pollux* IX, 47. *Schol. ad Hom. Od.* θ. 260.
Ἐρετρία s. unten besonders.
τὰ ἔρια μαλακά. *Stob. Serm.* V, 67.
οἱ θέρμοι. *Stob. Serm.* V, 67
(ἀγ.) ἱματιόπωλις. *Pollux* VII, 78.
οἱ ἵπποι. *Theophr. Charact.* 23.
αἱ ἰσχάδες. *Stob. Serm.* V, 67.
(ἀγ.) ἰχθυόπωλις = οἱ ἰχθύες. (vgl. εἰς τοὔψον) *Vit. X or.* 849 D. *Aristoph. Kan.* 1068. *Vesp.* 789. *Schol. Aristoph. Equ.*

137. *Strab.* XIV, 658. *Plut. Symp.* IV, 4, 2. *Athen.* VII, 287 E. VIII, 342 C.
τὰ κάρυα, *Theophr. Charact.* 11.
τὰ κινίβρεια (vergl. A: Barathron). *Erotian* s. v.
κεραμεῖα. *Hesych.* s. v., vgl. *Athen.* IV, 164 F.
(ἀγ.) Κερκώπων, *Hesych.* s. v. *Eustath. ad Odyss.* β. 7 (vgl. π. 552). τόπος πλησίον Ἡλαίας, ἕνθα τὰ κλοπιμαῖα ἐπωλοῦντο. *Diog. Laert.* IX, 12, 6.
τὰ κρόμμυα. *Pollux* IX, 47. *Schol. ad Odyss.* θ 260. *Schol. Aristoph. Ran.* 1068.
τὰ πυρέβια. *Aristoph. Equ.* 254.
τὰ λάχανα. *Aristoph. Lysistr.* 557. *Athen.* VIII, 338 E.
ὁ λιβανωτός. *Pollux* IX, 47.
οἱ λύχνοι. *Aristoph. Nub.* 1065.
(ἀγ.) Μηδοντειδῶν? s. unten.
αἱ μεμβράδες. *Athen.* VI, 241 B. VII, 287 E.
τὰ μιμνόνια (μισκόνια). *Pollux* IX, 48.
τὰ μύρα. *Pollux* X, 19. *Schol. ad Odyss.* θ 260. *Aristoph. Equ.* 1375.
αἱ μυρρίναι. *Aristoph. Thesm.* 448.
τὰ μύρτα. *Theophr. Charact.* 11.
τὸ νίτρον. *Hesych.* τὰ κτο(ῦ) νιτ(ρ)ου.
ὁ οἶνος. *Pollux* IX, 47.
οἰσύια? s. A. Baumpflanzungen (Weiden).
τοὔψον. *Pollux* IX, 47. X, 19. *Aeschin.* I, 65.
οἱ ὄρνιθες. *Demosth.* XIX, 214. *Aristoph. Av.* 13.
τὰ σίσαμα. *Moeris lex.* s. v.
ὁ σίδηρος. *Xenoph. Hell.* III, 3, 7.
τὰ σκόροδα. *Pollux* IX, 47. *Aristoph. Ran.* 1068.
σπειρόπωλις. *Pollux* VII, 78.
αἱ τράπεζαι.
Plato Apol. p. 17 C. *Hipp. min.* p. 368 B. *Theophr. Charact.* 5. 9. 21. *Theodoret. Affect. curat.* XII, p. 175, 12 fg. (vergl. Hermen.) *Plutarch. de vitioso pud.* 10.
χαλκᾶ.
Bekker Anecd. gr. I, S. 316, 23. χαλκᾶ· ὄνομα τόπου, ὅπου ὁ χαλκὸς [πιπράσκεται,] πιπράσκεται δὲ ὅπου τὸ Ἡφαιστεῖον.

χλωρός τυρός. Pollux X, 19.
Lysias XXIII, 6. ακριβέσται αν ίφασαν
μη πυθέσθαι έλθόντα εις τον χλωρόν
τυρόν τη ένη και νέα ταύτη γαρ τη
ήμερα του μηνός έκαστοι έκεισε συλλέγε-
σθαι τους Πλαταιάς.
αἱ χύτραι. Pollux IX, 47. Arist. Lys.
557.
Werkstätten u. s. w.
Vgl. z. B. Lysias XXIV, 20. έκαστος γαρ
υμών είθισται προσφοιτάν ο μεν προς
μυροπωλείον, ο δε προς κουρείον, ο
δε προς σκυτοτομείον. — και πλείσται
ώς τους εγγυτάτω της αγοράς κατεσκευα-
σμένοι (s auch B: Hermen).

Agrai.
Paus. I, 19, 6. διαβάσι δε τον Είλισσόν
χωρίον Άγραι καλούμενον και ναός Άγρο-
τέρας έστιν Άρτέμιδος, vgl. Stadion (G),
Artemis Agrotera (B) ebenda Hekate in Agr.
Eustath. ad Il. B. S. 361, 36. αγροτέρα
Άρτεμις ... ή και Αγραία παρά Πλάτωνι
κατά Παυσανίαν από χώρας προς τω
Ίλισσω ώ πλησίν Άγραι και Άγρα, ού τα
μικρά της Δήμητρος ήγετο, φησί, μυστήρια,
α ολίγετο τα εν Άγραις. (Vgl. B: Demeter
in Agrai).
Steph. Byz. Άγρα και Άγραι χωρίον
... έστι δε της Αττικής προ της πόλεως.
Vgl. Suid. Hesych. Άγραι· χωρίον έξω της
πόλεως. Polyaen. V, 17, 1.
Bekker Anecd. gr. I, S. 273, 20 Κρόνιον
τέμενος το παρά το νύν Όλύμπιον μέχρι
του μητρώου του εν αγορά (vielmehr Άγρα.
Wachsm. Rh. M. XXIII, S. 17). Vergl. B:
Metroon.
Bekker, Anecd. gr. I, S. 326, 24 fg. (Vgl.
A: Helikon und B: Eileithyia in Agr.)
Bekker, Anecd. gr. I, S. 334, 12. ονομά-
σθηναι δε αυτό (το χωρίον Άγραι) .. από
της Άρτέμιδος, πρότερον Ελικώνα καλού-
μενον.
Plat. Phaedr. 229 B. Der Altar des Bo-
reas (s. B.) 2 bis 3 Stadien unterhalb der
Platane, ή προς το της Άγρας διαβαίνομεν.

Strab. IX, 400 (vgl. A: Ilissos) ο Ίλισσος,
εκ των υπέρ της Άγρας και του Λυκείου
(G) μερών.
CIA. III, 1147; Col. III, Z. 49. τον προς
Άγρας δρόμον (der Ephebea).
Agryle.
Harpocr. Άγρυλετός (s. A.) προς τω
δήμω των υπένερθεν Άγρυλέων. CIA. III,
61 A. Col. II, Z. 21. χωρ. Αγκυλήσι και
Αγρυλήσι προς τω Υμηττώ. — Vgl. F.
Lenades πύλαι und G. Stadion.
Akademie, s. G. Gymnasien.
Amazoneion, s. C. Amazonen.
Ankyle.
Aliphron III, 43. λουσάμενοι εις το εν
Σιρηγγίω βαλανείον αμφί λύχνων ώραν
δρόμον αφέντες εις το προάστειον το
Αγκυλής το Χαρικλέος του μειρακίσκου
ωχόμεθα.
Harpocrat. τρικέφαλος ο Έρμης.
Ίσαίος εν τω προς Εύκλείδην „μικρόν δ'
άνω του τρικεφάλου παρά την Εστίαν
οδόν", το πλήρες έστι του τρικεφάλου
Ερμού· τούτον δε φησι Φιλόχορος εν γ΄
Εύκλείδην αναθείναι Αγκύλησιν. Vgl. B.
Hermen. CIA. III, 61 (wie Agryle).
Bündnisstätte (vgl. Horkomosion).
Paus. I, 18, 4. του δε ιερού του Σαρά-
πιδος ου πόρρω χωρίον έστιν, ένθα Πειρί-
θοον και Θησέα συνθεμένους ες Λακεδαί-
μονα και ύστερον ες Θεσπρωτούς στάλήναι
λέγουσι.
Bukoleion.
Bekker Anecd. gr. I, S. 499, 19. ο μεν
βασιλεύς καθίστατο παρά τω καλουμένω
Βουκολίω· το δ' εν πλησίον του Πρυτανείου.
Pollux VIII, 111. (οι φυλοβασιλείς) συν-
εδριάζοντες εν τω Βασιλείω τω παρά το
Βουκολείον.
Busygion.
Plut. praec. conj. 42. τρίτον (άροτρον
ιερόν) επί πόλιν τον καλούμενον Βουζύγιον.
Dekeleer-Versammlungsort, s. B. Hermen.
Diomeia, vgl. C: Herakles, F: Diom.
Thor und G: Kynosarges.
Plut. de exil. 6 (vgl. Kollytos): άρα ουκ
ξένοι και απόλιδές είσιν Άθηναίων οι
μετιστάντες εκ Μελίτης εις Διόμειαν; u. s. w.

E. Demen (Quartiere), Plätze, Strafsen. (Δρόμοι — Kerameikos.)

Schol. Arist. Ran. 651. τῶν Διομείοις] δῆμος τῆς Αἰγηίδος φυλῆς ἀπὸ Διόμου ἱδρυμένου τοῦ Ἡρακλέους· ἔστι δὲ Ἡράκλειον αὐτόθι.

Harpocr. ἐν Διομείοις Ἡράκλειον· Ὑπερείδης κατὰ Κόνωνος· τῆς ἐν Διομείοις ἀγομένης ἑορτῆς τῷ Ἡρακλεῖ μνημονεύουσι καὶ οἱ κωμικοί. *Suid.* Κυνόσαργες.

Steph. Byz. Κυνόσαργες· γυμνάσιον ἐν τῇ Ἀττικῇ ... ἀπὸ Διόμου, ἀφ᾿ οὗ ὁ χῶρος Ἀθήνησι Διόμεια καλεῖται. *Athen.* XIV, 614 D. ἐν τῷ Διομείων Ἡρακλείῳ.

Diomos Sohn des Kollytos: *Herodian καθολ.* προσῳδ. S. 421, 14 (Lentz). *Steph. Byz.* Διόμεια. *Hesych.* Διομεῖς.

Δρόμοι, s. Wege.

Eretria.
Strab. X, S. 447. ἀπὸ τῆς Ἀθήνησιν Ἐρετρίας, ἣ νῦν ἐστιν ἀγορά. Vgl. X, S. 445. *Eustath. Il.* B. 537.

Hadrians-Stadt, s. unten Novae Athenae.
F: Bogen des Hadrian, G: Aquaeduct des Hadrian.

Ἱερὰ συκῆ, s. A: Feigenbaum.
Ἵππον καὶ κόρη (παῤ ἵππον καὶ κόρην). *Aeschin. c. Timarch.* 182: die Tochter des Hippomenes mit einem Pferd in eine ἔρημος οἰκία vermauert. καὶ ἔτι καὶ νῦν τῆς οἰκίας ταύτης ἕστηκε τὰ οἰκόπεδα ἐν τῷ ἡμετέρῳ ἄστει καὶ ὁ τόπος οὗτος καλεῖται παρ᾿ ἵππον καὶ κόρην. Vgl. *Heraclid. Pont.* 1. *Suid.* Ἱππομένης und παῤ ἵππον.

Horkomosion (vgl. Bündnifsstätte).
Plut. Thes. 27. (Als μαρτύριον des Friedensschlusses mit den Amazonen): ἥ τε τοῦ τόπου κλῆσις τοῦ παρὰ τὸ Θησεῖον, ὅπερ Ὁρκωμόσιον καλοῦσιν.

Keiriadai.
Bekker, Anecd. gr. I, S. 219, 10. S. A: Barathron.

Kerameikos als Demos.
(Äufserer und Innerer K.); vgl. unten Trittys der Kerameer.

Harpocrat. Κεραμεικός .. Ἀντιφῶν ἐν τῷ πρὸς Νικοκλέα περὶ ὅρων ὅτι δύο εἰσὶ Κεραμεικοί ... ὁ μὲν ἔνδον τῆς πόλεως, ὁ δὲ ἕτερος ἔξω. Derselbe Κεραμεὶς· δῆμός ἐστι τῆς Ἀκαμαντίδος Κεραμεὶς, ὡς φησι Διόδωρος. *Schol. Aristoph. Equit.* 772 (= *Suid.* Κεραμεικοί). δύο δὲ Κεραμεικοὶ Ἀθήνησιν. (Äufserer Kerameikos; vgl. unten J. a. Anf.: Gräber im Kerameikos.)

Aristoph. Av. 395. ὁ Κεραμεικός δέξεται νώ. *Schol.* (= *Suid.* Κεραμεικός)... Μενεκλῆς καὶ Καλλικράτης ἐν τοῖς περὶ Ἀθηνῶν συγγράμμασί φασιν οὕτω· „καλεῖται δὲ καὶ ὁ τόπος οὗτος ἅπας Κεραμεικός· ἔστι γὰρ ὁ αὐτὸς δῆμος".

Thucyd. VI, 57. Ἱππίας (τοῖς Παναθηναίοις) ἔξω ἐν τῷ Κεραμεικῷ καλουμένῳ — διεκόσμει (τὴν πομπήν).

Plato Parmenid. 127 B. Καταλύειν δ᾿ αὐτοὺς ἔφη παρὰ τῷ Πυθοδώρῳ ἐκτὸς τείχους ἐν Κεραμεικῷ. *Schol.* τόπος Ἀθήνησιν, ἔνθα καὶ οἱ πόρνοι προεστήκεισαν vgl. *Hesych.* Κεραμεικός. *Bekker anecd.* I, 275, 20. *Schol. Aristoph. Equit.* 772.

Alciphr. III, 25, 3. ἐπὶ Σκίρου καὶ Κεραμεικοῦ (vgl. 48, 2 und unten Skiros).

Schol. Aristoph. Ran. 131 (= *Etym. M.* Κεραμεικός). Κεραμεικός τόπος Ἀθήνησιν ὅπου συνετέλουν οἱ Ἀθηναῖοι κατ᾿ ἐνιαυτὸν λαμπαδοῦχον ἀγῶνα (vgl. *Suid.* Κεραμεικός).

Hesych. ἐπ᾿ Εὐεργύῃ ἀγών. Μελησαγόρας τὸν Ἀνδρόγεων Εὐεργύην εἰρῆσθαί φησι τὸν Μίνωος, ἐφ᾿ ᾧ τὸν ἀγῶνα τίθεσθαι ἐπιτάφιον Ἀθήνησιν ἐν τῷ Κεραμεικῷ.

Hesych. Ἀκαδημία — — γυμνάσιον Ἀθήνησι .. καὶ τόπος. καλεῖται γὰρ οὕτως ὁ Κεραμεικός.

Steph. Byz. Ἐκαδήμεια. — — Ἀθήνησι τόπος, ὁ Κεραμεικός.

(Thorgegend; innerer Kerameikos.)
Kerameikosthor, vgl. F, m.
Grenzstein am Thor.
CIA. II, 1101. Hymett. Stele in situ an der Aufsenmauer, westlich vom Dipylon: beiderseitige Inschrift, die Buchstaben vertikal herablaufend (2. Jahrh. v. Chr.): ὅρος Κεραμεικοῦ. Vgl. II, 1664. Altar, s. (B.) Zeus Herkeios, Hermes; (C.) Akamas.

Isaeus VI, 20. — — τῆς ἐν Κεραμεικῷ

συνοικίας τῆς παρά τήν πυλίδα, ου ο οίνος ώνιος.
CIA. II, 163, Z. 24 fg. νεμόντων τά κρέα τῷ δήμῳ τῷ Ἀθηναίων ἐν [Κεραμεικῷ]ι?
Plut. Demetr. 12. ὁ πέπλος ... πεμπόμενος διὰ τοῦ Κεραμεικοῦ μέσος ἱρυάγη, Philostr. Vit. soph. II, 1, 5. ἐκ Κεραμεικοῦ δ' άραιαιν χιλία κώπῃ (das Panathenäenschiff) ἀεὶ εἶναι ἐπὶ τὸ Ἐλευσίνιον u. s. w.
Schol. Aristoph. Equit. 266 (= Suid. πέπλος*) vom Panathenäenschiff: τῆς καὶ τὴν πομπὴν ἀπὸ (διὰ Suid.) τοῦ Κεραμεικοῦ ποιοῦσι (ἐποίουν Suid.) μέχρι τοῦ Ἐλευσινίου.
Plut. Sulla 14. ὁ περὶ τὴν ἀγορὰν φόνος ἐπέσχε πάντα τὸν ἐντὸς τοῦ Διπύλου Κεραμεικόν. (Vgl. auch G: Theater des Agrippa.) (Kerameikos als Marktgegend, s. oben Agora.)

20 **Kerykes.** CIA. IV, 1, 555b (Südabhang der Burg). ὅρος χωρί[ο]υ Κηρύκων. (?)
Koile (vgl. F: Melit. Thor; J. e: Gräber vor d. melitischen Thor).
Herodot VI, 103 (Grab des Kimon). πρὸ τοῦ ἄστεος πέρην τῆς διὰ Κοίλης καλεομένης ὁδοῦ.
Marcellin. Vit. Thuc. 17. 55. χωρίον τῆς Ἀττικῆς, — πρὸς ταῖς Μελιτίσι πύλαις· — — πλησίον τῶν Μελιτίδων πυλῶν.
Vergl. Biogr. Anonym. Thuc. § 1. περὶ Κοίλην, § 10. πλησίον τῶν Μελιτίδων πυλῶν ἐν χωρίῳ τῆς Ἀττικῆς, ὃ καλεῖται Κοίλη.
Kollytos (vgl. Diomeia).
Strab. I, S. 65 (Eratosthenes). μὴ ὄντων γὰρ ἀκριβῶν ὅρων (zwischen den Erdtheilen) καθάπερ Κολλυτοῦ καὶ Μελίτης, οἶον στηλῶν ἢ περιβόλων, τοῦτο μὲν ἔχειν φάναι ἡμᾶς, ὅτι τουτὶ μέν ἐστι Κολλυτός τουτὶ δὲ Μελίτη, τοὺς ὅρους δὲ μὴ ἔχειν εἰπεῖν.
I, 66. ἔτι δὲ παχυμερέστερον τὸ — — παραδεῖναι τὸν Κολλυτὸν καὶ τὴν Μελίτην, εἰ εἰς τἀναντία περιτρέπεσθαι.
Demosth. XVIII, 180 (von Aeschines) ὃν ἐν Κολλυτῷ ποτε Οἰνόμαον ἐπικακῶς ἐπέτριψας (vgl. 242 ἀρουραῖος Οἰνόμαος).
Aeschin. I, 157. ἐν τοῖς κατ' ἀγροὺς Διονυσίοις κωμωδῶν ὄντων ἐν Κολλυτῷ.

Aeschin. epist. 5, 6. Κολλυτοῦ, ἐν ᾧ πέντε καὶ τεσσαράκοντα ἔτη ᾤκησα.
Plut. de exil. 6 (601 C). τὸ δέ σε μὴ κατοικεῖν Σάρδεις οὐδέν ἐστιν· οὐδὲ γὰρ Ἀθηναῖοι πάντες κατοικοῦσι Κολλυτὸν οὐδὲ Κορίνθιοι Κράνειον οὐδὲ Πιτάνην Λάκωνες. ἆρα οὖν ξένοι καὶ ἀπόλιδές εἰσιν Ἀθηναίων οἱ μεταστάντες ἐκ Μελίτης εἰς Διόμεια;
Plutarch Demosth. 11. ἐν Κολλυτῷ μοιχεύουσα ἑλίσφη.
Vgl. Alciphr. I, 39, 8. τοῖς Ἀδωνίοις δὲ ἐν Κολλυτῷ ἑστιώμεθα παρὰ τῇ Θετταλῇ ἐραστῇ.
(Himer.) Phot. Bibl. 375 b, 6 fg. στενωπός τις ἦν Κολλυτὸς οὕτω καλούμενος ἐν τῷ μεσαιτάτῳ τῆς πόλεως. δῆμον μὲν ἔχων ἐπώνυμον, ἀγορᾶς δὲ χρείᾳ τιμώμενος.
§ 9. κατὰ δὲ κλέος τὸ πάλαι ἔρχεται καὶ οὗτος (Ampelius) ἐπὶ τὸν τόπον (Κολλυτὸν) ὑπὸ τῆς φήμης δημαγωγούμενος· ἰδὼν δὲ τὴν μὲν φύσιν ἐγαίασθη τοῦ τόπου, τῇ κατασκευῇ δὲ ἠσχύνθη πλέον ὑπὲρ τῆς πόλεως.
Tertullian de anima 20. penes Collytum pueri mense citius eloquuntur praecoce lingua.
Vgl. auch Diog. Laert. III, 3. Philostrat. vit. Soph. II, 5, 9.

Kolonos.
(Kolonos ἀγοραῖος.)
Pollux VII, 132 f. δύο ὄντων Κολωνῶν ὁ μὲν ἵππιος ἐκαλεῖτο ... ὁ δ' ἦν ἐν ἀγορᾷ παρὰ τὸ Εὐρυσάκειον, οὗ συνῄεσαν οἱ μισθαρνοῦντες· ὅθεν καὶ τοῦτ' ἔστιν εἰρημένον „οὕ" ἦλθες, ἀλλ' ἐς τὸν Κολωνὸν ἵσσο". Vgl. Hesych. ὀψ' ἦλθες, auch Κολωνός und Κολωνοῦ· τόπος ἐν ἄστει. Vgl. C: Eurysakeion.
Argum. II. Sophocl. Oed. Col. S. 16, 10 (Dindf.): ἔστι γὰρ καὶ ἕτερος Κολωνὸς ἀγοραῖος πρὸς τῷ Εὐρυσακείῳ, πρὸς ᾧ οἱ μισθαρνοῦντες προεστήκεσαν.
Harpocrat. Κολωνέτας· τοὺς μισθωτοὺς Κολωνέτας ὠνόμαζον, ἐπειδὴ παρὰ τῷ Κολωνῷ εἱστήκεσαν, ὅς ἐστι πλησίον τῆς ἀγορᾶς, ἔνθα τὸ Ἡφαιστεῖον καὶ τὸ Εὐρυσάκειον ἐστιν. ἐκαλεῖτο δὲ ὁ Κολωνὸς οὗτος ἀγοραῖος· ἦν δὲ καὶ ἕτερος Κολωνὸς πρὸς τὸ τοῦ Ποσειδῶνος ἱερόν, ὡς Ὑπερείδης

ἐν τῷ κατ' Ἀντιοχίους· οὗτος δ' ἂν εἴη ὁ
τῶν ἱππέων. Φερεκράτης Πετάλῃ, „οὗτος
πόθεν ἥκεις; | Ἐς Κολωνὸν ἱέμην, οὐ τὸν
ἀγοραῖον, ἀλλὰ τὸν τῶν ἱππέων." περὶ τῶν
Κολωνῶν Διόδωρός τε ὁ περιηγητὴς καὶ
Φιλόχορος ἐν τῇ τρίτῃ Ἀτθίδος διεξῆλθεν.
Vgl. Schol. Aeschin. I, 125. Etym. m. Κολωνός.

Aristoph. Aves 997. Μέτων, ὃν οἶδεν Ἑλλὰς
χὠ Κολωνός.

Schol. Καλλίστρατός φησιν ἐν Κολωνῷ
ἀνάθημά τι εἶναι αὐτοῦ ἀστρολογικόν .. ὁ
δὲ Φιλόχορος ἐν Κολωνῷ μὲν αὐτὸν οὐδὲν
θεῖναι λέγει· (u. s. w., vgl. unten Melite).

ἴσως δὲ ἐν Κολωνῷ κρήνην τινὰ κατεσκευάσατο· φησὶν ὁ Φρύνιχος Μονοτρόπῳ „τίς
δ' ἐστὶν ὁ μετὰ ταῦτα ταύτας φροντίσιν;
Μέτων ὁ Λευκονοεύς, ὁ τὰς κρήνας ἄγων."
(Vgl. H. Metons Haus).

Aeschin. I, (c. Timarch.) 125: vgl. II: Haus
des Demon.

(Kolonos Hippios.) Vgl. Poseidon
Hippios, Athena Hippia und Kol. Agoraios.

Soph. Oed. Col. 54 fg. χώρος μὲν ἱρὸς
πᾶς ὅδ' ἔστ'. ἔχει δέ νιν | σεμνὸς Ποσειδῶν, ἐν δ' ὁ πυρφόρος θεὸς | Τιτὰν Προμηθεύς· ὃν δ' ἐπιστείβεις τόπον, χθονὸς
καλεῖται τῆσδε χαλκόπους ὁδός | ἔρεισμ'
Ἀθηνῶν· αἱ δὲ πλησίον γύαι | τὸν ἱππότην Κολωνὸν εὔχονται σφίσιν | ἀρχηγὸν
εἶναι, καὶ φέρουσι τοὔνομα | τὸ τοῦδε κοινὸν
πάντες ὠνομασμένοι. Vgl. v. 65, Kolonos:
θεὸς ἐπώνυμος, 668 fg. εὔιππον, ξένε, τᾶσδε
χώρας u. s. w.

Schol. Soph. Oed. Col. 58. Orakelspruch:
Βοιωτοὶ δ' ἵπποιο ποτιστείχουσι Κολωνόν,
ἔνθα λίθος τριχώρανος ἔχει καὶ χάλκεος
οὐδός.

Paus. I, 30, 4 (vorher: Thurm des Timon).
δείκνυται δὲ καὶ χῶρος καλούμενος Κολωνὸς
ἵππιος, ἔνθα τῆς Ἀττικῆς πρῶτον ἐλθεῖν
λέγουσιν Οἰδίποδα ... καὶ βωμὸς Ποσειδῶνος Ἱππίου καὶ Ἀθηνᾶς Ἱππίας, ἡρῷον
δὲ Πειρίθου καὶ Θησέως, Οἰδίποδός τε καὶ
Ἀδράστου. τὸ δὲ ἄλσος τοῦ Ποσειδῶνος
καὶ τὸν ναὸν ἐνέπρησεν Ἀντίγονος ἐσβαλών.

Thucyd. VIII, 67. ξυνέκλῃσαν τὴν ἐκκλησίαν ἐς τὸν Κολωνόν. ἔστι δὲ ἱερὸν
Ποσειδῶνος ἔξω πόλεως ἀπέχον σταδίους
μάλιστα δέκα.

Cicero de fin. V, 1. Me ipsum huc modo
venientem (a Dipylo in Academiam) convertebat ad sese Coloneus ille locus, cuius
incola Sophocles ob oculos versabatur.

Diog. Laert. III, 5. Πλάτων ἐφιλοσόφει
— — ἐν τῷ κήπῳ τῷ παρὰ τὸν Κολωνόν.
Vergl. H: Garten des Platon. J: Grab des
Sophokles.

Alciphr. I, 26, 1. βουλόμενος ἐπὶ Κολωνῷ
ποιήσασθαι χωρίον.

Komai.

Isocr. Areop. § 46 (von den alten Athenern).
διελόμενοι τὴν μὲν πόλιν κατὰ κώμας, τὴν
δὲ χώραν κατὰ δήμους. Bekker Anecd. I,
S. 274, 30. τὰ μέρη τῆς πόλεως.

Phot. κώμην. οἱ πλεῖστοι τὸν στενωπόν
— — οἱ δὲ τοὺς ἐν τῇ πόλει δήμους κώμας φασὶ προσαγορεύεσθαι. Κωμήτης·
γείτων. κώμη γὰρ τὰ ἄμφοδα. Pollux
IX, 36.

Kydathenaion.

Hesych. Κυδαθηναῖος. — δῆμος τῆς
Πανδιονίδος φυλῆς ἐν ἄστει. Vgl. Schol.
Plat. Sympos. 173 B.

Κύκλοι, s. unter Agora.
Kyklos der Cholargeer (in Athen?)
CIA. II, 604 (bei „Theseion" gef.) s. E.
Aufstellung des Dekrets ἐν τῷ Ἡρακλείῳ τῷ
ἐν κύκλῳ ἐν Χολαργέων.

Lakiadai.
s. Trittyen und C: Lakios.

Lenaion, vgl. B: Dionysos Ληναῖος und
C: Kalamites.

Plato Protag. 327 D. Φερεκράτης ὁ ποιητὴς ἐδίδαξεν ἐπὶ Ληναίῳ. Aristoph. Acharn.
504. οὑπὶ Ληναίῳ ἀγών. Vgl. Schol. 504,
202 und Steph. Byz. Λήναιος ἀγών· (ἐν
ἀγροῖς).

Hesych. ἐπὶ Ληναίῳ ἀγών. ἔστιν ἐν
τῷ ἄστει Λήναιον, περίβολον ἔχον μέγαν
καὶ ἐν αὐτῷ Ληναίου Διονύσου ἱερόν.
Vgl. Phot. Λήναιον. Bekker Anecd. gr.
I. S. 278, 8.

Leokorion, s. Agora.
Limnai (s. B: Dionysos ἐν Λίμναις).

E. Demen (Quartiere), Plätze, Strafsen. (λιμοῦ πεδίον — Skambonidai.)

Thucyd. II, 15: unter den ἔξω τῆς ἀκροπόλεως πρὸς νότον τῆς πόλεως gelegenen Heiligthümern καὶ τὸ Πύθιον καὶ τὸ τῆς Γῆς καὶ τὸ ἐν Λίμναις Διονύσου.

Vgl. *Athen.* XI, S. 465 A. *Harpocrat. ἐν Λίμναις Διόνυσος. Steph. Byz. Λίμναι. Aristoph. Ran.* 217 u. *Schol. Hesych.* Λίμναι und Λιμνομάχαι.

Λιμοῦ πεδίον.

Bekker, Anecd. gr. I, S. 278, 4. *Zenob.* IV, 93. Λιμοῦ πεδίον" — τόπος γάρ ἐστιν οὕτω καλούμενος ... οἱ Ἀθηναῖοι ἀνῆκαν αὐτῷ (λιμῷ) τὸ ὄπισθεν τοῦ πρυτανείου πεδίον.

Medontiden.

CIA. I, 497 (gef. westlich der Burg in der Westmauer des einstigen Türkischen Friedhofs):

Πόρο[ς χώ]|ρας (άγο)|ρᾶς?) Μεδ[ον]τ[ι]δῶν.

Melite.

Schol. Aristoph. Aves 997 (s. oben Kolonos Agoraios) μήποτε οὖν τὸ χωρίον, φασί τινες, ἐκεῖνο ἐπάνω [*Dobree* πᾶν ᾧ, *Forchh.* ἐπάνω ᾧ, *Wachsm.* ἅπαν ᾧ] περιλαμβάνεται καὶ ἡ Πνύξ, Κολωνὸς ἐστιν ὁ ἕτερος, ὁ μίσθιος λεγόμενος· οὕτως (*Sauppe* οἵ) μέρος τι νῦν συνηθῶς γέγονε τὸ (*Sauppe* delev.) Κολωνὸν καλεῖν τὸ ὄπισθεν τῆς μακρᾶς στοᾶς· ἀλλ᾽ οὐκ ἔστι. Μελίτη γὰρ ἅπαν ἐκεῖνο, ὡς ἐν τοῖς ὁριαμοῖς γέγραπται τῆς πόλεως.

Plato Parmenid. 126 C. κατ᾽ ἀγορὰν ἐνετύχομεν Ἀδειμάντῳ τε καὶ Γλαύκωνι ... ἄρτι γὰρ ἐνθένδε οἴχεται (Ἀντιφῶν), οἰκεῖ δὲ ἐγγὺς ἐν Μελίτῃ.

Demosthen. LIV, 7. περιπατοῦντος, ὥσπερ εἰώθειν, ἑσπέρας ἐν ἀγορᾷ μου παρέρχεται Κτησίας — κατὰ τὸ Λεωκόριον, (vgl. oben Leokorion) κατιδὼν δ᾽ ἡμᾶς ἀνέκραγε πρὸς Μελίτην ἄνω.

Harpocrat. (Suid.) Εἰρυσάκειον· τέμενός ἐστιν Εὐρυσάκους ... ἐν Ἀθήναις οὕτως ὀνομαζόμενον, ἐν Μελίτῃ.

Plut. Them. 22. τὸ τῆς Ἀρτέμιδος ἱερόν, ἣν Ἀριστοβούλην μὲν προσηγόρευσεν (Themistokles) ... πλησίον δὲ τῆς οἰκίας κατεσκεύασεν ἐν Μελίτῃ τὸ ἱερόν, οὗ νῦν τὰ σώματα τῶν θανατουμένων οἱ δήμιοι προβάλλουσι καὶ τὰ ἱμάτια καὶ τοὺς βρόχους τῶν ἀπαγχομένων καὶ καθαιρεθέντων ἐκφέρουσιν.

Plut. de exil. 6. (s. Kollytos.) ἆρα οὖν ξένοι καὶ ἀπόλιδές εἰσιν Ἀθηναίων οἱ μεταστάντες ἐκ Μελίτης εἰς Διόμεια; vgl. C: Herakles in Melite.

Schol. Arist. Ran. 501. Μελίτης νύμφης, ἡ ἐμίγη ὁ Ἡρακλῆς.

Harpocr. Μελίτη· δῆμός ἐστι τῆς Κεκροπίδος φυλῆς· κεκλῆσθαι δέ φασι τὸν δῆμον Φιλόχορος ἐν γ᾽ ἀπὸ Μελίτης θυγατρὸς κατὰ μὲν Ἡσίοδον Μύρμηκος, κατὰ δὲ Μουσαῖον Δίου τοῦ Ἀπόλλωνος.

Hesych. Μελιτέων οἶκος· ἐν τῷ τῶν Μελιτέων δήμῳ οἶκός τις ἐν παμμεγέθης, εἰς ὃν οἱ τραγῳδοὶ [φοιτῶντες] ἐμελέτων. Vergl. *Phot.* s. v. und *Bekker, Anecd. gr.* I, 281, 25.

Zenob. II, 27. Μελιτέων οἶκος· ἐπὶ τῶν ἴδιον οἶκον μὴ κεκτημένων ἀλλ᾽ ἐπὶ μισθῷ οἰκούντων· μέμνηται αὐτῆς Ἀριστοφάνης ἐν Γεωργοῖς καὶ Πλάτων κωμικός.

Haus des Epikur: *Diog. Laert.* X, 17. Vgl. auch C: Melanippeion (in Melite). F: Melit. Thor.

Novae Athenae.

Vgl. F: Hadriansthor, G: Aquaeduct des Hadrian. *Spartian. Hadr.* 20. *Steph. Byz.* Ὀλυμπιεῖον. *Schol. Aristid. Panathen.* III, S. 201 (Dindf.).

Orchestra, s. oben Agora.

Παρ᾽ ἵππον καὶ κόρην, s. oben Ἵππον καὶ κόρην.

Perischoinisma, s. Agora.

Plataeer-Versammlungsort, s. oben Agora (Verkaufslokal: χλωρός, τυρός).

Pnyx als Volksversammlungsplatz, s. A.

Προάστεια, s. Vorstädte.

Skambonidai.

CIA. I, 2 (IV, 1, S. 4). (Dekret der Skamb., einst beim Theseion.) Vgl. B: Apollo Pythios, C: Herakles, Leos. A. Z. 20. C. Z. 9. ἀγορᾷ ἰ Σκαμβωνιδῶν.

Aristoph. Thesm. 100. Μύρμηκος ἀτραπούς, ἢ τί δὲ μινυρίζεται; *Hesych.* Μύρμηκος ἀτραπούς. Ἀθήνῃσιν ἐν Σκαμβωνιδῶν ἔστι Μύρμηκος ἀτραπὸς ἀπὸ ἥρωος

Μύρμηκος ὀνομαζομένη. Μυρμήκων
Ὁδοί Ἀθήνησιν τόποι.
Paus. I, 38, 2 über die βασίλεια Κρόκωνος jenseits der Ῥειτοί λέγουσι δὲ οἱ πάντες, ἀλλ᾽ ὅσοι τοῦ δήμου τοῦ Σκαμβωνιδῶν εἰσίν.
Harpocr. Σκαμβωνίδαι Λυκοῦργος ἐν τῇ διαδικασίᾳ Κροκωνιδῶν ἔστι δὲ δῆμος τῆς Λεωντίδος. Vgl. Phot. Μύρμηκος ἀτραπός und Harpocr. Μελίτη, Myrmex, Vater der Melite.
[C.I.A. III, 61 A. Col. II, Z. 26. Θριασίῳ πρὸς τῷ Μύρμηκι.]

Skiron.
Paus. I, 36, 4. μετὰ δὲ τοῦ Ἀνθεμοκρίτου τὴν στήλην Μολοττοῦ τε τάφος ἐστίν . . . καὶ χωρίον Σκίρον, nach Skiros dem Seher der Eleusinier benannt: πεσόντα δὲ αὐτὸν ἐν τῇ μάχῃ (gegen Erechtheus) θάπτουσιν Ἐλευσίνιοι πλησίον ποταμοῦ χειμάρρου, καὶ τῷ τε χωρίῳ τὸ ὄνομα ἀπὸ τοῦ ἥρωός ἐστι καὶ τῷ ποταμῷ.
Alciphr. III, 25, 2. ἀκούω γάρ σε τὰ πολλὰ ἐπὶ Σκίρου καὶ Κεραμεικοῦ διατρίβειν, οὔ φησι τοῖς ἐξωλεστάτοις σχολῇ καὶ ῥᾳστώνῃ τὸν βίον κατανηλίσκειν. Vgl. III, 8, 1. καὶ τὸ ἐντεῦθεν (vom χρυσοῦς στενωπός, s. unten) ἀπὸ Σκίρου λαβοῦσα Κλυμένην τὴν ἑταίραν.
Plutarch. Praec. coniug. 42. Ἀθηναῖοι τρεῖς ἀρότους ἱεροὺς ἄγουσι πρῶτον ἐπὶ Σκίρῳ, τοῦ παλαιοτάτου τῶν σπόρων ὑπόμνημα.
Pollux IX, 96. μάλιστα Ἀθήνησιν ἐκέχυτον ἐπὶ Σκίρῳ ἐν τῷ τῆς Σκιράδος Ἀθηνᾶς νεῷ.
Phot. Σκῖρον τόπος Ἀθήνησιν ἐφ᾽ οὗ οἱ μάντεις ἐκαθέζοντο καὶ Σκιράδος Ἀθηνᾶς ἱερόν. Hesych. Σκιρόμαντις.
Steph. Byz. Σκῖρος. Phot. u. Harpocrat. σκιράφια. Eustath. ad Odyss. S. 1397, 24. Harpocr. Σκῖρον.

Spielplatz (σφαιρίστρα) der Arrhephoren. Vgl. D: Isokrates.

Strafsen, vgl. Wege.

Symbolon.
Plut. de gen. Socr. 10. ἔτυχε ἄνω πρὸς τὸ Σύμβολον Σωκράτης καὶ τὴν οἰκίαν τὴν Ἀνδοκίδου βαδίζων.

Trigla.
Athen. VII, S. 325 D. Ἀθήνησι δὲ καὶ τόπος τις Τρίγλα καλεῖται, καὶ αὐτόθι ἐστὶν ἀνάθημα τῇ Ἑκάτῃ Τριγλανθίνῃ. Eustath. ad Il. Υ 71. Hesych. Τρίγλα.

Trittyen
(der Kerameer).
C.I.A. I, 500. Pent. Marm. gef. [nach Pittakis] westlich vom Areopag „παρὰ τὴν κοίλην": [Κερ]αμέων [τρ]ιττύς.
(der Lakiaden).
C.I.A. I, 502 (Pent. Marm. gef. [nach Pittakis] nicht weit vom sogen. Bema der Pnyx): Λακιαδῶν τριττύς.
Vgl. C.I.A. I (und IV, 1) 518.

Vorstädte (vgl. die vorstädtischen Demen).
Isocrat. XVI, 13. τὰ προάστεια ἐνεπρήσατε (die Demokraten).
(Vor dem Dipylon):
Thucyd. II, 34. 5. Der äufsere Kerameikos als κάλλιστον προάστειον τῆς πόλεως.
Plut. Sull. 14. πολλοὺς δὲ λέγεται καὶ διὰ πυλῶν (das Dipylon) κατακλύσαι τὸ προάστειον.
Plut. Sull. 12. Ἀκαδημίαν . . δενδροφορωτάτην προαστείων οὖσαν.
Philostr. Vit. soph. II, 30, 3. Vergl. A: (Bäume): ἱερὰ συκῆ (προάστειον τῆς Ἐλευσινιάδε λεωφόρου).
(Ankyle.)
Alciphr. III, 43. τὸ προάστειον τῆς Ἀγκύλης (s. oben).

Wege (Strafsen). Vgl. F: Thore.
(Innerhalb der Stadt):
Ps. Dicaearch. περὶ πόλεων I, 1 (Müller, Geogr. min. I, S. 97). ἡ πόλις . . . κακῶς ἐρρυμοτομημένη, διὰ τὴν ἀρχαιότητα· αἱ μὲν πολλαὶ τῶν οἰκιῶν εὐτελεῖς, ὀλίγαι δὲ χρήσιμαι.
Philostr. Vit. Apollon. II, 23. φασὶ δ᾽ ὡς ἀτάκτως τε καὶ ἀττικῶς τοὺς στενωποὺς τέτμηται (ἡ πόλις).
(Ausbesserung von Strafsen.)
Demosth. III, 29. XIII, 30. Aeschin. III, 25. Vgl. Himer. IV, 1. 9.
(Aufgang zur Burg) s. F.
Diogen. Epist. 30. ὁ Σωκράτους ἑταῖρος — ἤγε ἡμᾶς εἰς ἄστυ καὶ δι᾽ αὐτοῦ

E. Demen (Quartiere), Plätze, Strafsen. (Wege.)

εὐθὺς εἰς τὴν ἀκρόπολιν, καὶ ἐπεὶ ἐγγοῦ
ἐγινόμεθα, ἐπιδιέκνυσιν ἡμῖν δύο τινὶ ὁδώ
ἀναφέρουσα, τὴν μὲν ὀλίγην προσάντη τε
καὶ δύσκολον, τὴν δὲ πολλὴν λείαν τε καὶ
ῥᾳδίαν καθιστᾶς. (Vgl. Aristoph. Lys. 288:
τὸ σιμόν.)
(Felstreppe) s. A: unterirdischer Gang.
(Weg [Peripatos] um die Burg.)
CIA. II, 1077 = CIA. III, 409. Inschrift
auf einem Felsblock am Nordabhang der
Burg, oberhalb S. Symeon (n. 61 [L 3] bei
Jahn-Michaelis, descr. Ath. Tf. I). [τ]οῦ περι‑
πάτο[υ] | περίοδος Π πόδες | ΔΓΙΙΙ
(Strafsen vom Dipylon und Pei‑
raiischen Thor), vgl. F.
Himer. Or. III, 12. κινηθεῖσα δὲ ἐκεῖθεν
(das Panathenäenschiff, dessen ἀναγωγή vom
Thore aus beginnt) καθάπερ κατά τινος
ἀκυμάτου θαλάσσης διὰ μέσου τοῦ δρόμου
κομίζεται, ὃς εὐθυτενής τε καὶ λεῖος κατα‑
βαίνων ἄνωθεν σχίζει τὰς ἑκατέρωθεν
αὐτῷ παρατεταμένας στοάς, ἐφ' ὧν ἀγορά‑
ζουσιν Ἀθηναῖοι u. s. w.
Plut. Thes. 27. καὶ τάφους τῶν πεσόν‑
των περὶ τὴν πλατεῖαν εἶναι τὴν φέρου‑
σαν ἐπὶ τὰς πύλας παρὰ τὸ Χαλκώδοντος
ἡρῷον, ἃς νῦν Πειραϊκὰς ὀνομάζουσιν (nach
Kleidemos).
(Andere Strafsen.)
Hesych. Phot. Τρικέφαλος (τετρα‑
κέφαλος) Ἑρμῆς s. B. Hermen.
Plut. Sull. 14. φερομένης τῆς δυνάμεως
(der zwischen Peiraiischem und heiligem Thor
eingebrochenen Sullaner) διὰ στενωπῶν.
Tripodenstrafse, s. D: Dreifüfse.
Μύρμηκος ἀτραποί s. Skambonidai.
CIA. IV, 2, 527a (östlich beim Dionysos‑
theater). [ὁ]δοῦ | ὅρος. Vgl. I, 527.
ἡ τῶν ἑρμογλυφείων.
Plat. Symp. 215 A. Plut. de gen. Socr. 10.
ἡ τῶν κιβωτοποιῶν.
Plut. de gen. Socr. 10.
ἡ τρίτη ῥύμη: Pollux IX, 38.
(Wege vor der Stadt.)
(Im Osten.)
CIA. II, 1102 (Grenzstein, in der Stadion‑
strafse, beim königl. Marstall gef.) κοινός

ὅρος ἐτέθη — — ἀπὸ τῆς [ὁρ]ίας τῆς ὁδοῦ
[τῆς φερούσης?] εἰς τὸν — — — Vergl.
(ebendaher) die Grenzsteine CIA. I, 507 bis
516.
Xenoph. Hellen. II, 4, 27. ἔγνω ὅτι κατὰ
τὸν ἐκ Λυκείου δρόμου μέλλοιεν τὰς μηχανὰς
προσάγειν. Vergl. Hipparch. III, 1 und 6,
s. G: Lykeion.
Steph. Byz. Τρίοδος· ἀπὸ Τριόδου
Λυκιίδος.
(Im Süden.)
Harpocr. τρικέφαλος ὁ Ἑρμῆς (s.
Ankyle). Isaeus: „μικρὸν δ' ἄνω τοῦ τρι‑
κεφάλου παρὰ τὴν Ἑστίας ὁδον."
Herod. VI, 103. ἐθάπται δὲ Κίμων πρὸ
τοῦ ἄστεος πέρην τῆς διὰ Κοίλης ὁδοῦ· vgl.
Koile und Gräber in Koile (Kimoneia)
Vgl. die ξενικὴ ὁδός zum Phaleron.
Plut. Thes. 19.
(Im Westen); zum Peiraieus, ἁμαξιτός.
Xenoph. Hellen. II, 4, 11. τὴν εἰς τὸν
Πειραιᾶ ἁμαξιτὸν ἀνεφέρουσαν.
Nach Eleusis (heilige Strafse).
Philostr. Vit. soph. II, 20. 3. ἡ Ἐλευσινάδε
λεωφόρος (vgl. A [Bäume]: ἱερὰ συκῆ).
Paus. I, 36, 3. ἰοῦσι δ' ἐπ' Ἐλευσῖνα ἐξ
Ἀθηνῶν, ἣν Ἀθηναῖοι καλοῦσιν ὁδὸν ἱεράν.
Vgl. Harpocr. ἱερὰ ὁδός. Bekker, Anecd.
I, S. 266, 6. ἣν ἀπίασιν οἱ μύσται ἅλαδε
(s. aber auch unten Thore, s. E. CIA. IV,
2, 53a).
CIA. IV, 505 a. Stele aus Poros, ca. 1 m
hoch, gef. nordwestl. der Hag. Triada.
Η]ό[ρος | τ]ῆς ὁδο[ῦ] | τῆς Ἐλευσινάδε.
CIA. II, 1075. Kleinere Stele aus hymett.
Marmor, gef. 1870 bei der Hag. Triada (im
Aquaeduct vermauert).
Ηόρος | τῆς ὁδοῦ τῆς | Ἐλευσινάδε.
In der Nähe des χρυσοῦς στενωπός·
Alciphr. I, 39, 7. ἐπεκωμάσαμεν δει‑
μάχῃ κατὰ τὸν χρυσοῦν στενωπόν, ὡς ἐπὶ
τὴν ἄγνον κατῇμεν, πλησίον τῆς Μενε‑
φρονος οἰκίας.
Alciphr. III, 8, 1. ἥκε — ἐπὶ τὸν χρυ‑
σοῦν στενωπὸν τὸν ἐπὶ τὴν ἄγνον, ἔνθα
συμβαλεῖν ἡμῖν ἀλλήλοις ἐξέσται. Vgl. oben
Skiron.

Weg zur Akademie, s. F: Dipylon.

Philostr. Vit. soph. II, 22. ἡ Ἀκαδημίανδε κάθοδος.

Livius XXXI, 24. intra eam (portam quae dicitur Dipylum) extraque latae viae sunt, ut et oppidani dirigere aciem a foro ad portam possent et extra limes mille ferme passus longus in Academiae gymnasium ferens pediti equitique hostium liberum spatium praeberet.

F. Mauern und Thore.

A. Burg und innere Stadt.

1. Pelasgikon (Enneapylon). Vergl. *Jahn-Michaelis, Pausaniae descriptio*, S. 34 fg. (Ursprung.)

Herodot VI, 137. Die Pelasger erhalten Ländereien am Hymettos als μισθὸν τοῦ τείχεος τοῦ περὶ τὴν ἀκρόπολίν ποτε ἐληλαμένου.

Dionys. Hal. I, 28. Μυρσίλος τοῖς Τυρρηνοῖς φησι (vom Wandern Πελαργοί genannt) καὶ τοῖς Ἀθηναίοις τὸ τεῖχος τὸ περὶ τὴν ἀκρόπολιν τὸ Πελαργικὸν καλούμενον — περιβαλεῖν.

Paus. I, 28, 3. τῇ δὲ ἀκροπόλει, πλὴν ὅσον Κίμων ᾠκοδόμησεν αὐτῆς ὁ Μιλτιάδου, περιβαλεῖν τὸ λοιπὸν λέγεται τοῦ τείχους Πελασγοὺς οἰκήσαντάς ποτε ὑπὸ τὴν ἀκρόπολιν.

Photius Πελαργικόν. τὸ ὑπὸ τῶν Τυρρηνῶν κατασκευασθὲν τῆς ἀκροπόλεως τεῖχος.

Hesych. Πελασγικόν· τειχίον οὕτως ἐν Ἀθήναις καλούμενον Τυρρηνῶν κτισάντων.

Schol. Aristoph. Aves 832: nach Kallimachos: Τυρρηνῶν τείχισμα Πελαργικόν. Vgl. *Schol.* 1139. *Etym. M.* s. v. *Bekker, Anecd.* S. 299, 16.

Strabo IX, S. 401 (nach Ephoros): ἀφ᾽ ὧν ἐκλήθη μέρος τι τῆς πόλεως Πελασγικόν.

Schol. Lucian. Bis accus. 9. Pelasgikon τόπος Ἀθήνησιν, ἀπὸ Πελασγῶν ἐν αὐτῷ οἰκησάντων. Vgl. *Schol. Thuc.* II, 17.

(Das Pelasgikon als Festung.)

Herod. V, 64. Κλεομένης δὲ ἀπικόμενος ἐς τὸ ἄστυ — ἐπολιόρκεε τοὺς τυράννους ἀπεργμένους ἐν τῷ Πελασγικῷ τείχεϊ.

(Vergl. *Schol. Aristoph. Lys.* 1153. *Marmor Par.* 45.)

Aristoph. Aves 832. τίς δαὶ καθέξει τῆς πόλεως τὸ Πελαργικόν; *Schol.* v. 836. Δίδυμός φησι τὸ Πελασγικὸν τεῖχος ἐπὶ πυργῶν κεῖσθαι.

(Enneapylon.)

Bekker, Anecd. gr. I, S. 419, 27. ἄπεδον (Kleidemos): καὶ ἐπέδιζον τὴν ἀκρόπολιν, περιέβαλλον δὲ ἐννεάπυλον τὸ Πελασγικόν. *Suid.* ἄπεδα und ἐπέδιζον.

Schol. Soph. Oed. Col. 489 (Polemon). οἱ (des Hesychos) τὸ ἱερόν ἐστι παρὰ τὸ Κυλώνειον ἐκτὸς τῶν ἐννέα πυλῶν.

(Pelasgikon-Reste.)

Lucian Bis accus. 9 (Pan) τὸ ὑπὸ τῇ ἀκροπόλει σπήλαιον τοῦτο ἀπολαβόμενος οἰκεῖ μικρὸν ὑπὲρ τοῦ Πελασγικοῦ.

Lucian Pisc. 42. Die Volksmenge erklimmt die Burg, παρὰ δὲ τὸ Πελασγικὸν ἄλλοι, καὶ κατὰ τὸ Ἀσκληπιεῖον ἕτεροι u. s. w. 47. Parrhesiades, καθεζόμενος ἐπὶ τὸ ἄκρον τοῦ τειχίου wird gefragt: ἦ που τοῖς λίθοις ἁλιεύσειν διέγνωκας ἐκ τοῦ Πελασγικοῦ;

Philostr. Vit. soph. II, 1, 5. Das Panathenäenschiff, nachdem es vom Kerameikos aus das Eleusinion (s. B: Demeter El.) umfahren, παραμείψαι τὸ Πελασγικὸν κομιζόμενόν τε παρὰ τὸ Πύθιον ἐλθεῖν οἷ νῦν ὥρμισται.

(Geweihte Stätte.)

Inschrift aus Eleusis. *CIA.* IV, 2, 27b, Z. 54 fg. τὸν δὲ βασιλέα ὁρίσαι τὰ ἱερὰ τὰ ἐν τῷ Πελαργικῷ καὶ τὸ λοιπὸν μι ἐνιδρύεσθαι βωμοὺς ἐν τῷ Πελαργικῷ ἄνευ τῆς βουλῆς καὶ τοῦ δήμου, μηδὲ τοὺς λίθους τέμνειν ἐκ τοῦ Πελαργικοῦ, μηδὲ γῆν ἐξάγειν μηδὲ λίθους.

Thucyd. II, 17. τό τε Πελαργικόν καλούμενον τό ὑπό τῇ ἀκροπόλιν, ὃ καί ἐπάρατόν τε ἦν μή οἰκεῖν, καί τι καί Πυθικοῦ μαντείου ἀκροτελεύτιον τοιόνδε διεκώλυε, λέγον ὡς „τό Πελαργικόν ἀργόν ἄμεινον", ὅμως ὑπό τῆς παραχρῆμα ἀνάγκης ἐξωκέσθη. Vgl. *Cratin. Frgm.* 22 (*Mein.*) oben Pan.
Pollux VIII, 101. παρεφύλαττον, μή τις ἐντός τοῦ Πελασγικοῦ κείραι ἢ κατά πλέον ἐξορύττει u. s. w.
Liban. I, S. 470. ἐπάρατος (ἡ πόλις) ὡς τό Πελασγικόν ἐκεῖνο.

2. Aufgang zur Burg (vgl. A: Felsgang, E: Wege zur Burg), *Diogenian.* 30. *Aristoph. Lys.* 288.

Paus. I, 22, 4. Ἐς δὲ τὴν ἀκρόπολίν ἐστιν ἔσοδος μία· ἑτέραν δὲ οὐ παρέχεται, πᾶσα ἀπότομος οὖσα καί τεῖχος ἔχουσα ἐχυρόν.
Herod. VIII, 53: die Perser ersteigen die Burg ὄπισθε τῶν πυλέων καί τῆς ἀνόδου.
CIA. III, 1284 (erste Kaiserzeit). πυλωροί — Frgm. F, am Ende: ἐφ᾽ ὧν καί τό ἔργον τῆς ἀναβάσεως ἐγένετο. Andere Pyloreninschriften: vgl. 1285—1294 u. 159 (Apollon Agyieus). Ἐφημ. ἀρχ. 1885, S. 64. *Sitzungsber. der berl. Akad.* 1887, S. 1062 No. 5. 1065 No. 18 Δελτ. ἀρχ. 1889, S. 53 No. 9.
CIA. III, 398 (Block über dem modernen Burgeingang; 3. Jahrh. n. Chr.). Φλ. Σεπτίμιος Μαρκελλεῖνος φλαμ(ιν) καί ἀπό ἀγωνοθετῶν ἐκ τῶν ἰδίων τοὺς πυλῶνας τῇ πόλι.
CIA. III, 826 (Basis: Propyläen) .. μεγάλων ἀντιδιδόντες, Ἀθηναῖοι τῇ Πολιάδι ἀνέθηκαν κόσμον τῷ φοροφίῳ, ὁ αὐτ(ὸς?) οἰκείοις ἀναλώμασιν κατεσκεύασιν.
CIA. III, 397 (gef. Odeion des Herodes) .. ὁ πύργος ἐπ[εσκευάσθη (?).
Burgverschluss: s. *Marin. Vit. Procl.* 10.

3. Propyläen, vgl. Aufgang.

Paus. I, 22, 4. (Ἐς δὲ τὴν ἀκρόπολίν ἐστιν ἔσοδος μία) .. τὰ δὲ Προπύλαια λίθου λευκοῦ τὴν ὄροφὴν ἔχει.
Plut. Pericl. 13. τὰ δὲ Προπύλαια τῆς ἀκροπόλεως ἐξειργάσθη μὲν ἐν πενταετίᾳ Μνησικλέους ἀρχιτεκτονοῦντος.

Harpocr. Προπύλαια ταῦτα· περὶ δὲ τῶν Προπυλαίων τῆς ἀκροπόλεως ὡς ἐπὶ Εὐθυμένους ἄρχοντος οἰκοδομεῖν ἤρξαντο Ἀθηναῖοι Μνησικλέους ἀρχιτεκτονοῦντος ἄλλοι τε ἱστορήκασι καί Φιλόχορος ἐν τῇ δ'. Ἡλιόδωρος δ' ἐν α' περί τῆς Ἀθήνησιν ἀκροπόλεως μεθ᾽ ἕτερα καί ταῦτά φησιν. „ἐν ἔτεσι μὲν ἐ παντελῶς ἐξεποιήθη, τάλαντα δὲ ἀνηλώθη δισχίλια ιβ', ἐ δὲ πύλας ἐποίησαν δι᾽ ὧν εἰς τὴν ἀκρόπολιν εἰσίασιν". *Plutarch. de garrul.* 8. (Aufstellung der Löwin s. D.): ἐν πύλαις τῆς ἀκροπόλεως *Polyaen.* VIII, 45. ἐν τῷ Προπυλαίῳ.
Vgl. *Thucyd.* II, 13. *Demosth.* XXII, 13, 76. XXIII, 207. *Himer. Ecl.* XXXI, 8. *Plut. de glor. Ath.* 7 fg.
Urkunden des Propyläenbaues: *CIA.* I, 314, 315. (IV, 315a—c.)

4. Burgmauern.

Über Mauern und Thore der Burg zur Zeit der Perserkriege im Allgemeinen *Herod.* VIII, 51—53. Vgl. auch Pelasgikon.
Südmauer.
Plut. Cim. 13. Πραθέντων δὲ τῶν αἰχμαλώτων λαφύρων (nach dem Sieg am Eurymedon) εἴς τε τὰ ἄλλα χρήμασιν ὁ δῆμος ἐρρώσθη καί τῇ ἀκροπόλει τό νότιον τεῖχος κατεσκεύασεν ἀπ᾽ ἐκείνης εὐπορήσας τῆς στρατείας. Vgl. *Plut. Cim.* und *Luc.* I; *de glor. Ath.* 7.
Cornel. Nep. Cim. 2. his ex manubiis arx Athenarum qua ad meridiem vergit est ornata.
Paus. I, 28, 3. Τῇ δὲ ἀκροπόλει πλὴν ὅσον Κίμων ᾠκοδόμησεν αὐτῆς ὁ Μιλτιάδου, περιβαλεῖν τό λοιπόν λέγεται τοῦ τείχους Πελασγούς u. s. w.

5. Thore innerhalb der Stadt.

Triumphalthor.
Paus. I, 15, 1. auf dem Weg zur Stoa Poikile befindet sich der Hermes Ἀγοραῖος, καί πύλη πλησίον. Ἔπεστι δὲ οἱ τρόπαιον Ἀθηναίων, ἱππομαχίᾳ κρατησάντων Πλείσταρχον (318 v. Chr.)
Thor der Athena Archegetis.
CIA. III, 65 (Add. 69a). Auf dem Architrav: ὁ δῆμος ἀπό τῶν δοθεισῶν δωρεῶν ὑπό Γαΐου Ἰουλίου Καίσαρος θεοῦ καί

αὐτοκράτορος Καίσαρος θεοῦ υἱοῦ Σεβασ-
τοῦ Ἀρχηγέτιδι σημαινοῦντος ἐπὶ τοῦ
ὁπλίτης Εὐκλέους Μαραθωνίου τοῦ καὶ
διαδεξαμένου τὴν ἐπιμέλειαν ὑπὲρ τοῦ πα-
5 τρὸς Ἡρώδου τοῦ καὶ πρεσβεύσαντος. Ἐπὶ
ἄρχοντος Νικίου τοῦ Σαραπίωνος Ἀθμονέως.
Auf der Basis über dem Giebel:
C I A. III, 445: ὁ δῆμος | Λούκιον Καί-
σαρα, Αὐτοκράτορος | θεοῦ υἱοῦ Σεβαστοῦ
10 Καίσαρος υἱόν.
Vgl. die daselbst gefundene Agoranomen-
inschriften: G. Agoranomion. Dabei die auf
den Ölverkauf bezügliche Stele C I A. III, 38.
Bogen des Hadrian.
15 C I A. III, 401 (Westseite). Αἵδ' εἰσ' Ἀ-
θῆναι, Θησέως ἡ πρὶν πόλις.
C I A. III, 402 (Ostseite). Αἵδ' εἰσ' Ἀ-
δριανοῦ καὶ οὐχὶ Θησέως πόλις. Vgl. C I A.
III, 52, Z. 21.
20 Schol. Aristid. Panath. 1, 149 (Dindf.) ὁ
Ἀδριανὸς ἐλθὼν καὶ μείζονα ποιήσας τὸν
περίβολον ἔνθα μὲν ἦν πρὸ τοῦ τεῖχος τὸ
παλαιὸν ἔγραψε τοῦτο ὁ Θησεῖς ἔκτισε καὶ
οὐκ Ἀδριανός. ἔνθα δὲ αὐτὸς ἔκτισεν,
25 ἔγραψε· τοῦτο Ἀδριανὸς καὶ οὐ Θησεῖς
ᾠκοδόμησεν.

B. Ringmauer und Aufsenthore der Stadt.

Älteste Mauer (vgl. auch die vorige
Stelle und Thucyd. VI, 57 unten: Thor im
30 Kerameikos).
Herod. VII, 140. Das Orakel nennt beim
Beginn des zweiten Perserkrieges die Burg:
πόλιος τροχοειδέος ἄκρα κάρηνα.
Thucyd. I, 89 (nach den Perserkriegen):
35 καὶ τὴν πόλιν ἀνοικοδομεῖν παρεσκευάζοντο
(οἱ Ἀθηναῖοι) καὶ τὰ τείχη· τοῦ τε γὰρ
περιβόλου βραχέα εἱστήκει u. s. w.
Corn. Nep. Miltiad. 4 (während des ersten
Perserkrieges): inter quos (decem praetores)
40 magna fuit contentio, utrum moenibus se
defenderent an obviam irent hostibus.
Themistokleische Mauer:
Thucyd. I, 90 fg. I, 93: μείζων γὰρ ὁ
περίβολος πανταχῇ ἐξήχθη τῆς πόλεως.
45 Thucyd. II, 13, 7. αὐτοῦ τοῦ κύκλου
(τοῦ ἄστεος) τὸ φυλασσόμενον τρεῖς καὶ
τεσσαράκοντα (στάδιοι)· [ἔστι δὲ αὐτοῦ ὃ

καὶ ἀφύλακτον ἦν τὸ μεταξὺ τοῦ τε μακροῦ
καὶ τοῦ Φαληρικοῦ· vgl. Curtius, Att. Stud.
I, S. 75; Anm. 1.] 50
Schol. τουτέστι στάδιοι διακοπτά· ὁ γὰρ
ὅλος κύκλος σταδίων ἦν ἑξήκοντα. Vergl.
Theopomp bei Diod. XIII, 72, 8.
Aristodem. V, 3. (Frgm. hist. gr. V.) ὁ
μὲν τοῦ ἄστεως περίβολος ἑξήκοντα σταδίων 55
ἐπεῖχε ἧς.
Gesammtumfang mit den langen
Mauern und dem Peiraieus:
Dio Chrysost. VI, 4 (200 Stadien).
Vergleich mit Syrakus: Thucyd. VII, 60
28. Plut. Nic. 17. Strabo VI, S. 270 (180
Stadien).
Stadtumfang gleich dem serviani-
schen Rom: Dionys. Hal. IV, 13. IX, 68.
Paus. I, 28, 5. ἔστι δὲ ἐντὸς τοῦ περι- 65
βόλου τοῦ ἀρχαίου τὸ Μουσεῖον.
Strabo IX, S. 404. ἐν τῷ τείχει μεταξὺ
τοῦ Πυθίου καὶ τοῦ Ὀλυμπίου.
Reparaturen i. J. 435. C I A. I, 32 A. 31.
Gelder: εἰς τὸ νεώριον καὶ τὰ τείχη. 70
Unter Kleon.
Aristoph. Equ. 817. Σὺ δ' Ἀθηναίους
ἐζήτησας μικροπολίτας ἀποφῆναι διατει-
χίζων. Schol. συνάγων καὶ συστέλλων τὰ
τείχη. 75
Reparaturen nach dem Bundes-
genossenkriege. C I A. II, 833. Corn.
Nep. Timoth. 4. (355—54 v. Chr.)
Unter Eubulos (bis 350 49).
„Anstreichen der Zinnen" Demosth. III, 29. 80
XXIII. 208.
Grosse Reparaturen nach der
Schlacht bei Chaironeia:
Aeschin. III, 17, 27, 31. Lycurg. c. Leocr.
44. Vit. X or. 845 F. 851 A. Libanios 85
ad Demosth. XXX, S. 221, 1.
Mauerbauinschrift unter Habrons
Verwaltung.
C I A. II, 167, Z. 2. τὰ τείχη τοῦ ἄσ]τεως
καὶ τοῦ Πειραιέως u. s. w. Z. 52 fg. Κατα- 90
σκευάσαι δὲ καὶ τὴν πάροδον | [τοῦ κύ-
κλ]ου τοῦ περὶ τὸ [ἄστυ ἄνευ (?) τ]οῦ
διατειχίσματος καὶ τοῦ διπλοῦ τοῦ ὑπὲρ
τῶν πυλῶν | [ἐπὶ (?) τὰ μη]κρ[ὰ τ]είχη,
ἐπ[ιβαλὼν τοῖς π]εριδρόμοις τὰ γεῖσα 95

Z. 120. τοῦ βορείου τείχους πρώτη μερίς || [ἀπὸ τ]οῦ διατειχίσματος μέχρι τῶν....ν πυλῶν καὶ τὰς διόδους. Vgl. über Demochares *Vit. X or.* 851 D.

Aus der Zeit des Chremonideischen Krieges.

CIA. II, 982 (beim „itonischen" Thore [Südstadt] gefunden). ἐπὶ Σωσιγένους ἄρχοντος οἵ[δε] — — τὸν πύργον ἀνέθηκαν.

Makedonisches Kastell auf dem Museion (durch Demetrios im Jahre 295), s. A: Museionhügel.

Herstellung der Mauern durch Eurykleides und Mikion (nach 229 v. Chr.).

CIA. II, 379, Z. 15. Εὐρυκλείδης... καὶ τὰ τείχη τοῦ] ἄστεως καὶ τοῦ Πειραιέως ἐπισκεύ[ασεν μετὰ Μικίωνος τοῦ] ἀδελφοῦ.

Unter Attalos.

Ἐφημ. ἀρχ. 1884, S. 170, Z. 25 ... μετὰ τὰ ἀνατεθέντα ἐπ' Ἀτ[τάλου βασι]λέως εἰς τὴν ἀσφάλειαν τῆς [πόλεως?

Bresche durch Sulla gelegt:

Plut. Sulla 14. αὐτὸς δὲ Σύλλας τὸ μεταξὺ τῆς Πειραϊκῆς πύλης καὶ τῆς ἱερᾶς κατασκάψας καὶ συνομαλύνας u. s. w.

Belagerung durch Calenus. *Cass. Dio* 42, 14.

Römische Zeit vor Hadrian.

Ἐφημ. ἀρχ. 1884, S. 170, Z. 56. τάφρους πάσας τὰς κύκλῳ τείχους. Vergl. auch vorher: Attalos.

Hadrian s. oben: Bogen des Hadr.

Die östliche Mauer aus Ziegeln:

Vitruv. II, 8, 9. (latere structum) Athenis murum qui spectat ad Hymettum montem et Pentelensem. (Vgl. *Plin. N. h.* XXXV, 14, 172.)

Valerianische Mauer.

Zosim. I, 29. Σκυθῶν ἐξ ἐθνῶν ἀναστάντων ... καὶ Ἀθηναῖοι μὲν τοῦ τείχους ἐπεμελοῦντο. *Zonar.* XII, 23. *Syncell.* S. 381.

CIA. III, 399 (ca. 3. Jahrh. n. Chr. bei Cyriacus; ein Theil bei Dimitrios Katiphori gefunden). Ἀμφίων Μοίσαις κιθάρης [Γαι]εα[ατο?] Θήβης τείχεα· νῦν δ' ἐπ' ἐμᾶς πατρίδος Παλλάδος, ἀδέλογον Μοίσαν μεθέπων τῷ καὶ δοκίοισι ἄκμιτις ῥέων πείρατα πάντα τί[χ]ευς.

CIA. III, 400 (gef. bei Panag. Pyrgiotissa). Οὑ τάδε θελξιμελὴς Ἀμφιονὶς ἔρα[σε φόρμιγξ] | οὐδὲ Κυκλωπείας χειρὸς ἔ[δειμε κράτος] u. s. w.

Vgl. auch die Illyriosbasen von der Akropolis CIA. III, 705 und Δελτ. ἀρχ. 1889, S. 133 fg.

Justinianische Mauer.

Procop. de aedif. IV, 2. καὶ πόλεις δὲ τῆς Ἑλλάδος ἁπάσας — — ἐν τῷ βεβαίῳ κατεστήσατο (Ἰουστινιανός) εἶναι τοῖς περιβόλοις ἀνανεωσάμενος ἅπαντας. κατερρυήκεσαν γὰρ πολλῷ πρότερον — — Ἀθήνησι — — κἂν τοῖς ἐπὶ Βοιωτίας χωρίοις χρόνον μὲν μήκει πεπονηκόσιν, ἐπιμελησαμένου δὲ αὐτῶν οὐδενὸς τῶν πάντων ἀνθρώπων. Vgl. *Zosim.* V, 5.

C. Thore.

a. Acharnisches Thor.

CIA. III, 61 A. II, Z. 33—36. κόμαι πρὸς τῇ Ἀχαρνικῇ πύλῃ προσαγορευόμεναι Κεραίαι.

Hesych. Ἀχάρνε· — —Ἀχαρνικαὶ πύλαι Ἀθήνησιν.

b. Diochares' Thor.

Strabo IX, S. 397. ἐκτὸς τῶν Διοχάρους πυλῶν πλησίον τοῦ Λυκείου.

CIA. II, 1056, Z. 6 fg. Ἀθηνᾶς εἵμα πρὸς ταῖς [πύλαις?] ταῖς παρὰ τὸ Διοχαρο[υς] βαλαντίον, μισθω[τής] Ἀφρ[οδίσιος].

c. Diomeïsches Thor.

Alciphron III, 51, 4. ἄμεινον γὰρ πρὸ τῆς Διομηΐδος πύλης ἢ πρὸ τῶν Ἱππάδων ἑστάθην κεῖσθαι u. s. w. (vgl. Ἱππάδες πυλ.) *Alciphr.* III, 3, 3 (Wucherer beim Thore). *Hesych.* Διμίαισι πύλαις.

d. Dipylon (vgl. unten: m).

Plut. Pericl. 30. παρὰ τὰς Θριασίας πύλας (s. unten) αἳ νῦν Δίπυλον ὀνομάζονται.

Plut. Sulla 14. Das Morden erfüllte πάντα τὸν ἐντὸς τοῦ Διπύλου Κεραμεικόν. (Vgl. unten Ἱερὰ πύλ.)

Liv. XXXI, 24. A dipylo accessit (Philippus); porta ea velut in ore urbis posita maior aliquanto patentiorque quam ceterae est, et intra eam extraque latae viae sunt, ut

F. Mauern und Thore. (e. Ἡρίαι πύλαι — k. Peiraiisches Thor.)

et oppidani dirigere aciem a foro ad portam possent et extra limes mille ferme passus longus in Academiae gymnasium ferens pediti equitique hostium liberum spatium praeberet.
Cicero de finib. V, 1, 1. Constituimus inter nos ut ambulationem postmeridianam conficeremus in Academia .. itaque ad Pisonem omnes inde vario sermone sex illa a Dipylo stadia confecimus.

Polyb. XVI, 25: der feierliche Einzug des Attalos κατά τό Δίπυλον. Vgl. die Spaziergänger aus dem Peiraieus: *Lucian Navig.* 17, 24. 46.

Lucian Scyth. 2. ἔστι δὲ οὐ πολὺ ἀπὸ τοῦ Διπύλου ἐν ἀριστερᾷ εἰς Ἀκαδημίαν ἀνιόντων (das Heroon des Toxaris).

Lucian Dial. meretr. 4, 3: τὰ — — ἐπὶ τῶν τοίχων γεγραμμένα ἐν τῷ Κεραμεικῷ — — Ἄξις — — ᾔρει τοῦτο — ἐπιγεγραμμένον εἰσιόντων ἐπὶ τὰ δεξιὰ πρὸς τῷ Διπύλῳ, Μέλιττα φιλεῖ Ἑρμότιμον u. s. w. (vgl. 10, 4 auch *Alciphr.* III, 49, 2).

CIA. II, 321 (278/77 v. Chr.) Frgm. b. Z. 1. ἐ]ῶν πυλῶν. Z. 3. στ]ρατηγοῦν[τ.. Z. 4. το]ῦ Διπύλου. Z. 5. μυ]χλῷ ἁλυσει. Z. 7. — — τῆς φαλλαγωγίας? Z. 11. — ὡς τῆς ἱερᾶς [ὁδοῦ? πύλης?] Frgm. c. Z. 4. τὴν Ἐλευ[σινιάδ]α ὁδόν? (Vgl. die Mauerbauinschrift d. Habron *CIA.* II, 167, Z. 52 fg. oben.)

e. **Ἡρίαι πύλαι.**

Etym. magn. Ἡρίαι πύλαι· Ἀθήνησι διὰ τὸ τοὺς νεκροὺς ἐκφέρεσθαι ἐπὶ τὰ ἠρία, ὅ ἐστι τοὺς τάφους. Vgl. *Theophr. Charact.* 14. *Harpocr.* Ἡρία.

f. Ἱερὰ πύλη (vgl. Dipylon, s. E.).

Plut. Sulla 14. λέγεται τινὰς ἐν Κεραμεικῷ πρεσβυτῶν ἀκούσαντας διαλεγομένων πρὸς ἀλλήλους καὶ κακιζόντων τὸν τύραννον, ὡς μὴ φυλάττοντα τοῦ τείχους τὴν περὶ τὸ Ἑπτάχαλκον ἔφοδον καὶ προσβολήν, ᾗ μόνῃ δυνατόν εἶναι καὶ ῥᾴδιον ὑπερβῆναι τοὺς πολεμίους, ἀπαγγεῖλαι ταῦτα πρὸς τὸν Σύλλαν. ὁ δὲ .. θεασάμενος τὸν τόπον ἁλώσιμον, εἴχετο τοῦ ἔργου.... κατελήφθη μὲν οὖν ἡ πόλις ἐκεῖθεν, ὡς Ἀθηναίων οἱ πρεσβύτατοι διεμνημόνευον, αὐτὸς δὲ Σύλλας τὸ μεταξὺ τῆς Πειραϊκῆς πύλης

καὶ τῆς ἱερᾶς κατασκάψας καὶ συνομαλύνας περὶ μέσας νύκτας εἰσήλαυνε φοβωδῶς ... ἀλαλαγμῷ καὶ κραυγῇ τῆς δυνάμεως ἐφ' ἁρπαγὴν καὶ φόνον ἀφειμένης ἐπ' αὐτοῦ καὶ φερομένης διὰ στενωπῶν ἐσπασμένοις τοῖς ξίφεσιν.

g. **Ἱππάδες πύλαι.**

Hesych. Ἱππάδα· — καὶ πύλαι Ἀθήνησιν Ἱππάδες καλοῦνται.

Alciphr. III, 51, 4 ἄμεινον γὰρ πρὸ τῆς Διομηίδος πύλης ἢ πρὸ τῶν Ἱππάδων ἐκταδὴν κεῖσθαι νεκρὸν τέμβον ἰοῦ περιχυθέντος ἢ τῆς Πελοποννησίων εὐδαιμονίας ἀνέχεσθαι.

Vit. X or. S. 849 C. τοὺς οἰκείους (des Hypereides) τὰ ὀστᾶ λαβόντας .... θάψαι τε ἅμα τοὺς γονεῖσι πρὸ τῶν Ἱππάδων πυλῶν, ὥς φησι Ἡλιόδωρος ἐν τῷ τρίτῳ περὶ μνημάτων.

CIA. III, 61 B. I, Z. 22 fg. χ)ωρ. Ἀ[γκυ?] oder γορ.]λῆσι ...... ε π[ρὸ]ς τῇ Ἱππα δι ... Αται ... κατὰ Ἀνακ λίοι.

h. **Itonisches Thor** (vgl. Athena Itonia).

Plato Axioch. S. 364 D. ταῖς Ἰτωνίαις πλησίον γὰρ ἧκει τῶν πυλῶν πρὸς τῇ Ἀμαζονίδι στήλῃ — καταλαμβάνομεν αὐτόν. Über die Stele der Amazone Antiope auf dem Wege vom Phaleron: *Paus.* I, 2, 1. *Plut. Thes.* 27 (beim Heiligthum der Ge: *Paus.* I, 18, 7). Vgl. auch die Errichtung eines Thurmes auf der in den Resten der Stadtmauer am Wege nach dem Phaleron gefundenen Inschrift: *CIA.* II, 982; oben: Mauern u. die Kodrosinschrift unten m s. E.

i. **Melitisches Thor** (vgl. E: Koile und J: Gräber vor dem M. Th.)

Marcellin. Vit. Thucyd. 17. πρὸς γὰρ ταῖς Μελίτισι πύλαις καλουμέναις ἐστὶν ἐν Κοίλῃ τὰ καλούμενα Κίμωνια μνήματα (vergl. § 32, § 55.) *Biogr. anonym. Thucyd.* § 1, § 10.

Paus. I, 23, 9. καὶ οἱ δολοφονηθέντι (Θουκυδίδῃ), ὡς κατῄει, μνῆμά ἐστιν οὐ πόρρω πυλῶν Μελιτίδων.

k. **Peiraiisches Thor.**

Plut. Sulla 14 (vgl. ἱερά πύλη). τὸ μεταξὺ τῆς Πειραϊκῆς πύλης καὶ τῆς ἱερᾶς.

Plut. Thes. 27 (*Kleidemos*). καὶ τάφους
τῶν πεσόντων περὶ τὴν πλάταιαν εἶναι τὴν
φέρουσαν ἐπὶ τὰς πύλας παρὰ τὸ Χαλκώ-
δοντος ἐρῷον, ἃς νῦν Πειραϊκὰς ὀνομά-
ζονται.

(In der Nähe der Richtplatz:)

Philol. XVII, S. 152 (*Papyr. Tischendf.
de vit. Secundi*). Κατέβαινεν εἰς Πειραιᾶ·
ἦν γὰρ ὁ τόπος ἐκείνῳ ὁ τῶν κολαζομένων.
Vgl. *Plato Polit.* S. 439 E.

l. Thriasisches Thor (vgl. Dipylon).

Plut. Pericl. 30. ταφῆναι Ἀνθεμόκριτον
παρὰ τὰς Θριασίας πύλας αἳ νῦν Δίπυλον
ὀνομάζονται.

Harpocr. Ἀνθεμόκριτος· Ἰσαῖος ἐν
τῷ πρὸς Καλυδῶνα ,,τὸ Διλητεῖον τὸ παρ᾽
Ἀνθεμοκρίτου ἱδρυθέντα" τουτέστι πρὸς
ταῖς Θριασίαις πύλαις.

[Vgl. *Paus.* I, 36, 3. ἰοῦσι δ᾽ ἐπ᾽ Ἐλευ-
σῖνα ἐξ Ἀθηνῶν, ἣν Ἀθηναῖοι καλοῦσιν
ὁδὸν ἱεράν, Ἀνθεμοκρίτου πεποίηται μνῆ-
μα.]

m. Unbestimmte Thore, Pförtchen.

Im Kerameikos (vgl. Dipylon).

Aristoph. Equ. 1125. κᾆθ᾽ οἱ Κεραμῆς
ἐν ταῖσι πύλαις παίουσ᾽ αὐτοῦ γαστέρα u. s. w.

Equ. 1247. ἐπὶ ταῖς πύλαισιν, οὗ τὸ
τάριχος ὤνιον.

Hesych. Κεραμεικός. Δημίαισι πύ-
λαις ..., οἱ δὲ τὰς Κεραμεικὰς πύλας·
πρὸς γὰρ αὐτὰς φασιν ἱστάναι τὰς πόρνας.
Vgl. ebenda Δημιᾶσι.

Isaeus VI, 20. τὴν Ἀλκὴν καθίστησιν
Εὐκτήμων ἐπιμελεῖσθαι τῆς ἐν Κεραμεικῷ
συνοικίας τῆς παρὰ τὴν πυλίδα οὗ ὁ οἶνος
ὤνιος.

Paus. I, 2, 4. Στοαὶ δέ εἰσιν ἀπὸ τῶν
πυλῶν εἰς τὸν Κεραμεικόν.

Himer. III, 12 vom Festzuge des Pan-
athenäenschiffs: ἄρχεται μὲν εὐθὺς ἐκ πυ-
λῶν, οἷον ἐκ τινὸς σταδίου λιμένος τῆς
ἀναγωγῆς ἡ ναῦς.

Thucyd. VI, 57: Hippias ordnet den Fest-
zug ἔξω ἐν τῷ Κεραμεικῷ καλουμένῳ.
Harmodios und Aristogeiton ὥρμησαν εἴσω
τῶν πυλῶν καὶ περιέτυχον τῷ Ἱππάρχῳ
παρὰ τὸ Λεωκόριον.

Philostr. vit. Soph. II, 8, 4 s. G. Buleuterion
d. Techniten.

Lucian Dial. meretr. III, 10, 4 (s. Dipylon).

Am Südrande der Stadt:

C.I.A. IV, 2, 53a, Z. 35 fg. ἐντὸς τοῦ
Διονυσίου καὶ τῶν πυλῶν ᾗ ἅπασι ἐξελαύ-
νουσιν οἱ μύσται.

ἐντὸς τῆς οἰκίας τῆς Θεμισίας καὶ τῶν
πυλῶν αἳ ἐπὶ τὸ Ἰσθμονίκου Διλητεῖον
ἐπιφέρουσιν.

Andere Pförtchen.

Plato Lys. 203 A. ἐπορευόμην μὲν ἐξ
Ἀκαδημίας εὐθὺ Λυκείου τὴν ἔξω τείχους
ὑπ᾽ αὐτὸ τὸ τεῖχος· ἐπειδὴ δ᾽ ἐγενόμην
κατὰ τὴν πυλίδα ᾗ ἡ Πάνοπος κρήνη u. s. w.

Polyaen. III, 7, 1. Λαχάρης ἁλισκομένων
Ἀθηνῶν ὑπὸ Δημητρίου ... διὰ πυλίδος
μικρᾶς ἐπεξελθών.

G. Öffentliche Bauten.

Agoranomion.

Δελτ. ἀρχ. 1888, S. 188 fg. (Bogen aus
hymett. Marmor beim „Marktthor" gef., ähn-
lich denen beim Horologion; vgl. Athena
Archegetis):

Αὐτοκράτορι Τ. [Αἰλίῳ Ἀδρια[νῷ Ἀ]ν-
[των]ε[ίνῳ Εὐσεβεῖ] τὸ ἀγορανόμιον Πρω[-
δὲς] Ἀ[ττικοῦ ἀνέστ]ησεν ἀγορανομοῦντων.

Ἀντιπάτρου τοῦ Μοσχ[αίου Ἁλωπεκ[ῆ]θε[ν
καὶ Δεκίου τοῦ Μαραθωνίου.

Agoranomen in Inschriften vgl. noch: *C.I.A.*
III, 98 (beim Haus Kokkidis, Nordabhang
der Burg), 160 (östlich vom „Marktthor"),
461 (beim „Marktthor").

Akademie, s. Gymnasien.

Alphitopolis, s. Stoa Alphitopolis.

Amtslokale, s. Archeia.
Aquaeducte. Vgl. auch A: Enneakrunos-, Kallirrhoe und Brunnen-Quellen. B: Athena Archegetis. (Inschr. v. d. Wasserleitung beim Horologion.) D: Löwe.
   Schol. Aristoph. Aves 997 (= *Suid. Μίτων*) *Phrynichos*: „Μίτων ὁ Λευκονοεύς, ὁ τὰς κρήνας ἄγων."
   Im Lykeion. *Theophrast. Hist. Plant.* I, 11: ἡ πλάτανος ἡ κατὰ τὸν ὀχετόν.
Abzugsgraben beim Neleion:
   CIA. IV, 2, 53a. Z. 21, 34.
Wasserleitung des Hadrian.
   CILat. III, 549 (vom Portal am Lykabettos; das Eingeklammerte ist nur in Abschrift erhalten):
   Imp. Caesar T. Aelius [Hadrianus Antoninus] Aug. Pius cos. III trib. pot. II p. p. aquaeductum in novis [Athenis coeptum a divo Hadriano patre suo] consummavit [dedicavitque].
Archeia (Amtslokale).
   Bekker, Anecd. gr. I, S. 264, 26. Ὅλος τόπος ἐν τοῖς ἀρχείοις.
   Vgl. Basileion, Stoa Basileios (Archeion d. A. Basileus), Eponymoi (A. d. Arch. Eponym., s. oben C.), Kleroterion, Logisteria, Lykeion (A. d. Polemarchen), Poleterion, Parasition, Strategion, Thesmothesion.
Archiv, s. B: Metroon, unter Göttermutter.
Areopag, s. Gerichtshöfe.
Argyrokopeion, s. Münze.
Arcadius' Denkmal.
   Mitth. d. Inst. VI, 312 fg (Architrav, südl. der alten Metropolis gef.) Ein Gebäude zu Ehren des Arcadius und Honorius errichtet.
Armamentarium. *Lycurg* frg. 102 bei *Rutil. Lup.* I, 7; vgl. Chalkothek.
Bäder (Βαλανεῖα). Im Allg. vgl *[Xenoph.] de rep. Ath.* II, 10. *Alciphr.* I, 23, 3.
   Ἰασμονίκου βαλανεῖον
   CIA. IV, 2, 53a, Z. 37, s. oben F. a. E.
   CIA. I, 279 (Poleteninschr.). Z. 10. Βαλανεῖον — δημόσιον.
   CIA. III, 60 (= II, 1056). Vgl F: Diochares' Thor und B: Ἀθηνᾶς τέλμα.
Harpocrat. Ἀνθεμόκριτος. Vgl. F: Thriasisches Thor und J: Denkmal des Anthemokritos. Ἰαδὸς ἐν τῷ πρὸς Κολεδώνα

„τό τε βαλανεῖον τὸ παρ' Ἀνθεμοκρίτου ἀνδριάντα."
Bank, s. Trapeza.
Basileion.
   Pollux VIII, 111. (οἱ φυλοβασιλεῖς) συνεδρεύοντες ἐν τῷ Βασιλείῳ τῷ παρὰ τὸ Βουκολεῖον. s. E: Bukol. u. Buzygion.
Basileios Stoa, s. Stoa Basil.
Batrachion, s. Gerichtshöfe.
Bibliotheken.
   Vergl. im Allgemeinen *Athen.* I, S. 3 A. *Aristid. Panath.* S. 306 (Dind.).
Biblioth. von Peisistratos gestiftet, von Xerxes entführt, von Seleukos Nikator zurückgegeben: *A. Gellius, Noct. Att.* VI, 17. *Isidor Orig.* VI, 3.
Im Gymnasion des Ptolemaios (w. s.):
   CIA. II, 468, Z. 25: ἴδοσαν κ]αὶ βιβλία εἰς τὴν ἐν Πτολεμαίῳ βιβλιοθήκην (vergl. 480, 482 und sonst).
Bibliothek des Hadrian.
   Paus. I, 18, 9. τὰ δὲ ἐπιφανέστατα ἑκατόν εἰσι κίονες (*Schub.*; ἐκ. εἴκοσι κίονες codd.). Φρυγίου λίθου πεποίηται καὶ ταῖς στοαῖς κατὰ τὰ αὐτὰ οἱ τοῖχοι, καὶ οἴκημα ἐνταῦθά ἐστιν ὀρόφῳ τε ἐπιχρύσῳ καὶ ἀλαβάστρῳ λίθῳ, πρὸς δὲ ἀγάλμασι κεκοσμημένον καὶ γραφαῖς· κατάκειται δὲ ἐς αὐτὸ βιβλία.
   Hieron. Chron. II, S. 167 (*Schoene*): (Hadrianus) — bibliothecamque miri operis exstruxit.
Brunnen, s. A. Quellen. G. Aquaeducte.
Bukoleion, s. E.
Buleuterion.
   Thucyd. II, 15, 3. Θησεύς... ἐς τὴν νῦν πόλιν οὖσαν ἓν βουλευτήριον ἀποδείξας καὶ πρυτανεῖον ξυνῴκισε πάντας. Vgl. *Plut. Thes.* 24.
   Phot. (*Suid.*) μητραγύρτης· ᾠκοδόμησαν βουλευτήριον, ἐν ᾧ ἀνεῖλον τὸν μητραγύρτην· καὶ περιφράξαντες αὐτὸ καθιέρωσαν τῇ μητρὶ τῶν θεῶν. Vgl. A: Barathron, B: Metroon.
   Paus. I, 3, 5. καὶ πλησίον (beim Metroon) τῶν πεντακοσίων καλουμένων βουλευτήριον (darin ein Xoanon des Zeus Bulaios, ein Apollo von Peisias, ein Demos von Lykon),

G. Öffentliche Bauten. (Chalkothek — Gerichtshöfe.)

τοῖς δὲ θεσμοθέταις ἔγραψε Πρωτογένης
Καύνιος, Ὑλιάδης δὲ Καλλιππον.
Thucyd. VIII, 92. ὁ Φρύνιχος — — —
πληγεὶς — — ἐξ ἐπιβουλῆς ἐν τῇ ἀγορᾷ
πληθούσῃ καὶ οὐ πολὺ ἀπὸ τοῦ βουλευτηρίου
ἀπελθὼν ἀπέθανε παραχρῆμα. (Vgl. A.
Weiden; Lycurg. c. Leocr. 112.)
Aeschin. c. Ctesiph. (III) 187: ἐν τοίνυν
τῷ μητρῴῳ παρὰ τῷ βουλευτηρίῳ Schol.
ἔγνωμεν καὶ ἐν τοῖς Φιλιππικοῖς ὅτι μέρος
τοῦ βουλευτηρίου ἐποίησαν οἱ Ἀθηναῖοι τὸ
μητρῷον.
Vit. X or. S. 843 E: (Λυκούργος) — τίς
τὸ μητρῷον καὶ τὸ βουλευτήριον ἐκέλευσεν
αὐτὸν κομισθῆναι.
Harpocrat. (Phot. Suid.) ὁ κάτωθεν
νόμος (Didymos) . . . ἱ, ἐπὶ, φησί, τοῖς
ἄξοσι καὶ τοῖς κύρβεις ἄνωθεν ἐκ τῆς
ἀκροπόλεως εἰς τὸ βουλευτήριον καὶ τὴν
ἀγορὰν μετέστησεν Ἐφιάλτης, ὥς φησιν
Ἀναξιμένης ἐν Φιλιππικοῖς. (Ein Stück der
κύρβεις gef. in der „Stoa des Hadrian":
CIA. IV, 2, 559.) —
ἡ στήλη — ἡ ἐν τῷ βουλευτηρίῳ: Lycurg.
c. Leocr. 124, vgl. 126. — ἔμπροσθεν τοῦ
βουλευτηρίου: Andocid. I, 95, vgl. Aeschin.
a. a. O. CIA. II, 258 Z. 20 (gef. zwischen
Christos und Hypapanti). Vergl. CIA. II,
328, Z. 11 (ἐν τῷ βουλευτηρίῳ). CIA. I,
279, Z. 8 (Poleteninschrift). τὸ] βουλευτή-
ριον Μυρμο — —
Buleuterion der Techniten.
Philostr. vit. Soph. II. 8, 4. τὸ τῶν τεχ-
νιτῶν βουλευτήριον, ὃ δὴ ᾠκοδόμηται παρὰ
τὰς τοῦ Κεραμεικοῦ πύλας, οὐ πόρρω τῶν
ἱππέων.
Chalkothek (vgl. Armamentarium, Skeuoth.).
CIA. II, 61 (zwischen Propyläen und
Erechtheion gef.): Decret über Inventarisation
in der Chalkothek. Z. 19. στῆσαι (die Stele
mit dem Verzeichniss) ἔμπροσθεν τῆς χαλκο-
θήκης. Vgl. die Verzeichnisse CIA. II, 678,
715, 720, 721, 728. Stoa der Ch.: 720 B.
II, Z. 8. τάδ' ἐκ τῆς στοᾶ[ς, vgl. Z. 11. —
Z. 19: ἐν τῇ στοᾷ τῇ [μ]ακρᾷ.
Delphinion, s. Gerichtshöfe.
Diogeneion, s. Gymnasien.
Gerichtshöfe. Vgl. auch Archeia.

Paus. I, 28, 5. ἔστι δὲ Ἄρειος πάγος
καλούμενος, ὅτι πρῶτος Ἄρης ἐνταῦθα
ἐκρίθη (wegen des Mordes an Halirrhothios).
κριθῆναι δὲ καὶ ὕστερον Ὀρέστην λέγουσιν
ἐπὶ τῷ φόνῳ τῆς μητρός· καὶ βωμός ἐστιν
Ἀθηνᾶς Ἀρείας, ὃν ἀνέθηκεν ἀποφυγὼν
τὴν δίκην. τοὺς δὲ ἀργοὺς λίθους, ἐφ' ὧν
ἑστᾶσιν ὅσοι δίκας ὑπέχουσι καὶ οἱ διώ-
κοντες, τὸν μὲν Ὕβρεως τὸν δὲ Ἀναιδείας
αὐτῶν ὀνομάζουσιν.
I, 28, 8 fg. ἔστι δὲ Ἀθηναίοις καὶ ἄλλα
δικαστήρια οὐκ ἐς τοσοῦτον δόξης ἥκοντα.
τὸ μὲν οὖν καλούμενον Παράβυστον
καὶ Τρίγωνον, τὸ μὲν ἐν ἀφανεῖ τῆς
πόλεως ὂν καὶ ἐπ' ἐλαχίστοις συνιόντων ἐς
αὐτό, τὸ δὲ ἀπὸ τοῦ σχήματος ἔχει τὰ
ὀνόματα. Βατραχιοῦν δὲ καὶ Φοι-
νικιοῦν ἀπὸ χρωμάτων καὶ ἐς τόδε δια-
μεμένηκεν ὀνομάζεσθαι. τὸ δὲ μέγιστον
καὶ ἐς ὃ πλεῖστοι συνίασιν, Ἡλιαίαν κα-
λοῦσιν.
ὁπόσα δὲ ἐπὶ τοῖς φονεῦσίν ἐστιν, ἄλλα
καὶ ἐπὶ Παλλαδίῳ καλοῦσι, καὶ τοῖς
ἀποκτείνασιν ἀκουσίως κρίσις καθέστηκε.
(Urtheil über Demophon nach der Erbeutung
des Palladion.)
28, 10. ἐπὶ Δελφινίῳ δὲ κρίσις καθ-
έστηκεν ἐργάσασθαι φόνον σὺν τῷ δικαίῳ
φαμένοις. (Urtheil über Theseus nach der
Tödtung des Pallas und seiner Söhne). τὸ
δὲ ἐν Πρυτανείῳ καλούμενον, ἔνθα τῷ
σιδήρῳ καὶ πᾶσιν ὁμοίως τοῖς ἀψύχοις
δικάζουσιν. (Urtheil über das Beil beim
Stieropfer für Zeus Polieus).
Pollux VIII, 117 fg.:
Δικαστήρια Ἀθήνῃσιν.
Ἄρειος πάγος ἐδίκαζε δὲ φόνου καὶ
τραύματος ἐκ προνοίας, καὶ πυρκαϊᾶς καὶ
φαρμάκων, ἐάν τις ἀποκτείνῃ δούς u. s. w.
118, ὑπαίθριος δ' ἐδίκαζον ..
τὸ ἐπὶ Παλλαδίῳ. ἐν τούτῳ ἐκρι-
χάνεται περὶ τῶν ἀκουσίων φόνων. (Le-
gende von dem im Phaleron erbeuteten
Palladion.)
119. τὸ ἐπὶ Δελφινίῳ ἱδρῦσθαι μὲν
ὑπὸ Αἰγέως λέγεται Ἀπόλλωνι Δελφινίῳ
καὶ Ἀρτέμιδι Δελφινίᾳ. (Legende von The-
seus und den Pallantiden.)

120. τὸ ἐπὶ Παλλαδίῳ δικάζει περὶ τῶν ἀποκτεινάντων, κἂν ὦσιν ἀφανεῖς, καὶ περὶ τῶν ἀψύχων τῶν ἐμπεσόντων καὶ ἀποκτεινάντων· προεστήκεσαν δὲ τούτου τοῦ δικαστηρίου φυλοβασιλεῖς, οἷς ἔδει τὸ ἐμπεσὸν ἄψυχον ὑπερορίσαι.

121. γνώριμα δικαστήρια ἡ Ἡλιαία, τὸ Τρίγωνον, οἱ μέμνηται Δείναρχος, Μέσον, Παράβυστον, Μεῖζον [Παράβυστον]· καὶ μείζονος δὲ μέμνηται Λυσίας· ἐν μέντοι τῷ Παραβύστῳ οἱ ἕνδεκα ἐδίκαζον. τὸ Μετίχου, Κάλλιον, οὐ μνημονεύει Ἀνδροτίων. τὸ ἐπὶ Λύκῳ, ἀφ' οὗ καὶ ἡ Λύκου δεκάς· καὶ ἥρως δὲ ἴδρυτο αὐτόθι ἔχων τοῦ θηρίου μορφήν, πάλαι δ' ἐκεῖ συνῄεσαν οἱ συνδικάζοντες τὰ δικαστήρια, τὸ δὲ Μετίχου δικαστήριον μέγα, οὕτω κληθὲν ἐπὶ ἀρχιτέκτονος Μετίχου.

122. ὤμνυσαν δὲ ἐν Ἀρδηττῷ δικαστηρίῳ Ἀπόλλω πατρῷον καὶ Δήμητρα καὶ Δία βασιλέα· ὁ δὲ Ἀρδηττὸς Ἰλισοῦ μέν ἐστι πλησίον, ὠνόμασται δὲ ἀπό τινος ἥρωος, ὃς στασιάζοντα τὸν δῆμον ὑπὲρ ὁμονοίας ὥρκισεν (vgl. A: Ardettos).

123. ἡ Ἡλιαία πεντακοσίων — τὸ δὲ δικαστήριον περιεχοιρίζετο, τοῦ μὲν βασιλέως παραγγείλαντος, τῶν δὲ θεσμοθετῶν πληρούντων τὸ δικαστήριον. τὸ δὲ περισχοίνισμα ἀπὸ πεντήκοντα ποδῶν ἐγίνετο· καὶ οἱ ὑπηρέται ἐφεστήκεσαν, ὅπως μηδεὶς ἀνεπόπτευτος προσίῃ.

Andere: *Plut. de genio Socr.* 10: Δικαστήρια bei der ὁδὸς τῶν Ἑρμογλυφείων.

Die einzelnen Gerichtshöfe:

Ardettos, s. oben *Pollux* VIII, 122 u. A. Ard.

Areopag, s. oben *Paus.* I, 28, 5. *Pollux* VIII, 117; sonst unter A.

Bekker Anecc. gr. I, 253. Ἐπάνω δικαστήριον καὶ ὑποκάτω· ἐπάνω μὲν δικαστήριον τὸ ἐν Ἀρείῳ πάγῳ· ἔστι γὰρ ἐν ὑψηλῷ λίθῳ.

Istros bei Suidas. Θεὸς ἐπ' Ἀραιάδεια.

Altäre von Epimenides: *Zenob.* IV, 36.

Batrachiun, s. oben *Paus.* I, 28, 8.

Bukoleion, s. oben besonders.

ἐπὶ Δελφινίῳ, s. oben *Paus.* I, 28, 10. *Pollux*, VIII, 119.

Heliaia, s. oben *Paus.* I, 28, 8. *Pollux* VIII, 121, 123. Vgl. unten Thesmothesion.

Harpocrat. ὁ κάτωθεν νόμος· *Didymos* „ἤτοι" φησί, „τὴν ἡλιαίαν λέγει ὁ ῥήτωρ διὰ τὸ τῶν δικαστηρίων τὰ μὲν ἄνω τὰ δὲ κάτω ὀνομάζεσθαι." Vergl. *Bekker, Anecd. gr.* I, 253, 28: κάτω δὲ τὸ ἐν κοίλῳ τινὶ τόπῳ. S. oben Areopag.

Eustath. ad Odyss. β 7 (vgl. π 552). ἐν .... ἀγορᾷ Κερκώπων πλησίον Ἡλιαίας. *Diog. Laert.* I, 2, 18.

Heliaia der Thesmotheten, *C.I.A.* IV, 1, 27a, Z. 74 fg. ἐφεσιν εἶναι (den Chalkidiern) Ἀθήναζε εἰς τὴν ἡλιαίαν τὴν τῶν θεσμοθετῶν. Vgl. *Antiphon* VI, 21, 23. *Andocid.* I, 28.

Καινόν, s. Μέσον.

Κάλλιον, *Pollux* VIII, 121. *Phot.* Κάλλιον. *Bekker, Anecd.* I, S. 269, 33.

Lykeion, s. unten Gymnas. (Tribunal d. Polemarchen).

[ἐπὶ Λύκῳ, s. oben *Pollux* VIII, 121.]

Μεῖζον, s. *Pollux* VIII, 121.

Μέσον, *Pollux* a. a. O. *Schol. Aristoph. Vesp.* 120. εἰσὶ δὲ δ' (Gerichtshöfe) παράδυστον, καινόν, τρίγωνον, μέσον.

Μετίχιον, s. oben *Pollux* VIII, 121. Vgl. *Hesych.* Μετίχου τέμενος. *Phot. Lex.* Μετιοχεῖον, Μητίοχος. *Bekker, Anecd. gr.* I, 309, 17. *Plut. Polit. praec.* 15. *Alciphr.* III, 29, 1?

Odeion, *Aristoph. Vesp.* 1109. οἱ δ' ἐν ᾠδείῳ δικάζοντ'. *Apollon. c. Neaer.* 53. σῖτον δίκῃ εἰς ᾠδεῖον, vgl. unter Odeion.

Palladion, s. oben *Paus.* I, 28, 8 fg. *Pollux* VIII, 118. Vergl. Athena ἐπὶ Παλλαδίῳ (II).

Parabyston, s. oben *Paus.* I, 28, 8. *Pollux* VIII, 121. Vgl. *Aristoph. Vesp.* 1108. *Schol. Aristoph. Vesp.* 120, s. oben Μέσον. *Antiph.* bei *Harpocr.* s. v. *C.I.A.* II, 822, Z. 12. δικα]στήριον τὸ Παραβύστον. Vgl. *Etym. Magn.* s. v. *Bekker Anecd. gr.* I, 292, 24.

Phoinikiun, s. oben: *Paus.* I, 28, 8.

Pnyxgegend: *Aristoph. Vesp.* 1109 (nach *Meineke*), s. A. Pnyx.

Poikile *C.I.A.* II, 778 B, Z. 5 fg. τὸ

G. Öffentliche Bauten. (Gymnasien.)

δικαστήριον ἡ στοὰ ἡ ποικίλη. Vgl. Stoa Poikile.
Prytaneion, ἐν Πρυτανείῳ, s. oben Paus. I, 28, 10 und Pollux VIII, 120.
Thesmothesion, s. unten bes.
Trigonon, s. oben Paus. I, 28, 8 und Μέσον.
Gymnasien. Vgl. Plut. Thes. 36.
CIA. I, 270, Z. 5 (Poleteninschrift) — — σης τῷ γυ[μν]ασίῳ — —
Akademie.
Paus. I, 29, 1. ἔξω πόλεως. — — ἐγγντάτω (bei den Gräbern) ἡ Ἀκαδημία, χωρίον ποτὲ ἀνδρὸς ἰδιώτου, γυμνάσιον δὲ ἐπ' ἐμοῦ.
Livius XXXI, 24. et extra (vom Dipylon) lines mille ferme passus longus in Academiae gymnasium ferens.
Cic. de finib. V, 1, 1. constituimus inter nos, ut ambulationem postmeridianam conficeremus in Academia ... inde (a Pisone) sex illa a Dipylo stadia confecimus.
Diog. Laert. III, 7. (Platou) διέτριβεν ἐν Ἀκαδημίᾳ· τὸ δ' ἐστὶ γυμνάσιον προάστειον ἀλσῶδες, ἀπό τινος ἥρωος ὀνομασθὲν Ἑκαδήμου — — πρότερον γὰρ διὰ τοῦ ε Ἑκαδημία ἐκαλεῖτο.
Hesych. Ἀκαδημία· λέγεται δὲ γυμνάσιον Ἀθήνῃσιν ἀπὸ Ἀκαδήμου ἀναθέντος — καὶ τόπος· καλεῖται γὰρ οὕτως ὁ Κεραμεικός (vergl. Steph. Byz. Ἑκαδημία. Ἀθήνῃσι τόπος, ὁ Κεραμεικός).
Plato Lysis, S. 203 A. ἐπορευόμην ἐξ Ἀκαδημίας εὐθὺ Λυκείου τὴν ἔξω τειχοὺς ὑπ' αὐτὸ τὸ τεῖχος.
Suid. τὸ Ἱππάρχου τειχίον· Ἵππαρχος ὁ Πεισιστράτου περὶ τὴν Ἀκαδημίαν τεῖχος ᾠκοδόμησε, πολλὰ ἀναγκάσας ἀναλῶσαι τοὺς Ἀθηναίους.
Plut. Cimon 13. (Κίμων) τὴν Ἀκαδημίαν ἐξ ἀνύδρου καὶ αὐχμηρᾶς κατάρρυτον ἀποδείξας ἄλσος ἠσκημένον ὑπ' αὐτοῦ δρόμοις καθαροῖς καὶ συσκίοις περιπάτοις.
Plut. Sulla 12. τήν τε Ἀκαδημίαν ἔκειρε (Sulla) δενδροφορωτάτην προαστείων οὖσαν καὶ τὸ Λύκειον (vgl. Appian Mithrid. 30).
Grundstücke. CIA. III, 61 A. III, Z. 14. χωρίον ἐν Ἀκαδημίᾳ, vgl. B. I, Z. 30.

B. II, Z. 28—30. Vgl. II: Platos Grundstück und Lakydeion.
Heiligthümer, vgl. A: Ölbäume, B: Athena, Eros, Prometheus, Zeus Morios, C: Akademos, Androgeos.
Gräber, vgl. J: Philiskos und Begräbniſs im Kerameikos.
Diogeneion (vgl. Gymnas. d. Epheben).
Plut. Quaest. symp. IX, 1, 1. Ἀμμώνιος Ἀθήνῃσι στρατηγῶν ἀπόδειξιν ἔλαβεν ἐν τῷ Διογενείῳ τῶν γράμματα καὶ γεωμετρίαν καὶ ῥητορικὰ καὶ μουσικὴν μανθανόντων ἐφήβων.
CIA. II, 470, Z. 41. καταπεσόντος δὲ τοῦ περιβόλου τοῦ Διογενείου προτοι[θ,] (der Kosmet Eudoxos) εἰς ἐπισκευὴς αὐτοῦ. Vgl. 482 u. sonst.
CIA. III, 5 (bei Hag. Dimitr. Katiphori gef.) Z. 38 fg. καὶ στῆσαι τὴν μὲν (στήλην) ἐν Ἐλευσινίῳ τῷ ὑπὸ τῇ πόλει, τὴν δὲ ἐν τῷ Διογενείῳ u. s. w.
Vgl. CIA. III, 741, 751, 1093, 1121, 1133, 1135, 1145, 1160, 1171, 1176 fg., 1184, 1186, 1197, 1199, 1202, 1218, 1230, 1243 (alle, soweit bekannt, bei Dimitr. Katiphori gefunden).
Gymnasion der Epheben (? — Diogeneion?).
Athen. Mitth. IV, S. 324 fg. (Ephebenstele vom J. 305/4, Abschrift im Peiraieus gef.) Frgm. d. c. καὶ στῆσαι ἐν τῷ γυμνασίῳ τῶν ἐφήβων.
Gymnasion des Hadrian.
Paus. I, 18, 9. καὶ γυμνάσιόν ἐστιν ἐπώνυμον Ἀδριανοῦ· κίονες δὲ καὶ ἐνταῦθα ἑκατὸν λιθοτομίας τῆς Λιβύων.
CIA. III, 10, Z. 12 fg. ἐπιμελητοῦ γυ[μνασίου καὶ στο]ᾶς θ[οῦ] Ἀδ[ρ]ι[α]νοῦ. (?)
Gymnasion des Hermes.
Paus. I, 2, 5. ἡ δὲ ἑτέρα τῶν στοῶν (vom Dipylon zum Kerameikos) ... ἔχει δὲ γυμνάσιον Ἑρμοῦ καλούμενον.
Kynosarges.
Vgl. B: Hebe, C: Herakleion ἐν Κυνοσάργει, Alkmene und Iolaos, E: Diomeia, F: Diomeisches Thor, J: Grab d. Anchimolios, Isokrates.

Plut. Themist. 1. τοῦτο (τὸ Κυνόσαργες) ἐστὶν ἔξω πυλῶν γυμνάσιον.
Diog. Laert. VI, 13. ἐν τῷ Κυνοσάργει γυμνασίῳ μικρὸν ἄποθεν τῶν πυλῶν. Vgl. Eustath. ad Odyss. p. 1747, 8: ἔξω τοῦ ἄστεος. Steph. Byz. Κυνόσαργες.
Demosth. XXIII, 213. ἀλλ' εἰς τοὺς νόθους ἐπεὶ συντελεῖ καθάπερ ποτὲ ἐνθάδε εἰς Κυνόσαργες οἱ νόθοι. Vgl. Athen. VI, 234 E.
Herodot VI, 116; C: Herakleion.
Livius XXXI, 24, 17 Philippus castra ad Cynosarges — templum Herculis gymnasiumque et lucus erat circumjectus — posuit, sed et Cynosarges et Lycium — incensum est. Vgl. Diodor XXVIII, 7.

Lykeion.
Paus. I, 19, 3. Vgl. B: Apollo Lykeios.
Plato Lysis S. 203 A, s. oben: Akademie.
Xenoph. Hellen. II, 4, 27. ἔγνω, ὅτι κατὰ τὸν ἐκ Λυκείου δρόμον μέλλοιεν τὰς μηχανὰς προσάγειν (die Demokraten im Peiraieus). Hipparch. III, 6 (vgl. 1); von den Reitern: ὅταν γε μὲν πρὸ τοῦ ἀκοντισμοῦ διελαύνωσιν ἐν Λυκείῳ, καλὸν ἑκατέρας τὰς πέντε φυλὰς ἐπὶ μετώπου ἐλαύνειν, — ἐν τοιαύτῃ τάξει, ἀφ' ἧς πληρώσεται τοῦ δρόμου τὸ πλάτος. 7: ἐπειδὰν δὲ ὑπερβάλωσι τὸ κεφάλαιον τοῦ ἀντιπροσώπου θεάτρου, χρήσιμον ἂν οἴομαι φανῆναι καὶ εἴ καθ' ὁπόσους μέτριον εἰς τὸ κάταντες δυναμένους ταχὺ ἐλαύνειν ἐπιδείξαις τοὺς ἱππέας.
Strabo IX, 400. ὁ Ἰλισσός .. ἐκ τῶν ὑπὲρ τῆς Ἄγρας καὶ τοῦ Λυκείου μερῶν.
IX, 397. εἰσὶ μὲν αἱ πηγαί (des Eridanos) ἐκτὸς τῶν Διοχάρους καλουμένων πυλῶν πλησίον τοῦ Λυκείου (s. A: Eridanos, F: Thor des Diochares).
Plut. Thes. 27. die Athener gegen die Amazonen: ἀπὸ δὲ Παλλαδίου καὶ Ἀρδηττοῦ καὶ Λυκείου προσβαλόντες.
Harpocr. (Suid.) Λύκειον. ἓν τῶν παρ' Ἀθηναίοις γυμνασίων ἐστὶ τὸ Λύκειον, ὃ Θεόπομπος μὲν ἐν τῇ κα' Πεισίστρατον ποιῆσαι, Φιλόχορος δ' ἐν τῇ δ' Περικλέους φησὶν ἐπιστατοῦντος αὐτὸ γενέσθαι.
Vit. X or. 841 C Lykurgos τὸ ἐν Λυκείῳ γυμνάσιον ἐποίησε καὶ ἐφύτευσε. Vgl. 852 B

und CIA. II, 240 b, Z. 7: τὸ γυμνάσιον ε[ὸ κατὰ τὸ Λύκειον κατασκεύ]ασεν.
Paus. I, 29, 16. Λυκοῦργος ... ᾠκοδόμησεν .. καὶ τὸ πρὸς τῷ Λυκείῳ καλουμένῳ γυμνάσιον.
Von Philipp von Makedonien verbrannt: Liv. XXXI, 24, 17, s. oben Kynosarges.
Plut. Sulla 12; von Sulla verwüstet, s. Akademie.
CIA. II, 341, Z. 17. ἀνάθεσις (der Epheben) ἐν Λυκ[είῳ.
CIA. III, 89 (bei der russischen Kirche gefunden). ἐπιμελητὴς Λυκείου, s. Apollo Lykeios.

Amtslokal des Polemarchen.
Suid. ἄρχων. Fekker, Anecd. I, 449, 21.
Hesych. ἐπὶ Λυκείου.

Die Peripatetiker im Lykeion: Diog. Laert. V, 2, 51. Cic. Quaest. ac. I, 4, 17. CIA. II, 471, Z. 20. Vgl. H: Theophrast.

Platane und Wasserleitung: Max. Tyr. 24, 4. Theophr. Hist. plant. I, 11, s. oben Aquaeduct und A: Quellen.

Ptolemaion.
Paus. I, 17, 2. ἐν δὲ τῷ γυμνασίῳ τῆς ἀγορᾶς ἀπέχοντι οὐ πολύ, Πτολεμαῖον δὲ ἀπὸ τοῦ κατασκευασαμένου καλουμένῳ, λίθοι [l. λίθοι] τέ εἰσιν Ἑρμαῖ θέας ἄξιοι καὶ εἰκὼν Πτολεμαίου χαλκῆ· καὶ ὅ τε Λίβυς Ἰόβας ἐνταῦθα κεῖται καὶ Χρύσιππος ὁ Σολεύς ... πρὸς δὲ τῷ γυμνασίῳ Θησέως ἐστὶν ἱερόν.
[Plut. Thes. 36. καὶ κεῖται μὲν (ὁ Θησεύς) ἐν μέσῃ τῇ πόλει παρὰ τὸ νῦν γυμνάσιον.]

Vorträge im Ptolemaion: CIA. II, 471, Z. 19. Cic. de finib. I, 11, 39. V. 1, 1.

Bibliothek im Ptolemaion, s. oben unter Bibliotheken.

Heliaia, s. Gerichtshöfe.

Heptachalkon.
Plut. Sull. 14, s. F: Peiraiisches Thor. τοῦ τείχους τὴν περὶ τὸ Ἑπτάχαλκον ἔφοδον καὶ προσβολήν.

Hoplothek, s. Armamentarium.

Horologion (= Thurm der Winde, des Andronikos Kyrrhestes). Vergl. auch: Athena Archegetis.

Varro, de re rust. III, 5, 17. Athenis in horologio, quod fecit Cyrrhestes (est orbis ventorum octo).

C I G. I, 518. Inschriften neben den Reliefs der Winde:

Βορέας | Καικίας | Ἀπηλιώτης | Εὖρος | Νότος | Λίψ | Ζέφυρος | Σκίρων.

Vitruv. I, 6, 4 fg. Andronicus Cyrrhestes, qui etiam exemplum conlocavit Athenis turrim marmoream octagonon et in singulis lateribus octogoni singulorum ventorum imagines, exsculptas contra suos cujusque flatus designavit: supraque eam turrim metam marmoream perfecit et insuper Tritonem aeneum collocavit, dextra manu virgam porrigentem: et ita machinatus est, uti vento circumageretur et semper contra flatum consisteret supraque imaginem flantis venti indicem virgam teneret.

Vergl. Ἐφ. ἀρχ. 1884, S. 169, 170. Z. 54: οἰκίαν τὴν λεγο[μέν]ην Κυρρηστοῦ, ἣν ὁ δῆμος προσκατεσκε[ύασε.

Kleroterion.

Pollux X, 61. ἐπὶ τοῦ τόπου ἔοικεν εἰρῆσθαι τοὔνομα ἐν τῷ Γήρᾳ Ἀριστοφάνους.

Schol. Aristoph. Plut. 277. ἔρχοντο πάντες οἱ δικασταὶ εἰς τὴν ἀγορὰν νύκτι κλήρους ἔβαλλον. Vgl. *C I A.* II, 441, Z. 10.

Kynosarges, s. Gymnasien.

Leokorion, s. E: Agora.

Leschen. Vgl. Lokale d. Agora.

Procl. ad Hesiod. op. et d. 491. ἐν Ἀθήναις ἦσαν τοιοῦτοι τόποι, καὶ ὠνομάζοντο λέσχαι, ἑξήκοντα καὶ τριακόσιαι. (Vergl. *Antiph.* bei *Harpocr.* s. v.)

Logisteria. *Harpocrat.* λογισταὶ καὶ λογιστήρια — τὰ τῶν λογιστῶν ἀρχεῖα.

Lykeion, s. Gymnasien.

ἐπὶ Λύκῳ, s. Gerichtshöfe.

Μακρὰ στοά, s. Stoen und Chalkothek.

Meticheion, s. Gerichtshöfe.

Metroon, s. B: Göttermutter.

Münze.

Harpocr. Ἀργυροκοπεῖον. Ἀντιφῶν ἐν τῷ πρὸς Νικοκλέα. ὅπου κόπτεται τὸ νόμισμα, ὃ νῦν Σμαρτιτήριον τινες καλοῦσιν. Vgl. Στεφανηφόρος.

Hesych. Ἀρχ. und Στεφανηφόρος. Vgl. Stephanephoros (C.).

Museia, s. B: Musen; auch II: Julian u. Platon.

Odeion.

Paus. I, 8, 6. τοῦ θεάτρου δέ, ὃ καλοῦσιν Ὠιδεῖον, ἀνδριάντες πρὸ τῆς ἐσόδου βασιλέων εἰσὶν Αἰγυπτίων (Ptolemaeer, Arsinoe, Berenike, ferner Philipp von Macedonien, Alexander, Lysimachos, Pyrrhos).

I, 14, 1. ἐς δὲ τὸ Ἀθήνῃσιν εἰσελθοῦσιν Ὠιδεῖον ἄλλα τε καὶ Διόνυσος κεῖται θέας ἄξιος.

Hesych. ᾠδεῖον· τόπος ἐν ᾧ πρὶν τὸ θέατρον κατασκευασθῆναι οἱ ῥαψῳδοὶ καὶ οἱ κιθαρῳδοὶ ἠγωνίζοντο.

Aristoph. Vesp. 1109. οἱ δ' ἐν Ὠιδείῳ δικάζουσι. *Schol.* ἔστι τόπος θεατροειδὴς ἐν ᾧ εἰώθασι τὰ ποιήματα ἀπαγγέλλειν πρὶν τῆς εἰς τὸ θέατρον ἀπαγγελίας.

Schol. Aeschin. III, 67. ἐγίγνοντο πρὸ τῶν μεγάλων Διονυσίων ἡμέραις ὀλίγαις ἔμπροσθεν ἐν τῷ Ὠιδείῳ καλουμένῳ τῶν τραγῳδῶν ἀγὼν καὶ ἐπίδειξις ὧν μέλλουσιν δραμάτων ἀγωνίζεσθαι ἐν τῷ θεάτρῳ.

Xenoph. Hell. II, 4, 9. τῇ δ' ὑστεραίᾳ εἰς τὸ Ὠιδεῖον παρεκάλεσαν τοὺς ἐν τῷ καταλόγῳ ὁπλίτας καὶ τοὺς ἄλλους ἱππέας. 10. οἱ δὲ Λακωνικοὶ φρουροὶ ἐν τῷ ἡμίσει τοῦ Ὠιδείου ἐξωπλισμένοι ἦσαν.

25. ἐξεκάθηρον δὲ καὶ οἱ ἱππεῖς ἐν τῷ Ὠιδείῳ, τούς τε ἵππους καὶ τὰς ἀσπίδας ἔχοντες.

Aufbewahrungsort für Mehl und Getreide, sowie Gerichtsstätte: *Demosth. c. Phorm.* 37. *Leptin.* 32. *Apollon. c. Neaer.* 52 fg. *Lysias κατὰ τῶν σιτοπωλῶν* 7. *Harpocr.* Μετρονόμοι und Σιτοφύλακες. *Suid.* Ὠιδεῖον, s. oben *Aristoph. Vesp.* 1109.

Benutzung durch Philosophen: *Athen.* VIII, 336 D. *Diog. Laert.* VII, 184. *Plut. de exil.* 14. *Strab.* IX, 396.

Hyperid. frgm. 121. Lykurg: ᾠκοδόμησε δὲ τὸ θέατρον, τὸ ᾠδεῖον (στάδιον vermuthet *Wachsmuth, die Stadt Athen,* I, S. 602, Anm.).

C I A. II, 421 (Demetr. Katiphori; Ehrendekrete für Miltiades, S. d. Zoilos) Frgm. c. Z. 8. — — καὶ τὰ ἐν τῷ ᾠδείῳ —

Vgl. *Bull. de corresp. hell.* X (1886), S. 452. Frgm. einer Bauinschrift.

Odeion des Perikles.

Paus. I, 20, 4. ἔστι δὲ πλησίον τοῦ τε ἱεροῦ τοῦ Διονύσου καὶ τοῦ θεάτρου κατασκεύασμα, παιχθῆναι δὲ τῆς σκηνῆς αὐτὸ
5 ἐς μίμησιν τῆς Ξέρξου λέγεται. ἐποιήθη δὲ καὶ δεύτερον· τὸ γὰρ ἀρχαῖον στρατηγὸς Ῥωμαίων ἐνέπρησε Σύλλας Ἀθήνας ἑλών.
Vitruv V, 9, 1. Atheniis — — exeuntibus e theatro sinistra parte Odeum, quod Themi-
10 stocles (sic) columnis lapideis dispositis navium malis et antennis e spoliis Persicis pertexit.

Andocid. I, 38. ἐπεὶ δὲ πυρὰ τὸ προπύλαιον τοῦ Διονύσου ἦν, ὁρῶν ἀνθρώπους πολλοὺς ἀπὸ τοῦ ᾠδείου καταβαίνοντας εἰς
15 τὴν ὀρχήστραν.

Plut. Pericl. 13. τὸ δ' Ὠιδεῖον, τῇ μὲν ἐντὸς διαθέσει πολύεδρον καὶ πολύστυλον, τῇ δ' ἐρέψει περικλινὲς καὶ κάταντες ἐκ μιᾶς κορυφῆς πεποιημένον, εἰκόνα λέγουσι
20 γενέσθαι καὶ μίμημα τῆς βασιλέως σκηνῆς, ἐπιστατοῦντος καὶ τούτῳ Περικλέους . . .

Cratinus bei Plut. a. a. O. ὁ σχινοκέφαλος Ζεὺς ὁδὶ προσέρχεται | ὁ Περικλῆς, τᾠδεῖον ἐπὶ τοῦ κρανίου ἔχων.
25 ebda. ἰδιῶντο δὲ καὶ τότε καὶ τὸν ἄλλον χρόνον ἐν Ὠιδείῳ τοὺς μουσικοὺς ἀγῶνας. Vgl. *Bekker, Anecd. gr.* I, 317, 31. *Phot. Suid.* ᾠδεῖον. *Schol. Demosth.* XXXIV, 37.

Theophr. Charact. 3. περὶ ἀδολεσχίας·
30 πόσοι εἰσὶ κίονες τοῦ Ὠιδείου;

Appian Mithrid. 38. Ἀριστίων . . συνέφευγεν (auf die Burg) ἐμπρήσας τὸ Ὠιδεῖον, ἵνα μὴ ἑτοίμοις ξύλοις αὐτίκα ὁ Σύλλας ἔχοι τὴν ἀκρόπολιν ἐνοχλεῖν.
35 *Vitruv* V, 9, 1. idem (Odeum) etiam incensum Mithridatico bello rex Ariobarzanes restituit.

CIA. III, 541. Βασιλέα Ἀριοβαρζάνην Φιλοπάτορα . . . οἱ κατασταθέντες ὑπ' αὐτοῦ
40 ἐπὶ τὴν τοῦ Ὠιδείου κατασκευήν u. s. w.

Odeion der Regilla (des Herodes Atticus).

Paus. VII, 20, 6. κεκόσμηται δὲ καὶ ἐς ἄλλα τὸ Ὠιδεῖον (zu Patrai) ἀξιολογώτατα τῶν ἐν Ἕλλησι, πλήν γε δὴ τοῦ Ἀθήνῃσι·
45 τοῦτο γὰρ μεγέθει τε καὶ ἐς τὴν πᾶσαν ὑπερῆρε κατασκευήν, ἀνὴρ δὲ Ἀθηναῖος ἐποίησεν Ἡρώδης ἐς μνήμην ἀποθανούσης γυναικός. ἐμοὶ δὲ ἐν τῇ Ἀτθίδι συγγραφῇ

τὸ ἐς τοῦτο παρείθη τὸ Ὠιδεῖον, ὅτι πρότερον ἔτι ἐξείργαστό μοι τὰ ἐς Ἀθηναίους 50
ἢ ὑπῆρκτο Ἡρώδης τοῦ οἰκοδομήματος.
Philostrat. Vit. soph. II, 1, 5. ἀνέθηκε δὲ Ἡρώδης Ἀθηναίοις καὶ τὸ ἐπὶ Ῥηγίλλῃ θέατρον, κέδρου ξυνθεὶς τὸν ὄροφον.
Suid. Ἡρώδης . . . κατεσκευάσατο . . . 55
καὶ θέατρον ὑπωρόφιον.

Palaestren.

Pal. des Hippokrates
Vit. Xor. 837 E. Isokrates — ἐπελεύτα δὲ ἐπὶ Χαιρώνδου ἄρχοντος, ἀπαγγελθέντων 60
τῶν περὶ Χαιρώνειαν ἐν τῇ Ἱπποκράτους παλαίστρᾳ πυθόμενος.

Pal. des Lykurg, im Lykeion.
Vit. Xor. 841 C. Lykurg: τὸ ἐν Λυκείῳ γυμνάσιον ἐποίησε καὶ ἐφύτευσε καὶ τὴν 65
παλαίστραν ᾠκοδόμησε. 843 F. πάντων δ' ὧν διώκισεν ἀναγραφὴν ποιησάμενος ἀνέθηκεν ἐν στήλῃ πρὸ τῆς ὑπ' αὐτοῦ κατασκευασθείσης παλαίστρας.

Pal. beim Panopsbrunnen (A). 70
Plato Lysis, S. 203 A: δίελξαι μοι ἐν τῷ κατάντικρυ τοῦ τείχους περίβολόν τί τινα καὶ θύραν ἀνεῳγμένην· — ἐστὶ παλαίστρα, ἔφη, νεωστὶ ᾠκοδομημένη.

Pal. des Sibyrtios. 75
Plut. Alcibiad. 3. καὶ ὅτι τῶν ἀκολουθούντων τινὰ πτείνειν ἐν τῇ Σιβυρτίου παλαίστρᾳ ξύλῳ πατάξας.

Pal. des Taureas.
Plut. Charmid. S. 153 A. καὶ δὴ καὶ εἰς 80
τὴν Ταυρέου παλαίστραν τὴν κατάντικρυ τοῦ τῆς Βασίλης ἱεροῦ εἰσήλθον. Vgl. C: Kodros, (Neleus, Basile).
Ἐφημ. ἀρχ. 1884, S. 170, Z. 53. ἱερὸν Εὐκλείας καὶ Εὐνομίας· — — — — Z. 54. 85
παλαίστρᾳ.ν.

Palladion, s. Gerichtshöfe.
Parabyston, s. Gerichtshöfe.
Parasition.
Pollux VI, 35. καὶ ἀρχεῖόν τι Ἀθήνησι 90
Παρασίτιον καλούμενον, ὡς ἐν τῷ νόμῳ τοῦ βασιλέως ἐστιν ἱερεῖν. Vgl. *Athen.* VI, 235 B.

Phoinikiun, s. Gerichtshöfe.
Pinakothek i. d. Propyläen. 95
Paus. I, 22, 6 dazu *Jahn-Mich.* S. 3, 13 fg.

G. Öffentliche Bauten. (Pnyx — Stadion.) LXXXIX

Pnyx, s. A.
Poikile, s. Gerichtshöfe und Stoen.
Poleterion.
Harpocrat. Πωληταί καί Πωλητήριον (Aristot. frgm. 394) — πωλητήριον δὲ
καλείται ὁ τόπος ἔνθα συνέδρεύουσιν οἱ
πωληταί. Pollux III, 78. Vergl. Agora:
πρατήρ λίθος.
Pompeion.
Paus. I, 2, 4. ἰσελθόντων δὲ εἰς τὴν
πόλιν οἰκοδόμημα ἐς παρασκευήν ἐστι τῶν
πομπῶν.
CIA. II, 834 c (Eleusin. Bauurkunde), Z. 20.
κομιδὴ τῶν ὑπ[ο]ζωμάτων ἐκ Πειραιῶς εἰς
τὸ Πομπεῖον.
Diog. Laert. VI, 22. καὶ τοῖς Ἀθηναίοις
ἔφασκε (Diogenes der Cyniker) διακνὴς τὴν
τοῦ Διὸς στοὰν καὶ τὸ Πομπεῖον αὐτῷ
κατεσκευακέναι ἐνδιαιτᾶσθαι.
Korn und Mehl im P. aufbewahrt: Demosth.
XXXIV, 39.
Gemälde darin: Vit. X or. 839 C (des
Isokrates). Plin. N. hist. XXXV, 11, § 140.
Erzbild des Sokrates von Lysippos: Diog.
Laert. II, 43.
Propylaeen, s. F.
Prytaneion.
Thucyd. II, 15, 3. θήσεις ... ἐν βουλευτήριον ἀποδείξας καὶ πρυτανεῖον ξυνῴκισε πάντας.
Plut. Thes. 24. Θησεὺς ... ἕν δὲ ποιήσας
ἅπασι κοινὸν ἐντεῦθα πρυτανεῖον καὶ βουλευτήριον ὅπερ νῦν ἵδρυται τὸ ἄστυ.
Paus. I, 18, 3. πλησίον (dem Temenos
der Aglauros) δὲ πρυτανεῖόν ἐστιν, ἐν ᾧ
νόμοι τε οἱ Σόλωνός εἰσι γεγραμμένοι καὶ
θεῶν Εἰρήνης ἀγάλματα κεῖται καὶ Ἑστίας,
ἀνδριάντες δὲ ἄλλοι τε (vergl. I, 26, 3:
Olympiodor) καὶ Αὐτόλυκος ὁ παγκρατιαστής.
τὰς γὰρ Μιλτιάδου καὶ Θεμιστοκλέους εἰκόνας ἐς Ῥωμαῖόν τε ἄνδρα καὶ Θρᾷκα
μετέγραψαν. Vgl. Aelian Var. hist. IX, 39.
I, 18, 4. ἐντεῦθεν ἰοῦσιν ἐς τὰ κάτω
τῆς πόλεως Σαράπιδος ἱερόν ἐστιν.
I, 20, 1. ἔστι δὲ ὁδὸς ἀπὸ τοῦ πρυτανείου καλουμένη τρίποδες.
Schol. Aristoph. Equit. 167. Πρυτανεῖον
οἴκησις παρὰ τοῖς Ἀθηναίοις, ἔνθα σιτοῦνται δημοσίᾳ οἱ τῆς τοιαύτης τιμῆς παρ'
αὐτοῖς τυχόντες.
Bekker, Anecd. gr. I, 449, 19; s. E: Bukoleion: τὸ δ' ἐν (das Bukoleion) πλησίον
τοῦ πρυτανείου.
Zenob. IV, 93, s. E: Λιμοῦ πεδίον. οἱ δ'
Ἀθηναίοι ἀνῆκαν αὐτῷ (τῷ Λιμῷ) τὸ
ὄπισθεν τοῦ πρυτανείου πεδίον.
Callimach. Hymn. in Cer. 128 s. B: Demeter Eleusinia.
Vgl. ἐπὶ πρυτανείῳ oben: Gerichtshöfe.
Hesych. πρυτανεῖον . . τρία Ἀθήνησι
συσσίτια, θεσμοθέσιον, θόλος, πρυτανεῖον.
Schol. Aristoph. Pac. 1153. Θόλος: τόπος
Ἀθήνησι παρὰ πρυτανεῖον, ἐν ᾧ ἱστήκασιν
ἀνδριάντες, οὓς ἐπωνύμους καλοῦσιν.
Plut. Solon 25. ὧν (von den hölzernen
ἄξοσι) ἔτι καθ' ἡμᾶς ἐν πρυτανείῳ λείψανα
μικρὰ διεσώζετο. Harpocrat. ἄξονι διασώζονται δὲ (οἱ ξύλινοι ἄξονες) ἐν τῷ
πρυτανείῳ.
Pollux VIII, 128. (οἵ τε κύρβεις καὶ οἱ
ἄξονες) . . . εἰς τὸ πρυτανεῖον καὶ τὴν
ἀγορὰν μετεκομίσθησαν. Vgl. oben Buleuterion.
Bildwerke im Prytaneion, s. oben
Paus. I, 18, 3, Eirene, Hestia. B: Agathe
Tyche, D: Autolykos; Demochares; Miltiades,
Olympiodoros und Themistokles.
Prytanikon.
(Inschriftl. bezeugt:) καὶ στῆσαι ἐν τῷ
πρυτανικῷ. CIA. II, 390, Z. 20; 391 fg.,
394, 417, 425 fg., 431, 440, 457, 459, 471.
Dazu Köhler, Hermes V, S. 340.
Vgl. auch oben Schol. Aristoph. Pac. 1153.
Ptolemaion, s. oben Gymnasien.
Skeuothek (auf der Akropolis)¹
σκεύη, κρήματα ἐν ἀκροπόλει (in der
Chalkothek oder einem besonderen Magazin)
für 100 Schiffe während der Jahre 329 bis
324 erwähnt in den Seeurkunden CIA. II,
807 a, Z. 43 fg., 808 b, Z. 89 fg., 809 b,
Z. 128 fg.
Skias, s. Tholos.
Stadion.
Vit. X or. 841 D. Lykurgos: τῷ σταδίῳ
τῷ Παναθηναϊκῷ τὴν κρηπῖδα περιέθηκεν,

ἐξεργασάμενος τοῦτό τε καὶ τὴν χαράδραν
ὁμαλὴν ποιήσῃς. Ἰωνίων τινός, ὃς ἐκέκτητο
τοῦτο τὸ χωρίον, ἀνέντος τῇ πόλει.
CIA. II, 240 (vgl. Vit. Xor. 852 B) Z. 7.
τό τε στάδιον τὸ Παναθηναϊκὸν — —
κατεσκεύασεν.
CIA. II, 176 (Ehrendecret für Eudemos
von Plataiai Ol. 112, 3) Z. 15. καὶ νῦν
ἐπ[ιδέδ]ω[κεν] εἰς τὴν ποίησιν τοῦ σταδ[ίου]
καὶ τοῦ θεάτρου τοῦ Παναθηναϊκοῦ χίλια
ζεύγη.
Δελτ. ἀρχ. 1889, S. 58 fg. (Ehrendecr.
für Herakleitos aus Athmonon. 3. Jahrh.?)
Z. 3. τό τε στάδιον και[εσκεύασεν ἐπαξί]ως.
Ἐφ. μ. ἀρχ. 1884, S. 169, 170, Z. 50:
— — ἀφέσεις τὰς ὑπὸ τῶν ἀθλητῶν τοῦ
Παναθηναϊκοῦ σταδίου καὶ τὰ ὑπὸ — — —
Harpocr. Ἀρδηττος... τόπος Ἀθή-
νησιν ὑπὲρ τὸ στάδιον τὸ Παναθηναϊκὸν.
Paus. I, 19, 6. διαβᾶσι δὲ τὸν Εἰλισσὸν
(Heiligthum der Artemis Agrotera) — — τὸ
δὲ ἀκοῦσαι οὐχ ὁμοίως ἐπαγωγόν, θήσω
δ' ἰδοῦσι, στάδιόν ἐστι λευκοῦ λίθου·
μέγεθος δ' αὐτοῦ τῇδε ἄν τις μάλιστα
τεκμαίροιτο· ἄνωθεν ὄρος ὑπὲρ τὸν Ἰλισ-
σὸν ἀρχόμενον ἐκ μηνοειδοῦς καθήκει τοῦ
ποταμοῦ πρὸς τὴν ὄχθην εὐθύ τε καὶ δι-
πλοῦν. τοῦτο ἀνὴρ Ἀθηναῖος Ἡρώδης ᾠκο-
δόμησε, καί οἱ τὸ πολὺ τῆς λιθοτομίας τῆς
Πεντέλησιν ἐς τὴν οἰκοδομὴν ἀνηλώθη.
Philostr. vit. Soph. II, 1, 15. τὸ στάδιον
τὸ ὑπὲρ τὸν Ἰλισσὸν ἔσω τεττάρων ἐτῶν
ἀπετέλεσεν (Herodes), ἔργον ξυνθεὶς ὑπὲρ
πάντα τὰ θαύματα, οὐδὲν γὰρ θέατρον
αὐτῷ ἁμιλλᾶται. Vergl. Suid. Ἡρώδης·
s. auch B: Tempel der Tyche und J: Grab
des Herodes.

Stoen.

Alphitopolis (vgl. auch K: Peiraieus).
Aristoph. Eccles. 686. τοῖς δ' ἐκ τοῦ
κάππ' ἐς τὴν στοιὰν χωρεῖν τὴν ἀλφιτό-
πωλιν.
Hesych. Ἀλφίτων στοά· ἐν Ἀθήναις,
ἐν ᾗ τὰ ἄλφιτα ἐπωλεῖτο.
Eustath. ad Il. A, S. 868, 38. ἔν δέ, φασί,
καὶ ἀλφίτων στοά ἐν Ἀθήναις, ἐν ᾗ καὶ
ἡ τοῦ Ζευξίδος ἀνέκειτο Ἑλένη. Bekker,
Anecd. I, 385, 32.

Stoa (im Asklepieion?)
CIA. II, 639, Z. 8. εἰκονικῶν πινάκων.
Z. 9 f. α[ἳ] αὐτοῖ[ς] εἰς τὴν στοὰν καὶ —
— ἀνάξια τοῦ ἱεροῦ u. s. w.

Stoa des Attalos.
CIA. II, 1170. Dorisches Epistyl; (nordl.
Panag. Pyrgiotissa gef.). Βασιλεὺς Ἄτταλος
βασιλέως Ἀττάλου καὶ βα[σιλία]σσα Ἀπολ-
λων[ίδος].
CIA. II, 482, Z. 68 fg. γραπτῆς εἰκόνος
ἀναθέσιν ἐν τῇ Ἀτ[τάλου στο]ᾷ.
Athen. V, S. 212 F. πλήρης δ' ἦν ὁ Κε-
ραμεικὸς ἀστῶν καὶ ξένων καὶ αὐτόκλητος
εἰς τὴν ἐκκλησίαν τῶν ὄχλων συνδρομή...
ἀναβὰς οὖν ἐπὶ τὸ βῆμα τὸ πρὸ τῆς Ἀτ-
τάλου στοᾶς ᾠκοδομημένον τοῖς Ῥωμαίων
στρατηγοῖς στὰς ἐπὶ τούτου καὶ περιβλέψας
κυκλόθεν τὸ πλῆθος u. s. w.

Stoa Basileios. (Vgl. D. Pindar).
Paus. I, 3, 1. πρῶτη δέ ἐστιν ἐν δεξιᾷ
(im Kerameikos) καλουμένη στοὰ βασίλειος
... ταύτης ἕπεστι τῷ κεράμῳ τῆς στοᾶς
ἀγάλματα ὀπτῆς γῆς, ᾅδης Θησεὺς ἐς
θάλασσαν Σκείρωνα καὶ φέρουσα Ἡμέρα
Κέφαλον. (Dann Bildwerke: Zeus Eleuthe-
rios und die Stoa des Zeus Eleuth.); vgl.
I, 14, 6: ὑπὲρ δὲ τὸν Κεραμεικὸν καὶ
στοὰν τὴν καλουμένην βασίλειον ναός ἐστιν
Ἡφαίστου.
Aristoph. Eccles. 684 fg. καὶ περιΐει τοὺς
ἐκ τοῦ βῆτ' ἐπὶ τὴν στοιὰν ἀκολουθεῖν
τὴν βασίλειον δειπνήσοντας· τὸ δὲ θῆτ' ἐς
τὴν παρὰ ταύτην.
Eustath. ad Odyss. α, 395, S. 1425, 30.
ἐν δὲ — βασίλειος ἐπεὶ στοαὶ πλησίον
τῆς τοῦ Ἐλευθερίου Διὸς στοᾶς.
Harpocr. (Suid.) βασίλειος στοά· δύο
εἰσὶ στοαὶ παρ' ἀλλήλαις, ἥ τε τοῦ Ἐλευ-
θερίου Διὸς καὶ ἡ βασίλειος. (Hesych.
Βασ. στ.)
Harpocrat. Ἑρμαῖ· Μενεκλῆς ἢ Καλ-
λικράτης ἐν τῷ περὶ Ἀθηνῶν γράφει ταυτί
„ἀπὸ γὰρ τῆς ποικίλης καὶ τῆς τοῦ βασιλέως
στοᾶς εἰσιν οἱ Ἑρμαῖ καλούμενοι."
Schol. Demosth. XX, 112. τρεῖς ἧσαν Ἀ-
θήνησι στοαί, ἡ μὲν ἐκαλεῖτο βασίλειος, ἡ
δὲ τῶν Ἑρμῶν, ἡ δὲ Πισιανάκτειος.
Gesetzestafeln vor u. innerhalb der Stoa:

CIA. I, 61 (bei d. Metropolis gef.) Z. 7 f.
[α]ν[τ]α[θέν]ε[ων πρόσθεν τ]ῆ[ς] στοᾶς τῆς
βασιλείας. Vgl. *Andocid.* I, 82, 85. *Aelian.
Var. hist.* VI, 1. *Harpocr.* (*Phot. Suid.*)
Κύρβεις u. s. w.
Amtslokal des Archon βασιλεύς. S.
Plato Euthyphron a. Auf.
Sitzung des Rathes vom Areopag.
Demosth. XXV, 23.
Schwur der Archonten. *Poll.* VIII,
86. ὄμνυον δ᾽ οὗτοι πρὸς τῇ βασιλείῳ
στοᾷ ἐπὶ τοῦ λίθου, ἐφ᾽ οὗ τὰ τόμια (*Bergk
st. ταμεῖα*) συμφυλάξειν τοὺς νόμους.
Plut. Solon 25. ἐν ἀγορᾷ πρὸς τῷ λίθῳ.
Stoa Eleutherios, s. unter St. des Zeus
Eleuth.
Stoa des Eumenes.
Vitruv V, 9, 1. post scaenam porticus
sunt constituendae, uti cum imbres repentini
ludos interpellaverint, habeat populus, quo
se recipiat ex theatro choragiaque laxamentum
habeant ad comparandum, uti sunt porticus
Pompeianae itemque Athenis porticus Eumeniae
Patrisque Liberi fanum. Vgl. oben: Odeion
des Perikles.
Vgl. Δελτ. ἀρχ. 1889, S. 110 fg. (Decret,
bei den Propylaeen gef.; ursprünglich vor
der Eumeneshalle?)
Stoa des Eurykleides.
CIA. II, 379. Decret zu Ehren des Eury-
kleides. Z. 26. [τιμ]ῆναι καὶ στοὰν ἀνα...
Stoa des Hadrian.
Paus. I, 18, 9. τὰ δ᾽ ἐπιφανέστατα ἑκα-
τόν εἰσι κίονες. Φρυγίου λίθου πεποίηνται
καὶ ταῖς στοαῖς κατὰ τὰ αὐτὰ οἱ τοῖχοι.
καὶ οἴκημα (s. Bibliothek des Hadr.).
Vgl. *CIA.* III, 10, Z. 12 fg. (S. oben
Gymnas. d. H.) III, 470. (Pittakis).
Stoa der Hermen.
Aeschin. III, 183. (Volksbeschluß zu Ehren
der am Strymon siegreichen Strategen:) τρεῖς
λιθίνους Ἑρμᾶς στῆσαι ἐν τῇ στοᾷ τῇ τῶν
Ἑρμῶν. (Vgl. *Plut. Cimon* 7.)
Demosth. XX, 112. (ἐπὶ τῶν προγόνων
— —) ἀγαπητῶς ἐπιγράμματος ἐν τοῖς
Ἑρμαῖς ἔτυχον. *Schol.:* τρεῖς ἦσαν Ἀθήνησι
στοαί, ἡ μὲν ἐκαλεῖτο βασίλειος, ἡ δὲ τῶν
Ἑρμῶν, ἡ δὲ Πεισιανάκτιος.

Harpocrat. Ἑρμαῖ· ὅτι καὶ Ἑρμῶν
στοά τις ἐλέγετο, δεδήλωκε καὶ Ἀντιφῶν ἐν
τῷ πρὸς Νικοκλέα.
Stoen im Kerameikos.
Paus. I, 2, 4. στοαὶ δέ εἰσιν ἀπὸ τῶν
πυλῶν ἐς τὸν Κεραμεικόν (davor Erzbilder
berühmter Männer und Frauen). 5. ἡ δὲ
ἑτέρα τῶν στοῶν ἔχει μὲν ἱερὰ θεῶν, ἔχει
δὲ γυμνάσιον Ἑρμοῦ καλούμενον u. s. w.
Himer. or. III, 2. ὃς (der Dromos, durch
welchen das Panathenäenschiff geführt wird)
εὐθετής τε καὶ λίθος καταβαίνων ἄνωθεν
σχίζει τὰς ἑκατέρωθεν παρατεταμένας στοάς,
ἐφ᾽ ὧν ἀγοράζουσιν Ἀθηναῖοι u. s. w.
Μακρὰ στοά. (Vgl. auch Chalkothek.)
Schol. Aristoph. Aves 997. — — μέρος τι
νῦν σύνηθες γέγονε τὸ Κολωνὸν καλεῖν τὸ
ὄπισθεν τῆς μακρᾶς στοᾶς. Vgl. Kolonos.
CIA. II, 421 (gef. bei Hag. Dimitrios
Katiphori; Ehrendecret für Miltiades, Sohn
des Zoilos). *Fragm. a.* Z. 14. πρὸ τῆς?] ἐν
Κεραμεικῷ μακρᾶς στ[οᾶς] Vgl. D. Mil-
tiades.
Stoa Peisianakteios = Stoa Poikile.
Paus. I, 15, 1. ἰοῦσι δὲ πρὸς τὴν στοάν
ἣν ποικίλην ὀνομάζουσιν ἀπὸ τῶν γραφῶν,
ἔστιν Ἑρμῆς (vgl. *Lucian Jup. trag.* 33; s.
B: Hermes Agoraios) καὶ πύλη πλησίον
(s. F.).
I, 15, 2, 3. Gemälde darin: Schlacht
bei Oinoe; Amazonenkampf; Einnahme von
Ilion (Urtheil über Aias); Schlacht bei Mara-
thon. (Über diese vergl. *Plutarch Cimon* 4.
Harpocrat. Πολύγνωτος. *Himer. or.* X, 3.
Synesius ep. 54.) 4. Trophäen: Schilde
von den Lakedämoniern und Skionäern.
Harpocrat. Ἑρμαῖ. S. oben Stoa Basi-
leios und Hermen (B).
Aelian Var. hist. XIII, 12. Μέτων τὴν
συνοικίαν τὴν αὐτοῦ καταπρήσειν. ἐγγυτάτω
δὲ αὕτη τῇ ποικίλῃ. (Vgl. *Plut. Nic.* 13
und H: Haus d. Meton.)
Lucian Navig. 13. Adeimantos wünscht
sich ein Haus ἐν ἐπικαίρῳ, μικρὸν ὑπὲρ τὴν
ποικίλην.
Lucian Dial. meretr. VIII, 2. Demophantos
wohnt κατόπιν τῆς ποικίλης.
Aeschin. III, 186. προσβάλλει τῇ διανοίᾳ

καὶ εἰς τὴν στοὰν τὴν ποικίλην· ἁπάντων
γὰρ ὑμῖν τῶν καλῶν ἔργων τὰ ὑπομνήματα
ἐν τῇ ἀγορᾷ ἀνάκειται. Vgl. oben Stoa
Basileios (Schol. Demosth. XX, 112) und St.
5 der Hermen.
Plut. Cimon 4. ἐν τῇ Πεισιανακτείῳ τότε
καλουμένῃ, ποικίλῃ δὲ νῦν στοᾷ.
Diog. Laert. VII, 6. ἐπὶ γὰρ τῶν τετρά-
κοντα τῶν πολιτῶν πρὸς τοῖς χιλίοις τετρα-
10 κοσίοις ἀνήρχετ' ἐν αὐτῷ (τῷ χωρίῳ d. i.
der Poikile).
Diog. Laert. VII, 5. Zenon lehrt ἐν τῇ
ποικίλῃ στοᾷ τῇ καὶ Πεισιανακτείῳ καλου-
μένῃ, ἀπὸ δὲ τῆς γραφῆς τῆς Πολυγνώτου
15 ποικίλη (vgl. Suid. Ζήνων Μνασέου.
Alciphr. I, 3, 2. III, 53, 2. Lucian Dial.
meretr. 10, 1. Icaromenipp. 34. Jup. Trag.
16 (Sitze). Strabo IX, S. 396. Diog. Laert.
VII, 1, 15. (Ein Altar.) Schol. Aristoph. Ran.
20 369: (πρόρρησις des Hierophanten und Da-
duchen.)
Gaukler vor der Poikile: Apuleius Met.
I, 4. Vgl. auch Gerichtshöfe
Στοὰ Ῥωμαίου.
25 CIA. II, 446 (gef. bei Dimitr. Katiphori),
Z. 28 f. διδόσθαι αὐτῷ (Miltiades S. d.
Zoilos) κ[αὶ] τόπον ἀναθεῖναι τῆς ὁπλοθήκης
ἐν τῇ στοᾷ τοῦ Ῥωμαίου.
Stoa beim Thurme der Winde (des An-
30 dronikos), s. oben Horologion.
CIA. III, 66. Vergl. Athen. Mitth. VII,
S. 398 f. 3 Fragmente des Frieses über den
Bogen: [. . . καὶ] Ἀθηνᾷ Ἀρχηγέτιδι καὶ
θεοῖς Σεβαστοῖς [. . . Ἑρμογένης . . . οἱ]
35 Γαργήττιος [καὶ . . .]ης Ἑρμογ[ένους] Γαρ-
γήττιος, γόνῳ δὲ Δημητρίου Μαραθω-
νίου . . .]ν ἀνέθηκαν.
Stoa des Zeus Eleutherios. (Vgl. B. Zeus
Eleuth. und oben St. Basileios.)
40 Paus. I, 3, 3. στοαὶ δὲ ὄπισθεν (hinter
der Statue des Zeus Eleutherios und des
Hadrian) ᾠκοδόμηται γραφὰς ἔχουσα (von
Euphranor: 12 Götter; Zeus, Demokrateia
und Demos; die Schlacht bei Mantineia.
45 Vgl. über die Gemälde: Plut. de glor. Ath.
2. Plin. Nat. H. XXXV, 11, § 29. Valer.
Max. 8, 11, 5. Eustath. ad Iliad. 529.
Schilde: Paus. I, 26, 2. X, 21, 6.)

Harpocrat. Βασίλειος στοά s. oben
Stoa Bas. (παρ' ἀλλήλας.) Vergl. ebenda 50
Eustath. ad Odyss. α 395, S. 1425 (die Basi-
leios Stoa: πλησίον).
Diog. Laert. VI, 22 (s. oben Pompeion).
Harpocrat. Ἐλευθέριος Ζεύς· Ὑπερίδης
„τῷ μὲν — Διὶ ἡ ἐπωνυμία γέγονε τοῦ 55
Ἐλευθέριον προσαγορεύεσθαι, διὰ τὸ τοῖς
ἐξελευθέροις τὴν στοὰν οἰκοδομῆσαι τὴν
πλησίον αὐτοῦ." ὁ δὲ Δίδυμος φησιν —
— διὰ τὸ τῶν Μηδικῶν ἀπαλλαγῆναι τοὺς
Ἀθηναίους. (Vgl. Suid. Etym. Magn. s. v.) 60
Spaziergänger und Ausruhende in
der Halle. Plato Eryx. S. 392 A, vergl.
Theagen. S. 121 A. Xenoph. Oecon. VII, 1.
ἐν τῇ τοῦ Διὸς τοῦ Ἐλευθερίου στοᾷ καθή-
μενον — σχολάζοντα ἐν τῇ ἀγορᾷ. 65
Aufstellung von Decreten:
CIA. II, 325b, Z. 20. 326b, Z. 11: στῆ-
σαι πρὸς τῇ στοᾷ τῇ τοῦ Διὸς (gef. bei
Hypapanti).
CIA. II. 17, Z. 65. παρὰ τὸν Δία τὸν 70
Ἐλευθέριον.
Strategion. Aeschin. II. 85. Plutarch. Nic.
5, 15.
CIA. II, 728 B, Z. 29 (Chalkothekinventar).
καί εἰσιν ἐν τῷ στρ[ατη]γίῳ — 75
Tamieion.
CIA. IV, 2, S. 58, 19. frgm. c. Z. 4
τ]αμιεῖον ἐμ — — —
Theater.
Theater des Agrippa. 80
Philostr. Vit. soph. II, 5, 4: (8. 4). τὸ ἐν
τῷ Κεραμεικῷ θέατρον, ὃ δὲ ἐπωνόμασται
Ἀγριππείον. (Darin Vorträge der Rhetoren.)
Theater des Dionysos:
Hesych. (Phot., Bekker, Anecd. gr. I, 278, 85
8.) Λήναιον — — ἐν αὐτῷ Λήναιοι
Διονύσου ἱερόν, ἐν ᾧ ἐπετελοῦντο οἱ ἀγῶνες
Ἀθηναίων πρὶν τὸ θέατρον οἰκοδομηθῆναι.
Hesych. (Suid.) αἰγείρου θέα· αἴγειρος
ἐν Ἀθήναις πλησίον τοῦ ἱεροῦ, ἔνθα πρὶν 90
γενέσθαι θέατρον τὰ ἴκρια ἐπήγνυον. Vgl.
Hesych. παρ' αἴγειρον θέα, παρ' αἰ-
γείρῳ. Suid. ἀπ' αἰγείρου θέα. S. A:
Pappeln.
Phot. ἴκρια· (Eustath. ad Odyss. γ 350, 95
S. 1472, 4.) ἴκρια τὰ ἐν ἀγορᾷ, ἀφ' ὧν

G. Öffentliche Bauten. (Thesmothesion — Wasserleitungen.)

ἰδιῶντο τοῖς Διονυσιακοῖς ἀγῶσιν πρὶν ἢ κατασκευασθῆναι τὸ ἐν Διονύσου θέατρον. Vgl. auch E. Agora: Tribünen.

Suid. Πρατίνας — ἐπιδεικνυμένου δὲ
5 τούτου συνέβη τὰ ἴκρια ἐφ' ὧν ἑστήκεσαν οἱ θεαταὶ πεσεῖν καὶ ἐκ τούτου θέατρον οἰκοδομηθῆναι Ἀθηναίοις (Olymp. 70, 1). Vgl. Suid. Αἰσχύλος.

CIA. II, 114 B, Z. 7 f. ἡ βουλή, ἡ ἐπὶ
10 Πυθοδ]ότου ἄρχοντος καλῶς καὶ δικαίως ἐπι[μελή]θη (τῆς εὐκοσμίας τοῦ θεάτρου (Ol. 109, 2. 343/2 v. Chr.).

CIA. II. 240 fr g. b, Z. 5 f. [= Vit. X or. 852 B]. Ehrendecret des Stratokles für Ly-
15 kurgos: (ἐμίσγυα παραλαβὼν) .. καὶ τὸ θέατρον τὸ Διονυσιακὸν ἐξηργάσατο. Vgl. Vit. X or. 841 C; Paus. I. 29, 16.

Die Sessel- und andere Sitzinschriften im Dionysostheater, s. CIA. III, 240 bis
20 384 (S. 77 f.).

Proskenion des Phaidros:
CIA. III, 239 (3. od. 4. Jahrh. n. Chr.). Σοὶ τόδε καλὸν ἔτευξε, φιλόργιε, βῆμα θεήτρου Φαῖδρος Ζωΐλου, βιοδώτορος Ἀτθίδος ἀρχός.

25 Κατατομή.
Harpocrat. κατατομή· Αἰσχίνης Ἀντιγραφιώ ἀνέθηκε τὸν ὑπὲρ τοῦ θεάτρου τρίποδα ... καὶ ἐπέγραψεν ἐπὶ τὴν κατατομὴν τῆς πέτρας.

30 Paus. I, 20, 3. τοῦ Διονύσου δέ ἐστι πρὸς τῷ θεάτρῳ τὸ ἀρχαιότατον ἱερόν (vgl. B: Heiligthum des Dionysos). I, 20, 4. ἔστι δὲ πλησίον τοῦ ἱεροῦ τοῦ Διονύσου καὶ τοῦ θεάτρου κατασκεύασμα (vgl. oben
35 Odeion des Perikles).

Paus. I, 21, 3. ἐν δὲ τῇ κορυφῇ τοῦ θεάτρου σπήλαιόν ἐστιν ἐν ταῖς πέτραις ὑπὸ τὴν ἀκρόπολιν (vgl. D: Dreifüsse).

Paus. I, 21, 1. εἰσὶ δὲ Ἀθηναίοις εἰ-
40 κόνες ἐν τῷ θεάτρῳ καὶ τραγῳδίας καὶ κωμῳδίας ποιητῶν, αἱ πολλαὶ τῶν ἀφανεστέρων (vergl. D: Statuen des Aischylos, Sophokles, Euripides, Menandros, Hadrian. Ferner Miltiades,
45 Themistokles Vgl. auch oben: Odeion, Stoa des Eumenes, G: Grab d. Kalos).

Theater des Herodes, s. Odeion. Vgl. auch H: Julian.

Thesmothesion.

Plut. Symp. quaest. VII, 9. ὥσπερ καὶ τὸ 50
ἐνθάδε πρυτανεῖον καὶ θεσμοθέσιον.

Schol. Plat. Phaedr. 235 D. οἱ δὲ θεσμοθέται — — ἀφ' ὧν καὶ ὁ τόπος, ὅπου συνῄεσαν καὶ ἐσιτοῦντο, θεσμοθέσιον ἐκαλεῖτο. Pollux IV, 122 v. d. 9 Archonten 55
[Hyperides] ἑστιῶντο ἐν τῇ στοᾷ. Demosth. XXI, 85. τὸ τῶν ἀρχόντων οἴκημα.

Suid. ἄρχων = Bekker, Anecd. gr. I, 449, 22. οἱ θεσμοθέται παρὰ τὸ θεσμοθέσιον.

Vgl. Athen. Mitth. III, S. 144 f. und B: 60
Apollo Hypakraios.

Tholos (= Skias).

Paus. I, 5, 1. τοῦ βουλευτηρίου τῶν πεντακοσίων πλησίον θόλος ἐστὶ καλουμένη, καὶ θύουσί τε ἐνταῦθα οἱ πρυτάνεις καὶ 65
τινα καὶ ἀργύρου πεποιημένα ἐστὶν ἀγάλματα οὐ μεγάλα. ἀνωτέρω δέ: die Eponymoi.

Pollux VIII, 155. ἡ θόλος ἐν ᾗ συνεδείπνουν ἑκάστης ἡμέρας πεντήκοντα τῶν 70
τῶν πεντακοσίων βουλῆς.

Bekker, Anecd. gr. I, 264, 26. Θόλος· τόπος ἐν τοῖς ἀρχαίοις κληθεὶς διὰ τὸν τρόπον τῆς κατασκευῆς· ἐν γὰρ θολοειδὲς καὶ ὀροφὴν εἶχε περιφερῆ οἰκοδομητήν οὐχὶ ξυλίνην. 75

Harpocrat. Θόλος· ... Ἀμμώνιος γοῦν ἐν δ' περὶ βωμῶν γράφει ταυτί „ὁ δὲ τόπος, ὅπου ἑστιῶνται οἱ πρυτάνεις καλεῖται θόλος, ὑπ' ἐνίων δὲ σκιάς, διὰ τὸ οὕτως ᾠκοδομῆσθαι αὐτὸν στρογγύλον περι- 80
όμοιον θολίῳ."

Hesych. Πρυτανεῖον (vgl. Prytaneion), und Θόλος. Schol. Aristoph. Pac. 1183. Ἐφημ. ἀρχ. 1883, S. 103, Z. 3. Skias = Tholos, in Prytanenverzeichnissen häufig, 85
vgl. CIA. III, 1048, 1051, 1064 f.: οἱ ἐπὶ Σκιάδος, ὁ λειτουργὸς ἐπὶ τὴν Σκιάδα, ἱερεὺς Φωσφόρων καὶ ἐπὶ Σκιάδος, u. s. w. CIA. II, 445, Z. 12, auch 476.

Thurm der Winde, s. Horologion. 90

Trapeza.
CIA. II, 476, Z. 4. 29: δημοσία τράπεζα. (Vgl. E. Agora: αἱ τράπεζαι.)

Trigonon, s. Gerichtshöfe.

Wasserleitungen, s. oben: Aquaeducte 95
und A: Brunnen, Quellen.

H. Private Häuser und Grundstücke.

Allgemeines.
Ps.-Dicaearch 1, 1. αἱ μὲν πολλαὶ τῶν οἰκιῶν εὐτελεῖς, ὀλίγαι δὲ χρήσιμαι· ἀπιστηθείς δ' ἂν ἐξαίφνης ὑπὸ τῶν ξένων θεωρουμένη, εἰ αὕτη ἐστὶν ἡ προσαγορευομένη τῶν Ἀθηναίων πόλις. (Vergl. unten: Sokrates, Demosthenes.)
Verödete Wohnstätten (während des V. und IV. Jahrhunderts).
Thucyd. II, 17: Die ἐρήμη τῆς πόλεως. Vgl. B: Eleusinion.
Xenoph. de vect. II, 6. ἐπειδὴ καὶ πολλὰ οἰκιῶν ἐρήμά ἐστιν ἐντὸς τῶν τειχῶν [καὶ] οἰκόπεδα u. s. w.
(Auf der Pnyx.)
Aeschin. (I) c. Timarch. 81 fg. τὸ ψήφισμα (τοῦ Τιμάρχου), ὃ οὗτος εἴρηκε περὶ τῶν οἰκήσεων τῶν ἐν τῇ Πνυκί. — 82. Αὐτόλυκος εἶπεν. ὅτι τὸ εἰσήγημα τοῦ Τιμάρχου ἀποδοκιμάζει ἡ βουλή, (τῶν Ἀρεοπαγιτῶν) „καὶ περὶ τῆς ἐρημίας ταύτης καὶ τοῦ τόπον τοῦ ἐν τῇ Πνυκί μὴ θαυμάσετε, ὦ Ἀθηναῖοι, εἰ Τίμαρχος ἐπιμελητέρως ἔχει τῆς βουλῆς τῆς ἐξ Ἀρείου πάγον. 83. οὗτος ἴσως (Τίμαρχος) οἴεσθε ἐν τῇ ἐσχατιᾷ ταύτῃ μικρὸν ὑμῶν ἑκάστῳ ἀνάλωμα γενέσθαι." 84. ὡς δ' ἐπεμερίσθη τῶν οἰκοπέδων καὶ τῶν λάκκων, οἱ δ' ἀναλαβεῖν αὐτοὺς ἠθέλησαν.
Schol. οἰκήσεις τινὲς ἦσαν περὶ τὴν Πνύκα ἐρῆμοι καὶ κατεπεπτωκυῖαι. Ταύτας ἀντεβούλευεν ὁ Τίμαρχος κτεθῆναι, οἱ δ' ἐξ Ἀρείου πάγον ἀντέλεγοσαν. — Πνὺξ δὲ πετρώδες ἐστὶ τόπος, ἔνθα ἐκκλησιάζουσιν, ἐν ἐρήμῳ τόπῳ κείμενος· ὠνομάσθη δὲ Πνὺξ παρὰ τὸ πεπυκνῶσθαι ταῖς οἰκήσεσιν, καθίεμεν γὰρ αὐτὴν εἰς οἰκίας τοῖς ἐλεασταῖς.
Vgl. die ἔρημος οἰκία, Aeschin. a. a. O. § 182 oben E: Ἵππον καὶ κόρης.
Fachwerk und Thonwände.
Vgl. Xenoph. Memorab. III, 1, 7. Plutarch Demosth. 11. Vitruv 2, 1.

Reiche Privathäuser.
Demosth. III, 29. ἔνιοι δὲ τὰς ἰδίας οἰκίας τῶν δημοσίων οἰκοδομημάτων σεμνοτέρας εἰσὶ κατεσκευασμένοι. (Vgl. XXIII, 208 u. unten: Haus des Aristeides.)

Adeimantos.
Lucian Navig. 13. εἶτα ἐκ τῶν δώδεκα ἐκείνων ταλάντων οἰκίαν τι ἥδη ᾠκοδομησάμην ἐν Ἱππαχίῳ μικρὸν ὑπὲρ τὴν ποικίλην, τὴν παρὰ τὸν Ἰλισσὸν ἐκείνην τὴν μετρίαν ἀφείς.

Aischines im Kollytos [Aesch.] Epist. 5, 6.
Grundstücke bei der **Akademie**.
CIA. III, 61 A. III, 14. χωρίον ἐν Ἀκαδημείᾳ, vgl. B. I, 28—30. B. II, 30.
CIA. II, 471, Z. 20.

Alke (Weinschenke).
Isaeus VI. 20. τὴν Ἀλκὴν κατέστησεν Εὐκτήμων ἐπιμελεῖσθαι τῆς ἐν Κεραμεικῷ συνοικίας τῆς παρὰ τὴν πυλίδα, οὗ ὁ οἶνος ὤνιος.

Andokides, vgl. oben C: Phorbanteion.

Areopag.
Vitruv. 2, 1. Athenis Areopagi antiquitatis exemplar ad hoc tempus luto tectum.

Aristeides.
Demosth. III, 25. ἰδίᾳ δ' οὕτω σώφρονες ἦσαν καὶ σφόδρα ἐν τῷ τῆς πολιτείας ἤθει μένοντες, ὥστε τὴν Ἀριστείδου καὶ τὴν Μιλτιάδου καὶ τῶν τότε λαμπρῶν οἰκίαν εἴ τις ἄρα οἶδεν ὑμῶν ὁποία ποτ' ἐστίν, ὁρᾷ τῆς τοῦ γείτονος οὐδὲν σεμνοτέραν οὖσαν.

Atticus.
Cicero de leg. I, 1, 3. Athenis non longe a tua (des Atticus) illa antiqua domo (wurde Oreithyia von Boreas geraubt).

Axiochos.
Plato Axioch. 364 D. S. oben F: Itonisches Thor.

Buleuterion der Technaiten, s. G. Bul.

Chabrias.

H. Private Häuser und Grundstücke. (Charikles — Morychos.)

Hyperid. frgm. 140 (Blass). τὴν οἰκίαν τὴν μεγάλην τὴν Χαρρίου καλουμένην.
Charikles.
Alciphr. III, 43: Ch wohnt in Ankyle; vgl. E: Ankyle.
Charmides.
Andocid. I, 16. ἐν τῇ οἰκίᾳ τῇ Χαρμίδου τῇ παρὰ τὸ Ὀλύμπιον.
Demon.
Aeschin. (I.) c. *Timarch.* 125. πρῶτον μὲν γὰρ τὴν ἐν Κολωνῷ συνοικίαν τὴν Δήμωνος καλουμένην φευδῆ, φησὶ τὴν ἐπωνυμίαν ἔχειν· οὐ γὰρ εἶναι Δήμωνος.
CIA. II, 1654. [ὁ] θεὸς ἔχρησεν τῷ δήμῳ τῷ Ἀθηναίων ἀναθεῖναι τ]ὴν οἰκίαν τὴν Δήμωνος καὶ τὸν κῆπον τὸν προσόντα] τῷ Ἀσκληπιῷ καὶ αὐτὸν Δήμωνα [ἱερέα εἶναι αὐτοῦ.] — Ἱερεὺς Δήμων Δημοτέλους Παια-[νιεὺς ἀνέθηκεν] καὶ τὴν οἰκίαν καὶ τὸν κῆπον u. s. w.
Demophantos.
Lucian meretr. Dial. VIII, 2. Der Geldwechsler Demophantos: ὁ κατόπιν οἰκῶν τῆς ποικίλης.
Demosthenes.
Himer. or. XVIII, 13. τίς ξένος ἐλθὼν Ἀθήναζε πρὸς τὰς Δημοσθένους στέγας καὶ τὰς Σωκράτους αὐλὰς τὸν μέγαν οἶκον Ἱππονίκου περιεργάζεται;
Dikaiogenes.
Isaeus V, 11 (Dikaiogenes) τὴν οἰκίαν αὐτῶν τὴν πατρῴαν ... πριάμενος καὶ κατασκευάσας τὸν κῆπον ἐποιήσατο πρὸς τῇ αὐτοῦ οἰκίᾳ τῇ ἐν ἄστει.
Epikuros.
Haus des Epikur in Melite: *Diog. Laert.* X, 17. Vgl. *Cicero Ep. ad fam.* XIII, 1, 3 fg. *ad Att.* V, 11, 6; V, 19, 3.
Garten des Epikur: *Cicero de finib.* V, 1, 5: in Epicuri hortis, quos modo praeteribamus (auf dem Wege zur Akademie). *Plin. Nat. hist.* XIX, 4, 50. iam quidem hortorum nomine in ipsa urbe delicias agros villasque possident. primus hoc instituit Athenis Epicurus, otii magister. Vgl. *Diog. Laert.* X, 10.
Euktemon, s. oben Alke.
Hipponikos, s. oben Demosthenes und unten Kallias.

Julian.
Eunap. Vit. Julian. I, S. 68 (ed Boissonade). Ἰουλιανοῦ δὲ καὶ τὴν οἰκίαν ὁ συγγραφεὺς Ἀθήνησιν ἑώρα, μικρὰν μὲν καὶ εὐτελῆ τινα, Ἑρμοῦ δὲ ὅμως καὶ Μουσῶν περιπνέουσαν — καὶ εἰκόνες τῶν ἐπ' αὐτοῦ θαυμασθέντων ἑταίρων ἀνέκειτο καὶ τὸ θέατρον ἐν ξεστοῦ λίθου, τῶν δημοσίων θεάτρων εἰς μίμησιν, ἀλλὰ ἔλαττον καὶ ὅσον κρέπειν οἰκίᾳ — οὐθεὶς ἐτόλμα τῶν σοφιστῶν δημοσίᾳ καταβὰς διαλέγεσθαι ἀλλ' ἐν τοῖς ἰδιωτικοῖς θεάτροις — μικροτέροις διαλέγοντο.
Kallias.
Schol. Arist. Ran. 501. Καλλίας ὁ Ἱππονίκου ἐν Μελίτῃ ᾤκει.
Konon.
Athen. XII, 548 A. K. wohnte: ἐν τῷ ἐπιφανεστάτῳ τῆς πόλεως τόπῳ.
Lakydeion.
Diog. Laert. IV, 60. ὁ γοῦν Λακύδης ἐσχόλαζεν ἐν Ἀκαδημίᾳ ἐν τῷ κατασκευασθέντι κήπῳ ὑπὸ Ἀττάλου τοῦ βασιλέως καὶ Λακύδειον ἀπ' αὐτοῦ προσηγορεύετο.
Melanthios.
Vit. X or. 842 F. ἔστιν αὐτῶν (des Lykurg und seiner Nachkommen) τὰ μνήματα ἀντικρὺς τῆς Παιωνίας Ἀθηνᾶς ἐν τῷ Μελανθίου τοῦ φιλοσόφου κήπῳ.
Μελιτιέων οἶκος.
Hesych. Μελιτιέων οἶκος· ἐν τῷ τῶν Μελιτιέων δήμῳ οἶκος τις ἐν παμμεγέθης, εἰς ὃν οἱ τραγῳδοὶ (φοιτῶντες) ἐνεδύοντο.
Vgl. *Phot.* s. v. u. *Bekker, Anecd. gr.* I, 281, 25.
Zenob. II, 27. Μελιτιέων οἶκος· ἐπὶ τῶν ἴδιον οἶκον μὴ κεκτημένων. ἀλλ' ἐπὶ μισθῷ οἰκούντων· μέμνηται αὐτῆς Ἀριστοφάνης ἐν Γεωργοῖς καὶ Πλάτων κωμικός.
Meton.
Aelian Var. hist. XIII, 12. πολλὰ μὲν καὶ ἄλλα ἔδρασε διασῴσασθαι τὴν τῆς νόσου δόξαν βουλόμενος, ἐν δὲ τοῖς καὶ τὴν συνοικίαν τὴν αὐτοῦ κατέπρησεν· ἐμπιπρᾶσι δὲ αὐτὴν τῇ ποικίλῃ.
Miltiades, s. Aristeides.
Morychos.
Plato Phaedr. 227 B. ἐν τῇδε τῇ πλησίον τοῦ Ὀλυμπίου οἰκίᾳ τῇ Μορυχίᾳ.

Peripatetiker, s. Theophrast.
Phokion.
Plut. Phoc. 18. ἡ δὲ οἰκία τοῦ Φωκίωνος
ἔτι νῦν ἐν Μελίτῃ δείκνυται χαλκαῖς λεπίσι
κεκοσμημένη, τὰ δὲ ἄλλα λιτὴ καὶ ἀφελής.
Platon.
Diog. Laert. III, 5. ἐφιλοσόφει (Πλάτων)
δὲ τὴν ἀρχὴν ἐν Ἀκαδημίᾳ, εἶτα ἐν τῷ
κήπῳ τῷ παρὰ τὸν Κολωνὸν ὥς φησιν Ἀλέξανδρος ἐν διαδοχαῖς καθ' Ἡράκλειον.
Diog. Laert. III, 20. Von Annikeris erzählte man: καὶ κηπίδιον αὐτῷ τὸ ἐν Ἀκαδημίᾳ πρίασθαι.
Vit. Platon. c. 4. (Πλάτων) συνεστήσατο
διδασκαλεῖον πλησίον τοῦ καταγωγίου Τίμωνος τοῦ μισανθρώπου.
Cicero de fin. V, 1, 2: venit mihi Platonis
in mentem, quem accepimus primum hic (in
der Akademie) disputare solitum, cuius etiam
illi propinqui hortuli non memoriam solum
mihi afferunt, sed ipsum videntur in conspectu
meo ponere.
Apuleius de dogm. Plat. I, 4: patrimonium
(Platonis) in hortulo, qui Academiae iunctus
fuit.
Phot. Bibl. 346 a, 34 (= *Suid.* Πλάτων [3]):
τὸν ἐν Ἀκαδημίᾳ κέκτηται κῆπον, ὃς μέρος
ἐλάχιστον ἦν τῶν διαδοχικῶν.
Plut. de exil. 10. ἡ Ἀκαδημία τρισχιλίων
δραχμῶν χωρίδιον ἐωνημένον οἰκητήριον
ἦν Πλάτωνος καὶ Ξενοκράτους καὶ Πολέμωνος αὐτόθι σχολαζόντων.
Diog. Laert. IV, 19. (Πολέμων) ἐν διατρίβων ἐν τῷ κήπῳ, παρ' ὃν οἱ μαθηταὶ
μικρὰ καλύβια ποιησάμενοι κατῴκουν πλησίον τοῦ μουσείου καὶ τῆς ἐξέδρας.
Vergl. *Cat. Herculan. Col.* XIV, Z. 37 fg.
[πλ]ησίον τοῦ μουσε[ίο]ν ποιη[σάμε]νοι ἐν
τῷ κήπῳ κ[ατέ]κειτο u. s. w.
Pulytion.
Paus. I, 2, 5. ἔστι δὲ ἐν αὐτῇ (der einen
vom Thor zum Kerameikos führenden Stoa)
Πουλυτίωνος οἰκία (einst zur Parodie der
Mysterien benutzt). ἐπ' ἐμοῦ δὲ ἀνεῖτο Διονύσῳ. Διόνυσον δὲ τοῦτον καλοῦσι Μελπόμενον' daselbst das Weihgeschenk des
Eubulides s. D.

Plato Eryxias 400 B. ἐν τοῖς Σκύθαις
τοῖς νομάσιν εἰ τις τὴν Πουλυτίωνος οἰκίαν
κεκτημένος εἴη, οὐδὲν ἂν πλουσιώτερος
δοκοῖ εἶναι ἢ εἰ παρ' ἡμῖν τὸν Λυκαβηττόν.
Vergl. *Suid.* ἐξωρχησάμην. *Andocid.*
I, 12.
Proklos
Marinus Vit. Procl. 29. Wohnung beim
Dionysion und Asklepieion (s. B. Asklepios).
Pythodoros.
Plato Parmen. 127, B: ἐκτὸς τείχους ἐν
Κεραμεικῷ.
Pyth. ὁ σκηνίτης, s. E. Agora: Σκηναί.
Sokrates.
Himer. Or. XVIII, 3. S. Demosthenes.
Schauspieler (Übungshaus), s. Μελετῶν οἶκος·
auch E. Buleuterion der Techniten.
Themistokles.
Plut. Themist. 22. Haus in Melite (s. E.)
beim Heiligthum der Artemis Aristobule (s. B.).
Theophrast.
Diog. Laert. V, 39. λέγεται αὐτὸν (Θεόφραστον) καὶ ἴδιον κῆπον σχεῖν μετὰ τὴν
Ἀριστοτέλους τελευτὴν Δημητρίου τοῦ Φαληρέως — τοῦτο συμπράξαντος.
Diog. Laert. V, 51. (Testament des Theophrast) τὸ μουσεῖον. — τὸ στωίδιον τὸ
πρὸς τῷ μουσείῳ — τοὺς πίνακας. V, 52.
τὸν κῆπον καὶ τὸν περίπατον καὶ τὰς οἰκίας
τὰς πρὸς τῷ κήπῳ. Vgl. V, 61; V, 70 u.
oben B. Μουσῶν κῆπος.
Timarchos.
Aeschin. (I) c. *Timarch.* 97. τούτῳ κατέλιπεν ὁ πατὴρ οὐσίαν ἀφ' ἧς ἕτερος μὲν
ἂν καὶ ἐλειτούργει . . . οἰκίαν μὲν γὰρ
ὄπισθεν τῆς πόλεως. 98. τὴν οἰκίαν τὴν
ἐν ἄστει ἀπέδοτο' οὗτος Ναυσικράτει . . . .
ὕστερον δ' αὐτὴν ἐπρίατο . . . εἴκοσι μνῶν
Κλεαίνετος.
Timon.
Vit. Platon. c. 4. (Πλάτων) συνεστήσατο
διδασκαλεῖον (vgl. Garten des Platon) πλησίον
τοῦ καταγωγίου Τίμωνος τοῦ μισανθρώπου.
(Vgl. *Olympiodor. Vit. Plat.* a. E.)
Paus. I, 30, 4 (vorher: Grab des Plato).
κατὰ τοῦτο τῆς χώρας φαίνεται πύργος
Τίμωνος.

I. Grabmäler.

Allgemeines.
Thucyd. I, 93. Zum Bau der Stadtmauer unter Themistokles: πολλαί τε στῆλαι ἀπὸ σημάτων καὶ λίθοι εἰργασμένοι ἐγκατελίγησαν.
Cicero, Ep. ad famil. IV, 12, 3. Ab Atheniensibus locum sepulturae (für M. Marcellus) intra urbem ut darent impetrare non potui, quod religione se impediri dicerent: neque tamen id antea cuiquam concesserant. Doch vergl. Philostrat. Vit. soph. II, 1, 10: Panathenais, eine Tochter des Herodes Atticus, innerhalb der Stadt begraben.

Nach den Stadttheren geordnet.
a. **Vor dem Dipylon**, auf dem Wege zur Akademie (Kerameikos); vergl. die Gesammtbeschreibung: Paus. I, 29, 3—16.
Thucyd. II, 34, 5. τιθέασιν οὖν ἐς τὸ δημόσιον σῆμα, ὅ ἐστιν ἐπὶ τοῦ καλλίστου προαστείου τῆς πόλεως καὶ αἰεὶ ἐν αὐτῷ θάπτουσι τοὺς ἐκ τῶν πολέμων πλήν γε τοὺς ἐν Μαραθῶνι.
Aristoph. Aves 395. ὁ Κεραμεικὸς δέξεται νώ, Schol. (nach Menekles und Kallikrates): βαδίζεται δὲ ἔνδον καὶ ἔνδον εἰσὶ στῆλαι ἐπὶ τοῖς δημοσίᾳ τεθαμμένοις ... ἔχουσι δὲ αἱ στῆλαι ἐπιγραφάς, ποῦ ἕκαστος ἀπέθανεν. Vgl. Schol. Eqm. 772.
Harpocr. Κεραμεικός· – ὁ δὲ ἕτερος (Κεραμεικὸς) ἔξω, ἔνθα καὶ τοὺς ἐν πολέμῳ τελευτήσαντας ἔθαπτον δημοσίᾳ καὶ τοὺς ἐπιταφίους ἔλεγον, ᾠλοὶ Καλλικράτης ἢ Μενεκλῆς ἐν τῷ περὶ Ἀθηνῶν.
Philostr. Vit. soph. II, 30. Φιλίσκος – – ἐν Ἀκαδημίᾳ (ἐτάφη), οὗ εἴθισται τὸν ἀγῶνα ἐπὶ τοῖς ἐκ τῶν πολέμων θαπτομένοις ὁ πολέμαρχος (vgl. Pollux VIII, 91).
Heliodor Aethiop. I, 17. ἐπειδὴ κατὰ τὸν θόρυβον ἐγένετο τὸν ἐν Ἀκαδημίᾳ (ταύτως γιγνώσκεις, ἔνθα τοῖς ἥρωσιν οἱ πολέμ...
Curtius, Topographie.

ἀρχοι τὸ πάτριον ἐναγίζουσιν). Vgl. Hesych. ἐπ᾿ Εὐρυγύῃ ἀγών.
CIA. II, 471, Z. 22. ἐποιήσαντο (die Epheben) δὲ καὶ τοῖς ἐπιταφίοις [δρόμον] ἐν ὅπλοις τόν τε ἀπὸ τοῦ πολυανδρείου καὶ τ[οὺς ἄλλους] τοὺς καθή[κοντα]ς.
Vgl. aufserdem unten: Chersonnes, Korinth, Lakedaimonier, Lykurg, Perikles, Platon, Rosse des Miltiades, Solon, Zenon.
b. **An der heiligen Strafse nach Eleusis.**
Vgl. die Gesammtbeschreibung bei Paus. I, 36, 3—37, 5. Aufserdem unten: Anthemokritos, Apollonios.
c. **Die Gräberstätte bei der Hagia Triada.**
Vgl. Salinas, Monumenti sepolcrali scoperti presso la chiesa della S. Trinità. 1863. C. Curtius, Archäol. Ztg. XXIX [1871], S. 12 fg.
L. v. Sybel, Katalog der Sculpturen zu Athen, S. 236 fg. Vgl. aufserdem unten: Dexileos.
d. **Auf dem Wege von Athen nach dem Peiraieus.**
Paus. I, 2, 3. ἔστι δὲ τάφος οὐ πόρρω τῶν πυλῶν, ἐπίθημα ἔχων στρατιώτην ἵππῳ παρεστηκότι (von Praxiteles).
Vgl. unten: Euripides, Menandros, Seher des Thrasybul, Sokrates.
e. **Vor dem Melitischen Thor** (Koile).
Herodot VI, 103. τέθαπται δὲ Κίμων (Vater des Miltiades) πρὸ τοῦ ἄστεος πέρην τῆς διὰ Κοίλης καλεομένης ὁδοῦ· καταντίον δ᾿ αὐτοῦ αἱ ἵπποι τεθάφαται αὗται αἱ τρεῖς Ὀλυμπιάδας ἀνελόμεναι. Vgl. unten: Rosse des Miltiades.
Plut. Cimon 4. μνῆμα δ᾿ αὐτοῦ (Θουκυδίδου) . . ἐν τοῖς Κιμωνίοις δείκνυται παρὰ τὸν Ἐλπινίκης τῆς Κίμωνος ἀδελφῆς τάφον.
Paus. I, 23, 9. καί οἱ (Θουκυδίδῃ) μνῆμά ἐστιν οὐ πόρρω πυλῶν Μελιτίδων.
Marcellin. Vit. Thucyd. 17. πρὸς γὰρ ταῖς Μελίτισι πύλαις καλουμέναις ἐστὶν ἐν Κοίλῃ τὰ καλούμενα Κιμώνια μνήματα, ἔνθα

I. Grabmäler. (f. Vor dem Reiterthor — Eubulos.)

διήκνεται Ἡροδότου (Ἡρώδου Corais, Ὀλόρου Sauppe) καὶ Θουκυδίδου τάφος· εὑρίσκεται δὲ λοῦτι τοῦ Μιλτιάδου γένους ὄντος· ξένος γὰρ οὐδεὶς ἐκεῖ θάπτεται. Vgl. § 32. § 55.
5 ἔστι δὲ αὐτοῦ (Θουκυδίδου) τάφος πλησίον τῶν πυλῶν ἐν χωρίῳ τῆς Ἀττικῆς, ὃ Κοίλη καλεῖται.
Anonym. Biogr. Thucyd. § 1. αὐτίκα γοῦν ἔνθα Μιλτιάδης περὶ Κοίλην τίθαπται,
10 ἐνταῦθα καὶ Θουκυδίδης ἐθάπτεται. § 10. ἐτάφη πλησίον τῶν Μιλτιάδου πυλῶν ἐν χωρίῳ τῆς Ἀττικῆς, ὃ προσαγορεύεται Κοίλη.

f. Vor dem Reiterthor (Ἱππάδες πύλαι).
Alciphr. III, 51, 4. s. F: „Reiterthor" und
15 unten: Hypereides.

g. Vor dem Diomeischen Thor.
Alciphr. III, 51, 4. Vit. X or. 849 c; s. F: „Diomeisches Thor" und unten: Isokrates.

20 **h. Vor den Ἡρίαι πύλαι**
Etym. M. Ἡρίαι πύλαι und Theophr. Charact. 14. s. unter F.

Hervorragende Grabmäler (alphabetisch).
Gegen **Aigina** Gefallene. Im Kerameikos.
25   Paus. I, 29, 7.
Amazonengräber, s. oben C: Amazonen.
Bei **Amphipolis** Gefallene. Im Kerameikos.
   Paus. I, 29, 13.
Anchimolios.
30   Herod. V, 63. Ἀλωπεκῇσι, ἄγχου τοῦ Ἡρακλείου τοῦ ἐν Κυνοσάργει.
Androgeos, s. C.
Anthemokritos (vgl. oben b).
   Paus. I, 36, 3. ἰοῦσι δ' ἐπ' Ἐλευσῖνα ἐξ
35 Ἀθηνῶν, ἣν Ἀθηναῖοι καλοῦσιν ὁδὸν ἱεράν, Ἀνθεμοκρίτου πεποίηται μνῆμα.
   Plut. Pericl. 30, 4. ταφῆναι Ἀνθεμόκριτον παρὰ τὰς Θριασίας πύλας, αἳ νῦν Δίπυλον ὀνομάζονται.
40   Harpocr. Ἀνθεμόκριτος· Ἰσαῖος ἐν τῷ πρὸς Καλυδῶνα „τό τε βαλαντίον τὸ παρ' Ἀνθεμοκρίτου ἀνδριάντα" τοττέστι πρὸς ταῖς Θριασίαις πύλαις. Demosth. XII, 4. ἀνδριάντα πρὸ τῶν πυλῶν.
45 **Antiochos**, s. Philopappos.
Apollodoros, der Söldnerführer. Im Kerameikos.

Paus. I, 29, 10.
Apollonios (vgl. oben b: heil. Strafse).
   Philostr. Vit. soph. II, 30, 3. ἐτάφη (Ἀπολλώνιος ὁ Ἀθηναῖος) ἐν τῷ προαστίῳ τῆς Ἐλευσινάδε λεωφόρου, genannt ἱερὰ συκῆ (s. unter A).
Die als Bundesgenossen von Athen gefallenen **Argiver**. Im Kerameikos.
   Paus. I, 29, 8.
Aristogeiton. Im Kerameikos.
   Paus. I, 29, 15, s. oben C.
Die in **Asien** Gefallenen. Im Kerameikos.
   Paus. I, 29, 11.
Die bei **Byzanz** Gefallenen. (Vgl. Chersonnes und Thrakien.) Inschrift: C.I. IV, 2. 446 a
Die bei **Chaironeia** Gefallenen. Im Kerameikos.
   Paus. I, 29, 13
Die auf dem **Chersonnes** Gefallenen.
   S. die Grabinschrift: C.I. IV, 2. 446 a und unten: Thrakien.
Die auf **Chios** Gefallenen. Im Kerameikos.
   Paus. I, 29, 11.
Chrysippos. Im Kerameikos.
   Paus. I, 29, 15.
Die bei **Delion** Gefallenen. Im Kerameikos.
   Paus. I, 29, 13.
Deukalion, s. C.
Dexileos. Vgl. oben c: Gräberstrafse bei der Hag. Triada. Grabmal mit Reiterrelief.
   C.I. II, 2084.
   Δεξίλεως Λυσανίου Θορίκιος ἐγένετο ἐπὶ Τισάνδρου ἄρχοντος ἀπέθανε ἐπ' Εὐβουλίδου ἐν Κορίνθῳ τῶν πέντε ἱππέων.
   Vgl. unten: die bei Korinth Gefallenen.
Die bei **Drabeskos** Gefallenen. Im Kerameikos.
   Paus. I, 29, 4. C.I. I, 432.
Elpinike.
   Plut. Cimon 4. S. oben e: Gräber vor dem Melitischen Thor.
Ephialtes, der Redner. Im Kerameikos.
   Paus. I, 29, 15.
Die auf **Euboia** Gefallenen. Im Kerameikos.
   Paus. I, 29, 11.
Eubulos. Im Kerameikos.
   Paus. I, 29, 10.

Euripides. Am Wege vom Peiraieus nach Athen: s. oben d.
> *Paus.* I, 2, 2. εἰσὶ δὲ τάφοι κατὰ τὴν ὁδὸν γνωριμώτατοι Μενάνδρου τοῦ Διο-
5 πείθους καὶ μνῆμα Εὐριπίδου κενόν. Vgl. *Vit. Euripid.* a. E. (mit dem Epigramm).

Eurygyes, s. C: Androgeos.
Harmodios, s. Aristogeiton.
Heliodoros, an der heil. Strafse.
10 *Paus.* I, 37, 1.
Die am **Hellespont** Gefallenen. Im Kerameikos. *Paus.* I, 29, 13. Vgl. die Inschrift *CIA.* IV, 2, 446a.

Herodes Atticus.
15 Grabmal im Stadion. s. G.
> *Philostrat. Vit. soph.* II, 1, 15. Mit der Inschrift: Ἀττικοῦ Ἡρώδης Μαραθώνιος, οὗ τάδε πάντα | κεῖται τῷδε τάφῳ πάντοθεν εὐδόκιμος.

20 **Hypereides.**
> *Vit. X or.* 849 C. τοὶς δ᾽ οἰκείοις τὰ ὀστᾶ (des Hypereides) λαβόντας θάψαι γε ἅμα τοῖς γονεῦσι πρὸ τῶν Ἱππάδων πυλῶν, ὥς φησι Ἡιόδωρος ἐν τῷ γ᾽ περὶ μνη-
25 μάτων.

Immaradoe. Im Eleusinion. s. B: Demeter Eleusinia.

Isokrates.
> *Vit. X or.* 838 B. ἐτάφη δὲ (Isokrates)
30 μετὰ τῆς συγγενείας πλησίον Κυνοσάργους ἐπὶ τοῦ λόφου ἐν ἀριστερᾷ. S. ebenda über τραπέζαι und κιών.

Kephisodoros. An der heil Strafse.
> *Paus.* I, 36. 5.

35 **Kimon.** In Koile, beim Melitischen Thor. S. oben e.

Kleisthenes. Im Kerameikos.
> *Paus.* I, 29, 6.

Die Gefallenen der **Kleonaeer.** Im Kerameikos.
40 *Paus.* I, 29, 7.

Konon. Im Kerameikos.
> *Paus.* I, 29, 15.

Die bei **Korinth** Gefallenen. Im Kerameikos.
> *Paus.* I, 29, 11.
45 Epistylstück mit Palmettenakroterion (ca. 2,25 m breit, gef. in einer Ziegelbrennerei, nordöstlich von Hag. Triada. *Atlas von Athen,* S. 1. *CIA.* II, 1673).

οἴδε ἱππέας ἀπέθανον ἐν Κορίνθῳ
φύλαρχος Ἀντιφάνης 50
Μελησίας Ὀνητορίδης Λυσίθεος Ἱππό-
διος Νικόμαχος Θεάγγελος Φάνης
Δημοκλῆς Δεξίλεως Ἐνδελος. Ἐν Κορωνείᾳ Νεοκλείδης.

Bei **Koroneia** Gefallener (Neokleides). S. 55
vorher: Korinth.

Kretische Bogenschützen. Im Kerameikos.
> *Paus.* I, 29, 6.

Die bei **Kypros** Gefallenen. Im Kerameikos.
> *Paus.* I, 29, 13. 60

Gefallene **Lakedaimonier.** Im Kerameikos.
> *Xenoph. Hell.* II, 4, 33. οἱ τεθαμμένοι Λακεδαιμονίων (die i. J. 403 beim Peiraieus Gefallenen) πρὸ τῶν πυλῶν ἐν Κεραμεικῷ.

Lykurg und sein Geschlecht. Im Kerameikos. 65
> *Paus.* I, 29, 15. 16.
> *Vit. X or.* 852 A. τετελευτηκόσιν αὐτοῖς (τοῖς προγόνοις τοῦ Λυκούργου) ... ἔδωκεν ὁ δῆμος δημοσίας ταφὰς ἐν Κεραμεικῷ.
> 842 E. ἔστιν αὐτῶν (des Lykurg und 70 einiger seiner Nachkommen) τὰ μνήματα ἀντικρὺς τῆς Παιωνίας Ἀθηνᾶς ἐν τῷ Με-λανθίου τοῦ φιλοσόφου κήπῳ.

Makartatos. Im Kerameikos.
> *Paus.* I, 29, 6. 75

Marcellus.
> *Cicero, ep. ad famil.* IV, 12, 3. S. am Anfang dieses Abschnittes

Bei **Megara** Gefallene. Im Kerameikos.
> *Paus.* I, 29, 13. 80

Melanopos. Im Kerameikos.
> *Paus.* I, 29, 6.

Melesandros. Im Kerameikos.
> *Paus.* I, 29, 7.

Menandros. 85
An der Strafse vom Peiraieus nach Athen s. oben Euripides. Vgl. *Anthol. Palat.* VII, 370.

Miltiades. In Koile, beim Melitischen Thor: s. oben e. Vgl. auch Rosse des Miltiades. 90

Mnesitheos. An der heil. Strafse.
> *Paus.* I, 37, 4.

Molottos. An der heil. Strafse.
> *Paus.* I, 36, 4.

Musaios, s. A: Museionhügel. 95

Neokleides. Im Kerameikos; s. oben Koroneia, Korinth.
Nikias. Im Kerameikos.
  Paus. I, 29, 15.
5 **Nikokles.** An der heil. Strafse.
  Paus. I, 37, 2.
Oloros? In Koile beim Melitischen Thor. S. oben c.
Die bei **Olynthos** Gefallenen. Im Kerameikos.
10 *Paus.* I, 29, 7.
Panathenais.
  Philostr. Vit. soph. II, 1, 10. S. oben am Anfang dieses Abschnittes.
Perikles. Im Kerameikos.
15 *Paus.* I, 29, 3.
  Cicero, de finib. V, 2, 5. modo etiam paulum ad dexteram declinavi (auf dem Weg vom Dipylon zur Akademie) ut ad Pericli sepulcrum accederem.
20 **Philiskos.** Im Kerameikos.
  Philostr. Vit. soph. II, 30. S. oben a.
Philopappos.
  Auf dem Museionhügel. S. oben A. Dazu die Inschriften des Denkmals.
25 1) Unter der mittleren Nische. *CIA.* III, 557.
  Φιλόπαππος Ἐπιφάνους Βησαιεύς.
  2) Unter der linken Nische (ebenda): Βασιλεὺς Ἀντίοχος Βασιλέως Ἀντιόχου.
30 3) Unter der rechten Nische (ebd.): Βασιλεὺς Σέλευκος Ἀντιόχου Νικάτωρ.
  4) Auf dem Pilaster zwischen 1 und 2. *CILat.* III, 552.
  C. Julius C. f. Fab. Antiochus Philo-
35 pappus, cos., frater arvalis, allectus inter praetorios ab Imp. Caesare | Nerva Traja no Optumo Augusto Germa|nico, Dacico.
  5) Auf dem Pilaster zwischen 2 und 3. *CIA.* III, 557.
40 Βασιλεὺς | Ἀντίοχος Φιλόπαππος βασιλέως Ἐπιφάνους τοῦ Ἀντιόχου.
Phoinix. Im Kerameikos.
  Philostr. Vit. soph. II, 22. κεῖται (ὁ Φοῖνιξ) πρὸς τοῖς ἐκ τῶν πολέμων ἐν δεξιᾷ τῆς
45 Ἀκαδημίαςδε εἰσόδου.
Phormion. Im Kerameikos.
  Paus. I, 29, 3.
Platon. Bei der Akademie.

Paus. I, 30, 3. Ἀκαδημίας δὲ οὐ πόρρω Πλάτωνος μνῆμά ἐστιν. 50
Diog. Laert. III, 41. καὶ ἐτάφη (Πλάτων) ἐν τῇ Ἀκαδημίᾳ ἔνθα τὸν πλεῖστον χρόνον διετέλεσε φιλοσοφῶν.
Ammonius in *Westerm. Biogr.* S. 399, 44: Altar des Platon, von Aristoteles gestiftet. 55
Polyandreion, s. oben a: *CIA.* II, 471, Z. 22 fg.
Die bei **Potidaia** Gefallenen. (Metrische Grabinschrift, gefunden „ἐν τῷ πεδίῳ τῆς Ἀκαδημίας.") *CIA.* I, 442.
Die **Rosse des Miltiades.** 60
  Aelian de nat. anim. XII, 40. Μιλτιάδης τὰς ἵππους τὰς τρὶς Ὀλύμπια ἀνελομένας ἔθαψεν ἐν Κεραμεικῷ. (Doch oben c: Gräber vor dem Melit. Thor).
Der **Seher des Thrasybul.** 65
  Am Wege vom Peiraieus nach Athen.
  Xenoph. Hell. II, 4, 19. τέθαπται (der Seher des Thrasybul) ἐν τῇ διαβάσει τοῦ Κηφισοῦ.
Die in **Sicilien** Gefallenen. Im Kerameikos. 70
  Paus. I, 29, 11.
Skiros. An der heil. Strafse.
  Paus. I, 36, 4.
Sokrates.
  Am Wege vom Peiraieus nach Athen. 75
  Marin. Vit. Procl. 10. ὁ δὲ (Nikolaos) ἐκ τοῦ βαδίζειν (vom Peir. nach Athen) κόπον ᾔσθετο κατὰ τὴν ὁδὸν καὶ περὶ τὸ Σωκράτειον — — ὁ δὲ (Proklos) ἐξ αὐτοῦ ἐκεῖνον τοῦ ἱεροῦ χωρίον ἐποίει (ὕδωρ) 80 φέρεσθαι. οὐδὲ γὰρ πόρρω ἐν ᾗ πηγῇ τῆς Σωκράτους στήλης.
Solon.
  Aelian Var. hist. VII, 16. ἔθαψαν αὐτὸν (Σόλωνα) δημοσίᾳ παρὰ τὰς πύλας πρὸς 85 τῷ τείχει ἐν δεξιᾷ εἰσιόντων καὶ περιῳκοδόμητο αὐτῷ ὁ τάφος.
Sophokles (beim Kolonos).
  Vit. Sophocl. 15. Vgl. *Philolog.* I, 128.
Themistokles, der Urenkel, Sohn des Poliarchos. An der heil. Strafse. 90
  Paus. I, 37. 1.
Theodektes. An der heil. Strafse.
  Paus. I, 37, 4. *Vit. X or.* S. 837 D.
Theodoros. Ebenda. 95
  Paus. I, 37, 3.

Die in **Thessalien** Gefallenen. Im Kerameikos.
Paus. I, 29, 13.
Die in **Thrakien** Gefallenen. Ebenda.
Paus. I, 29, 13. Vgl. die Inschrift *CIA.*
IV, 2, 446 a und oben Chersonnes.
Trasybul. Ebenda.
Paus. I, 29, 3.
Thukydides.
In Koile, beim Melitischen Thor. S. oben e.
Timotheos. Im Kerameikos.
Paus. I, 29, 15.
Tolmides. Im Kerameikos.

Paus. I, 29, 14.
Toxaris, s. C: Heroen.
Tyrannenmörder, s. C.
Zenon. Im Kerameikos.
Paus. I, 29, 15. *Diog. Laert.* VII, 11.
διδόχθαι τῷ δήμῳ.... οἰκοδομήσαι αὐτῷ
(Ζήνωνι) καὶ τάφον ἐπὶ τοῦ Κεραμεικοῦ
δημοσίᾳ. Vgl. VII, 15. VII, 29.
Zosimianos.
CIA. III, 1432 (von dem Felsgrabe am
Museionhügel) *Ζωσιμιανοῦ τόπος οὗτος· ὃς
δ᾽ ἂν βιάσηται, δώσει τῷ ταμείῳ δηνάρια
εἴκοσι πέντε.*

K. Peiraieus (Phaleron).

Allgemeines.
(Natur, Lage, Gründung.)
Strab. I, 58. τὸν Πειραιᾶ νησιάζοντα
πρότερον καὶ πέραν τῆς ἀκτῆς κείμενον
οὕτως φασὶν ὀνομασθῆναι.
Suid. Ἔμβαρος. ἐν πρότερον ὁ Πειραιεὺς νῆσος ὅθεν καὶ τοὔνομα εἴληφεν
ἀπὸ τοῦ διαπερᾶν. *Etym. M. Πειραιεύς.*
Plin. II, 85, 201. nascuntur enim (terrae)
... recessu maris ... quod accidisse et in
Ambraciae portu decem milium passuum intervallo et Atheniensium quinque milium ad
Piraeum memoratur.
Diog. Laert. VI, 3. οἴκων τε ἐν Πειραιεῖ
(Ἀντισθένης) καθ᾽ ἡμέραν τοὺς τεσσαράκοντα σταδίους ἀνιὼν ἤκουσε Σωκράτους.
Plut. adv. Colot. 33. Μητρόδωρος εἰς
Πειραιᾶ κατέβη σταδίους τεσσαράκοντα.
Schol. Aristoph. Equit. 815. τὸν Πειραιᾶ,
.. ὃς ἀπέχει τῆς πόλεως σταδίους λι΄, παρὰ
θάλατταν ὤν. — ἐμπόριον ὁ Πειραιεὺς
τῶν Ἀθηναίων ἐπὶ τῇ θαλάττῃ κείμενος,
ἀπὸ πέντε τῆς πόλεως σημείων.
CIA. II, 1078; zum Altar der 12 Götter
(s. Athen, B): Z. 4 ..... τ[εσσαρ]άκοντ᾽ ἐν
λιμένος στάδιοι.
Pollux IV, 105. οἱ Ἀθήνησι τετράκωμοι,

οἳ ἦσαν Πειραιεῖς. Φαληρεῖς, Ξυπεταίονες,
Θυμοιτάδαι.
Paus. I, 1, 2. ὁ Πειραιεὺς δῆμος ἦν ἐκ
παλαιοῦ. *Steph. Byz.* Πειραιός· δῆμος
τῆς Ἱπποθοωντίδος φυλῆς.
Aristot. Polit. II, 8. Ἱππόδαμος .. ὃς καὶ
τὴν τῶν πόλεων διαίρεσιν εὗρε καὶ τὸν
Πειραιᾶ κατέτεμεν.
Bekker, Anecd. gr. I, 266, 28. Ἱπποδάμου
Μιλησίου ἀρχιτέκτονος ποιήσαντος Ἀθηναίοις τὸν Πειραιᾶ καὶ κατατεμόντος τὰς
πόλεις τὰς ὁδούς.
Verfall, s. Mauern a. E. — Munichia *(Strab.*
IX, 395). Auch *Cic. epist. ad fam.* IV, 5, 4.

Agora (des Hippodamos). Vergl. unten
Grenzsteine No. 1 und Skeuothekinschrift.
Paus. I, 1, 3 s. Agora am Hafen.
Xenoph. Hell. II, 4, 11. Die Dreifsig mit
ihren Bundesgenossen: ἐχώρουν κατὰ τὴν
εἰς τὸν Πειραιᾶ ἁμαξιτὸν ἀναφέρουσαν.
οἱ δὲ ἀπὸ Φυλῆς ἔτι μὲν ἐπεχείρησαν μὴ
ἀνιέναι αὐτούς, ἐπεὶ δὲ μέγας ὁ κύκλος ὢν
πολλῆς φυλακῆς ἐδόκει δεῖσθαι οὔπω πολλοῖς
οὖσι, συνεσπειράθησαν ἐπὶ τὴν Μουνυχίαν·
οἱ δὲ ἐκ τοῦ ἄστεως εἰς τὴν Ἱπποδάμειον ἀγορὰν ἐλθόντες πρῶτον μὲν

συνετάξαντο, ώστε εμπλήσαι τήν οδον ή
φέρει πρός τε τό ιερόν τής Μουνυχίας
Αρτέμιδος καί τό Βενδίδειον· καί εγίνοντο
βάθος ουκ έλαττον ή επί πεντήκοντα ασπί-
δων. ούτω δε συντεταγμένοι εχώρουν άνω·
οι δε από Φυλής αντενέπλησαν μεν τήν
οδον, βάθος δε οι πλέον ή εις δέκα οπλίτας,
εγίνοντο.

Phot. Ἱπποδάμεια ἀγοράς τόπος
καλούμενος ούτως εν Πειραιεί από Ίππο-
δάμου τού Μιλησίου αρχιτέκτονος τού τον
Πειραιά κατασκευάσαντος καί τάς τής
πόλεως οδούς. Vergl. Harpocrat. Ἱππο-
δάμεια. Suid. Ἱπποδάμεια ἀγορά.
Bekker, Anecd. gr. I, S. 266, 28.

Demosth. IL, 22. εἰς τήν οἰκίαν τήν ἐν
τῇ Ἱπποδαμίᾳ (des Timotheos).

Andocid. I, 45. Versammlungsort der Be-
waffneten, vgl. Theseion unter „Heiligthümer".

CIA. II, 573 = Dittenberger, Syll. 297.
(Urkunde über Verpachtung des Theaters)
Z. 10: στῆσαι ἐν τῇ ἀγορᾷ τῶν δημοτῶν.
Ἀθήν. VI, 158 f. Vgl. Dittenberger, Syl-
loge n. 337. ἐπὶ Νικίμου ἄρχοντος (320
v. Chr.). Z. 7 fg. Σημιάδης Σημίου Πει-
αιεύς εἶπεν· ὅπως ἄν ἡ ἀγορὰ ἡ ἐν
Πειραιεῖ [κα]τασκευασθῇ καὶ ὁμαλισθῇ ὡς
κάλλιστα καί τά ἐν τῷ ἀγορανομίῳ ἐπι-
σκευασθῇ ὦν ἄν προσδεῖται ἅπαντα u. s. w.
Vgl. Z. 37, 39 und Strafsen.

Agora am Hafen.

Paus. I, 1, 3. ἔστι δε τις στοὰ τις
μακρᾶς, ἔνθα καθίσταται ἀγορά τοῖς ἐπί
θαλάσσης, καὶ γὰρ τοῖς ἀπωτέρω τοῦ λι-
μένος ἐστιν ἑτέρα, τῆς δὲ ἐπὶ θαλάσσης
στοᾶς ὄπισθεν ἑστᾶσι Ζεύς καί Δῆμος,
Λεωχάρους ἔργον.

Agoranomion.

Ἀθήν. VI, 158 fg., s. oben Agora.

Akte.

CIA. II, 834, Z. 14. τ]ριηρεῖν καί κομίσαι
ἐξ ἀκτῆς· vgl. die Skeuothekinschrift CIA.
II, 1054, Z. 16. Ferner: Ἐφ. ἀρχ.
1883, S. 121 a, Z. 53, 54. Ἐφ. ἀρχ.
1884, S. 169 fg., Z. 42. 1887, S. 203 fg.,
Z. 42, 47.

Dinarch. III, 13. οἱ προσθέντες ἄν ὑπὸ
Φιλοκλέους . . . ἐν οἷς καί ή ἀκτή καί οἱ
λιμένες εἰσί καί τά νεώρια.

Diodor XX, 45. τῶν δ' Αντιγόνου στρα-
τιωτῶν τινες βιασάμενοι καί κατά τήν
ἀκτήν ὑπερβάντες ἐντὸς τοῦ τείχους παρ-
εἰσέδυσαν πλείους τῶν συναγωνιζομένων.

Lycurg c. Leocr. 17. Λεωκράτης — —
τῆς νεώς ἤδη περί τήν ἀκτήν ἐξορμούσης
— — περί δείλην ὀψίαν κατὰ μέσην τήν
ἀκτήν διὰ τῆς πυλίδος ἐξελθών πρός τήν
ἑαυτοῦ προσέπλευσε.

§ 55. οὐκ ἐκ τῆς ἀκτῆς κατά τήν πυλίδα
ἐμβαίνουσιν οι κατ' ἐμπορίαν πλέοντες,
ἀλλ' ἐκ τοῦ λιμένος.

Harpocrat. Ἀκτή (Suid. Bekker, Anecd.
gr. I, S. 370, 8). ἀκτή ιδίως ἐπιθαλατ-
τίδιός τις μοῖρα τῆς Ἀττικῆς· Ὑπερίδης
ἐν τῷ περὶ τοῦ ταρίχους (so Harpocrat.)·
ὅθεν καὶ ὁ ἀκτίτης λίθος.

Alkimos.

Plut. Themist. 32. Διόδωρος δ' ὁ περι-
ηγητής ἐν τοῖς περί μνημάτων εἴρηκεν
. . . ὅτι περὶ τὸν μέγαν λιμένα τοῦ Πει-
ραιῶς ἀπὸ τοῦ κατὰ τὸν Ἀλκίμου ἀκρωτηρίου
πρόκειται τις οἷον ἀγκών u. s. w. Vergl.
Gräber (Gr. des Themistokles).

Alphitopolis, s. Stoa Alph.

Altäre, s. Heiligthümer.

Anlegeplatz für Fahrzeuge; s. Grenzsteine
No. 2.

Ἀρχεῖον, des ἐπιμελητὴς ἐπὶ τὸν λιμένα·
CIA. II, 475, Z. 21, 28.

Arsenal, s. Skeuothek.

Asty, s. Grenzsteine No. 3.

Bad, s. Serangeion.

Befestigungen, s. Mauern.

Bradua (Sohn des Herodes Attikos).

Athen. Mitth. VI, S. 309 fg. (Statuenbasis
des B., in der Philonstrafse gef.) οι τόν Πει-
ραιᾶ κατοικοῦντες πολῖται Τιβ. Κλ. Ἄππιον
Ἀτείλιον Βραδύαν Ῥήγυλλον Ἀττικόν Μα-
ραθώνιον εὐπατρίδην τόν εὐεργέτην u. s. w.

Brunnen, Leitungen, Quellen; vergl.
Phreattys.

Thucyd. II, 48. ἐλέχθη ὡς οἱ Πελοπον-
νήσιοι φάρμακα ἐσβεβλήκοιεν τὰ φρέατα·
κρῆναι γὰρ οὔπω ἦσαν αὐτόθι.

CIA. II, 610. Vom Metroon aus: Z. 9

τὸ ὕδωρ, ὅσον ἄμ πρᾳδῇ. Z. 12. ὑπολεί[μ-
πά]νειν δὲ ὕδωρ τῷ ἐνοικοῦντι ὥστε χρῆ-
σθαι.

Buleuterion ἀρχαῖον.
5 Ἐφημ. ἀρχ. 1884, S. 169, 170, Z. 43.
S. Hafen.

Choma.
Bekker, Anecd. gr. S. 316, 15. χῶμα —
ὄνομα τόπου ἐν Πειραιεῖ. Demosthen. L, 6.
10 (τὰς ναῦς) παρακομίζειν ἐπὶ τὸ χῶμα.
LI, 4. ἐπὶ χῶμα τὴν ναῦν περιορμίζειν.
CIA. II, 809 b, Z. 15: τοῖς δὲ πρυτάνεσι
ποιεῖν βουλῆς ἕδραν ἐπὶ χώματι περὶ τοῦ
ἀποστόλου συνεχῶς.
15 Xenophon Hell. II, 3, 46. οἱ δὲ ἀμφὶ
Ἀριστοτέλην καὶ Μελάνθιον καὶ Ἀρίσταρχον
στρατηγοῦντες φανεροὶ ἐγίνοντο ἐπὶ τῷ
χώματι ἔρυμα τειχίζοντες. Alciphr. III,
65, 1.

20 **Deigma.**
Polyaen. VI, 2, 2. (Ἀλέξανδρος) συνέταξε
τοῖς ἐπὶ τῶν νεῶν διὰ τάχους προσπλεῦσαι
τῷ δείγματι τοῦ Πειραιῶς καὶ ἀπὸ τῶν
τραπεζῶν ἁρπάσαι τὰ χρήματα.
25 Timaeus Lex. Plat. δεῖγμα· τόπος ἐν
Πειραιεῖ ἐν τῷ καλουμένῳ ἐμπορίῳ.
Harpocrat. δεῖγμα· τόπος τις ἐν τῷ
Ἀθήνησιν ἐμπορίῳ.
Schol. Aristoph. Equ. 979. — τὸ δεῖγμα
30 τόπος ἐν Πειραιεῖ, ἔνθα πολλοὶ συνήγοντο
ξένοι καὶ πολῖται καὶ ἐλεγοποιοῦν.
Philolog. 1870, S. 694 (Hirschfeld, Die Pi-
räusstadt, Anm. 39; röm. Marktedikt; gef.
300 Schritt von dem Grenzstein des Emporion)
35 am Ende: στήσατε πρὸ τοῦ δείγματος.
Vgl. Ἐφημ. ἀρχ. 1884, S. 169 fg., Z. 47
(unter Hafen).

Diaseugma (?).
Theophrast Charact. 23 vom ἀλαζών· οἶος
40 ἐν τῷ διαζεύγματι ἑστηκὼς διηγεῖσθαι
ξένοις, ὡς πολλὰ χρήματα αὐτῷ ἐστιν ἐν
τῇ θαλάσσῃ.

Echelidai, s. Hippodrom.
Etym. M. Ἔχελος· ἥρως παρὰ Ἀθη-
45 ναίοις τιμώμενος. καὶ δῆμος Ἀττικῆς
Ἐχελίδαι, ἀπὸ τοῦ κειμένου ἕλους ἐν τῷ
τόπῳ, ἐν ᾧ ἵδρυται τὸ τοῦ Ἐχέλου ἄγαλμα.

Eetioneia.
Thucyd. VIII, 90, 1. Phrynichus und Ge-
nossen τὸ ἐν τῇ Ἠετιωνείᾳ καλουμένῃ τεῖχος 50
ἐποιοῦντο.
90, 3. ἦν δὲ τοῦ τείχους ἡ γνώμη αὕτη
... ἵνα τοὺς πολεμίους ... καὶ ναυσὶ καὶ
πεζῷ δέξωνται. χηλὴ γάρ ἐστι τοῦ Πειραιῶς
ἡ Ἠετιώνεια, καὶ παρ᾽ αὐτὴν εὐθὺς ὁ 55
ἔσπλους ἐστίν. ἐτειχίζετο οὖν οὕτω σὺν τῷ
πρότερον πρὸς ἤπειρον ὑπάρχοντι τείχει,
ὥστε καθεζομένων ἐς αὐτὸ ἀνθρώπων ὀλί-
γων ἄρχειν τοῦ γε ἔσπλου· ἐπ᾽ αὐτὸν γὰρ
τὸν ἐπὶ τῷ στόματι τοῦ λιμένος στενοῦ 60
ὄντος τὸν ἕτερον πύργον ἐτελεύτα τό τε
παλαιὸν τὸ πρὸς ἤπειρον καὶ τὸ ἐντὸς τὸ
καινὸν τεῖχος τειχιζόμενον πρὸς θάλασσαν.
Vgl. VIII, 92.
Harpocrat. (Suid.) Ἠετιώνεια· οὕτω 65
ἐκαλεῖτο ἡ ἑτέρα τοῦ Πειραιῶς ἄκρα ἀπὸ
τοῦ κατακτησαμένου τὴν γῆν Ἠετίωνος, ὥς
φησι Φιλόχορος ἐν τῇ πρὸς Δήμωνα ἀντι-
γραφῇ.
Vgl. Demosth. LVIII, 67 u. CIA. III, 341 70
Athena Ἠε[τιώνεια]?

Emporion.
S. Deigma: Timaeus Lex. Plat. und
Harpocr. s. v.
Demosth. XXXIV, 37. S. Makra Stoa 75
(unter Stoen). Vgl. „Grenzsteine" No. 5.
Ἐξαίρεσις (Ausladestelle für Frachtgüter).
Pollux IX, 34. Bekker, Anecd. gr. I, 252, 10.
Garten, s. Grenzsteine No. 13 b.
Gräber, vgl. Grenzsteine No. 13 c. 80
(Grab des Themistokles.)
Plut. Themist. 32. Διόδωρος ὁ περιηγητὴς
ἐν τοῖς περὶ μνημάτων εἴρηκεν, ὡς ὑπονοῶν
μᾶλλον ἢ γινώσκων, ὅτι περὶ τὸν μέγαν
λιμένα τοῦ Πειραιῶς ἀπὸ τοῦ κατὰ τὸν 85
Ἄλκιμον ἀκρωτηρίου πρόκειταί τις οἶον
ἀγκὼν καὶ κάμψαντι τοῦτον ἐντὸς ᾗ τὸ
ὑπεύδιον τῆς θαλάττης κρηπίς ἐστιν εὐμεγέ-
θης, καὶ τὸ περὶ αὐτὴν βωμοειδὲς τάφος
τοῦ Θεμιστοκλέους· οἴεται δὲ καὶ Πλάτωνα 90
τὸν κωμικὸν αὐτῷ μαρτυρεῖν ἐν τούτοις·
ὁ σὸς δὲ τύμβος ἐν καλῷ κεχωσμένος
τοῖς ἐμπόροις πρόσρησις ἔσται πανταχοῦ·
τούς τ᾽ ἐκπλέοντας τ᾽ εἰσπλέοντας τ᾽ ὄψεται,
χωπόταν ἅμιλλα τῶν νεῶν θεάσεται. 95

Paus. I, 1, 2. καὶ πρὸς τῷ μεγίστῳ λιμένι τάφος Θεμιστοκλέους.
Aristot. Hist. anim. VI, 579 b, 9 fg. γίνονται (αἱ ἀφύαι) ἐν τοῖς ἐπισκίοις καὶ ἰλώδεσι τόποις, ὅταν εὐημερίας γενομένης ἀναθερμαίνηται ἡ γῆ, οἷον περὶ Ἀθήνας ἐν Σαλαμῖνι καὶ πρὸς τῷ Θεμιστοκλείῳ καὶ ἐν Μαραθῶνι· ἐν γὰρ τούτοις τοῖς τόποις γίνεται ὁ ἀφρός.

Grenzsteine.

(No. 1—12 öffentliche, vor Euklid.)

1. Agora.
CIA. IV, 2, 521 f. (gef. westlich oberhalb des Zeahafens bei der byzantin. Kirche). ἀγ[ορᾶ]ς ὅρος.

2. Anlegeplatz für Fahrzeuge.
CIA. I, 520, 521 (2 Grenzsteine, der erste im Wasser hinter dem Zollhause, der andere am Nordrande des Peiraieushafens gef.). Vgl. *Kart. v. Att.* I, not. 48. Δελτ. ἀρχ. 1888, S. 195, γ.
πορθμείων ὅρμου ὅρος.

3. Asty.
CIA. IV, 2, 521 b. c. 2 Grenzsteine (1. gef. bei den nördlichen Thoren „πλησίον εἰς τοῦ Βαβούλα τὴν γνωστὴν μάνδραν 2. ἔν τινι οἰκίᾳ τῆς ὁδοῦ „Μακρᾶς στοᾶς"):
ἄχρι τῆς ὁδοῦ τῆσδε τὸ ἄστυ τῆδε νέμεται.

4. Dionysion.
Δελτ. ἀρχ. 1888, S. 67, 1. ὅρος Διονυσίου.

5. Emporion.
CIA. I, 519. (Steinpfeiler *in situ* auf dem Hofe des Hauses Sachturi, Kolokotronistrafse, oberhalb Hag. Nikolaos; die Inschrift nach Osten blickend) Ἐμπορίου καὶ ὁδοῦ ὅρος.
Vergl. *CIA.* IV, 2, 519 a; gleichlautende Inschrift, gef. ὄπισθεν τοῦ τελωνείου.

6. Hafen.
CIA. IV, 2, 521 a. (Treppenstufe in einem Hause bei der kathol. Kirche): ἀ]π[ὸ] τῆ[ς]δε τῆς ὁδοῦ πρὸς τὸ[ν λι]μέν[α ἅ]παν δημόσ[ι]ον ἐσ̣τι.

7. Heroon.
CIA. IV, 2, 521 g (gef. am Wege zwischen Zea und Phaleron): ἥρωος ὅρος.

8. Heiligthum.
CIA. IV, 2, 521 h (gef am Südabhang der Munichiahohe) ὅρος τοῦ ἱεροῦ.

9. Munichia.
CIA. IV, 2, 521 d, (gefunden südlich vom Nordthore der Stadt).
[ἄχρι] [τῆσ]δε τῆς ὁδοῦ τῆδε ἡ Μουνιχίας ἐστὶ νέμησις.

10. Propylon.
CIA. IV, 2, 521 e (vergl. *Kart. v. Att.* I, S. 59; gef. beim Zeahafen).
Προπύλου δημοσίου ὅρος.

11. Trittyen.
a) *CIA.* I, 517 und IV, 2, S. 120, vergl. Dittenberger, *Sylloge* 299; (gef. zwischen Ares- und Sokratesstrafse, bei der kath. Kirche):
Ἱερέ̣ Ἐλε]υσινίων [τρ]ιττὺς τελευτᾷ, Πεζαιῶν δὲ τριττὺς ἄρχεται.
b) *CIA.* IV, 2, 517 a (vgl. *Kart. v. Att.* I, S. 73 not. 75, 2. Dittenberger, *Sylloge* 301, gef. an der Ecke der Leosthenes- und Artemisstrafse) [δ]ε̣ῦρι Πα[ι]ανιῶν τριττὺς τελευτᾷ, ἄρχεται δὲ Μυρρινουσί[ων] τριτ[τύς].
c) *CIA.* IV, 2, 517 b. (*Kart. v. Att.* I, S. 70 not. 75, 3; Dittenberger, *Sylloge* 300; gef. östlich vom Zeahafen). [δ]ε̣[ῦρ'] Ἐπ[ικη]φ̣ίων τριττὺς τελευτᾷ, Θη̣ρασίων δὲ ἄρχεται τριττύς.

12. Wege.
Vgl. oben No. 5. 6.

13. Private Grenzsteine. (Nach Eukleides.)
a) Grenzsteine verpfändeter Grundstücke. Ἐφημ. ἀρχ. 1884, 2 (b. d. Eisenbahn) 3. ὅρο]ς οἰκιῶν . . .
CIA. II, 1119. (Westabhang der Munichiahöhe) 1120, 1129, 1142 (Munichia). Dittenberger, *Sylloge* 434 (= Ἀθήν. IV, S. 217).
b) *CIA.* II, 1121 beim Peiraieustheater gef. Ὅρος κή[που καὶ] ἀνδραπόδ]ων.
c) *CIA.* II, 1085, 1086. ὅρος μνήματος.

Häuser.

(Vgl. Agora; Grenzsteine No. 13 a.)
CIA. II, 1058 (s unten: Heiligthümer: Kytheros); 1059, Z. 22; (s. unten Heiligthümer: Theseion).
Strab. IX, S. 395: s. Munichia.

K. Peiraieus (Phaleron). (Hafen.)

(Haus des Hippodamos.)
  Schol. Aristoph. Equit. 327. οὖτος ἐν Πειραιεῖ κατῴκει (Ἱππόδαμος) καὶ οἰκίαν εἶχεν, ἥνπερ ἀνῆκε δημοσίαν εἶναι.
5 (Haus des Kallias)
  Xenoph. Symp. I, 2.
  (Haus des Pasion.)
  [*Demosth.*] XLIX, 22.
  (Haus des Proklos.)
10 *Philostrat. Vit. soph.* II, 21, 2.
  (Haus des Timotheos.)
  [*Demosth.*] II., 22. εἰς τὴν οἰκίαν τὴν ἐν Πειραιεῖ τὴν ἐν τῇ Ἱπποδαμείᾳ.
  (Häuser zwischen den langen Mauern.)
15 Vgl. auch Theseion.
  Dio Chrysost. VI, 4. οἰκεῖσθαι γὰρ οὐ πάλαι καὶ ταῦτα ξύμπαντα (τὰ μακρὰ τείχη, im pelop. Kriege).
  Xenoph. Hell. II, 2, 3. οἰμωγὴ ἐκ τοῦ
20 Πειραιῶς διὰ τῶν μακρῶν τειχῶν εἰς ἄστυ διῆκεν.
  Justin. V, 9, 12. cum omnes Athenienses proditionis suspectos haberent (XXX tyranni), demigrare eos ex urbe jubent et in brachiis
25 muri, quae diruta fuerant, habitare.

Hafen.
  Drei Häfen; (vergl. unten: Kantharos, Munichia, Zea, ferner κωφός λιμήν, Phreattys, Schiffshäuser, Eetioneia.)
30 *Thucyd.* I, 93, 3. ἔπεισε δὲ καὶ τοῦ Πειραιῶς τὰ λοιπὰ ὁ Θεμιστοκλῆς οἰκοδομεῖν — νομίζων τὸ χωρίον καλὸν εἶναι λιμένας ἔχον τρεῖς αὐτοφυεῖς.
  Paus. I, 1, 2. ὁ δὲ Πειραιεὺς δῆμος ἐν
35 ἐκ παλαιοῦ, πρότερον δὲ, πρὶν ἢ Θεμιστοκλῆς Ἀθηναίοις ἔρξεν, ἐπίνειον οὐκ ἦν, Φάληρον δέ — — Θεμιστοκλῆς δὲ ὡς ἔρξε, (τοῖς τε γὰρ πλέοσιν ἐπιτηδειότερος ὁ Πειραιεὺς ἐφαίνετο οἱ προκεῖσθαι καὶ
40 λιμένας τρεῖς ἀνθ' ἑνὸς ἔχειν τοῦ Φαληροῖ), τοῦτο σφισιν ἐπίνειον εἶναι κατεσκευάσατο.
  Corn. Nepos Themist. 6. cum Phalerico portu neque magno neque bono Athenienses
45 uterentur, hujus (Themistoclis) consilio triplex Piraei portus constitutus est isque moenibus circumdatus, ut ipsam urbem dignitate aequipararet, utilitate superaret.

Diodor XI, 41. τοῦ δὲ καλουμένου Πειραιῶς οὐκ ὄντος λιμένος κατ' ἐκείνους τοὺς 50 χρόνους ἀλλ' ἐπινείῳ χρωμένων τῶν Ἀθηναίων τῷ προσαγορευομένῳ Φαληρικῷ, μικρῷ παντελῶς ὄντι, ἐπενόησε (Themistokles) τὸν Πειραιᾶ κατασκευάζειν λιμένα, μικρᾶς μὲν προσδεόμενον κατασκευῆς, δυνάμενον 55 δὲ γενέσθαι κάλλιστον καὶ μέγιστον λιμένα τῶν κατὰ τὴν Ἑλλάδα.
  Hesych. Ζέα . . . ἔχει δὲ ὁ Πειραιεὺς λιμένας τρεῖς κλειστούς. Ebenso *Schol. Aristoph. Pac.* 145 (vergl. Kantharoshafen). 60
  Strab. IX, 395. S. Munichia.
  (Der gröfste der drei Häfen, Haupthafen; vgl. Kantharos).
  Paus. I, 1, 2. καὶ πρὸς τῷ μεγίστῳ λιμένι τάφος Θεμιστοκλέους. 65
  Plut. Themist. 32. περὶ τὸν μέγαν λιμένα τοῦ Πειραιῶς (s. Alkimos).
  Schol. Aristoph. Pac. 145. S. Kantharoshafen.
  Ἐφ. μ. ἀρχ. 1884. S. 169, 170. (Akro- 70 polis; Inschr. römischer Zeit über Herstellung von Heiligthümern, Plätzen u. s. w.)
  Z. 40. τὰ προσόντα τῷ Ἀσκληπιείῳ.
  Z. 42. Πιε]ραιῶς παρ' ἱππασίας τὰς [πρὸς τὴν] ἀκτήν (?). φυλὴ [τὰ προσόντα 75 τῷ Διονυσείῳ καὶ τὰ προσόντα — —
  Z. 43. — τὸ ἀρχαῖον βουλευτήριον φυλέρας τὰς πρὸς τ[οῖ]ς νεωρίοι[ς τ]οῦ λιμένος τοῦ ἐν Ζέᾳ πρὸς τοῖς κλεί[θροις.
  Z. 44. σ]τρατηγιον τὸ ἀρχαῖον τέμενος 80 Ἀγαθῆς Τύχης' φυλὴ τὸ ἀνειμένον τῷ ἀρχαίῳ θεάτρῳ· φυλή τά — —
  Z. 45. — μηνύ]ει, ὁ ἱδρύσατο Θεμιστοκλῆς πρὸ τῆς περὶ Σαλαμῖνα ναυμαχίας· φυλέτραις τὰς ἐν τῷ μεγάλῳ [λιμένι ἀπὸ 85 τοῦ μέρους — — —]
  Z. 46. — τοῦ περικλειομένου τοῖς νεωρίοις καὶ τῷ Ἀφροδισίῳ καὶ ταῖς στοαῖς μέχρι τῶν κλείθρων.
  Z. 47. ἀ]πὸ τοῦ Λιμένος τοῦ ἀνατε- 90 θέντος ὑπὸ Μάγνου καὶ τὸ προσὸν ἐπιπέδον, ὅσον τέπος καί — — — —
  Z. 48. π]αρὰ τὰ μακρὰ τείχη Ἀθηνᾶς Πολιάδος' τέμενος Ἀγαθῆς Τύχης· τέμενος Θησαίως' τέμενος — — 95
  Vgl. Grenzsteine No. 6.

Halai, Halipedon (vgl. Halmyris).
Xenoph. Hell. II, 4, 30. Pausanias der
Spartaner lagerte ἐν τῷ Ἁλιπέδῳ καλουμένῳ
πρὸς τῷ Πειραιεῖ.
Harpocrat. Ἁλίπεδον· Ἁλίπεδόν τινες
τοῦ Πειραιᾶ φασιν· ἔστι δὲ ἐπὶ κοινῶς
τόπος, ὃς πάλαι μὲν ἦν θάλασσα, αὖθις δὲ
πεδίον ἐγένετο.
(ὁ ἐν Ἁλαῖς πεδλός.)
Xenoph. Hell. II, 4, 34. Pausanias zieht
sich vom Peiraieus auf einen 3 — 4 Stadien
entfernten Hügel zurück und greift wieder
an: οἱ δ' εἰς χεῖρας μὲν ἐδέξαντο, ἔπειτα
δὲ οἱ μὲν ἐξεώσθησαν εἰς τὸν ἐν ταῖς Ἁλαῖς
πηλὸν οἱ δὲ ἐνέκλιναν.

Halmyris.
CIA. II, 1059; s. unten Heiligthümer:
Theseion. Vgl. Hesych. ἁλμυρίδες.

Heiligthümer (alphabetisch).

Adonis.
Αθήναιον (im Peiraieus). Αθήν. VIII,
S. 138, Z. 10 (Salaminierdecret) und Αθήν.
VIII, S. 296, Z. 9 (νομεῖς τῶν Ἀδωνίων).
Vgl. Aphrodite.

Adrasteia, vgl. Bendis.

Agathe Tyche.
Ἐφ. ἀρχ. 1884, S. 169 fg. Z. 44 u.
48. S. oben Haupthafen.

Akeso.
Ἐφ. ἀρχ. 1885, S. 87. s. Asklepios.

Akratopotes.
Athen. II, S. 39 C. Πολέμων φησίν ἐν
Μουνυχία ἥρωα Ἀκρατοποτῶν τιμᾶσθαι.

Ammon.
Αθήν. VIII, S. 23, Z. 5 fg. οἱ προσ-
αιρεθέντες μετὰ τοῦ ἐπιμελητοῦ — —
εἰς προσοικοδομίας [τοῦ : ἱεροῦ τοῦ] Ἀμ-
μωνος. (Vgl. Amphiaraos.)
CIA. II, 741 fgm. a. Z. 32 (Hautgelder-
inschrift). ἐκ τῆς θυσίας τῷ Ἀμμωνι παρὰ
στρατηγῶν.
Vgl. Αθήν. VI, S. 482 fg., Z. 19. Priester
des Ammon.
Hesych. Ἀμμώνεια· ἑορτὶ Ἀθήνησιν.

Amphiaraos? (vgl. Ammon.)
Αθήν. VIII, S. 23, Z. 13: τῷ ἀγῶνι?]
τοῦ Ἀμφιαρίου.

Aphrodite.
Ammonius περὶ βωμῶν im Schol. Her-
mogen. περὶ ἰδεῶν. Rhet. Gr. V, p. 533
W. S. 121, VI, 393 (Walz). Themistokles:
Ἀταρχον Ἀφροδίτης ἱερὸν ἱδρύσατο ἐν Πει-
ραιεῖ.
Ἐφ. μ. ἀρχ. 1884, S. 169, Z. 46. S.
oben Haupthafen; unten Kantharoshafen und
Mauern: Bauinschrift v. J. 394/3.
Paus. I, 1, 3. πρὸς δὲ τῇ θαλάσσῃ Κο-
νων ᾠκοδόμησεν Ἀφροδίτης ἱερόν, τριήρεις
Λακεδαιμονίων κατεργασάμενος περὶ Κνί-
δον τὴν ἐν τῇ Καρικῇ χερρονήσῳ. Κνίδιοι
γὰρ τιμῶσιν Ἀφροδίτην μάλιστα. — —
Κνίδιοι δὲ αὐτοὶ καλοῦσιν Εὔπλοιαν.
CIA. II, 1206. (Weihinschrift im Hause
Glarakis, beim Zollhause. Vgl. Πυρασσός
VII (1883), S. 733.) Ἀρχίος Ἀρχίου,
Τριπ[ορίσιος] | στρατηγήσας ἐπὶ τὸν Πει-
ραιᾶ] Ἀφροδίτῃ Εὐπλοία Τύχῃ ἀγα-
θῇ? ἀν]έθηκεν].

(Aphrodite Syria, Urania.)
CIA. II, 168 = Dittenberger, Sylloge 355
(v. J. 333 v. Chr.). Die Kitieer erhalten Er-
laubnifs zur Stiftung eines Heiligthums ihrer
Aphrodite.
CIA. II, 627, Z. 4, 6 (gef. nordöstlich
vom Zollhause auf der Höhe). Priesterin der
Aphr. Syria. Vgl. CIA. III, 1280 a, Col. b,
Z. 40.
CIA. II, 1588 (gef. im südl. Theil des
Peiraieus). Ἀφροσκλῆς Κιτιεὺς Ἀφροδίτῃ
Οὐρανίᾳ εὐξάμενος ἀνέθηκεν.

(Aphrodite, Adonis, auch Demeter [Thia-
soteninschriften].)
Αθήν. VIII, S. 296 = Dittenberger, Syl-
loge 427; (gef. im Haus Kostula, Alkibiades-
strafse, Ehrendecret v. J. 301/300 auf Ste-
phanos Sohn d. Mylothros).
Z. 9. τὴν πομπὴν τῶν Ἀδωνίων ἐπεμ[ψε
κατὰ τὰ πάτρια.
Z. 17 fg. στεφανωθείς ἐπὸ τοῦ κοινοῦ
ἀνέθηκε τῇ Δήμητρα ὁμόνοιαν
τοῦ κοινο[ῦ].
Z. 22. Ἀφροδίτης | οἱ θιασῶται Στέ-
φανον Μυλώθρου.
Z. 51. τὸν δὲ λαβόντα ἀνατιθέναι ἀνά-
θημα ἐν τῷ ἱερῷ.

Vgl. Άθήν. VIII, S. 136 (gef. nördlich von den Resten der byzantin. Kirche und des Theaters). Decret der Salaminier. Z. 8. Opfer: τῆ Ἀφροδίτῃ κ[αί? Z. 10. εἰς τὰ Ἀδώνια.
(Aphrodite im Bezirk der Göttermutter)
Vgl. die Anatheme CIA. II, 1560, 1561, gef. am Südende der Ypsilantistrafse beim Wasserreservoir.
CIA. III, 136, 187. Aphrodite als Heilgottheit. Vgl. Göttermutter.

Apollon.
CIA. II, 1651. S. Asklepios.

Ap. Tarsios, s. B.

Artemis. (Vgl. auch a. E. von K : Papyros-Frgm.)
CIA. II, 1333. (Basis, oberhalb des Zollhauses gefunden.) Ἱεροποιοί οἱ ἐπὶ Φιλιππίδου Ἀρτέμ[ιδι — folgen 4 Namen. Vgl.
CIA. II, 1661. Ἀρτέμιδος. Ἀπόλονθοι μονόμφαλα ||| (Ἰούλ)οι μονό[μφα]λα |||
(Artemis Munichia)
Paus. I, 1, 4. ὁ ἐπὶ Μουνυχίᾳ λιμήν καὶ Μουνυχίας ναὸς Ἀρτέμιδος.
Phot. Μουνυχιών . . . ἥρωός τινος καθιερώσαντος αὐτὴν (die Artemis) ἐπὶ τῷ τοῦ Πειραιῶς ἀκρωτηρίῳ.
Schol. Clem. Alex. Protr. IV, 47. Μουνυχία Ἄρτεμις ἐν τῷ Πειραιεῖ τιμᾶται καὶ ἀπ᾽ αὐτῆς μέρος τοῦ λιμένος Μουνύχιον ὠνόμασται.
Xenoph. Hell. II, 4, 11. Der Weg von der hippodamischen Agora, ἣ φέρει πρὸς τὸ ἱερὸν τῆς Μουνυχίας Ἀρτέμιδος καὶ τὸ Βενδίδειον. S. Agora Hippod.
Suid. Ἔμβαρός εἰμι· οὗ (τοῦ Πειραιέως) τὰ ἄκρα Μούνυχος κατασχὼν Μουνυχίας Ἀρτέμιδος ἱερὸν ἱδρύσατο, Vgl. Plut. Phoc. 28. τὰ ἀκρωτήρια τῆς Ἀρτέμιδος.
Kallim. Hymn. in Dian. 259. Πότνια Μουνυχίη, λιμενοσκόπος.
Lysias c. Agorat. 24. Ag. flüchtet auf den βωμὸς Μουνυχίασιν. Vgl. Phosphoros.
(Artemis Nana.)
CIA. II, 1613 = III, 131. Ἄξιος κ[αὶ] Κ[λε]ω Ἀρτέμιδι Νάνᾳ εὐξάμενοι ἀνέθηκαν.
(Artemis ὡραία.)

CIA. II, 1571c. (Basis, gef. παρὰ τὴν πρώτην δημοτικὴν σχολὴν τῶν ἀρρένων). Ἱέρων Ἀρτέμ[ιδι] | ὡραίᾳ.
Vgl. CIA. III, 1280a = Kirt. v. Att. I, 43 (gef. an der Südseite des Terpsitheaplatzes). b, Z. 32. ἱέρεια Ὡραίας διὰ βίου.

Asklepios.
Aristoph. Plut. 653 (Heilung des Plutos am Meer). Schol. ἴσω γάρ εἰσιν (Ἀσκληπιοί) ὁ μὲν ἐν ἄστει ὁ δὲ ἐν Πειραιεῖ.
Ἐφ. ἀρχ. 1884, S. 170, Z. 40. Weihinschriften u. a. Reste aus dem Asklepieion an der Ostseite des Zeahafens: Δελτ. ἀρχ. 1888, S. 132 fg., bes. S. 134 No. 20, 22 fg.

(Asklepios und Hygieia.)
Ἐφ. ἀρχ. 1884, S. 219 = CIA. II, 1504 (gef., wie die vorigen „am Südabhang des Munichiahügels, bei der Fundamentirung eines neuen Sommertheaters"). Ἡ]ρεῖς Φορμ[ίω]ν Ἡδύλου [Ἐ]λευσίνιος Ἀσκληπιῷ | [καὶ Ὑ]γιείᾳ ἀνέθηκε.
Ebenda, etwas nördlicher, die voreuklid. Inschrift: ὄρος τοῦ ἱεροῦ. Vgl. oben Grenzsteine No. 8.

(Asklepios und andere Götter.)
CIA. II, 1651 (wie oben an der Ostseite des Zeahafens) viereckige Marmorstele. Vier Inschriften:
Vorne: Θεοί. κατὰ τάδε προθύεσθαι Μαλιάτῃ πόπανα τρία, Ἀπόλλωνι πόπανα τρία, Ἑρμῇ πόπανα τρί α, ebenso: Ἀκεσοῖ, Πανακείᾳ, κτεῖν, κυψέλεως.
[Vgl. die angeblich bei Athen in einem Grabe gef. Inschriften: Ἐφ. ἀρχ. 1884, S. 83 fg.: Ἀσκληπιοῦ. — Μαχάονος. — Ἀπόλλωνος Μαλιάτορ.]
Dann weiter unten: Εὐθύδημος Ἐλευσίνιος ἱερεὺς Ἀσκληπιοῦ τὰς στήλας ἀνέθηκε τὰς πρὸς τοῖς βωμοῖς | ἐν αἷς τὰ πόπανα πρῶτος | ἐξηκάσατο ἃ χρὴ προ[σ]θύεσθαι.
Linke Seite: Ἠλίῳ | ἀριστε͂ρ[α] | χοῖρον | Μνημοσύνῃ ἀρισ[τε]ρα | χοῖρον | νηφάλιοι τρεῖς βωμοί.
Die letzten Worte (ν. u. ν. r. β.) auch auf der hinteren und oberen Seite wiederholt.
Ἀθήν. IX, 234. S. Zeus Soter.

K. Peiraieus (Phaleron). (Athena — Ἐπήκοοι θεοί.)

Athena.
(Athena Eetione?)
CIA. III, 340. (Theatersitz in Athen.)
Ἀθηνᾶς Ἡγεμόνης?
5 (Athena Polias.)
Ἐφ. ἀρχ. 1884. S. 169, 170, Ζ. 48. παρὰ
τὰ μακρὰ τείχη Ἀθηνᾶς Πολιάδος.
(Athena Soteira, s. Zeus Soter.)
Attis.
10 Fest Attideia: CIA. II, 622, Ζ. 10. ἀμ-
φότερα τὰ Ἀττίδεια (mit dem Metroon ver-
bunden).
Baal.
Revue arch. 1888 (IX) S. 5 fg. C. I. Semit.
15 I, 114. (Tempel des B. und Säulenhalle.)
Vgl. Sochen.
Belela.
CIA. III, 1280 a. (Herme, gef. κατὰ τὴν
συνοικίαν Ὑδραίϊκα, vgl. jedoch Kart. v. Att.
20 I, S. 43). Ζ. 3 fg. Ὑμνεῖτε τῆς Εὐποριας
θεᾶς Βελέλης καὶ τῶν περὶ αὐτὴν θεῶν.
Bendis (u. Adrasteia.)
Xenoph. Hellen. II, 4, 11 (s. Agora). Der
Weg vom Markt πρός τι τὸ ἱερὸν τῆς
25 Μουνυχίας Ἀρτέμιδος καὶ τὸ Βενδίδειον.
Vgl. Plato Polit. 327 A.
CIA. I, 210, Ζ. 3. Ἀθρη[στείας] καὶ
Βέ[νδιδος]. 273, d. Ζ. 6. Ἀδραστ]είας.
Vgl. CIA. II, 610 und 620, Ζ. 11.
30 Die Βενδίδεια CIA. II, 741, Ζ. 20, 52.
Demeter.
(Das Thesmophorion.) CIA. II,
1059, Ζ. 12 (vgl. Theseion). CIA. II, 573 b,
Ζ. 6. βωμοί, μέγαρον, Ζ. 8 fg. ἑορτῆς τῶν
35 θεσμοφορίων καὶ πληροσίαι καὶ καλαμαίοις
καὶ τὰ σκίρα. Ζ. 18. ἐλυσίαι, Ζ. 23. στῆ-
σαι (τὸ ψήφισμα) πρὸς τῇ ἀναβάσει τοῦ
θεσμοφορίου. Vgl. Demeter im Phaleron.
Ἀθήν. VIII S. 296 (= Dittenberger, Syll.
40 427). Inschrift der Thiasoten der Aphrodite.
Ζ. 18 fg. Stephanos: ἀνέθηκε τὴν Δήμητρα
ὁμοίοιμι τοῖ κοινοῖ.
Demos und Zeus, von Leochares.
Paus. I, 1, 3 Vgl. Stoa Makra.
45 ### Dionysos.
Vgl. oben: Akratopotes, das Diony-
sion (Grenzstein No. 4) und unten: Theater
in Munichia.

CIA. II, 164 am Ende: τὰ Διονύσια τὰ
Πειραικά.
Die πομπή τῷ Διονύσῳ ἐν Πειραιεῖ
Demosth. (XXI) c. Mid. 10. Ἀθήν. VI, S.
157 fg. (= Dittenberger, Sylloge 337, Ζ. 21,
32.)
Opfer: CIA. II, 741, Ζ. 6, 80; in Ephebeu-
inschriften: z. B. CIA. II, 467, Ζ. 16 fg.
468, Ζ. 11. 469, Ζ. 13. 470, Ζ. 12, 66.
Ἐφημ. ἀρχ. 1884, S. 39 fg. = Athen.
Mitth. IX, 1884, S. 288 fg. (Gef. „beim
Bau des Theaters im nordwestl. Theil des
Karaiskakiplatzes"; vgl. über das daselbst
aufgedeckte antike Bauwerk: Mitth. a. a. O.
S. 279 fg.) Erste Hälfte des 2. vorchristl.
Jahrh. (Köhler):
Inschriften der Dionysiasten (οἱ
Διονυσιασταί, ἡ σύνοδος, οἱ τὴν σύνοδον
φέροντες τῷ θεῷ, οἱ ὀργεῶνες, ὁ θίασος)
zu Ehren des Dionysios, Sohn d. Agathokles
von Marathon und seiner Söhne Agathokles
und Dionysios.

I. Ζ. 21 fg. von Dionysios d. Ält.: λαβὼν
παρ᾽ αὐτῶν τὴν ἱερωσύνην τοῦ Διο-
νύσου τόν τε νεὼ τοῦ θεοῦ κατεσκεύ-
ασεν καὶ ἐκόσμησεν πολλοῖς | [καὶ
καλοῖς ἀνα]θήμασιν.
Ζ. 32. στῆσαι (τὸ ψήφισμα) παρὰ τὸν
νεὼ τοῦ θεοῦ.

II. Weihinschrift des Dionysios (= CIA.
II, 1336). Τόνδε νεώ σοι, ἄναξ, Διο-
νύσιος εἵσατο τῇδε | καὶ τέμενος θιόεν
καὶ ξόαν᾽ εἰκελά σοι u. s. w.

III. Ζ. 17 von Dionysios: κατεσκεύασε
τὸ ἄγαλμα τοῦ Διονύσου τοῖς ὀργεῶσιν
καὶ προσιδρύσατο κατὰ μαντείαν τοῦ
θεοῦ.
Ζ. 46. φροντίσαι δὲ τοὺς ὀργεῶνας,
ὅπως ἀφηρῷασθεῖ Δι[ο]νύσιος καὶ
ἀν]ατεθῇ ἐν τῷ ἱερῷ παρὰ τὸν θεόν.
Vgl. auch das Relief: Athen. Mitth. VII
(1882), T. XIV, S. 389 fg. (Robert.)

Eetion?
Vgl. Eetioneia

Ἐπήκοοι θεοί.
Ἐφημ. ἀρχ. 1886, S. 51 (röm. Zeit):
Ἐπηκόοις θεοῖς.

Eros Uranios.
Ἀθήν. VIII, S. 402 (runde Basis [Altar] aus römischer Zeit. Ecke der Sokrates- und Philhellenenstr.): Ἔρωτος Οὐρανίου.
5 **Eurymedon.**
CIA. II, 1516 (Kart. v. Att. I, S. 43. Steinpfeiler, gef. an der Ecke der Athena- und Munichiastrafse; Haus Ant. Argatsis): Γλαυ]κέτης Γ[λ]αυ[κ]ίου Λα[μπτρ]εύς ἱερω[ὺ]
10 Εὐρυμέδοντ[ι] ἀνέθηκεν.
Götter (unbestimmte).
Vgl. Ἐπήκοοι θεοί.
Basis bei den Mühlen [dem Metroon?] gef. CIA. II, 1335. Ἀπολλοφάνης Στράτωνος,
15 Ἰάσων Σωχάρου αἱρεθέντες ἐπὶ τοῦ ἱεροῦ ἀνέθηκαν θεοῖς.
Bull. de corresp. hell. VII (1883), S. 510 No. 8 (= Kart. v. Att. I, S. 61), Schlangen- relief, beim Zeahafen gef. Ἡρακλείδης τῷ
20 θιῷ. Vgl. CIA. II, 621. III, 1296 und Zeus Meilichios.
(Grofse Götter.) Vgl. Μεγάλοι θεοί.
Göttermutter.
Inschriften der Orgeonen westlich vom Zea-
25 hafen, bei „den Mühlen" und den Resten der byzantinischen Kirche gef. (s. darüber Kart. v. Att. I, S. 45 fg.) Vgl. Foucart, assoc. relig. S. 85 fg. CIA. II, 610 fg. CIA. II, 610, Z. 3: ἡ θεὸς τῶν ὀργεώνων. Vgl. 619, Z. 8,
30 12, 14: ἡ θεός.
Der Tempel: Μητρῷον, ἱερόν, ναός: CIA. II, 621, Z. 25; in einem Temenos: 619, Z. 23; αὐλή: Ἀθήν. VIII, S. 295, Z. 28; μαγειρεῖον: CIA. II, 618, Z. 5.
35 (Weihinschriften.)
CIA. III, 135, 888: Μητρὶ θεῶν. Vgl. CIA. II, 1337 und das Kybelerelief Arch. Ztg. 1880, Tf. II, 4 (= CIA. II, 1594.)
CIA. III, 134. Μητρὶ θεῶν ἐναντίῳ
40 ἰατρείνη τέχνη. 136: Μητρὶ θεῶν ἐναντίῳ ἰατρίνη Ἀφροδίτη ἀνέθηκεν. Vgl. 137.
Helios, s. „Asklepios u. a. Götter".
Hermes.
CIA. II, 1224—26. Ἰάλι. ἀρχ. 1888
45 S. 18. οἱ ἱερθέναντες ἐπὶ Τυχάνδρου (Δι— —, Σωσικράτος, Ἀγαθοκλέος, Ἡρα- κλείδου) ἄρχοντος Ἑρμεῖ (folgen Namen). (Hermes Hegemonios.)

CIA. II, 1207, (gef. bei der Mühle west- lich vom Zeahafen). 50
Στρατηγοὶ οἱ ἐπὶ τὸν Πειραιᾶ ἐπὶ Ἡρα- κλείδου ἄρχοντος — — Ἑρμεῖ Ἡγεμονίῳ ἀνέθηκαν.
CIA. III, 197. (Kl. Altar, gef. im südl. Theil des Peiraieus.) [Ν]εμέριος Ἀρέλλιο[ς] 55 παιδαγωγὸς Ἑρμῇ ἡγεμόνι. Vgl. die Haut- gelderinschrift: CIA. II, 741 frgm. a, Z. 20, b, 14. Aristoph. Plut. 1159 und Schol.
(Hermes ὁ πρὸς τῇ πυλίδι.)
Demosth. XLVII, 26 — — ὕστερον αὐτῷ 60 περιτυχὼν περὶ τὸν Ἑρμῆν τὸν πρὸς τῇ πυλίδι προσεκαλεσάμην u. s. w.
Harpocr. (Phot. Suid.) πρὸς τῇ πυλίδι Ἑρμῆς· Δημοσθένης ἐν τῷ κατ᾽ Εὐέργου. Φιλόχορος ἐν τῇ ε´ ‚Ἀθηναίων", φησίν, 65 „ἀρξαμένων τειχίζειν τὸν Πειραιᾶ οἱ ἐννέα ἄρχοντες τοῦτον ἀναθέντες ἐγράψαν" ἀρξά- μενοι πρῶτοι τειχίζειν οἵδ᾽ ἀνέθηκαν | βου- λῆς καὶ δήμου δόγμασι πειθόμενοι."
Harpocr. (Phot. Suid.) Ἑρμῆς ὁ πρὸς 70 τῇ πυλίδι... Φιλόχορος ἐν ε´ Ἀτθίδος φησίν, ὡς εἰ δ᾽ ἄρχοντες ταῖς φυλαῖς ἀν- έθεσαν Ἑρμῆν παρὰ πυλῶνι τὸν Ἀττικόν. (Leake, Topogr. S. 85, Anm. 10. ἱστικόν.)
Archäol. Ztg. 1872, S. 21 = CIAnt. 349. 75 (Basis gef. in der Bucht von Krommydaru.) Πύθων Ἑρμῇ ἄγαλμα Ἑρμοστράτου Ἀθ- μονεύς | ἕστακεν πολλὰς θυσάμενος πό- λιας. Εὔφρων ἐξεποίησ᾽ οὐκ ἀδαὴς Πα- ρίος. Vgl. unten Soter, auch oben: „As- 80 klepios u. a. Götter".
Heroen, s. oben Grenzsteine No. 7.
Vergl. Eetion, Eurymedon, Kantharos, Kytheros, Serangos, Phreatos u. a. m.
Hestia. 85
CIA. II, 589 = Dittenberger, Sylloge 296; am Ende: στῆσαι (τὸ ψήφισμα) ἐν τῷ ἱερῷ τῆς Ἑστίας.
Homonoia.
CIA. II, 1663 (Kl. Altar. Ὁμονοίας τοῦ 90 Θιάσου. (Vgl. auch Demeter a. E.)
Hygieia, vgl. Asklepios.
Ἀθήν. IX, S. 234, s. Zeus Soter.
Isis.
CIA. II, 168 am Ende. (Den Kitieern 95 wird durch Rathsbeschlufs die Gründung eines

K. Peiraieus (Phaleron). (Kantharos — Soter.)

Tempels der Aphrodite gestattet): καθάπερ καὶ οἱ Αἰγύπτιοι τὸ τῆς Ἴσιδος ἱερὸν ἵδρυνται.

Kantharos, s. Kantharoshafen.

Kurotrophos.
Ἐφ. ἀρχ. 1884, S 194 n. 6 (Fragment einer Amphora). Νικόστρατι, Κο[υρ]οτρό[φῳ].

Kytheros.
CIA. II, 1058. (Inschrift mit Relief: bärtiger Mann sitzend, reicht einer Frau mit Beutel (?) die Hand; gefunden beim Zeahafen). κατὰ τάδε ἐμίσθωσαν (folgen acht Namen), Κυθηρίων οἱ μερῖται | τὸ ἐργαστήριον τὸ ἐν Πειραιεῖ καὶ τὴν οἴκησιν τὴν προσοῦσαν αὐτῷ | καὶ τὸ οἰκημάτιον τὸ ἐπὶ τοῦ κοπρῶνος εἰς τὸν ἅπαντα χρόνον Εὐκράτει Ἀφιδναίῳ δραχμῶν Γ⊦⊦⊦ τοῦ ἐνιαυτοῦ ἑκάστου ἀτελὲς ἁπάντων. Z. 24. ἀναγράψαι [δὲ τά]σδε τὰς συνθήκας Εὐκράτην ἐν στήλει λιθίνει καὶ στῆσαι [παρὰ τὸ]ν ἥρω. (Kytheros?) Vergl. Steph. Byz. Κύθηρα. Eustath. ad Dionys. Perieg. 498.

Leukothea? s. Sotera.

Maleates, s. „Asklepios u. a. Götter".
Μεγάλοι θεοί.
CIA. II, 469, Z. 18. 470, Z. 29. (Ephebeninschriften.)

Men.
CIA. II, 1587. (Karten v. Att. I, S. 43). Basisinschrift, gef. beim Terpsitheaplatz: Διονύσιος καὶ Βακχλία τῷ Μηνὶ τὸ ἱερὸν ἀνέθεσαν.

Mnemosyne, s. „Asklepios u. a. Götter".

Moirai.
CIA. II, 1662. Μοίραις ἀριστέρας ||| χηρία |||

Munichos.
CIA. II, 1541 b (gewöhnl. Stein, gefunden hinter Hag. Konstantinos). — Ἐπιχάρμου ἀνέθηκεν Μουνίχῳ. Phot. Μουνυχιῶν. Vgl. Artemis Munichia.

Musen.
Bull. de corr. hell. VII (1883), S. 76 fg. Weihungen der Mellepheben an die Musen.

Nana, s. Artemis.
Ὠραία, s. Artemis.

Panakeia, s. Asklepios.
Paralos (Paralion).
[Demosth.] XLIX, 25.

Phosphoros.
Clem. Alex. Protr. I, 24. Θρασυβούλῳ (τοὺς ἱππεύοντας ἀπὸ Φυλῆς κατηγαγόντι) — νύκτωρ — — πῦρ ἑωράται προηγούμενον, ὅπερ αὐτοὺς ἀπταίστως προπέμψαν κατὰ τὴν Μουνυχίαν ἐξέλιπεν ἔνθα νῦν ὁ τοῦ Φωσφόρου βωμός ἐστιν. Vgl. bei Lysias c. Agoratr. 24 den βωμὸς Μουνυχίασιν.

Phreatos? Vgl. Phreattys.
Harpocrat. ἐν Φρεαττοῖ (vgl. Etym. M.) ὠνομάσθαι δ' ἔοικε τὸ δικαστήριον ἀπό τινος Φρεατοῦ ἥρωος, καθά φησι Θεόφραστος ἐν τῷ ἕκτῳ καὶ δεκάτῳ τῶν νόμων.

Poseidon.
Vit. X or. S. 348 F. ἔτι δὲ (νόμον εἰσήγαγεν ὁ Λυκοῦργος) ὡς τοῦ Ποσειδῶνος ἀγῶνα ποιεῖν ἐν Πειραιεῖ κυκλίων χορῶν οὐκ ἔλαττον τριῶν.
(Pos. Kalaureates?)
CIA. I, 273 Frgm. e. E. (Schatzurkunde.)
(Pos. Pelagios.)
Ἀθήν. VI, S. 482, Z. 17 (Priester der P.).

Sabazios.
Ἐφ. μ. ἀρχ. 1883. S. 245 fg. (Inschrift aus d. Peir.; röm. Zeit) Z. 4 fg. ἔδοξεν τοῖς Σαβαζιασταῖς ἀναγράψαι τὰ ὀνόματα τῶν ἐρανιστῶν ἐν στήλῃ λιθίνῃ καὶ στῆσαι ἐν τῷ ἱερῷ· folgt die Liste.
Vgl. dazu S. 278 fg. (die Basis eines Weihgeschenkes, ebenda gef.) οἵδε ἱεροποιήσαντες ἀνέθεσαν ἐπὶ Σωσιγένους ἄρχοντος — —.

Sarapis im Peiraieus?
CIA. II, 617. Sarapiastendecret.

Serangos?
Vgl. unten Serangeion.

Sochen.
Archäol. Ztg. 1872, S. 21 (= C. I. Semit. 118). In der Bucht von Krommydaru: Altar mit phönikischer Weihinschrift auf Baal Sochen.

Soter.
Ebenda = CIA. II, 1549. Altar mit Rest einer Weihinschrift.
παιδ[ὸς [Φ]αιδρ[ὸν — — [Ἑρμῆ?] Σωτῆρι ἀνέθ[εσαν.

Sotera.

CIA. III, 368: auf einer Sitzstufe des Dionysostheaters. *Ιερέως θεᾶς Σωτείρας Ἐλληνίας.*

5 Theseion.

Andocid. I, 45. ἐπέλιπεν Ἀθηναίων τοὺς μὲν ἐν ἄστει οἰκοῦντας ἰέναι εἰς τὴν ἀγορὰν τὰ ὅπλα λαβόντας, τοὺς δ᾽ ἐν μακρῷ τείχει εἰς τὸ Θησεῖον, τοὺς δ᾽ ἐν Πειραιεῖ εἰς τὴν Ἱπποδάμειαν ἀγοράν.

CIA. II, 1059. Ἐπὶ Ἀρχίππου ἄρχοντος, Φαντίωνος δημαρχοῦ[ντος. | Κ]ατὰ τάδε μισθοῦσιν Πειραιεῖς Παραλίαν καὶ Ἀκμυρίδα καὶ τὸ Θησεῖον καὶ τἆλλα τεμένη 15 ἅπαντα.

Z. 9 fg. τὴν δὲ ὕλην καὶ τὴν γῆν μὴ ἐξέστω ἐξάγειν τοῖς μισθωσαμένοις μήτε ἐκ τοῦ Θησείου μήτε ἐκ τῶν ἄλλ᾽ων τεμενῶν, μηδὲ τὴν ὕλην ἄλλοσ᾽ ἢ τῷ χωρίῳ 20 οἱ μισθωσάμενοι τὸ Θεσμοφόριον καὶ τὸ τοῦ Σχοινοῦντος καὶ τἆλλα ἐννόμια — —

Z. 15. οἱ μισθωσάμενοι Παραλίαν καὶ Ἀλμυρίδα καὶ τὸ Θησεῖον.

Z. 22. τὴν οἰκίαν τὴν ἐν Ἀλμυρίδι σι25 γοντων παραλαβὼν καὶ ὀρθὴν — —

Vgl. *Ἐφημ. ἀρχ.* 1884, S. 169, 170, Z. 48. τεμένη Θησέως (oben: Hafen).

Tyche, s. oben: **Agathe Tyche.**

Zea, s. **Zeahafen.**

30 Zeus.

CIA. II, 1571 b. — Διὶ δῶρον κατὰ μαντείαν ἀνέθηκε.
(Zeus und Demos.)
Paus. I, 1, 3 (von Leochares). S. Stoa
35 Makra.
(Zeus Labraundes.)
CIA. II, 613. (Thiasotendecret, zu Ehren des Menis.) Z. 5 fg. καὶ τὸ προστῷον καὶ [τὸ ἄ]έτωμα τοῦ ἱεροῦ τοῦ Διὸς τοῦ Λα40 βραύνδου ἐπι[στέλ]εσιν. (Das Decret nebst Bild des M. aufzustellen im ἱερὸν τοῦ θεοῦ.)
(Zeus Meilichios.)
1. *CIA.* II, 1579. Zeus auf Thron und Adoranten (Mann, Frau, Kind). Ἀρισταρχ. Διὶ Μειλιχίῳ.
45
2. ebda. 1578 = Sybel *Catal.* 1094; (gef. wie die folgenden bei der Zillerschen Colonie, nordostl. Seite des Zeahafens: Schlangenrelief.) Ἡδίστιον Διὶ Μειλιχίῳ. 50

3. 1582. Ἡδύλι — — [ἀνέθη]καν. Ebenso 2 Fragmente ohne Inschrift.

4. 1581 (Berlin), Schlangenrelief — Διὶ Μειλιχίῳ. Ebenda Relief: 3 Personen vor einer Schlange. Vgl. *Archäol. Ztg.* 55 1879, S. 103.

5. 1580 (Louvre). Ἀσκληπιάδης Ἀσκληπιοδώρου Διὶ Μειλιχίῳ.

6. *Bull. de corr. hell.* VII (1883), S. 510. No. 9 = Παρνασσός 1880, S. 832: 60 Mann vor Schlange. Διὶ Μ]ειλιχίῳ.

7. *CIA.* II, 1583. Schlange: Ἡρακλείδης τῷ θεῷ.

Vgl. noch *Kurten v. Att.* I, S. 70 not. 84. *CIA.* II, 1579 b. *Δέλτ. ἀρχ.* 1888, 65 S. 135, 3. *Ἐφ. μ. ἀρχ.* 1885, S. 90 fg. 1886, S. 49 fg.
(Zeus Philios.)

CIA. III, 285. (Theatersitz in Athen): Ἱερέως Διὸς Φιλίου. 70

CIA. II, 1572. (an der Ostseite des Isthmos, beim Zeahafen gef.) Zeus auf Thron, 2 Adoranten. Μ]ύρτιον Διὶ Φιλίῳ ἀνέθ[ηκεν.

CIA. II, 1572 b, (an der Ostseite des Zeahafens gef. Rest eines Votivreliefs. Zeus und 75 2 Adoranten). Ἑρμαῖος Διὶ Φιλίῳ. Vergl. *Δέλτ. ἀρχ.* 1888, S. 135, 3.
(Zeus Soter und Athena Soteira.)

Paus. I, 1, 3. πλέω δὲ ἄξιον τῶν ἐν Πειραιεῖ μάλιστα Ἀθηνᾶς ἐστι καὶ Διὸς 80 τέμενος· χαλκοῦ μὲν ἀμφότερα τὰ ἀγάλματα, ἔχει δὲ ὁ μὲν σκῆπτρον καὶ Νίκην, ἡ δὲ Ἀθηνᾶ δόρυ. Ἐνταῦθα Λεωσθένην (den Heerführer der Griechen gegen die Makedonier) καὶ τοὺς παῖδας ἔγραψεν Ἀρ- 85 κεσίλαος.

Strab. IX, 395. οἱ πολλοὶ πόλεμοι . . τοῦ Πειραιᾶ συνέστειλαν εἰς ὀλίγην κατοικίαν τὴν περὶ τοὺς λιμένας καὶ τὸ ἱερὸν τοῦ Διὸς τοῦ Σωτῆρος. τοῦ δὲ ἱεροῦ τὰ μὲν 90 στοίδια ἔχει πίνακας θαυμαστούς, ἔργα τῶν ἐπιφανῶν τεχνιτῶν, τὸ δ᾽ ὕπαιθρον ἀνδριάντας.

Plin. XXXIV, 8, 74. Cephisodotus (fecit) Minervam mirabilem in portu Atheniensium 95

et aram in templo Iovis Servatoris in eodem portu, cui pauca comparantur.
Vgl. *Lycurg c. Leocr.* 136. Erzbild des Vaters des Leokrates.
Vit. X or. 846 D. Schmückung des Altars durch Demosthenes. Vgl. *Plut. Demosth.* 27.
CIA. III, 281. Sitz des Priesters im Theater. Ἱερέως Διὸς (Διὸς) Σωτῆρος καὶ Ἀθ[η]νᾶς Σωτείρας.
Opfer: *Aristoph. Plut.* 1175 fg., vgl. *CIA*. II, 305, Z. 11. 325, Z. 10. 326, Z. 4. Opfer der Epheben: *CIA*. II, 471, Z. 29 und sonst.
Weihungen: *CIA*. III, 167. Ἐφημ. ἀρχ. 1884, S. 167 fg., Z. 15 fg.
Πομπ.ιἐ Ἀθήν. VI, S. 157 fg. — *Dittenberger, Sylloge* 337, Z. 20, 31.
(Bauurkunde des Heiligthums?)
CIA. II, 834, Z. 2. J[ιὸ]ς Σωτῆρος ἐπιστατούντων — — Z. 14. τέμειν καὶ κομίσαι ἐξ ὑκτῆς. Z. 29 und 36. τοῦ προπυλαίου. Vgl. *CIA*. I, 68.
(Zeus Soter und andere Götter.)
Ἀθήν. IX, S. 234 (gef. in der Gegend „Τζιπίνα"; Spuren von Einwirkung des Seewassers).
Z. 6. τῶν ἱέρων, ὧν ἔθυον, τῷ τε Διὶ τῷ Σωτῆρι καὶ τῇ Ἀθηνᾷ τῇ Σωτείρῃ, καὶ τῷ Ἀσκληπιῷ (sic) καὶ τῇ Ὑγιείᾳ καὶ τοῖς ἄλλοις θεοῖς u. s. w.
(Zeus Xenios.)
CIA. II, 475, Z. 13 fg. Διόγνητος ἔξ Oίου, ταμίας ναυκλήρων καὶ ἐμπόρων τῶν φερόντων τὴν σύνοδον τοῦ Διὸς τοῦ Ξενίου.

Hippodamischer Markt, s. Agora.
Hippodrom.
Steph. Byz. Ἐγχελίδαι δῆμος τῆς Ἀττικῆς ἀπὸ Ἐγχέλου ἥρωος, οὔτως δ' ἀπὸ Ἕλους τόπος μεταξὺ ὄντος τοῦ Πειραιῶς καὶ τοῦ ἱπποκώπου Ἡρακλείου, ἐν ᾧ τοὺς γυμνικοὺς ἀγώνας ἐτίθεσαν τοῖς Παναθηναίοις.
Etym. M. Ἐνεχελιδῶ· τόπος Ἀθήνησι σταδίων ὀκτώ, ἐν ᾧ αἱ ἱπποδρομίαι.
Xenoph. Hipparch. III, 1 von den Reiterübungen: τά τε ἐν Ἀκαδημίᾳ καὶ τὰ ἐν Λυκείῳ καὶ τὰ ἐν Φαληροῖ καὶ τὰ ἐν τῷ ἱπποδρόμῳ. § 10. ὅταν γε μὴν ἐν τῷ ἱπποδρόμῳ ἡ ἐπίδειξις ᾖ, καλὸν μὲν οὕτω πρῶτον τάξασθαι ὡς ἂν ἐπὶ μετώπου ἐμπλήσαντες ἵππων τὸν ἱππόδρομον ἐξελάσειαν τοὺς ἐκ τοῦ μέσου ἀνθρώπους u. s. w. Vgl. *Demosth.* XLVII. 53.
CIGr. 5804 (Verzeichnifs von Siegen), Z. 30. Ἐχελίδας· — *CIA*. II, 968, Z. 41 fg. ἐν τῷ ἱπποδρόμῳ. Vgl. 969 A, Z. 36?.
Vgl. auch Ἐφημ. ἀρχ. 1884, S. 169 fg. (oben: Hafen), Z. 42. Πιερμίως πυρ' ἱππασίας τὰς [πρὸς τὴν ἀκτὴν (?).

Höhen, Hügel
(vergl. oben Halipedon [*Xenoph.* II, 4, 34] und unten Munichia).
Appian Bell. Mithrid. 40. ὁ Ἀρχέλαος ... ἰς δὲ ἐκ τοῦ Πειραιῶς ἀνέδραμεν ὀχυρώτατόν τε καὶ θαλάσσῃ περίκλυστον. ᾧ ναῦς οὐκ ἔχων ὁ Σύλλας οὐδ' ἐπιχειρεῖν ἐδύνατο.

Kantharos-Hafen
Aristoph. Pax 145. ἐν Πειραιεῖ δήπου ὅτι Κανθάρου λιμήν.
Schol. Κανθάρου λιμὴν μέρος τοῦ Πειραιῶς, ὡς Καλλικράτης ἤ Μενεκλῆς ἐν τῷ περὶ Ἀθηνῶν, γράφων οὕτως· ἔχει δὲ ὁ Πειραιεὺς λιμένας τρεῖς, πάντας κλειστούς· εἷς μὲν ἐστιν ὁ Κανθάρου λιμήν (οὕτω) καλούμενος (ἀπό τινος ἥρωος Κανθάρου), ἐν ᾧ τὰ νεώρια (ἑξήκοντα) εἶτα (τὸ) Ἀφροδίσιον, εἶτα κύκλῳ τοῦ λιμένος στοαὶ πέντε.
Vgl. *Plut. Phoc.* 28. μύσιν δὲ λούοντα χοιρίδιον ἐν Κανθάρῳ λιμένι κῆτος συνέλαβεν.
Hesych. Κανθάρου λιμήν. *Bekker, Anecd.* I, S. 271, 8.

Kophos Limen (vgl. Halipedon).
Xenoph. Hell. II, 4, 31. Pausanias: παρῆλθεν ἐπὶ τὸν Κωφὸν λιμένα σκοπῶν πῇ ἐπιτειχιστότατος εἴη ὁ Πειραιεύς.

Lange Mauern, s. Mauern B.
Leukon.
Ehrendecret im Emporion. *Demosth.* XX, 36. Ἀθήν. VI, S. 152 fg.

Makra Stoa, s. Stoen.
Markt, s. Agora.

Mauern.
A. (Ringmauern des Peiraieus). Vergl. auch Eetioneia, Häfen, Munichia (Festung), Thore und den „Zusatz".

5   *Thucyd.* I, 93. καὶ ᾠκοδόμησαν τῇ ἐκείνου γνώμῃ (des Themistokles) τὸ πάχος τοῦ τείχους, ὅπερ νῦν ἔτι δῆλόν ἐστι περὶ τὸν Πειραιᾶ· δύο γὰρ ἅμαξαι ἐναντίαι ἀλλήλαις τοὺς λίθους ἐπῆγον· ἐντὸς δὲ οὔτε χάλιξ
10 οὔτε πηλὸς ἦν, ἀλλὰ ξυνῳκοδομημένοι μεγάλοι λίθοι καὶ ἐν τομῇ ἐγγώνιοι, σιδήρῳ πρὸς ἀλλήλους τὰ ἔξωθεν καὶ μολύβδῳ δεδεμένοι. τὸ δὲ ὕψος ἥμισυ μάλιστα ἐτελέσθη οὗ διενοεῖτο.
15 *Appian.* Bell. Mithrid. 30. ὕψος δ᾽ ἦν τὰ τείχη πηχῶν τεσσαράκοντα μάλιστα καὶ εἴργαστο ἐκ λίθου μεγάλου τε καὶ τετραγώνου, Περίκλειον ἔργον.
    Vgl. *Diodor* XI, 41. *Nepos Themist.* 6, 1
20 und oben: Hermes πρὸς τῇ πυλίδι.
    CIA. I, 32, a Z. 31 (Ol. 86, 2). χρήματα εἰς τὸ νεώριον καὶ τὰ τείχη.
    (Umfang.)
    Thucyd. II, 13, 7. καὶ τοῦ Πειραιῶς τὸν
25 Μουνιχίᾳ ἑξήκοντα μὲν σταδίων ὁ ἅπας περίβολος, τὸ δ᾽ ἐν φυλακῇ ὂν ἥμισυ τούτου. [Vgl. dagegen: *Aristodemus* bei *Müller, Frgm. hist. gr.* V, S. 8. ὁ δὲ τοῦ Πειραιῶς περίβολος σταδίων π'.
30 *Dio Chrysost. or.* XXV, 4. S. 521 (Reiske). ἡμιστοπλία . . . τὸν Πειραιᾶ τειχίσαι πλειόνων ἢ ἐνενήκοντα σταδίων.]
    (Für die Zeit der Oligarchen) vgl. Eetioneia und *Xenoph. Hellen.* II, 3 und 4
35 (s. oben Agora).
    (Zerstörung durch Lysander.)
    Plut. Lysand. 14. τάδε τὰ τέλη τῶν Λακεδαιμονίων ἔγνω· καθελόντες τὸν Πειραιᾶ καὶ τὰ μακρὰ σκέλη . . . τὴν
40 εἰρήνην ἔχετε.
    15. ὁ δ᾽ οὖν Λύσανδρος — — τὰ τείχη κατέσκαπτε — — πρὸς τὸν αὐλὸν ἔστε φανομένων καὶ παιζόντων ἅμα τῶν στρατιωτῶν ὡς ἐκείνην τὴν ἡμέραν ἀρχουσαν
45 τῆς ἐλευθερίας.
    Vgl. *Diodor* XIII, 107. XIV, 3. *Lysias* XII, 70. XIII, 14. 34.
    (Wiederaufbau der Mauern.)
    Curtius, Topographie.

Xenoph. Hellen. IV, 8, 9 fg. *Diodor* XIV,
85. *Diog. Laert.* II, 39.   50
    Inschriften v. J. 395 4 und 394 3: *Bull. de corr. hell.* 1887, S. 136 fg. *Wachsmuth, Ber. d. sächs. Ges.* 1887, S. 371 und *Die Stadt Athen* II, 1, S. 111 fg. Davon No. 2
    ἐπ᾽ Εὐβουλίδου ἄρχοντος ὑπὸ τοῦ σημείου   55
    ἀρξάμενον μέχρι τοῦ μεταξὺ οἱ τῶν πυλῶν τῶν κατὰ | τὸ Ἀφροδίσιον ἐπὶ διεξιόντι
    ⌐ΡΗΗΡ⊐ΔΔΔ· μισθω(τῆς) Βοιωτίο(ς) [ἐπὶ] τῇ προσαγωγῇ τῶν λίθων.
    CIA. II, 161. 830–832 *Bull. de corr.*   60
    hell. 1888, S. 355.
    (Reparaturen.)
    Nepos Timoth. 5, aus den Strafgeldern des Konon, S. des Timotheos. *CIA.* II, 833.
    (Zu Demosthenes' Zeit.)   65
    Vit. X or. 851 A. καὶ εἰς τειχοποιίαν ἀνάλωσε (Δημοσθένης) τρία τάλαντα καὶ ἃς ἐπέδωκε δύο τάφρους περὶ τὸν Πειραιᾶ τιτρώσκων. Vgl. 845 E.
    Vgl. *Aeschin.* III, 236. *Demosth.* XVIII,   70
    299. XIX, 125.
    CIA. II, 167. Grosse Mauerbauinschrift. (S. Athen: F.)
    (Makedonische Zeit.) Munichia als Festung.   75
    Paus. I, 25, 5 fg. *Diodor* XX, 45.
    (Andre Festung? *Paus.* I, 25, 5. 26, 3. II, 8, 6.)
    CIA. II, 379. Z. 74. Eurykleides τὰ τείχη τοῦ ἄστεως καὶ τοῦ Πειραιῶς ἐπ-   80
    εσκεύασεν. Vgl. *CIA.* II, 380.
    (Belagerung durch Sulla.)
    Appian. Bell. Mithrid. 29 fg., 41. *Strabo* IX, S. 395, 396. *Plut. Sulla* 14.
    Cass. Dio XLII, 14. ὁ δὲ Καλῆνος (der   85
    Legat Caesars) εἷλεν ἄλλα τε καὶ τὸν Πειραιᾶ, ἅτε καὶ ἀτείχιστον ὄντα.
B. Die langen Mauern (vgl. Athena Polias, Theseion, Häuser und Strafsen).
    Thucyd. I, 107, 1. ἤρξαντο δὲ κατὰ τοὺς   90
    χρόνους τούτους (um 460) καὶ τὰ μακρὰ τείχη ἐς θάλασσαν οἱ Ἀθηναῖοι οἰκοδομεῖν τό τε Φαληρόνδε καὶ τὸ ἐς Πειραιᾶ. Vgl. I, 108, 3.
    Plut. Cim. 13. λέγεται δὲ καὶ τῶν μα-   95
    κρῶν τειχῶν, ἃ σκέλη καλοῦσι, συντελε-

σθῆναι μὲν ὕστερον τὴν οἰκοδομίαν, τὴν δὲ πρώτην θεμελίωσιν εἰς τόπους ἑλώδεις καὶ διαβρόχους τῶν ἔργων ἐμπεσόντων ἐρεισθῆναι διὰ Κίμωνος ἀσφαλῶς, χάλικι πολλῇ καὶ λίθοις βαρέσι τῶν ἑλῶν πιεσθέντων ἐκείνου χρήματα πορίζοντος καὶ διδόντος.

Heliod. IX, 3. εἴκασεν ἄν τις μακροῖς τείχεσιν τὸ γινόμενον, τοῦ μὲν ἐμπλέθρου τὸ ἴσον πλάτος δι' ὅλου φυλάττοντος.

Nördliche, Phalerische und mittlere Mauer.

Thucyd. II, 13, 7. Das ἀφύλακτον der Stdt. Ringmauer τὸ μεταξὺ τοῦ τε μακροῦ καὶ τοῦ Φαληρικοῦ.

Plut. Polit. 439 E. ἀνιὼν ἐκ Πειραιέως ὑπὸ τὸ βόρειον τεῖχος ἐκτός, αἰσθόμενος νεκροὺς παρὰ τῷ δεμίῳ κειμένους u. s. w. *Harpocr. (Suid.)* διὰ μέσου τείχους.

Ἀντιφῶν πρὸς Νικοκλέα· τριῶν ὄντων τειχῶν ἐν τῇ Ἀττικῇ ὡς καὶ Ἀριστοφάνης φησὶν ἐν Τριφάλητι, τοῦ τε βορείου καὶ τοῦ νοτίου καὶ τοῦ Φαληρικοῦ, διὰ μέσου τῶν παρ' ἑκάτερα ἐλέγετο τὸ νότιον, οἱ μνημονεύει καὶ Πλάτων ἐν Γοργίᾳ.

Plut. Gorg. 455 E. Περικλέους δὲ καὶ αὐτὸς (Sokrates) ἤκουον, ὅτε συνεβούλευεν ἡμῖν περὶ τοῦ διὰ μέσου τείχους.

Schol. διὰ μέσου τεῖχος λέγει, ὃ καὶ ἄχρι νῦν ἐστιν ἐν Ἑλλάδι· ἐν τῇ Μουνυχίᾳ γὰρ ἐποίησεν καὶ τὸ μέσον τεῖχος, τὸ μὲν βάλλον ἐπὶ τὸν Πειραιᾶ, τὸ δὲ ἐπὶ Φάληρα, ἵν' εἰ τὸ ἓν καταληφθῇ τὸ ἄλλο ὑπερείποι ἄχρι πολλοῦ.

Plut. de glor. Ath. 8, S. 351 A. τοιγάρ (Περικλέα) ὡς βραδέως ἀνύοντα τοῖς ἔργοις ἐπισκώπτων Κρατῖνος οὕτω πως λέγει περὶ τοῦ διὰ μέσου τείχους· „λόγοισι προάγει Περικλέης, ἔργοισι δ' οὐδὲ κινεῖ." Vgl. *Plut. Pericl.* 13. (τὸ μακρὸν τεῖχος.)

Aeschin. II, 173, 174. τὸ βόρειον und τὸ νότιον τεῖχος. Vgl. *Andocid.* III, 4. III, 5. 7.

CIA. II, 167 (s. Athen F.), Z. 120 fg. τοῦ βορείου τείχους πρώτη μερὶς [ἀπὸ τ]οῦ διατειχίσματος μέχρι τῶν . . . . . ν πυλῶν καὶ τὰς διόδους —

τοῦ νοτίου (τε)ί]χους π[έμ]πτ[η μερὶς ἀπὸ] τοῦ διατειχίσματος τ[οῦ ἐν Πειραιεῖ?] μέχρι τοῦ Κηφισοῦ.

Jελτ. ἀρχ. 1889, S. 90 fg. zu *CIA.* II, 270. Ehrendecret f. Nikandros u. Polyzelos; Z. 32 fg. Ἠγ(ε[ῖσθε?— —] ἀξιώσαντος μετὰ τῶν ἄλλων συν[διακονηθεῖσ]αι καὶ συνεπικοδομῆσαι τοῖς πύργοις [τοῦ νοτίου?] τείχους — — — τὸ μέρος τὸ ἐπιβάλλον αὐτοῖς [ἐπεσ]κεύασαν.

(Länge derselben; vgl. auch am Anfang Allgemeines.)

Thucyd. II, 13, 7. τὰ δὲ μακρὰ τείχη πρὸς τὸν Πειραιᾶ τεσσαράκοντα σταδίων.

Strabo IX, S. 395. ταῦτα (τὰ καθελκυσμένα ἐκ τοῦ ἄστεος σκέλη) δ' ἦν μακρὰ τείχη, τεσσαράκοντα σταδίων τὸ μῆκος, συνάπτοντα τὸ ἄστυ τῷ Πειραιεῖ.

[Vgl. dagegen *Aristodemus* bei *Müller, Frgm. hist. gr.* V, S. 8. τὰ δὲ μακρὰ τείχη φέροντα ἐπὶ τὸν Πειραιᾶ ἐξ ἑκατέρου μέρους σταδίων μ'.

Aristid. Panathen. S. 305 (Dindf.). σιαπῶ τείχη καθήκοντά ποτε ἐπὶ θάλασσαν ἑμερησίας ὁδοὶ μῆκος τὰ σύμπαντα. Schol. καὶ μὲν τριάκοντα μόνον εἰσὶ στάδια.]

(Länge der Phalerischen Mauer.)

Thucyd. II, 13. τοῦ τε γὰρ Φαληρικοῦ τείχους σταδίοι ἦσαν πέντε καὶ τριάκοντα πρὸς τὸν κύκλον τοῦ ἄστεος.

[*Aristodemus* bei *Müller, Frgm. hist. Gr.* V, S. 8. τὸ δὲ Φαληρικὸν τεῖχος ἐκτίσθη σταδίων λ'].

(Spätere Schicksale der langen Mauern) s. A: Peiraieusmauern.

Xenoph. Hellen. II, 2, 15. προσκαλοῦντο δὲ (die Spartaner i. J. 405) τῶν μακρῶν τειχῶν ἐπὶ δέκα σταδίους καθελεῖν ἑκατέρου. Vgl. *Lysias* XIII, 8.

Livius XXXI, 26, 8. inter angustias semiruti muri qui brachiis duobus Piraeum Athenis jungit (um 200, als Philipp Athen belagert).

(Unter Sulla.)

Appian Bell. Mithrid. 30. Sulla — — τά τε μακρὰ σκέλη, καθήρει, λίθους καὶ ξύλα καὶ γῆν ἐς τὸ χῶμα μεταβάλλων. Vergl. *Plut. Sull.* 12.

(Spätere Zeit.)

Strabo IX, 396. οἱ δὲ πολλοὶ πόλεμοι τὸ τεῖχος κατέρειψαν — — — κατέσπασται δὲ καὶ τὰ μακρὰ τείχη Λακεδαιμονίων μὲν

κατθιλόντων πρότερον, Ῥωμαίων δ' ὕστερον, ἡνίκα Σύλλας ἐκ πολιορκίας εἷλε καὶ τὸν Πειραιᾶ καὶ τὸ ἄστυ.
Εφ. μ. ἀρχ. 1884, S. 169 fg., Z. 48. s. oben Haupthafen

Paus. I, 2. 2. ἀνιόντων δὲ ἐκ Πειραιῶς ἐρίπια τῶν τειχῶν ἐστίν, ἃ Κόνων ὕστερον τῆς πρὸς Κνίδῳ ναυμαχίας ἀνέστησε. τὰ γὰρ Θεμιστοκλέους μετὰ τὴν ἀναχώρησιν οἰκοδομηθέντα τῶν Μήδων ἐπὶ τῆς ἀρχῆς καθῃρέθη τῶν τριάκοντα ὀνομαζομένων.

Molen, s Choma.

Κλῖθρα, s. *Εφ. μ. ἀρχ.* 1884, S. 170, Z. 43, 46; oben: Haupthafen.

Munichia (vgl. Artemis, Grenzsteine 9, Häfen, Theater, Mauern).

(Als Höhe, Burg, Quartier.)

Strabo IX, S. 395. λόφος δ' ἐστὶν ἡ Μουνιχία χερρονησιάζων καὶ κοῖλος καὶ ὑπόνομος πολὺ μέρος, φύσει τε καὶ ἐπίτηδες ὥστ' οἰκήσεις δέχεσθαι, στομίῳ δὲ μικρῷ τὴν εἴσοδον ἔχων, ὑποπέπτωται δ' αὐτῷ λιμένες τρεῖς. τὸ μὲν οὖν παλαιὸν ἐτετείχιστο καὶ συνῴκιστο ἡ Μουνυχία παραπλησίως ὥσπερ ἡ τῶν Ῥοδίων πόλις προσειληφυῖα τῷ περιβόλῳ τόν τε Πειραιᾶ καὶ τοὺς λιμένας πλήρεις νεωρίων ... οἱ δὲ πολλοὶ πόλεμοι τὸ τεῖχος κατέριψαν καὶ τὸ τῆς Μουνυχίας ἔρυμα τόν τε Πειραιᾶ συνέστειλαν.

Harpocrat. Μουνυχία, Τόπος παραθαλάσσιος ἐν τῇ Ἀττικῇ. Ἑλλάνικος ἐν τῇ δευτέρᾳ Ἀτθίδος ὠνομάσθαι φησὶν ἀπὸ Μουνύχου τινὸς βασιλέως τοῦ Παντευκλέους. Vergl. Phot. Μουνυχία. (Bekker, Anecd. gr. I, 279, 23 und Etym. M. s. v.). τόπος ἐστὶ τοῦ Πειραιῶς. Vgl. Schol. Demosthen. XVIII, 107. Phot. Μουνυχιῶν ... ἥρωός τινος καθιερώσαντος αὐτὴν (Μουνυχίαν Ἀρτέμιδι) ἐπὶ τῇ τοῦ Πειραιῶς ἀκρωτηρίῳ.

Schol. Kallim. Hymn. in Dian. 259. Μουνύχιον γάρ ἐστι μέρος τοῦ Πειραιῶς τοῦ λιμένος τῶν Ἀθηνῶν.

Diog. Laert. I, 114. Ἰδόντα γοῦν τὴν Μουνυχίαν παρ' Ἀθηναίοις ἀγνοεῖν φάναι (Ἐπιμενίδην) αὐτοῖς ὅσων κακῶν αἴτιον

ἔσται τοῦτο τὸ χωρίον αὐτοῖς. Vgl. Plut. Solon 12.

Diod. XIV, 33. ὁ Θρασύβουλος εὐθὺς μὲν ὥρμησεν ἐπὶ τὸν Πειραιᾶ καὶ κατελάβετο τὴν Μουνυχίαν, λόφον ἔρημον καὶ καρτερόν.

XX, 45. οὔσης τῆς Μουνυχίας ὀχυρᾶς οὐ μόνον ἐκ φύσεως ἀλλὰ καὶ τῶν τειχῶν κατασκευαῖς.

Thucyd. VIII, 92, 5. τῶν περιπόλων τῶν Μουνυχίασι τεταγμένων. Nepos, Thrasyb. 2, 5.

Plutarch Phoc. 28. Orakel: τὰ ἀκρωτέρια τῆς Ἀρτέμιδος φυλάσσειν, ὅπως ἄλλοι μὴ λήψωσιν.

Plut. Demetr. 10. Demetrios .. κατέσκαψε τὸ φρούριον. Vgl. Erot. 11. Diod. XX, 46. Dionys. Hal. de Dinarcho II, S. 113, Sylb.

(Als Hafen; s. oben Häfen.)

Timaeus, Lex. Platon. S. 260. Μουνυχία καὶ Ζέα λιμένες ἕτεροι τοῦ Πειραιῶς.

Schol. Clem. Alex. Protr. IV, 47. ἀπ' αὐτῆς (Ἀρτέμιδος Μουνυχίας) μέρος τοῦ λιμένος Μουνύχιον ὠνόμασται.

Paus. I, 1, 4. ἔστι δὲ καὶ ἄλλος Ἀθηναίοις ὁ μὲν ἐπὶ Μουνυχίᾳ λιμήν ... ὁ δὲ ἐπὶ Φαλήρῳ.

Neoria, Neorion, s. Schiffshäuser.
Paralia.
CIA. II, 1059, s. Theseion.
Pforten, s. Thore.
Phreattys.

Paus. I, 28, 11. ἔστι δὲ τοῦ Πειραιῶς πρὸς θαλάσσῃ Φρεαττύς· ἐνταῦθα οἱ πεφευγότες ... πρὸς ἠρεμωμένους ἐκ τῆς γῆς ἀπὸ νεὼς ἀπολογοῦνται. (Legende v. Teukros.)

Demosth. XXIII, 78. Der Gesetzgeber: ἔγαγε τοὺς δικάσοντας οἱ προσελθεῖν οἷόν τε ἐκείνῳ, τῆς χώρας ἀποδείξας τόπον τινὰ ἐν Φρεαττοῖ καλούμενον, ἐπὶ θαλάττῃ· εἶθ' ὁ μὲν ἐν πλοίῳ προσπλεύσας λέγει, τῆς γῆς οὐχ ἁπτόμενος, οἱ δ' ἀκροῶνται καὶ δικάζουσιν ἐν τῇ γῇ.

Vergl. Harpocrat. ἐν Φρεαττοῖ (s. oben Heros Phreatos).

Pollux VIII, 120. ἐν Φρεαττοῖ — ἢν δ'

ἐπὶ θαλάσσῃ τὸ δικαστήριον καὶ τὸν ἐν αἰτίᾳ προαπλεύσαντα τῆς γῆς οὐ προσαπτόμενον ἀπὸ τῆς νεὼς ἔχρῆν ἀπολογεῖσθαι, μήτ' ἀποβάθραν μήτ' ἄγκυραν εἰς τὴν γῆν βαλλόμενον
Helladius in *Phot. Bibl.* 535 a, 28. μύταιρον (δικαστήριον) τὸ ἐν Φρεατοῖ — — (ὁ κρινόμενος) ἐπὶ νηὸς ἔξωθεν τοῦ Πειραιῶς ἀπολογούμενος ἄγκυραν καθίει.
Bekker, Anecd. I, 311, 17 fg. ἐν Ζέᾳ· τόπος ἐστὶ παράλιος. ἐνταῦθα κρίνεται ὁ ἐπὶ ἀκουσίῳ μὲν φόνῳ φεύγων, αἰτίαν δὲ ἔχων ἐφ' ἑκουσίῳ φόνῳ. — ἐν Φρεαττοῖ οἱ ἐπ' ἀκουσίῳ φόνῳ φεύγοντες, ἐπ' ἄλλῳ δέ τινι κρινόμενοι· οἱ ἐπὶ πλοίῳ ἐστῶτες ἀπολογοῦνται.

Propylon (Propylaion).
S. oben Grenzsteine 10. Skeuothek (CIA. II, 1054, Z. 5) und Zeus Soter (CIA. II, 834, Z. 29, 30).

Psyktrai.
S. oben Haupthafen: Ἐφημ. ἀρχ. 1884, S. 169 fg., Z. 43, 45.

Schiffshäuser, Werften (vgl. Häfen. Skeuothek).
Bekker, Anecd. gr. p. 282. νεώσοικοι· καταγώγια (οἰκήματα Phot.) ἐπὶ τῆς θαλάττης ᾠκοδομημένα εἰς ὑποδοχὴν τῶν νεῶν, ὅτι μὴ θαλαττεύοιεν· τὰ νεώρια δέ ἐ, τῶν ὅλων περιβολή.
Demosth. XXXIV, 37. οἱ δ' ἐν τῷ Πειραιεῖ ἐν τῷ νεωρίῳ διελάμβανον κατ' ὀβολὸν τοῖς ἄρχοις.
Strabo IX, 395. τοῖς λιμέσιν ἀλίέσι νεωρίων, ἐν οἷς καὶ ἡ ὁπλοθήκη... ἄξιόν τε ἐν ναύσταθμον ταῖς τετρακοσίαις ναυσίν.
Schol. Aristoph. Pac. 145. ὁ Κανθάρου λιμήν, ἐν ᾧ τὰ νεώρια (ἑξήκοντα) s. Κανθάρου λιμήν. Vgl. *Paus.* I, 1, 2.
CIA. I, 32 (Ol. 86, 2), Z. 31. (χρήματα) τὶς τὸ νεώριον καὶ τὰ τείχη. Vgl. I, 77. I, 40. μετὰ τὰς ἐν τῷ νεωρίῳ ἐ[δ]ης ἕδρας? s. auch Choma.
Isocr. VII, 66. τοὺς δὲ νεωσοίκους ἐπὶ καθαιρέσει τριῶν ταλάντων ἀποδομένους εἰς οὕς ἡ πόλις ἀνήλωσεν οὐκ ἔλαττον χιλίων ταλάντων.

(Herstellung unter Eubulos.) Vgl. *Aeschin.* III, 25. *Deinarch.* I, 96.
(Unter Lykurg.) Vgl. Skeuothek.
Über die 372 νεώσοικοι ᾠκοδομημένοι καὶ ἐπισκευασμένοι der Seeurkunden von Ol. 112, 3 bis 114, 2 (82 in Munichia, 94 im Kantharos, 196 in Zea), vergl. *Boeckh, Seeurkunden,* S. 68.
(Durch Sulla verbrannt.) *Appian Bell. Mithr.* 41, s. Skeuothek.
Paus. I, 1, 2. καὶ νεώς καὶ ἐς ἐμὲ ἦσαν οἶκοι

Schoinus.
CIA. II, 1059, s. Theseion.

Serangeion.
Isaeus VI, 33. τὸ ἐν Σηραγγίῳ βαλανεῖον unter den Besitzungen des Euktemon.
Aliphr. III, 43, 6; vgl. Ankyle. (Athen, E.)
Phot. Σηράγγιον (vgl. *Harpocr.* s. v. und *Bekker, Anecd. gr.* S. 301, 10). τόπος τοῦ Πειραιῶς (χωρίον τι τοῦ Πειραιῶς, ἐν τῷ Πειραιεῖ) κτισθεὶς ὑπὸ Σηράγγου· καὶ ᾠῷον ἐν αὐτῷ.
Hesych. Σηράγγιον — — ἐν ᾧ οἱ κακοεργοὶ ἐκρέοντο.

Skeuothek.
(Alte Skeuothek.)
CIA. II, 807 (Ol. 112, 3). Col. b., Z. 153. ἐν τῇ ἀρχαίᾳ σκευοθήκῃ. Vgl. 793. 795; nur σκευοθήκη, ebd. Z. 80. τάδε παρελάβομεν ἐν τῷ οἰκήματι τῷ [μεγάλῳ τῷ πρὸς τ[αῖ]ς [πύ]λαις· vgl. Z. 159, ebenda Z. 88 fg. ἡ σκευοθήκη (die neue). Col. c., Z. 26. σκευοθήκη ξύλινα.
(Die Skeuothek des Philon.)
CIA. II, 1054 (gef. beim Zeahafen, an der Kreuzung der ὁδὸς Σωτείρας und einer unbenannten, unterhalb des Munichiatheaters verlaufenden Strafse). [Θ]εο[ί]. Συγγραφαὶ τῆς σκευοθήκης τῆς λιθίνης τοῖς κρεμαστοῖς σκεύεσιν | Εὐθυδόμου Δημητρίου Μελιτέως· Φίλωνος Ἐξηκεστίδου Ἐλευσινίου· | σκευοθήκην οἰκοδομῆσαι τοῖς κρεμαστοῖς σκεύεσιν ἐν Ζείᾳ ἀρξάμενον ἀπὸ τοῦ προπυλαίου τοῦ ἐξ ἀγορᾶς προσιόντι ἐκ τοῦ ὄπισθεν τῶν νεωσοίκων τῶν ὁμοτεγῶν, μῆκος τεττάρων πλέθρων, πλάτος πεντήκοντα ποδῶν καὶ πέντε σὺν τοῖς τοίχοις. Κατατέμνων

τοῦ χωρίον μάθος ἀπὸ τοῦ μετεωροτάτου
τρεῖς πόδας u. s. w.
  Aeschin. III, 25. διὰ τὴν πρὸς Εὔβουλον
γενομένην πίστιν ὑμῖν οἱ ἐπὶ τὸ θεωρικὸν
κεχειροτονημένοι ... νεωρίων τ' ἐπεμελοῦντο
καὶ σκευοθήκην ᾠκοδόμουν. Vgl. Dinarch
I, 96.
  CIA. II, 240 (Ol. 118, 2). Decret des
Stratokles zu Ehren Lykurgs. Frgm. b, Z. 5.
τὴν δὲ σ[κευοθήκην καὶ τὸ θέατρον τὸ] Διο-
νυσιακὸν ἐξειργάσα[το.
  Vgl. das Decret in den Vit. X or. S. 852:
ἐμέτερα παραλαβὼν τούς τε νεωσοίκους καὶ
τὴν σκευοθήκην — ἐξειργάσατο καὶ ἐπ-
ετέλεσε.
  CIA. II, 270 (dazu Σελτ ἀρχ. 1889.
S. 90 fg., s. oben: lange Mauern). Beiträge
εἰς οἰκοδομίαν τῶν νεωσοίκων καὶ τῆς σκευο-
θήκης, von Ol. 108, 2—114, 2.
  Plin. Nat. hist. VII, 37, 125; (laudatus
est) Philon Athenis armamentario CD (codd.
mille) navium.
  Vitruv prooem. 12. Philo (edidit volumen)
... de armamentario quod fecit Piraei portu.
  Valer. Max. VIII, 12 ext. 2. gloriantur
Athenae armamentario suo nec sine causa:
est enim illud opus et impensa et elegantia
visendum. Vgl. Plut. Sulla 14.
  Appian Bell. Mithrid. 41. ὁ δὲ Σύλλας
τὸν Πειραιᾶ ... κατεπίμπρα, φειδόμενος
οὔτε τῆς ὁπλοθήκης οὔτε τῶν νεωσοίκων.
  Plin. Nat. hist. XXXV, 6, 38. usta (ochra)
casu reperta est in incendio Piraeei cerussa
in orcis cremata. Vgl. Strab. IX, 395.

Spartokos und seine Vorfahren, Statuen im
Emporion. CIA. II, 311.

Steinbrüche (vgl. Akte).
  Xenoph. Hell. I, 2, 14. οἱ αἰχμάλωτοι
Συρακόσιοι εἰργμένοι τοῦ Πειραιῶς ἐν
λιθοτομίαις διορύξαντες τὴν πέτραν, ἀπο-
δράντες νυκτὸς ᾤχοντο εἰς Δεκέλειαν οἱ δ'
εἰς Μέγαρα.
  Demosth. c. Nicostr. (LIII.) 17. τηρήσας
με ἀνιόντα ἐκ Πειραιῶς ὀψὲ περὶ τὰς
λιθοτομίας παίει τε πύξ καὶ ἁρπάζει με
μέσον καὶ ὠθεῖ με εἰς τὰς λιθοτομίας, εἰ
μή τινες — — ἐβοήθησαν.

Stoen. (Vgl. auch Zeus Soter.)
  (5 Stoen.)
  Schol. Aristoph. Pac. 145. εἶτα (nach dem
Aphrodision) κύκλῳ τοῦ λιμένος στοαὶ πέντε.
(S. Κάνθαρος λιμήν und die Inschrift:
Ἐφημ. ἀρχ. 1884, S. 169 fg., Z. 45 oben:
Haupthafen.)

(Stoa Makra und Alphitopolis.)
  Demosth. XXXIV, 37. οἱ δ' ἐν τῷ Πει-
ραιεῖ ἐν τῷ νεωρίῳ διαλαμβάνον καὶ
ὀβολὸν τοὺς ἄρτους καὶ ἐπὶ τῆς μακρᾶς
στοᾶς τὰ ἄλφιτα.
  Paus. I, 1, 3. ἔστι δὲ τῆς στοᾶς τῆς
μακρᾶς, ἔνθα καθίστηκεν ἀγορὰ τοῖς ἐπὶ
θαλάσσης (καὶ γὰρ τοῖς ἀπωτέρω τοῦ λι-
μένος ἐστὶν ἑτέρα), τῆς δὲ ἐπὶ θαλάσσης
στοᾶς ὄπισθεν ἑστᾶσι Ζεὺς καὶ Δῆμος,
Λεωχάρους ἔργον.
  Thucyd. VIII, 90, 3. Phrynichos u. a von
den Vierhundert, ᾠκοδόμησαν δὲ καὶ στοάν,
ἥπερ ἦν μεγίστη καὶ ἐγγύτατα τούτου (der
neuen Mauer) εὐθὺς ἐχομένη, ἐν τῷ Πειραιεῖ,
καὶ ἔργον αὐτοὶ αὐτῆς, ἐς ἣν καὶ τὸν σῖτον
ἠνάγκαζον πάντας τὸν ὑπάρχοντά τε καὶ
τὸν ἐσπλέοντα ἐξαιρεῖσθαι καὶ ἐντεῦθεν
προαιροῦντας πωλεῖν.
  Aristoph. Acharn. 548. στοᾶς στεναχούσης
σιτίων μετρουμένων.
  Schol. τῆς λεγομένης ἀλφιτοπώλιδος, ἣν
ᾠκοδόμησε Περικλῆς ὅπου καὶ σῖτος ἀπέ-
κειτο τῆς πόλεως ἦν δὲ περὶ τὸν Πειραιᾶ.
  Vgl. die Stoa Alphitopolis in Athen. (ObenG.)

Strafsen, Wege.
  S. oben Grenzsteine 3, 5, 6, 9.
  (Die Hamaxitos von Athen:)
  Xenoph. Hell. II, 4, 11. οἱ τριάκοντα
ἐχώρουν κατὰ τὴν εἰς τὸν Πειραιᾶ ἁμα-
ξιτὸν ἀναφέρουσαν.
  (Strafse vom Markt zur Munichia.)
  Xenoph. Hell. II, 4, 11. οἱ δὲ ἐκ τοῦ
ἄστεως εἰς τὴν Ἱπποδάμειον ἀγορὰν ἐλθόντες
πρῶτον μὲν συνετάξαντο, ὥστε ἐμπλῆσαι
τὴν ὁδὸν ἣ φέρει πρός τε τὸ ἱερὸν τῆς
Μουνυχίας Ἀρτέμιδος καὶ τὸ Βενδίδιον,
καὶ ἐγένοντο τὸ βάθος οὐκ ἔλαττον ἢ ἐπὶ
πεντήκοντα ἀσπίδων (bei mehr als 3000 Mann).
  Ἀθην. VI, S. 157 fg. (= Dittenberger,
Syll. 337.) Decret v. J 320 19.

Z. 19 fg. ἐπιμελήτιναι τοὺς ἀγορανόμους τῶν ὁδῶν τῶν πλατειῶν, ᾗ ἡ πομπὴ πορεύεται τῷ Διὶ τῷ Σωτῆρι καὶ τῷ Διονύσῳ, ὅπως ἂν ὁμαλισθῶσιν καὶ κατασκευασθῶσιν ὡς βέλτιστα.

Z. 34 fg. ὅπως δ᾿ ἂν καὶ εἰς τὸν λοιπὸν χρόνον ὡς βέλτισ[τα] ᾖ [κα]τε[σκευασμένα τά τ᾿ ἐν τῇ ἀγορᾷ τῇ ἐμ Πειραιεῖ καὶ τὰ ἐν ταῖς ὁδοῖς, μὴ ἐξεῖναι [μηθενὶ μήτε] χοῦν κα[ταβά]λλειν μήτε ἄλλο μηδὲν μήτε] κόπρο[ν μήτε ἐν τῇ ἀγορᾷ μή[τ]᾿ ἐ[ν] ταῖς ὁδοῖς [μηδαμοῖ — —
(Innerhalb der „Langen Mauern")
CIA. II, 167, Z. 95.

Strategion ἀρχαῖον· Ἐφ.μ. ἀρχ. 1884, S. 169, Z. 44. S. Haupthafen.

Tempel: s. Heiligthümer

Theater.
(Munichiatheater.)
Thucyd. VIII, 93, 1. τὸ πρὸς τῇ Μουνυχίᾳ Διονυσιακὸν θέατρον.
Lysias XIII, 32, 55. ἐκκλησία Μουνυχίασιν ἐν τῷ θεάτρῳ. Versammlungen auch CIA. II, 406, 417, 573.
Xenoph. Hell. II, 4, 32. (Vgl. Halipedon.) τοὺς δὲ ἄλλους κατεδίωξαν (die Truppen des Pausanias) πρὸς τὸ Πειραιοῖ θέατρον. ἐκεῖ δὲ ἔτυχον ἐξοπλιζόμενοι οἵ τε πελτασταὶ πάντες καὶ οἱ ὁπλῖται τῶν ἐκ Πειραιῶς.
Aelian Var. hist. II, 13. καὶ Πειραιοῖ δὲ ἀγωνιζόμενον τοῦ Εὐριπίδου καὶ ἐπὶ κριτῇς (Sokrates). Vgl. CIA. II, 573 = Dittenberg. Sylloge 297: Verpachtung des Theaters.
Die Διονύσια τὰ Πειραϊκά· CIA, II, 164, Z. 33. II, 589, Z. 19 fg. Προεδρία ἐν τῷ θεάτρῳ ὅταν ποιῶσι Πειραιεῖς τὰ Διονύσια — — Vergl. Ἐφ. ἀρχ. 1884, S. 169 fg., Z. 44 (oben: Hafen) das ἀρχαῖον θέατρον.

(Anderes Theater.)
CIA. II, 984 (gef. zw. Kantharos- und Zeahafen, bei der Sokratesstraße; vgl. Karten v. Att. I, Not. 42 b).
Z. 2. οἵδε ἐπέδωκαν εἰ[ς τὴν] | κατασκευὴν τοῦ θεάτρου.

Themistokles, s. Grab des Them.

Thore und Pforten (πυλίς, πυλών); vergl. Mauern und alte Skeuothek.
Harpocr. πρὸς τῇ πυλίδι Ἑρμῆς. u. Ἐ. ὁ π. τ. π. (πυλῶνα τὸν ἀστικόν.) Demosth. XLII, 26. S. oben: Hermes.
Lycurg c. Leocr. 17. Λεωκράτης — — εἰς νεὼς ἤδη περὶ τὴν ἀκτὴν ἐξορμοῦσης· — — περὶ δείλην ὀψίαν κατὰ μέσην τὴν ἀκτὴν διὰ τῆς πυλίδος ἐξελθὼν πρὸς τὴν ναῦν προσέπλευσε.
§ 55. οὐκ ἐκ τῆς ἀκτῆς κατὰ τὴν πυλίδα ἐμβαίνουσιν οἱ κατ᾿ ἐμπορίαν πλέοντες, ἀλλ᾿ ἐκ τοῦ λιμένος.

Trittyen, s. Grenzsteine II.

Vorgebirge, s. Alkimos, Eetioneia.

Wasserleitungen, s. Brunnen.

Wege, s. Straßen.

Werfte, s. [Neoria] Schiffshäuser.
Die Τελεγώνεια CIA. II, 792 Col. b. Z. 73.

Zea (vgl. Skeuothek, Häfen).
Timaeus Lex. Plat. S. 260. Μουνυχία καὶ Ζέα λιμένες ἕτεροι τοῦ Πειραιῶς.
Hesych. Ζέα· . . . ἡ Ἑκάτη, παρὰ Ἀθηναίοις καὶ εἷς τῶν ἐν Πειραιεῖ λιμένων. οὕτω καλούμενος ἀπὸ τοῦ καρποῦ τῆς ζειᾶς.
Bekker, Anecd. I, 311, 17 fg. ἐν Ζέᾳ· τόπος ἐστὶ παράλιος. ἐνταῦθα κρίνεται ὁ ἐπ᾿ ἀκουσίῳ μὲν φόνῳ φεύγων, αἰτίαν δὲ ἔχων ἐφ᾿ ἑκουσίῳ φόνῳ· vgl Phreattys.
CIA. II, 380, Z. 10. Apollagoras' Beitrag zur ὠχύρωσις τοῦ ἐν Ζέᾳ λιμένος.

Zeughaus, s. Skeuothek.

Phaleron.

(Vgl. oben Peiraieus: Mauern B.)
Herod. VI, 116. Φάληρον, τοῦτο γὰρ ἦν ἐπίνειον τότε (zur Zeit des ersten Perserkrieges) τῶν Ἀθηναίων.
Vgl. V, 63, 85. VI, 116. VIII, 66, 67, 91, 93. IX, 32.

Paus. I, 1, 2. ὁ Πειραιεύς — — πρότερον, πρὶν ἢ Θεμιστοκλῆς Ἀθηναίοις ἦρξεν, ἐπίνειον οὐκ ἦν· Φάληρον δέ, ταύτῃ γὰρ ἐλάχιστον ἀπέχει τῆς πόλεως ἡ θάλασσα, τοῦτό σφισιν ἐπίνειον ἦν (Menestheus fährt von dort nach Troja, Theseus nach Kreta).

Paus. I, 1, 4. ὁ μὲν ἐπὶ Μουνυχίᾳ λιμήν
— — ὁ δὲ ἐπὶ Φαλήρῳ — καὶ πρὸς αὐτῷ
Δήμητρος ἱερόν.
Vergl. *Diodor* XI, 41 (s. Peiraieus). —
ἐπινίκιῳ χρωμένων τῶν Ἀθηναίων τῷ προσαγορευομένῳ Φαληρικῷ, μικρῷ παντελῶς
ὄντι.
Cornel. Nep. Themist. 6, 1. cum Phalerico
portu neque magno neque bono Athenienses
uterentur.
Athen. VII, S. 285 B. Archestratos von
der ἀφύη· ἐν εὐκόλποισι Φαλήρου ἀγκῶσιν
ληφθεῖσ' ἱεροῖς.
Paus. VIII, 10, 4. Ἀθηναίοις μὲν δὴ
σταδίους μάλιστα εἴκοσιν ἀφέστηκε εἰς
πόλεως ἡ πρὸς Φαλήρῳ θάλασσα.
Schol. Arist. Lysistr. 913. Die Klepsydra
ἔχει δὲ τὰς ῥύσεις ὑπὸ γῆν, φερούσας εἰς
τὸν Φαληρέων λιμένα (*Wordsworth, Athens
and Attica*[2], 83, 3).
Hesych. Κλεψύδρα . . . ἔχει δὲ τὰς
ῥύσεις ἀνατέλλουσας εἰς τὸν Φαληρέων
δῆμον.
Schol. Aristoph. Aves 1694. εἰς ταύτην
(die Klepsydra) δέ φησιν (Istros) ἡμιτωμένην
φιάλην πεσοῦσαν ὀρθῆναι ἐν τῷ Φαληρικῷ,
ἀπέχοντι σταδίους εἴκοσι.
Plin. Nat. Hist. II, 225. quae in Aesculapii
fonte Athenis immersa sunt, in Phalerico
redduntur.
Paus. I, 1, 5. ἀπέχει δὲ σταδίους εἴκοσιν
ἄκρα Κωλιάς. Vgl. *Steph. Byz.* Κωλιάς,
ἄκρα ἤτοι ἀκτὴ Φαληροῖ.
Strab. IX, S. 398. μετὰ δὲ τὸν Πειραιᾶ
Φαληρεῖς δῆμος ἐν τῇ ἐφεξῆς παραλίᾳ·
εἶθ' Ἁλιμούσιοι, Αἰξωνεῖς u. s. w.

Gräber.

Aristeides.
Plut. Arist. 1.
Musaios.
Diog. Laert. I, *procem.* 3. *Anthol.* VII, 615.

Heiligthümer.

Androgeos.
Paus. I, 1, 4. ἔστι δὲ καὶ Ἀνδρόγεω
βωμὸς τοῦ Μίνω, καλεῖται δὲ ἥρωος u. s. w.
Apollo.

CIA. I, 210. Ἀπόλλων Δήλιος Φαληροῖ.
(Vgl. *CIA.* III, 270 ['Theatersitz]. Ἱερέως
Ἀπόλλωνος Δηλίου.)
Athena Skiras.
Paus. I, 1, 4. ἐνταῦθα (s. Heiligthum d.
Demeter) καὶ Σκιράδος Ἀθηνᾶς ναός ἐστι.
Vgl. *Strabo* IX, 393.
Paus. I, 36, 4. Σκίρος .. ὃς καὶ τῆς
Σκιράδος ἱδρύσατο Ἀθηνᾶς ἐπὶ Φαλήρῳ τὸ
ἀρχαῖον ἱερόν.
Hesych. Ὠσχοφόριον· τόπος Ἀθήνησι
Φαληροῖ, ἔνθα τὸ τῆς Ἀθηνᾶς ἱερόν. Vgl.
Ὠσχοφόρια. *Phot. Bibl.* S. 322a, 24. ἡ
παραπομπὴ ἐκ τοῦ Διονυσιακοῦ ἱεροῦ εἰς
τὸ τῆς Ἀθηνᾶς τῆς Σκιράδος τέμενος. Vgl.
Harpocrat. δειπνοφόρος.
Ἀθήν. VIII, S. 274 fg., Z. 21 fg. (athenische
Inschrift, s. oben C: Eurysakes).
Plut. Thes. 17. Beim Tempel des Skiros:
Denkmäler des Nausithoos und Phaiax aus
Salamis. Fest: κυβερνήσια.
Demeter (vgl. Demeter Thesmophoros; oben:
Peiraieus).
Paus. I, 1, 4. ὁ δὲ ἐπὶ Φαλήρῳ λιμήν
... καὶ πρὸς αὐτῷ Δήμητρος ἱερόν.
Paus. X, 35, 2; unter den ναοὶ ἐμπαντοι
.. καὶ ὁ ἐπὶ Φαλήρῳ τῆς Δήμητρος.
Götter } unbekannte. *Diog. Laert.* I, 10, 3.
Heroen
Paus. I, 1, 4. βωμοὶ δὲ θεῶν τε ὀνομαζομένων ἀγνώστων καὶ ἡρώων [καὶ] παίδων
τῶν Θησέως καὶ Φαλήρου u. s. w. Vergl.
Pollux, VIII, 118, 119.
Clem. Alex. Protr. 12. τιμᾶται δὲ τις
Φαληροῖ κατὰ πρύμναν ἥρως.
Nausithoos, s. oben Athena Skiras.
Phaiax, s. oben Athena Skiras.
Phaleros (Söhne des), s. oben Heroen.
Poseidon.
Dionys. de Dinarch. 10. Rede des Deinarch:
διαδικασία Φαληρέων πρὸς Φοίνικας ὑπὲρ
τῆς ἱερωσύνης τοῦ Ποσειδῶνος. Vgl. Pos.
Pelagios, oben: Peiraieus.
Skiros, s. Athena Skiras.
Theseus (Söhne des), s. Heroen.
Zeus.
Paus. I, 1, 4. Σκιράδος Ἀθηνᾶς ναὸς —
καὶ Διὸς ἀπωτέρω.

Zusatz.

Fragment einer Periegese des Peiraieus.

Flinders Petrie, Hawara, Biahmu and Arsinoë. London 1889.
S. 28. Frgmt. 80 u. 81.

Vgl. *Berl. Philol. Wochenschr.* 1889, S. 1546 fg. mit Ergänzungen von [W] = Wilcken und [D] = Diels.

```
 1 .... ν συμπ[αντες] ....
 2 .... ερξε .... ωι (?) ....
 3 ..... επι πρ .......
 4 ..... ιμεν .......
 5 ..... ιες απ[ο] ....
 6 λ(?)ε(?)ω επερι . ες . . . ςμισυ ...
 7 ι,ι ......... ια ....
 8 νεωσοικος περι .... ν .... [μεσι,μ
 9 ήμιν ωρολογιον ....
10 θω .... επιβαλλειν εκπα ....
11 τον ιλε'ο'ν εν δι ες μονι[ι,] ....
12 θοιτον εστιν αρπμιας .....
13 τετει ... ωθιον μεν ετε ?) ...
14 αμ ... τον ιερας (?) .... μεθε ......
15 σ ..... ιρας ιας αμε?)ατε (?) ...
16 κον .... ιλογωειο (sic) ....
17 κατεγαγεντο συμ[παντες] ...
18 εως τειχος εν ενς ....
19 πλεεεεις τα Διωτι π ....
20 σεως ερ[γ]ον οι μετ[α] ...
21 [τε]ραχοντες τα δυ ....
22 ανεχοντες τειχ ...
23 νοτιοω .... χ(?)ελε α(?)ου ....
24 ουχ αλο .... μ ....
25 τις Ευρωπης εν ...
26 Σιχίλιων προ εα ....
27 χοντα σταδιου[ς] ...
28 το συμπαν τειχο[ς] ...
29 δεκα θεοντων
30 θεατης εργον κπον (?) ....
31 ...... μενς ....
32 ..... [σ]υνωπ ....
33 ..... μεν ....
34 ..... να ....
```

8 νεωσοικοι W. 11 ἐν δὲ τῇ Μοσυχίᾳ W. 12 τὸ περιβόλιόν ἐστιν Ἀρτέμιδος W. 13 περιτετειχισμένον W. μὲν ἐπὶ W. 18 Πειρα(?) ἕως W. ἐνενήκοντα D. 19 σταδίων W. 21 τεσσα]ράκοντα D. σταδι.. W. 23 στέλη W. 32 συνῳκισ... W.

Nachträge.

(Seit Sommer 1890.)

A.

Areopag. *Apollod. bibl. Frgm. Sabbait.* (Rhein. Mus. 1891, S. 184, Z. 14). Ἀμφζόντας — στρατευσαμένους περὶ τὸν Ἄρειον πάγον θυσίας μετὰ τῶν Ἀθηναίων ἐνίκησεν.

Kykloboros. *Pollux X*, 185. ἐν Σφηκῶσιν ὁ Νιόβῳ Ἀριστοφάνης περὶ τοῦ Κυκλοβόρου τοῦ ποταμοῦ λέγων· „ὁ δ' ἐς τὸ πλινθεῖον γενόμενος ἐξέτρεψε".

B.

Altar der **zwölf Götter** [zu S. IX] vgl. Eleos.

Aristoteles Ἀθην. πολ. (ed. Kenyon) c. 25 S. 72 ὁ Ἑρμιλικὸς παιδίσκη μονοχίτων ἐπὶ τὸν βωμόν.

Apollon Delios. Vgl. *Theophr. H. μ. ϑ. 9. 9.* (Frgm. 119 W.) bei *Athen.* X, 424 F.

Apollon Gephyraios. Ἐφ. ἀρχ. 1888, S. 200. Ost-Athen beim Ausstellungsbau. Kleiner Rundaltar a. röm. Zeit. Ἀπόλλωνι γεφυραίῳ | Κλ(αύδιο)ς Θεαῖος | Πιερίδης.

Artemis Agrotera. *Aristot. Ἀθην. πολ. (ed. Kenyon)* c. 58, S. 145 fg. (Pollux VIII, 91). ὁ δὲ πολέμαρχος ποιεῖται θυσίας τῇ τε Ἀρτέμιδι τῇ ἀγροτέρᾳ καὶ τῷ Ἐννυαλίῳ.

Artemis Soteira. Δελτ. ἀρχ. 1890, S. 115 und *Athen. Mitth. XV*, S. 346. Decret und Weihung auf Art. Sot. bezüglich, vor dem Dipylon gefunden; vgl. oben S. XV, Z. 43 fg. und 77 fg.

Asklepios. *Aristot. Ἀθην. πολ.* 56, S. 141. τῆς πομπῆς) τῷ Ἀσκληπιῷ γινομένης ὅταν οἰκουρῶσι μύσται.

Asklepios ξένιος. Ἐφ. ἀρχ. 1889, S. 62. (Basis nördlich beim Olympieion gef.) Ἰταλικὸς | ξενίῳ | Ἀσκληπιῷ.

Athena zu S. XVIII, 12 vielm. ἱερίας (vgl. CIA. III 61. 668. Δελτ. ἀρχ. 1889, S. 20, 17.)

Athena und **Zeus Meilichios**, s. diesen.

Athena Ἀθηνῶν μεδέουσα *Bull. de corr. hell. XII*, 154 fg. ἐπὶ τὸν νεὼν τῆς Ἀθηναίας τῆς Ἀθηνῶν μεδεούσης· vgl. *Plut. Them.* 10. *Aristoph. Equit.* 581. 763. *Kirchner, Attica et Peloponnes.* S 24, 1. *Szanto*, Arch. epigr. Mitth. 1891, S. 118 fg.

Athena im Hekatompedon (zu S. XX, Z. 51 fg. XXII, Z. 14 fg.) Die beiden Hekatompedon-Inschriften bei Lolling. Δελτ. ἀρχ. 1890, S. 96 fg. Ἀθηνᾶ 1880, S. 627 fg.; Dörpfeld, *Athen. Mitth. XV*, S. 420 fg. Theile des Hek.: προνήϊον, νεώς, οἴκημα, ταμιεῖον, τὰ οἰκήματα.

[Zu S. XXII, 12], vgl. *Bull. de corr. hell.* I, S. 150. λέξεις μεϑ' ἱστοριῶν aus einem Codex v. Patmos s. v. ἑκατόμπεδον· Λυκοῦργος ἐν τῷ κατὰ Κηφισοδότου· — Περικλῆς — τὰ προπύλαια καὶ τὸ Ὠιδεῖον καὶ τὸ Ἑκατόμπεδον οἰκοδομήσας u. s. w.

[Zu S. XXI, Z. 5]. Bauurkunden des **Erechtheion**: *Athen. Mitth. XIII*, S. 229 fg.

Athena Poliuchos, s. d. Archermos-Inschr. CIA. IV, 2, 373ᵐˢ. Δελτ. ἀρχ. 1889, S. 119, 8.

Chariten und **Demos** Δελτ. ἀρχ. 1891, S. 25 fg. Erwähnung von 4 Psephismata,

die ἐν τῷ τεμένει τοῦ Δήμου καὶ τῶν Χαρίτων aufgestellt waren. Gef. bei den Vorarbeiten zu einer nördlich am „Theseion" und an der Stoa des Attalos vorüber zur Athenastrasse geführten Bahnlinie. (Jetzt Δελτ. a. a. O. S. 40 fg.)
S. XXVI, Z. 74—77 zu streichen.

Demos, s. Chariten (und Nymphen? *CIA.* I, 503.)

Dione. Δελτ. ἀρχ. 1890, S. 145, 3 Fragmente einer Kline (westlich vom Parthenon gef.) Τῇ Σ[ιω]ηῃ Φίλῃ Νικήτου ἀνέθηκεν. (Vgl. Zeus Naios, unten.)

Dionysos. *Athenaeus* XII, S. 533 C. τὸ Ἀθήνῃσι τοῦ Διονύσου πρόσωπον ἐκεῖνο (Πεισιστράτου) τινές φασιν εἰκόνα.

Eileithyia. Zu S. XXVIII. Z. 48. *CIA.* III, 925: richtiger Kumanudis, Ἐφημ. ἀρχ. 1890, S. 116. Ἡ μήτηρ — τῆς θυγατρὶ Ἀντίοχον [— — — Φ]ιλερέως Ἐλευθεία.

Enyalios statt *Pollux* IX, 197: VIII, 91 und *Aristot.* Ἀθην. πολ. s. oben Artemis Agrotera.

Ge, s. Zeus Meilichios.

Musen
Vit. Sophocl. § 6. φασὶ δὲ καὶ Ἴαιρος αὐτὸν — ταῖς Μούσαις θίασον ἐκ τῶν πεπαιδευμένων συναγαγεῖν.

Nike.
Athena Nike. Vgl. die westlich vom Niketempel gef. Inschrift Δελτ. ἀρχ. 1889, S. 58 (zu Ehren des Herakleitos aus Athmonon). Z. 3 fg. καὶ ἀνατιθέασιν τῇ Ἀθηνᾷ τῇ [Νίκῃ γραφ]ὰς ἐχούσας ὑπομνήματα τῶν [μετ' Αἰτωλῶν π]επραγμένων πρὸς τοὺς βαρβάρους ὑπὲρ τῆς τῶν Ἑλλήνων σωτηρίας.

Poseidon. Δελτ. ἀρχ. 1890, S. 146, 5. Basis des 6. Jahrhunderts von der Akropolis. Τέ]νδε κόρην ἀνέθηκεν ἀπαρχὴν ... λοχος: ἄγρας· Ἐν οἱ Ποντομέδ[ον χρύσοτριαί[ν]η ὄπασεν.

Zeus Kataibates.
Δελτ. ἀρχ. 1890, S. 144. Fragment einer Plinthe oder Basis (gef. nordöstlich vom Parthenon). Viertes Jahrh.? Διὸς κα[ταιβάτο[υ | ἀβατον.
Ἐφημ. ἀρχ. 1889, S. 61, 7. Fragment einer viereck. Basis oder Ara (gef. nördlich beim Olympieion). Röm. Zeit: Διὸς καταιβάτου.

Zeus Meilichios. Ἐφημ. ἀρχ. 1889, S. 51. Viereck. Stele (bei Ambelokipi gef.) *Ἱερὸν*: Διὸς με λιχίου· α τς (d. i. Γῆς) Ἀθηναίας.

Zeus Naios (vgl. Dione). Δελτ. ἀρχ. 1890, S. 145, 2. Kleiner Altar, von der Burg. Röm. Zeit. Διὶ Ναίω κ]αὶ τῇ συνόδω Μέλλπων Καλλιξείνου Πε]ρ[ια]λίσιος· εὐξάμενος ἀν[έ]θηκεν.

Zeus Olympios. (Olympieion) *Vitruv.* III, 1, 10: hujus (hypaethri) exemplar — Athenis octastylon templo olympio.

Zeus Polieus. Δελτ. ἀρχ. 1890, S. 146, 4. Fragment einer Marmorbasis Akropolis. Viertes Jahrh. — — Παυσ[ίου]· ἀνέθ]ηκεν Διὶ Πολιεῖ.

C.

Alexander-Cultus. *Diogen. Laert.* VI, 63. ψηφισαμένων Ἀθηναίων Ἀλέξανδρον Διόνυσον u. s. w.

Dioskuren (zu S. XLVI, Z. 80) *Aristot.* Ἀθην. πολ. c. 15 S. 42 (*Kenyon.*) Pisistratus ἐξοπλισίαν ἐν τῷ Ἀνακείῳ ποιησάμενος ἐκκλησιάζειν ἐπιχείρει· — οὐ φασκόντων δὲ κατακούειν ἐκέλευσεν αὐτοὺς προσαναβῆ[ναι] πρὸς τὸ πρόπυλον τῆς ἀκροπόλεως ἵνα γεγωνὸς μᾶλλον. ἐν ᾧ δ' ἐκεῖνος διετριβε δημηγορῶν, ἀνελόντες οἱ ἐπὶ τούτου τεταγμένοι τὰ ὅπλα αὐτῶν [καὶ συγ]κλήσαντες εἰς [τὰ] πλησίον οἰκήματα τοῦ Θησείου διασύροντες ἐλθόντες πρὸς τὸν Πεισίστρατον.

Eponymoi. *Aristot.* Ἀθην. πολ. c. 53, S. 123 (*Kenyon*). οἱ ἐφηβοι — νῦν εἰς στήλην χαλκῆν ἀναγράφονται, καὶ ἵσταται ἡ στήλη πρὸ τοῦ βουλευτηρίου παρὰ τοὺς ἐπωνύμους.

Helike (Gattin des Ion, oder Verstorbene?) *CIA.* I, 523 (Strasse nach Acharnai) ὅρος Ἡλίκης.

Theseus. *Aristot.* Ἀθην. πολ. c. 15. Die οἰκήματα τοῦ Θησείου s. oben: Dioskuren. *Aristot.* a. a. O. c. 62, S. 153. αἱ ἐν Θησείῳ κληρούμεναι ἀρχαί.

Tyrannenmörder [zu S. LVI, Z. 48]. Der Polemarch — καὶ Ἁρμοδίῳ καὶ Ἀριστογείτονι ἐναγίσματα ποιεῖ.

D.

5 **Atticus** (*Titus Pomponius*). *Corn. Nep. Atticus* 3. quam diu affuit, ne qua sibi statua poneretur restitit; absens prohibere non potuit. Itaque ipsi et Phidiae locis sanctissimis posuerunt. (Vgl. Text von Curtius, S. 252**)
10 **Diphilos** (*Anthemion*) zu *Pollux* VIII, 131 (S. LVI, Z. 80). *Aristot.* Ἀθ. ν. πολ. c. 7 S. 20. ἀνάκειται γὰρ ἐν ἀκροπόλει εἰκὼν Διφίλου ἐφ᾽ ᾗ ἐπιγέγραπται τάδε· „Διφίλου Ἀνθεμίων τόνδ᾽ ἀνέθηκε θεοῖς u. s. w.
15 **Germanicus.** Δελτ. ἀρχ. 1889, S. 197 (vgl. S. 181 E[1]) Inschrift einst unterhalb der südlichen Reiterstatue des Lykios, siehe „Reiterstatuen". ὁ δῆμος Γερ[μ]ανικὸν Καίσαρα θεοῦ Σεβαστοῦ ἔγγονον.

E.

20 **Agora.** Inschriftstein am Südende der Attalosstoa gef. (Zeit der Antonine). Vergl. Text S. 281* u. 294*: ἡ ἐξ Ἀρείου πάγου βουλὴ καὶ ἡ βουλὴ τῶν ἐξακοσίων καὶ ὁ δῆμος
25 τὸν ἐπιμελητὴν τῆς κατὰ τὴν πόλιν ἀγορᾶς Φιδίαν [Φε]ιδίου Ῥαμνούσιον ἀρετῆς ἕνεκα. Auf der **Agora,**
Leokorion. *Aristot.* Ἀθ. ν. πολ. c 18, S. 47 fg. (*Kenyon.*). Harmodios und Aristo-
30 geiton: [παρατε]ροῦντες ἐν ἀκροπόλει τοῖς Παναθηναίοις Ἱππίαν (ἐτύγχανε γὰρ οὗτος μετιὼν χόμενος, ὁ δ᾽ Ἵππαρχος ἀποστέλλων τὴν πομπήν) — καταιδόντες καὶ προεξαναστάντες τῶν [ἄλλων] τὸν μὲν
35 Ἵππαρχον διακ[ος]μοῦντα τὴν πομπὴν παρὰ τὸ Λεωκόρειον ἀπέκτειναν.
Orchestra zu S. LXVII, 72 (Büchermarkt): vgl. aber *Epistologr.* p. 247 (Hercher) Diogenes ἐν τῷ θεάτρῳ μηλίδια πολλῶν.
40 **Schwurstein** (zu S. LXVIII, Z. 10.). *Aristot.* Ἀθ. ν. πολ. c. 55, S. 139. Die Archonten βαδίζουσι πρὸς τὸν λίθον ἐφ᾽ [ᾧ] τὰ τμήματά ἐστιν, ἐφ᾽ οὗ καὶ οἱ διαιτηταὶ ὀμόσαντες ἀποφαίνονται τὰς διαίτας,
45 καὶ οἱ μάρτυρες ἐξόμνυνται τὰς μαρτυρίας.

Bukolion [zu G]. *Aristot.* a. a. O. c 3, S. 7 vor Solon: ὁ μὲν βασιλεὺς εἶχε τὸ νῦν καλούμενον Βουκόλιον, πλησίον τοῦ Πρυτανείου (σημεῖον δέ· ἔτι καὶ νῦν γὰρ τῆς τοῦ βασιλέως γυναικὸς ἡ σύμμιξις ἐνταῦθα 50 γίνεται τῷ Διονύσῳ καὶ ὁ γάμος).
Kolonos. *Frgm. Callimach.* 428 (*Schol. Ambros. Odyss.* XIV, 199) „ἐκ μὲ Κολωνάων τις ὁμίστιον ἄγαγε δῆμον τῶν ἱέρων."
Melite. *Plinius* IV, 7, 24 oppidum Melite. 55 Ὅπλα (= Waffenplätze) *Thukyd.* VII, 28. οἱ μὲν ἐφ᾽ ὅπλοις, οἱ δὲ ἐπὶ τοῦ τείχους, vgl. VIII, 69 u. den Text S. 296***: στρατηγὸς ἐπὶ τὰ ὅπλα u. a. m.

F.
60
Pelargikon [zu S. LXXVI, Z. 40]. *Aristot.* Ἀθ. ν. πολ. c. 19, S. 51. Kleomenes — κατακλείσας τὸν Ἱππίαν εἰς τὸ καλούμενον Πελαργικὸν τεῖχος ἐπολιόρκει· darauf: die Pisistratiden ἀπεφώκασαν τὴν ἀκρόπολιν u. s. w. 65
Propylaion der Burg, s. C. Dioskuren.
Verschluss der Akropolis; vgl. auch die Inschr. *Bull. de corr. hell.* 1890, S. 177 fg. *Hermes* 1891, S. 51 fg.

G.
70
Buleuterion. *Aristot.* Ἀθ. ν. πολ., s. C. Eponymoi.
Epilykeion. *Aristot.* Ἀθ. ν. πολ. c. 3, S. 7. Vor Solon hatte inne: ὁ πολέμαρχος τὸ Ἐπιλύκειον· ὃ πρότερον μὲν ἐκαλεῖτο Πολε- 75 μαρχεῖον, ἐπεὶ δὲ Ἐπίλυκος ἀνῳκοδόμησε καὶ ἐπισκεύασεν αὐτὸ πολεμα[ρχή]σας, Ἐπιλύκειον ἐκλήθη.
Polemarcheion, s. Epilykeion.
Prytaneion. *Aristot.* Ἀθ. ν. πολ. c. 3, S. 7. 80 Vor Solon hatte inne: ὁ ἄρχων τὸ πρυτανεῖον· vgl. oben E. Bukolion.
Schol. Thukyd. II, 15. οἶκος μέγας.

K.

[Zu S. CI, Z. 67] Ἱπποδάμου νέμησις· 85 *Macarius* IV, 79 (*Paroemiogr. Gr.* II, p. 175) πρὸς τοὺς ἐπὶ τὸ χεῖρον μεταβάλλοντας.

Akte. Aristot. Ἀθην. πολ. c. 42, S. 108. Die Epheben εἰς Πειραιέα πορεύονται καὶ φρουροῦσιν οἱ μὲν τὴν Μουνιχίαν οἱ δὲ τὴν ἀκτήν.
Aristot. a. a. O. c. 61, S. 150. δύο (στρατηγούς) ἐπὶ τὸν Πειραιέα, τὸν μὲν εἰς τὸν Μουνιχίαν, τὸν δ' εἰς τὴν ἀκτήν οἵ τῆς φυλακῆς ἐπι... ... αι καὶ τῶν ἐν Πειραιεῖ.
Asklepios. Iwá... s. Bull. de corr. hell. 1890, S. 642 fg. ...ret der: παιωνισταὶ τοῦ Μουνιχίου Ἀσκληπιοῦ.
Eetioneia. Aristot. a. a. O. c. 37, S. 97. τὸ ἐν Ἠετιων... τ τεῖχος.
Emporion. Aristot. a. a. O. c. 51, S. 127. ἐμπορίου ἐπιμελητὰς δέκα κληροῦσιν, τούτοις δὲ προστέτακται τῶν τ' ἐμπορίων ἐπιμελεῖσθαι, καὶ τ ῦ σίτου τοῦ καταπλέοντος εἰς τὸ σιτικὸν ἐμπόριον τὰ δύο μέρη τοὺς ἐμπόρους ἀναγκάζειν εἰς τὸ ἄστυ κομίζειν.
Götter, s. Asklepios.
Mauerbau des Themistokles (zu S. CXIII, Z. 14). Procop. Panegyr. 21 (Patrolog. ed. Migne 87, p. 2620): ὡς μικρὸν πρὸς τοῦτο καὶ τὸ Θεμιστοκλέους (τεῖχος,) εἶναι πλάτος, ἕνεκα καὶ τὰς ἁμάξας ἀμφοτέρας φέρειν, εἰ καὶ πρὸς τοὐναντίον ἀλλήλαις ἐπὶ τοῦ τείχους ἐχώρουν.
Munichia. Aristot. a. a. O. c. 19, S. 49. Hippias: τὴν Μουνιχίαν ἐπεχείρησε τειχίζειν, ὡς ἐκεῖ μεθιδρυσόμενος. Aristot. a. a. O. c. 38, S. 99. οἱ τὸν Πειραιέα καὶ τὴν Μουνιχίαν ἔχοντες. Vgl. Akte.

Die Geschichte der Sta...

I.
Die Stadtlage.

Wer zuerst nach Athen kommt und die Lage der Stadt aufmerksam überblickt, empfängt den Eindruck einer durchaus charakteristisch gestalteten Landschaft, und gewiss giebt es keine Stadtgeschichte, deren Verständniss von einer anschaulichen Kenntniss der Stadtlage so abhängig ist, wie die Geschichte von Athen.

Es sind keine ausserordentlichen Naturformen, keine schroffen Gegensätze von Höhe und Tiefe, welche das Auge überraschen, wie etwa in Korinth und Messene; das Eigenthümliche des landschaftlichen Bildes liegt vielmehr in der Mannigfaltigkeit der Bodenlinien auf übersichtlichem Raum, in der scharfen Gliederung des Hügellandes, dessen Felskuppen mit baumreichen Niederungen wechseln; ein anmutiger Formenreichthum beschäftigt das Auge unaufhörlich, denn bei jedem Standpunkte öffnet sich ein neuer Ausblick und jeder Hügel zeigt von den verschiedenen Seiten eine andere Form.

Die athenische Hügelgruppe bildet den Mittelpunkt einer Ebene, welche im Norden durch den Parnes, im Nordosten durch das pentelische Gebirge, im Osten durch den Hymettos, im Westen durch den Aigaleos begrenzt wird, und zwar bildet jedes dieser Gebirge in eigenthümlicher Weise den Abschluss.

Der Parnes (bis 1412 m hoch), eine östliche Fortsetzung des Kithairon, hat von allen am meisten den Charakter eines Hochgebirges. Rauh, unwegsam, breit gelagert, trennt er das Kephisosthal von dem Asopos. Einst die Stammscheide zwischen Aeoliern und Ioniern, ist er noch heute die Wetterscheide zwischen dem Klima des Archipelagus und dem des Binnenlandes, eine mächtige Naturgrenze zwischen zwei sehr verschiedenartigen Landschaften, welche nie überwunden worden ist.

Das Pentelikon oder Brilessos (1108,6 m hoch) erstreckt seine Kammlinie in der Richtung von Südost nach Nordwest; von Athen aus gesehen, erscheint er wie ein Tempelgiebel, dessen beide Seiten bis zum Gipfelpunkte gleichmässig ansteigen. Er hebt sich steil aus der Ebene, während sich nach dem euböischen Sunde eine Gruppe von Vorhöhen anschliesst, welche den nordöstlichen Theil der Landschaft zu einem rauhen Berglande (Diakria) machen.

Der Hymettos (1027 m) ist ein langgestreckter Höhenrücken ohne hervorragende Gipfelpunkte. Gegen Süden, als Anydros (774 m) sich senkend, läuft er mit dem flachen Cap Zoster in das Meer von Aegina aus, nach Westen hin niedrige Hügelwellen in die Ebene vorschiebend. Dem Hymettos parallel erstreckt sich als Westgrenze der Aigaleos oder Korydalos, keine trennende Felswand, sondern ein milder, erdreicher Hügelrücken, der nicht über 467 m ansteigt.

Von diesen Höhen an drei Seiten eingerahmt, gab die Ebene ihren Bewohnern den wohlthuenden Eindruck eines von Natur wohl geordneten, behaglichen und sicher umhegten Landbesitzes. Denn von Norden führen nur zwei Pässe, die Schlucht von Phyle und der hohe Sattel bei Dekeleia, von Böotien herüber, während die übrigen Berge nur Gliederungen e i n e r Landschaft sind. Um den Fuss des Brilessos führen zwei Wege, der beschwerlichere zwischen Parnes und Brilessos über Kephisia, der andere, offenere an der Seeseite nach der Ebene von Marathon hinüber. Ebenso führen um den Hymettosfuss zwei Wege nach der jetzt Mesogia genannten Landschaft, welche sich mit dem laurischen Gebirge gegen Südost an das Meer vorschiebt. Der Aigaleos endlich ist von allen am wenigsten eine trennende Scheidewand; denn nicht nur am nördlichen Ende ist zwischen ihm und den Vorhöhen des Parnes eine zum Verkehr bequeme Einsattelung, sondern auch in der Mitte des Höhenzuges (was auf keiner der anderen Seiten vorkommt), ist ein tiefer Einschnitt, durch welchen ein breiter Weg, der Daphnipass, von Athen nach Eleusis hinüberführt. Es sind die beiden Zwillingsebenen, die am nächsten unter einander verbundenen und am gleichartigsten gestalteten Landestheile von Attica; denn beide Ebenen sind an den drei Landseiten geschlossen, und nach Süden gegen das Meer geöffnet.

Die athenische Ebene ist aber die entschieden bevorzugte. Denn erstens ist sie die ansehnlich grössere und deshalb zur Entfaltung eines geschichtlichen Lebens ungleich geeignetere. Ferner ist das Meer bei Eleusis durch das quer vorliegende Salamis geschlossen, und dadurch eine vom freien Seeverkehr abgesperrte Bucht, während Athen das offene Meer vor sich hat, und zugleich die günstigste Küstenbildung besitzt.

Drittens hat sie den Vorzug einer reicheren Bewässerung; denn sie hat zwei Flüsse, welche, von entgegengesetzten Seiten der oberen Ebene kommend, sich unten vereinigen, im Osten den Ilisos, der aus den Vorhöhen des Hymettos seine Wasseradern sammelt, im Westen den Kephisos, von den Quellen des Brilessos und Parnes genährt, die so reichlich fliessen, dass er die weite am Fuss des Aigaleos sich hinziehende Tiefebene das ganze Jahr hindurch mit Wasser versorgen kann. Bei niedrigem Uferrande ist er wohl geeignet, dasselbe nach beiden Seiten in Kanälen zu vertheilen. Darum ist er immer die eigentliche Lebensader des ländlichen Wohlstandes der Athener gewesen.

Der Kephisos durchzieht von Norden nach Süden die ganze Niederung ohne einen namhaften Zufluss.. In das felsige Ilisosbett öffnen sich von beiden Seiten kleine Wasserrinnen, aber nur eine Thalschlucht, welche die Vorhöhen des Hymettos tief durchfurcht, der ganzen Landschaft östlich von Athen ihr charakteristisches Relief giebt und nordöstlich von der Stadt in den Ilisos einmündet. Es ist die einzige Seitenschlucht, welche als Flussbett angesehen werden konnte; wenn daher neben Kephisos und Ilisos als ein dritter, in den Ilisos mündender Fluss, der dem keltischen Strome gleichnamige Eridanos (III 85) genannt wird, der bedeutend genug war, um zur geographischen Orientirung in Betracht der Stadtlage benutzt zu werden (III 90), so kann nur diese Schlucht gemeint sein, welche von dem im Hymettosfusse versteckten Kloster Kaisariani herunterkommt. Hier entspringt eine im Alterthum berühmte Quelle (Kyllu Pera), welche noch heute das beste Trinkwasser liefert. Dies Wasser nimmt die Schlucht auf.* Darum konnte das klare Nass des Eridanos von alten Dichtern gerühmt werden, während andere ihrer spotteten, weil es ein schmutziges Wasser sei, welches auch die Thiere verschmähten. Das waren die Wassertümpel, welche sich unten in dem vertrockneten Ravin bildeten (III 95 ff.).

Diese von Osten kommende Kaisarianischlucht ist so bedeutend, dass man sie als den oberen Ilisos angesehen hat. Aber der von Nordosten kommende Arm, dessen Hauptquellen bei Hagios Ioannes Theologos entspringen, ist der bedeutendere, und der Fluss hat von dem Quellbache seinen Namen, dessen Richtung er folgt. Das beifolgende Kärtchen (Fig. 1) wird die Thalbildungen anschaulich machen.

Die Flussthäler des Ilisos und Kephisos werden durch eine von Norden nach Süden vorlaufende Bergreihe von einander getrennt; es sind die jetzt sogenannten Türkenberge (Turkovuni) von einer Höhe bis 339 m.

---

* Καισαριανή sc. μονή. Κνλλον Πήρα Suidas. Vgl. Ross, Archäol. Aufs. I 220 über den der Aphrodite geheiligten Quellort, von wo das fast immer trockene Eridanosbett sich gegen den Ilisos herabzuziehen beginnt.

Sie geben der Ebene eine reiche Gliederung und bilden inmitten derselben zwischen den beiden Flüssen eine zu städtischen Anlagen vorzüglich geeignete Höhengruppe, wie sie in keinem anderen Theile der attischen Landschaft zu finden ist.

Das Mittelglied zwischen Stadthöhen und Turkovuni ist der südliche Vorsprung dieser Bergreihe, der am freisten in die Ebene vortretende, von der Meer- und Landseite am meisten in die Augen fallende Gipfelberg, der sich auf einer länglichrunden Basis von weichem Schiefer in kühner Steigung zu einer spitzen Felskuppe erhebt, auf welcher oben die Kapelle des h. Georg liegt.

Fig. 1.

Es ist der Lykabettos der Alten (VI 25), die am meisten charakteristische Bergform im Innern der Ebene, die hohe Warte der Landschaft, von wo man beide Flussthäler, die vier Randgebirge so wie den ganzen Golf von Aigina mit dem peloponnesischen Gegengestade am vollständigsten überblickt.

Von der Stadt aus gesehen, deckt er die hinten liegende Turkovunikette und erscheint als ein einzelner Berg; mit scharfer Linie schneidet er im Nordosten den Horizont und bildet mit dem links im Hintergrunde liegenden Brilessos einen stumpfen Winkel, aus welchem die Athener zur Zeit des längsten Tags die Sonne emporsteigen sahen. So dienten die Bergprofile dazu, den Blick für den Wandel der Gestirne zu schärfen und auf den jährlich wiederkehrenden Aufgangspunkt der Sonne aufmerksam zu machen (VI 47).

Die beifolgende Skizze (Fig. 2) zeigt die Bergformen im Nordosten des Horizonts von Athen.

Nach Südwesten senkt sich der Lykabettos mit schön geschwungener Linie in eine muldenförmige Niederung, aus welcher sich nach einem Zwischenraume von etwa 1000 Schritt eine Doppelgruppe von Hügeln erhebt, deren Spitzen durchschnittlich die halbe Höhe des Lykabettos erreichen. Sie erheben sich in derselben Richtung, welcher der Lykabettos zustrebt; sie bestehen aus denselben in gleicher Folge über einander lagernden Schichten, wie sie in dem beifolgenden Durchschnitte (Fig. 3) dargestellt sind; unten grüngrauer Schiefer und Sandstein, darüber Mergel mit Kalkbänken und die Kuppen aus blaugrauem Kalkstein. Die Stadthügel sind also nur die nach der Seeseite vorspringenden letzten Ausläufer der Turkovunireihe.

Fig. 2. Lykabettos.

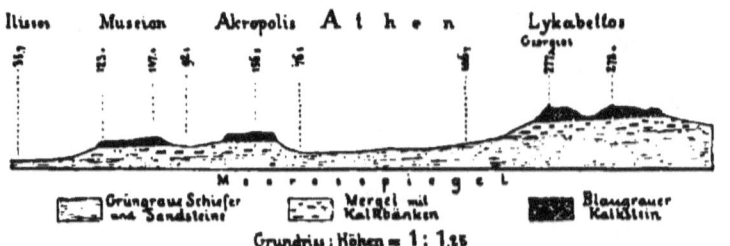

Fig. 3.

Fig. 4. Areopag.

Die vordere Gruppe der Stadthügel bilden zwei nahe zusammenliegende Höhen, der Burgfels (156 m), dessen Ränder ringsum steil abfallen, und der durch eine tiefe Schlucht getrennte, westlich vorliegende Areopag (I 41), ein formloser Felsklumpen (115 m), an dessen Nordrande die verfallene Kapelle des h. Dionysios Areopagita liegt. (In Fig. 4 die Ansicht von Süden.)

Die hintere (südwestliche) Gruppe ist ein länger gestreckter Höhenzug, der in drei zusammengehörigen Kuppen von Nordost nach Südwest streicht. Sein Gipfelpunkt (147 m), welchen die hochragende Ruine vom Denkmal des Antiochos Philopappos krönt (VI 74), ist der alte Musenberg oder Museion (VI 65). Von dieser Spitze senkt sich der Kamm der Höhe zu der Einsattelung, in welcher die Kapelle des h. Demetrios Lumbardaris liegt; dann steigt der Felsrücken bis 109,5 m oberhalb der früher sogenannten Pnyx und erhebt sich nach einer zweiten Einsattelung von neuem zu einer 104,8 m hohen Kuppe, auf welcher jetzt die Sternwarte liegt. Es ist der nach einer alten Felsinschrift heute sogenannte Nymphenhügel (XXXVII 7).

Vom Philopappos (das ist die populäre Bezeichnung des erstgenannten Gipfels geworden) bis zum Nymphenhügel zieht sich der Kamm der dreifach gegliederten Höhe entlang, welche nordöstlich nach Akropolis und Areopag steil abfällt, nach Süden aber zu einer Felsmasse sich vereinigt, und in lang gestreckter südwestlicher Abdachung nach dem Ilisosbette ausläuft, das sich halbkreisförmig um den Fuss der Hügelkette herumzieht. Der Gesamtname der drei Hügel war Pnyx, ein Wort, welches das Geballte, Massenhafte zu bezeichnen scheint. Platon denkt sich eine vorhistorische Akropolis, welche einerseits die Pnyx, andererseits den Lykabettos umfasst haben soll (VII 76). Diese Auffassung hat nur dann einen Sinn, wenn er die beiden bedeutendsten Höhen im Nordosten und im Südwesten der Akropolis namhaft macht, um sie als Ueberreste der zertrümmerten Urakropolis zu bezeichnen. Dann kann also unter Pnyx nur die dem Lykabettos gegenüber liegende Philopapposhöhe gemeint sein. Auch giebt es nach der Seeseite Standpunkte in der Ebene, von denen aus gesehen sich die Stadthöhen dergestalt gruppiren, dass zwischen Lykabettos und Philopappos die Burghöhe ganz wie ein Bruchstück desselben Höhenzuges erscheint, den man sich gewaltsam zerklüftet denken muss (Fig. 5). Dass aber Stadthöhen und Lykabettos von Natur ein in sich zusammengehöriges Gebirge sind, das ist die vollkommen richtige Grundanschauung, welche Platon bei seiner phantastischen Ausmalung vorschwebte. Dieselbe taucht auch in der Legende auf, dass Athena den Lykabettos herangetragen habe, um ihn zur Verstärkung der Burghöhe zu verwenden; unterwegs sei er ihren Händen entfallen (VI 30). *

---

* Aus grammatischen (Belger, Phil. Wochenschrift 1890, S. 802) und sachlichen Gründen ist es unstatthaft, den Lykabettos von der Urburg ausgeschlossen zu denken; sie würde dann von der bedeutendsten Höhe überragt gewesen sein. Wie sich der ganze Höhenzug von Südwest nach Nordost streckt, so folgt ihm Platon in dieser Richtung, und für den Nordosten benutzt er als orientirenden

Ein letzter Ausläufer des Pnyxgebirges erhebt sich noch südlich des Ilisos, eine gerade von Norden nach Süden gestreckte, scharfkantige Felshöhe, in welcher man die Sikelia der Alten mit Wahrscheinlichkeit erkannt hat (VIII 51). Sie lag ausserhalb des eigentlichen Stadtgebietes, um das sich wie ein natürlicher Festungsgraben im Süden das Ilisosbett bogenförmig herumlegt, indem es sich nach Westen zum Kephisos wendet, dem eigentlichen Hauptflusse der ganzen Ebene.

Die Plastik der athenischen Stadthügel ist das Ergebniss fliessender Gewässer, welche die ursprüngliche Decke von harten Kalksteinen durchschnitten und in den unterliegenden Schiefer- und Mergelschichten Schluchten ausgeflösst haben. Auf diese Weise ist der dem Hymettos parallele Hügelzug dreimal quer durchbrochen worden, nämlich zwischen Turkovuni und Lykabettos, dann in breiter Senkung zwischen Lykabettos und Akropolis, endlich zwischen Akropolis und dem Pnyxgebirge; es sind drei Senkungen, aus denen die Wasser einerseits zum Ilisos, andererseits zum Kephisos abfliessen.

Fig. 5.

Die zerklüfteten Wände der Kalksteindecke, wie sie an der Nordseite der Hügel, namentlich der Akropolis zu sehen sind, entstanden dadurch, dass die Thonschichten von den Gewässern eingeschnitten und weggeschlämmt wurden, während die aufliegenden Kalksteine, ihrer Unterlage beraubt, an steilen Wänden abbrachen.

Zwei jener Senkungen bilden geräumigere Niederungen, eine südliche und eine nördliche. Die südliche erstreckt sich zwischen dem Pnyxgebirge einerseits, Akropolis und Areopag andererseits, um sich gegen Südosten nach dem Ilisos auszubreiten und abzudachen. Die tiefste Senkung unter dem Südfuss der Burg, wo am leichtesten Feuchtigkeit sich sammeln konnte, nannte man als Bezirk Limnai (LXXIII 1). Vom Nordfuss der Burg aber beginnt die muldenförmig breite Senkung, aus welcher

Punkt des Ilisos und Eridanos. Niemals aber hat Platon daran gedacht, den Fuss seiner Akropolis gegen Norden in die tiefste Niederung vorzuschieben. Vergl. Sitzungsber. der Akademie d. Wiss. 1888, S. 1216.

im Nordosten der Lykabettos aufsteigt; es ist das Terrain, in welchem die heutige Stadt sich ausgebreitet hat.

Man kann sich in der That auf engem Raum kein bewegteres Bodenrelief, keinen lebhafteren Wechsel von Höhe und Tiefe, trockenen Felskuppen und breiter Flussniederung denken, und doch gehört Alles eng zusammen; nirgends sind die Uebergänge so schroff, dass der bequeme Verkehr unterbrochen würde, und ein milder Fluss der Linien verbindet Alles zu einem landschaftlichen Bilde.

Die Lykabettoskuppe allein ragt so steil empor, dass sie sich der Ansiedelung entzog, die anderen Felshügel waren aber für zusammenhängende Bewohnung wohlgeeignete Räume; ihre Gipfel dienten, wie Akropolis und Areopag, als herrschende Punkte, die Abhänge, welche sich in die Niederung vorschieben, als geräumige Plätze für zusammenhängende Ansiedelungen in der Nähe der Ackerfluren. Denn die Alten machten, namentlich bei so engen Bodenverhältnissen, wie sie in Attica vorliegen, eine sehr genaue Unterscheidung zwischen Felsgrund und anbaufähigem Boden, den die Mutter Erde den Menschenkindern zum Unterhalte gegeben hat und der weder durch Hausbau noch durch Gräber seiner Bestimmung entzogen werden sollte. *

Was für die Anlage einer modernen Stadt im ganzen gleichgültig erscheint, war für die Alten von massgebender Bedeutung, weil sie mehr an die natürlichen Bedingungen gebunden waren, und die Athener haben sich vom Anfang an besonders eng und sorgfältig an die gegebenen Bodenverhältnisse angeschlossen.

Ihre Landschaft hat nie, wie die meisten anderen in Hellas, eine gewaltsame Unterbrechung ihrer Bevölkerung erfahren. Sie sind, wie sie sich mit Stolz bewusst waren, immer dieselben Landeskinder gewesen. Darum fühlten sie sich mehr als alle anderen Hellenen mit ihrem mütterlichen Boden verwachsen; sie haben bei ungestörter Entwickelung alle von der Natur dargebotenen Vortheile um so zweckmässiger auszubeuten, jeden Mangel durch geschickte Nachhülfe unverdrossen abzustellen und so ihrer bescheidenen Hügelgruppe in vollem Masse die geschichtliche Bedeutung zu geben gewusst, zu welcher sie von Natur berufen war; denn inmitten der ganzen Ebene zwischen ihren beiden Flussthälern gelegen, war sie der natürliche Centralpunkt der Landschaft.

Auf drei Seiten von Bergen umgeben, hatte man den Eindruck eines

---

* Vergl. über die Schonung des Nährbodens Platon-Gesetze 958 E: τοῖς ἀνθρώποις ὅσα τροφὴν μήτηρ οὖσα ἡ γῆ πρὸς ταῦτα πίστιν ἰοίλιαθαι φέρειν, μήτε ζῶν μή, τί τις ἀποθανῶν στερείτω τὸν ζῶνθ᾽ ἡμῶν.

besonders wohlgesicherten Wohnraums; auch bei riesiger Uebermacht war es den eingedrungenen Feinden unheimlich im Lande, und Mardonios verliess es, weil im Falle einer ungünstigen Schlacht kein anderer Ausweg war, als durch Engpässe, die mit kleinen Schaaren beherrscht werden konnten.* Südwärts öffnet sich die Ebene in voller Breite nach dem Golf von Aigina, und auch das Meer dient in hervorragender Weise zum Unterhalt der Bevölkerung; denn es ist gerade hier besonders reich an Seethieren, die in alter wie in neuer Zeit einen Hauptbestandtheil der täglichen Kost bildeten. Der Strand war wie zur Fischerei, so auch zur Salzbereitung besonders geeignet.**

Ihre geschichtliche Bedeutung hat die Meerseite aber dadurch erhalten, dass inmitten der flachen Strandebene ein Berg ansteigt, eine Erhebung jüngerer Bildung als der Lykabettos und die Stadthöhen; ursprünglich eine Berginsel wie Salamis, durch Anschwemmung allmählich zu einem Vorgebirge umgestaltet, die Halbinsel Peiraieus mit dem Gipfel Munichia, von wo sich östlich eine offene Rhede halbkreisförmig in das Land hereinzieht, die phalerische Seebucht, die mit ihrem für die Anfänge der Schifffahrt wohlgeeigneten Flachufer in alten Zeiten noch weit tiefer in die Ebene eingegriffen hat.

Steht man auf den Stadthöhen am Ilisos, so ist der Blick nach dem Binnenlande fest umgrenzt; frei und ungehemmt aber reicht er über den Golf mit seinen Inseln und Gegengestaden. Hierher richtet sich unwillkürlich immer zuerst das Auge. Man athmet dieselbe Luft wie die Bevölkerung der Inseln; die ganze Halbinsel ist ein Mittelglied zwischen Continent und Inselwelt. Sie war es also, welche in den Athenern, sowie sie sich aus den einfachen Zuständen eines Hirten- und Bauernlebens erhoben, den Gedanken an Seefahrt und Seemacht erwecken musste; deshalb wurde auch von Seiten derer, welche im Hange zum Seeleben das Unglück der Athener sahen, die hafenbildende Munichia das verderblichste Geschenk genannt, das die Natur dem Lande gemacht habe.

Andererseits ist die Ebene von allen Küstenlandschaften wesentlich unterschieden, und es ist eine der wichtigsten Eigenthümlichkeiten ihrer Hauptstadt, dass dieselbe weder wie Sparta und Theben eine abgeschlossene Binnenstadt, noch auch wie Korinth und Chalkis ganz auf das Seewesen angewiesen war. Um sich klar zu machen, wie sehr die attische Landschaft trotz ihrer Halbinselnatur doch einen continentalen Charakter hat, bedenke man, dass ihre Randgebirge, welche dem Ge-

---

* Herod. IX, 13. ἀπάλλαξις οὐκ ἦν ὅτι μή κατὰ στενόν.
** Xen. Πόροι I, 3. ἡ περὶ τὴν χώραν θάλαττα παμφορωτάτη.

stude so nahe liegen, unseren binnenländischen Berggipfeln, wie Brocken und Schneekoppe, nur wenig an Höhe nachstehen.

An eine solche Rückwand in voller Breite angelehnt, baut sich die Ebene in einer Folge von deutlich unterschiedenen Regionen stufenweise zum Gebirge auf. Unten der sandige Strand mit der hinter der Düne liegenden Niederung, welche ursprünglich Seeboden war, das im Winter sumpfige und zeitweise überschwemmte Halipedon (CVI 5). Dann die Region des unteren Flachlandes, die sich mit ihren Olivengärten zu beiden Seiten des Kephisos bis an den Rand der Vorberge erstreckt.

Diese bilden mit ihrem trockenen und steinigten Kalkboden die dritte Region, die der sogenannten Xerovúni, mit attischem Namen Phella genannt. *

Im Hintergrunde endlich baut sich das Hochland auf, welches in den Resten seines Hochwaldes schon die Gebirgsvegetation von Parnassos und Taygetos zeigt. Wo der Waldstand vernichtet wurde, ist der wasserlose Kalkstein mit duftigen Kräutern bedeckt: das ist die altberühmte Bienenweide am Hymettos.

Bei dieser Mannigfaltigkeit von Boden und Klima und der Nähe so bedeutender Gebirge konnte ein einseitiges Strandleben, wie es in Ionien war, nicht stattfinden. Die Berge waren ja nicht bloss schützende Schranken, sondern Spender der Quellen, die Nährer von Wald und Wiese und unerschöpfliche Fundstätten der edelsten Steine und Metalladern. Für Jagd, Heerdenwirthschaft, Kohlenbrennerei, Bienenzucht waren hier die günstigsten Bedingungen vorhanden. Auf den steilen Abhängen verändert sich die Temperatur so rasch, dass man innerhalb wenig Stunden in einem anderen Klima zu sein glaubt. Dadurch wurden die Athener vor Verweichlichung bewahrt. Zu anstrengenden Wanderungen, welche Lungen und Muskeln stärkten, war überall Gelegenheit und Nöthigung vorhanden. Man wohnte wie im Inselmeer, konnte aber dem grossen Zusammenhange des gemeinsamen Volkslebens nicht entfremden, weil man einen Theil des gemeinsamen Festlandes bewohnte, von Nachbarstaaten umgeben, welche eine ununterbrochene Wachsamkeit in Anspruch nahmen.

Man lebte unter dem Himmel des ägäischen Meers, der den Menschen

---

* φελλά (verwandt mit maked. πέλλα) = λίθοι τραχεῖς. Schol. Clem. Alex. IV 112 kl Steph. Byz. s. v. Φελλεύς τόπος ἔχων ἐπιπολῆς μὲν πέτραν, ὑπὸ ταύτης δὲ γῆν λιπαρὰν πρὸς ἐλαιοφυτείαν, richtiger Schol. Arist. Ach. 273: τόποι κάτωθεν πετρώδεις, ἐπιπολῆς δὲ ὀλίγην ἔχουσι γῆν. Harpocr. Φελλέα τὰ πετρώδη καὶ αἰγίβοτα χωρία. Schoemann Isaeus p. 400. Als nom. propr. Φελλεύς (τὰ Φελλέως πεδία Platon Kritias 111).

179 ganz und 151 meist sonnenhelle Tage im Jahre gönnt; man genoss den Segen einer gleichmässig milden Temperatur, welche in Beziehung auf Wohnung, Kleidung und Nahrung das tägliche Leben wesentlich erleichtert, die Menschen zur Mässigkeit erzieht und auch den Mittellosen ein sorgenfreies Leben möglich macht.

Aber auch in dieser Beziehung war die natürliche Gunst keine Verzärtelung. Denn die Tramontane, welche von den nördlichen Bergen herunter kommt, hat im Winter, wenn der Parnes Monate lang beschneite Gipfel hat, eine schneidige Kälte, welche sich bei der Feinheit der Luft um so eindringender fühlbar macht, so dass die Alten von den Geschossen des Boreas sprachen.*

Die Nordseite ist auch an den Stadthöhen als Wetterseite zu erkennen, namentlich an der Akropolis, wo die flacheren oder tieferen Felslöcher und Felshöhlen ** von der Verwitterung zeugen, die unter Einfluss von Sturm und Regen ununterbrochen weiter geht; an der Nordseite sind unter Einwirkung der schärferen Luft auch die Marmorbauten am weissesten geblieben.

In Attika selbst sind durchaus nicht alle Landestheile klimatisch gleich. Denn nicht nur, wenn man vom Parnes niedersteigt, sondern auch von Osten und Westen her, findet man, wenn man den Kamm der Höhen hinter sich hat, in der Ebene Athens eine besondere Klarheit des Himmels und Helligkeit der Luft.

Nirgends sind die Färbungen glänzender, die Sonnenuntergänge schöner, und seit alter Zeit galt es für eine Merkwürdigkeit Athens, die kein Fremder zu bewundern versäumte, dass der Hymettos abends einige Minuten hindurch von Purpurschimmer übergossen war.***

Die Winde hat man schon frühzeitig in ihrer Bedeutung für die Gesundheit einer Landschaft zu würdigen gewusst. In Attika wurde der Lufthauch, welcher bei schönem Sonnenglanz das Land besucht, zu dem Natursegen gerechnet, welcher den Athenern zu Gute kam.† Die Luftbewegung ist, wie es in einem Uebergangslande natürlich, eine sehr lebhafte, und es gab eine Priesterschaft, deren Namen darauf hindeutet, dass sie geheimnissvolle Mittel anwendete, die Winde zu beruhigen. Es herrscht aber während der Sommermonate eine merkwürdige Regelmässigkeit, ein gewisser rythmischer Wechsel in der Luftströmung.

---

* Alkiphron III 94: ὁ βορέας καταιγίζει τὰ μέλη.
** Gewölbte Felslöcher ὀπαί: Arist. Lys. 720. Hermes 21, 200. Vgl. XIII, 26, 36 f., 39 f.
*** purpurei colles Hymetti, Ovid. ars amat. III, 687.
† Aesch. Eum. 891: ἀνέμων αἵματα τελίως πνέοντα.

Denn vom frühen Morgen beginnt mit steigender Kraft der Nordwind, welcher um dieselbe Zeit den ganzen Archipelagus beherrscht und nach der Sommersonnenwende die Hitze mildert. Gegen Abend legt er sich und es beginnt der Hauch von der See, welcher die Nacht über dauert. Darnach sind für den Golfverkehr die Abfahrten hüben und drüben sicher geregelt.*

Wenn Attika keine Fruchtebene hatte, welche mit denen des Eurotas oder Pamisos wetteifern konnte, so lag in dem bescheidenen Masse natürlicher Begabung ein für die ganze Landesgeschichte ungemein wichtiger Vorzug. Denn dadurch ist das Land von solchen Kriegszügen verschont geblieben, welche die durch Üppigkeit lockenden Ebenen zu ihrem Ziel wählten und zum Schauplatz der gewaltsamsten Umwälzungen machten. Es ist aber für die Umgegend von Athen charakteristisch, dass sie ärmlicher erscheint, als sie in der That ist, und bei oberflächlicher Betrachtung konnte niemand ahnen, was aus dem Lande zu machen sei. Nirgends wird mühelos ein reicher Ertrag gewonnen, wie es auf dem fetten Boden von Aeolis und Ionien der Fall war, aber der Fleiss des Landmanns blieb nicht unbelohnt. Auf dem mit dünner Humusschicht bedeckten Felsboden werden Feldfrüchte gezogen, welche noch heute unter dem Namen Xeriká besonders geschätzt sind und den alten Ruf der durch feinen Geschmack ausgezeichneten Obst- und Gemüsearten von Athen bewähren. Auch werden die Ziegen und Schafe, die auf steinigten Höhen ihr Futter finden, ihres vorzüglichen Fleisches wegen noch heute bei den Festmahlzeiten der Griechen besonders geschätzt.

Ihren geschichtlichen Charakter hat die Ebene von Athen durch Einführung und glückliche Pflege südländischer Gewächse erhalten, der Weinrebe, der Feige wie der Olive. Die athenischen Feigen galten für die besten in Griechenland. Der zahme Oelbaum ist bei den Athenern zuerst für menschliche Kultur und insbesondere für Nahrung und Körperpflege voll verwerthet worden; es gehörte zu den wichtigsten Vorzügen der attischen Ebene, dass er hier zu Hause war, als ihn die umliegenden Landschaften noch nicht hatten, und seine Pflege wurde hier als religiös-politische Angelegenheit mit vollem Ernste behandelt, so dass er der Stolz des Landes und das Wahrzeichen seiner Schutzgottheit geworden ist. Keine Kultur hat sich dauerhafter erhalten; denn noch heute ist der Oelbaum hier am massenhaftesten vorhanden. Waldartig

---

* τεθάντεμοι, vgl. Töpffer, Geneal. 110. Julius Schmidt habe ich oft über die stetige Unruhe der athenischen Atmosphäre klagen hören. αὔρα besonders der Seehauch, αὔρα ποντιάς Eur. Hec. 440.

bedeckt er einen Raum von c. 47 629 000 qm = 0,865 geogr. Quadratmeilen (in der Erstreckung vom Peiraieus bis Kephisia, Marusi und Chalandri) und zählt bis 20 000 Stämme, deren Veteranen die einzigen lebendigen Denkmäler hellenischer Vorzeit sind, die einzigen Zeitgenossen der Grösse von Athen.

Unter den südeuropäischen Fruchtbäumen ist keiner in gleicher Weise dazu geschaffen, den Menschen mit dem Boden zu verbinden und ihm seinen Wohnort im vollen Sinne zur Heimath zu machen; denn von keinem wird treue Pflege mehr in Anspruch genommen und besser belohnt; dieser Segen ist den Athenern im reichsten Masse zu theil geworden.

Das attische Jahr hat im ganzen seinen Charakter bewahrt. Bäume und Sträucher sind immer grün, und niemals erscheint die Kraft der Natur erstorben. Nur im Hochsommer ist der Erdboden verbrannt, und alles Gras versengt; in den Weingärten und unter dem Schatten des Oelwaldes bleiben im Kephisosthal die einzigen Ueberreste von Vegetation vor der Sonnenglut bewahrt, bis nach dem ersten Herbstregen ein neues Leben beginnt. Der erfrischte Boden empfängt im Oktober die neue Aussaat. Im März überzieht ihn, wo auch nur dünne Erdschichten aufliegen, ein dichter Blumenflor; im Mai, zur Zeit des Frühaufgangs der Plejaden, reifen Gerste und Weizen, im Juni die Feige, im Juli der Wein. Langsamer entwickelt sich die Olive; nach der Blüthe im Mai werden erst vom November an die herabfallenden Früchte vom Boden aufgelesen.

Betrachten wir die Landschaft im ganzen, so war ihr eigenthümlich und für die Entwickelung ihrer Bewohner besonders wichtig die seltene Verbindung des heimlich Abgeschlossenen und des freien, weitgeöffneten, zu fernen Gestaden hinüber lockenden Gesichtskreises. Dann im Innern die Mannigfaltigkeit des Bodenreliefs und die scharfe Gliederung desselben, welche jede Willkür und Unsicherheit ausschloss, weil die Benutzung jeder Oertlichkeit von Natur vorgezeichnet und alle Verbindungswege gegeben waren. Darum fühlten sich die Athener von Anfang an in einem wohnlich für sie eingerichteten Lande, und in diesem Gefühl wurzelte ihre angeborene Heimathsliebe. Darauf beruht ja auch der besondere Reiz attischer Topographie; denn je mehr man sich in die Bodenverhältnisse hineinfühlt, um so mehr wird man inne, wie jede Höhe, jeder Abhang, jede muldenförmige Senkung so verwerthet worden ist, wie es dem sicheren Naturverständniss der Alten entsprach.

Andererseits war der Boden so beschaffen, dass alle Vortheile desselben nicht nur ein offenes Auge, sondern auch unverdrossene Arbeit in Anspruch nahmen. Den Felskuppen, wo man am gesündesten wohnte, mussten mit viel Anstrengung ebene Hausplätze abgewonnen werden. Die engen Hügelgruppen verlangten, dass die feuchteren Gründe, wo der Thonschiefer nahe unter der Oberfläche liegt, mit Gräben versehen wurden, damit das Wasser nicht stocke. Der Pflug arbeitete mühsam zwischen harten Felsrippen, und nur am Kephisos hatte man eine breite Landflur, von reichlichem, sanft hinfliessendem Gewässer durchströmt, gegen Norden geschützt, frei von Staub und Wind, mit einer Atmosphäre, deren feuchter Anhauch den Athenern besonders wohlthuend war.* Aber auch hier mussten die Menschen durch Regelung des Wassers das Wesentliche selbst thun. Ihrem Fleisse war es zu danken, dass, vom Oel abgesehen, so mancherlei Erzeugnisse des attischen Bodens, sein Getreide, Obst und Gemüse, sein Honig, seine Wolle für das Vorzüglichste galt, was die Mittelmeerländer hervorbrachten.

Eine andere Art anregender wie erziehender Wirksamkeit hat der Boden Athens dadurch geübt, dass er auf engem Raume zu technischer Betriebsamkeit jeder Art so reichlichen Anlass gab, wie keine andere der Landschaften des Alterthums. Er lieferte den feinsten Thon, dessen vorzügliche Bildsamkeit vor allem geeignet war, das künstlerische Vermögen zu wecken. Für Baukunst und Bildhauerei hat kein Land in gleicher Weise das Material geliefert, um von Stufe zu Stufe immer höhere Leistungen ins Leben zu rufen.

Das erste, was man zur Hand hatte, war das lose Geröll, das von den Bergen herabgespült war, Stücke von Conglomerat (Nagelfluhe), welches im feuchten Boden weich ist und leicht zu schneiden, an der Luft hart wird. Dann nahm man das feste Gestein in Angriff, die Steinbänke im Burgfelsen und in den anliegenden Höhen: die Felsschlucht am Westabhange des Nymphenhügels war einer der ältesten Steinbrüche (I 60). Die bequemsten aller Steinlager lieferte die vorgestreckte Halbinsel (Akte) des Peiraieus (CII 40), den von ihr genannten Aktites von gelblicher Farbe, ein leicht zu bearbeitendes Material. Dann fand man in den Vorhöhen des Hymettos, südöstlich von der Akropolis, einen ungemein festen Kalkstein bei Kará, zum Quaderbau sehr geeignet. Nachdem man aber durch Verkehr mit den Cykladen den Inselmarmor kennen gelernt hatte, forschte man in den eigenen Bergen nach ähnlichem Gestein, das eine gleiche Sauberkeit der Arbeit und Glättung der Oberfläche gestattete und dadurch dem bildenden Triebe eine ganz neue Befriedigung vergönnte und neue Aufgaben stellte. Im Schosse des Hymettos

---

* ἀφελὴς πεδία Arist. Ritt. 527: τοῦ καλλιρόου ἀπὸ Κηφισοῦ ῥοαῖς τὰν Κύπριν κλῄζουσιν ἀφυσσαμέναν χώραν καταπνεῦσαι μετρίας ἀνέμων αὔρας. Eur. Medea 829.

und Brilessos wurden die unteren wie die oberen, unerschöpflichen Schichten des weissen Steins, wie die Alten ihn nannten, ausgebeutet, während Eleusis einen dunkeln Marmor lieferte, der für Bauzwecke wichtige Dienste leistete.

Man lernte immer mehr die zum Bauen und die zum Bilden, die für Tief- und für Hochbau, die für massive Baustücke sowie die für feinere Gliederung geeigneteren Steinarten unterscheiden. Durch die Güte des Materials wurde der Kunsttrieb zu solider Werkthätigkeit angeleitet; denn je dauerhafter der Stoff war, um so mehr strebte man, das Vollkommenste zu leisten. So entwickelte sich in Attika der Sinn für das Monumentale im Bauen und Bilden; auch die Schrift der Athener ist durch den Marmor veredelt, indem man die Urkunden des Gemeindelebens durch dauerhafte und würdevolle Monumente herzustellen bestrebt war.*

Vergleicht man einst und jetzt, so haben sich, wenn Vegetation und Klima auch im ganzen sich gleich geblieben sind, die natürlichen Verhältnisse doch im Laufe der Jahrhunderte ungünstiger gestaltet. Schon Platon beklagt die Abnahme des Baumwuchses und vergleicht die entwaldeten Berge mit einem durch Krankheit bis auf das Knochengerüste abgemagerten Menschen.** In den Jahrhunderten der Barbarei ist der Waldwuchs, wo er wieder aufspross, durch die Feuer umherziehender Hirten immer von neuem wieder vernichtet worden. Dadurch ist die Erde von den Abhängen immer mehr und mehr herabgespült, die Quelladern sind in den Kalksteinfelsen vertrocknet, und der von Natur so sparsam zugemessene Vorrath des der Ebene zuströmenden Wassers fortdauernd verringert worden. Die Sommerdürre hat sich nothwendig gesteigert, und die Etesien, über heisse Felsen hinstreichend, können nicht mehr wie einst die Hitze des Tages mildern. Einzelne Stellen geben noch eine Anschauung des ursprünglichen, gesunden Zustandes. Wo das Pentelikon bewaldet ist, fliessen auch im Juni Bäche und Quellen. Auch an den kahlsten Wänden des Hymettos brechen zwischen Kalkstein und Schieferlager Wasseradern vor, welche sich nach kurzem Lauf im Marmorschutte verlieren. Jetzt sind es nur einzelne gesegnete Stellen, wo auf dem Grunde alter Nymphenheiligthümer mittelalterliche Klöster erbaut

---

* Die Geschichte der attischen Steinbrüche ist in ein neues Licht gestellt durch die „Griechischen Marmorstudien" von G. Richard Lepsius. Anhang zu den Abhandlungen der k. Akad. der Wiss. 1890. Dem Verfasser bin ich auch für den geologischen Durchschnitt S. 5 so wie für alle geologische Belehrung, die ich benutzen durfte, zu dem wärmsten Danke verpflichtet.

** Kritias 113.

sind, Plätze, wie Oasen in der Oede, von Lorbeer, Myrten und Oelbäumen umgeben. Solange der Hymettos noch bewaldet war, rauschten der Ilisos und die Enneakrunos, und da die Luft im Ganzen feuchter war, waren auch die Quellen an der Akropolis, ihres beschränkten Gebietes der Wassersammlung ungeachtet, reichlicher.

Den grössten Theil der allmählich eingetretenen Uebelstände haben schon die Alten zu tragen gehabt; sie haben dieselben aber mit aller Energie bekämpft; sie haben durch künstlichen Terrassenbau die Fruchterde an den Abhängen zu halten gewusst, und in alten Pachtkontrakten wird ausbedungen, dass keine Scholle Erde aus dem verpachteten Grundstücke entfernt werden dürfe.* Die dürftigsten Wasseradern wurden mit peinlicher Sorgfalt für den Feldbau ausgenutzt, und durch ein umfassendes Bewässerungssystem hat man auch die von Natur trocken liegenden Landstriche in Feld- und Gartenland umzuwandeln gewusst, so dass ein grosser Theil der Ebene wie ihres Hügellandes nicht den Charakter der Verödung hatte, aus welchem sich jetzt die Landschaft allmählich wieder zu erheben beginnt.

Je mehr aber Attika erst durch beharrlichen Fleiss zu dem geworden ist, was es in der Zeit seiner Blüthe war, um so mehr mussten die Athener sich mit ihrer Landschaft verwachsen fühlen und konnten sich ausserhalb derselben gar nicht denken. Sie haben nie mit neidischem Auge auf die Nachbarländer gesehen, welche mühelos viel reichere Ernten darboten. Sie haben sich mit ihrem bescheidenen Loose nicht nur zufrieden gefühlt, sondern als ein bevorzugtes Volk, für das durch eine besondere Gunst der Götter dieser Wohnort ausgesucht und ausgestattet worden sei.

Die Eigenthümlichkeit der Lage Athens ist frühzeitig erkannt worden, und keine Landschaft ist schon im Alterthum so sehr ein Gegenstand eindringenden Nachdenkens gewesen: hier hat man gelernt, Natur- und Volksgeschichte im Zusammenhange aufzufassen.

Was sich der Beobachtung zuerst aufdrängt, das waren die klimatischen Verhältnisse, weil hier der verschiedenartige Charakter der Nachbarländer am auffälligsten war. Es war daher ein dem Volksbewusstsein entsprungenes Dichterwort des Euripides, wenn er die Erechtheussöhne als die durch Aether wandelnden preist.** Man fühlte den geistig belebenden Einfluss einer leichten Luft und eines klaren Himmels; man

---

* Decret der Aexoneer LIII II, 1055 l. 27. Zeit: ol. 108,4. Der Vertrag betrifft Ländereien am Hymettos.
** Medea 822.

erkannte in einem heilsamen Maße der Temperatur von allen Naturbedingungen diejenige, welche am einflussreichsten sei, um mäßige, tapfere und weise Menschen zu erziehen, wie Platon urtheilte.

Platon hat die Naturbeschaffenheit und Lage seiner Vaterstadt am schärfsten beobachtet, nach allen Seiten durchdacht und im Geiste verklärt. Er rühmt die sichere Lage hinter Kithairon und Parnes, die Vortrefflichkeit des Bodens, wo alle Gewächse und nützlichen Thiere Gedeihen finden, die Halbinsellage in einem Meere, das bis an das Ufer grosse Tiefe habe, im Gegensatz zu den Küstenländern, deren Rand durch herabgeschwemmte Erde entstellt worden sei.

Er zeichnet sein Heimathland, wie es einst gewesen, die Randgebirge mit hohen Erdhügeln und vollem Waldwuchs, dessen Stämme zur Ueberdeckung weiter Räume ausgereicht hätten, die Felshänge mit fettem Boden bedeckt, reiche Triften, wo jetzt nur Bienenzucht gestattet sei. Das Regenwasser, das nun nutzlos abfliesse, sei einst von der Erde aufgesogen, um von ihr, als einer treuen Schaffnerin, nach allen Seiten wieder vertheilt zu werden.*

Die Gruppe der Stadthügel denkt Plato sich nicht durch eine allmählich fortschreitende Ausspülung entstanden, sondern durch eine plötzliche Katastrophe, eine erderschütternde Sturm- und Regennacht, welche den Bergzug des Lykabettos entzweigerissen und als Trümmer desselben die Stadthügel gebildet habe. Die Urakropolis habe eine breite Hochfläche gehabt, die von einem vollen Quellbache bewässert gewesen sei, wovon jetzt um den Fuss der Burg herum nur dünne Wasseradern übrig geblieben wären.**

Nach Platons Vorgange haben die Philosophen der Lage von Athen eine gewisse normale, typische Bedeutung zugeschrieben, so dass auch Aristoteles, wenn er das Uebersichtliche der Landschaft, die Sicherheit gegen aussen und die Leichtigkeit des Verkehrs hervorhebt, der Schilderung seiner Normalstadt unverkennbare Züge der Stadtlage von Athen einmischt. Man konnte sich ohne entsprechende Oertlichkeit keine glückliche Staatsentwickelung denken.***

Am eingehendsten behandelt Xenophon die Natur der Landschaft. Er unterscheidet die Randgebirge nach aussen von den das Innere gliedernden Höhenzügen und hebt die schöne Umhegung der Hauptebene hervor. Ausführlicher werden in der Schrift von den „Einkünften" die Vorzüge der Lage erörtert. Im Mittelpunkt von ganz Hellas gelegen,

---

* Timaios 24 C Epinomis 987 D.
** τὰ νῦν νάματα σμικρᾷ κύκλῳ περιλέλειπται Kritias 112 C. Hermes 21, 206.
*** Polit. 1327. τὸ εἶδος τῆς χώρας.

sei die Stadt, einer Insel gleich, bei jedem Winde zugänglich und eben so geeignet, sich von allen Seiten mit dem Nöthigen zu versehen, wie die eigenen Erzeugnisse auszuführen. Vom Himmel begünstigt, vermöge der Boden die Gewächse, die sonst nur vereinzelt hier und da vorkommen, alle bei sich zu vollem Gedeihen zu bringen; das Land vereinige die Vorzüge von Eiland und Continent, und wo der Boden keine Frucht trage, hege er in seinem Schoße Silbererze und Marmor.*

Die Landschaften erhalten durch die Benutzung des Bodens und die Denkmäler der Bewohner im Laufe der Jahrhunderte ihren geschichtlichen Charakter. Sie büssen aber auch von dem Ursprünglichen ein, indem die natürlichen Senkungen sich mit Schutt ausfüllen und das Bodenrelief sich allmählich verflacht. Die Karte II hat die Bestimmung, den Boden zu veranschaulichen, wie er in vorgeschichtlicher Zeit gewesen ist, indem die Terrainformen in kräftigeren Formen vor Augen treten, als sie gegenwärtig sind; ebenso sind die Risse des Bodens tiefer gefurcht und als Wasserläufe dargestellt, um die Kraft anschaulich zu machen, welche diese Furchen gebildet hat.

Von menschlicher Thätigkeit ist es das Ausheben von Baumaterial, das zuerst den Boden in nachhaltiger Weise veränderte. So ist das Barathron, wie neuerdings erwiesen,** in seiner jetzigen Form ein Steinbruch, und deshalb ist der von senkrechten Wänden umgebene Einschnitt hier noch als unberührter Felsrücken des Nymphenhügels gezeichnet worden.

Was die Bewässerung betrifft, so sind, wie die Karte lehrt, Kephisos, Ilisos und Eridanos die einzigen Wasserläufe, die als Landesflüsse bezeichnet werden konnten.

Die übrigen Wasseradern stammen vom Lykabettos, der vor Zeiten nach drei Seiten Wasser gespendet hat: nach Süden ziehen sich einige kurze, dünne Wasserfäden, die zum Ilisosbette gehen, nach Norden und Nordwesten eine tiefere Rinne, aus zwei Armen gebildet, die nach dem jetzigen Museum gerichtet ist und das alte Stadtgebiet halbkreisförmig umgiebt; die Form des Laufs scheint dem Namen Kykloboros (VI 14) zu entsprechen, den ich für diesen Wasserlauf in Vorschlag gebracht habe. Das Wasser geht nach dem Kephisos.

Endlich kommen im Südwesten und Westen des Lykabettos zwei kleine Wasseradern hervor, die nach der Gegend des Dipylon fliessen und deren Lauf als Kloake benutzt worden ist. Dieser Wasserlauf ist durch eine schwache Bodenschwellung vom Kephisosthal getrennt und wendet sich zum Ilisosbett.

* Memorab. III 5. Poroi I, 5.
** Lepsius a. a. O. 115.

II.
Die Stadtgeschichte bis Solon.

Die Landschaft von Athen ist dadurch ausgezeichnet, dass sie für die verschiedensten Zweige menschlicher Thätigkeit auf engem Raume die natürlichen Vorbedingungen vereinigt. Denn dort, wo der Lykabettos mit der Gruppe der Stadthügel sich zwischen Kephisos und Ilisos vorschiebt, treten Binnenland und Seestrand, Felskuppen und feuchte Niederung am nächsten zusammen, so dass innerhalb eines Umkreises von etwa einer deutschen Meile, dessen Mittelpunkt die Akropolis ist, sich zusammenfindet, was für Landwirthschaft, für Seegewerbe, für Wein- und Olivenzucht, für Viehzucht und Bergbau, für Thon- und Metallindustrie nöthig ist. Dazu kommt, dass die Felshügel unmittelbar neben den Ländereien zu gesunden Ansiedelungen Gelegenheit boten, ohne den Ackerboden zu beeinträchtigen.

Es war also natürlich, dass sich hier frühzeitig eine dichtere Bevölkerung zusammenfand.

Dazu trugen die geschichtlichen Verhältnisse bei. Denn in den ältesten Zeiten, zu denen unsere Kunde hinaufreicht, gehörte das Meer fremden Völkern und Stämmen; die Eingeborenen blieben also scheu vom Strande fern und errichteten ihre Sammelplätze landeinwärts.*

So erfolgten in den verschiedensten Plätzen der Landschaft dichtere Zusammensiedelungen, die günstigste auf der Höhengruppe am Ilisos, wo man vor plötzlichen Ueberfällen sicher war, die gesunde Seeluft noch geniessen konnte und über das Gestade freien Umblick hatte.

Das deutlichste Kennzeichen alter Sammelplätze der Bevölkerung ist die Fülle von Ortsnamen, welche sich an einem Orte zusammendrängen, die Namen offener Ansiedelungen, welche später in die Stadt aufgegangen sind, aber so, dass man die örtlichen Ueberlieferungen mit grosser Zähigkeit festhielt. So nannte man z. B. die Dionysosfeste in

---

* Thuc. I, 7: αἱ παλαιαὶ (τῶν πόλεων) διὰ τὴν λῃστείαν ἐπὶ πολὺ ἀντισχοῦσαν ἀπὸ θαλάσσης ᾠκίσθησαν — καὶ μέχρι τοῦδε ἔτι ἀνῳκισμέναι εἰσί.

Kollytos nach wie vor die „ländlichen", nachdem der Gau längst in die Mitte der Stadt hineingezogen worden war.

Die Namen der Gaue sind verschiedener Art. Einige rühren von Opferdiensten her, um welche die Ortsgemeinde sich sammelte, wie Dionieia vom Heros Dionios; andere von Geschlechtern, welche daselbst vor Alters angesessen waren, wie Keiriadai. Die meisten aber waren von Anfang an Ortsnamen, und unter ihnen lassen sich wieder ältere und jüngere unterscheiden, insofern die einen ihrer Bedeutung nach leicht verständlich sind, wie Koile und Kerameikos, die anderen einer älteren Periode angehören, wie Melite und Kollytos.

Diese Urgaue von Athen, deren Umfang einst durch Marksteine bezeichnet war, genau zu umgrenzen ist unmöglich; wir müssen uns begnügen, gewisse Gruppen von Gauen festzustellen, deren Nachbarschaft bezeugt ist, indem wir von dem sicher Gegebenen ausgehen.

Das Sicherste ist die Lage des Kerameikos. Es ist die Niederung, welche sich vom Felsrande des Areopags nach Norden hinabsenkt, der Thonlager wegen, die sich hier aus zerriebenem Schiefer abgelagert haben, seit ältester Zeit ein auserwählter Sitz der Töpferzunft, von der die Gegend Namen und Bedeutung empfangen hat, später der Stadtmarkt von Athen.

Vom Kerameikos stieg man unmittelbar nach Melite hinan. Es war ein hochgelegenes Quartier und kann also nur im Süden des Kerameikos gesucht werden; es war ein ausgedehnter Bezirk, der verschiedene Höhen umfasste, zum Häuserbau besonders geeignet. *

Nach Westen hin umfasste es den Nymphenhügel, denn die steile Felsschlucht von der Sternwarte westlich, das alte Barathron, lag hart unter Melite (II 17). Nach Norden überragte es mit seinen Vorsprüngen den Töpfergau, der sich bei steigender Entwickelung des Gewerbfleisses immer weiter in den Bezirk der Meliteer eingeschoben hat. Sein südliches Ende wird von zwei Hügeln eingefasst, dem östlichen mit dem Thor der Athena Archegetis und dem westlichen mit dem sogenannten Theseion. Der letztere erscheint höher, weil er schroffer abfällt, und stellt sich mehr als eine besondere Höhe dar, während der östliche eine breitere Anschwellung bildet und sich sanfter zur Niederung absenkt. Der Thorbau der Athena liegt aber ein Meter höher als das „Theseion". In dem östlichen Hügel erkenne ich den „Markthügel" (Kolonos Agoraios). Kolonos war der allgemeine Name für jede Bodenanschwellung, wie das neu-

---

* Auf eine dichtere Ansiedelung, die hier in alter Zeit stattgefunden hat, scheint sich die Erwähnung des oppidum Melita bei Plinius IV 24 zu beziehen.

griechische Magula: hier war der geeignetste Standort der Tagelöhner (LXX 77), weil sich der Marktverkehr immer mehr nach Osten hin gezogen hat, und da wir die beiden vom Felskern der alten Stadt gegen Süden vorlaufenden Höhen zum Gau der Meliteer rechnen dürfen, so gehörte das auf dem Markthügel gelegene Eurysakeion (XLVIII 18) noch zu Melite. *

Auch Kollytos grenzte an Melite, wie der alte Markstein bezeugt, auf dem einerseits stand „hier ist Melite" und andererseits „hier aber Kollytos" (LXXI 39). Der Anschluss kann nur in östlicher Richtung gesucht werden; denn Kollytos hatte, nachdem es ein Quartier der Stadt geworden war, innerhalb derselben eine centrale Lage. Südlich von der Akropolis kann es nicht gelegen haben, weil dem am südlichen Burgfuss gefeierten städtischen Dionysosfeste das von Kollytos als ländliches Fest entgegengestellt wird. Kollytos lag also nördlich von der Burg, und zwar zwischen Melite und Diomeia. Diomeia und Kollytos hingen zusammen. Diomos galt für des Kollytos Sohn, und das diomeische Thor führte nach dem am Lykabettos gelegnen Kynosarges hinaus, dessen Name sich darauf bezog, dass Diomos hier dem Herakles geopfert haben sollte. Diomeia muss sich demnach gegen Nordost aus der Niederung bergan gezogen haben. **

Im Westen schloss sich an Melite Keiriadai (denn zu diesem Gau gehörte das Barathron), in Südwesten Koile; denn das kimonische Erbbegräbniss lag vor dem melitischen Thore in Koile (LXXI 24), einem Bezirke, den wir uns, dem Namen entsprechend, in der Schlucht denken müssen, welche vom Nymphenhügel zum Ilisos hinabführt, oder auch in der Niederung des Flussbettes selbst.

Das ist der älteste Thatbestand, den wir auf dem Boden von Athen nachweisen können, die Gruppe von Urorten, welche wir uns um Melite,

---

* Kolonos *πᾶν ἀνάστεμα γῆς* Etym. M. Auch in Delos war ein Kolonos: *CIA*. II, 814, 32. Kolonos agoraios war ein *χωρίον*, kein Demos, dessen Begrenzung nicht zweifelhaft sein konnte. Der sogenannte Theseionhügel war für arbeitsuchende Dienstleute ungeeignet, weil er abgelegen und durch steile Abhänge vom Markt getrennt war. Vgl. Milchhöfer in den Hist. Phil. Aufsätzen, Asher, Berlin 1884. Ich finde keinen Grund, der uns nöthigt, den Kolonos Agoraios mit einem der drei Demen Kolonos, die in den Inschriften des 4. Jahrhunderts vorkommen, zu identificiren (Lolling, Topogr. von Athen, p. 107). Es war der populäre Name eines allbekannten Stadtterrains: *σύνηθες γέγονε καλεῖν* K. (so spricht man nicht von dem offiziellen Bezirk eines Demos), als *ἀγοραῖος, μίσθιος* dem *ἕτερος* draussen entgegengestellt. Auch Wachsmuth, Stadt Athen II, 237, 277 führt Kolonos als *τόπος*, nicht als Demos auf.

** Kollytos und Diomeia gehörten zusammen zur Aegeis. Auch Lolling setzt jetzt Kollytos nördlich von der Burg.

das hochgelegene Kernstück, so gelagert denken, wie es die Karte III zu veranschaulichen sucht.

Von den weiter hinaus liegenden Gauen war der bedeutendste der Kolonos. Sein Mittelpunkt war der flache Felshügel, der sich nördlich vom Kerameikos aus der Kephisosniederung schildförmig emporhebt, ein entfernter Ausläufer des Nymphenhügels, Kolonos Hippios genannt, seit ältester Zeit einer der volkreichsten Gaue. Es lässt sich aber nicht nachweisen, dass er jemals in die Stadt hineingereicht habe, und die zahlreichen Bauinschriften, welche so viele der Stadtdemen anführen, nennen keinen Koloneer.

Das geschichtliche Leben beginnt, indem zwischen den Nachbargauen Verbindungen geschlossen werden, und die ältesten dieser Verbände waren religiöser Art; denn im gemeinsamen Gottesdienst erwuchs das Bewusstsein der Einheit und Zusammengehörigkeit.

Aeltester Volksbesitz war die Verehrung des pelasgischen Zeus, und neben ihm wurden an allen Plätzen, die für das tägliche Leben eine Bedeutung haben, also vor allem an den Wasseradern, die aus dem Felsen dringen, göttliche Wesen verehrt, denen man die Wohlthaten dankte, von denen das Gedeihen der Feldfrucht, der Herden, der Familie täglich abhängig war. Die mit dem Boden des Landes verbundenen Nymphen waren die segen- und glückspendenden (XXXVII 27), und die Ursprünglichkeit ihrer Verehrung bezeugt sich im Opferdienste. Denn die autochthonen Gottheiten lebten wie die Landeskinder: sie empfingen Gerstengraupen und Wasser, und diese Einfachheit wurde so strenge durchgeführt, dass man auch zum Anzünden des Opfers kein Reben-, Oliven-, Lorbeer-, Feigen- oder Myrtenholz benutzte, sondern nur das Thymiangestrüpp, das die Berghänge überwucherte und dem echten Athener noch in später Zeit duftreicher vorkam als aller Weihrauch des Morgenlandes. Dieselben „nüchternen" weinlosen Spenden wurden auch dem Zeus Meilichios dargebracht.*

Die einförmigen Zustände der Landeskinder wurden durch Zuwanderungen unterbrochen, welche, der Halbinsellage entsprechend, zu Lande wie zu Wasser erfolgten und sich durch neue Gottesdienste bezeugten. Was von der See herüberkam, stammte von Völkern, welche an Kultur weit vorangeschritten waren, so dass die Autochthonen ihrem Einfluss keinen abweisenden Widerstand entgegen zu stellen vermochten. Es war vor

---

* ὀμπνή, τροφή, εὐδαιμονία, s. Curtius, Etymologie 1879 c. 510 μᾶζα δεῖπνον ἱκανόν. Zukost: θύμον ἅμμα Athen. 652 c. νηφάλια ξύλα Hesych. Diogen. Prov. VI, 76. Polemon ed. Preller 75. Theophr. Char. 4.

Allem der Kultus einer weiblichen Gottheit, welche im semitischen Orient ihre Wurzel hat, und um die Zeit, da Sidon die den Archipelagus beherrschende Seestadt war, über Cypern und Kythera an allen Küsten sich ausgebreitet und auch in Attika sich eingebürgert hat. Unter dem Namen der Aphrodite Urania wurde sie in feuchter Niederung am Ilisos verehrt (X 82, XII 4) und hat den Charakter einer pantheistischen Gottheit des Morgenlandes am treuesten bewahrt, indem sie als Schicksalsgöttin „der Mören älteste" genannt wurde; ihre frühzeitige Einbürgerung bezeugt sich dadurch, dass sie den Nymphen gleich mit nüchternen Opfern geehrt und in Hermenform dargestellt wurde.*

Deutlicher haben die Seefahrer von Tyros in die Vorzeit des Landes eingegriffen, weil sie in grösserem Maßstabe Colonien ausführten und ihren Stadtgott, den die Hellenen Herakles nannten, zum Mittelpunkte ihrer Pflanzorte machten; es sind immer Seeorte und bekunden sich als Plätze, von denen die Einwirkungen einer höheren Kultur ausgehen. So haben dieselben Tyrier, welche in Gades und in Thasos Heraklesheiligthümer stifteten, deren geschichtliche Bedeutung sich viele Jahrhunderte hindurch erhalten hat,** auch in den Buchten von Attika sich eingenistet, namentlich dort, wo der zuerst von ihnen besetzten Insel gegenüber, die ihren altphönikischen Namen Salamis immer bewahrt hat, die kürzeste Ueberfahrt nach dem Festlande ist. Hier war die geeignetste Stelle für ihre Colonisation; hier hat der Anfang eines internationalen Verkehrs stattgefunden, der um so belebter und einflussreicher war, da die Tyrier nicht allein kamen, sondern Volk aus allerlei Küstenstämmen als Material ihrer Ansiedelungen mitbrachten.*** Hier war der älteste Uferbazar, wie ihn Herodot im Anfange seiner Geschichte am Strande von Argos schildert, eine Gegend wie das Migonion in Laconien,† und zugleich ein Sammelplatz der Einheimischen. Denn wenn ein fremdes Volk mit überlegener Macht und Bildung solche Uferstationen gründet, müssen die Umwohner Anschluss suchen, um eine friedliche Gemeinschaft herzustellen. So haben in Hispanien die Iberer den Kult des tyrischen Stadtgottes angenommen und um ihn eine Gemeinschaft begründet; so ist auch in Attika das an der Fähre von Salamis gestiftete Herakleion der Kern

---

* Als Herme stützt sie den Arm der jüngeren Aphrodite auf einem Relief im Lateran (LXIII bei Benndorf und Schöne).

** Arrian II, 16. Appian I, 41. Das phön. Herakleion in Thasos als Sammelort der Bevölkerung Polyaen I, 45, 4.

*** Diod. IV, 13. πολλοῦ πλήθους ἀνθρώπων ἐκ παντὸς ἔθνους συστρατεύοντος.

† Peloponnesos II, 272, 342.

einer Gruppe benachbarter Küstengaue geworden, einer Gruppe von vier Orten (Tetrakomia), deren einer den Namen Troia führte, ein Anzeichen davon, dass unter den mit den Tyriern Eingewanderten auch dardanisches Volk sich befunden hat.*

So ist der fremde Gott ein Ordner des Landes geworden, der Mittelpunkt einer Opfergemeinschaft, welche sich von der Bucht von Salamis bis zum Phaleron erstreckte.

Seitdem an dem durch Sidon und Tyros eröffneten Seeverkehre griechische Stämme sich selbständig betheiligt haben, konnten Ufergegenden, wie die phalerische, wo oberhalb der offenen Rhede eine Felshöhe emporragt, die als fester Küstenpunkt und weitschauende Signalstation sich darbot, nicht unbenutzt bleiben. Die vorzeitliche Bedeutung dieser Gegend wird durch die Sage von den Minyern bezeugt, den ältesten Vertretern griechischer Seefahrt, welche auf Munichia gesessen haben sollen, und der geschichtliche Kern dieser Ueberlieferung wird durch die Gruppe minyscher Ortsnamen** am attischen Ufer, durch den phalerischen Poseidondienst sowie den Dienst der Artemis (CVII 22), die als Seefahrergöttin pelasgischer Stämme dem saronischen Meere den Namen gegeben hat, und endlich auch durch die Felsarbeiten im tiefen Schoße der Uferburg bezeugt, aus denen man erkennt, dass hier in ältester Zeit ein fester Wohnsitz eingerichtet worden ist.***

So ist es auch in Attika der Küstensaum gewesen, wo das gleichförmige Leben der Autochthonen unterbrochen worden ist, wo fremde Nationen und pelasgische Seestämme das geschichtliche Leben geweckt haben. Es hat eine Zeit gegeben, wo Binnenland und Gestade einander fremd und feindlich gegenüber lagen; nur so erklärt es sich, dass die Athener so lange gewohnt waren, Ebene und Küste, die doch von Natur so unmittelbar in einander übergehen, wie zwei verschiedene Landgebiete anzusehen, so dass es der Zeit des Themistokles vorbehalten blieb, beide Landestheile zu einem Ganzen zu verschmelzen.

Es ist aber charakteristisch für Athen, dass diese Küstenstationen niemals so, wie in Korinth und Chalkis, Mittelpunkte der Landesgeschichte geworden sind, sondern dass die binnenländische Bevölkerung sich selbstständig erhalten hat.

Suchen wir aber nach den Plätzen, wo im Oberlande die ersten dichteren Ansiedelungen erfolgten, so fällt unser Blick auf die Höhen des

---
* Milchhöfer, Karten von Attika. Text 125. Vergl. Dardanis als Heraklestochter. Fr. Hist. Gr. II, 348.
** Böckh, Inschr. von Thera 1636, S. 82.
*** Wachsmuth, Stadt Athen II, 137.

Aelteste Ansiedelungen.

Pnyxgebirges, welche sich von der Akropolis nach Süden und Südwesten zum Ilisosbette hinabziehen. Von zwei langen Schluchten durchzogen, sind sie zur Anlage bescheidener Wohnungen in vorzüglichem Grade geeignet, an ihren Abhängen vor dem lästigen Nordwinde wohl geschützt, frei gegen Süden, den Seewinden offen, die im Winter Wärme, in der Sommerhitze Kühlung gewähren, und die wichtigste Bedingung eines gesunden Wohnorts in Athen sind. Es ist die Gegend, welche, wenn man vom Meere kommt, durch ihre felsige Erhebung den Ansiedlern zuerst eine gewisse Sicherheit darbot und sie vor plötzlichen Ueberfällen der Seevölker schützte.

Am mannigfaltigen und zusammenhängenden Spuren des Alterthums fehlt es in dieser Gegend nicht.

Die dichtesten Spuren zeigen sich an beiden Seiten der Schlucht, deren oberes Ende durch die Demetrioskapelle (S. 6) am deutlichsten bezeichnet wird. Tief eingehauene Fahrgeleise und Wasserrinnen begleiten die Schlucht; Fusswege und Treppenstufen führen rechts und links zu den zahlreichen Hausplätzen hinan, welche, von Cisternen umgeben, auf wohl geglätteten, kleineren und grösseren Terrassen neben und über einander liegen.

Diese Spuren alter Wohnungen ziehen sich über den schmalen Felsdamm, der den letzten südöstlichen Vorsprung mit dem Pnyxgebirge verbindet, in gerader Linie fort. Kein Platz ist unbenutzt geblieben, der sich zu einer kleinen Hausgründung eignete.

Eine zweite Gruppe solcher Gründungen findet sich oberhalb der Schlucht, welche den Sternwartenhügel von seinem Nachbarhügel trennt, dort, wo beide Höhen in einander übergehen.

Den bequemsten Zugang findet man, wenn man von der Demetrioskapelle rechts abbiegt und in gleicher Höhe nach Westen geht. Auch hier finden sich dieselben Felsterrassen, dieselben Hausgruppen, Wege und Cisternen; auch hier erkennt man Ansiedelungen, welche ohne planmässige Anordnung zu gleicher Zeit entstanden sind.

Das sind die beiden Hauptgruppen ältester Ansiedelung, wie sie auf Blatt III des Atlas von Athen in 1:4000 dargestellt sind. Sie bedecken ein Terrain, das ein fast gleichschenkliges Dreieck bildet; die Grundlinie vom Philopapposgipfel bis zur Sternwarte beträgt 750 m. Die Spitze des Dreiecks ist der letzte Felsvorsprung über dem Ilisos, der vom Philopapposdenkmal wie von der Sternwarte c. 1100 m entfernt ist.

Nirgends tritt uns die Vorzeit des Landes so unmittelbar und urkundlich entgegen wie in dieser Gegend, welche schon zur Blüthezeit der alten Stadt öde und verlassen war. Sie wird seit dem Aufbau von

Neu-Athen unablässig als Steinbruch benutzt und ist deshalb im Begriff, ihren geschichtlichen Charakter von Tag zu Tage mehr einzubüssen. Auch in Beziehung auf Luft und Landschaft macht diese Gegend einen durchaus eigenartigen Eindruck. Denn sobald man aus der muldenförmigen Senkung, in welcher das heutige Athen liegt, den Höhenrand erreicht, wo die einsame Felsenstadt beginnt, so fühlt man sich wie in einer anderen Gegend: der Golf öffnet sich vor unserem Blick und wir athmen eine reinere Luft.

Aehnliche Felswohnungen kommen noch in drei anderen Gruppen vor. Erstens auf der Felszunge, die vom Nymphenhügel gegen Nordosten in die Ebene vorspringt und die Kapelle der Hagia Marina trägt;* zweitens auf den westlichen Abhängen des Areopags und endlich nördlich von der Demetrioskapelle auf dem Ostrande der Felshöhe zwischen Nymphen- und Philopapposhöhe, dem Aufgang der Akropolis gegenüber.

Diese drei Gruppen können wir, weil keine derselben ein so grosses Ganze bildet, wie die beiden seewärts gerichteten Ansiedelungen im südwestlichen Felsgebirge, als die sporadischen Gruppen bezeichnen.

Wer diese massenhaften Ueberreste, die in den Fels eingeschnittenen Runen der Vorzeit, sorgfältig betrachtet, kann nicht daran denken, dass sie von flüchtigen Ansiedlungen herrühren. Es sind Werke ausdauernder, stetiger Arbeit, durch welche die Einwohner sich die Bodenstrecken, welche zum Feldbau unbrauchbar waren, für ihre Wohnungen zurecht gemacht haben; sie tragen, wenn auch Einzelnes, wie die Anlage von Grabstätten, später, da diese Gegend schon verödet war, dazu gekommen ist, den Charakter ei n e r Zeit; und zwar einer sehr alten Zeit, in welcher man sich meist im Freien bewegte und an Behaglichkeit der Wohnräume die bescheidensten Ansprüche stellte.

Die Benutzung des gewachsenen Felsens galt bei religiösen wie bei privaten Gründungen für das Alterthümliche. Das alte Geschlecht war mit dem Boden wie verwachsen; so dass nicht bloss Keller und Vorrathsräume in den Felsboden eingegraben waren, sondern auch die Wohnräume. Darauf beruhen die Vorstellungen der Alten von den Höhlenbewohnern der Vorzeit, den Troglodyten, welche man sich durchaus nicht als Wilde dachte, die Thieren ähnlich in Klüften hausten, sondern die schon ein ganz menschenwürdiges Dasein führten. **

Felsglättung war die erste Leistung antiker Baukunst, eine Technik, in welcher man die Pelasger als Lehrmeister ansah. Wo der Boden, den

---

* Sie ist auf der Skizze S. 7 angegeben.
** Jacob Bernays, Dialoge des Aristoteles S. 163.

man ebnete, zerklüftet war, wurde er durch gestampfte Lehmerde ausgeglichen; auf dem Boden und den stehen gelassenen Felsrippen erhoben sich Lehmwände, welche den durch die Thüröffnung erhellten Raum rechtwinklig einschlossen. Das Haus war, wie das altitalische, ursprünglich ein Raum. Wo sich dasselbe an eine senkrecht gemeisselte Felswand anschloss, findet man kleine Nischen in derselben ausgetieft. Hatte das Haus einen oberen Stock, so führten Felstreppen von aussen hinan. Das Dach war ein plattes Lehmdach, wie ein solches am Fuss des Areopags als einzelner Ueberrest des Alterthums noch in später Zeit den Fremden als Merkwürdigkeit gezeigt wurde.* Die nöthige Lehmerde fand sich unmittelbar unterhalb des Felsterrains.

Man presste sie in kastenartige Fächer und liess sie dann an der Sonne trocknen, so wie noch heute die Lehmpatzen gemacht werden, aus denen die Umfassungsmauern der Gärten und Wohnungen in Attika bestehen. Damit stimmt die alte Ueberlieferung, nach welcher es zwei Athener gewesen sein sollen, Euryalos und Hyperbios,** welche als Erfinder von Lehmbau und häuslicher Einrichtung angesehen wurden. In der Umgebung der Häuser finden sich ausser den Cisternen, denen eingehauene Wasserrinnen den Regen zuführen, auch andere brunnenähnliche Felsgruben, die sich nach unten erweitern und als kellerartige Magazine für Oel u. a. Vorräthe dienten.*** Man findet hier und da in den inneren Wänden die einander gegenüber eingetieften Löcher, in welche die Balken eingefügt waren, an denen man wie an einer Leiter hinuntersteigen konnte.

Mitten zwischen den Bauerhäusern finden sich auf breiteren Terrassen deutliche Ueberreste von Felsaltären; auch uralte Anlagen für Zwecke des öffentlichen Lebens glauben wir in den Felsdenkmälern zu erkennen: so in dem stattlichen Siebensesselplatz, der für ein richterliches Kollegium bestimmt gewesen zu sein scheint.†

Wenn diese Ueberreste, die unser Interesse in so hohem Grade erregen, von den Alten nirgends beschrieben werden, so erklärt dies sich daraus, dass sie ihnen nicht als etwas Merkwürdiges erscheinen konnten, und in der That finden wir an den verschiedensten Plätzen, wo alte Städte nachweisbar sind, in Griechenland wie Kleinasien, entsprechende Spuren primitiver Ansiedelung.††

* Vitruv 35, 12: antiquitatis exemplum luto tectum.
** Plin. 7, 194.
*** φρίαρ ἰλαῖον μεστόν Arist. Plutos 80. Varro I, 37. granaria sub terris quas vocant σιροίς. Att. Studien 10. κοῖλον ἄγκος φρέατος. Arch. Zeitg. 1847, S. 23.
† Atlas von Athen VI.
†† Beiträge zur Gesch. und Topographie von Kl.-Asien S. 14, 47.

In Athen aber hat man sorgfältiger als anderswo über die Vorzeit nachgedacht, und weil die Athener ohne gewaltsame Unterbrechung mit ihrem heimathlichen Boden immer in ungestörtem Zusammenhange geblieben sind, hat sich bei ihnen auch eine festere Ueberlieferung ausgebildet, und kein anderes Stadtvolk in Griechenland hat die Stufenfolge heimischer Entwickelung so genau anzugeben gewusst, wie die Athener. So nannten sie ihre Vorfahren auf der ersten Stufe des Zusammenlebens Kranaer und das älteste Athen Kranaa: Namen, welche doch nicht anders zu erklären sind, als dass damit die Ansiedelung auf nacktem Felsboden bezeichnet werden sollte. Wenn dieselbe aber als eine der städtischen Concentration vorangehende Epoche angesehen wurde, so dachte man sich im Gegensatz zu den späteren, niedrig gelegenen Wohnplätzen die bäuerlichen Urahnen auf den Felshöhen von Melite oberhalb ihrer Ländereien ansässig. So hat es einen Sinn, wenn man die ältesten Athener Steinleute und Urathen eine Felsstadt nannte, und so glauben wir die Vermuthung rechtfertigen zu können, dass die besprochenen Felsgründungen auch von den Athenern als Ueberreste der ältesten Ansiedelung auf dem Stadtboden angesehen wurden.*

Opfergemeinschaft ist überall die Grundlage landschaftlicher Einigung gewesen, und die älteste Landesreligion war der Zeusdienst.

Jeder Gauort hatte seinen Zeusaltar, an welchem sich zum Frühlingsfeste die Gemeinde sammelte. Das war das Fest der Diasia, das älteste, allen Landesbewohnern gemeinsame und bis in die späten Zeiten heiligste Zeusfest, an welches sich die Erinnerung eines Zeitalters anknüpfte, da es noch keine Städter im Lande gab, sondern nur Bauern und Hirten.

Wo die ländliche Bevölkerung sich am dichtesten zusammendrängte, mussten die volkeinigenden Zeusaltäre eine besondere Bedeutung erlangen.**

So lassen sich auch auf dem Boden von Athen zwei uralte Stätten

---

* Κραναί, κραναά πόλις Arist. Ach. 75. Πελασγοί οὐνομαζόμενοι Κραναοί. Her. VIII 44. Vgl. Att. Stud. I 17, wo zuerst eine genauere Beschreibung dieser Gegend und ihrer Alterthümer gegeben worden ist.

** Zeusdienst ist die älteste Landesreligion: Att. Stud. I, 15. Wachsmuth, Rh. Mus. 23, S. 118. Der grösste Vorwurf, den Zeus den Athenern machen konnte, δι' ἣν αἰτίαν ἐλλίποιεν Ἀθηναῖοι τὰ Διάσια τοσούτων ἐτῶν; Luc. Icarom. 24. Es war also keines der städtisch organisirten Feste, die nicht ausgesetzt werden konnten. Dies eigentliche Volksfest des ursprünglichen Landesgottes blieb immer draussen. Darum war dies Fest der allein richtige Zeitpunkt für das Attentat des Kylon. Gr. Gesch. I⁶, 304, 668. Wären die Diasien am Olympieion gefeiert, so wäre ja alles Volk dem Centrum der alten Athen nahe gewesen; ἔξω τῆς πόλεως ist also nur die Negation der Stadt, nicht aber: in der Nähe der Stadt, wie Mommsen, Heort. 380 gegen Schömann, Gr. Alterth. II², 504 f., behauptet.

des Zeusdienstes nachweisen, die eine durch alte Ortssagen bezeugt, die andere in monumentalen Ueberresten und Inschriften.

Nach der Ortssage ist zu den Kranaern Deukalion gekommen, um auf der Terrasse am Ilisos oberhalb der Kallirrhoe dem rettenden Zeus einen Altar zu gründen (XLI 86).

Der Dienst knüpfte sich an einen Felsspalt, in welchem die letzten Wellen der grossen Fluth sich verlaufen haben sollten; der Anschluss an solche Naturmale* ist immer ein Zeugniss hohen Alterthums, und die Nähe der fliessenden Quelle kam dem Opferdienste zu Gute.

Der zweite Platz ist die grosse Doppelterrasse am Nordostabhange des Pnyxgebirges in der Mitte zwischen Philopapposgipfel und Sternwarte, eine Bauanlage einzig in ihrer Art, eine Gründung ältester Zeit, dem

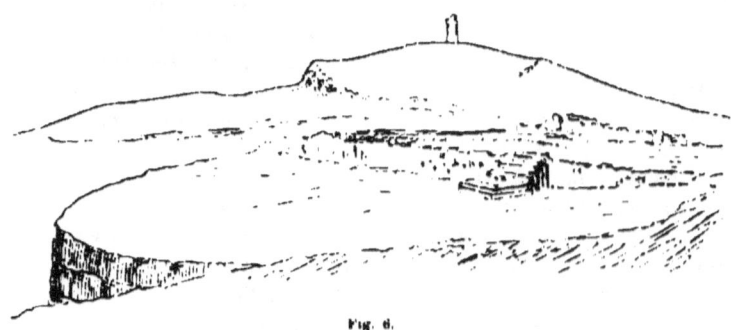

Fig. 6.

Charakter der Felswohnungen durchaus entsprechend, vorzüglich gelegen, die Bewohner der Felsenstadt mit denen der nach Norden sich ausbreitenden Niederung zu verbinden. Siehe die landschaftliche Skizze (Fig. 6) und den Grundriss der Doppelterrasse (Fig. 7).

Eine senkrecht abgeschnittene Felswand trennt die obere Terrasse von der unteren, welche bei anwachsender Bevölkerung nach Norden erweitert und durch eine in flachem Bogen gezogene, polygone Untermauerung gestützt worden ist. Die vor den Nischen der Rückwand gefundenen Inschriften beziehen sich alle auf Weihgeschenke, die dem „höchsten Zeus" von Leidenden gewidmet sind, welche ihm Heilung verdanken haben, und wenn diese Denkmäler sämmtlich einer späten Zeit angehören, so wird man daraus nur schliessen dürfen, dass damals, als die Heilgottesdienste alle anderen Culte zurückdrängten, auch der älteste Landesgott in gewissen Kreisen durch Wunderkuren wieder einmal eine

---

* χάσματα, ἱεροὶ αὐλῶνες Athen. 185. Vgl. puteus in Jovis horto Plin. 21, 8.

besondere Popularität gewonnen habe, aber nicht, dass hier in römischer Zeit dem „höchsten Zeus" ein durchaus neuer Cultus in Athen eingerichtet worden sei.

Wir erkennen hier einen in grossartiger Einfachheit und alterthümlicher Würde angelegten Festraum, welcher zu Volksversammlungen, aber nur zu gottesdienstlichen, gedient hat. Denn wenn man bei der ersten Bekanntschaft mit dem Boden von Athen, als man voll Eifer war, vor Allem den Standort zu finden, wo Perikles und Demosthenes ihre Reden gehalten haben, hier den Versammlungsort der Bürgerschaft ansetzte und den Felsstufenbau als Rednerbühne der Pnyx auffasste, so erhellt leicht, dass für eine berathende Versammlung die abschüssige Fläche eine durchaus unpassende Oertlichkeit war. Indem man dies gefühlt hat, ist man auf den Gedanken gekommen, dass dieselbe (wie der untere Durchschnitt auf Fig. 7 andeutet) künstlich in ihr Gegentheil, eine nach unten ansteigende Oertlichkeit, umgestaltet worden sei. Dies erscheint undenkbar, da sich ringsumher so viele natürlich ansteigende Hügelwände ungesucht darboten und nichts für die Anlagen der alten Athener charakteristischer ist, als dass sie sich überall an die natürlichen Bodenverhältnisse anschlossen.*

Einfache grosse Bauanlagen einer fernen Vorzeit, wie diese Doppelterrasse mit ihrem monumentalen Stufenbau, richtig zu verstehen und sicher zu erklären, ist immer eine besonders schwierige Aufgabe. Vielleicht können wir uns in der Weise eine richtige Vorstellung von der ganzen Anlage bilden, dass wir die obere Terrasse als die eigentliche Altarterrasse auffassen, wo der im Fels gegründete, freistehende Opferaltar des Landesgottes sich erhob, der heilige Mittelpunkt, zu welchem die alten, in den Felsboden geschnittenen Bahnen der Processionsstrassen hinaufführten, und dass von dem auf die untere Terrasse vorspringenden Steinwürfel der dort versammelten Volksgemeinde der Ausfall des Opfers verkündet wurde. Denn bei feierlichen Staatsopfern musste zur Beruhigung

---

* Man führt die Deutung des Felswürfels (Fig. 6) als Rednerbühne auf Chandler zurück; daher „bema Chandlerianum" *CIA.* I, 215. Der Rednerplatz war aber kein Monument aus dem gewachsenen Stein gehauen, sondern ein unscheinbarer Standplatz, ein beweglicher Stein, dessen Platz verändert worden ist, ein Platz, von dem zu der aufwärts sitzenden Bürgerschaft geredet wurde. Für politische Debatten kann man sich keinen unglücklicheren Rednerplatz denken, als diesen frei gegen Norden gerichteten, hohen, steilen, windigen Felsblock oberhalb einer abfallenden Terrasse. Vergl. meine Behandlung des von Ulrichs (Reisen und Forschungen II, 209) zuerst richtig beurtheilten, wichtigen Punktes athenischer Topographie im Anschluss an Welckers „Felsaltar des höchsten Zeus" in den Attischen Studien I, S. 23 ff.

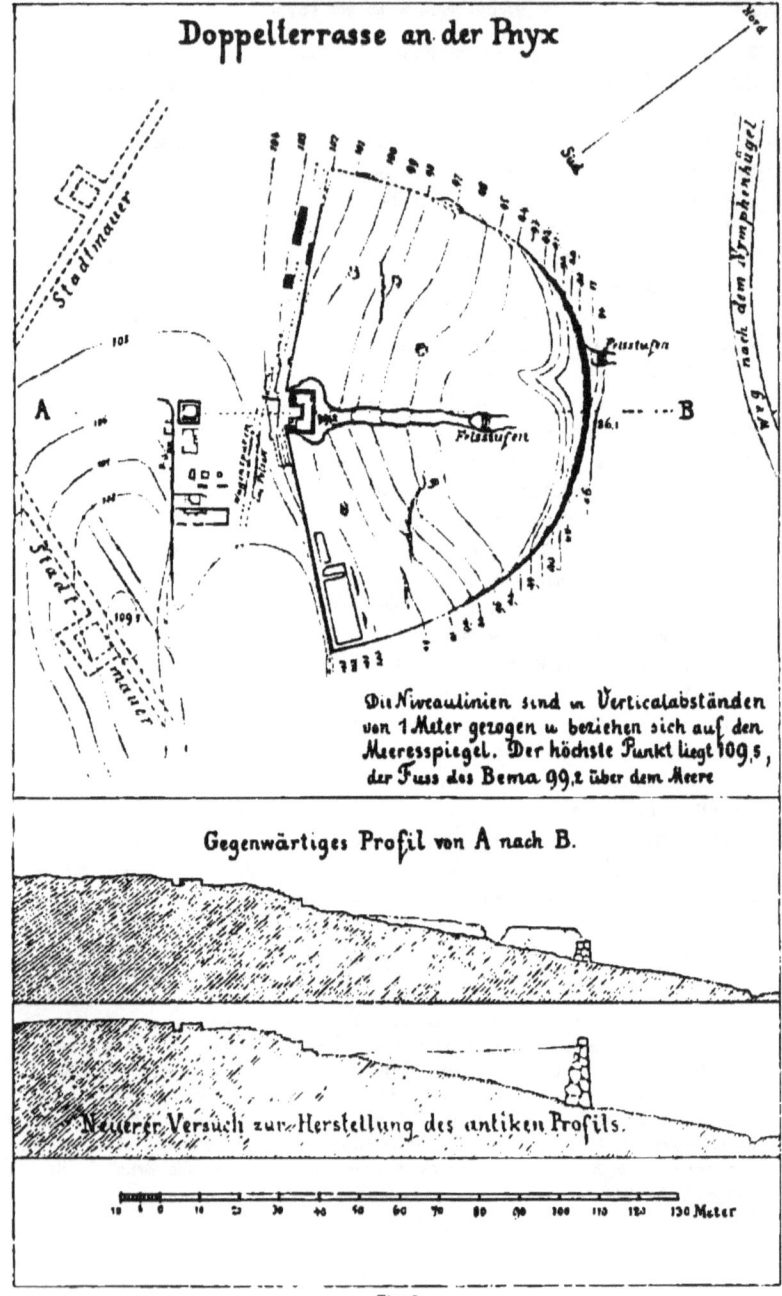

Fig. 7.

des Volks amtlich festgestellt werden, dass dieselben normal verlaufen seien, und bei allen wichtigen Anlässen, bei Entscheidungen über Krieg und Frieden harrte die Volksgemeinde gespannt auf den Ausspruch der Priester, dass das Opfer günstig aufgenommen und heilverkündend sei.*

Dieser Gottesdienst auf dem Boden von Melite vereinigte die umwohnende Bevölkerung, und die Grossartigkeit der Terrassenanlage, welche allmählich nach unten erweitert worden ist (davon zeugen die von der Polygonmauer überbauten Felstreppen), giebt den Beweis, dass der hier, wo die Gaue am dichtesten zusammentrafen, gefeierte Gottesdienst eine gewisse amphiktyonische Bedeutung erlangt hat.**

Fig. 8.

Wie Zeus, dem bildlos verehrten Himmelsgotte, einst die ganze Umgegend heilig war, davon zeugen die Felsinschriften, die seinen Namen enthalten, in der Nähe der grossen Doppelterrasse auf dem Hügel der Hagia Marina (XXXIX 70).

Andere Gottesdienste sind durch den Völkerverkehr dem Boden Athens zugeführt worden, zuerst vom eigenen Strande. Denn Küste und Binnenland lagen sich nicht bloss feindlich gegenüber, sondern es haben sich an die Gottheiten fremden Ursprungs mancherlei friedliche Einflüsse angeschlossen, deren Spuren sich an verschiedenen Punkten des oberen Landes deutlich erkennen lassen. Aphrodite Urania hatte nicht nur am Ilisos ihren Sitz, sondern auch in Melite auf dem Kolonos Agoraios (XII 5); sie ist landeinwärts in den Gau der Athmoneer vorgedrungen, wo die

* ἀπαγγέλλειν ὑπὲρ τῶν θυσιῶν, vergl. ἀπρόσδεκτος ἡ θυσία CIA. III, 73. Schömann, Gr. Alt. II³, S. 443 τὰ ἱερὰ καλὰ καὶ σωτήρια.
** Dieser örtlichen Thatsache entspricht die Ueberlieferung, dass Amphiktyon des Kranaos Nachfolger gewesen sei. Sie gehört einer pragmatisirenden Betrachtung attischer Königsgeschichte an, zeugt aber von einer richtigen Auffassung der vorgeschichtlichen Entwickelung.

Stiftung ihres Heiligthums mit dem König Porphyrion zusammenhing, dem „Purpurmann", einem unverkennbaren Vertreter der phönikischen Nation, welche Hellas mit dem Morgenlande in Verbindung gesetzt hat. Sie ist tief eingedrungen in das Bewusstsein der Athener, als eine volksthümliche Gottheit, die, von Blumen und Wasservögeln umgeben, die lebenschaffende Naturkraft darstellte, wie sie in den Frühlingsfesten zu Paphos gefeiert wurde.*

Auch Herakles ist von der Seeküste heraufgekommen, und attische Geschlechter rühmten sich, dass ihre Ahnen dem Fremdlinge Gastfreundschaft erwiesen hätten. Wie an der Fähre von Salamis, finden wir ihn auch in Melite als Gott verehrt. Mit der Nymphe Melite verbunden, war er der Schutzpatron der Meliteer, ihr „Alexikakos", in einem hoch angesehenen Heiligthum verehrt (IL 32), wo ihm Opfer dargebracht wurden, welche, wie die der Urania, sehr alterthümlich waren und vom volksthümlichen Brauche abwichen, wie auch Herakles selbst bei aller Anerkennung immer den Charakter des Fremden und Unebenbürtigen behielt.**

Trotzdem hat wie am Seeufer, so auch im Binnenlande, sein Einfluss sich auf die Nachbargaue ausgebreitet. Die Sage kennt Herakles als Gastfreund des Kollytos und als Liebhaber des Diomos. Sein Dienst hat sich also von Melite nach dem Lykabettos hin ausgedehnt und auch hier zur Vereinigung der Bewohner und zur Organisation des Landes beigetragen (LXX).

Cultverbindungen waren die ersten Bande der Gemeinsamkeit. Der Uebergang aus religiösen Gauverbänden zu festerer Einigung wurde durch das Bedürfniss hervorgerufen; er erfolgte auf Anlass von Kriegsgefahren, welche zu Lande wie zu Wasser das Land bedrängten. Verschanzungen, Waffenplätze und Mauerringe wurden nöthig; waffenführende Geschlechter zogen in dieselben ein und sammelten das schutzbedürftige Landvolk um ihre Herrensitze. ***

So hat sich auch in der Hauptebene des Landes ein Kriegerstamm geltend gemacht, ein Geschlecht, das in Kekrops seinen Ahnen verehrte.

---

* Paus. I, 14. 6. Kalkmann, Jahrbuch des Arch. Inst. I, 246.

** ξενισμός τοῦ Ἡρακλέους Plato Lysis 205 c. ἰδιάζουσα θυσία des Herakles Melon. Wachsmuth I, 364. Vergl. Appian ed. Bekk. p. 49: θρησκεύεται νῦν ἔτι φοινικικῶς. Ἡρ. νόθος Philippi Areopag. S. 124.

*** Philochoros bei Str. 397: πορθουμένης τῆς χώρας ἐκ θαλάσσης μὲν ὑπὸ Καρῶν, ἐκ δὲ γῆς ὑπὸ Βοιωτῶν.

Dadurch erfolgte eine durchgreifende Umgestaltung der Ortsverhältnisse. Denn nachdem bis dahin Melite der Kern gewesen war, an welchen sich die anderen Gaue lose anreihten, wurde jetzt der schroffe, von Osten nach Westen gestreckte Felsrücken der Akropolis das Centrum der ganzen Hügelgruppe. Seine Abhänge waren dicht umwohnt, weil sie ringsherum von Quelladern umgeben waren, und die Felsnischen waren seit Alters voll von Weihegaben an die Nymphen. Die Höhe selbst war zum Wohnort einer bäuerlichen Bevölkerung nicht geeignet, um so mehr aber, als eine die Umgegend überschauende, einzeln stehende Felsklippe, zu einer Landeswarte und zum Wohnsitz eines herrschenden Fürstengeschlechts. Die anderen berühmten Akropolen Griechenlands sind entweder riesenhafte Berge, wie Akrokorinth, Ithome, Pergamon, die dadurch den bequemen Zusammenhang mit der Unterstadt einbüssen, oder sie entbehren der wünschenswerthen Erhebung, wie es bei der Burg von Sparta der Fall ist und bei der Kadmeia, die nur an einzelnen Punkten schroffe Abhänge hat und zu wenig naturfest ist, zu wenig von der ländlichen Umgebung sich abhebend. Die Akropolis von Athen hat vor allen anderen das richtige Maß. Von Steilfelsen umgürtet und nur am Westfusse zugänglich, war sie der vertraulichen Nähe der Unterstadt nicht entzogen, dazu ohne Beeinträchtigung der Festigkeit von fruchtbaren Saatfeldern rings umgeben.*

Diese Felskuppe erhielt ihre geschichtliche Bedeutung, als das Geschlecht der Kekropiden oben seinen Einzug hielt und denselben Zeus, der sich unten schon als der volkeinigende bewährt hatte, zu seinem Haus- und Herdgotte machte. An seinem Altar bringen nun die Burgherrn das Opfer für die Gemeinde; die öde Felskuppe wird der Kern einer Stadtgemeinde (Polis), Zeus ein Stadthort (Polieus), und die bäuerlichen Gaue, die, nur durch Opferdienst verbunden, selbständig neben einander bestanden hatten, gehen unter königlicher Herrschaft in eine Stadtgemeinde über; so sind, wie Herodot es ausdrückt, aus Kranaern Kekropiden geworden.

Andere Gottheiten sind von der Land- wie Seeseite ins Land gekommen und haben mit fruchtbaren Keimen mannigfaltiger Art den Boden erfüllt. Als nach dem Sinken phönikischer Vormacht die den Griechen verwandten Volksstämme seetüchtig wurden, brachten sie ihre Culte an die Küste, und wir dürfen den Dienst der Artemis, welcher ganz Attika tief durchdrungen hat, wohl mit den Minyern in Verbindung setzen, welche den herrschenden Punkt der athenischen Seeküste dieser Göttin geweiht haben (S. 24).

* χῶρος ἀπόκρημνος Herod. VIII, 53.

Von den Gottheiten nordischer Herkunft ist keine so volksthümlich geworden wie Hermes. Den Zusammenhang mit Böotien bezeugt Ares, der einem der Stadthügel seinen bleibenden Namen gegeben hat; Hephaistos wurde der Haus- und Herdgott der Ansiedler im Kerameikos. Wo auf engem Raume so viel Culte sich zusammendrängten, mussten sich Gegensätze bilden, und in den Kämpfen der Götter hat sich die Erinnerung der Fehden zwischen den Stämmen erhalten, deren jeder seine Gottheit zu vollen Ehren bringen und sich dadurch selbst einen hervorragenden Antheil am Aufbau des Gemeinwesens sichern wollte. Die älteren Insassen treten den aus der Ferne kommenden entgegen, Ares dem Poseidon, dessen Altäre von Seefahrern am Phaleron errichtet wurden (CXIX 86). Ares muss zurücktreten, und der für die Stadtgeschichte entscheidende Kampf entbrennt zwischen den Poseidoniern und den Geschlechtern, deren Gottheit mit dem jenseitigen Continente durch den Oelbaum in Verbindung steht, aber auch von der Landseite her nach Athen eingedrungen ist. Poseidon ist zuerst gekommen,* dann Athena, und in den Athenadienern erkennen wir denselben religiösen Zug, welchen wir so vielfach bei den begabtesten Stämmen diesseits und jenseits des Archipelagus finden, den Zug, nicht nur das natürliche Leben, sondern auch Familie und Gemeinde in die Obhut einer weiblichen, mütterlich gedachten Gottheit zu stellen.**

Aphrodite und Athena begegnen sich in dieser Eigenschaft auf dem Boden von Athen. Beide sind, wie die Apaturien zeigen, die Pflegerinnen des aufwachsenden Geschlechts. Aphrodite ist gleich Athena eine das Volk einigende Gottheit (XI 47). Athena aber sehen wir unter dem maßgebenden Einflusse der ihr huldigenden Geschlechter immer mehr vortreten, mit dem Gemeindeleben verwachsen und ihm entsprechend sich ausgestalten. Als einer mütterlichen Göttin, einer Göttin des Ackerbaues, welcher die ersten Saatfelder der Landschaft geheiligt sind,*** wird sie als Führerin eines Kriegerstammes selbst eine waffentragende, eine sich selbst genugsame, unnahbare Jungfrau.† Die Athenadiener machen den Burghügel zur Pflanzstätte des zahmen Oelbaums, ihr vom Himmel gefallenes Bild aus Olivenholz†† wird das sichtbare Unterpfand der öffentlichen Wohlfahrt: war es entfernt, war die Stadt schutzlos, und der Tempel wurde

---

* ἔχει οὖν πρῶτος Π. ἐπὶ τὴν Ἀττικήν Apollod. III, 14, 1.
** Vgl. Nissen, Pomp. Studien. S. 336.
*** ἀροτοί ἱεροί Töpffer, Geneal., S. 128. Rh. Mus. XXI, 119.
† Es ist dieselbe Umwandlung, welche Aphrodite in Sparta, Korinth, Karthago durchgemacht hat.
†† Eur. Ion. 1480 τὸν ἐλαιοφυῆ πάγον θύσαι. rudis palus, informe lignum. Tertull. Apol. 16.

durch Seile abgesperrt, wie ein Haus, dessen Besitzer fort ist.* Ihr Tempel war die heiligste Stätte von Athen und der Opferaltar vor der Tempelzelle „der Altar" auf der Burg (XX 89). Ihre Jahresopfer sind die erste geschichtliche Thatsache, mit der die Stadt der Athener in die Ueberlieferung der alten Welt eintritt.

Dieser Zustand ist das Ergebniss langer Gährungen und Kämpfe gewesen, wovon die Erinnerung in der Ortssage fortlebt. Poseidons Sohn Halirrhotios tritt als Widersacher der Göttin auf; er haut ihre Oelpflanzungen nieder, und erst nach blutigem Ringen erwächst das Siegesgefühl, wie es in Euripides' Erechtheus ausgesprochen wird, dass fortan nie mehr an Stelle des heiligen Oelbaums der Dreizack des Poseidon von thrakischem Volke bekränzt werden solle.

Was aber für die Stadtgeschichte von Athen charakteristisch ist, erkennen wir darin, dass nicht wie an anderen Orten die eine Gottheit vor der anderen, als die besiegte, den Platz räumt (wie Poseidon vielfach in Hellas der „Verdrängte" war),** sondern ein friedlicher Austausch, eine dauernde Gemeinschaft zwischen den um die Landschaft streitenden Gottheiten zu Stande kam. Die Geschlechter, die ihnen huldigen, versöhnen sich und ihre geistigen Kräfte bleiben dadurch der sich entwickelnden Stadt unverkürzt erhalten. Athena ist die Siegerin, aber sie verdrängt die älteren Burggottheiten nicht, so dass neben Zeus Poseidon und Athena als gemeinsame Staatsgottheiten anerkannt werden. Diese den Athenern eigenthümliche Gabe, Einheimisches und Fremdes, Altes und Neues harmonisch zu verbinden, bezeugt sich auch darin, wie die Burggottheiten sich den göttlichen Wesen anschliessen, welche neben Zeus die älteste Verehrung im Lande hatten, den Quellnymphen.

Fliessendes Wasser gab es nur an den Felsen des Ilisosbettes. Aber Wasseradern, die einst reichlicher waren, dringen unten am Burgfelsen heraus, wo der Kalkstein auf dem Thonschiefer aufliegt.

Zuerst die ungleich fliessende, aber nie versiegende (daher wohl Empedo genannte) Wasserader, die im Westfusse der Burg quillt: die Klepsydra (V 82), d. h. die „verborgen fliessende", weil sie keinen sichtbaren Ausfluss hat; nächst der Kallirrhoe war sie die grösste Naturmerkwürdigkeit der Athener, welche sie ihr „Brünnlein" (Kruniskos) nannten (VI 12); sie ist als Taufquelle der Apostelkirche auch im Mittelalter ein heiliges Wasser geblieben.

Am Südrande der Burg mündet die Quelle, welche als die zum

---

* περισχοίνισμα Mommsen, Heortol. 436.
** ἀμοιβαῖος Gerhard, Mythol. 1, 238.

Asklepieion gehörige „Krene" bekannt ist. Bei ihr soll Alkippe von Halirrhotios überwältigt worden sein; Alkippe war der Agraulos Tochter, also auch Quellnymphe. Auf derselben Seite war die Quelle Nysa (XXXVII 15), welche bis in die Römerzeit ihre eigenen Hymnensängerinnen hatte. In den feuchten Grotten der Nordseite aber lag das Agraulion (XLIV 71), der gefeiertste der athenischen Nymphensitze; hier muss also vor Zeiten am meisten Feuchtigkeit in die Erdschichten eingedrungen sein und eine reichere Vegetation hervorgerufen haben.

An diesen unscheinbaren Burgquellen, welche erst nach und nach aus dem Schutte wieder zum Vorschein kommen, hat sich der poetische Sinn der Athener zuerst bezeugt; denn die göttlichen Wesen, welche sie hier ansässig glaubten, waren ihnen seit uralter Zeit die vertrautesten von allen. Sie dachten sich dieselben als eine Schwestergruppe, Aglauros, Herse und Pandrosos, die auf den grasigen Terrassen am Nordfusse der Burg ihre nächtlichen Reigentänze aufführten,* die ältesten Wohlthäterinnen des Volks, die Nährerinnen der Herden, die heiligsten Schwurgottheiten der Gemeinde (XLIV 66).

Mit diesem uralten Gottesdienste am Burgfusse wurden die neuen Dienste auf der Burghöhe in Verbindung gesetzt, um sie den Umwohnern vertraut zu machen. Darum werden die Quellnymphen als Kekropstöchter in den Kreis der Burggottheiten hineingezogen, sie werden Dienerinnen der Athena. Die Schwestergruppe wird gelöst: Pandrosos erhält oben ihren Ehrensitz, Athena selbst wird zur Pandrosos, und Herse, die unten bleibende, wird in der Athenalegende zu einer von oben herabgestürzten. Die dritte bleibt am selbständigsten: sie bewahrt am treuesten ihre autochthone Nymphennatur, und aller Umwandelungen ungeachtet bleiben die von ihr sogenannten „Agrauliden" im Volksbewusstsein ungetrennt dort zusammen, wo sie seit Urzeiten inmitten des Landvolks gewohnt hatten (XXXVII 64).

Dem, was die Ortssagen von vorzeitlichen Thatsachen erkennen lassen, entsprechen die heiligen Gründungen, welche niemals verlegt worden sind.

Poseidon, bildlos verehrt, hatte den älteren Bezirk, welchem zum Zeichen der Versöhnung die Tempelzelle mit dem Athenabilde gegen Osten angebaut war, beide unter einem Dache. Am Poseidonaltare wurde zugleich dem Erechtheus geopfert, nachdem durch Orakelspruch die Verschmelzung genehmigt war (XXXVIII 37), und wir dürfen im Erechtheus einen uralten Ortsdämon erkennen, der an einem Naturmale, der tiefen Felsspalte des Burgfelsen, verehrt wurde; wenn Erechtheus hier

---

* Ἀγραυλίδες παρθένοι Eur. Ion. 23.

der von Anfang an Einheimische war, dem der fremde Gott sich anschloss, so erklärt sich auch, dass für das ganze Doppelheiligthum der volksthümliche Name immer Erechtheion war (XLVII 90).*

An das Poseidonheiligthum stiess im Westen der Bezirk der Pandrosos, wo neben dem Oelbaum, dem Erstlinge der heiligen Pflanzung der Athena, dessen Pflege ohne eine Nymphe undenkbar war (LII 66), Zeus Herkeios unter freiem Himmel sein Opfer empfing, an dem Altar, der zugleich Gemeindealtar war und der Hausaltar des ersten Landeskönigs. Hier war sein Herrschersitz und sein Grab; darum konnte auch der ganze Bezirk Kekropion genannt werden (LI 7).

Von diesen heiligen Stätten abgelegen hatte Athena-Nike ihren Sitz oberhalb des Aufgangs zur Akropolis (XXXVI 32). Auch hier wurde Athena in einem alten Schnitzbilde verehrt, das sie stehend darstellte mit unbedecktem Haupte, den Helm in der Hand und in der anderen den Granatapfel. Die Felskuppe, auf der das Heiligthum stand, überragt den südlichen Abhang der Burg; sie ist der erste Platz, wo man, von unten kommend, Küste und Golf überblicken kann, einer der wichtigsten Höhenpunkte, und da das Symbol der Granate auf Athena als Naturgottheit hinweist, so ist es nicht unwahrscheinlich, dass diese Opferstätte, welche bei den Staatsopfern durch Auswahl der schönsten Opferkuh ausgezeichnet wurde, noch älteren Ursprungs war als der Athenadienst im Erechtheion. **

Hier ist also der für das Gemeinwesen charakteristische, alle früheren Gegensätze abschliessende Verein athenischer Burggottheiten zu Stande gekommen. Hier hat im Athenaheiligthum auch der pelasgische Hermes seinen Platz gefunden als eine Reliquie der Vorzeit, die auch ohne Fortsetzung des Dienstes an heiligster Stelle treu aufbewahrt wurde (XXXII 74); hier ist Poseidons Sohn Butes Stammvater des Geschlechts geworden, welches den gemeinsamen Dienst von Poseidon und Athena, den es in den Staatskultus eingeführt hatte, für alle Zeit als erbliches Ehrenrecht besessen hat. Beide waren zusammen die göttlichen Schutzmächte, ohne dass der älteste Landesgott Zeus dadurch in seinen Ehren gekränkt oder die ältesten Segenspenderinnen des heimathlichen Bodens, die Nymphen, vergessen oder verabsäumt wurden.

Diese harmonische Vereinigung männlicher und weiblicher, einheimischer und überseeischer Gottheiten auf der Burg war das Ergebniss der Entwickelungsperiode, welche Herodot als die dritte, die der „Erech-

---

* δόμοι Ἐρεχθέως auch die ganze Burg, Aesch. Eumen. 639.
** Arch. Ztg. XXXVII, S. 98; nach Bötticher, Philologus XVII, 396 ein von dem Heiligthum der Pollas abgezweigtes Filial. Aber warum diese Bevorzugung durch Auslese des Opferthiers?

thiden", bezeichnet, in welcher neben dem Vater Zeus Athena sich in ihrem Wesen immer voller entfaltete, so dass sie selbst Athenerin „Athenaia" wurde, die eigentliche Gemeindegöttin. In ihrem Dienst hat sich das frühere Gemeindegefühl zum Stadt- und Staatsbewusstsein erhoben; ihre Priesterin giebt den bürgerlichen Hausständen den göttlichen Segen; unter Aufsicht ihrer Priesterin haben als Vertreterinnen der Gemeinde die Arrhephoren des täglichen Dienstes zu warten. Athena konnte jetzt „die Göttin" der Athener heissen und die Akropolis als ihr Wohnhaus der „Pallasbügel".*

Eine vierte Epoche erfolgt wieder durch Zuzug neuer Ansiedler und Einbürgerung neuer Gottesdienste.

Diesmal sind es aber nicht einzelne Geschlechter, die mit ihrem Gefolge auftreten, sondern ein Volksstamm, der aus dem Inselmeer herüberkommt, der Stamm der Ionier, dessen abenteuernde Scharen nach und nach in den zahlreichen Buchten landen, das östliche Gestade besetzen und sich in der Ebene von Marathon am vollständigsten einrichten. Wo sie Platz greifen, bringen sie den Gott von Delos mit. Ein altes Heiligthum des delischen Apollon stand am Phaleron (CXIX 47), und das delische Festschiff behielt für alle Zeiten seine Station am Gestade von Marathon.** Der Stammvater dieses Volksstamms, Ion, tritt als Führer eines ritterlichen Geschlechts auf, das den Erechthiden in Kriegsnoth Hülfe leistet, sich vom Gestade aus nach dem Ilisosthale ausbreitet und mit seinem Gottesdienste auch seine staatlichen Einrichtungen mitbringt. Die Heroen dieser Ionier sind Aigeus und Theseus. Aigeus wird als ein Mann der Küste (Aktios) bezeichnet. Theseus in seinem ionischen Gewande tritt wie ein Fremder unter die Athener. Aigeus baut sein Haus bei dem Heiligthum des Apollon Delphinios; in der Nähe lag das des pythischen Apollo und weiter aufwärts am Ilisos erhielt derselbe Gott als Apollo Lykios seine bleibende Stätte.

Wir erkennen im Flussthale eine besondere Ansiedlung, einen ionischen Vorort, der sich erst für sich einrichtet und allmählich mit der Erechthidenstadt in Verbindung tritt.*** Diese Annäherung kommt in der Volkssage so zum Ausdruck, dass Erechtheus' Tochter Kreüsa bei der Klepsydra, wo sie Wasser holt, von Apollo umarmt, Mutter des Ion wird

---

* Athena ἡ θεός Photios v. προτελεία ἡμέρα. Jahn Arch. Aufsätze S. 103. Sie führt Peisistratos εἰς τὴν ἑωυτῆς ἀκρόπολιν Her. I, 60. πέτρα Παλλάδος Eur. Hipp. 30. Der Athena σκόπελος: Ion 871. 1179. 1579. Παλλάδος πτόλις Eumen. 79.
** Demosthenes IV, 34.
*** Wachsmuth, „Akropolisgemeinde und Helikongemeinde". Rh. Mus. XXIII. Hermes 25, 141. (Wie die Athener Ionier wurden.)

und dass die Grotte, in der er erzeugt und geboren sein sollte, dem Gotte der ionischen Geschlechter geweiht wird.

So sind es wiederum dieselben Grotten am Burgfusse, wo das Fremde und Neue bei den Athenern heimisch wird. Es ist der Anbruch einer neuen Zeit, indem der Dienst des Apollo das Land durchdringt, das Frühere ergänzt und Allem, was mit ihm in Verbindung tritt, eine höhere Bedeutung giebt. Als sühnender Gott tritt er an die Stelle des Zeus Meilichios, dessen Altar am Kephisos sonst die Stätte war, wo man sich von Blutschuld reinigte (XXXV 92). Durch Apollon werden die Nymphen zu Musen, die den wasserreichen Plätzen (XXXV 92) neue Weihe geben, und zu Chariten. Eileithyia wird von den Inseln am Ilisos eingebürgert. Athen tritt mit Delos wie Delphi in lebensvolle Verbindung. Durch die von den Athenern gebahnte Feststrasse von Marathon nach dem Parnass wird das pythische Heiligthum die religiöse Metropole; Apollon giebt durch die Blitze über dem Parnes das Zeichen für die Absendung der Pilgerzüge nach Delphi, und die Liebesgrotte am Felsrande der Akropolis wird eine vom pythischen Gotte geliebte und hoch geehrte.*

Dies war die Ueberlieferung der Burggeschlechter, die Ion an die Erechtheustochter anknüpften, während unten im Handwerkerviertel der ionische Stammgott als ein Sprössling von Athena und Hephaistos in die Stadtgeschichte eingeführt wurde.**

Die Zuwanderer gehörten einem durch Weltkenntniss vorgeschrittenen Seevolke an und wurden deshalb, so sehr sie in der Minderheit waren, die Führer der Entwickelung. Sie waren desselben Völkergeschlechts wie die Eingeborenen*** und verschmolzen völliger mit ihnen als die phönikischen und karischen Einwanderer älterer Zeit. In einzelnen Schaaren angekommen, ohne Weib und Kind, gingen sie durch Ehegemeinschaft in die Landesbevölkerung auf ohne solche Umwälzungen, wie sie bei continentaler Einwanderung ganzer Volksstämme erfolgen mussten.

Solche Katastrophen haben in Athen nicht stattgefunden, und deshalb haben sich hier von Geschlecht zu Geschlecht die geschichtlichen Bewegungen im Gedächtniss erhalten, wie sie sich in den städtischen Festen abspiegeln.

In den Metageitnien feierte man das Andenken an die friedliche Ordnung der nachbarlichen Beziehungen; sie waren ein Fest des Apollon, dessen Dienst dadurch in seiner maßgebenden Bedeutung für die älteste

---

* Ion 285: τιμᾷ σφι (die Μακραὶ πέτραι) Πύθιος ἀστραπαί τε Πύθιαι. Μαντεία ᾗ δι' ἅρματος Hesych. s. v. ἀστράπτει δι' ἅρματος. Vgl. Töpffer, Hermes 23, 321.
** Welcker, Gr. Götterlehre I, 492.
*** Ionier Pelasger und Hellenen nach Herodot: Hermes 25, 147.

Stadtgeschichte anerkannt wurde.* Aus der Nachbarschaft wurde eine Verschmelzung, die Zusammensiedelung der älteren und jüngeren Bevölkerung um einen Stadtherd, die in den Synökien gefeiert wurde. Nachdem aber die ionischen Geschlechter mit den Erechthiden der Burg sich verschmolzen hatten, konnte auch die Trennung zwischen Burgstadt und Landschaft nicht bestehen bleiben, denn sie war ja im Osten und Norden zuerst von den Ioniern besiedelt worden; so musste die Stadt am Ilisos die Hauptstadt von Attika werden.

Darum waren die Synökien das Vorfest der Panathenäen, jene ein städtisches, diese ein Landesfest. Sie bekunden zwei Thatsachen, die zeitlich weit aus einander gelegen haben mögen, innerlich aber in nothwendigem Zusammenhange stehen. Denn wenn sich auch landschaftliche Mittelpunkte bilden können, ohne dass durch Zusammensiedelung eine Landeshauptstadt erwächst (wie z. B. in Sparta), so hat Attika doch seine eigenthümliche Entwickelung dadurch erhalten, dass der in Athen vereinigte Kern älterer und jüngerer Geschlechter die centrale Stadtgemeinde geschaffen hat, und diese Grundlegung attischer Geschichte haben die Athener auf den Stammheros der Ionier, Theseus, also auf den politischen Sinn der ionischen Zuwanderer, einstimmig zurückgeführt.**

Durch den theseischen Synoikismos hat Attika seine Landesgrenzen erhalten, im Norden den Kithairon, da die Eleutherer sich an Athen anschlossen und ihren Dionysos in der Stadt einbürgerten.*** Denn die politische Einigung erhielt durch Uebertragung der Gottesdienste in die Landeshauptstadt ihre religiöse Weihe; in Eleutherai wurde ein Nachbild an alter Stelle zurückgelassen. Aus Aphidna wurden die Dioskuren als „Anakes" angesiedelt. In Aphidna und Marathon ist Theseus eher einheimisch gewesen als in Athen. Er reinigt und sichert die ionischen Feststrassen und opfert den marathonischen Stier auf der Akropolis (LXV 18) zum Zeichen der Vereinigung der Nordgaue mit Athen. Am selbständigsten blieb der Westen, die zweitgrösste der attischen Ebenen. Eleusis wurde geschont, aber auch seine Gottesdienste wurden nach Athen verpflanzt; ein Filial wurde als Eleusinion am Fuss der Akropolis gegründet und so auch von dieser Seite dafür gesorgt, dass der Stadt des Theseus, die durch Waffenmacht und politische Bildung ihrer Geschlechter das Uebergewicht gewonnen hatte, die religiöse Weihe gegeben wurde.

---

* Plut. de exilio 6: θυσίαν ἄγουσι, τὴν πρὸς ἑτέροις γεννήσασιν εὐκόλως καὶ ἱλαρῶς ἐκδεχόμενοι καὶ στέργοντες.

** Von jetzt Ἀθήνησι = ἐν τῇ Ἀττικῇ.

*** οὕτως ἔδη Βοιωτίας ὁ Κιθαιρών ὄρος Paus. I, 38, 8.

deren die Hauptstadt einer griechischen Landschaft nicht entbehren konnte.

Wo lag der Kern der theseischen Stadt?

Nach Thukydides' wohl erwogenem Urtheile hat die Lage von Athen im Laufe der Geschichte eine wesentliche Umänderung erfahren (LXV 39). Zu seiner Zeit breitete sich die Stadt nach Norden und Nordosten in die breite Niederung hinaus, und die Nordseite der Akropolis war ihre Fronte.* Er macht aber seine Landsleute darauf aufmerksam, dass es nicht von jeher so gewesen sei; vielmehr habe sich die Stadt einst von der Burg nach Südosten erstreckt, wie man aus der hier zusammenliegenden Gruppe alter Heiligthümer, namentlich der Gaia, des Dionysos, des Zeus Olympios und des pythischen Apollon entnehmen könne.

Menschen- und Göttersitze gehören, wie Thukydides richtig erkannte, in den alten Städten immer zusammen; die Bürger suchten ihre Heimstätte in vertraulicher Nähe von Heiligthümern; dichtere Reihen heiliger Stätten sind in der That die sichersten Kennzeichen altstädtischer Ansiedelung, und wo sie fehlen, war keine Stadt.**

Ausserhalb der Burg und ihrer Abhänge nach Süden und Südosten sind in der ganzen Niederung keine Cultusplätze alter Gründung nachweisbar, welche für das städtische Gemeinwesen von Bedeutung waren. Die Burg war das Kernstück mit den Gottesdiensten der Kekropiden und Erechthiden; die Unterstadt ist das Werk der Ionier, deren Gott der Urheber städtischer Anlagen war; sie zog sich naturgemäss von der Südseite der Burg, von wo zu allen Zeiten der bequemste Aufgang war, nach Osten, der gesündesten Himmelsgegend***, nach der offenen Flusslandschaft hin, wo alle ionischen Stiftungen lagen. Hier hatte die anwachsende Bevölkerung, der die Burgquellen nicht mehr genügten, im Flussbette die einzige strömende Quelle zu ihrem täglichen Bedarfe. Von hier ging der nächste Weg nach der phalerischen Rhede, und wie früh die alten Athener als Ionier mit der See vertraut geworden sind, beweist schon ihre Sprache,† welche das Wort für „rudern" als allgemeine

---

* Ἔμπροσθε πρὸ τῆς ἀκροπόλιος Her. VIII, 53.

** Ἀσιακὸς λεώς, ἵκταρ ἥμενοι Διός Eumen. 976. Accolae Cereris Cic. Verr. II, 4, 9. Att. Stud. I, 39. Böckh, Expl. Pind. p. 454. Wohnplätze nach Heiligthümern benannt: Arch. Z. 29, 4. Hermes 25, 146. Anschluss menschlicher Wohnungen an Heiligthümer blieb bis in die letzten Zeiten; so war einer der Reste des verödeten Peiraieus eine κατοικία περὶ τὸ ἱερὸν τοῦ Διὸς τοῦ Σωτῆρος (CXI 39). Auch die Gräber den Göttern gegenüber (XCV 75).

*** Arist. Pol. 1330 a. αἱ πόλεις πρὸς ἕω τὴν ἔγκλισιν ἔχουσαι καὶ πρὸς τὰ πνεύματα τὰ πνέοντα ἀπὸ τῆς ἀνατολῆς ὑγιεινότεραι.

† G. Curtius, Griech. Etymologie 343. ὑπηρετεῖν.

Bezeichnung für „dienen" gebraucht. Die schmackhaftesten Fische der phalerischen Bucht benannte man mit ionischem Namen Aphros (CIV 9): am Phaleron wohnten die Steuerleute des Theseus. In der Nähe der Häfen lag der Hippodrom (CXII 44), wo die ritterlichen Ionier ihre Rosse tummelten und wo lange Zeit hindurch der Schauplatz aller öffentlichen Wettkämpfe war. Das war der durch die Ionier herbeigeführte Umschwung der örtlichen Verhältnisse, dass es den Athenern an der See, auf welche sie einst mit Angst geblickt hatten, nun am behaglichsten war, dass sie ihre Wohnungen mit Vorliebe seewärts bauten und die heiligsten Festzüge nach dem Phaleron richteten.

Die Nordseite der Burg war die stillere, vom Verkehr abgelegene. Hier hat sich ungestört der ländliche Nymphendienst erhalten, und der Genosse der Nymphen, Pan, ruft hier mit der Hirtenflöte seiner Geliebten Echo. Die Grotten der „Breitfelsen" (Makrai XIII 26) kommen in der Königssage als Plätze verstohlener Liebesabenteuer und heimlicher Entbindungen vor; Ion wird hier den Thieren zum Raube ausgesetzt.* Das passt doch Alles nicht auf die Stadtseite im Süden, wo sich schon in der Königszeit ein lebendiger Gemeindeverkehr entwickelt hat.

Im Süden liegen alle Keime des städtischen Wesens; hier waren die alten Heiligthümer der Aphrodite, deren Sorge der Erhaltung der Bürgerfamilien galt, die aus einer Geschlechtergöttin eine Gemeindegöttin geworden ist.** Als solche ist sie der Göttin Athena vorangegangen, wie die Sage von Theseus meldet, er habe bei dem Heiligthum der Pandemos am Südabhang der Burg, wo ein ansehnlicher Cultus dieser Göttin jetzt durch Inschriften gesichert ist, das Volk zuerst als eine Bürgerschaft friedlich geeinigt (XI 43. 70). Ist doch auch der Myrtenkranz der Aphrodite für alle Zeit das Amtszeichen der Beamten und Volksredner in Athen geblieben.

Neben Aphrodite Pandemos lag ein Platz, den man die „alte Agora" nannte (LXVI 15), ein Platz, welcher auf der anderen Seite an das Heiligthum des Dionysos stiess. Seine Festlichkeiten hingen mit dem Markt unmittelbar zusammen; auf dem Markte wurden die Tribünen aufgeschlagen, wenn die Schauspiele begannen (LXVIII 15); auf dem Markte stand die berühmte Pappel (III 9. 30), an welcher die Jungen hinaufkletterten, um den Lustbarkeiten zuzuschauen, die im Dionysosbezirke von Limnai aufgeführt wurden (LXVIII 14).

* Eur. Ion 858: σκότια εἶναι. 941: πρόσβορρον ἄντρον Echo; CIA. II, 470.
** Ἀφροδίτη Ἀπάτευρος CIGr. 2120, 2109b, auch den Athenern nicht fremd. O. Müller, Proleg. 401.

Der Wohnsitz der Eupatriden.

So bestätigt sich, wie ich glaube, von den verschiedensten Gesichtspunkten aus das Bild, wie wir es uns in Uebereinstimmung mit Thukydides von der Entwickelung Athens zu machen haben.

Der Burgfels mit seinen Abhängen ist der Boden der Altstadt. Oben der Sitz des Burgherrn und seines Gefolges;* in der nächsten Niederung, wo der Burgweg heraufkommt, dort, wo aus der Felsenstadt im Süden, vom Ilisos im Osten, und von der Kephisosebene im Westen die durch das Terrain vorgezeichneten Verbindungswege zusammentreffen,** ist aus dem natürlichen Verkehrsplatze der Kern der Unterstadt, der alte Markt erwachsen: hier hat sich zuerst ein Gegensatz städtischer und ländlicher Bewohnung entwickelt.

Asty ist der attische Name für Stadt in örtlichem Sinne, während Polis die geistige Gemeinschaft bezeichnet. Asty bedeutet zuerst Burg als ältesten Stadtkern; *** dann Burg und Südabhang, die Altstadt, wie in neuerer Sprache city und cité, und wie sehr man daran gewöhnt war, dass jede Stadt ein solches Kernstück habe, erhellt daraus, dass auch dem Peiraieus ein asty nicht fehlen durfte (CIV 23).

In diesem Sinne unterschied man die bürgerlichen Feste danach, ob sie im Asty gefeiert wurden oder auf dem Lande. Von den Landgauen wurden die näher gelegenen, welche am frühesten eine dichtere Bevölkerung erhalten haben, zu vorstädtischen Bezirken oder „proasteia": der Stadtkern aber hat im Gegensatz zu den Vorstädten den Ehrennamen Kydathenaion erhalten (LXXII 92), weil hier die Geschlechter wohnten, der altstädtische und der ionische Adel, dessen Mitglieder an der Leitung der öffentlichen Angelegenheiten Antheil hatten und um den Stadtmarkt herum wohnten, wie dies von den Eupatriden der alten Städte bezeugt ist. Die Wohnung im Asty war das Kennzeichen der Eupatriden: „astos" die Bezeichnung eines Mannes von Adel und das Adjektiv „asteios" der Ausdruck für die Sitten eines Edelmanns.†

---

* λαοί οἳ σκόπελον ναίουσ' ἐμόν Eur. Ion 1585 die Leute der Burg: οἱ ἐξ ἀκροπόλεως Aristides I, 20.

** Ein τόπος εὐσυνάγωγος nach Aristot. Pol. 1331 b. „Wo Drei-, Vier- oder Fünfwege sich treffen" Peloponnesos I, 238. Vgl. Schöll, Jen. Litteraturzeitg. 1875. S. 690: „Erstreckte sich die Stadt nach Süden, musste dort auch der Markt sein. Die Marktgerüste mit Aussicht auf die Dionysosspiele sind durch keine Kunstgriffe zu beseitigen".

*** Hesych. ἄστυ ἀπὸ τοῦ εἰς ἕως ἀνίστασθαι.

† ἄστυ als topographischer Eigenname war attisch: Diod. I, 28. Εὐπατρίδαι αὐτὸ τὸ ἄστυ οἰκοῦντες Etym. M. 393. Um den Markt ansässig οἱ ἔχοντες τὰ πράγματα Thuk. 3, 72. Ἀριστογείτων ἀνὴρ τῶν ἀστῶν Thuk. 6, 54. ἀστεῖος gentlemanlike: Mitth. des ath. Instit. II, 55.

Die ältesten Bauten.

Suchen wir jetzt der baulichen Entwickelung auf dem Boden ältester Stadtgeschichte zu folgen.

Der Burgfels war nicht wie die Kadmeia zu geräumigen Anlagen bequem, sondern von Natur rauh, wie das Capitol, uneben und abschüssig, so dass es umfassender Arbeit bedurfte, um für Heiligthümer und Wohnungen Baugrund zu schaffen. Beides gehörte zusammen; denn im Stadtkönige ist die Gemeinde vertreten, wie im Hausvater die Familie; der Altar des Zeus, an dem er für die Gemeinde opfert, ist zugleich der Herd seines Hauses; wie wir es auf den Burgen von Mykenai und Tiryns vor Augen haben.*

Als Bauleute werden, wie in Argos die Kyklopen, so hier die Pelasger genannt, die Lohnarbeiter der Kekropiden, unterhalb der Burg ansässig. Ihre Thätigkeit war zunächst Ebenung des Felsbodens und Herstellung von Terrassen, eine Werkthätigkeit, welche in der alten Felsenstadt so reichlich bezeugt ist. Zur Bewohnung eignete sich am meisten der Nordrand, weil sich hier ein zusammenhängender Felsrücken von Westen nach Osten erstreckt, während nach Süden der Boden steil abfällt. Hier sind, 14 m unter der Bodenfläche, die Grundmauern, auf dem Felsen ruhend, wieder zu Tage getreten, welche von der ältesten Bewohnung der Burg zeugen. Man unterscheidet zwei Gruppen, die eine westlich vom Erechtheion, Fundamente alter Häuser, zwischen denen einzelne mächtigere Unterbauten sich unterscheiden lassen, die anderen östlich vom Erechtheion, welche einen grösseren Zusammenhang bilden; sie sind auch aus Bruchsteinen und Erde hergestellt, aber sorgfältiger gebaut und geben sich durch ihre Stärke und die Grösse der Werkstücke als Ueberreste der königlichen Wohnung zu erkennen.

Umstehend die Skizze eines der besterhaltenen Mauerstücke östlich vom Erechtheion (Fig. 9).

Die Burghöhe selbst, die immer nur von Westen zu ersteigen war, wurde theils durch Abschroffung der Felswände sicher gemacht, theils durch Mauerwerk, dessen Ueberreste in dem Umfange aufgedeckt worden sind, wie die blaue Linie des Akropolisplanes zeigt; die Mauern sind mächtiger als die Palastmauern, aus dem blaugrauen Kalkstein der Akropolis in polygonen, fast unbehauenen Blöcken von 1 bis 1.5 m, unter denen sich noch Lagen von Lehm, wie in Tiryns, gefunden haben. Eine Probe dieser Mauer nordöstlich vom Parthenon ist hier (Fig. 10) abgebildet. Ein besonders massives Stück, 6 m breit, läuft, von Süden nach Norden umbiegend, in die spätere Anlage der Propyläen vor; ein anderes Stück,

---

* ζωμόν κρατεῖ ἑστίαν χθονός; Aesch. Suppl. 357.

Fig. 9.

Fig. 10.

von Westen nach Osten auf den Eingang gerichtet, scheint einem alten Aufgange als Unterlage gedient zu haben.

Gegen plötzlichen Ueberfall konnte eine solche Randmauer mit den künstlichen Steilwänden genügen. Eine Belagerung auszuhalten war die Burg unfähig, wenn nicht von den Quelladern an ihrem Fusse die nächste und wichtigste, die Klepsydra (S. 36) auf sicherem Wege der Besatzung zugänglich war. Sie musste, nach aussen abgemauert, durch einen geschützten Weg mit der Burg unzertrennlich verbunden werden. Die gewundene Felstreppe ist eins der merkwürdigsten Denkmäler athenischer Stadtgeschichte und entspricht durchaus dem neuerdings aufgefundenem Brunnengange am Rande der Burg von Mykenai (S. 49).

Die von den Burgquellen befruchteten Abhänge gehörten mit zur Burg. Darum konnte auch die Klepsydra als auf ihr befindlich bezeichnet werden (V 89) und Kalos, dessen Grab beim Theater war, als ein in der Akropolis bestatteter (L 53). Die Terrassen waren Weide- und Ackerland, mit Bäumen bestellt; die Burggöttin selbst war Ackergöttin. Mit dem von ihr erfundenen Pfluge wurden die heiligen Fluren bestellt, und Töchter der Stadt waren in ihrem Dienste, um das dort wachsende Getreide für die Opferkuchen zu mahlen;* hier standen ihre Oelbäume, an denen Halirrhotios gefrevelt hatte, und am Fusse des Felsens wucherte das nach ihr genannte Parthenionkraut, das in der sullanischen Noth von den Belagerten abgesucht wurde.**

Dieser die Abhänge einschliessende Mauerring hiess, ebenso wie der von ihr eingeschlossene Raum, das Pelargikon (LXXVI). Es war nach den bestimmtesten Zeugnissen ein „um die Burg herumgeführter, ringförmiger Einschluss mit neun Thoren"; daher auch die „neun Thore" oder das „Neunthor" (Enneapylon) genannt. Deshalb ist es nicht gestattet, sich das Pelargikon als ein Vorwerk am Westabhange, einen schnabelförmigen Vorsprung mit einem durch neun hinter einander liegende Pforten gesperrten Mauergange vorzustellen.***

Bis eine umfassende Aufräumung des Burgfusses über die Ausdehnung des Pelargikon sichere Entscheidung giebt, versuche ich es auf

---

* ἀλετρίδες Arist. Lys. 653 und Schol. Töpffer, Att. Geneal. 131.

** Plut. Sulla 13; τὸ περὶ τὴν ἀκρόπολιν φυόμενον παρθένιον, Plinius 22, 20, 43.

*** τεῖχος περὶ τὴν ἀκρ. ἑλκυσμένον (in diesem Zusammenhange ist es unstatthaft, περί in dem Sinne von „bei" zu erklären). Wachsmuth, S. Ges. d. Wiss. 1887 spricht von Nebenthoren und lässt das P. in weiterem Bogen herabsteigen. Vgl. Thomas Davidson, The Parthenon frieze and other essays, London 1882. „The Pelasgic wall along the line, at which the foothills began to slope rapidly toward the plain." Unabhängig das gleiche Ergebniss in „Eleusinion und Pelasgikon" Sitzungsber. der Berl. Akademie 1884, S. 499 ff.

S. 61 Fig. 13 als einen etwa 1300 m langen Mauergürtel zu veranschaulichen. Die Burg selbst ist immer einthorig geblieben; die Ausgänge unten waren unentbehrlich, um den Verkehr mit der Landschaft zu vermitteln. Thore, mit mächtigen Seitenthürmen versehen, haben bei den Alten nie als Beeinträchtigung der Festigkeit gegolten, sondern als ein auserwählter Schmuck jeder Stadt.*

Nach alten Zeugnissen lässt sich der Mauerring nur an einer Stelle etwas genauer bestimmen, nämlich am Fusse des Areopags, indem ein

Fig. 11.

hier gelegenes Heiligthum (LXXVI 60) „ausserhalb der Neunthore", also unweit vor demselben gelegen, angegeben wird. Ein Mauerstück, welches der S. 61 gegebenen Skizze des Pelargikon entspricht, hat sich im Odeion des Herodes gefunden.

Die Zusammengehörigkeit von Burg und Burgfuss erhellt am deutlichsten daraus, dass seit ältester Zeit Verbindungswege zwischen oben und unten vorhanden gewesen sind. Treppenwege, welche die Burgmauer

---

* Stadtburgen mit Mauergürtel am Fusse: Ambrosos die „bestummanerte" Stadt nach Paus. IV, 31, 5. X, 36, 2.

Treppenwege nach unten.

durchbrachen. An der Südseite konnte kein Ausgang sein, weil hier die Felsen zu steil sind; der wohlerhaltene Stufenbau also bei 18 (auf dem Plane der Akropolis), von dem die nebenstehende Skizze (Fig. 11) ein Bild giebt, scheint keine andere Bestimmung gehabt zu haben, als von einer Mauer zu einer anderen zu führen.

Verbindungswege nach unten waren zuerst der in einem Felsspalte angelegte Treppenweg, der 40 m westlich vom Erechtheion in den Boden hinabgeht und der Seraphinkapelle gegenüber seine untere Mündung hat. Acht Stufen, auf denen man zur Hochebene der Burg hinaufstieg, sind noch erhalten.

Zweitens der Treppenweg zur Klepsydra, der an senkrecht anstehenden Felswänden in gewundener Linie hinabführt; unten ist eine Kammer im Felsen ausgehauen und im Boden derselben ein Schöpfloch, aus dem man das Wasser heraufzog (Fig. 12). Drittens die Felstreppe, welche in der Mitte der Nordfront, östlich vom Erechtheion hinabführt, unmittelbar mit den Räumen in Verbindung, wo sich einst die Gemächer der Königswohnung ausgebreitet haben.

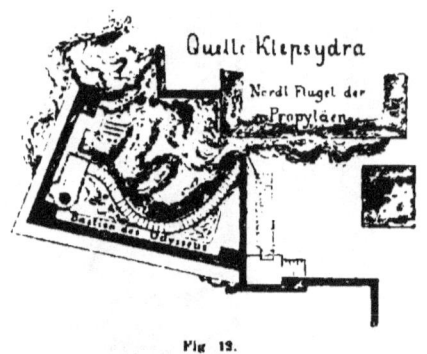

Fig. 12.

Die kahle, trockene Felskuppe war von Natur auf die Abhänge als eine unentbehrliche Ergänzung angewiesen. Ihre Quellen und Triften gaben, was für den Opferdienst, den Hofhalt, die Mannschaften nöthig war. Ein freier Vorraum galt bei allen Burgen des Alterthums für etwas zur Sicherheit Nothwendiges. Innerhalb des Mauergürtels war in Kriegszeiten Raum für die aus dem Lande zusammenberufenen Mannschaften; ein Wallgang, 930 m lang, diente dazu, die verschiedenen Seiten des Burgabhangs mit einander in Verbindung zu setzen und an jeder gerade gefährdeten Stelle die Vertheidigung zu erleichtern. Denken wir uns Burg und Unterburg zu einer Festung vereinigt, so begreift sich, wie von den in der Akropolis belagerten Burgherren gesagt werden konnte, sie seien „im Pelargikon" belagert worden; ein Ausdruck, der durchaus unverständlich bleibt, wenn unter dem Namen Pelargikon eine vorspringende Bastion zu verstehen wäre (LXXVI 42).

Burg und Unterstadt waren durch religiöse Beziehungen mannigfaltiger Art mit einander verbunden. Vom Stadtherde des Königs musste zu feierlichen Opfern durch die „Feuerbringer" das Feuer geholt werden,* und es bestand ein geheimnissvoller Brauch, der sich aus ältester Zeit erhalten hatte, dass auf einem unterirdischen Wege, der noch nicht wieder aufgefunden ist, bei Nacht aus dem Bezirke der Burggöttin verhüllte Gegenstände, die der übergebenden Athenapriesterin ebenso wie den Trägerinnen unbekannt waren, zur „Aphrodite in den Gärten" getragen wurden. Es war ein Ehrendienst der Arrhephoren, die, wie wir annehmen müssen, andere heilige Dinge auf die Akropolis heimbrachten. Das Ganze war eine mystische Ceremonie, welche einen verschollenen Zusammenhang zwischen Burg und Ilisos und den an beiden Stellen ansässigen Göttinnen, der älteren und der jüngeren, in Erinnerung erhalten sollte (III 74).

In der ionischen Zeit haben die Abhänge der Burg neue religiöse Weihe erhalten. Es waren, da der Kreis der Burggottheiten geschlossen war, die Götter der Unterburg (Hypopolis) die sogenannten Hypakräer. Zur Seite der Nymphen ist Apollon als Hypakraios Athener geworden: neben ihnen hat Demeter ihre Stelle gefunden und zwar in verschiedenen Formen. Als Pflegerin der grünenden Saat schloss Demeter Chloe sich am Südwestabhang (der im weiteren Sinne noch zur Akropolis gerechnet werden konnte)** dem Nymphendienste und dem verwandten der kindernährenden Erdmutter (Ge Kurotrophos) an; im Norden wurde sie Nachbarin der Aglauros, wie eine noch räthselhafte Inschrift bezeugt (XXVI 50). Eine neue Epoche des Demeterdienstes erfolgte aber, als nach Einverleibung von Eleusis die dortige Göttin durch Stiftung des Eleusinion am Burgfusse als eine der Hauptgottheiten des Landes anerkannt wurde. Ihre Heiligthümer waren immer geräumig, weil sie Felder und Haine einzuschliessen pflegten.*** Die Lage des Heiligthums kann erst durch eine vollständige Ausgrabung der Abhänge gesichert werden: bis jetzt ist keine passendere Oertlichkeit nachgewiesen worden als die breite Terrasse unter dem östlichen Vorsprunge des Burgfelsen, welche offenbar für eine stattliche Gründung hergerichtet worden ist. Das Eleusinion war aber das ansehnlichste Heiligthum dieser Gegend, hart unterhalb des Burgfelsen, hoch und imposant gelegen, weit sichtbar (XXV 35), fest ummauert und ein Wendepunkt der die Burg umkreisenden Prozessionen (XXVI 9).

* Priester Feuerträger: Böckh *CIGr.* I, p. 325. πυρφόροι ἐξ ἀκροπόλεως Wilh. Vischer, Kl. Schr. II, 360.

** θεοὶ ἀκραῖοι, πολεῖς im Gegensatze zu den ὑπακραῖοι, ὑποκραῖοι Poll. 9, 40. ὑπὸ bezeichnet immer die unmittelbare Nähe: ὑπὸ τῇ ἀκροπόλει XXVI, 30, 38 u. τὴν ἀκρ. XC 38. ὑπὸ αὐτὸ τὸ τεῖχος LXXXI, 74. Wachsmuth I, 299.

*** ὑλασία *CIA.* II, 973b.

Entwickelung der Unterstadt. 51

Demeter ist nirgends eingezogen, ohne in das Volksleben einzugreifen. Sie wurde neben Athena die vornehmste und volksthümlichste Göttin, sie hat der Burggöttin die Sorge für Pflug und Acker abgenommen;[*] sie wurde Mithüterin der Burg, die Vormacht am Fusse derselben. Mit ihrem Dienste war die Aufsicht über die Abhänge der Akropolis und die Verhütung jeder gesetzwidrigen Benutzung des Pelasgikon verbunden (LXXVI 80).

Des Königs als des Burgherrn Haus war der erste Mittelpunkt des städtischen Gemeinwesens, die Keimstätte des öffentlichen Lebens. Vor seiner Thüre versammelten sich die Vertreter der Volksgemeinde wie die Troer vor Priamos' Haus; wo er opferte, war der Gemeinherd und das Gemeindehaus oder Prytaneion.[**] Man erkennt noch die Spuren einer fast quadratischen, scharf geränderten Felsterrasse, südlich von den Ueberresten des Palastes, welche in der Königszeit zu Versammlungen gedient haben mag (36 auf dem Plane der Akropolis).

Zur Zeit der Ionier ist die erste und durchgreifendste Veränderung vor sich gegangen. Die Burg der Kekropiden konnte nicht mehr die Stadt bleiben, der Königsherd nicht mehr der Mittelpunkt des städtischen Lebens. Hestia hat für alle Zeit ihren Sitz auf der Akropolis behalten (XXXIV 83), aber, wie bei einer Colonie, wurde ihr Herd verpflanzt, und zwar nach unten, wo sich eine dichtere Bevölkerung angesiedelt hatte. Hier erhob sich der neue Gemeindeherd und hier das von demselben unzertrennliche Königshaus oder Basileion, ein Filial des Burgpalastes, und anstatt dass die Vertreter der Bürgerschaft zu demselben hinaufstiegen, kam jetzt der König herunter[***] und verhandelte mit ihnen im unteren Prytaneion neben dem Gemeindeherde. Hier erstreckten sich die Terrassen, wo für den königlichen Haushalt und Opferdienst die Feldfrüchte reiften und die Herden weideten. Hierfür bestand neben dem Basileion ein besonderer Amtssitz, die Rinderhut (Bukoleion) genannt, eine königliche Meierei, würde ich sagen, mit einem Schlachthause verbunden (LXIX 79).

Unterhalb des Prytaneion breitete sich die Stadt aus, deren Kern der Markt war.

Jede Agora bedurfte einer festen Umgrenzung durch heilige Stiftungen; hier waren es die Heiligthümer der Aphrodite Pandemos einerseits und andererseits des Dionysos. Des Marktfriedens Bürge und Schirmherr war der König mit seinen Beamten; unter seinen Augen entfaltete sich

---

[*] Töpffer, Att. Genealogie, S. 135. Robert, Hermes 20, 378.
[**] εἰσὶ δ' ἐν αὐτῇ πρυτανεῖον καὶ ἑστία τῆς πόλεως Pollux 9, 40.
[***] Wie sich König Numa am Fusse des Palatium neben der Vesta am Rande des Marktes seine regia baute: in radicibus Palatii finibusque fori Serv. Aen. 8, 363.

4*

der bürgerliche Verkehr, Handel und Wandel sowohl wie die Pflege des Oeffentlichen. Die göttliche Beisitzerin war Themis, die als ein der Athena verwandtes Wesen angesehen wurde (XXII 96), die Aufseherin der griechischen Stadtmärkte. *

Vor dem Stadthause standen die Steinsessel, auf welchen die Gemeindeältesten, die mit dem König zu Rathe saßen, auch die Rechtspflege wahrnahmen. Nur die Blutgerichte waren ausgeschlossen, weil der Markt von Niemand betreten werden durfte, der im Verdacht stand, Blut an seiner Hand zu haben.** Dazu bedurfte es eines scharf abgetrennten Raums, und keiner war dazu geeigneter als die im Westen der Burg gegenüber liegende Felshöhe, die dem thrakischen Ares geweihte, mit uralt attischem Worte als „Pagos" bezeichnete. Ares war auch in Theben mit Quellen verbunden, und am Ostende der Höhe, wo abgestürzte Kalksteinfelsen wild umherliegen,*** dringt aus tiefem Erdspalt ein dunkles Wasser hervor. Es war ein von den Alten mit scheuer Ehrfurcht angesehener Platz; denn man glaubte hier am Eingang zur Unterwelt zu stehen, an einer Schlucht, wo dämonische Wesen auf- und niedersteigen, und man ehrte sie als finstere Mächte, welche verborgenen Frevel rächen (XXIX 10). Ihren wahren Namen, den der Erinyen, vermeidend, verhüllte man ihr schreckhaftes Wesen unter dem Namen der „Ehrwürdigen" und wusste selbst, ohne den Ernst des sittlichen Gedankens abzuschwächen, ihnen unter dem Namen der „wohlwollenden und gnädigen Frauen" im religiösen Volksbewusstsein einen Ehrenplatz zu sichern.

In ihrem heiligen Bezirk hatte Pluton (XXXI 39) einen Altar so wie Hermes, der Ober- und Unterwelt verbindende, und die Erdmutter Ge, welcher die Wesen der Erdtiefe verwandt waren. Die Kapelle des Hesychos (L 28) aber galt dem Ahnherrn eines Geschlechts, dessen Mitglieder das Ehrenrecht hatten, den Göttinnen die Opfer darzubringen, welche, wie bei den Nymphen, in weinlosen Spenden bestanden und in Güssen von Thierblut, welche in die Tiefe geschüttet wurden.

Diese Gruppe heiliger Stätten lag durch alle Jahrhunderte unverändert, in ernster Stille dem nahen Burgaufgange gegenüber, vom Treiben der Welt abgesondert. Das ganze Lokal wurde nach den Eumeniden benannt,† und wie sich alle staatlichen Einrichtungen an Gottesdienste anschlossen, so verband sich mit dem Erinyencultus das Bluträcheramt, welches das Richterkollegium zu verwalten hatte, damit kein Bürgerblut

---

* ἐπόπτης τῶν ἐκκλησιῶν Schol. Il. XI, 807. Ahrens Themis 1862, S. 12.
** εἴργεσθαι τῆς ἀγορᾶς καὶ τῶν ἱερῶν.
*** Atlas von Athen, Blatt IX.
† μέχρι τῶν Εὐμενίδων Plut. Thes. 26.

ungesühnt bleibe. Hier erhielt sich Alles in alterthümlichster Einfachheit. Kläger und Ankläger standen sich auf zwei Felssteinen gegenüber. Unter freiem Himmel, weil mit einem Blutschuldigen Keiner unter einem Dache sein durfte, wurde bei Nacht das „Schuldig" oder „Nichtschuldig" ausgesprochen, und die von der Schuld Gelösten brachten unten den Eumeniden ihr Dankopfer dar.

So wurde der Areopag, der wie eine Trutzburg der Akropolis gegenüber liegt (I 46), und in der Amazonensage als der gefährlichste Angriffspunkt erscheint, von dem aus die junge Stadt der Athener bedroht wird,* mit seinem alten thrakischen Gottesdienste als ein wichtiges Glied in den Zusammenhang des staatlichen Lebens hineingezogen und ist für dasselbe in sinnvoller Weise verwerthet worden, um das Gewissen der Bürger zu schärfen, die Scheu vor Frevel zu wecken und so den bürgerlichen Verein zu festigen. Darum wurden auch die Eumeniden als gute Nachbarinnen der Stadtgöttin angesehen, und festliche Züge verbanden die beiden schroff gesonderten Nachbarfelsen.**

Wie Akropolis und Areopag im Norden durch steile Felsränder eine natürliche Begrenzung des altstädtischen Wohnbezirks bilden, so im Westen der Absturz des Nymphenhügels, westlich von der heutigen Sternwarte, wo sich unterhalb einer Felswand von 60 Fuss Höhe eine Kluft von Nordosten nach Südwesten streckt, mit steilen Rändern eingefasst, eine scharf gezeichnete, wilde Oertlichkeit, der unverkennbare Abschluss des für zusammenhängende Bewohnung geeigneten Bodens.

Diese, durch Steinbruch ausgehöhlte Felsschlucht (II 6), unterhalb Melite gelegen, war dem Gau Keiriadai angehörig und wurde seit alter Zeit benutzt, die Leichen derer, die das Leben verwirkt hatten, hinzuwerfen. Auch die nach altem Brauch zur Reinigung der Bürgerschaft ausgeschiedenen Sühneopfer wurden hier hinabgestürzt. Es war also eine Richtstätte, ähnlich wie das Typaion bei Olympia und Hyampeia bei Delphi, ein unheimlicher Platz ausserhalb der Stadt, von den Athenern Barathron genannt, und das zunächst darüber gelegene Heiligthum war das der Artemis Aristobule (XV 88), ein Heiligthum der Meliteer, deren Gau hier mit Keiriadai zusammenstiess.

Während das Barathron im Westen einen scharfen Abschluss macht,

---

* Darauf möchte ich auch den Ἄρες ἀγχίπολις (Soph. Antlg. 970) deuten, der bei Salmydessos keinen rechten Sinn hat. Es ist nicht richtig, den Namen als Kriegs- oder Fluch- und Sühnehügel zu erklären. Hermes VI, 105. Wachsmuth I, 425.

** Eum. 696: ξυνοικία Παλλάδος, 838: τιμία ἕδρα πρὸς δόμοις Ἐρεχθέως. Am Schluss der Tragödie der erste Festzug. Wieseler, Coni. in Aesch. Eum. 1839, p. LVII. Töpffer 170.

war nach Osten hin keine Schranke. Hier senkt und öffnet sich das Thal im Süden der Burg allmählich zum Ilisos, wo um den altpelasgischen Zeus eine dichte Reihe von Heiligthümern sich gesammelt hat, welche Zeugniss geben, in wie reichem Maße diese Gegend von geistigem Leben befruchtet worden ist, und die sämmtlich auf überseeischen Zusammenhang hinweisen. Der ionische Poseidon beherrscht als Helikonios die Höhen am Ilisos; er ist der Vertreter der älteren Epoche der Ionier, da sie die Nereide Oreithyia zur Bergnymphe am Ilisos machten. Die jüngere Epoche, die apollinische, lässt sich ebenfalls als eine zwiefache erkennen. Denn erst war Delos der jenseitige Ausgangspunkt; Demeter, die neben Poseidon auf den Ilisoshöhen waltet, heisst eine Delierin, und aus Delos bringt Erysichthon * den Eileithyiadienst herüber. Dann tritt, durch den Delphinios vermittelt, der pythische Apollo ein, der aus Marathon stammt und den Einfluss von Delos zurückdrängt. Das Pythion wird der Mittelpunkt der apollinischen Feste; aufwärts jenseits des Ardettos lag das Lykeion. Also das ganze Flussthal bis zum Lykabettosfuss ist der Sitz ionischer Volkskraft; daher heisst es auch, vom Palladion, Ardettos und Lykeion her habe Theseus die Scharen geführt, um Athen von den Amazonen zu befreien (I 32).

Die im Flussbett entspringende Quelle war der natürliche Sammelort der vorstädtischen Ionier und wurde mit ihnen in die Stadt hereingezogen; sie ist, je ungenügender sich die spärlichen Burgquellen für die anwachsende Bevölkerung zeigten, immer mehr die Stadtquelle von Athen geworden, ein zweiter Nymphensitz innerhalb der Stadt: es war der Punkt, wo die beiden Ufer am engsten zusammentreten. Der Quellort selbst gehört schon dem linken Ufer an, wo ein felsiger Vorsprung steil aufsteigt, den man das „mystische Ufer" nannte (XXV 16), weil hier die Demeterheiligthümer lagen. Das strömende Wasser diente zu den Waschungen, welche mit dem Mysteriencultus verbunden waren. Weiter abwärts senken sich die Felsriffe und säumen das Bett mit flachen Rändern, wo zu grösseren Zusammenkünften ein bequemer Raum sich öffnet. Man sieht den Steinboden geglättet, und diese Plätze, welche noch heute als Dreschtennen im Gebrauch sind, haben, wie wir voraussetzen dürfen, auch im Alterthum zu gleichem Zweck gedient. Aus den fröhlichen Festen, welche vom ionischen Volke nach der Ernte gehalten wurden, ist hier unter Einfluss apollinischer Religion die erste Stätte für Gesang und Tanz eingerichtet, das älteste Odeion (LXXVII 50), von dem wir wissen, dass es in der Nähe der Kallirrhoe gelegen habe, und das

* Erysichthon ist zu erklären wie ἐρυσίπολις, ein Ortsgenius und Schutzhort.

die Beziehung zur Ernte darin bewahrt hat, dass es noch in später Zeit als Kornmagazin benutzt wurde (LXXXVII 80). Das benachbarte Pythion war der Festort der Thargelien, die das städtische Erntefest waren — so können wir uns von dem reichen Volksleben, das durch den Apollodienst hier erweckt worden ist, eine Vorstellung machen.

Aber auch solchen Gottesdiensten begegnen wir hier, welche mit denen der Burg übereinstimmten. Auf derselben phalerischen Strasse, welche die neue Lebensader athenischer Geschichte war, finden wir, wie auf der Akropolis, Zeus und Athena eng verbunden, beide nach dem Palladion benannt, das also den Mittelpunkt dieser Stiftung bildete (XX 5). Es sollte das in nächtlichem Uferkampfe gewonnene Bild aus Ilion sein: eine Legende der Ionier, welche zuerst bestrebt waren, den attischen Boden mit den überseeischen Gestaden in Verbindung zu setzen. Die Gottesdienste dieser Pallas und der Athena Polias sind örtlich immer getrennt geblieben, aber die Uebereinstimmung ist benutzt worden, die Altstädter mit den Ioniern zu verschmelzen. Theseus' Sohn Demophon übergiebt das Bild dem Altathener Buzyges.* Das jährliche Bad des Bildes am Phaleron stammt gewiss aus ionischer Zeit. Zu den ionischen Elementen, welche in den städtischen Athenadienst übergegangen, mag auch der Dardanide Erichthonios gehören, wie ich vermuthet habe.** Wer vermag die einzelnen, zarten Fäden alle aufzuspüren, welche Athener und Ionier, Theseiden und Erechthiden mit einander verbunden haben; gewiss ist, dass aus den lebensvollen Wechselbeziehungen zwischen dem Disosvolk und den Burggeschlechtern das historische Athen erwachsen ist. Was jenseits des Ilisos lag, ist immer ein ländliches Hügelland geblieben, Agra oder Agrai genannt; das Demeterheiligthum lag am Saume des Landbezirks; daher hiess die Göttin schon Demeter in Agra (XXIV 86).

Das ist die alte Unterstadt, welche sich im Süden der Burg von Westen nach Osten in einer Länge von etwa 2000 m erstreckt, das älteste Athen, wie Thukydides es sich dachte, nach Maßgabe der Heiligthümer, der ältesten und sichersten Urkunden aller Stadtgeschichte, und ebenso den natürlichen Bodenverhältnissen entsprechend. Denn die Südseite ist es, die mit der Burg des Kekrops durch den bequemsten Aufgang im nächsten Zusammenhange steht, und ausserhalb der Burg war hier für eine bürgerliche Ansiedelung die geeignetste Niederung, gegen die Nordwinde geschützt und von allen Seiten der Land- und Seeseite leicht zugänglich.

Im Osten wie im Westen, wo Keiriadai an das Barathron stiess,

* ἀνδρὶ Ἀθηναίῳ Βουζύγῃ Polyaen. I, 5. Töpffer 146.
** Hermes 25, 142.

war zu dichterer Ansiedelung keine geeignete Gegend. Anders war es im Norden. Hier erstreckt sich nördlich vom Areopag die breite thonreiche Niederung, von allen Aussenbezirken derjenige, der für betriebsame Ansiedler am meisten Bequemlichkeit und Vortheil darbot. Hier sammelte sich diejenige Bevölkerung, welche darauf angewiesen war, die Nähe der Stadt zu suchen; hier erwuchs also die erste Vorstadt neben dem Asty der Kydathenäer, deren Benennung erst aufkommen konnte, seitdem Leute anderer Art, welche sich im weiteren Wortsinne Athenäer nennen konnten, vor der Stadt wohnten.

Der Name beglaubigt also den geschichtlichen Kern dessen, was die Ortssage von Theseus meldet, dem Vertreter der ionischen Epoche, in der die Ausgestaltung des Gemeinwesens und die Gliederung der freien Bevölkerung zu Stande gekommen ist.

Zur Zeit der Kekropiden und Erechthiden hat es nur ein oben und unten, Burg und Landgaue gegeben. Seitdem in der Niederung eine Unterstadt entstanden war, bedurfte es fester Marken, um die städtischen Geschlechter von der lose umherwohnenden Volksmenge zu unterscheiden. Standesrecht und Wohnsitz hängen nach Anschauung der Alten eng zusammen; darum verlangt Platon für seinen Kriegerstand wie für die Demiurgen besondere Wohnsitze, und von Theseus heisst es, er habe die Edeln in einen Stadtraum zusammengebracht;* der Anspruch auf Antheil an Verwaltung, Gericht und Pflege des Gottesdienstes haftete am Hausbesitze im Asty, im Gegensatz zu den Ausseuleuten, die sich entweder als Handwerker (Demiurgen) in den Vororten niederliessen, oder als Landleute (Geomoren) auf ihren Höfen lebten. Sie wohnten, da der Grundbesitz innerhalb der Hauptebene Eigenthum des Stadtadels war, auf zerstreuten Bauerhöfen weit umher in Attika; daher auch die Aushäusigen (Apoikoi) genannt, weil man Kydathenaion als das Haus des Staats mit dem Stadtherde ansah.** Die Handarbeiter aber waren zum Betriebe ihres Geschäfts darauf angewiesen, zusammen zu wohnen, weil sie mit den Oertlichkeiten zusammenhingen, welche ihnen das Material an Thon und Erz lieferten, und weil sie des Absatzes wegen an die Stadt gebunden waren. Beide Vortheile gewährte der Boden des Kerameikos, der sich vom Areopag in die Kephisosebene hinabzieht. Hier bildete sich also am Rande des Asty das erste „proasteion", eine Welt für sich, mit ihren eigenen Gottesdiensten.

Auch hier war Athena zu Hause, aber nicht als die ritterliche Jung-

---

* συνείρξας εἰς ἓν ἄστυ Plut. Thes. 23.
** ἄποικοι. Griech. Gesch. I⁶, 672.

frau der Burgherren, sondern als mütterliche Göttin, die friedlich emsige Hausfrau und Kunstgenossin des Hephaistos, der mit dem Töpferheros Prometheus zusammen der Patron der gewerbfleissigen Bevölkerung war, die sich mit Stolz Söhne des Hephaistos nannten.*

Ihre Leistungen gewannen frühzeitig Anerkennung. Wie vornehm aber die Eupatriden auf das ganze Quartier der schmutzigen Werkstuben und auf den für Bezahlung arbeitenden Gewerbstand blickten, das erkennt man aus der Art, wie seine Götter und Heroen von den aristokratischen Dichtern behandelt werden. Hier ist Alles voll Lug und Trug: Prometheus stiehlt das Feuer aus der Esse des Hephaistos, und alles Segens ungeachtet, den er dem Lande bringt, wird ihm zur Burgstadt, wo des Zeus höhere Weisheit waltet, durch schreckende Wächter der Zutritt verwehrt.**

Scharfe Trennung der Stände, ihrer Sitten und Gottesdienste kennzeichnet die alten Zeiten, in denen Alles erblich ist. Nach aussen geschlossen, bildet die Eupatridenstadt um den Stadtherd einen engen Kreis, wo ebenbürtige Familien Haus an Haus wohnen. Jeder rechnet sich sein adliges Nachbarhaus zur Ehre und unter Nachbarkindern gedeihen die besten Ehen.*** Jedes Haus hütet die Erbstelle seines Herdes, jedes Geschlecht hatte sein besonderes Vereinshaus; der Geschlechter gemeinsame Angelegenheiten werden unter des Königs Vorsitz von den Gemeindeältesten berathen. Neben Zeus waltet Themis, die Göttin des weisen Rathes. Beim Jahresbeginn werden der Friedensgöttin unblutige Opfer dargebracht, um die Herdgemeinschaft der Bürger zu weihen; Eirene ist die Genossin des Hestia und verbindet die Bürgerschaft bei gemeinsamem Festmahle jährlich von Neuem zu einträchtiger Gemeinschaft. Speise und Trank wurden am Stadtherde bereit gehalten im Parasition neben dem Stadthause oder Prytaneion (LXXXVIII 90). Das Friedensopfer im Prytaneion gehörte zu den Synökien, dem Gründungsfeste der Eupatridenstadt.†

Es blieben aber auch innerhalb der Adelstadt Unterschiede, die sich örtlich erkennen lassen.

Während die Erechthiden wesentlich ein Priesteradel waren, der sich eng an die Burggottheiten anschloss, sind es die Ionier gewesen, auf

---

* Aesch. Eumen. 13.
** Plat. Prot. 321. οἴκησις τοῦ Διός als Sitz der πολιτικὴ σοφία παρὰ τῷ Διὶ im Gegensatze zur ἔντεχνος σοφία.
*** Hesiod. W. u. T. 348. Κηρύκων οἶκος CIA. II, 834ᵇ, p. 522.
† Schol. Arist. Pax 1028. Paus. I, 18, 3. Att. Studien II, 56. Kellereien im Stadthause: Athenaeus 32 a.

denen die weitere Entwickelung des öffentlichen Lebens beruhte im Zusammenhange mit ihrem Apollodienst. Sie waren der kriegerische Adel, dem der wachsende Staat seine Wehrhaftigkeit dankte. Darum ist der Amtssitz des Kriegsobersten oder Polemarchos (LXXXVI 63) immer am Ostrande der Stadt geblieben, bei dem Apollo Lykios, und derselbe Beamte hat, nachdem er die Kriegsleitung abgegeben, die Gerichtsbarkeit über die Fremden behalten, weil hier im Ilisosthale zuerst ein lebhafterer Verkehr mit dem Auslande stattgefunden hat.

Mit dem Apollodienst ist das Rechtsbewusstsein in eine höhere Sphäre gehoben; apollinisch ist die strenge Scheidung des Heiligen und Profanen und die Verbindung der Gerichtsstätten mit Heiligthümern, die als Asyle dazu dienten, der Selbsthülfe zu steuern, und wenn früher jedes Blutvergiessen gleich erschien, wurde nun bei freierer Rechtsanschauung die Missethat, die nur Entsühnung verlangte, von dem strafwürdigen Frevel unterschieden. Bei dem Palladion wurde über absichtslose Tödtung gerichtet, über gerechten Todtschlag bei dem Delphinion (LXXXIII 75), wo König Aigeus seine Wohnung hatte und Theseus sich vom Blut der Pallantiden reinigte. Lykos blieb immer Schutzpatron der Gerichte; am Ardettos haftete die Ueberlieferung, dass hier nach heftigen Streitigkeiten der Bürgerfriede neu beschworen sei, und diese Schwurstätte ist für alle Zeiten der Platz zur Vereidigung der Richter geblieben (I 35, LXXXIV 23).

Es würde unbegreiflich sein, warum diese wichtigen Stätten des Gemeindelebens am Ostflügel der alten Stadt liegen, wenn wir nicht wüssten, dass dies die Gegenden waren, wo die ionischen Geschlechter ihre Sondersiedelung gehabt und ihre besondere religiös-politische Cultur ausgebildet haben.

Mit dem Apollodienst, der überall Ordnung schafft, hängt die Anlage von Strassen und Quartieren zusammen. Die älteste Verkehrsstrasse, die aus dem engen Stadtkreise hinausführte, war die „Fremdenstrasse" (LXXV 61) nach dem Phaleron. Denn das war die wesentlichste aller Neuerungen im ionischen Athen, dass, während in älterer Zeit von Melite aus nach dem salaminischen Golfe der Küstenverkehr gerichtet gewesen war,* jetzt auf nächstem Wege nach dem offenen Gestade die Verbindung hergestellt wurde. Das Heiligthum der Athena am Palladion (XX 5) lag an der Grenze zwischen Athen und Phaleron, und nichts zeigt deutlicher, wie vertraut die ionischen Athener mit dem einst so gefürchteten Meere ge-

---

* ναυπηγία ἐν τῇ Θυμαιτάδι Plut. Thes. 18. Hermes 25, 111.

worden sind, als die Anlage des Hippodroms und die Feier der grössten Bürgerfeste an der Brandung der See (CXII 37; vgl. CV 74).

In den Schifferstädten der alten Welt lag der Markt am Meere, wie in Kerkyra. Athen aber hat, nachdem der unnatürliche Gegensatz zwischen Ebene und Küste unter den ionischen Königen überwunden war, nicht aufgehört Landstadt zu sein. Darum galt seine Oertlichkeit den alten Philosophen als eine normale und vorbildliche, weil das heimlich Binnenländische und der offene Seeverkehr an keinem Orte so glücklich verschmolzen schienen und die Häfen gerade so gelegen waren, dass sie weder zu nahe noch zu fern waren.*

Auch Stadt und Land gingen auf das Günstigste in einander über. Die engen Räume der Fünfhügelstadt öffneten sich gemächlich in die freie Flusslandschaft, deren luftige Höhen am linken Uter, Petrizi genannt, noch heute gern zu Volksfesten benutzt werden. Es ist ein anmuthiger Uebergang in die ländliche Umgebung.

Mit dem Ende des Königthums wurde der Gegensatz der Stände, welche in getrennten Wohnsitzen so nahe bei einander wohnten, schroffer und empfindlicher, weil die Geschlechter, welche das Erbe des Königthums unter sich theilten, eifersüchtiger und engherziger über ihren Rechten wachten. Es war der Geist einer Aristokratie, wie ihn Theognis bei dem ionischen Adel der Megareer schildert, wo die Landleute und Handwerker, scheuen Hirschen gleich, vom Stadtmarkte und den Verkehrsplätzen der Edeln sich fernhielten.

Bauern und Vorstädter kamen nur zu bestimmten Zeiten herein; die einen in ihren Fellen, die anderen im Handwerkerrocke, der Exomis, welcher die eine Schulter freiliess. Konnte man sich doch auch den Hephaistos selbst nur in diesem Kleide denken.

Die Gegensätze verschärften sich dadurch, dass der ionische Adel ausser den Vorrechten der Geburt auch die natürlichen Hülfsmittel des Landes zu seinem Vortheile eigennützig ausbeutete. Denn so geringschätzig er sonst auf jede gewinnbringende Betriebsamkeit herabblickte, verschmähte er es nicht, am Phaleron Seeschiffe zu bauen, um die werthvollsten Erzeugnisse des attischen Bodens, vor allem das Oel, nach den jenseitigen Küsten auszuführen. Es war der Ertrag des eigenen Bodens, den sie verschifften; denn der grosse Grundbesitz der Kephisosebene war in den Händen der Eupatriden, und so kam es, dass die Inhaber aller Ehrenämter zugleich die reichsten Rheder und die Geldmacht im Staate waren.

---

* Arist. Politik 104, 26 (1327a).

Kylons Versuch, dies Adelsregiment zu brechen, machte die Burg und ihre nächste Umgebung zu einem blutigen Kampfplatze. Er selbst entkam, nachdem er eine Zeit lang als Schutzflehender der Stadtgöttin an ihrem heiligen Bilde gesessen hatte; seine Anhänger, vom Hunger gequält, verbanden sich mit derselben durch ein Seil, um an demselben, d. h. in sichtbarem Zusammenhange mit dem Bilde, über die Fläche der Burg zum Ausgange zu gelangen und sich auf dem Areopag ordnungsmässig richten zu lassen.* Aber ehe sie das Heiligthum der Semnai erreichten, zerriss das Seil. Darin sahen die rachsüchtigen Gegner ein Zeichen, dass die Göttin nichts mit ihren Schützlingen zu thun haben wolle, und die Flüchtenden wurden am Fusse des Areopags niedergemacht. Die Stätte dieses Frevels blieb ein abgesonderter Platz, das Kyloneion (LI 75).

Nach solchen Ereignissen musste das Bedürfniss nach einer dauernden Beruhigung lebhafter als je zuvor empfunden werden; durch einzelne Zugeständnisse konnte dieser innere Fehdezustand nicht beseitigt werden; es bedurfte einer Neuordnung der Bevölkerung, um die unerträglichen Gegensätze der Stände zu überwinden; eine neue Bürgergemeinde musste geschaffen werden.

Die solonische Gesetzgebung muss auch für die äussere Stadtgeschichte eine eingreifende Epoche gewesen sein; vor Allem verlangte die neue Verfassung auch neue Versammlungsräume.

Bis dahin hat es in Athen Räume zu gottesdienstlichen Versammlungen gegeben, wie die grosse Terrasse des Zeus Hypsistos, wo die Volksgemeinde zu passiver Theilnahme an öffentlichen Opferhandlungen zusammenkam.

Ein zweiter Sammelraum war der Stadtmarkt im Kydathenaion zwischen Aphrodite Pandemos und dem Dionysosheiligthume, der centrale Platz, wo die Wege der Unterstadt zusammenkamen, und wo die ersten Gemeindehäuser (Leïta), das Stadthaus (Prytaneion) mit dem rundgewölbten Herdgemach, des Königs Amtsitz (Basileion), und das Bukoleion (LXIX 78) ihren Platz gefunden hatten.**

Bei einfachen Verhältnissen war derselbe Raum ausreichend für die Waaren, welche an den Markttagen zu bestimmten Stunden hier von den Landleuten und vorstädtischen Handwerkern feilgeboten wurden, so wie für die Versammlungen der Bürgerschaft, die aus den nahe herumliegenden Wohnungen durch den Herold herausgerufen wurden, um die Gemeindeangelegenheiten zu berathen. Das war die älteste „Ekklesia".

---

* ἐπὶ δίκῃ Plut. Solon 12. Schol. Arist. Eq. 445.
** Arist. Vögel 1005. ἐν μέσῃ ἀγορᾷ, ὁδοὶ φέρουσι πρὸς αὐτὸ τὸ μέσον

Als das bürgerliche Leben bewegter wurde, war eine Raumscheidung unabweisbar. Es musste also in der Nähe des Marktes ein Platz gesucht werden, wo längere Verhandlungen ungestört gepflogen werden konnten, ein den Bürgern allein zugänglicher Raum, und dazu konnte keine passendere Oertlichkeit gefunden werden, als die oberhalb der Marktniederung der Burg gegenüber aufsteigenden Abhänge des Pnyxgebirges, wo die Bürger über einander in Reihen sitzen konnten, um den unten stehenden Redner anzuhören.

Von der tiefsten Stelle unterhalb der Burg, zwischen Dionysostheater und dem Odeion des Herodes ungefähr in der Mitte, wo muth-

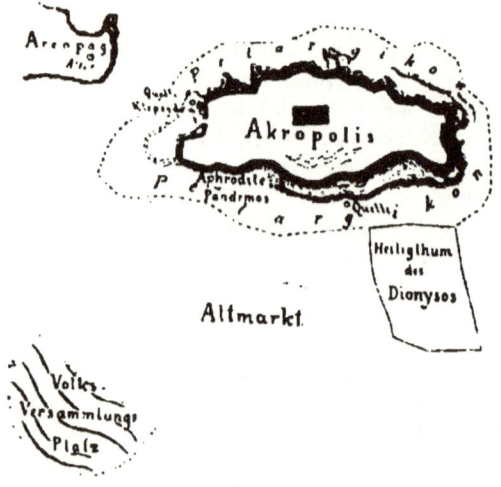

Fig. 13

maßlich das Centrum des alten Stadtmarkts zu suchen ist, erheben sich etwa 200 m nach Südwesten die Abhänge, die von Natur für eine im Freien berathende Bürgerschaft die geeignetsten waren, und hier erkennt man noch heute, wie die Skizze (Fig. 13) zeigt, drei bis vier lange Felsstufen, welche flache, nach Nordost sich öffnende Curven bilden, unverkennbare Ueberreste einer alten Terrassirung, welche keinen anderen Zweck haben konnte, als den, diese Abhänge zur Aufnahme einer sitzenden Versammlung einzurichten. Hier hatte sie die Akropolis in ganzer Breite gegenüber (VII 34): sie hatte zwischen Akropolis und Areopag den Ausblick nach dem Kerameikos und nahe unter sich den alten Marktplatz.

so dass man, um die berathende Bürgerschaft von der auf dem Kaufmarkte verweilenden in kurzem Ausdruck zu unterscheiden, sagen konnte: „Das Volk sitzt oben" (VII 43). Man sprach also von einem „Hinaufgehen" zur Ekklesia, von einem „bei Seite Treten" der Bürger, die sich vom lärmenden Kaufmarkte hierher begaben.*

Nun gewann dieser Abhang eine so hervorragende Bedeutung für das Gemeindeleben, dass nach einem allgemeinen Gebrauche alter Onomatologie der Gesamtname des Gebirges auf ihn übertragen wurde und man sich gewöhnte, bei dem Namen Pnyx nur an den Versammlungsort am Abhang der Höhe zu denken, so dass Museion und Pnyx neben einander erwähnt werden konnten (CVI 65).

Diese Pnyx im engeren Sinne war eine scharf umgrenzte Oertlichkeit und hatte, wie alle Plätze des öffentlichen Lebens, auch eine religiöse Weihe. Zeus Agoraios hatte, wie auf der Agora, so auch in dem von ihr abgezweigten Versammlungsraum seinen Altar.** Als die Theilnahme an der Gesetzgebung auf alle freien Bürger ausgedehnt wurde, musste der Raum ansehnlich vergrössert werden, was die natürliche Beschaffenheit des Lokals gestattete, aber der Charakter alterthümlicher, dem Boden sich anschliessender Einfachheit ist immer unverändert geblieben. Charakteristisch für Athen war auch von Anfang an die Einrichtung zu einem Synedrion, einer sitzenden Versammlung, im Gegensatz zu den stehend zusammentretenden Bürgerschaften. Der Platz, von dem der Redner sprach, war unten, den aufsteigenden Sitzen zugewendet; er war, wie in Rom die rostra, dem Stadtmarkte am nächsten.***

Es musste aber noch ein anderer Raum von dem ursprünglichen Gemeindeplatze abgezweigt werden, um nach Einführung der Provocation das Volk als oberste Gerichtsbehörde zu versammeln, die Halia oder Heliaia, ein Name, der ursprünglich nichts anderes als „Volksversammlung" bedeutet.† Wo die Heliaia gelegen habe, wird nirgends angegeben; ihre Lage kann aber auch nur in der Nähe der Agora vorausgesetzt werden, am Südabhang der Burg, wo alle Keime des Gemeindelebens sich neben einander entfaltet haben. Sie wird als ein „hohler Raum", zu dem man

---

* ἀναβαίνειν εἰς τὴν ἐκκλησίαν Dem. 25, 9, 20; 18, 169. Pnyx παρὰ τὸ πεπυκνῶσθαι τῷ πλήθει τῶν ἐκκλινόντων ἐκεῖσε ἀνθρώπων. Etymol. M. ἀποβλέπειν εἰς τὸν ἀγρόν Arist. Ach. 32. ἀποβλέπειν εἰς τὰ Προπύλαια Aeschin. F. L. 253.

** Zeus Agor. ἵδρυται ἐν τῇ ἀγορᾷ καὶ ἐν τῇ ἐκκλησίᾳ. Schol. Arist. Eq. 408.
*** ὀρθοστάδην ἐκκλησιάζοντες Luc. Jup. Trag. 11.

† Ἥλιος „gedrängt", ἡλιαία der abgepferchte Ekklesienraum. G. Curtius, Etym. p. 558. Die Herleitung von ἥλιος ist unglaublich. Das Tagen unter freiem Himmel (ἐνδιάζειν) ist kein wahrscheinliches Motiv der Benennung. ἡλιάζειν würde „sich sonnen" bedeuten.

hinanstieg, gekennzeichnet. Suchen wir also in dieser Gegend nach einem theaterähnlich ausgehöhlten Raum, so ist unmittelbar westlich vom Markt bei der Aphrodite Pandemos, am Südwestabhange der Akropolis ein solcher vorhanden, an der Stelle, wo zur Zeit des Antoninus Pius das Odeion des Herodes Atticus gebaut wurde, in einem natürlichen Theaterraum, der für Versammlungen so vollkommen geeignet ist, dass er bei den Athenern, die jeden Winkel ihrer Bodenfläche zweckmässig zu verwerthen wussten, gewiss schon in alter Zeit eine entsprechende Verwendung gefunden hat.[*]

Endlich verlangte auch die neue Bürgerschaft, die Solon geschaffen, die nach Vermögensklassen geordnete, einen würdigen Platz, wo sie zu Fuss wie zu Ross in übersichtlicher Ordnung aufgestellt werden konnte. Sie war jetzt die eigentliche Bürgerschaft von Athen, in der die alten Standesunterschiede verschwinden sollten; für sie bedurfte es einer weiten, freien, ebenen Bodenfläche, wie sie innerhalb des alten Asty nicht zu finden war.

Es ist also sehr wahrscheinlich, dass man zu diesem Zweck über den Umkreis der Altstadt hinausgegangen ist und den vorstädtischen Bezirk des Kerameikos, wo keine bürgerlichen Grundstücke lagen und deshalb freier über den Boden verfügt werden konnte, für das neue Gemeinleben verwerthete, wie ja auch bei der gleichartigen Staatsreform im alten Rom die nächste vor der Stadt liegende Ebene von Servius benutzt wurde, um daselbst der nach Klassen und Centurien geordneten Bürgerschaft einen Aufstellungsplatz zu schaffen, da alle Truppensammlungen von den Städten des Alterthums ausgeschlossen waren.

Damit stimmt die Ueberlieferung von Epimenides, dessen Person in Nebel gehüllt ist, während die Wirksamkeit, die an seinen Namen geknüpft wird, ein wesentliches Stück attischer Stadtgeschichte ist. Von ihm wussten die Athener, dass er vom Rande des Areopags die nach Norden sich erstreckende Niederung des Kerameikos, ein bis dahin profanes Gebiet, durch Stiftung von Altären und Gottesdiensten für öffentliche Benutzung geweiht habe. Es konnte ja auch ein so feierlicher Akt, wie die durchgreifende Neuordnung der Gemeinde und die Musterung des städtischen Heerbanns, welche jeder bürgerlichen Schatzung folgte und thatsächlich eine Neuconstituirung der Bürgerschaft war, ohne religiöse Ceremonien, ohne Gebete und Opferumgänge nicht vor sich gehen.

Ein zu diesem Zweck dienendes heiliges Gebäude dürfen wir wohl in dem Leokorion erkennen. Es war eine der berühmtesten Stätten der

---

[*] So zuerst Chr. Petersen. Vgl. Text zu den sieben Karten S. 56. κοῖλος τόπος LXXXIV 55. κάτω ἐν κοίλῳ τινὶ τόπῳ Bekker, Anecd. I. 253.

Unterstadt (LXVII 57), im Mittelpunkte des Kerameikos, eine Stiftung so früher Zeit, dass sich eine volksthümliche Legende an seinen Namen anschliessen konnte, die Sage von den Töchtern des Leos, die in schweren Pestzeiten von ihrem Vater geopfert sein sollten, um durch ihr schuldloses Blut die Stadt zu sühnen und zu retten. Ich vermuthe, dass auch der Name Leokorion ursprünglich „Volkssühnung" bezeichnet und glaube daher annehmen zu dürfen, dass dieses Gebäude, das eine centrale Stelle auf dem Platze hatte, für die mit der Schatzung der Bürger und der Heerschau verbundenen Sühnungsgebräuche benutzt worden ist.* Wir kennen auch in Troizen eine Sühnstätte, wo Orestes von seiner Schuld gereinigt sein sollte, vor dem Tempel des Apollo, und wir dürfen voraussetzen, dass solche Sühngebräuche auch in Athen mit dem Dienste desselben Gottes zusammenhingen, der durch Epimenides und Solon aus einem Gott der ionischen Geschlechter zu einem gemeinsamen Schutzgotte der neu gegliederten Bürgerschaft geworden ist, und zum Zeichen, dass die schroffe Sonderung der Stände glücklich überwunden sei, durfte sich jetzt jede Hausthüre mit dem Lorbeerzweige der Korythalis schmücken, und vor allen Bürgerhäusern erhoben sich als Symbol des Apollon Agyieus die Steinkegel, die auf delphischen Spruch zu seinen Ehren bekränzt und begossen wurden. Ebenso wurden, wie es bei den Reinigungen von Delos geschah, die Grabstätten ausgesondert und jede Bestattung innerhalb des städtischen Gebiets war fortan verboten. Derselben Epoche wird auch das Heiligthum des Apollon Patroos im Kerameikos angehören und der Brauch, vor den Volksversammlungen dem Apollo Prostaterios (XIV 49) ein Opfer darzubringen.

Es war eine religiös-politische Reform, welche Staat und Stadt durchdrang, eine versöhnende und reinigende Weihe, die mit dem Apollodienste zusammenhing, und es scheint mir nicht zweifelhaft, dass diese Reform in der Hauptsache der Zeit des Solon und Epimenides angehörte.**

Städtische Denkmäler der geistigen Erhebung in jener grossen Zeit glauben wir auch in den Altären zu erkennen, in welchen sittliche Kräfte als göttliche, die Menschenwelt regierende und die Gemeinde beseelende Wesen verehrt worden sind, weil mit der apollinischen Reform eine ge-

---

* νεωκόρος Tempelreiniger, μυληκόρον Mühlbesen. Ich nehme bei κορεῖν eine Uebertragung des Begriffs im Sinne von lustrare, februare an. Mit dem Abbüssen einer Schuld waren strenge Fasten verbunden; daher das Sprichwort: LXVII, 63. Wachsmuth II, 317 nimmt λεωκόρος = λεωκόλος und versteht darunter eine volkpflegende Göttin, deren Heiligthum das Leokorion gewesen sei. Ueber Epimenides in A., seine ἱλασμοί und ἰδρύσεις siehe Monatsberichte der Akademie 1878, S. 80.

** Darin stimmt Mommsen, Heortologie S. 53, mir bei.

wisse Verinnerlichung des Gottesdienstes, eine vorwiegend ethische Auffassung desselben zusammenhing. Hierher gehört: Aidos, die fromme Scheu vor jedem Unrecht, Eleos, die Barmherzigkeit gegen den Hülfesuchenden, Horme, die entschlossene Thatkraft, Pheme, der gute Ruf. Sie wurden auf der Burg und im Kerameikos mit Altären geehrt (CIX 68).

Verwandt sind die zu Gottheiten erhobenen Ideen der Gerechtigkeit, des Friedens, der Eintracht. Sie hatten ihre besonderen Altarstätten auf Gemeindeplätzen oder sie schlossen sich an die Tempel der Olympier an, wie Aidos und Philia an den der Stadtgöttin, und es bildeten sich Legenden, welche Aidos und Apheleia zu Pflegerinnen der Göttin machten (IX 7, 5). Auch böse Eigenschaften, wie Uebermuth und Schamlosigkeit, wurden als Persönlichkeiten gedacht und geehrt, wie man auch verderbliche Naturmächte, Krankheiten u. a. geehrt hat, um sich ihrer zu erwehren;* die Hybris- und Anaideinaltäre werden auf Epimenides zurückgeführt, zum Beweis, dass man den Ursprung dieser religiös-ethischen Personificationen seiner Zeit und der Reform des Apollodienstes zuschrieb.**

Auch der Demeterdienst hat damals eine neue Bedeutung und Ordnung erhalten; davon zeugt des Epimenides Standbild in Agrai (XXIV 93). Vermuthlich wurde das hier gelegene ältere Heiligthum der Göttin damals mit dem Eleusinion (S. 50) in engere Verbindung gesetzt, so dass die Agramysterien nun als die „kleineren" bezeichnet wurden (XXV 6). Das Heiligthum bei der Kallirhoe behielt aber seine besonderen Prozessionswege, auf welchen die Eingeweihten zum Phaleron zogen (LXXXI 62); denn von hier war auch dieser Cultus ins Land gekommen.***

Zu den charakteristischen Denkmälern von Alt-Athen gehören die Felsgräber, deren monumentale Anlagen der Zeit entsprechen, da die Eupatriden als Kydathenäer auf der Burg und im Süden derselben wohnten. Sie hatten in der Regel ihre Familiengräber draussen auf ihren Grundstücken, wo man, wie namentlich am Hymettosfuss, die aufgemauerten Grabstätten erkennt, in denen die Geschlechtsgenossen bei einander ruhten.†
Es wurde aber, bis Solon die Gräber von der Stadt ausschloss, auch innerhalb derselben begraben. Auch auf der Akropolis haben sich kleine Grabstätten gefunden. Bei ansehnlicheren Anlagen dieser Art hat man

---

* Früh missverstanden; so bei Xenophon Symp. 8, 35. Vgl. Welcker, Griech. Götterlehre 3, 219.
** Die Beziehung dieser Altäre auf Epimenides zuerst bei Arnold Schäfer de ephoris, p. 30.
*** Vgl. Sitzungsber. 1885, S. 1143. τὰ ὀλίζονα μυστήρια C I A. II. 307.
† πατρῷα μνήματα, ὧν ὁσαιτὶς ἐισι τοῦ γένους κοινωνοῦσιν. Mitth. V, 173. Vgl. Atlas von Athen I, 8.

ebenso wie bei allen Hausgründungen peinliche Rücksicht darauf genommen, dass der nährende Fruchtboden möglichst geschont werde, damit weder durch Lebende noch durch Todte Ackerland dem Pfluge entzogen werde.* So liegen inmitten der vorsolonischen Stadt die drei Felskammern, die unter dem Namen des Sokratesgefängnisses bekannt sind; ein zweites Felsgrab, 140 m nordöstlich vom Hagios Demetrios, das erst vor Kurzem wieder zum Vorschein gekommen ist; dann das grossartig vornehme Felsgrab links von der Demetriosschlucht, wenn man nach der See geht; und endlich hart über dem Ilisosbette am südlichsten Ausläufer der Felsen von Melite das umfangreichste aller Familienmonumente aus dem Zeitalter der attischen Aristokratie. Diese Felskammern sind Bl. VII des Atlas von Athen abgebildet.

* Plato Leg. 958 d: δίκας εἶναι τῶν χωρίων ὁπόσα ἐργάσιμα μηδαμοῦ, lateinisch bei Cic. Leg. II, 53, 67. Nissen, Pomp. Stud. 540.

III.
Die Tyrannis.

Peisistratos — Kleisthenes.

In die Periode der Tyrannis, welcher sich keiner der lebendiger bewegten Staaten Griechenlands hat entziehen können, ist Athen unter besonders günstigen Verhältnissen eingetreten. Denn die soziale Bewegung, der sie ihren Ursprung verdankt, wurzelte in den ionischen Volkselementen, und diese bildeten hier nicht, wie z. B. in Sikyon und Argos, besondere Volksklassen, sondern sie hatten die gesammte Bevölkerung durchdrungen, so dass die Bewegungen weniger gewaltsam waren und ihre Resultate dauerhafter. Das Haus der Pisistratiden war reich an politischem Talent, und drei Generationen hindurch in sich einig; ihnen lagen auch am meisten Erfahrungen vor, die sie sich zu Nutze machen konnten, und ihr Regiment war kein Bruch mit der Vergangenheit; es hat vielmehr zur Befestigung der durch Solon geschaffenen Grundlage des öffentlichen Rechts wesentlich beigetragen; denn der Ständekampf musste durch eine starke Hand eine Zeit lang unterdrückt werden, wenn das Volk sich in die neuen Ordnungen eingewöhnen sollte.

Der eigenthümliche Charakter der attischen Tyrannis zeigt sich auch darin, dass sie nicht in Delphi und Olympia ihre Prachtwerke zur Schau stellten, sondern in der Heimath bauten. Es war der Zug einer landesväterlichen Regierung, welcher der Regierung der Pisistratiden eine höhere Weihe gab; denn da sie selbst sich königlicher Herkunft rühmten, suchten sie überall Anschluss an die Vorzeit. Ihre Tyrannis war die am meisten königliche, und darum machten sie auch die Akropolis von Neuem zum Fürstensitze.* Sollte doch durch die Stadtgöttin selbst Peisistratos oben als neuer Burgherr eingeführt worden sein. Die entscheidenden Berathungen öffentlicher Angelegenheiten fanden also wieder in der Regentenwohnung statt; und als neuer Herrschersitz wurde die Akropolis

---

* Aristoteles Politik 1314a sagt: τῆς τυραννίδος σωτηρία ποιεῖν αὐτὴν βασιλικωτέραν im Hinblick auf Athen.

auch dadurch gekennzeichnet, dass aussen an der Ringmauer eine Heuschrecke von Erz angebracht wurde, ein Symbol, das nach dem Volksglauben die Macht hatte bösen Zauber abzuwehren; es sollte also wie durch ein monumentales Amulet der Neid unschädlich gemacht werden, der das Glück der Tyrannen stören könnte (LX 80).

Auch am Westfusse waren schroffe Felsabstürze, die den Zugang erschwerten. Es mussten mächtige Substruktionen angelegt werden, um die aufsteigende Bahn zu stützen, und die wohlgefügte Polygonmauer (3 auf dem Plane der Akropolis), welche diesem Zwecke diente, gehört wahrscheinlich den Bauten an, durch welche Peisistratos einen würdigen Aufgang herstellte.* Der Eingang fiel in die Mittelhalle der späteren Propyläen, und hier hat sich im Bauschutt ein Marmorpfeiler erhalten, mit rothem Stuck überzogen (0.83 breit, an der Seite 0.70), der Ueberrest eines alten Eingangs, der als Fahrthor zu denken ist; denn die Anaktensitze pflegten alle zu Wagen und Ross zugänglich zu sein, und von Peisistratos wird ausdrücklich bezeugt, er sei zu Wagen eingezogen. Das Burgthor wird auch in der Geschichte des Peisistratos erwähnt; vor demselben stehend, soll er mit der Bürgerschaft verhandelt haben (XLVI 84; XLIV 66).

Die alte Königsburg war jetzt ein Tyranneion, von Söldnerschaaren bewacht. Der Burgfels mit seinen senkrecht abgeschrofften Wänden, der die Steilränder ergänzende Mauerring, so wie die von dem neunthorigen Mauergürtel eingeschlossenen Abhänge, bildeten als Pelargikon eine wohlgesicherte Festung, deren Widerstandskraft man durch Wasseranlagen zu stärken suchte. Ein merkwürdiges Denkmal dieser Art ist die an einer der tiefsten Stellen der Akropolis hinter dem nördlichen Propyläenflügel aufgedeckte Cisterne, welche in zwei Kammern den Wasserabfluss der westlichen Burgseite zu sammeln bestimmt war, zum Theil im Fels ausgehauen, darüber aus Porosquadern erbaut; die östliche Kammer, deren Umfassungsmauern erhalten sind, misst 8 zu 9 m. Die Felswände waren mit festem Stuck bekleidet. Man hat mit Grund angenommen, dass dies Werk der Tyrannenzeit angehört.**

Der alte Königspalast wird um dieselbe Zeit neu eingerichtet worden sein; doch ist von fürstlicher Pracht keine Ueberlieferung vorhanden und keine Spur nachweisbar. Wir dürfen annehmen, dass die Peisistratiden

---

* Mitth. des ath. Inst. XIV, 325.

** Felscisternen auf Burgen, der Forderung des Aristoteles entsprechend: κατασκευάζειν ὑποδοχὰς ὀμβρίοις ὕδασιν ἀφθόνους καὶ μεγάλας Pol. 1330b. Vergl. G. Hirschfeld, Typologie griech. Ansiedelungen, S. 357 der Histor. philol. Aufsätze zum 2. September 1884.

sich von eitler Prunksucht ferngehalten haben; sie wollten nicht durch Hoffart reizen und verletzen, sondern den langen Zwiespalt zwischen Regierenden und Regierten möglichst beseitigen; das Staatsoberhaupt sollte wieder, wie zur Zeit des Königthums, der persönliche Vertreter der ganzen Stadt sein und nur solche Prachtwerke in Angriff nehmen, die dem Gemeinwesen zur Ehre gereichten.*

Zum Bauen und Bilden war die günstigste Zeit. Keine Stadt des griechischen Festlandes war wohlhabender, angeregter und betriebsamer. Die einheimischen Dädaliden hatten sich in Verarbeitung des heiligen Holzes zu Götterbildern einen Ruf erworben; die weichen Steinarten, die sich mit dem Messer schneiden lassen, führten vom Bildschnitzen zur Bildhauerei hinüber.

Ursprünglich wurde zum Bauen und Bilden derselbe Stein genommen; dann brachte der Küstenverkehr von den Inseln die ersten Marmorwerke herüber. Die Künstler folgten, vom Glanze der aufblühenden Stadt angezogen, und brachten reiche Anregung. Ja, die Insulaner sind es gewesen, durch welche die Athener in ihrer eigenen Landschaft erst recht einheimisch wurden. Denn nachdem zuerst fertige Marmorwerke herüber gebracht waren und fremde Künstler in Athen ihren Inselmarmor verarbeitet hatten, wurde nach und nach in den attischen Bergen, und wahrscheinlich zuerst im Hymettos, das Gestein entdeckt, welches mit dem überseeischen Marmor wetteifern konnte. Zur Tyrannenzeit war man noch an Zufuhr von parischem Marmor gewöhnt, aber die einheimischen Brüche waren bereits eröffnet, und zu den schriftlichen Urkunden, welche öffentlich ausgestellt werden, nahm man in der Pisistratidenzeit Tafeln aus pentelischem Stein. Dass diese Brüche um 570–60 in vollem Gange waren, bezeugt der Volksbeschluss über die Kleruchie in Salamis.**

Das Baumaterial brauchte nicht entdeckt zu werden, darum waren im Bauen die Athener von Anfang an selbständiger. Als die Tyrannen auftraten, blühte schon eine einheimische Bauschule, aus der vier Meister als namhafte Künstler bekannt geblieben sind (XLII 3). Man hat mit dem Gestein begonnen, das im Burgfelsen und den Nachbarhöhen ansteht; man benutzte den piräischen Stein, den von der vorspringenden

---

* Das volksthümliche Princip des Anaktenthums, wie es bei Aesch. Suppl. 355 ausgesprochen ist: σύ τοι πόλις, σὺ τὸ δήμιον. Man beachte das Hervortreten der Gemeinde in Athen schon bei Homer: δῆμος Ἐρεχθέος Il. II, 547. In den Inschriften der Tyrannenzeit: ἔδοξε τῷ δήμῳ. Mitth. des ath. Inst. IX, 118. Keine Mittelbehörde zwischen Fürst und Volk.

** Griech. Gesch. I², 673. Lepsius, Griech. Marmorstudien, S. 80, 148; er hat die Karabrüche wiedergefunden. Der Altar des Pythion war aus Parosstein.

Halbinsel sogenannten Aktites (CII 66) und fand dann 3,5 km südöstlich von der Burg in den Vorbergen des Hymettos bei dem heutigen Kará einen halbröthlichen, travertinartigen Baustein, welchem man in der Tyrannenzeit den Vorzug gab.

Charakteristisch aber war von Anfang an für die Athener ihr Sinn für Verbindung von Architektur und Plastik, ein angeborener Sinn für das Monumentale. Davon zeugen die Giebelsculpturen mit Thierkämpfen und Heraklesthaten, welche noch aus dem einheimischen Material des mergelichen Kalksteins gearbeitet sind, zur Ausstattung tempelförmiger Gebäude bestimmt, die wahrscheinlich für Aufbewahrung von Weihgeschenken bestimmt waren. Das sind Werke, die wohl aus vorsolonischer Zeit stammen und einen Zug zum Grossen offenbaren, ein Vorgefühl von der Zukunft der Stadt, das sich schon in der Zeit kund gab, da die Eupatriden das Regiment führten und dem Sitze ihrer Stadtgöttin ein hervorragendes Ansehen geben wollten.

So fanden die Pisistratiden den Boden vorbereitet, als sie mit einer Fülle von Mitteln, wie sie noch nie in einer Hand vereinigt gewesen war, die Ausstattung der Stadt mit grossartigen Denkmälern zu einer Hauptaufgabe der Staatsleitung machten. Es waren religiöse Stiftungen, wie sie nur im Einverständniss mit der Priesterschaft möglich waren. Ihre Unterstützung war um so wichtiger, weil in ihren Händen die Tempelschätze lagen; was aber zur Verherrlichung des Cultus geschah, war zugleich das beste Mittel, die gewerbtreibenden Volksklassen, die von der alten Aristokratie zurückgesetzten, durch grossartige Bauunternehmungen zu heben und die schroff getrennten Stände durch glänzende Volksfeste zu verschmelzen. So ging, was zur Verherrlichung der Gottesdienste geschah, mit den politischen Absichten der Tyrannen Hand in Hand.

Die Stadtgöttin war die Patronin der jungen Dynastie, die Hausgöttin der Pisistratiden, die ihre Oelbäume als Orakel benutzten.* Wie mächtig und wie thätig ihre Priesterschaft war, erhellt daraus, dass sie den Vorzug der Bodencultur, welchen Attika der Göttin verdankte, so umsichtig zu verwerthen wusste. Denn durch priesterliche Künstlergilden hatte auch das Holz der attischen Olive als Material für Götterbilder solchen Ruf erlangt, dass es von fern her begehrt wurde. Als daher die Epidaurier sich die Erlaubniss erbaten, zu diesem Zweck einen Oelbaum in Attika fällen zu dürfen, wurde sie an die Bedingung geknüpft, dass dafür eine jährliche Abgabe an die Stadtgöttin von Athen erfolge (XLVII 85).

---

* Olivenorakel für Thessalos: Theophr. Hist. pl. II, 3, 7.

So wurde das Ansehen des Gottesdienstes benutzt, um Athen zu einer Vormacht im saronischen Golf zu machen.

Dieser religiösen Politik schlossen sich die Peisistratiden in vollem Maße an, indem sie den Cultus der Göttin auf alle Weise zu heben suchten. Sie verbanden sie noch enger mit der Bürgerschaft durch die Abgaben, welche von allen Geburts- und Todesfällen in ihre Kasse flossen; sie machten die Stadtgöttin vor allen andern Göttern zur Staatsgottheit durch Einsetzung der von Staatswegen zu feiernden grossen Panathenäen. Dadurch wurden ihrem Heiligthum neuer Glanz und neue Einkünfte gesichert; die Tempelschätze wurden unter Aufsicht von Staatsbeamten gestellt und die Bürgerschaft wurde durch den neu gegründeten Festcyclus mit einem frohen Vertrauen zu dem Bestande der jungen Dynastie erfüllt.

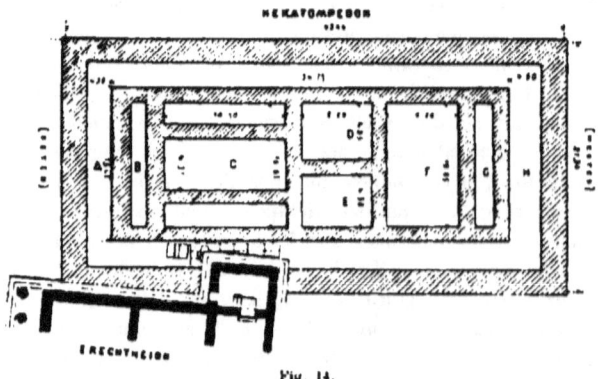

Fig. 14.

Dieser Epoche gehört das Gebäude an, von welchem bei der methodischen Reinigung der Burgfläche in den Jahren 1885—89 südlich neben dem Erechtheion die Grundmauern zu Tage getreten sind. Es war nicht das erste auf diesem Platze, denn es haben sich noch Baureste älterer Zeit im Boden gefunden.* Darüber erhob sich ein Tempelgebäude, dessen Nordrand in späterer Zeit von der Korenhalle des Erechtheions überbaut worden ist, wie die beifolgende Skizze (Fig. 14) zeigt. Man erkennt eine rechtwinkelige Terrasse, welche im Nordwesten drei Meter hoch unterbaut, gegen Osten in den Burgfelsen eingeschnitten worden ist. Als Baumaterial hat derselbe Kalkstein gedient, aus dem das alte Dionysosheiligthum und der vorperikleische Tempel in Eleusis gebaut sind. Ueberreste

---

* Dörpfeld, Mitth. XII, 61.

von Porosgebälk, das in der Burgmauer, und von Porossäulen, deren Trommeln östlich vom Parthenon im Schutt lagen, sind als zugehörig erkannt worden, und so ist hier von Dörpfeld mit voller Sicherheit ein dorischer Peristylos nachgewiesen, der 6 Säulen an den Fronten und je 13 an den Langseiten hatte. Es war ein vieltheiliges Gebäude mit einer Vorhalle nach Osten wie nach Westen. Im Innern erkennt man eine dreischiffige Cella, die sich nach Osten öffnete; hinter ihr einen nach Westen offenen, quadratischen Saal mit zwei neben einander liegenden Kammern. Im Vorderhause war, wie wir voraussetzen dürfen, ein Standbild der Göttin aufgerichtet, während das Hinterhaus wesentlich für die Schätze bestimmt war, welche unter priesterlicher Obhut der Stadtgöttin anvertraut waren. Dazu gehörten auch Urkunden verschiedener Art, namentlich die Aussprüche alter Propheten, wie des Musaios und Bakis, die von Onomakritos geordnet wurden, dem Vertrauten Hipparchs, Sprüche, deren Kenntniss als eine geistige Macht angesehen wurde, welche einer vorschauenden Staatsleitung unentbehrlich war.

Das Ganze war ein dem kleinen Athenaheiligthum nahe angeschlossener Prachtbau zu Ehren derselben Göttin, das Denkmal einer Zeit, da man über die ursprüngliche Einfachheit gottesdienstlicher Anlagen hinausging. Der Cultus bedurfte keiner ergänzenden Räumlichkeiten, seine Stätte haftete unverrückt an den heiligen Malen. Bild, Altar und Opferdienst blieben unverändert, ebenso wie die Lampe vor dem Bilde, deren Flamme, das Symbol eines unausgesetzten Dienstes, diesen Raum vor allen anderen auszeichnete.* Auch die Gegenstände, die der Gottheit geweiht waren, ihre Schätze und Kleinodien, waren ursprünglich im Tempelhause.** Als aber die Weihegaben sich mehrten, als die Festlichkeiten grösseren Raum in Anspruch nahmen und ein lebendiger Kunsttrieb neue Aufgaben suchte, da entstanden neben den engen Kapellen, die keine Umgestaltung erlaubten, neue Gebäude, „hundertfussige" Prachtbauten (Hekatompeda), deren Name schon andeutet, dass sie von vorgezeichneten Cultuszwecken unabhängig waren. Hier hatte man freie Hand, um Alles, was an Technik erlernt war und an Kunstmitteln zur Verfügung stand, unbeschränkt zur Anwendung zu bringen. Das neue Bild verherrlichte die Göttin als die Eigenthümerin auch dieses Gebäudes; das alte Holzbild

---

* Das ist die Gebundenheit des antiken Cultus, wie sie sich auch bei den Ausgrabungen in Naukratis gezeigt hat, wo das alte Aphroditeheiligthum dreimal an derselben Stelle umgebaut worden ist mit geringer Verschiebung des Grundrisses. So ängstlich haftete man an dem einmal geheiligten Platze. Ueber den λύχνος ἄσβεστος, Bötticher, Tektonik II⁴, 548.

** Garderobe der Göttin in heiligen Räumen: Il. 6, 90 πέπλος ἐνὶ μεγάρῳ.

ist aber als das gegebene Unterpfand göttlicher Huld immer in vollen Ehren geblieben und der Opferdienst nie auf ein von Menschenhand hergestelltes Bildniss übertragen worden.

Von den zu Ehren der Athena gebauten Prachttempeln der Akropolis wussten wir, dass der Parthenon nicht der erste in seiner Art gewesen sei, sondern einen im Perserkriege verbrannten Vorgänger gehabt habe, der 50 Fuss kürzer war (XXII 15). Nun misst der neu entdeckte Tempelbau mit beiden Vorbauten ohne die äussere Säulenhalle 100 attische Fuss; er war gerade so lang wie der Parthenon ohne das 50 Fuss tiefe Hinterhaus desselben. Also ist hier zweifellos jenes ältere, vorpersische Hekatompedon zu erkennen; ein Bau, von dem wir mit grösster Wahrscheinlichkeit annehmen können, er sei eine mit der Stiftung der „grossen Panathenäen" zusammenhängende Gründung und ganz oder theilweise ein Werk der Pisistratiden. Es lässt sich nämlich nachweisen, dass der Bau nicht durchaus aus einem Gusse war; denn die Grundmauern des Tempels bestehen aus dem Kalksteine der Burg, die der äusseren Säulenhalle aus dem Gestein von Kará, dessen Anbruch in die Tyrannenzeit fällt. Man kann also annehmen, dass die Pisistratiden einen älteren Bau vorfanden, den sie prächtiger ausstatteten; es kann aber auch der ganze Bau ihr Werk sein, indem sie während der Ausführung für den Säulenumgang das bessere Gestein in Anspruch nahmen. Die glückliche Entdeckung dieses Tempels hat dadurch ihre Krönung erhalten, dass es gelungen ist, auch von der kolossalen Giebelgruppe, welche die Stirnseite schmückte, die Mittel- und Hauptfigur wieder herzustellen, die Göttin als Besiegerin der Giganten; ein unschätzbares Denkmal der Stadtgeschichte, das uns zuerst vor Augen stellt, wie man damals in parischem Stein anmuthig und grossartig die Schutzgöttin Athena darzustellen vermochte. Auch die Kranzleisten des Tempels waren aus parischem Gestein, und die runden Deckziegel des Dachs aus Marmor von Naxos, wo solche Ziegel fabrikmässig gearbeitet wurden. So war das Heiligthum der Burggöttin schon damals ein Mittelpunkt, der die künstlerische Thätigkeit von Festland und Inseln verband. Endlich ist ein neues Licht auf den ganzen Tempelbau gefallen durch die von Lolling zusammengesetzte Urkunde der Tyrannenzeit, den Volksbeschluss über die Verwaltung des Hekatompedon, die am Eingange desselben aufgestellt und, weil sie zum Schmuck des Tempels dienen sollte, auf zwei parische Marmortafeln geschrieben war. Dadurch ist der Name des Gebäudes urkundlich bezeugt so wie seine Bedeutung für das Gemeinwesen. Priesterlichen Personen ist die Obhut der heiligen Gegenstände anvertraut, aber unter Aufsicht der Schatzmeister, welche für die gewissenhafte Ausführung des Volksbeschlusses verantwortlich sind und die untergebenen Beamten in Strafe nehmen können. Dadurch ist das Gebäude als ein Schatzhaus gekennzeichnet, dessen Obhut und Verwaltung eine vorzugsweise staatliche Angelegenheit ist.*

Es lag im Interesse der Pisistratiden, neben der kriegerischen Jungfrau auch die Beschirmerin des friedlichen Gewerbes in der Göttin zu ehren; darum ist es wahrscheinlich, dass um jene Zeit auch Athena Ergane auf der Burg ihr Heiligthum erhielt, in dem als charakteristische Proben einheimischer Technik alte Steinhermen aufgestellt waren (XIX 5).

Den Aufschwung des attischen Kunsthandwerks sollte am glänzendsten der Bau am Ilisos bezeugen, dort, wo der Fluss der Akropolis am nächsten kommt, der Tempel des olympischen Zeus. Er sollte das grossartigste Denkmal der jungen Dynastie sein, und wenn wir sehen, dass noch in römischer Zeit ausgedehnte Staatenverbindungen an das Heiligthum angeschlossen wurden (XLII 47), so dürfen wir voraussetzen, dass hier von Anfang an die Absicht vorlag, einen Tempel zu schaffen, der ähnlich wie die andern berühmten Heiligthümer des sechsten Jahrhunderts, namentlich das Artemision in Ephesos und sein Nachbild in Rom, ein amphiktyonisches Heiligthum sein sollte, ein Tempelsitz, um den auch ausserhalb Attika gelegene Küstenstädte den Athenern sich anschliessen sollten. Es haben sich Ueberlieferungen von dem mit höchster Energie betriebenen Eilbau eines Zeustempels in Athen erhalten, und es ist kein Grund, dieselben auf ein anderes Heiligthum des Zeus als das bei der Kallirrhoe zu beziehen (XLII 95). Trotzdem wurde nichts fertig, und die Bauglieder sind Jahrhunderte lang am Boden liegen geblieben, so dass die alten dorischen Säulen von Sulla nach Rom übergeführt werden konnten, um bei dem Tempel des capitolinischen Jupiter Verwendung zu finden (XLII 43).**

Südlich vom Olympieion, hart über dem rechten Flussufer, erstreckt sich eine kleinere Terrasse, welche ebenfalls als ein Schauplatz der Bauthätigkeit der Pisistratiden erkannt worden ist; hier wurden schon 1872 Dreifussbasen ausgegraben und fünf Jahre später fand sich die Altarplatte mit derselben Inschrift, welche Thukydides als eine der wichtigsten Urkunden athenischer Stadtgeschichte abgeschrieben hat, die Widmung des Peisistratos, des Sohnes des Hippias, an den pythischen Apollon (XIV 72). Als erster Archont hatte er die Feier der Thargelien geleitet, bei denen

---

* Erste Kunde von der Entdeckung des Tempels: Mitth. X, 275. Grundriss und Aufriss in den Antiken Denkmälern 1886, T. I u II. Genauere Beschreibung: Mitth. XI, 337 f. Entdeckung der Athena im Giebel: Studniczka, Mitth. XI, 185 f. Lolling Ἑκατόμπεδον, Athen 1896.
** Baureste dieser Zeit am Olympieion entdeckt von Dörpfeld, Mitth. XI, 349.

Dreifüsse als Preise vertheilt wurden. Die Altarweihe ist der Abschluss einer längeren Bauthätigkeit gewesen, denn das ganze Pythion wurde als eine Tyrannenstiftung angesehen. Es war eine Huldigung an den Stammgott der ionischen Geschlechter, der durch Solon ein Schutzgott der gesammten Bürgergemeinde geworden war.

Man hatte es verstanden, auch die delphische Priesterschaft günstig zu stimmen; die Epidaurier waren von ihr nach Athen gewiesen, um sich heiliges Oelholz zu erbitten (S. 70). Delphi begünstigte die aufstrebende Stadt. Im Pythion hatten auch die Exegeten ihren Sitz, die Vertrauensmänner des delphischen Gottes, die ständigen Vertreter des Orakels, die höchste Autorität in allen Angelegenheiten des heiligen Rechts.

Die Tyrannen waren ja von Hause aus mit dem Apollodienste, der die ganze Ostküste Attikas erfüllte, eng verbunden. Sie benutzten ihn, um die jenseitigen Gestade immer näher an Athen heranzuziehen, so wie die ionischen Künstler und Dichter daran zu gewöhnen, die Stadt wie eine neue Hauptstadt anzusehen. Das bezeugt vor Allem die von ihnen veranstaltete Lustration von Delos. Oberhalb des Pythion haben sie auch dem Heiligthume des lykischen Apollon eine neue Bedeutung gegeben (LXXXVI 44). Der Apollodienst wurde aber auch im Ilisosthale mit dem alt einheimischen Zeusdienst in enger Verbindung erhalten; denn am Altare des Zeus Astrapaios wurden die Blitze beobachtet, welche zur Absendung der Festgesandtschaft an den pythischen Gott das Zeichen gaben. Mit der Pflege des Apollodienstes hing endlich der Aufschwung der Thargelien zusammen und der musischen Wettkämpfe im benachbarten Odeion (LXXXVII 51), wo die Rhapsoden sich hören liessen, deren Kunst den Tyrannen besonders am Herzen lag.*

Ein vierter Gottesdienst, der für die Ausgestaltung von Athen einen eingreifenden Einfluss gehabt hat, war der des Dionysos; ein wesentlicher Theil der Unterstadt verdankt ihm seine geschichtliche Bedeutung, und hier sieht man am deutlichsten, wie das Ländliche und das Städtische, die mit dem Naturleben verknüpfte und die staatliche Seite des Gottesdienstes sich mit einander verschmolzen haben.

Auch die allmähliche Einbürgerung ist hier klarer, weil Dionysos zu Lande nach Athen gekommen ist, von Böotien herüber, und die älteren Heimstätten nachweisbar sind, nämlich im Norden von Athen, wo Eleutherai lag, und im Nordosten und Osten (Ikaria, Marathon, Brauron); das waren die Gegenden, in welchen die Pisistratiden selbst zu Hause waren und ihren politischen Anhang hatten. Sie waren also besonders

---

* Wachsmuth I, 502. Mommsen, Heortologie 138.

berufen, im Gegensatz zu den Altstädtern die Lustbarkeiten des dortigen
Bauernvolkes, die mit dem Weinbau verbunden waren, zu begünstigen,
und wie nahe und persönlich sie mit dem Dionysosculte verbunden zu sein
schienen, zeigt sich darin, dass man Peisistratos den Vorwurf machen
konnte, er habe in bildlichen Darstellungen dem Gotte die Züge seines
Kopfes geben lassen. Es ist daher nicht unwahrscheinlich, dass die
alten attischen Reliefbilder, welche des Dionysos segensreiche Ankunft wie
den feierlichen Einzug eines neuen Landesherrn darstellen, ihren Motiven
nach dieser Zeit angehören.*

Dionysos aber war kein Fremder in Athen. Im Kerameikos sah man
ihn dargestellt, wie er, von Norden kommend, gastliche Aufnahme gefunden
hat (XXVII 5). Schon in der Königsstadt, der vortheseischen, hatte er
einen festen Sitz und zwar seiner Natur entsprechend, in einem der
Vegetation günstigen Thalgrunde am Südfusse der Burg, der als ein ihm
geweihter Bezirk den Namen Limnai (Brühl) führte (LXXIII). Eine eigentliche Sumpfgegend kann hier, wo der Boden zum Ilisos abfällt, nie gewesen
sein; aber es sickern hier verschiedene Wasseradern, welche einst voller
waren, vom Burgfelsen herunter, von denen eine, als eine mit dem Dionysos
verbundene Nymphe, den Namen Nysa (XXXVII 42) geführt hat.** Es
konnten hier Stockungen eintreten, welche den Boden stellenweise feucht
machten. Daher werden die Frösche mit dem athenischen Dionysos in
Verbindung gesetzt, und der Heros Kalamites, der Rohr- oder Schilfmann,
hatte beim Lenaion seinen Sitz (L 75). Auch wissen wir, dass hier
Gräben gezogen werden mussten, um die tiefe Gegend trocken zu legen.
Es scheint, dass die ganze Niederung, vom Dionysosdienste abgesehen,
seit Alters ein beliebter Ort für Jugendspiele und Leibesübungen gewesen
sei, denn „Limnomachai" war ein volksthümlicher Ausdruck für Knaben,
die sich im Faustkampf übten. Für solche Zwecke war eine Gegend
unweit des Marktes die bestgelegene.***

Wie in Delphi, so waren es auch in Athen die Wintermonate, welche
der Dionysosdienst erfüllte, und zwar fiel in den Poseideon das Fest der
Lese, in den Gamelion das Kelterfest, in den Anthesterion, welchen die
Anemonen zum Blumenmonat machten, der froh gefeierte Genuss des
jungen Weins.

---

* τὸ Ἀθήνησι τοῦ Διονύσου ἄγαλμα πρόσωπον ἐκείνου τινὲς φασὶν εἰκόνα Athenaeus 533.

** Hermes XXI, 202. Der Name Nysa auf Vegetation bezüglich: νύσας ἐκάλουν τὰ δένδρα Pherekydes in Schol. Arist. Panath. p. 313 Ddf.

*** λάλαγες χλωροὶ βάτραχοι περὶ τὰς λίμνας Hesych. Abzugsgräben: Sitzungsbericht der Akad. d. Wiss., 1885, S. 441.

Diesen natürlich erwachsenen Festzeiten schloss sich im folgenden Monat, der ursprünglich nicht dionysisch war, ein viertes Fest an, das mit den Epochen des Weinbaus in keinem Zusammenhange stand, ein Frühlingsfest im Elaphebolion, ein von Gemeindebeamten geleitetes, mit Bildfahrten und Schauspielen ausgestattetes Staatsfest, und nichts ist wahrscheinlicher, als dass Peisistratos der Stifter war, indem er dem Volksgotte durch das neue Hochfest eine glänzende Huldigung und der Festlust der Menge neue Befriedigung bieten wollte.*

Diese „grossen Dionysien" fielen in die Zeit, da die Schiffahrt eröffnet wurde; denn wenn auch der Winter die Häfen nicht schloss, so war es doch für jedes Küstenvolk eine Epoche im Jahre, wenn man sich nach dem unberechenbaren Wechsel der „unsicheren Monate" wieder mit vollem Vertrauen der guten Jahreszeit hingeben und den täglichen Verkehr mit den jenseitigen Hellenen aufnehmen konnte. Es war also auch die beste Zeit, um durch neue Reize das Inselvolk zu den hauptstädtischen Festlichkeiten heranzuziehen. Es waren aber, als Peisistratos sich in seinem Regimente befestigte, gegen die Neigung der altbürgerlichen Kreise (wie wir an Solon sehen) die dramatischen Schauspiele in Athen öffentlich eingeführt worden, und nichts konnte den Tyrannen willkommener sein, als durch Ausbildung dieser Spiele der Stadt eine weit reichende Anziehungskraft zu geben.

Dies Fest war jetzt, wie früher die Anthesterien, das glänzendste der Unterstadt, nach Beruhigung des Meeres die Erneuerung des friedlichen Verkehrs mit den überseeischen Stammgenossen, und man feierte Dionysos selbst als den segensreichen Verkehrsgott, der von allen Küsten die schönsten Gaben nach Athen bringe;** ein Fest, das die Welt des ägäischen Meeres vereinigte aber heimlich inmitten des Asty begangen wurde, im Gau der Kydathenäer, neben dem Marktplatz, wo die berühmte Pappel stand, an welcher die Jugend hinaufkletterte, um den Schaustücken im Lenaion zuzuschauen. Volksspiele und Marktplatz stehen in natürlichem Zusammenhange: von den Brettergerüsten für die dionysischen Schauspiele heisst es ausdrücklich, dass sie am Markte aufgerichtet wurden.***

---

* Mommsen, Heortologie, S. 59, 396.
** Hermippos bei Meineke Fr. Com. gr. I, 141: als Gott des friedlichen, offenen Verkehrs, Dionysos zwischen Eirene und Hestia: Matz, Annali dell Inst. 1870, p. 194. Vgl. Apul. Metam. XI, 5, p. 1002; ed. Hild. sedatis hibernis tempestatibus, navigabili iam pelago primitias commeatus libant.
*** J. τὰ ἐν ἄστει, technischer Ausdruck, der keinen Anlass giebt, für τὰ J. ἐπὶ Λιμναίῳ einen Raum ausserhalb zu suchen. Die Alten kannten nur einen Schauplatz, Pollux IV, 121. Dass Limnai auch sonst von alten Zeiten her ein Schauplatz von Volksspielen gewesen sei, lässt sich aus dem Ausdruck λιμνομάχαι

Das Lenaion war ein heiliger Raum von grossem Umfange, innerhalb dessen zwei bescheidene Heiligthümer des Gottes lagen, die niemals zu Prachtbauten erweitert worden sind, ein älteres des Dionysos Eleuthereus, dessen Einbürgerung der Königszeit angehörte, und ein jüngeres, in dem wir vielleicht eine Gründung der Tyrannen erkennen dürfen.

Die Grundmauern beider Tempel, welche nur zehn Meter von einander entfernt lagen, sind neuerdings aufgedeckt; der nördlich gelegene kleinere ist der Kern der ganzen Anlage; nordöstlich von demselben hat man unter

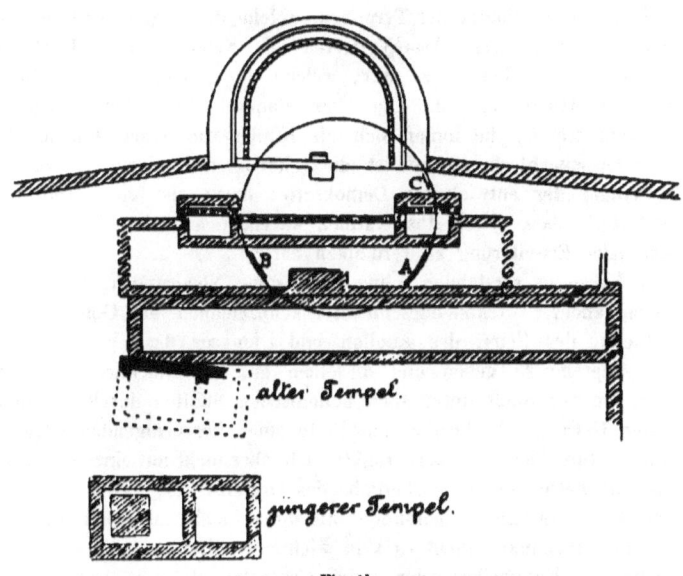

Fig. 15.

dem späteren Bühnengebäude die aus polygonalen Steinen erbaute, kreisrunde Fläche des Tanzplatzes aufgefunden, die alte Orchestra von c. 24 m Durchmesser, deren Rand bei A, B, C noch deutlich zu erkennen ist.

Durch Erhebung der Dionysien zu einem städtischen Hochfeste sind die ursprünglichen Volkslustbarkeiten nicht aufgehoben worden. Sie bestanden neben den städtischen in alter Weise fort; so das Winzerfest der Kollyteer, das auch mit dramatischen Aufführungen gefeiert wurde (LXXI 47); das brauronische sogar auch unter staatlicher Betheiligung, vielleicht

---

schliessen, der bei Hesychios vorkommt für Knaben, die sich an Ringübungen erfreuen. ἱερὰ ἐν ἀγορᾷ LXVIII 15.

auf Veranstaltung der Pisistratiden, welche ihrer Heimathsgegend grosse Anhänglichkeit bewahrten.*

Endlich ist noch ein Heiligthum im Süden der Burg bekannt geworden, dessen Ursprung nicht nachzuweisen ist, das Neleion. Es war ein dem Andenken des Kodros geweihtes Heroon, in welchem der Cultus des Neleus und der der Basile, in der wir eine Personification des Königthums erkennen, mit dem des letzten Königs von Athen verbunden war (LI 50). Diese Stiftung muss einer Zeit angehören, da man das Andenken der alten Königszeit wieder lebendig zu machen und zu ehren beflissen war. Das war die Politik der Tyrannen, welche den Segen der Königszeit erneuern wollten (S. 67). Das Vortreten des Neleus aber erklärt sich daraus, dass seine Person es war, welche die Inseln und die Küsten Ioniens mit Athen verband. Die alten Bande sollten damals neu ins Bewusstsein treten, die Ionier sich als Kinder von Athen fühlen. Der Zeit der Geschlechterherrschaft ist dies Heroon nicht zuzuschreiben und noch weniger der entwickelten Demokratie; darum ist die Vermuthung gerechtfertigt, dass es die Pisistratiden waren, denen das Neleion seine Stiftung oder Erweiterung zu verdanken hat.**

Sie haben es verstanden, ohne gewaltsame Neuerungen, wie sie die Regierung anderer Tyrannengeschlechter kennzeichnen, den Gottesdiensten der Athena, des Zeus, des Apollon und Dionysos das charakteristisch attische Gepräge zu geben und dieselben auf das Glücklichste zu verwerthen, um der Stadt unter allen hellenischen Städten durch die ihnen geweihten Gebäude, Bildwerke und Feste einen hervorragenden Glanz zu verleihen. Ihre Thätigkeit beschränkte sich aber nicht auf einzelne Gottesdienste; sie hatten die Herrschergabe des Organisirens, welche die Stadt als ein Ganzes im Zusammenhange mit ihrer Landschaft auffasste, und von dieser Wirksamkeit giebt es kein wichtigeres Denkmal als den Zwölfgötteraltar im Kerameikos, den neuen Centralpunkt, von dem die Entfernungen innerhalb und ausserhalb Attika gemessen wurden, eine für den städtischen Gottesdienst wie für das ganze Verkehrswesen maßgebende Stiftung, welche an vielen Orten der alten Welt nachgeahmt worden ist, aber so viel bis jetzt bekannt, kein auswärtiges Vorbild hat. Sie war der Abschluss einer ganzen Reihe durchgreifender Reformen in Stadt und Land, wie sie nur in der Zeit eines persönlichen Regiments ausgedacht und durchgeführt werden konnten (IX 14).

Bis dahin war Athen in seiner städtischen Entwickelung sich selbst

---

* Pollux VIII, 107.
** Vgl. Sitzungsbericht der K. Ak. d. Wiss. 1895, S. 437 f.

überlassen geblieben; es bestand aus einer engen Altstadt und weitläufigen, regellos anwachsenden Vororten im Norden und Nordwesten. Nach dieser Seite allein war eine gedeihliche Fortentwickelung, nur hier auf ebenem Terrain die Anlage geräumiger Verkehrsplätze möglich. Hier ist die grösste muldenförmige Senkung zwischen den nördlichen Ausläufern von Melite und denen der Akropolis, wie sie auf Karte II, wo die ursprünglichen Steilränder wieder hergestellt sind, deutlich hervortreten. Ein genaueres Bild der Terrainskizze giebt die beifolgende Fig. 16. In dieses Thal mündet von Süden her die Schlucht zwischen Akropolis und Areopag; hierher strömte von selbst die anschwellende Bewegung des Stadtverkehrs, hier wohnte die betriebsame Bevölkerung, welcher die Zukunft Athens gehörte.

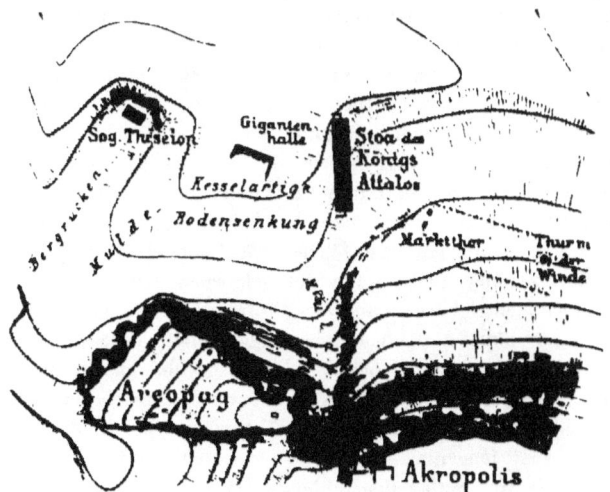

Fig. 16.

Ihren Kern bildeten die Töpfer, welche im Kerameikos ihre Thonlager hatten; neben ihnen arbeiteten die Schmiede, denen der Kolonos das Erz lieferte, und dann die anderen Gewerbe alle, deren das bürgerliche Leben bedurfte, die der Zimmerleute, der Steinhauer u. a. Neben den Werkstätten waren Magazine und Verkaufslokale; es war ein belebter Bazar auf dem Markte der Kerameer, deren Gau an Volksmenge und Wohlstand rasch empor gewachsen war, da seit Solon von allen Seiten, namentlich von Euboia und den Inseln, Techniker und Handwerker zuzogen, die nirgends mehr Ehre und Verdienst zu gewinnen hofften, als in Athen, dem im sechsten Jahrhundert keine griechische Stadt an Aufschwung gleich kam.

Neuordnung der Stadt.

Machten nun die Pisistratiden auf diesem Platze eine monumentale Stiftung, welche bezeugt, dass demselben eine ganz neue, eine centrale Bedeutung für die Stadt gegeben werden sollte, so müssen wir daraus schliessen, dass damals der Brennpunkt des städtischen Lebens aus dem Kydathenaion in den Kerameikos verlegt worden sei.

Veränderungen der Verkehrsräume kommen in der Geschichte griechischer Städte häufig vor.* Bei einer lebhaften Bewegung des bürgerlichen Lebens konnte es nicht anders sein, als dass die älteren Sammelorte unpraktisch wurden und wiederum früher abgelegenere Oertlichkeiten in den Mittelpunkt kamen. Solche Veränderungen waren das natürliche Ergebniss städtischer Entwickelungen. So auch in Athen. Hier aber müssen wir einen Staatsakt erkennen, der in bestimmter Absicht das durchführte, wohin die innere Geschichte der Stadt drängte.

Der Altmarkt ist von der Südstadt, dem Burgaufgange und der unmittelbaren Nachbarschaft des Dionysos in Limnai nicht zu trennen (S. 43). Der Stadtmarkt im Kerameikos muss also einer Verlegung seinen Ursprung verdanken. So lange aber die Eupatriden den maßgebenden Einfluss hatten, konnte im Handwerkerviertel unmöglich der Gemeindeplatz sein.** Eine Neuerung dieser Art konnte nur in einer Zeit erfolgen, da eine starke Hand den Staat führte, eine kraftvolle Regierung, die mit den Grundsätzen der Adelsgeschlechter gebrochen hatte und in dem von diesen verachteten Gewerbestande ihre Stütze sah. Das war der Charakter der Tyrannis, der den Stadtadel demüthigte und den Schwerpunkt des städtischen Wesens aus der engen Altstadt in die industrielle Vorstadt verlegte. So ist der Gaumarkt der Kerameer Stadtmarkt von Athen geworden, und dass diese Neuerung den Tyrannen zuzuschreiben ist, wird durch den vom jüngeren Peisistratos geweihten Altar bezeugt, an dem die allmählich sich vorbereitende Reform ihren religiösen Abschluss erhalten hat.***

---

* μεταστήσαι την ἀγοράν Thuk. I, 62; VII, 39. πρὸ τῆς νῦν ἀγορᾶς οὔσης V, 11. Altmarkt in Ortygia: Rhein. Mus. 20, 21. Thales prophezeit den Milesiern einen Stadtmarkt ἐν τόπῳ φαύλῳ καὶ παρωρμένῳ als ein Zeichen ihres Verkommens. Plut. Solon 12. Attische Studien II, 10; vgl. Ausdrücke wie ἀρχαῖον βουλευτήριον, στρατήγιον, θέατρον.

** Regierungsgebäude und Agora gehören überall zusammen; darum ist auch in Sparta πρὸς αὐτοῖς τοῖς ἀρχείοις bei Isokrates Phil. 48 gleich μέχρι τῆς ἀγορᾶς Polybios IX, 8.

*** Die Tyrannen die Schöpfer des Neumarkts auch nach Schöll Hermes VI, 27. Es sei die Vermuthung gestattet, dass mit der Demüthigung des alten ionischen Stadtadels auch eine Verordnung zusammenhing, welche darauf hinzielte, dass die ionische Frauentracht, früher ein Standesvorrecht der Eupatriden, auf die bürger-

Gliederung des Kerameikos.

Er war jetzt der heilige Mittelpunkt, der „viel umwandelte, duftreiche Nabel der Stadt", wie ihn Pindar nennt,* weil alle Prozessionen, welche die Unterstadt durchzogen, hier Halt machten, um demjenigen der Olympier, dem der Festtag galt, die gebührende Huldigung darzubringen (IX 26). Hier war der Punkt, wo die den Marktplatz kreuzenden Wege sich schnitten. Von hier berechnete man jetzt die in die Umlande ausgehenden Landstrassen, hier war das Asyl, dessen kein Gemeindeplatz entbehren konnte, ein rechtlich anerkannter Platz des internationalen Verkehrs, eine heilige Stätte öffentlicher Gastfreundschaft. Am Altar fand jeder Grieche den Schutzgott seiner besonderen Heimath; auf die Stufen des Altars setzten sich die Fremden und Flüchtlinge, welche den Schutz der Gemeinde in Anspruch nahmen.

Damit hing die Gliederung des Kerameikos zusammen. Der südliche, obere Theil desselben, ein Raum von ungefähr 7225 Quadratmetern, erhielt als städtischer Marktplatz eine feste Umgrenzung. Er war zur Vereinigung der verschiedenen Stadttheile vorzüglich gelegen, mit Burg wie Altstadt durch bequeme Wege verbunden, nach Norden hin in die fruchtbarsten Gaue sich öffnend und zugleich für Alles, was vom Kephisos her, von Eleusis und vom Peiraieus kam, der natürliche Zugang.

Nun erhielt auch die Höhe, welche den östlichen Rand des Kerameikos bildet, den Namen des Markthügels (Kolonos Agoraios). Sie ist um ein Meter höher, als der westliche Hügel, auf dem das „Theseion" steht, aber sie dacht sich sanfter ab und ist daher, mit der muldenförmigen Niederung in bequemerem Zusammenhang, vorzüglich geeignet zu einem Platze, wo sich die Dienstleute sammelten, welche in der Nähe des Markts Arbeit suchten. Es ist eine von der Akropolis vorspringende Landzunge. Daher konnte er dem Anakeion benachbart genannt werden, dem Heiligthum der Dioskuren, wo zur Zeit der Tyrannen die Wehrmannschaften zusammenberufen wurden; ein Platz, den die Pisistratiden benutzten, um die Bürgerschaft zu entwaffnen, indem sie die im Anakeion abgelegten Waffen durch ihre Söldner in die darüber gelegene Aglaurosgrotte bringen liessen, welche innerhalb der Burgbefestigung des Pelargikon lag.**

lichen Frauen übertragen wurde. Eine solche von Staatswegen angeordnete Veränderung der Tracht hat nach Herodot V, 87 einmal stattgefunden. Dieser Nachricht muss eine Thatsache zu Grunde liegen, wie Studniczka richtig bemerkt hat. Altgriech. Tracht (Abh. des Arch. Epigr. Seminars in Wien VI), S. 3.

* θεοί, πολύβατον οὖ ἄστεος ὀμφαλὸν θυόεντα ἐν ταῖς ἱεραῖς Ἀθάναις οἰχνεῖτε παρδαίδαλόν τ' εὐκλέ' ἀγοράν Fragm. dithyr. 17.

** Dieser Kolonos ein χωρίον; der Name mehr volksthümlich als officiell: σύνηθες γέγονε καλεῖν Κολωνόν; ein Ausdruck, der auf einen Demos nicht passt; es war ein selbständiger Hügel, ohne Zusammenhang mit dem grossen Vorstadtgau.

Mit diesen Sammelplätzen im Centrum der Stadt unterhalb der Burg war die Südhälfte des Kerameikos, der eigentliche Stadtmarkt in naher Verbindung. Der nördliche, tiefer gelegene Theil wurde nicht auf gleiche Weise vom Staate in Anspruch genommen; er blieb den alten Gaubewohnern überlassen und man gewöhnte sich jetzt, den in die Stadt hereingezogenen Theil als den inneren Kerameikos von dem äusseren zu unterscheiden, welcher sich den Charakter eines ländlichen Gaues bewahrte (LXX 74).

Zwischen Stadt und Land hatte noch immer eine spröde Sonderung bestanden. Durch Feldmarken waren die verschiedenen Theile der volkreichen Landschaft von einander getrennt; jede Gemarkung war etwas für sich, von ihrem Weideland umgeben. Jetzt wurden aus Feldwegen Landstrassen, unter öffentlichen Schutz gestellt, und nachdem Salamis durch Peisistratos fester Besitz geworden, konnten Binnenland und Küste endlich als ein Ganzes gelten. Die Strassen der Städte wurden von dem neuen Centrum aus strahlenförmig nach allen Seiten bis an die Grenzen von Attika verlängert. Neu gebahnt und genau vermessen, wurden sie mit Denkmälern ausgestattet, welche den Kunstsinn wie die Weisheitsliebe der Regentenfamilie bezeugten. Die viereckigen Steinhermen, deren Herstellung seit Alters die beliebteste Werkthätigkeit der attischen Demiurgen gewesen war, erhielten eine neue Bedeutung; mit Weihinschriften und Sinnsprüchen ausgestattet, gewährten die Steinpfeiler dem Wanderer in der Mitte zwischen Stadtmarkt und Landgau erwünschte Auskunft über Richtung und Länge des Wegs und zugleich einen ethischen Zuspruch. Jeder Gau lernte sich als ein Glied des Ganzen fühlen, die Sonderinteressen den staatlichen Gesichtspunkten unterordnen. Wer vom Auslande kam, empfing den Eindruck eines gastlichen, weise regierten Landes. In dem Tyrannenhause war es aber besonders Hipparchos, dem diese sinnvolle Ausstattung der Landschaft am Herzen lag, welche ebenso wie die Landesfeste den Zweck hatte, die Menschenklassen wie die Gaue des Landes mit einander zu verschmelzen und Attika als den Sitz einer vorgeschrittenen Geistesbildung zu kennzeichnen.

Der Gottesdienst war es, der überall die ersten Kunststrassen hervorgerufen hat, die sich von den Gassen, den zufällig gewordenen Verkehrswegen, deutlich unterschieden, und durch das Beiwort der „breitstrassigen"

---

der vom Poseidon Hippios seinen Namen hatte, der ἱππεύς, der dem μίσθιος entgegengestellt wird. Κολωναῖται heissen die μισθωτοί (Hermes 22, 123). Zu einem Warteplatz für Tagelöhner ist der „Theseionhügel" ungeeignet, weil er an der Grenze der Stadt liegt und nach dem Markte zu schroffe Abhänge hat, er konnte auch nicht „ἐν ἀγορᾷ" XLVIII 26 genannt werden, wie der Kolonos agoraios.

Stadt" wurde Athen in dem damals festgestellten Texte Homers als der Schauplatz wohlgeordneter und würdig gepflegter Gottesdienste bezeichnet.*

Die städtischen Heiligthümer hatten alle fahrbare Zugänge und ihre besonderen Verbindungen mit anderen Cultusstätten. So musste zum Zwecke der Thargelienfeier das Pythion mit dem jenseitigen Ilisosufer und dem Odeion verbunden sein; andererseits aber mit den altstädtischen Heiligthümern, wie namentlich mit dem der Demeter Chloe am Südwestrande der Burg, wo an den Thargelien das Voropfer dargebracht wurde;** es war die Verbindung zweier auf Erntesegen bezüglicher Feste, von denen das jüngere sich dem älteren anschloss. Auch mit Melite hing das Pythion zusammen. Denn die Thargelienprozession, bei welcher die Schuldbeladenen ausgestossen wurden, war nach dem Barathron gerichtet, um dort die Fegopfer hinabzustürzen. Endlich musste doch auch Apollo Patroos mit dem Pythion in Verbindung stehen.***

Die religiösen Strassen waren die einzigen, bei denen eine Verpflichtung vorlag, sie ununterbrochen von einem Zielpunkt zum andern zu führen, und so haben die heiligen Stätten älteren und jüngeren Ursprungs wesentlich dazu beigetragen, die verschiedenen Stadttheile zu einem Ganzen zu vereinigen.†

In Limnai wurde das Dionysosheiligthum ein Zielpunkt festlicher Züge; die feierlichste aller Strassen galt aber dem Hauptfeste der Stadtgemeinde, den Panathenäen, und wir dürfen annehmen, dass mit Stiftung der grossen Panathenäen der Festzug in allen Hauptpunkten seine endgültige Einrichtung erhalten hat.

Es handelt sich um feierliche Umschreitungen des ursprünglichen Stadtgebiets, um Rundgänge, welche den festgeordneten Besitzstand der Gemeinde jährlich von Neuem bestätigten und zugleich dem religiösen Gefühle genügten, dass man sich einer in bestimmten Terminen zu erneuenden Sühne bedürftig fühlte. Dazu war nach Anschauung der Alten eine Umwandelung des Stadtkerns erforderlich.

Religiöse Volksfeste dieser Art pflegten mit ausserordentlichen und wunderbaren Schauspielen verbunden zu sein. Dazu gehörte auch, dass Seeschiffe, welche den fernen Ursprung eines Cultus andeuteten oder auf

---

* ξεσταί ἀγυιαί, λεώπιπτοι, δρόμοι ἄμεμπτοι, viae tensarum. Vgl. meine Abh. zur Geschichte des Wegebaus bei den Griechen. Wachsmuth II, 137. Gegen eine Interpolation von Od. VII, 80 Kirchhoff, Odyssee 2, S. 205.

** Philochoros, Schol. Aristoph. Lys. 937.

*** Hermes XII, 496.

† viae perpetuae, Nissen, Pompej. Studien 550. Vgl. daselbst die Jupiter-, Venus-, Hercules-, Isis- u. s. w. Strasse.

besondere Ereignisse ältester Stadtgeschichte bezüglich waren, in die Stadt gerollt wurden, wie es in Delos, in Smyrna und andern Orten Sitte war.* Die Athener haben diese alterthümliche Ceremonie mit besonderem Eifer ausgebildet. Die künstliche Fahrbahn hatte, seitdem etwas Näheres darüber bekannt ist, im äusseren Kerameikos ihren Anfang und bei dem Zwölfgötteraltar war der erste Ruhepunkt der Prozession. Dann ging sie unterhalb des Nordhanges der Burg und ihrer heiligen Grotten bis zum Eleusinion (XXVII 15), das an der Ostecke derselben auf breiter Terrasse gelegen war, einem Vorgebirge ähnlich, welches von dem Panathenäenschiffe umfahren wurde; es war der natürliche Wendepunkt aller die Burg umkreisenden Festzüge, die ehrwürdigste Tempelstätte am Fusse der Burg.

Von hier machte der Zug eine Ausbiegung nach Südosten, wo unter den Heiligthümern am Ilisos das Pythion als eine Station der Festzugs genannt ist (XIV 55), um dann nach Westen umzuwenden und, dem Südrande der Burg folgend, die Rampe des Thorwegs zu erreichen.

Jede heilige Strasse hatte als Zielpunkt ein Heiligthum, und da das am Maste des Festschiffs angebundene Gewand die Bestimmung hatte, der Burggöttin als Geburtstagsgeschenk von der Bürgergemeinde dargebracht zu werden, so kann auch die panathenäische Feststrasse kein anderes Ziel gehabt haben, als das Heiligthum der Göttin. Wenn also im dritten oder vierten Jahrhundert n. Chr. ein Bürger geehrt wird, weil er mit grossem Aufwande es durchgesetzt habe, dass das heilige Schiff bis zum Tempel gelangte (XXI 70), so dürfen wir dies nicht als etwas ansehen, was die technischen Leistungen der früheren Jahrhunderte überboten hätte, sondern vielmehr als die Erneuerung eines alten, in Verfall gekommenen Gebrauchs, die durch Plutarchos' Freigebigkeit zu Stande gekommen ist.

Nach Analogie der städtischen Feststrassen in Griechenland und Italien müssen wir annehmen, dass der Panathenäenzug die Urstadt umkreist hat (wie der Römer heilige Umzüge das Palatium) und dann dazu benutzt wurde, mit den heiligen Stätten der Kydathenäer die neugeordneten Vorstädte zu einem Ganzen zusammenzuschliessen und es immer von Neuem in den Schutz der Stadtgöttin zu stellen.**

* νεωλκίαι πάνδημοι Aen. Tact. 17. Das Pompschiff Enneres in Delos: Böckh, Seeurkunden 76. Triere in Smyrna φέρεται κύκλῳ δι' ἀγορᾶς Aristides p. 402. Canter (I 373 Dind.), vgl. p. 473 Cant. (I 440 Dind.) 473. Vgl. das navigium Isidis: Jacob Grimm, D. Mythologie 1844, S. 236.

** Vgl. die pompae salutiferae mortalibus, ἀλεξίμβροτοι. Böckh, Expl. Pind. 292. Gilbert, Gesch. und Topogr. der Stadt Rom I, 149. Jordan, Stadt Rom I, 162. Als man Pelasgikon bei Philostrat. (LXXVI 72) auf einen einzelnen Mauerrest deutete, hat sich die Ansicht gebildet, die Prozession sei an der Nordseite plötzlich in eine rückläufige Bewegung übergegangen und habe anstatt der Rundfahrt

Sie war vor allen anderen Feststrassen ein Symbol der Einheit, ein heiliges Band, das die Bürger zu einer Gemeinde, die Stadt zu einem Hause vereinigte. Es war ein mit künstlichen Fahrgeleisen ausgestatteter breiter Weg, wahrscheinlich rechts und links mit erhöhten Seitenbahnen ausgestattet, von denen das Volk zuschauen konnte. Alle Kunstfertigkeit war aufgeboten, jede Störung des Festzugs sorgfältig zu vermeiden. Als die ansehnlichste Fahrbahn, welche Athen hatte, wurde die Strasse, so weit sie den Kerameikos durchschnitt, der Dromos (Corso) von Athen genannt (LXXV 19).

Wir dürfen voraussetzen, dass die Pisistratiden diesem Feste und Allem, was dazu gehörte, eine ganz besondere und persönliche Aufmerksamkeit zugewendet haben. Es diente ihnen dazu, den von ihnen neu geschaffenen Stadttheil als ein ebenbürtiges Quartier von Athen zur Anerkennung zu bringen, und oben auf der Burg ging der Zug nördlich von dem Hekatompedon der Peisistratiden zur Osthalle des Poliastempels.

Wir dürfen annehmen, dass seit den Tyrannen im Wesentlichen an dem panathenäischen Festzuge nichts geändert worden sei.

In der grossartigen Bauthätigkeit der Pisistratiden nimmt die Versorgung der Stadt mit Trinkwasser einen wichtigen Platz ein. Denn bei der trockenen Lage Athens und seinem heiteren Himmel, unter dem man im Jahre durchschnittlich nur 44 Regentage hat, war keine Thätigkeit geeigneter, eine Regierung populär zu machen, als die vorsorgende Befriedigung des nächsten und dringendsten aller Bedürfnisse der anwachsenden Bürgerschaft, und wie die Tyrannen in Megara und Samos, wie in Rom die Tarquinier und Cäsaren, so haben auch die attischen Gewalthaber darauf besondere Aufmerksamkeit gerichtet.

Die erste Aufgabe war das Regenwasser zu sammeln, und die grosse Burgcisterne (S. 68) ist ein Denkmal dieser Thätigkeit, welche den Zweck hatte, der Oberstadt volle Widerstandsfähigkeit zu geben.

In den unteren Stadttheilen wurde auf Wasser gegraben. Platon macht es den Bürgen zur Pflicht, die Hoffnung, Wasser zu finden, nicht eher aufzugeben, bis man auf das Thonlager gekommen sei, und wie sehr man seit alter Zeit auf die Privatthätigkeit rechnete, zeigt die Bestimmung Solons, dass jeder öffentliche Brunnen nur auf vier Stadien im Umkreise benutzt werden dürfe; die ferner Wohnenden mussten sich selbst helfen.*

eine künstliche Schleife im Norden gemacht. Wie unwahrscheinlich diese uns zugemuthete topographische Vorstellung sei, hat R. Schöll in seiner Recension von Wachsmuth, Stadt Athen, N. Jen. Literaturzeitung 1875, S. 693 klar gezeigt.

* Gesetze VIII, 844. Plut. Solon 23 δημόσιον φρέαρ ἐντὸς ἱππικοῦ.

Das Dritte war die Wasserleitung. Es galt, das stockende Wasser in Bewegung zu setzen, das fliessende rein zu halten, damit es gesund zum Trinken sei, das nutzlos verschwindende zu verwerthen.*

Man schloss sich in diesen Arbeiten unmittelbar der Natur an. Man grub in dem Flussbett des Ilisos, dann neben demselben Kanäle, um die

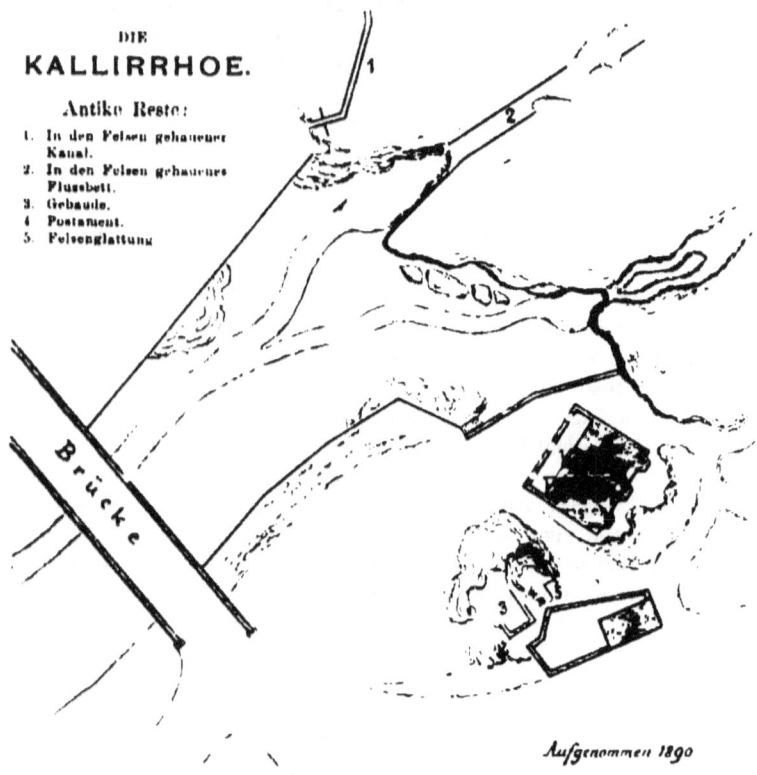

DIE
KALLIRRHOE.

Antike Reste:
1. In den Felsen gehauener Kanal.
2. In den Felsen gehauenes Flussbett.
3. Gebäude.
4. Postament.
5. Felsenglattung.

Aufgenommen 1890

Fig. 17.

dünnen Quelladern zu sammeln. Man grub Felsgänge in den Lykabettos: man fing das Wasser des oberen Ilisos auf, das bei der Kapelle des H. Ioannes seine Hauptquellen hat (S. 4), und leitete dasselbe, damit es

* Reinhaltung des Trinkwassers durch Bewegung: γῆ μιχθεῖσα πρὸς ὕδωρ ἐξίσταται καὶ φθείρει τὸ πότιμον καὶ οἰκεῖον· ὅθεν εὔσηπτα μᾶλλόν ἐστι τὰ στάσιμα καὶ κοῖλα, ... τὰ δὲ ῥέοντα φεύγει καὶ διακρούεται τὴν προσφερομένην γῆν. Plut. Symp. VIII, 725 D.

sich nicht im Kiesboden verliere, durch Kanäle in die Stadt. Ebenso sind vom Eridanos zwei Leitungen abgezweigt worden, deren eine den jetzigen Schlossgarten bewässert, die andere den nördlichen Theil der alten Stadt und die bei Hagia Triada mündet. Ein grosser Theil dieser Arbeiten war gewiss schon vor den Pisistratiden fertig.

Bezeugt ist von dem, was sie an Wasserwerken geschaffen haben, nur eines, die Umwandlung der Kallirrhoë in den Prachtbau einer städtischen Fontäne, und bei keinem ihrer Werke sind sie glücklicher gewesen. Auch hier war es die Aufgabe, das durch das Gestein sickernde Wasser in Kanälen zu sammeln und an der passendsten Stelle heraus zu leiten. Man wühlte den Punkt, wo das Ilisosbett mit einem senkrechten Felsriff plötzlich abbricht und das Flachufer beginnt. Hier wurde, wo das in einem Felskanal (2) zugeleitete Flusswasser die Felswand herabstürzte, eine Säulenhalle vorgebaut; das Wasser wurde in einer breiten Rinne aufgefangen und gesammelt und ergoss sich innerhalb der Halle in eine Reihe von neun Thiermasken.

In einer dürren Felslandschaft, wo kein Quell rieselte, war es einem Wunder gleich, als man den Neunsprudel zum ersten Mal niederrauschen sah, und während von den grossen Denkmälern jener Zeit Alles früh zerstört oder unvollendet liegen gelassen wurde, hat diese Fontäne unverletzt alle Generationen der alten Athener täglich erfreut. Durch kein Werk späterer Zeit verdunkelt, ist sie unverändert eine der grössten Sehenswürdigkeiten der Stadt geblieben, ein Mittelpunkt gewerblicher Thätigkeit und zugleich ein geliebter Ort der Muße, wo das Städtische und das Ländliche sich anmuthig verband, wo man inmitten des geschäftlichen Treibens den Nymphen nahe zu sein glaubte, die man sich hier mit Pan ansässig dachte. Der Hallenbau war ein Ausdruck des Dankes für den Segen der Quelle, um welche die Erechthiden und Ionier sich einst zu einer Bürgerschaft gesammelt hatten, und nachdem sie längst aufgehört hatte, den täglichen Wasserbedarf zu liefern, ist sie aus alter Anhänglichkeit immer in Ehren gehalten worden: zum Brautbade wie zu anderen festlichen Bräuchen hat man immer aus ihr das Wasser geschöpft, mit sichtbarer Vorliebe hat man sie in Relief- und Farbenbildern dargestellt; sie ist das einzige Denkmal der Stadt, das Thukydides einer Beschreibung würdig gehalten hat (V 19); ja, durch Jahrtausende hindurch hat der unscheinbare Platz am Ilisos seine Bedeutung behalten und noch heute gehen die Athenerinnen mit ihrer Wäsche zur „Kallirrhoë".

Ganz anderer Art war die Thätigkeit im Thale des Kephisos. Sein Wasser verlor sich nie im Boden. Hier kam es darauf an, den grössten Schatz, welcher für Feld- und Gartenbau dem Lande gegeben war, richtig zu vertheilen, um die tieferen Bodenstellen zu entsumpfen und die trocken liegenden Grundstücke in den Bereich des Flusswassers hereinzuziehen. Aus den die Akademie einschliessenden Armen des Kephisos wurden nach beiden Seiten hin die Kanäle geleitet, mit deren Anlage zugleich eine Gesetzgebung verbunden war, welche die Benutzung regelte, so dass keiner seinen Nachbar oder Bachgenossen (Conrivalen) übervorteilen konnte. Auf diese Weise ist die ganze Niederung erst ein gesunder Wohnort, ein wohlbestelltes Gartenland geworden. Den Besitzern der kleinen Bauernhöfe, welchen Solons Gesetze eine freiere Lebenslage gegeben hatten, wurde die Bestellung des Landes mit Oelbäumen von Staatswegen erleichtert und Alles gethan, um durch Förderung des Landbaues einer Uebervölkerung der Stadt vorzubeugen.

Die Baumpflege war eine der Traditionen des Königthums, welche die Tyrannen aufnahmen. Sie sind die eigentlichen Gründer des attischen Olivenhains, der wichtigsten Grundlage des öffentlichen Wohlstandes. Die Stämme gehörten zum Inventar des Landes und wurden keinem Grundbesitzer zur freien Verfügung überlassen. Einen besonderen Schatz bildeten die heiligen Oelbäume (Moriai II 85), die in der Akademie zusammenstanden, aber auch auf Privatboden zerstreut waren; jeder von ihnen eine heilige Stätte, mit einer Einfriedigung umgeben.* Sie waren gleichsam das Patriziat unter den Bäumen, die Erstlinge aus der Hand der Göttin, und aus diesem Garten der Athena wurde das Oel gewonnen, das den Siegern an den Panathenäen als das schönste aller Erzeugnisse des heimathlichen Bodens gespendet wurde.

Die Akademie mit ihrer Umgebung hat damals ihren geschichtlichen Charakter erhalten und das Andenken der Tyrannen ist in mannigfaltiger Weise mit ihr verbunden. Sie ist damals aus Privateigenthum öffentlicher Besitz geworden und der Athena geweiht. Mit ihr wurde der Dienst des Eros so eng verbunden, dass man beiden an **einem** Altare opferte (XXIX 66). Charmos, der den ersten Erosaltar gründete unter schattigen, die Uebungsplätze begrenzenden Baumreihen, war ein Vertrauter des Tyrannenhauses, und die Gründung des Altars hing wieder mit dem grossen Athenafeste zusammen, das unter den Tyrannen ausgestattet wurde; seine Fackelläufe nahmen hier ihren Anfang (XXIX 52). Auch haben die Pisistratiden selbst hier gebaut, wie der sprichwörtliche

---

* ἐλαιῶν γυροί Mitth. des athen. Inst. XIII, 44. Vergl. γυροῦν, γυροὺς περισκάπτειν, ὀχετηγὸς ἀνήρ Il. XXI, 257. Gräben zum ἐπάγειν ναμωταῖον ὕδωρ, ἐποχετεύειν. Neumann-Partsch, Geogr. v. Gr. 410. Wachsmuth I, 97. Rh. Mus. 44, S. 153. Wegen der Kreisform auch κύκλοι; so erklärt Wachsmuth Κυκλοβόρος „Grabenvernichter."

„Mauerbau des Hipparchos" bezeugt, wahrscheinlich ein fester Platz, dessen Anlage, wie es scheint, klein begonnen, allmählich zu einem unvorhergesehen kostspieligen Bau angewachsen ist (LXXXV 36).

Von diesen stolzen Bauten ist nur dunkle Kunde zu uns gekommen. Die Kephisosebene aber hat bis auf den heutigen Tag den Segen, welchen die weisen Einrichtungen jener Zeit ihr verliehen, auf das Glücklichste bewahrt. Noch heute rieseln hier die zahlreichen Bäche, wo die Athener der Stadt so nahe den vollen Genuss freier Ländlichkeit, feuchte Luft ohne Staub und Hitze, kühlen Baumschatten so wie den erfreuenden Anblick wohlbestellter Fluren und des an den Rändern der Bäche sprossenden Blumenflors hatten. Hier haben die Athener auch ihr Naturgefühl am wärmsten ausgesprochen und die rosenbekränzte Aphrodite gefeiert, wie sie aus den Kephisoswellen schöpfte und mit lieblicher erquickender Luft die Fluren anhauchte.*

So hat Athen, nachdem, was früher Vorstadt gewesen, in den Kern der Stadt aufgenommen worden ist, seine neuen Vorstädte erhalten, die immer sein besonderer Schmuck geblieben sind, den äusseren Kerameikos, der sich in die breite Niederung des Kephisos erstreckte, während gleichzeitig auch im Osten das enge Ilisosthal seine vorstädtische Ausstattung empfing. Hier soll unter den Pisistratiden das Gymnasion des Lykeion seine erste Ausstattung erhalten haben. Die Tyrannen waren freisinnig genug, ausser den Handwerkerfesten im Kerameikos und den Fackelläufen der Hephaistossöhne auch in den Bürgerfamilien die körperliche Ausbildung zu pflegen; sie haben sich an Einführung gymnischer Wettkämpfe persönlich betheiligt; sie haben in ländlicher, baumreicher Umgebung auch zu den Gymnasien Athens, Lykeion wie Akademie, den Grund gelegt.

Ob die erweiterte Unterstadt durch eine Ummauerung von den neuen Vorstädten getrennt worden sei, ist eine der schwierigsten Fragen der Stadtgeschichte von Athen. Vollendet ist eine solche Ringmauer damals nicht; denn die Pisistratiden sind von den Lakedämoniern im Pelargikon belagert worden (LXXVI 42); also nur dieser engere Mauerring war damals widerstandsfähig.** Es wird aber auf das Bestimmteste bezeugt, dass ein älterer Mauerring durch Themistokles erweitert worden sei (LXXVIII 43); ein solcher kann aber nur der Tyrannenzeit angehören, und es wird bei der Erzählung von Hipparchos' Ermordung im inneren Kerameikos ein

---

* **Eur. Medea** 831. **Kalkmann, Jahrbuch des arch. Inst. I, 252. Welcker, Gr. Götterl. II, 700.** Hier keine Sturmwinde wie an den Uferklippen, sondern μέτριοι ἄνεμοι, mildfeuchter Lufthauch: ἡδύπνοος αὔρα.

** **Marmor Parium** (*CI Gr.* II, p. 301) 60: ἐξανίστησαν τοὺς Πεισιστρατίδας ἐκ τοῦ Πελασγικοῦ τείχους.

Stadtthor erwähnt, durch welches die Mörder eingedrungen sein sollen (LXXXI 54). Da nun auch in dem Hadriansthor ein Punkt vorthemistokleischer Ummauerung gegeben ist, so dürfen wir die Vermuthung aussprechen und für wahrscheinlich halten, dass die Tyrannen in Voraussicht eines Angriffs, dessen sie von Seiten Spartas gewärtig sein mussten, ausserhalb des Pelargikon noch einen weitern Mauerring gemacht haben von ungefähr 20 Stadien im Umfang, der den Philopapposgipfel mit dem sogenannten Theseionhügel umfasste; eine Kreislinie, welche von einem Punkte der Akropolis zwischen Propyläen und Parthenon auf allen Seiten gleich weit entfernt war. So ist sie versuchsweise weiter unten auf dem Plane der themistokleischen Mauer dargestellt.

War eine solche Ummauerung im Werke, so mussten die Widersacher der Tyrannen, welche auf eine Intervention der Spartaner Rechnung machten, Alles thun, um diese rechtzeitig in Kenntniss zu setzen, und so ist Kleomenes der Vollendung jenes Mauerrings zuvor gekommen.

Der wichtigste Ausgang der Tyrannenstadt war der südliche, weil er sie mit dem Phaleron verband; denn die Beziehungen zur See wurden vor Allem gepflegt, um den gewinnreichen Küstenverkehr so wie die Macht der Stadt zu heben. Davon zeugen die Verbindungen mit den Cykladen, mit den Küsten Thessaliens und Makedoniens sowie mit dem Sunde des Hellesponts, den man von Sigeion zu beherrschen suchte. Nach der phalerischen Seite hin lagen ja auch die städtischen Prachtanlagen jener Zeit am dichtesten zusammen. Als die Beziehungen zu Sparta gespannter wurden, suchten die Pisistratiden die phalerischen Stadttheile dadurch zu schützen, dass sie das Halipedon von Bäumen und Gestrüpp säuberten, um die ganze Niederung für ihre thessalischen Hülfstruppen reitbar zu machen.*

Mit Bewunderung blickt man auf den reichen Inhalt der kurzen Pisistratidenherrschaft. In welchem Umfange sehen wir Athen neu belebt und neu geordnet; die Burg als Schauplatz der Panathenäen mit Prachtbauten gekrönt, welche schon einen über die Landesgrenzen hinaus reichenden Einfluss bezeugten, die Unterstadt im Südosten mit dem Festbezirk von Limnai, dem Olympieion, Pythion, Enneakrunos und der Strasse zu dem als Handels- und Flottenhafen glücklich aufblühenden Phaleron, die neu geschaffene Stadt der Ebene mit der Centralstelle des Zwölfgötteraltars, in bürgerlicher Regsamkeit die alte Adelstadt rasch überflügelnd; um die erweiterte Stadt, die jetzt den Burgfels kreisförmig umschliesst (I 13).

---

* Herod. V 63: κείραντες τῶν Φαληρέων τὸ πεδίον καὶ ἱππάσιμον ποιήσαντες.

die neuen Vorstädte, die mit der Stadt jetzt erst eng verbundene Kephisosebene mit der Akademie — und dies Alles war nicht die Schöpfung willkürlicher Tyrannenlaune, sondern eine dem Boden des Landes und der geschichtlichen Bewegung sich anschliessende Entwickelung, weil die Pisistratiden, so lange sie als gute Landesfürsten regierten, in vollem Verständnisse dessen handelten, wozu ihre Vaterstadt berufen war.

Darum ist ihr Wirken auch für die ganze Folgezeit maßgebend gewesen.

Zunächst freilich war ihr Sturz ein gewaltsamer Bruch. Die Wohnräume der Regenten und ihres Gefolges wurden niedergerissen, die Fürstenbilder vernichtet. Aus ihren Ehrenstatuen wurde eine Schandsäule gegossen, als Denkmal der Tyrannenfrevel mit den Namen Aller, die an der Knechtung einer freien Bürgerschaft Antheil genommen hatten, so dass sie später als eine Urkunde der Zeit benutzt werden konnte.* Der Bau des Olympicion wurde abgebrochen (XLII).

Ein demokratischer Zug ging durch die Welt. Man fühlte sich an der Schwelle einer neuen Entwickelung, welche man durch neue Festlichkeiten, neue Heroendienste zu feiern das Bedürfniss hatte. Die vor Jahren verübte Ermordung des volksfreundlichen Hipparchos wurde demnach, da man nichts Besseres hatte, zu einer patriotischen Heldenthat gestempelt und den Mördern am Fusse der Burg ein weit sichtbarer Festplatz als Orchestra eingerichtet. Als Landesheroen wurde ihnen daselbst auf einem Altare geopfert, als wenn durch sie die Stadt neu gegründet wäre; auf dem Altarplatze wurden Erzbilder errichtet; als Wesen höherer Art, die mit Diomedes und Achill auf den Inseln der Seligen wohnten, wurden sie von den Dichtern gefeiert. Dieser taumelhaften Sagenbildung gehört auch die Gestalt der Leaina an, der Geliebten des Harmodios oder des Aristogeiton, welche als eine eherne Löwin am Eingange der Akropolis ihr Denkmal erhalten haben soll (LXII 31).**

Die Burg wurde noch einmal eine Zwingburg, als Kleomenes, der den Hippias zum Abzuge gezwungen hatte, sie mit den Spartanern und seinen attischen Parteigängern besetzte, um die demokratische Entwickelung zu unterdrücken. Die Befestigung der Tyrannen war schon niedergerissen.

---

* Thuk. VI 55: στήλη περὶ τῆς τῶν τυράννων ἀδικίας ἡ ἐν τῇ ἀκροπόλει σταθεῖσα.

** Die Gruppe officiell: οἱ περὶ Ἁρμόδιον (auch Leaina) LVI 43; sie waren ἥρωες ἰσοστάσιοι Pind. Pyth. 5, 81. Als Euergetai der Gemeinde hatten sie an allen Spenden Theil. Heroisirung wie bei Kodros (τὰς ἀθανάτους δόξας ἀείρειν LI, 41) mit Altardienst verbunden; daher auch bei den neben ihnen aufgestellten Soteres βωμοί und Priesterthum LIII, 32. τοῖς περὶ Ἁ. ἐναγίζειν Poll. VIII, 21.

Siebzehn Schilder tief standen die Bürger vor dem Eingange der Akropolis, um den neuen Tyrannen durch Aushungerung zur Uebergabe zu zwingen. Die Spartaner mussten schimpflich abziehen; die mitverschworenen Athener büssten als Hochverräther, und eine neue Schandsäule von Erz mit ihren Namen erhob sich neben dem Tempel der Polias, deren Priesterin den frechen König so tapfer von ihrem Heiligthum zurückgewiesen hat.*

Durch Ueberwindung dieses Attentats gegen die Entwickelung bürgerlicher Freiheit wurden auf Grundlage der solonischen Gesetzgebung die von den Pisistratiden gemachten Einrichtungen der Stadt im Grossen und Ganzen nur befestigt.

Der Südstadt verblieb nach wie vor, was an geheiligte Plätze gebunden war, das alte Prytaneion mit dem Herdfeuer, das Dionysosfest in Limnai, die Volksversammlung auf der Pnyx. Das öffentliche Leben aber, die Leitung der Gemeindeangelegenheiten wurde nach Abbruch des Regentenhauses endgültig nach dem Kerameikos verlegt, wie es die Tyrannen vorbereitet hatten, und die Staatsgebäude ordnen sich hier zu einer festen Gruppe, ohne dass sich bestimmen lässt, was von den Tyrannen übernommen und was durch Kleisthenes geschaffen worden ist.

Vom Prytaneion der Altstadt, aus dem die nach Ionien ausziehenden Colonisten das Herdfeuer mitgenommen hatten, wurde ein Filial im Kerameikos gestiftet, das aber nicht Prytaneion genannt wurde, sondern von seiner Bauform Tholos oder Skias. Denn das neue Herdgemach war wie das alte ein aus Ziegeln aufgeschichtetes Rundgebäude, und man hielt an der alten Anschauung fest, dass die Staatsgemeinschaft aus einer Herd- und Hausgenossenschaft erwachsen sei. Darum blieb des alten Hausherrn, des Königs Bild immer im Bewusstsein; der neue Königsherd wurde als gemeinsamer Speiseplatz (Syssition) der den Staat leitenden Beamten in die Republik übernommen; es war der wachthabende Ausschuss des Raths, der Kreis der Prytanen, der Hüter des Gemeinherds, die immer am Platz waren und deren Auge, wie einst des Königs Auge, das Ganze überschaute. Mit ihrer Tafelrunde war das Opfer für das Gemeinwohl unzertrennlich verbunden. Den Opferdienst besorgte der Skinspriester (XCIII 87). Bedienung und Reinhaltung ein öffentlicher Sklave.**

---

* Schol. Aristoph. Lys. 277.
** Nach Schöll Hermes VI, 27 hat die Verlegung des Gemeindeherds und des Amtsgebäudes in das neue Centrum unter Kleisthenes stattgefunden, weil die Tyrannen sich gescheut hätten, die hergebrachten Formen der Verwaltung zu ändern. Darüber, dass die Tholos im Kerameikos nicht das eigentliche, ursprüngliche Prytaneion sei, herrscht unter den Forschern keine Verschiedenheit der Ansicht. Es ist aber behauptet worden, das ursprüngliche Prytaneion habe an der

Einen zweiten ständigen Kreis bildeten die Archonten, unter denen mit den Attributen königlicher Machtbefugnisse auch der Name ihres Trägers erhalten geblieben ist. Auch räumlich wurde die Regententhätigkeit in ihrer ursprünglichen Einheit festgehalten, und das Versammlungshaus, worin die Erben des Königthums tagten, war im Wesen nichts Anderes, als das vom Altmarkt her übertragene Amthaus des Königs, das „Basileion". Dass es unter diesem Namen auch am Kerameikos bestanden habe, lässt sich schon daraus abnehmen, dass es später, mit Säulenhallen ausgestattet, immer den Namen eines königlichen Baues, den der „Königshalle" behalten hat. Wir dürfen voraussetzen, dass hier nicht nur die Geschäftslokale des Archontats, welche später den besonderen Namen „Thesmothesion" hatten (XCIII), sondern auch die Räume, deren der Areopag bedurfte, so lange er ein Oberaufsichtsrath der Republik war, lagen. Auch für seine richterliche Thätigkeit waren hier die Lokale, wo die der Competenz der Areopagiten zufallenden Rechtssachen anhängig gemacht wurden. Das war noch ein Ueberrest der alten, aus der Königszeit stammenden Verbindung von Gericht und Verwaltung, die ja auch bei den Archonten aufrecht erhalten wurde, nachdem ihnen von der Richtergewalt nur die Einleitung der Prozesse übrig geblieben war.

Der Areopag bildete räumlich das Mittelglied zwischen Alt- und Neustadt, zwischen oben und unten; daher nannte man die Gerichtsplätze im Kerameikos die unteren (LXXXIV 40). Auf der dem Ares geweihten Felshöhe ruhte die religiöse Weihe des peinlichen Gerichtshofs und darum nannte sich der Senat desselben, auch wenn er unten tagte, der „vom Areshügel".*

Ausser dem alten Königstische im Prytaneion, der eben so wenig aufgehoben wurde, wie der alte Königsherd, an welchem, von allen politischen Angelegenheiten fern, die Ehrenbürger der Gemeinde speisten, bestanden also zwei neue Tafelrunden, bei denen der Staat den Wirth machte, die Archontentafel und die Prytanentafel in der Tholos.**

Ein besonderes Gebäude in dieser Umgebung verlangte der nach dem Tyrannensturze neu ins Leben gerufene solonische Rath (S. 69). Das Rathhaus musste in der Nähe sein, damit der Tagespräsident hier den

---

Nordseite der Burg gelegen, wo Pausanias ein Prytaneion ansetzt, c. 450 Schritt in ebener Fläche von der Tholos entfernt. Wie ist aber, von allen anderen Gründen abgesehen, bei solcher Nähe eine Verlegung denkbar? Ganz anders, wenn es sich um eine Verpflanzung aus der abgeschlossenen und abgelegenen Südstadt handelt.

* ἡ βουλή, ἡ ἐξ ἀρείου πάγου· ἄρειος πάγος, ὅτι ἐν πάγῳ ἐστὶ καὶ ἐν ἴσῳ. Vgl. I 60. Die Gerichtsstätte oben, die Geschäftslokale unten.

** τρία στάσιμα Hermes VI, 29.

Vorsitz führe, ohne sich zu weit von der Tholos zu entfernen. Endlich musste eine Registratur der öffentlichen Akten vorhanden sein, eine geordnete und sicher geführte Sammlung der Urkunden, welche dem Rath zur Hand sein musste, damit keine Beschlüsse gefasst würden, die mit dem Herkommen im Widerspruch standen. Hatten also die öffentlichen Urkunden früher unter dem Schutz der Burggöttin ihren Aufbewahrungsort, so wurde ihnen jetzt im Kerameikos ein Platz eingerichtet im Bezirk der Göttin, welche hier in volksthümlicher Weise „Mutter" genannt wurde und ihr Bezirk Metroon (XXXI). Dadurch wurde, wer sich an den Urkunden des Staats vergriff, zu einem Frevler an der Gottheit. Das Heiligthum aber war jetzt wesentlich Staatsgebäude und der täglich wechselnde Präsident der Republik hatte, wie zur Burg, so auch zum Staatsarchive die Schlüssel in seinem Gewahrsam. Zum Staatsherde hatte aber das Gebäude noch ein besonderes Verhältniss, indem Hestia als Tochter der Göttermutter gedacht wurde.

Das Rathhaus lag mit dem Metroon auf dem der Göttin geweihten Boden, das Metroon noch auf Felsgrund, der Terrasse der Tyrannenmörder, die sich auf der Grenze zwischen Burg und Kerameikos erhob, gegenüber.

Metroon, Buleuterion, Tholos bildeten die Gruppe der Staatsgebäude (Archeia) oder Leïta, wie sie von Achäern und Ioniern genannt wurden, am Nordrande des Areopags, welcher jetzt eine neue Gestalt erhielt und mit dem Markte in die engste Beziehung trat, als Kleisthenes die eingreifendsten seiner Reformen durchführte, die Aufhebung der ionischen Phylen und die Neugliederung der gesamten Bürgerschaft in zehn Stämme und hundert Gaue.

Dadurch wurde die von Peisistratos begonnene Umwälzung der Ortsverhältnisse, die Beseitigung aller politischen Vorrechte der altstädtischen Adelsgeschlechter vollendet. Alte Hausnachbarn wurden ganz verschiedenen Gauorten zugewiesen. Die Stadt, durch die Pisistratiden mit den Umlanden in Verbindung gesetzt, hörte jetzt völlig auf, etwas für sich zu sein; sie blieb Sitz der Verwaltung, aber alle Ansprüche, die einst an städtischen Grundbesitz und Geschlechtsgenossenschaft geknüpft waren, fielen weg; Stadt und Landschaft waren endgültig mit einander verschmolzen.

Die monumentale Darstellung des neuen Staats waren die Erzbilder, welche auf dem dazu hergerichteten Felsrande des Areopags aufgerichtet wurden, die zehn Heroen, welche den neuen Bürgerstämmen den Namen gegeben (XLVII 37), die mythischen Ahnherrn der Bürger, die sich als ihre unter einander ebenbürtigen Nachkommen Acantiden, Akamantiden u. s. w. nannten: sie waren vom pythischen Apollon als die heroischen

Stifter oder Archageten der neuen Staatsgemeinschaft anerkannt, und jeder von ihnen hatte, wie die gegenüberstehenden Freiheitshelden, seinen Cultus und Altar. Schutzheiligen gleich, überragten sie, weithin sichtbar, den Stadtmarkt als Vorbilder männlicher Tugend, die Bürgerstämme zu einer Genossenschaft verbindend und zu patriotischem Wetteifer anfeuernd. Ihre Terrasse gehörte noch zum Markte, dessen oberen Rand sie bildete, und wurde benutzt, um Gemeindeangelegenheiten zu allgemeiner Kenntniss zu bringen. Hier wurden die Listen der Dienstpflichtigen aufgelegt, Gesetzvorschläge ausgestellt, Ehrenbezeugungen verkündet. Von hier konnte der ganze Markt am besten überblickt werden; darum war hier in der Nähe auch das Personal von Amtsdienern und Polizeileuten, welche der Regierung zur Verfügung standen, um Ordnung und Sicherheit zu überwachen.

Auf dem Markte blieb der Zwölfgötteraltar das heilige Centrum; er wurde aber in der Weise umkleidet, dass die Weihinschrift der Tyrannen unsichtbar wurde; die Fläche des Markts wurde frei gelassen, so dass die ganze Bürgerschaft Platz fand, sich zu versammeln, wenn sie als eine nach Stämmen gegliederte Genossenschaft zusammen berufen wurde, um über eine einzelne Person schriftlich abzustimmen, ob sie zu ihr gehöre oder nicht, ob sie zeitweise oder auf immer zu entfernen, ob sie nach der Entfernung wieder zuzulassen sei. Für solche Handlungen eignete sich die Pnyx nicht, die ja von Anfang an darauf eingerichtet war, mündliche Verhandlungen der Bürgerschaft zu erleichtern. Wo nur abgestimmt werden sollte, wurde die Agora als Sammelort der bürgerlichen Genossenschaft beibehalten, weil der obere Raum für das Geschäft der Abstimmung ungleich geeigneter war, als ein theaterförmig ansteigender Berghang. Hier kam es nur darauf an, dass Alles in voller Ordnung vollzogen werde und kein Unberechtigter sich einschleiche; es wurden also Gehege aufgestellt, in welchen die zehn Stämme, jeder für sich, gleichzeitig Stimmen abgaben. So wurde der Ostrakismus auf der Agora vollzogen (LXVII 75). Aber auch die Aufstellungen der bewaffneten Bürgerschaft, des attischen Heerbanns zu Ross und zu Fuss werden nach Herstellung der bürgerlichen Freiheit auf der Agora stattgefunden haben.

Wie der Markt des Kerameikos mit seiner Umgebung eingerichtet und ausgestattet worden ist, kann man im Einzelnen nicht nachweisen; aber mit Sicherheit lässt sich annehmen, dass nach dem Sturz der Tyrannen durch Kleisthenes die Einrichtungen getroffen worden sind, welche in der Hauptsache für alle Zeiten maßgebend blieben. Es war eine Epoche, welche enthusiastischen Freiheitstaumel mit voller Thatkraft und Besonnenheit, wie sie zu so wichtigen und dauerhaften Reformen erforderlich ist, in seltener Weise zu verbinden wusste.

Von dem Aufschwunge der Stadt unter dem Segen der Freiheit zeugen die Volksfeste, vor allen die durch die Pisistratiden mit Vorliebe gepflegte Dionysosfeier, durch welche das attische Drama so rasch zu voller Entwickelung herangereift ist. Während derselben war es ein Ereigniss, das sich lange in lebhaftem Andenken erhalten hat, dass nämlich an einem Festtage, an welchem Aischylos, Phrynichos und Pratinas um den Preis wetteiferten, die Holzgerüste zusammenbrachen, auf denen sich die Zuschauer drängten, und damals der Bau eines festen Zuschauerraums begonnen wurde, dessen Sitzstufen sich schon, wie wir uns denken müssen, an den Fuss der Akropolis anlehnten. Diese Anlage war also das erste grosse Monument der Republik, eine Anlage von echt demokratischem Geiste, bestimmt in ihrem grossartigen Halbrunde die ganze Bürgerschaft aufzunehmen und den Fremden einen Eindruck von der Grösse der Stadt und den Genüssen, die sie bieten konnte, zu geben, wie ihn kein anderes Denkmal zu erwecken im Stande war.*

Diese Epoche der Stadtgeschichte fällt nach guter Ueberlieferung in Ol. 70, 1; 500 (XCIII 5).

Unmittelbar darauf kam Aristagoras nach Athen. Eine Bürgerschaft von zwanzig tausend war nach Herodot auf den Felsstufen der Pnyx versammelt, um seinen Worten zu lauschen, und die Stadt, welche bis dahin ihren inneren Angelegenheiten gelebt hatte, trat durch Betheiligung am Aufstande Ioniens in die überseeischen Verwickelungen ein.

---

* Nachdem man so lange auf Brettgerüsten um die Orchestra herumgesessen hatte, blieb der Ausdruck ἴκρια, ξέλα in volksthümlichem Gebrauche, wie wir ja auch von den „Brettern" sprechen, „welche die Welt bedeuten". Vgl. εἰσιόντων ἀπὸ τῶν ἰκρίων u. A. Schon in vorpersischer Zeit wurden einzelne Theile des Burgfelsen zu Sitzen benutzt: Kawerau in Baumeister „Denkmäler" III, 1734 b.

IV.
Themistokles — Kimon.

Die Athener sind sehr allmählich Herren ihres Meers geworden. Der erste Schritt war die Eroberung von Salamis, aber nachdem Megara unschädlich gemacht worden war, traten die Aegineten immer drohender auf und haben dadurch einen wesentlichen Einfluss auf die Stadtgeschichte von Athen gehabt.

Die Verwickelungen mit den Städten, deren Gestade so nahe gegenüber liegen, stammen aus der Tyrannenzeit. Epidauros und Athen waren die beiden Hauptstädte, aber Aigina, ursprünglich von Epidauros abhängig, war beiden Städten weit voraus. Von ihrer kleinen Felseninsel aus hatten die Aegineten im saronischen Golf zuerst das Meer als den Schauplatz griechischer Volksgeschichte erkannt, und, während die Anderen sich in kleinstädtischen Verhältnissen bewegten, hatten sie einen Weltblick, und ihr Geld beherrschte beide Meerseiten. Argwöhnisch betrachteten sie den Aufschwung der Athener, und als die Epidaurier in eine gewisse Abhängigkeit von ihnen kamen (S. 70), mussten die in der Mitte wohnenden Insulaner das Schlimmste besorgen und ein erbitterter Hass gegen Athen war die Triebfeder ihrer ganzen Politik.

Sie waren zur Zeit die erste Seemacht im Archipelagus. 519 hatten sie Kydonia in Kreta den Samiern entrissen und da sie bis zum Pontus hinauf ihre Schiffe schickten, beobachteten sie eifersüchtig die Versuche Athens, überseeische Küstenplätze zu gewinnen und sich am Hellespont festzusetzen; sie wünschten also nichts sehnlicher, als die junge Marine im Keime zu vernichten.

Auch die Athener waren nicht unthätig. Auf den Rath des delphischen Gottes errichteten sie auf ihrem Markte ein Heiligthum des Aiakos (XLIV 75), offenbar nicht bloß um den alten Inselkönig zu ehren, sondern um durch diese Stiftung ein gewisses Anrecht auf die Nachbarinsel zu erweisen.[*] Delphi suchte zu vermitteln, aber statt der dreissigjährigen

---

[*] Ich denke an das Arkasgrab in Mantineia, das Oresteesmal in Tegea und Sparta. Peloponnesos I, 239, 267, 271; II, 223.

Waffenruhe, die von dort empfohlen wurde, ging die Fehde mit steigender Erbitterung fort, und während die Bucht von Eleusis jetzt durch Salamis geschlossen war, lag den Aegineten gegenüber Alles frei; sie hielten den phalerischen Küstensaum in ununterbrochener Blokade und der Gipfel der piräischen Halbinsel konnte, von ihnen besetzt, der allergefährlichste Angriffspunkt gegen Athen werden; er musste erst unschädlich gemacht, d. h. gegen Handstreiche gesichert, dann zu Athens eigenem Vortheile verwendet werden. Das war es, was des Themistokles unvergängliches Verdienst war, dass er das, was Allen täglich vor Augen lag, zuerst wirklich erkannt hat, nämlich dass auf dieser Halbinsel die Zukunft der Stadt beruhe.

Diese Erkenntniss war eine Zeitlang sein und seiner Freunde Geheimniss, bis seine Stunde gekommen war, dass er die Gemeinde leiten und als erster Archon 493 den Volksbeschluss zur Ausführung bringen konnte, die Halbinsel in eine Festung zu verwandeln.

Mauerringe sind im alten Griechenland nicht mit den Städten zusammen entstanden, sondern immer gelegentlich in Zeiten drohender Gefahren, zu Schutz und Abwehr, und zwar konnte der Mauerring jeder städtischen Ansiedlung vorangehen, wenn es darauf ankam, in gefährdeten Gegenden einen Platz herzustellen, wo Menschen, Heerden und bewegliche Güter untergebracht werden konnten. Themistokles ist es zu danken, dass man sich zu diesem Zwecke im Peiraieus nicht mit Schanzen und Gräben begnügte, sondern eine Ringmauer in Angriff nahm, welche in einem Umkreise von anderthalb deutschen Meilen die steile Burghöhe Munichia so wie die blattartig ins Meer auslaufende Halbinsel der Akte umfasste. An der Wasserseite folgte der Mauerzug dem ausgezackten Küstensaum 20—40 m von demselben entfernt, bei steil abfallendem Felsrande unmittelbar über demselben. Die drei natürlichen Buchten wurden mit in den Mauerring eingeschlossen, so dass die Schiffe wie vor Wind und Wetter, so auch vor Feinden Sicherheit fanden. Durch Dämme, die von beiden Seiten in das Meer vorliefen, wurde die Einfahrt zum grossen Peiraieushafen von 310 m auf 50 verengt; nach Zea führte ein kanalartiger Eingang; die östlichste oder munichische Bucht, ursprünglich ganz offen, wurde wesentlich durch Mauerwerk zu einem geschlossenen Hafen gemacht. Die drei Eingänge waren drei durch Ketten zu sperrende Seethore, durch welche sich der Mauerring nach aussen öffnete, während er auf der Landseite den natürlichen Höhenrändern folgte, im ganzen Umkreise von Thürmen unterbrochen, welche in einem Abstande von ca. 4—6 m aus der Linie vorsprangen.

Hafenbecken in die städtischen Werke hereinzuziehen, um den werthvollsten Besitz einer Küstenstadt möglichst sicher zu stellen, hatte man schon lange verstanden, und die Aegineten führten ihre Molobauten bis in die Zeit der Heroen hinauf. Einzig in seiner Art aber war der attische Hafenbau durch die Grossartigkeit seiner Anlage und die unübertreffliche Verwerthung der von Natur so ausgezeichneten Küstenform; so erklärt sich auch, dass Thukydides, der für die Prachtbauten der perikleischen Zeit kein Wort der Bewunderung hat, von dem Hafenbau als dem denkwürdigsten aller Werke ausführlich berichtet (CXIII 5).* Denn jene Bauten waren wie Blüthen, die einem in voller Entwickelung begriffenen Baume nach und nach wie von selbst entsprossten, dies Werk in bedrängter Zeit bei geringen Mitteln der unerwartet kühne Anfang einer werdenden Großstadt, als Themistokles den Muth hatte, aus allen Küstengegenden die besten Techniker heranzuziehen, um an dem offenen Gestade einen dreifachen Kriegshafen ausführen zu lassen; das sollte kein Neben- und Aussenwerk der städtischen Befestigung sein, sondern das Hauptwerk selbst, der Grundpfeiler attischer Macht, und als Denkmal dieser Epoche stellten die Athener an einem der Hafenthore das Standbild des Hermes auf mit der Weihinschrift der neun Archonten, welche auf Befehl von Rath und Bürgerschaft die grosse Befestigung begonnen hatten (CIX 70).**

Als das Werk begonnen wurde, dachten die Bürger nur an Sicherung ihrer Küste gegen die seemächtigen Nachbarstädte; die Maßregeln der nächsten Jahre, namentlich das Bergwerksgesetz, offenbarten erst den wahren Inhalt der themistokleischen Politik. Die Flotte war jetzt die Hauptsache; sie wuchs rasch genug, um Athens Freiheit zu retten. Der Bau der Hafenstadt wurde aber bald nach seinem Beginn durch die Kriegsjahre unterbrochen und sie konnte keinen Schutz gewähren, als die Landschaft den Feinden in die Hände fiel.

Die Unterstadt war von den Athenern verlassen, das Pelargikon lag seit dem Tyrannensturz in Trümmern und die Akropolis war ein offener Platz. Dennoch war eine Anzahl von Bürgern da, welche sich nicht entschliessen konnten, die Burghöhe zu räumen. Es waren die durch ihr Gewissen gebundenen Beamten, denen die Hut der heiligen Schätze anvertraut war, und andere altgläubige Athener, welche darauf bauten, dass

---

* Wie themistokleisch Thukydides gesonnen war, zeigen so manche Aussprüche, welche wie aus dem Munde des Themistokles stammen, z. B. I, 143: εἰ μὲν γὰρ ἦμεν νησιῶται, τίνες ἂν ἀληπτότεροι;
** Philochoros' Worte weisen, wie es scheint, auf eine Betheiligung der Phylen durch freiwillige Beiträge hin: Bergk (Rhein. Mus. 39, S. 618) liest σὺν ταῖς φυλαῖς. Πυλῶν ἄκτιος, wie Wachsmuth I, 211 vorschlug, empfiehlt sich dadurch, dass man wahrscheinlich von der am meisten gefährdeten, also der Seeseite anfing.

die Stadtgötter ihre Burg nicht preisgeben würden. Sie verrammelten mit Balken und Holzplanken den Eingang, sie rollten Felsblöcke auf die Häupter derer, welche die steilen Abhänge erklimmen wollten; sie wiesen alle Vermittelungsvorschläge, welche durch die Peisistratiden an sie gelangten, zurück und die Perser sahen sich genöthigt, eine Belagerung zu beginnen.

Auf derselben Höhe, welche schon die Amazonen benutzt haben sollten, um die junge Theseusstadt zu zwingen, lagerten sie sich und stellten hier ihre Schützenreihen auf, um durch Brandpfeile den Zugang zu öffnen. Auch so leistete die kleine Mannschaft einen verzweifelten Widerstand, bis der versteckte Aufgang durch die Aglaurosgrotte (S. 49) den Persern verrathen war und sie so den Thorhütern in den Rücken fielen (XLIV 35).*

Das Gericht, das der Grosskönig über die Athener ergehen liess, erfolgte aus dreifachem Gesichtspunkte: sie sollten für ihren Götzendienst büssen, für den Brand von Sardes und für ihren demokratischen Uebermuth. Darum wurden der Tyrannenmörder Standbilder weggeschleppt, die Heiligthümer alle in Brand gesteckt und niedergerissen. Am ersten Tage schalteten, von den Magiern geleitet, die Perser mit rücksichtslosem Fanatismus. Dann nachdem der Herold nach Susa abgegangen war, um den Fall von Athen zu melden, war eine Umstimmung eingetreten, ein Einlenken zu mildern Maßregeln. Die Emigranten und namentlich die Pisistratiden hatten ein Interesse daran, dass ihre Freunde, die Perser, nicht zu sehr als rohe Barbaren erschienen. Unter ihrem Einfluss liess der Grosskönig die in seinem Gefolge befindlichen Athener zusammenkommen, damit sie nach ihrem Gebrauche den Opferdienst wahrnehmen sollten, und durch das Wunder am Oelbaum suchten sie den König zu überzeugen, dass auch hier Götter walteten.

Was die Unterstadt betrifft, so liess man nur die Häuser stehen, in denen die vornehmen Perser Quartier gemacht hatten. Eine zweite, gründlichere Verwüstung folgte, als Mardonios im Zorne über die Abweisung aller gütlichen Vorschläge bei seinem Abzuge nach Böotien Alles, was noch aufrecht stand, dem Erdboden gleich machte. Man sollte keine Vorstellung davon haben, dass hier jemals eine blühende Stadt gestanden habe und die Athener in bitterer Reue der glücklichen Zeit unter den Peisistratiden gedenken.

---

* Amazonenlager: Aesch. Eum. 675. Es ist wahrscheinlich, dass nachdem der Areopag der Sitz des persischen Belagerungscorps gewesen war, auch die Amazonenlegende mehr im Einzelnen darnach ausgestattet wurde.

Aufbau von Athen.

Als die Kriegsnoth vorüber war, kehrten die Athener heim und und suchten sich zu Anfang des Winters auf ihren Grundstücken wieder nothdürftig einzurichten. Die Stadt wurde, wie das von den Galliern verwüstete Rom, eilig hergestellt; jeder hatte nur sein Unterkommen im Auge; an polizeiliche Aufsicht war nicht zu denken, und wenn dem Areopag eine leitende Thätigkeit anvertraut war, so wird sie sich im Wesentlichen nur auf Wahrung geweihter Stätten, die an alter Stelle erneuert werden mussten, und öffentlicher Grundstücke bezogen haben.

Ueber die nächsten Bedürfnisse hinausschauend wirkte allein Themistokles. Nach seinem Gedanken sollte das vom Erdboden verschwundene Athen als Grossmacht wiedergeboren werden, um den bevormundenden Ansprüchen der Peloponnesier entgegen, allen Land- und Seemächten unzugänglich, in voller Selbständigkeit seine Ziele zu verfolgen. Das war nach seinem Ermessen nur durch Verlegung der Stadt nach dem Peiraieus zu erreichen. Er stand nicht allein, und als man nach dem Kriege darüber zu Rathe ging, wie die gemachten Erfahrungen zu verwerthen seien, begann ein Kampf der Ansichten, welcher die Geschichte Athens Jahre lang in der Schwebe hielt.

Die Einen vertraten die Anschauung, welche wir in Folge schwerer Heimsuchungen im Alterthum wiederholt auftauchen sehen, dass man sich scheuen müsse, eine von den einheimischen Gottheiten preisgegebene Stadt von Neuem anzubauen.* Man stiftete auf verlassenen Plätzen Heiligthümer „des Fluchs" (XV 12), um den Frevlern, die man nicht mehr erreichen konnte, die Strafe der unsichtbaren Mächte nachzusenden; das in Trümmern Zurückgelassene sollte den Zorn der Götter und die Erbitterung der Hellenen immer wach erhalten, und darum war man grundsätzlich gegen Wiederherstellung der von den Barbaren zerstörten Heiligthümer.

Ein Beschluss dieses Inhalts soll von den Hellenen, die den Kampf gegen die Perser aufgenommen, also von dem Bundesrathe auf dem Isthmos, dessen Seele Themistokles war, wirklich gefasst worden sein;** und entsprach ohne Zweifel dem, was dieser Staatsmann für seine Stadt beabsichtigte.

Er konnte sich ein selbstständiges, jeder neuen Kriegsgefahr gewachsenes Athen nur als Seeplatz denken; die Halbinsel war ihm das Kernstück des Landes; es sollte also nicht, wie Aristophanes sagt, der

---

* So ist nach meiner Ueberzeugung auch das alte Ilion, τὸ Πριάμου Πέργαμον, zu dem Xerxes hinaufstieg (Herod. VII, 43), immer unbewohnt geblieben. Vergl. Welcker, Kl. Schriften II, p. VII.
** Pausanias X, 31.

Binnenstadt der Peiraieus angeklebt werden,* sondern das Binnenland der Hafenburg. Denn er wollte nicht einen hohlen Mauerring herstellen, wo die Athener sich gelegentlich, wenn ein Feind nahte, mit Weib und Kind bergen konnten. Dadurch wäre ja die Unruhe im eignen Lande zu einem dauernden Zustande geworden; man hätte ein doppeltes Heim gehabt, eins für friedliche und eins für Kriegszeiten. Vielmehr sollte jetzt nachgeholt werden, was bei der Gründung der Stadt unmöglich war; Athen sollte jetzt endlich an die richtige Stelle kommen. Das obere Athen sollte eine Altstadt werden, eine Stätte religiöser Gebräuche, die ihre Stelle nicht verändern durften,** der Peiraieus aber die Hauptstadt der Landschaft, mit Hafen und Flotte unzertrennlich verschmolzen. Das war der echt ionische Gedanke des Themistokles von der Zukunft der Stadt. Athen sollte ein zweites Phokaia werden, das unter den Griechenstädten zuerst mit wohlgefügten Quadermauern in die Brandung des Meers hinausgebaut war, allen Landheeren unangreifbar.

Diese Gedanken mussten in der Jugend zünden. Nach den Freiheitskämpfen hatten die Athener das Gefühl, dass sie für sich selbst eintreten müssten und dass sie nur zur See unüberwindlich seien. Es war der natürliche Fortschritt, auf den die geschichtliche Entwickelung hinwies, dass man von den aus Furcht vor überseeischen Mächten ins Binnenland verlegten Städten heruntersteig, und, wie die jenseitigen Ionier, in ummauerten Inselfelsen die Bürgschaft der Unabhängigkeit suchte.

Andererseits musste diese für die Geschichte der Stadt entscheidende Anschauung dem heftigsten Widerspruch begegnen. Denn den Altathenern war die rücksichtslose Seepolitik noch immer in der Seele zuwider. Sie konnten und wollten sich ihre Stadt nicht anders denken, als am Fuss der Akropolis, wo der alte Oelbaum am Tage nach dem Brande einen neuen Spross getrieben hatte (II 82).

Ehe dieser Streit zum Austrage kam, trat ein Zwischenfall ein, der die Lage wesentlich veränderte.

Den Aegineten war es längst deutlich, dass die kolossalen Arbeiten am Peiraieus nicht auf Küstenschutz zielten, sondern auf Seeherrschaft. Es geschah also auf ihren und der von ihnen gewonnenen Peloponnesier

---

* Aristoph. Ritter 815: τὸν Πειραιᾶ προσέμαξι (er knetete ihn wie einen Leckerbissen an); dagegen Plutarch. Them. 19 aus vorzüglicher Quelle sehr richtig: τὴν πόλιν ἐξῆψε τοῦ Πειραιῶς καὶ τὴν γῆν τῆς θαλάσσης.

** Wie Alt-Stymphalos, Astypalaia, Palaiopolis, Palaibyblos; Phokaia das Modell auch in der Mehrzahl der Häfen. Vgl. G. Hirschfeld, Typologie in Hist. philol. Aufs. zum 2. Sept. 1884, S. 343. Vgl. Alt-Tyros, Klazomenai auf die Insel verlegt: Judeich, Mitth. des athen. Instituts XV, 144, 152.

Antrag, dass Sparta die Forderung stellte, die Athener sollten von jeder Anlage befestigter Plätze abstehen. Ihre Lage war um so ernster, da auch von der Landseite die mit Aigina verbündeten Thebaner drohten. Die grossartigen Hafenwerke in Hast zu vollenden war unmöglich. Es blieb also, um die Unabhängigkeit Athens zu retten, nichts übrig, als die Oberstadt so rasch wie möglich in einen vertheidigungsfähigen Zustand zu setzen und so wieder freie Hand zu gewinnen.

Themistokles sah sich also gezwungen, zunächst für diesen Zweck seine volle Energie einzusetzen, und die Ausführung dessen, was er als sein Hauptziel im Auge hatte, einstweilen zu vertagen.

Auch bei dieser nächsten und für die Unabhängigkeit der Stadt unabweisbaren Aufgabe hatte er mit mancherlei Widerstand zu kämpfen. Denn alle Hellenen, die am alten Herkommen festhielten, hatten eine angeborene Abneigung dagegen, sich in befestigte Plätze einschliessen zu lassen, gegen jede Trennung von Stadt und Landschaft, gegen Ringmauern, welche den Ausblick auf Gebirge und See hemmten und lauter Unbequemlichkeiten hervorriefen. Dazu kam, dass, was in Athen an Mauerbauten gemacht worden war, meist aus der Tyrannenzeit stammte und in üblem Andenken stand.

Indessen wurden in der gegenwärtigen Nothlage, da dieselbe Stadt, welche Hellas vom Perserjoch gerettet hatte, sich vom eignen Volk ihre Unabhängigkeit bestritten sah, alle Parteigegensätze rasch überwunden, weil der Zorn über die Tücke der Nachbarstädte und der Trieb nach voller Kraftentwicklung alles Andere überwog. Noch hatte Themistokles die Bürgerschaft in seiner Hand, und der Beschluss, den von den Pisistratiden unvollendeten Mauerring, von dem noch einige Stücke stehn geblieben waren, nach allen Seiten zu erweitern, wurde unverzüglich durchgesetzt (LXXVIII 36,43). Mit patriotischem Wetteifer wurde Hand ans Werk gelegt, und mit rücksichtsloser Benutzung jedes brauchbaren Baumaterials gelang es der bewundernswürdigen Geschicklichkeit der Athener in der kurzen Frist, welche Themistokles durch seine diplomatische List gewonnen hatte, die Stadt, ehe Sparta einschreiten konnte, mit einem Mauerringe zu versehen, welcher bei der Untauglichkeit der Peloponnesier zum Festungskampfe für die Sicherheit ausreichend war. Die Täuschung der Spartaner gelang aber um so leichter, da man von Seiten der Aegineten immer nur den Peiraieus im Auge hatte und gegen die Eilbauten, die am Ilisos aus dem Boden wuchsen, sehr gleichgültig war.

Bei der Hafenstadt war durch die Bodenform der ganze Mauerkreis vorgezeichnet; in Athen war dies nicht der Fall. Den Umkreis der ältern Mauerlinie (S. 90) konnte man nicht erneuern, weil die Bevölkerung sich seit dem Tyrannensturze so wesentlich vermehrt hatte. Für die Erweiterung war im Norden und Osten am meisten Raum, und es ist in der beifolgenden Skizze (Fig. 18) der Versuch gemacht, die alte Stadtmauer mit der des Themistokles darzustellen.

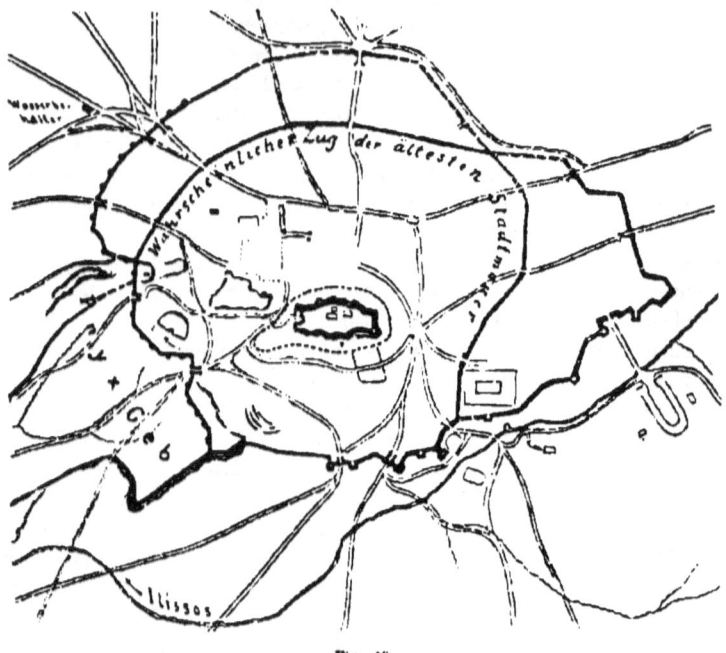

Fig. 18

Soweit Athen Felsenstadt war, konnte die Mauerlinie nicht zweifelhaft sein. Hier mussten sie dem Kamm des Pnyxgebirges folgen, um ihren Vertheidigern die günstigste Stellung zu geben. Von seinem Gipfel, dem Museion, der in den Stadtring eingeschlossen wurde, ging sie ostwärts zum Ilisos hinunter, andererseits nach Nordwesten, die beiden Schluchten schneidend, bis zum Rande des Nymphenhügels, wo er schroff zum Barathron abfällt. Nördlich davon springt die Höhe des H. Athanasios vor, welche das Mauerwerk aufnehmen musste, ehe der Höhenzug in die Fläche des Kerameikos ausläuft.

Auf der Süd- und Südostseite war die Mauerlinie ebenfalls durch das Terrain vorgezeichnet. Denn sie musste hier dem Hügelkamme folgen, welcher das rechte Ilisosufer säumt, so dass der Fluss in einer Entfernung von durchschnittlich 150 m draussen blieb, wie ein Festungsgraben, der sich vor einem Walle hinzieht. Im Osten aber musste die Mauer den Fluss verlassen, um dem rasch ansteigenden Lykabettosfusse nicht zu nahe zu kommen. Daher die scharfe Abbiegung nach links oberhalb des Stadiums.

Von diesem Nordostpunkte bis zu dem Nordwestpunkte, wo die Ausläufer des Nymphenhügels verschwinden, auf eine Strecke von ca. 2700 m, ergab sich keine durch die Bodenform vorgezeichnete Linie, der sich die Stadtgrenze anzuschliessen hatte. Hier auf ebenem oder flach gewelltem Boden kam es nur darauf an, die Ost- und die Westlinie zweckmässig zu verbinden, so dass man die kleinen Wasseradern, welche von dem Lykabettos herunter rieseln, in die Stadt aufnahm, aber die tiefere Schlucht, welche nördlich vom Strephiberge herunterkommt und in flachem Bogen sich zum Kephisos hinunterzieht, der von mir vermuthungsweise so genannte Kykloboros, draussen blieb.

So ist in wenig Wochen ein festes Athen erstanden. Von den alten Gauen waren Kollytos und Diomeia ganz oder zum grössten Theil hereingezogen, Koile draussen gelassen, Melite zerschnitten und der Kerameikos so getheilt, dass die eine Hälfte drinnen, die andere draussen war.

Der Stadtring bildete ein Oval, dessen Längenaxe von Ost nach West 2000 Meter misst, 1500 die Axe von Süd nach Nord. Die Akropolis lag jetzt inmitten der Stadt (wenn auch dem südlichen Ringe 500 m näher als dem nördlichen), so dass sie in der Orakelsprache jetzt das heilige Haupt der rad- oder kreisförmig sie umgebenden Stadt genannt werden konnte (L 14); die Nordseite aber war jetzt die Frontseite, und Herodot sagt deshalb von den Persern, sie seien vorn an der Burg beim Agrauleion hinaufgestiegen (XL 56).

Nach dem Gang der Ringmauer waren auch die Thore derselben zwiefacher Art. So weit das Felsgebiet reichte, fielen alle Ausgänge in Einsattelungen des Höhenkamms; die Thore waren Sattelthore, jedes nur für einen Weg, der den Felsschluchten in der Richtung auf das Meer folgte, während bei den Thoren der Niederung verschiedene Wege sich vereinigen lassen konnten, die strahlenförmig von einem Thore ausgingen.

Am deutlichsten gekennzeichnet durch Terrain und Mauerspuren ist das Thor bei der Kapelle des Demetrios Lumbardáris, ein Hauptausgang des alten Asty, dem Burgaufgange im Westen nahe gegenüber; das zweite in der Schlucht am Nymphenhügel, die nach Koile hinabgeht. Beide fallen in den Bezirk Melite; daher habe ich in dem zweiten vermuthungsweise das melitische Thor zu erkennen geglaubt; in dem ersteren das Reiterthor, indem ich den Namen so zu erklären suche, dass von hier seit alter Zeit die ritterlichen Züge nach dem Hippodrom (S. 59) hinabzogen.

Das waren die ältesten Verbindungen nach der piräischen Halbinsel und Salamis, welche mit der ganzen Südstadt mehr und mehr an Bedeutung verloren, seit Leben und Verkehr sich nach Norden wendeten. Oestlich vom Museion am Südabhang der Burg war das dritte Stadtthor, das itonische, welches nach Phaleron führte, das älteste Hafenthor, welches, seitdem ionischer Geist Athen durchdrang, das wichtigste Verkehrsthor geworden war und den Verkehr mit allen überseeischen Gegenden wesentlich vermittelte; daher war, wie ich glaube, die von hier ausgehende Strasse die alte „Fremdenstrasse" (LXXV 65).

Durch Verlegung des Seehafens wurden die Wege verändert. Dazu kam, dass man bei fortschreitendem Verkehr die beschwerlichen Felshöhen mit ihren engen Fahrbahnen unbequem fand, und es vorzog, alle Hauptwege möglichst in die Ebene zu verlegen, so dass das Pnyxgebirge ganz vermieden wurde. Diesen Wegen entsprachen die Ausgänge, welche die Ausläufer des Nymphenhügels schnitten, das Thor in der Senkung bei der Kapelle des H. Athanasios, in dem wir das piräische Thor erkennen dürfen, und endlich das schon ganz in der Niederung gelegene Stadtthor, das in späterer Zeit den Namen Dipylon führte.

Der östliche Zug des Mauerrings, die nach Agrai gerichtete Ilisosseite, war zum Ausgange grösserer Verkehrsstrassen nicht geeignet; sie blieb die ländliche Stadtseite, von Bergpfaden durchschnitten, welche sich jenseits des Ilisosbettes in die Schluchten des vortretenden Hymettosfusses verzweigten. Hier lagen vom itonischen Thore östlich die Ausgänge zur Kallirrhoe, zum Stadium und wohl noch ein dritter, welcher unweit des itonischen Thores nach dem südlichen Hymettos führte.

Die nordöstliche Mauerstrecke machte Front gegen den Lykabettos, über dessen südlichen Vorsprung zwei ungefähr parallele Strassen hinausführten, die südlichere nach dem oberen Ilisosthale, wo das Lykeion lag, aus dem Thore des Diochares; die nördliche unterhielt die alte Verbindung der Diomeer mit dem Kynosarges und ging über den ansteigenden Lykabettosfuss nach Marathon zu; dies war das diomeische Thor.

Endlich die Nordfront, wo ungefähr auf halbem Wege zwischen dem diomeischem Thor und Dipylon, dem itonischen Thore in gerader Linie gegenüber, der Hauptausgang zu den Landgauen der nördlichen Ebene, das acharnische Thor lag, von dem die Strasse über den Kykloboros auf den Parnes gerichtet war.

Der ganze Mauerring, wie er auf dem Stadtplane vorliegt, durch eine augenblickliche Gefahr hervorgerufen, ist gegen die Absicht des Staatsmanns, der ihn geschaffen, der bleibende Stadtring von Athen geworden, in welchem man sich so allmählich eingerichtet hat, dass es nicht möglich ist nachzuweisen, wie man nach und nach die Mängel des Eilbaues ausgebessert und wie die Stadtthore nach und nach ihre Namen und die nöthigen Verkehrswege erhalten haben. Merkwürdig ist, wie der Gesammtumfang von etwa 43 Stadien, der ein Stadienmass von c. 184 m voraussetzt, mit dem Umfange des alten Theben* und dem des servianischen Rom übereinstimmt (LXVIII 46,64).

Nach Themistokles' Ansicht hatte der Mauerbau seine Aufgabe erfüllt, als er die Höhe erreicht hatte, um im Nothfall den Peloponnesiern Trotz bieten zu können, und nach seinem Wunsche konnte man nun endlich den Aegineten zum Trotz in voller Ruhe den Ausbau der vor dreizehn Jahren in Angriff genommenen Hafenstadt wieder aufnehmen, um hier einen in seiner Art einzigen Musterbau auszuführen, der eine unbezwingliche Widerstandskraft haben und den Athenern für alle Zeit zur Ehre gereichen sollte. Die Stärke der Mauer war darauf eingerichtet, dass während des Baues auf Rampen von beiden Seiten das Baumaterial auf den Lastwagen heraufgeschleppt werden konnte (CXIII 5), und im Innern sollte sie durchweg aus winkelrecht behauenen, durch Eisenklammern verbundenen Werkstücken bestehen.** Wenn sich also an genau vermessenen Stellen gezeigt hat, dass doch nur die Stirnseiten nach aussen und nach innen solider Quaderbau sind, wofür im Felsboden die Lehre von $2^{1}/_{2}$ Fuss noch deutlich zu erkennen ist, so erhellt daraus, dass das ursprüngliche Bauprogramm nicht durchgeführt worden ist. Dies bezeugt Thukydides ausdrücklich von der Höhe der Mauer, welche nur die Hälfte des ursprünglichen Masses erreicht hat.*** In Bezug auf die innere Construction war die Abweichung damals schwieriger nachzuweisen. Doch ist die Mauerdicke von c. 5 m auf keinen Fall durchgängig gewesen. Man kann ja auch deutlich erkennen, dass auf die einzelnen Oertlichkeiten Rücksicht genommen worden ist. Wo z. B. sumpfiges Terrain der Mauer natürlichen

---

* Fabricius, Topographie von Theben.
** Die mehrfach bezweifelte doppelte Wagenbreite erklärt ganz richtig Procoplos. Patrolog. ed. Migne 87, p. 2620: ὡς μικρὸν πρὸς τοῦτο καὶ τὸ Θεμιστοκλέους εἶναι πλάτους ἕνεκα καὶ τὰς ἁμάξας ἀμφοτέρας φέρον (?), εἰ καὶ πρὸς τοὐναντίον ἀλλήλαις ἐπὶ τοῦ τείχους ἐχώρουν. Vgl. Milchhöfer, Rec. von Wachsmuth II. Wochenschrift für kl. Philologie 1890.
*** Waren die 60 Fuss (CXIII 18) vielleicht die beabsichtigte Höhe? Dies ist vermuthet worden: Griech. Geschichte II⁶ 821.

Schutz darbot, begnügte man sich mit einer Stärke von 2,5 m, während man an andern Stellen über 3 und 4 m hinausging.

An dem, was Themistokles beabsichtigte, ist nicht zu zweifeln. Die Oberstadt war für ihn nur ein verschanztes Lager, um sich aus der ersten Verlegenheit zu befreien. Die wahre Landesfeste blieb ihm der Peiraieus, der wichtigste Theil der ganzen Ebene, die dreifache Hafenstation mit ihren Werften, Schiffen und Magazinen, von einer naturfesten Mauer umgürtet, die sich selbst vertheidigte, so dass die Invaliden den nöthigen Wachdienst versehen konnten und die ganze kriegstüchtige Mannschaft an Bord gehen konnte, um zur See jedem Angriffe entgegen zu gehen. Es sollte also immer wie in der Persernoth das flache Land preis gegeben, Athen wesentlich Insel- und Seestadt sein.*

Inzwischen war auch der Peiraieus schon lange kein unbewohnter Platz mehr. Der alte Gauort war durch den Zuzug von Technikern und Arbeitern aller Art, den Themistokles veranlasst hatte, ungemein vergrössert worden, und es ist kein Zweifel, dass er von Anfang an das Ziel im Auge hatte, dass auf dem weiten, ungemein gesund gelegenen Felsboden der Halbinsel eine neue Großstadt erstehen sollte, eine dem grossartigen Mauerraum entsprechende, planmäßig nach allen Regeln vorgeschrittener Kunst angelegte Musterstadt, die das alte Athen mit seinen engen und krummen Gassen in Schatten stellen sollte. Diese neue Stadtanlage knüpft sich an den Namen des Hippodamos von Milet, und es ist eine der empfindlichsten Lücken unserer Kenntniss attischer Geschichte, dass wir die Thätigkeit dieses für hellenische Cultur so hervorragend wichtigen Mannes zeitlich genau zu bestimmen ausser Stand sind.

Ueberliefert ist nur, dass er zu den Zeiten der Perserkriege im Peiraieus eine Stadt zu Stande gebracht habe.** Diese Nachricht hat man in Frage gestellt, weil demselben Hippodamos die Anlage der Stadt Rhodos zugeschrieben wird, und deshalb seine Thätigkeit ganz in die perikleische Zeit hinabgerückt. Seine persönliche Betheiligung am Aufbau von Rhodos beruht aber nur auf einer Nachricht des Strabon, welche von ihm selbst als eine zweifelhafte bezeichnet wird, und es begreift sich, wie leicht ein Stadtbau nach Grundsätzen des Hippodamos auf seine Person übertragen werden konnte. Unter den grossen Männern, welche als Zeitgenossen des Perikles mannigfach erwähnt werden, kommt Hippo-

---

* Den themistokleischen Gedanken spricht zurückhaltend aber deutlich Thukydides I, 93 aus: Πειραιᾶ ὠφελιμώτερον ἐνόμιζε τῆς ἄνω πόλεως.

** Schol. Arist. Ritter 327: πρῶτος αὐτὸς τὸν Πειραιᾶ κατὰ τὰ Μηδικὰ συνήγαγεν.

damos nicht vor; auch wird Perikles nie mit dem Peiraieus in Verbindung gebracht, was wir doch erwarten müssten, wenn die Hafenstadt erst ein Menschenalter nach ihrer Ringmauer wie eine neue Schöpfung zu Stande gekommen wäre.

Darum glaube ich auch jetzt noch an der Ansicht fest halten zu müssen, dass der milesische Baumeister von Themistokles gerufen sei, um innerhalb der Ringmauer eine Neustadt anzulegen, so grossartig und glänzend, dass es den Bürgern dadurch um so leichter werden sollte, in der modernen Hafenstadt das alte Athen neu erstehen zu sehen.*

Die Städte des Mutterlandes sind planlos entstanden und angewachsen. An einzelnen Punkten hatte man organisirend nachgeholfen, wie es in Athen unter den Tyrannen geschah; das Ganze liess sich nicht umgestalten. Bei den Colonien war man zuerst darauf gekommen, das ganze städtisch zu bebauende Terrain prüfend auszuwählen, genau zu vermessen und dem Bodenrelief entsprechend zu verwerthen. Was früher den Staatsmännern und Feldherren überlassen war, wurde Gegenstand einer besondern Technik, und Hippodamos, dessen Vaterstadt die Schule der Stadtgründungen war, ist der Erste gewesen, welcher die Anlage ganzer Städte als eine künstlerische Aufgabe in das Auge fasste, und diese verschmolz sich nach der Eigenart des hellenischen Geistes mit speculativen Erwägungen der besten Formen des menschlichen Zusammenlebens, der Verfassung, Wohnung, Nahrung, Kleidung u. s. w. Nichts sollte aufs Gerathewohl geschaffen, sondern Alles so wohl überlegt, so vernünftig wie möglich eingerichtet werden. Insofern war es etwas ganz Neues, was sich geltend machte, und der Peiraieus das reine Gegentheil der alten Stadt. Indessen konnte er doch nichts Anderes sein als eine Colonie von Athen und es sollte nicht mit dem Herkommen gebrochen werden. Unten wie oben waren Zeus und Athena Polias die Schutzgottheiten der Gemeinde (LVIII 5). Es sollte auch die Unterstadt kein reiner Seeplatz sein, sondern ein besonderer Marktplatz war für den Binnenverkehr bestimmt, und er trug als Hauptmarkt den Namen des hippodamischen, um den Zusammenhang mit Athen voranzustellen. Nach geometrischen Linien wurden die Quartiere gesondert und Grenzsteine hüteten die saubere Ordnung des inneren Verkehrs.

Wann und wie diese Einrichtungen durchgeführt worden sind, lässt sich nicht bestimmen. Es wird aber als Thatsache überliefert, dass Hippodamos zur Zeit der Perserkriege den Peiraieus bevölkert habe; man kannte

---

* de portubus Athenarum p. 42. M. H. E. Meier Op. acad. I, 218. Böckh. Staatsh. I², 82 zweifelnd.

Gebäude, welche vor Salamis von Themistokles gegründet sein sollten (CV 87), und es ist nicht daran zu denken, dass der Peiraieus acht Olympiaden lang ein hohler Festungsring geblieben sei.

Aber das, was Themistokles beabsichtigt hat, ist niemals durchgeführt worden. Die hippodamische Stadtanlage wurde sprichwörtlich benutzt, wenn man von Unternehmungen sprach, welche, glänzend begonnen, einen ungünstigen Verlauf genommen haben.*

Wir können wohl annehmen, dass die winkelrecht gezogenen breiten Strassen den Athenern unbehaglich waren und wenig anlockend. Die Hauptsache aber war, dass das, was unmittelbar nach der Schlacht von Salamis, da die Athener ein heimathloses Schiffervolk waren, unter Themistokles' Leitung vielleicht möglich gewesen wäre, nach dem Verzuge, den die Interventionsgelüste der Lakedämonier bewirkten, seitdem die Bürger auf ihrem alten Stadtboden wieder heimisch geworden und sich innerhalb des neuen Stadtringes sicher fühlten, nicht mehr durchzuführen war. Durch die Ummauerung der Oberstadt hatte Themistokles selbst unmöglich gemacht, was der Hauptzweck seines Lebens sein sollte, und er musste noch vor Vollendung der Hafenbefestigung zurücktreten. Sein Programm, das kühnste und zugleich sicherste, um den Athenern eine unanfechtbare Selbständigkeit zu schaffen, wurde aufgegeben und dafür ein Mittelweg eingeschlagen, um einerseits die Stadt der Kekropiden in vollen Ehren zu erhalten und Athen vor den Gefahren einer Hafenstadt zu bewahren, andererseits die mit so gewaltigem Aufwand von Kraft und Mitteln hergestellten Seebauten möglichst zu verwerthen.

In diesem Punkte mussten auch die Staatsmänner einig sein, welche, wie Aristeides und Kimon, von Hause aus Gegner der themistokleischen Politik gewesen waren, und so wurde nach der platäischen Schlacht, als die beiden ummauerten Städte in Entfernung von fast einer deutschen Meile einander gegenüberlagen, der Beschluss gefasst, Ober- und Unterstadt durch Mauerzüge zu einer Gesammtfestung zu vereinigen.

Es war das erste Beispiel solcher Verbindungsmauern, welche nöthig wurde, wenn die Verlegung einer Binnenstadt an das Meer unmöglich war, und man gewöhnte sich, dieselben zum Unterschiede von den Mauerringen „lange Mauern" zu nennen.

Ihre Herstellung im Ganzen, sowie die Richtung der Mauerlinien ist bei den Athenern ein Gegenstand hartnäckiger Kämpfe gewesen; denn die conservative Partei, welche Sparta und den Grundsätzen des dorischen

---

* Ἱπποδάμου νέμεσις πρὸς τοὺς ἐπὶ τὸ χεῖρον μεταβάλλοντας Macarios IV, 79 (Paroemiophr. Gr. II, p. 175).

Staatslebens zuneigte, war ein zäher Gegner jeder Seepolitik und aller Mauerbauten. Darum konnte das Werk erst 460 in Angriff genommen werden, und zwar hat man den nördlichen Mauerzug, der gegen einen vom Isthmus kommenden Feind Front machte, vermuthlich zuerst gebaut: er konnte nur so angelegt werden, dass er von den südwestlich streichenden Abhängen des Nymphenhügels an den Fuss der Munichia geführt wurde. Wenn nun aber die südliche Mauer nicht, wie man erwartet, ebenfalls den Peiraieus zum Zielpunkte hatte, sondern die phalerische Rhede, so erhellt daraus, dass man diese, auch nachdem Themistokles den Athenern ihren wahren Hafen gezeigt und eingerichtet hatte, noch immer nicht unbedingt aufgeben, dass die dortige Bevölkerung auf den Schutz, der ihren Besitzungen durch die Mauer in Aussicht gestellt wurde, nicht verzichten wollte und die Mittel fand, ihren Wünschen Geltung zu verschaffen.

Die Phalerosmauer hatte nur dann einen vernünftigen Zweck, wenn es gelang, die Neubildung anderer Flottenmächte an den nachbarlichen Küsten zu verhindern. Da dies nicht gelungen war, lag Athen wieder jeder feindlichen Landung offen, welche den Zusammenhang zwischen Hafen- und Binnenstadt zerreissen konnte. Es blieb also nichts übrig, als den Fehler, den man gemacht hatte, durch eine neue Mauerlinie zu verbessern. Deshalb musste Perikles, der von allen Staatsmännern am entschiedensten in die Fussstapfen des Themistokles eintrat, Alles daran setzen, eine dritte Langmauer zu bauen, welche Athen und Peiraieus endlich unzertrennlich mit einander verband.

So war man, nachdem der einfache, grosse Gedanke des Gründers attischer Seemacht aufgegeben, in ein weitläufiges, künstliches Befestigungssystem gerathen, das mit grossen Missgriffen unter langen, gefährlichen Parteikämpfen allmählich durchgeführt worden ist. Unermessliche Mühen und Kosten sind aufgewendet worden, um in einem Zeitraum von fünfzig Jahren zu erreichen, was Themistokles, wenn er freie Hand gehabt hätte, ungleich besser fertig gestellt haben würde. Denn eine dreifache Festung von einem Gesammtumfange, den die Alten auf die Länge eines Tagemarsches berechneten (CV 38), musste immer viel schwieriger in Stand zu halten und zu vertheidigen sein, als eine naturfeste Seeburg von sechzig Stadien Umfang, eine Feste, welche weder von einer Flotte noch von einem Landheere eingeschlossen werden konnte. Es ist auch für alle Zeit ein auffallendes Missverhältniss geblieben zwischen der soliden Pracht der Peiraieusmauer und dem Mauerringe der Hauptstadt, der seinen eilfertigen Ursprung nie verkennen liess und immer Ausbesserung verlangte. Stadt- und Schenkelmauern sind durchbrochen worden; die Mauern der

Hafenstadt sind immer unbezwinglich, immer das eigentliche Bollwerk der Unabhängigkeit Athens geblieben.

Die Doppelstadt mit den Mauerschenkeln war ein Compromiss zwischen zwei entgegengesetzten Zielpunkten der Politik, ein Ausgleich, welchen wir, wenn man nur die Vertheidigungsfähigkeit der Stadt ins Auge fasst, als einen bleibenden Schaden ansehen müssen.

Während der Zeit, da Athen noch nicht vollkommen verpanzert war, scheint noch eine besondere Höhe befestigt worden zu sein, um die Stadt von der Südseite zu schützen. Die Spuren eines solchen vorgeschobenen Postens findet man auf dem Felshügel südlich vom Ilisos, dem Musciongipfel gegenüber, und dies ist der Punkt, in dem man neuerdings den Berg Sikelia (VIII 57) zu erkennen geglaubt hat.*

Kimon ist nicht als engherziger Parteimann Themistokles entgegengetreten, und wenn es ihm nach seinen Grundsätzen unmöglich war, rein militärischen Gesichtspunkten die Stadt des Theseus zum Opfer zu bringen, so ist er doch viel mehr als der engere Kreis seiner Parteigenossen auf die themistokleischen Gedanken eingegangen und hat mit bewundernswürdiger Thatkraft und freiwilligen Opfern Alles gethan, um dieselben, so weit es thunlich war, entschlossen durchzuführen. Er hat es durchgesetzt, dass die grossen Schwierigkeiten des Mauerbaus in den Morästen des Halipedon endlich alle überwunden wurden (CXIV 4); ihm ist es wesentlich zu danken, dass die Hafenbauten des Themistokles ihren bleibenden Werth nicht eingebüsst haben. Nachdem also die Erhaltung der Oberstadt gesichert und ihre Umwallung ein bleibender Mauerring geworden war, ging Kimons Bestreben dahin, dieselbe nun mit Allem auszustatten, worauf sie nach ihren Siegen vollen Anspruch hatte. Athen, als Hauptstadt durch ihn gerettet, sollte nun den Athenern so lieb wie möglich werden.

Durch Kimons Seezüge hatte man das ionische Land kennen gelernt. Sie haben damals eine ähnliche Wirkung gehabt wie am Anfange der neueren Geschichte die Züge Karls VIII. von Frankreich nach Italien. Die Scheidewand fiel, welche zwei verwandte Nationen einander fern gehalten hatte, und die vorgeschrittene Cultur wirkte nachhaltig auf die einfacheren Lebensverhältnisse des Bruderstammes. Man lernte in Ionien Einrichtungen des Gemeindelebens kennen, von denen man in den diesseitigen Ländern keine Vorstellung hatte. Denn die Ionier haben nicht nur das

---

* Ueber Sikelia vgl. Rh. Mus. N. F. VIII, S. 133. Lolling in der Νέα Ἑλλάς 1874, 16. März. Kaupert in dem Monatsbericht der Akademie 1879, S. 620.

bürgerliche Wohnhaus zuerst anmuthig auszubilden verstanden, sondern auch freie Plätze in ihren Städten hergestellt, welche den Bürgern ein behagliches Zusammensein möglich machten, wie es die Familienglieder in den umsäulten Hof- und Gartenräumen ihrer Wohnungen hatten. *

Zu diesem Zwecke haben sie erst aus Holz, dann aus Stein Markthallen gebaut, welche offene und geschlossene Räumlichkeiten vereinigten, die einen für den geselligen Verkehr der Bürger, die anderen zur Erledigung öffentlicher Geschäfte. Das waren Einrichtungen, die so natürlich aus dem Gemeindeleben heraus wuchsen, dass man z. B. auf der Insel Siphnos den Eintritt eines höheren Wohlstandes darnach bezeichnete, dass der Stadtmarkt damals seine Einfassung mit Marmorhallen erhalten habe.**

In Ionien waren auch die „Leschen" zu Hause, welche die Bürger und Fremden zu Gesprächen vereinigten und zugleich durch malerischen Schmuck Anregung und Unterhaltung gewährten. Auch Pflanzungen, die man sonst mit den dazu gehörigen Wasserleitungen nur den Tempelbezirken hatte zu Gute kommen lassen,*** wurden jetzt auf öffentlichen Plätzen angelegt, um den Bürgern das Leben angenehm zu machen.

Nach solchen Vorbildern wurde nun auch der Kerameikos von Athen Schauplatz einer künstlerischen Thätigkeit, um den Bürgern für die Gemeindeangelegenheiten und zugleich für den Genuss ihrer Mußestunden würdige Räume zu schaffen. Der feuchte Boden gestattete es, Wasseranlagen so wie Anpflanzungen von Weiden, Platanen, Lorbeern zu machen, die mit den Bauten und Denkmälern anmuthige Gruppen bildeten. Eine quadratische Brunnenstube, nach der Marktseite gerichtet, ist 6,40 m unter der Attalosstoa aufgefunden worden.† Es waren die ersten Werke, mit denen man nach den Tagen des Themistokles aus dem Kreise des für die Sicherheit Nothwendigen heraustrat und Anlagen machte, welche der Stadt zum Schmuck dienen sollten.

Man konnte an das anknüpfen, was unter den Tyrannen für die Neuordnung Athens geschaffen war: denn der von ihnen eingerichtete Stadtmarkt war bei dem regellosen Aufbau der einzige Platz der Unterstadt geblieben, wo man von Staatswegen freie Hand behalten; hier hatte man also am Besten Gelegenheit, Bauten auszuführen, welche davon Zeugniss geben sollten, wie man die Unterstadt zeitgemäss umgestalten wolle. Denn die Bauten sollten nicht bloß Zeichen des friedlichen Wohlstandes sein.

---

* ἐλευθέριοι καὶ γλαφυραὶ διατριβαί Plut. Kimon 13.
** Herodot III, 57.
*** ἄλσος ἐσκεμμένον LXXXV 42; τιμῖνι mit Bäumen: ἀλσώδεις καὶ σύσκιοι τόποι οἱ τοῖς θεοῖς ἀνειμένοι, ἐν οἷς ἐστιν ἀναψύξαι Athenäus 503 C; vgl. Wachsmuth II, 55.
† Adler, Stoa des Attalos, S. 11. Archäol. Zeitung 1875, S. 121. Wachsmuth II, 309.

in dem man sich von den Schreckenszeiten erholte, so wie des beginnenden Wohlbehagens und Luxus, sondern auch Denkmäler dessen, was man zusammen erreicht hatte, und neue Bande des Gemeinsinns; darum wurde von den beiden Hallen am Westrande des Kerameikos die eine dem Zeus Eleutherios gewidmet (XCII 40), unter dessen Schutz die Freiheitskriege glücklich bestanden waren; darum wurde er hier als „Retter Zeus" geehrt. So wurden Cultus und öffentliches Leben neu verbunden und die patriotischen Erinnerungen in den Herzen der täglich hier zusammenkommenden Bürger lebendig erhalten.

Die Stoa Eleutherios war wesentlich Wandelhalle, während die zweite Halle der Westseite hauptsächlich Staatsgebäude war; denn sie führte zu den Räumen, in welchen der zweite Archon sein Archiv und Geschäftslokal hatte. Das Amtshaus wird schon zu Kleisthenes' Zeit bestanden haben; jetzt erhielt es die Form, in welcher die Halle des Archon-König, die „stoa basileios", für alle ähnlichen Bauten maßgebend geworden ist, die Form des dreifach gegliederten Langhauses mit erhöhtem Mittelschiff und tempelartigem Frontbau (XC 68).

Neben diesen beiden Hallen der Westseite erhob sich von Neuem der Tempel des Apollon Patroos, des Schutzgottes der Gemeinde. Der ganze Marktraum wurde aber nicht nur vom Schutt befreit, sondern auch neu geordnet, so dass sich ein ungefähr rechtseitiges Viereck bildete, das nach und nach immer vollständiger bebaut wurde. Denn dass hier nicht willkürlich, sondern regelmässig vorgegangen wurde, zeigt die gegenüberliegende, von dem Alkmäoniden Peisianax, dem Schwager Kimons, errichtete Halle, welche eine Zeitlang seinen Namen trug, bis sie im Volksmunde den Namen der „bunten Halle" (Poikile) erhielt, weil sie die erste war, deren Wände mit Gemälden bedeckt wurden, vor denen man in der Säulenhalle auf- und niederging (XCI 72).

Wie die Paläste der Vorzeit mit Bildern aus dem Leben der Fürsten geschmückt wurden, so der Markt, des Demos Sitz und Residenz, mit den Grossthaten des Volkes. So erhielt die ionische Bauform eine neue Verwerthung, welche für die Wiedergeburt der Stadt charakteristisch wurde.

Auch die Malerei war eine Kunst der Ionier, die eine angeborene Lust daran hatten, figürliche Darstellungen in grösserer Breite und geschichtlichem Zusammenhange sich entfalten zu sehen. Die ionische Kunst wurde aber merkwürdig schnell eine attische, so dass Mikon und Panainos sich mit den Darstellungen des Amazonenkampfes und der Marathonschlacht ebenbürtig an Polygnotos anschliessen konnten, welcher mit seinem Bilde vom Falle Ilions den Genossen vorangegangen sein wird.

Polygnotos stand mit Kimon in persönlichem Verhältnisse, und da wir Peisianax als einen seiner nahen Verwandten kennen, so dürfen wir daraus erkennen, wie persönlich Kimon an diesen Friedensarbeiten betheiligt war, und wie es gewissermaßen ein Programm der Familie war, für die Ausstattung des Marktes in kunstsinniger Weise Sorge zu tragen; es war ein beredtes Zeugniss ihrer echt volksfreundlichen Gesinnung. Ein edler, ritterlicher Geist ging durch die Werke jener grossen Zeit, und wir wissen, dass auch Polygnotos nicht als besoldeter Werkmeister thätig war, sondern aus Liebe zu seiner Aufgabe die Wandbilder ausführte. Nehmen wir die Länge der Halle auf etwa 70 m an, so würde auf die ganze Anlage von Süden nach Norden eine Senkung des Bodens von ungefähr 3 m kommen; ein so geringer Höhenunterschied, dass er dem Bau keine Schwierigkeit machen konnte. Aus der Stadtmauer späterer Zeit, der sogenannten Valerianischen (LXXIX 38), welche, den alten Bauanlagen folgend, von Süd nach Nord den Ostrand des Kerameikos einnahm, lässt sich mit Sicherheit entnehmen, dass die Poikile ungefähr in gleicher Flucht mit der Attaloshalle sich erstreckt hat.

Im Norden schloss den Markt die „Halle der Hermen" (XCI 70). Auch diese schlichte Form handwerklicher Steinarbeit erhielt am Stadtmarkt eine neue Bedeutung, indem die plumpen Steinpfeiler zu geschichtlichen Denkmälern wurden, welche, mit Sinnsprüchen ausgestattet, am Sammelorte der Bürgerschaft an die denkwürdigsten Ereignisse der Kriegsjahre erinnerten. So war es eine Gruppe von drei Hermen, welche den schwer erkämpften Siegen in Thracien galt, die unter Kimon erfochten waren, und ein Dichter, der seinem Kreise angehörte, wahrscheinlich Ion von Chios, gab ihnen in ionischer Mundart die poetische Weihe.[*] In ihnen war keines Einzelnen Namen zu lesen; alles Persönliche verschwand in der Gemeinschaft, die hier allein geehrt werden sollte. Das war der demokratische Zug in der monumentalen Kunst, welcher auch den Namen des grossmüthigen Stifters der Poikile verschwinden liess. Die Hermen standen innerhalb der nach ihnen genannten Nordhalle des Marktes. Neben der Poikile stand der Hermes Agoraios (XXXIII 10), in der Mitte der Agora, d. h. in der Mitte der Langseite, neben einem Thor, das von Osten auf den Markt führte. Seinen Platz erhielt er unter dem Archonten Kebris,[**] also in vorpersischer Zeit. Wir dürfen demnach annehmen, dass sein Standbild in Kimons Zeit erneuert worden ist. An der lebhaftesten

---

[*] Kirchhoff, Hermes 5, 59.

[**] Der Name ist von v. Wilamowitz mit Recht gegen Böckhs u. A. Zweifel in Schutz genommen. Hermes 21, 600. Wachsmuth II, 430.

Die Neuordnung des Markts.

Stelle des bürgerlichen Verkehrs aufgestellt, war es allen Athenern besonders vertraut und ist immer ein charakteristisches Meisterwerk des älteren Erzgusses geblieben, das von den Künstlern aller Zeiten bewundert und studirt wurde.

Auf dem ansteigenden Südrande der Agora, der, c. 65 m entfernt, der Hermenhalle gegenüberlag, erhoben sich aus dem Schutte in neuer Würde die drei Staatsgebäude, wo die jährlich wechselnden Gemeindevorstände ihren Sitz hatten, Stadthaus, Rathhaus und das städtische Archiv im Metroon, unterhalb der Felsterrasse der zehn Stammheroen am Fusse des Areopags, der als oberster Rath die Wiederherstellung der Stadt unter seiner Leitung gehabt hatte. Auch die zehn Heroenbilder sind damals erneuert worden.*

Wo man zur Burg hinaufging, dem Metroon gegenüber, war die noch innerhalb des Kerameikos gelegene Orchestra der Tyrannenmörder, die mit besonderer Erbitterung von Xerxes verwüstet worden war. Ihnen die volle Ehre des Heroendienstes zurückzugeben, war eine der ersten Aufgaben der heimgekehrten Gemeinde, und schon 479 standen dort die beiden Standbilder aus der Werkstätte des Kritios und Nesiotes (LVI 1).

Die Marktgebäude hatten sämmtlich einen inneren Zusammenhang, und keines derselben ist anderswo zu denken, als am Stadtmarkte. Doch war jeder Bau ein Werk für sich, ein selbständiges Gebäude, und der Markt blieb nach wie vor der Raum, auf welchem die Hauptstrassen sich kreuzten. Es wird von Themistokles erzählt, dass er mit seinem Viergespann quer über den mit Menschen sich füllenden Kerameikos gefahren sei (LXVI 52). Nur bei feierlichen Veranlassungen, wo jede Störung fern gehalten werden musste, wurde er gegen aussen abgesperrt.

Um den inneren Raum, das Hypaithron, frei zu halten, wurden die Standbilder, mit denen der Markt sich allmählich füllte, hart am Rande vor den Hallen aufgestellt, zum Theil mit deutlicher Beziehung auf dieselben, so das des „Unglück abwehrenden" Apollo von Kalamis vor dem Eingang zum Apollo Patroos (XIV 11), und das des Zeus vor der Zeushalle, ein Denkmal der Perserkriege, nach der Inschrift Soter, vom Volk aber Eleutherios genannt (XL 49).

Der alltägliche Marktverkehr des Volks, welcher einst den ganzen Kerameikos erfüllt hatte, war mehr und mehr auf den nördlichen Theil hinausgeschoben worden, so dass man aus der Hermenhalle zu dem eigentlichen Kaufmarkte gelangte, wo der Tagesbedarf feilgeboten wurde, und

---

* Die erste Aufstellung hängt mit der Stiftung ihres Cultus eng zusammen (S. 96). Attische Studien II, 60. Köhler, Hermes 5, 340. Wachsmuth I, 509.

die Handwerkerbuden standen. Es war der etwas niedrigere Flächenraum von ungefähr 8400 Quadratmetern.

Da man den Zwölfgötteraltar in alten Ehren hatte bestehen lassen, so müssen auch die von ihm ausgehenden Strassen ihre Richtung behalten haben, vor allen die alte Feststrasse nach dem äusseren Kerameikos. Wo sie den Stadtring schnitt, war jetzt der belebteste Thorweg, weil er, in der muldenförmigen Senkung zwischen Lykabettos und Pnyxgebirge, von Natur den bequemsten aller Ausgänge bildete. Hierher zog sich, nachdem der Phaleronhafen aufgegeben und das dahin führende itonische Thor immer stiller geworden war, der Hauptverkehr; dieser Ausgang wurde die Frontseite der Stadt (LXXIX 93). Hier vereinigte man die wichtigsten aller Landstrassen, die Strasse nach Eleusis, die „heilige", weil sie die einzige war, welche einen draussen gelegenen, aber für den städtischen Cult unentbehrlichen Tempelort mit Athen verband, die Strasse nach der Akademie und endlich auch die Hafenstrasse. Denn nachdem man die kürzesten Wege, die durch die Schluchten des Pnyxgebirges nach dem Peiraieus führen, als Fahrstrassen aufgegeben, liess man die Hauptstrasse dahin von demselben Kerameikosthore ausgehen, so dass sie, alle Ausläufer der Höhen in flacher Curve umgehend, möglichst bequem durch die Niederung führte und erst am Fusse der Munichia eine kleine Steigung zu machen hatte (LXVII 85).

So wurde, was unter Themistokles noch einen provisorischen Charakter gehabt hatte, in der kimonischen Zeit bleibend geordnet, und die wichtigste, mit der themistokleischen Hafenanlage zusammenhängende Umänderung war die, dass der städtische Verkehr sich mehr und mehr nach Nordwesten zog, nach dem Thore des Kerameikos, das als Hauptthor von Athen unter dem Namen des Dipylon bekannt ist. Es mögen auch Bauten am Dipylon, namentlich die schön bearbeiteten Quaderlagen aus dem Steine von Karā (S. 70), der kimonischen Zeit angehören, während der Unterbau aus polygonalen Blöcken von Lykabettosstein auf die Zeit des Themistokles hinweist.*

Jetzt musste auch der äussere Kerameikos eine neue Bedeutung erhalten. Er bildete den Uebergang aus dem städtischen Treiben in die ländliche Umgebung. Eine sanfte Senkung, die auf eine Strecke von 6 Stadien nur 10 m Gefälle hat, führte so bequem wie möglich aus dem Gebiete der trockenen Stadtböhen zur Kephisosniederung, wo man feuchtere Luft athmete und am Rande der Akademie schon von frischem Pflanzen-

* Lepsius, Griech. Marmorstudien S. 116.

leben umgeben war. Auch hier hatten die Pisistratiden, die sorgsamen Pfleger des Landbaues und der Olivenzucht, vorgearbeitet. Aber erst in Kimons Zeit ist die Akademie mit den Wasserläufen des Kephisos so in Verbindung gesetzt, dass sie aus einem dürren Bezirk ein schattiges, von anmuthigen Spaziergängen durchschnittenes Gartenland geworden ist (LXXXV 90). Ihren Anfang bezeichnete der 6 Stadien vor dem Kerameikosthor gelegene Altar des Prometheus, des Heros der Kerameer, und die ebene Thorstrasse diente seit alten Zeiten als Rennbahn für die Fackelläufe, welche von den Handwerkern dem Feuerspender zu Ehren gehalten wurden (LXXXV 62. LIII 44).

Eine neue Bedeutung erhält diese Vorstadt durch die Gräber.

Die Ehre des öffentlichen Begräbnisses ist von den Athenern mit besonderer Liebe ausgebildet worden, und seitdem Solon das Begraben in der Stadt untersagt hatte, ist den vorstädtischen Strassen dadurch eine eigenthümliche Weihe gegeben worden. Der Kerameikos erschien dazu besonders geeignet. Schon Harmodios und Aristogeiton wurden an dem Wege zur Akademie bestattet, dann die vor den Perserkriegen im Kampfe mit den Aegineten Gefallenen (XCVIII 25. 57). Eine weitere Ausbildung dieser Sitte bestand darin, dass den im Kampfe für das Vaterland gefallenen Bürgern ein besonderer gemeinsamer Raum, ein grosses Polyandrion, eingerichtet wurde, und dass man es zu einem Staatsgrundsatze machte, auch die im Auslande Gefallenen heimzuholen; es war das Einzige, was man neben der Sorge für die Hinterbliebenen den Tapferen noch zu Liebe thun konnte; denn ein Grab in heimathlicher Erde war für den Athener eine unschätzbare Wohlthat und ein Trost für die Familie, welche das Grab an den Erinnerungsfesten aufsuchen konnte. Mit den bei Drabeskos 464 Gefallenen soll der Anfang gemacht worden sein.*

Von den Marathonkämpfern aber heisst es, sie seien die Einzigen, deren Gebeine nicht heimgebracht worden wären. Das erscheint also als Ausnahme von einer Regel, die erst später eingeführt worden ist. Vielleicht verhält sich die Sache so.

Zur Zeit des thrakischen Kriegs, als Kimon in Athen mächtig war, beging man die feierliche Beisetzung der Helden von Drabeskos, die unter besonders erschütternden Umständen gefallen waren, und man mag bei dieser Gelegenheit die Heimführung auch der anderen im Auslande

---

* Paus. I, 29: πρῶτοι ἐτάφησαν οτς ἐν Ἠρᾳκη ποτέ ἐπικρατοῦντας μέχρι Δραβήσκου Ἠδωνοί φονεύουσιν. Oertlich gefasst von Krüger und Weissenborn (Hellen, S. 143); das müsste πρῶτοι κεῖνται heissen. Vergl. Zur Geschichte des Wegebaues bei den Griechen (Abh. der Akad. der Wiss. 1851) S. 266.

ruhenden Heldengebeine beschlossen haben, wie Kimon es mit denen des Theseus gethan hatte: die Gräber von Marathon aber blieben unberührt, weil die dort Gefallenen als Ortsdämonen mit dem Boden verwachsen schienen, ebenso wie auch Tellos' Grab an der Grenze von Megara zu besonderer Ehre an der Stätte geblieben ist, wo er gefallen war.[*] Dann können die Todten von Drabeskos in der That die Erstlinge des grossen Kriegergrabmals im äusseren Kerameikos gewesen sein.

Es wurde damals eine ganz neue Anlage gemacht, die den Athenern ein besonderer Ehrenschmuck geworden ist, ein öffentlicher Friedhof, in Felder getheilt, welche den verschiedenen Schlachtfeldern entsprachen: es war eine monumentale Kriegsgeschichte Athens, wo auch die in der Heimath Gefallenen eine besondere Abtheilung hatten.[**] Es waren die Ruhestätten derer, welchen die ganze Bürgerschaft das Feiergeleite gab, die „reinen Gräber", von denen Platon sagt, dass auch Priester und Priesterinnen durch ihre Nähe nicht verunreinigt würden.[***] Sie zeugten von einer Gemeinschaft, welche über die Gegenwart hinausreichte, und die ganze Anlage entspricht durchaus dem Geiste Kimons, der Alles that, um das Heldenmüthige in den Bürgern zu erwecken und ihnen im Andenken an die ihr gebrachten Opfer die Vaterstadt um so theurer zu machen. Seinem Sinn entsprach es auch, dass das Todtenfeld von Marathon allein als ein besonderes Heiligthum der ganzen Landschaft verehrt blieb.

Auch im Innern der Stadt, östlich und westlich der Agora, die man nun im engeren Sinne Kerameikos zu nennen sich gewöhnte (LXVI 25), wurde Athen in Kimons Zeit wesentlich umgestaltet. Auf dem Wege von der Agora zur Aglaurosgrotte erhielten die Reliquien des Theseus, die Kimon in Skyros aufgefunden, 469 ihre Stätte (LIV 48). Durch sie heiligte er den Kern der Stadt, wie er der Vorstadt durch die Bürgergräber eine ernste Weihe gab. Das Theseion war eine Heroenkapelle, deren Eingang nach Westen lag. Die anderen drei Wände wurden Mikon zur Ausmalung übergeben. Zwei Gemälde zeigten den Heros, wie er durch Besiegung der Amazonen und Kentauren die friedliche Entwickelung Athens begründet habe, das dritte den aus der Tiefe aufsteigenden, durch den Kranz der Amphitrite beglaubigten Sohn des Poseidon: es war ein Bild im Geiste der Gegenwart, um den Beruf zur

---

[*] Herodot I, 30: Ἀθηναῖοι δημοσίῃ τε ἔθαψαν αὐτοῦ, ᾗπερ ἔπεσε, καὶ ἐτίμησαν μεγάλως.

[**] οἱ ἐν αὐτῇ τῇ χώρᾳ ὑπὲρ τῆς πόλεως τετελευτήκασιν: Menekles und Kallikrates, Schol. Aristoph. Vögel 395.

[***] Gesetze 947.

Seeherrschaft als einen durch den ionischen Ahnherrn der Athener vorgezeichneten darzustellen. Das Heroon hatte einen grossen Bezirk, der inmitten des städtischen Treibens allen Bedrängten und Verfolgten ein allezeit offenes Asyl darbot (LV 25).

Auch das der Aglaurosgrotte näher gelegene Dioskurenheiligthum (Anakeion) verdankte derselben Zeit die künstlerische Ausstattung. Polygnotos malte hier die Leukippidensage, welche die attischen Dioskuren mit dem Peloponnes verband, Mikon die Argonauten mit den Helden Athens, welche sich ihnen anschlossen; also auch hier eine Hinweisung auf die Seetüchtigkeit der ältesten Athener (XLVI 71).

Wenn das Anakeion ebenso wie das Theseion zu Truppenversammlungen benutzt wurde, so müssen wir annehmen, dass dieselben mit religiösen Feierlichkeiten verbunden waren. Unmittelbar oberhalb des Dioskurenbezirkes öffnete sich die Aglaurosgrotte, wie die Erfahrung gezeigt hatte (S. 101), einer der gefährlichsten Angriffspunkte der Burg. Es scheint also in der Absicht Kimons gelegen zu haben, hier im Herzen der Stadt heilige Bezirke einzurichten, wo im Falle eines Nothstandes die Bürger sich zu letztem Widerstande sammeln sollten. Vor der Aglauros, der altheimischen Nährerin der Jugend, leisteten ja auch die Mannschaften, ehe sie ins Feld zogen, ihren Waffeneid (XLIV 63).

Von den heiligen Gebäuden im Osten der Stadt erhielten die Apollostationen am Ilisos eine neue Bedeutung, seitdem der delische Seebund Athen mit den Inselbewohnern verknüpfte, und jenseits des Ilisos scheint das Heiligthum der Eukleia (XXIX 36) eine Stiftung zu sein, welche zur Erinnerung an den Ruhm der Freiheitskriege in der kimonischen Zeit entstanden ist.

Im Westen wird die Agora des Kerameikos von dem Felshügel überragt, welcher den sogenannten Theseustempel trägt.

Es muss ein namhafter Gottesdienst gewesen sein, welchem der Tempel seinen Ursprung verdankte, ein Cultus, bei dem es angezeigt war, Theseus- und Heraklesthaten in den Metopen sowohl wie in den Friesen als Bildschmuck zu verwenden. Die Tempelhöhe, einer der Vorsprünge des Nymphenhügels, gehörte zu dem Felsterrain von Melite. Bei den Meliteern war aber seit ältester Zeit ein hoch angesehenes Heiligthum des Herakles (II. 22), und die Athener waren stolz darauf, ihn nicht, wie sonst üblich war, als Heros, sondern als einen Gott in ihrer Stadt zu ehren.* Wenn dieser Cultus, dessen Ursprung wir oben (S. 33) zu deuten

---

* ὁ θεός: v. Leutsch, Philologus Suppl. I, 131. Alter Opferdienst: XLVIII, 54. Wachsmuth I, 407.

versucht haben, auch keine öffentliche Anerkennung hatte, so erkennen wir doch in vielen Zügen der athenischen Ueberlieferung das eifrigste Bestreben, den Fremden sich anzueignen, ihn durch Adoption und durch Einweihung in die Mysterien zu einem legitimen Athener zu machen. Wie Demeter ihn durch ihre Weihen ehrte, so suchte Athena ihn, wie es auf Reliefbildern und Vasengemälden dargestellt ist, als einen ebenbürtigen Gott den Olympiern zuzuführen.* Der nationale Zug der hellenischen Mythologie, der im Apollodienst vertreten war, hat die staatliche Anerkennung nicht zu Stande kommen lassen, aber das Heiligthum des Herakles erhielt sich in vollen Ehren, und das Priesterthum hatte so reiche Mittel, dass es einen Meister ersten Ranges, Ageladas aus Argos, für die Herstellung eines Standbildes des Herakles, als eines Unheil abwehrenden Schutzgottes, gewinnen konnte (IL 24). Man wird also auch im Stande gewesen sein, nach Zerstörung des ältern Heiligthums im Perserbrande einen Neubau herzustellen, der allen Ansprüchen der Zeit an heilige Architektur entsprach, wie wir ihn in dem sogenannten Theseustempel vor Augen sehen, einem auf Fundamenten von roh behauenem Piräusstein gegründeten,** an den Frontseiten sechssäuligen Marmortempel auf dreistufigem Unterbau, mit Metopen-, Fries- und Giebelbildern ausgestattet.

Dass dieser Bau der kimonischen Zeit seine Entstehung verdankt, wird dadurch wahrscheinlich, dass die ganze Architektur aus pentelischem Stein der unteren Lagen besteht, während man für die Bildwerke noch Bedenken trug, denselben Stein zu benutzen, wie es seit Perikles allgemein geschah, und dem parischen Marmor den Vorzug gab.

Zu den Sagenstoffen, die mit der Heimkehr des Theseus neu belebt wurden, gehört seine Kameradschaft mit Herakles; dadurch erhielt auch die Gestalt des Herakles eine neue, eine attische Auffassung. Es wurden hier also nicht die herkömmlichen Thaten desselben dargestellt; der alte Gott der Meliteer wurde in kühner Weise mit dem nationalen Heros verschmolzen, von dem die lakedämonischen Könige sich herleiteten, indem für Kimon und seine Gesinnungsgenossen, die eine treue Bundesgenossenschaft zwischen Sparta und Athen erstrebten, die Verbrüderung der beiden Heroen, welche das Grundthema der Bildwerke ist, der religiöse Ausdruck ihrer politischen Ueberzeugung wurde. Es ist also wahrscheinlich, dass sie den Pracht-

---

* Adoption durch Pylios: Plut. Theseus 33. Demeter τὰ μικρὰ μυστήρια συνεστήσατο τὸν Ἡρακλέα τιμῶσα Diod. 4, 14. Brunnenmündung: Friederichs-Wolters n. 424; Sosiasschale: Furtwängler, Vasencatalog n. 2278. Antike Denkmäler des Inst. I, 9. 10.

** Lepsius, Marmorstudien S. 118.

bau begünstigten, wenn er auch nicht auf Staatskosten gebaut worden ist. Dass aber die Verbindung von Herakles und Theseus in den Metopen des Tempels schon von den Alten so aufgefasst worden ist, geht deutlich aus Euripides hervor, welcher Theseus seinem Freunde das Versprechen geben lässt, die Vaterstadt werde ihn mit marmornen Hochreliefs ehren, ebenso wie an den neu eingerichteten Theseusfesten Herakles seinen Antheil hatte.* Auch passt es für ein Heiligthum des Herakles in Athen sehr gut, dass die Anerkennung seiner göttlichen Würde ganz besonders hervorgehoben wurde, indem im Gegensatze zu allen Heroenheiligthümern die Ostseite, als die Eingangs- und Hauptfronte mit grosser Absichtlichkeit ausgezeichnet worden ist. Die östliche Vorhalle ist als ein besonderer Raum aus der Ringhalle gelöst und mit Bildschmuck ausgestattet, um den Gott der Meliteer, der sonst im öffentlichen Gottesdienste nicht zu voller Anerkennung gelangt war, hier als ebenbürtigen Olympier zu kennzeichnen.

Die Bauzeit lässt sich nicht mit Sicherheit nachweisen. In der Architektur scheint die Schwere des Gebälkes, die Einrichtung der Felderdecke, in der Plastik das Verschmähen des pentelischen Steins, das Hochrelief der Friese, der Mangel an Fluss, namentlich im Westfriese, auf eine ältere Zeit hinzuweisen; auch die Buchstaben der Versatzmarken haben alterthümliche Form. Dagegen steht die Technik durchaus auf der Höhe der perikleischen Zeit, und gewiss hat die Ausführung des Herakleion, wie wir es glauben nennen zu dürfen,** in dieselbe hineingereicht.

Während in der Unterstadt nur die öffentlichen Plätze und die Wege neu geordnet, die Mauern vervollständigt und einzelne wichtige Gebäude erneuert oder neu geschaffen werden konnten, hatte man auf der Burg freie Hand. Hier allein konnte in Ruhe, planmässig und im grossen Zusammenhange gewirkt werden; dazu lag bei der Heiligkeit des Raums auch die dringendste Verpflichtung vor.

Mit Ausnahme der Denkmäler, welche Xerxes ausgewählt hatte, um sie als Zeugen seiner Siege in den Hauptstädten seines Reichs, in Susa,

---

* Euripides Herakles 1325: δόμους τε δώσω χρημάτων τ' ἐμῶν μέρος, 1328: πανταχοῦ δέ μοι χθονὸς | τιμήν δίδοσται. 1331: θανόντα — θυσίαισι λαΐνοισί τ' | ἐξογκώμασιν | τίμιον ἀνάξει πᾶσ Ἀθηναίων πόλις.

** Man hat an den Apollo Patroos gedacht, aber der lag hart am Rande der Agora, unzertrennlich von den benachbarten Staatsgebäuden; man hat auch an das Hephaisteion gedacht, aber dieser Tempel sieht nicht nach dem eines Handwerkergottes aus, abgesehen davon, dass der Kolonos agoraios auf der Ostseite der Agora gelegen war.

Umgestaltung der Burg.

Pasargadai, Babylon aufstellen zu lassen,* lag Alles auf dem Boden wüst umher, wie es die Perser zerschlagen hatten. Die erste Aufgabe der Heimkehrenden galt den heiligen Stätten, deren Verwüstung auch dem Grosskönige selbst Gewissensbisse gemacht hatte, so dass er am Tage nach dem Brande den in seinem Gefolge befindlichen Athenern den Auftrag gab, nach väterlichem Brauch das Opfer dazubringen. Sie erkannten in dem frischen Zweige, der dem verbrannten Stumpfe des Oelbaumes entsprossen war, ein Zeugniss, dass die Göttin ihrer Burg nicht untreu geworden sei. Ihr Holzbild hatte die Athener auf der Flotte begleitet: sie hätten sich mit demselben, wenn ihnen die Heimkehr versagt worden wäre, eine neue Heimath gegründet. Nach der siegreichen Heimkehr war es also ihre erste Pflicht, den Schutthaufen aufzuräumen und das Doppelheiligthum auf den alten Spuren herzustellen.** Der Standort des Bildes durfte so wenig verändert werden wie der des Altars vor der Osthalle, der vorzugsweise „der Altar" genannt wurde (XX 69), und wie die Doppelcella von Athena und Poseidon. Bald nach der plataiäischen Schlacht konnten die Beutestücke des Mederkrieges, der Säbel des Mardonios sowie der Schuppenpanzer des Makistios an die Thürpfosten der Athena Polias aufgehängt werden. Perserwaffen, unter dem Dach der Göttin geborgen, werden in Sinngedichten erwähnt (XXI 65).

Nachdem man den ersten religiösen Verbindlichkeiten genügt hatte, gingen die Ansichten auseinander.

Themistokles stellte die Hafenburg als die einzige Landesfestung hin; Kimon und seine Freunde wollten von einer Entwerthung der Akropolis nichts wissen; die Burg der Kekropiden sollte nicht nur in alter Würde aus dem Schutte hervorsteigen, sondern der Göttin zu Ehren, die den Sieg verliehen, den neugewonnenen Mitteln entsprechend, erhöht und vergrössert, als ein Reichscentrum in jeder Beziehung würdevoller und schöner ausgestattet werden.

Es begann eines der gewaltigsten Werke, um die ganze Burg neu zu gestalten; die Terrassirung des Bodens, mit der hier alle Arbeiten einst begonnen hatten, wurde im grössten Maßstabe wieder aufgenommen, um breite Bauflächen zu gewinnen, und man verband diese Arbeiten mit Herstellung eines neuen Mauerrings, da gleich nach dem Sturze der Tyrannen die Befestigungen ihrer Zwingburg niedergerissen worden waren.***

---

* Arrian 7, 19.
** templum iisdem vestigiis sistere Tac. Hist. IV, 53.
*** Das war auch das Erste, was Dion that nach dem Abzuge des Dionysios: ἀπετείχισε τὴν ἀκρόπολιν Plut. Dion 29.

Es genügte also nicht, den gewachsenen Boden zu glätten, sondern man mauerte an den abschüssigsten Stellen eine neue Burgwand auf, welche durch Aufschüttung mit dem Kern des Burgfelsens zu einem Ganzen verbunden wurde.

Fig. 19.

Mit dieser Arbeit verband man die Reinigung des Burgraums, indem man die umherliegenden Trümmer als Baumaterial verwendete und zwar in doppelter Weise, so dass sie entweder als Baustücke der neuen Mauer eingefügt oder, beliebig zurechtgehauen, als blosses Füllmaterial bei den Aufschüttungen benutzt wurden.

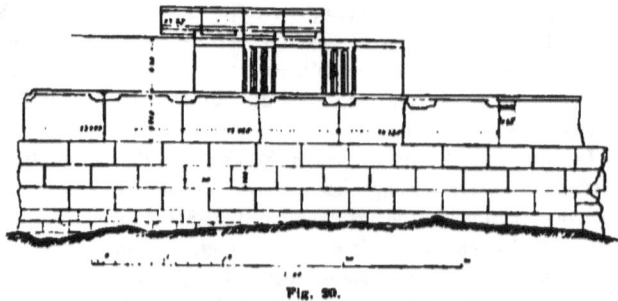

Fig. 20.

Die erste Art der Verwendung ist an der Nordseite der Burg zwischen Propyläen und Erechtheion am deutlichsten bezeugt, wo Gebälkstücke, Triglyphen, Metopen und Giebelgesimse in regelmässiger Folge und nach aussen sichtbar eingemauert worden sind. Die beifolgende Skizze (Fig. 19) giebt eine Anschauung der Nordseite mit den marmornen Säulentrommeln, welche neben oder je zwei über einander verbaut sind, und mit den weiter nach Westen eingemauerten Gebälkstücken aus Porosstein, welche nach der Aufnahme von Penrose in Fig. 20 deutlicher abgebildet sind.*

Diese Baustücke wurden früher sämmtlich einem der zerstörten Tempelgebäude zugeschrieben. Sie gehören aber verschiedenen Bauten an und sind in verschiedenen Zeiten eingemauert worden. Die Gebälkstücke aus Poros, welche wie ein architektonischer Schmuck oberhalb der Stadt angebracht waren, stammen (wie Dörpfeld nachgewiesen) vom Hekatompedon der Pisistratiden, in dessen Nähe sie vermauert worden sind.

Wie man an der inneren Mauerseite die alten Baustücke verwendet habe, davon giebt die beifolgende Ansicht eines Theils der Burgmauer, östlich vom Erechtheion (Fig. 21), ein lehrreiches Bild.

Fig. 21.

Hier sehen wir canelirte Porostrommeln eines vorpersischen Gebäudes neben einander aufgestellt, und darüber liegen Säulencapitelle. Alle Stücke gehören einem Bau an, der schon fertig und verputzt war: die Maße stimmen zum Hekatompedon. Aus der guten Erhaltung erkennt man

---

* Penrose, Principles of Athenian architecture, Tafel 40. Strack, Der vorperikleische Parthenon, Archäol. Zeitung XX, S. 241. Michaelis, Parthenon, S. 118. Dörpfeld, Mittheilungen des athen. Inst. XI, 341.

hier am deutlichsten, dass im Perserbrande die Tempelgebäude durchaus nicht vollständig zerstört, sondern dass die noch aufrecht stehenden Säulen abgebrochen worden sind, um sie zur Hinterfüllung der Burgmauer zu verwenden. *

Anderes Material ist umgearbeitet worden. So haben sich in der südlichen Burgmauer, oberhalb des Theaters, dreizehn zu Quadern verhauene Säulentrommeln vom Hekatompedon gefunden. Die Verwendung von Porosbaustücken kann wohl nur der kimonischen Zeit zugewiesen werden; was von Marmor verbaut ist, weist auf eine spätere Bauzeit.

Man hat aber nicht nur Architekturstücke als Baumaterial verwendet, sondern auch die zerschlagenen Postamente der Statuen und ganze Werke der bildenden Kunst, soweit sie nicht Gegenstände des Cultus waren. Denn man konnte nicht daran denken, die Weihgeschenke, die mit ihren Postamenten umgeworfen und zertrümmert waren, in ihren frühern Reihen herzustellen. Ist man doch auch da, wo keine solchen Katastrophen erfolgt waren, wie z. B. in der Altis von Olympia, als man für den Zeustempel eine neue Bodenfläche herrichtete, mit den ältern Weihgeschenken sehr rücksichtslos umgegangen. So hat man auch auf der Akropolis über verschütteten Bildwerken den neuen Boden aufgeschichtet, und die werthvollsten Schrifturkunden des alten Athen wurden wie Pflastersteine benutzt, um die Oberfläche zu ebenen.

Diese Thatsache ist uns erst im Januar 1886 klar geworden, als man unweit der Nordwestseite des Erechtheion vierzehn weibliche Figuren, mit Postamenten und Bautrümmern vermengt, 3—4½ m tief im Boden liegend fand, als Grundlage der oberen Stein- und Erdschichten. **

So hat man in verschiedener Art mit Aufräumung des Trümmerfeldes die Herstellung des Neuen verbunden, und wir können uns jetzt die Arbeiten anschaulich machen, aus denen nach dem Perserbrande eine der grössten Leistungen monumentaler Bauthätigkeit, die Neuschöpfung der Burg von Athen, allmählich zu Stande gekommen ist, ein Werk, das mit mühevoller Anstrengung und Aufwendung aller verfügbaren Mittel nach einem festen Plane durchgeführt wurde, und, wenn wir des Themistokles Gedanken richtig erkannt haben, im vollen Sinne das Verdienst Kimons ist.

Natürliche Bodenformen eigenmächtig umzugestalten, war im Ganzen gegen die Neigung der Hellenen; *** doch überwog das Gefühl, dass es

---

* Dörpfeld, Mitth. des athen. Inst. XV, S. 424.

** Statuen der Priesterinnen: Winter, Jahrbuch II, 220; vgl. Robert, Hermes XX, 135.

*** Sie hatten eine religiöse Scheu vor jeder Vergewaltigung der Natur, in der sie eine βία θεῶν erkannten. Vgl. Peloponnesos I, 28.

einer wesentlich neuen Baufläche bedürfe, um der grossen Zeit Würdiges zu Stande zu bringen. Man wollte das von Natur Unvollkommene nur vervollkommnen, wie ja auch das Capitol in Rom durch die Tarquinier

Fig. 23.

neu gestaltet worden ist, um abschüssigen Felswänden stattliche Bauflächen abzugewinnen.*

---

* Dion. Hal. III, 69; die Akropolis war wie das Capitol ein λόφος πολλῆς δεόμενος πραγματείας, Tarquinius baute wie Kimon ἀναλήμμασιν ὑψηλοῖς πολλαχόθεν

Nach Süden hatte der schmale Höhenkamm einen jähen Absturz von 20 Fuss Tiefe. Hier bedurfte es einer mächtigen Anschüttung, um eine Terrasse zu schaffen; man musste Stützmauern ziehen, die nur den Zweck hatten, das abschüssige Terrain zu halten, um darüber die solide Quadermauer aufzurichten, die den Tempelboden tragen sollte und keine Bruchstücke älterer Bauten aufweist.

Beide, die untere wie die obere Mauer, zeigt die vorstehende Skizze (Fig. 22) und giebt eine Anschauung davon, wie jede einzelne Baufläche dem Boden abgerungen werden musste.

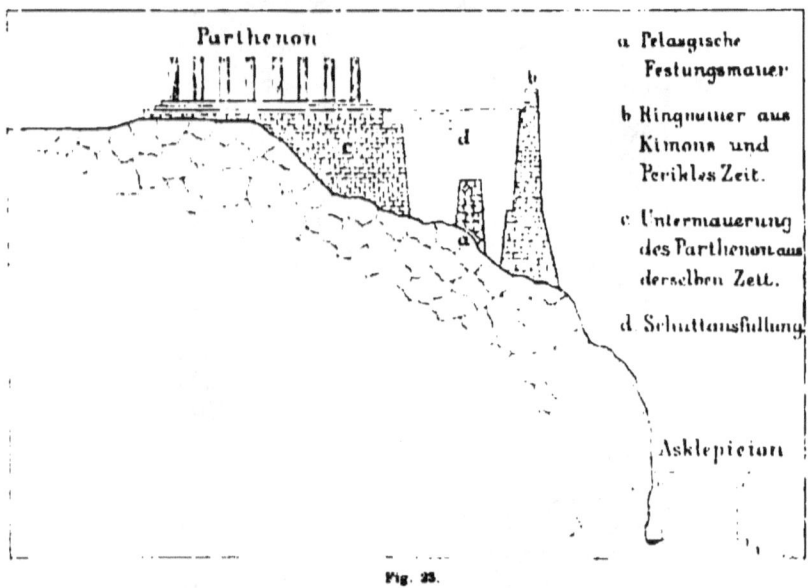

Fig. 23.

Der südliche Burgrand wurde über die alte Pelasgermauer, welche tief im Schutte verschwand, um 10 m vorgeschoben. Das Ganze wird besser als in beschreibenden Worten durch einen von Norden nach Süden gerichteten Durchschnitt veranschaulicht (Fig. 23).

Die über dem jähen Absturz kühn und stolz emporsteigende Quadermauer gab der Burg von der Meerseite einen ganz neuen Anblick. Die ganze Akropolis schien höher aus ihrer Umgebung hervorzuwachsen; es

---

(τὸν λόφον) περιλαβὼν καὶ πολὺν χοῦν εἰς τὸ μεταξὺ τῶν τε ἀναλημμάτων καὶ τῆς κορυφῆς ἐμφορήσας ὁμαλὸν γενέσθαι παρεσκεύασεν.

war kein Nothbau, sondern ein Prachtbau, auf den der Athener stolz war, so dass auch Aischylos in seinen „Schutzflehenden" (um 460) der stolzen Mauer gedenkt, über welcher Athena sicher throne.* An sie war der Name Kimons am festesten geknüpft; sie war das unerschütterte Denkmal seiner grossen Seesiege, denn unmittelbar nach der Schlacht am Eurymedon wurden die aus dem Erlös für die persischen Gefangenen zuströmenden Gelder für diesen Bau verwendet (LXXVII 73).

Es war kein Festungsbau; denn die Akropolis sollte keine Feste mehr sein, und die grosse Cisterne, für eine Citadelle unentbehrlich (S. 68), wurde jetzt zugeschüttet. Es war ein Ehrenschmuck von Athen (LXXVII 80); der Mauerbau sollte dem mit allem Aufwande öffentlicher Gelder ausgestatteten Peiraieus nicht nachstehen und die Burg des Kekrops, welche die Feinde vollständig vernichtet zu haben glaubten, als den Kern und die Krone des ganzen Gemeinwesens, in ihrer neuen und vornehmen Gestalt selbst wie ein unzerstörbares Siegesdenkmal der Welt vor Augen stellen.

Die Südmauer muss in ihrer ganzen Ausdehnung von Osten nach Westen als ein Ganzes angesehen werden. Sie ging über die alten, von Süd nach Nord gerichteten Mauerzüge der Pelasger hinweg, um den schmalen Eingang zu sperren, und schloss mit dem Thurm, welcher zur Beherrschung des gegen Westen vorgeschobenen Aufgangs diente. Dieser Thurm war eine viereckige Bastion und umfing die Felskuppe, die den von Süden heraufführenden Burgweg überragte. Sie ist der Höhenpunkt, wo man, von unten kommend, das Meer von Aigina zuerst überblickt, die alte Seewarte der Athener, wo König Aigeus nach dem heimkehrenden Schiff seines Sohns ausschaute (S. 38).

Diese wichtige Höhe hatte durch den Dienst der Athena eine religiöse Weihe, und wir dürfen annehmen, dass der ihr geweihte Altarbezirk beim Ausbau des Thurms, der die kimonische Mauer abschloss, in eine Tempelstätte verwandelt wurde, und dass sie hier zur Erinnerung an die Freiheitskriege jetzt als Athena-Nike (XXXVI 59) einen mit neuem Glanz ausgestatteten Dienst erhielt. Der Thurm giebt in seiner vorzüglichen Erhaltung die beste Anschauung von den Mauerbauten jener Zeit. Er entspricht in seiner Anlage den alten Festungsthürmen, welche rechts vom Eingange den Weg sperren, um die unbeschildete Seite des ansteigenden Feindes zu bedrohen; er wurde als Festungsthurm auch „Pyrgos" genannt. Im Wesentlichen war auch dieser Bau, den wir noch heute an der Nordwestecke in regelmässigen Schichten von Kalkstein-

---

* Suppl. 134: ἔχουσα εἰμί ἐνωπί ἀσφαλής. Bücheler, Rhein. Mus. 40, 629 wollte die Stelle auf den Parthenon beziehen, der damals noch nicht bestand.

quadern 8,60 m aufsteigen sehen, ein Schmuck der Burg. Seine Oberfläche wurde benutzt, um den ionischen Tempel der Athena Nike mit dem vorliegenden Altare aufzunehmen, und die Analogie mit einer Festungsbastion wurde so weit beibehalten, dass nach Art einer zum Schutz der Vertheidigenden dienenden Brustwehr eine Balustrade von Marmor den kleinen Tempelhof auf drei Seiten umfasste. In welcher Zeitfolge diese Werke am Burgaufgange hergestellt worden sind, lässt sich nicht bestimmen. Es ist aber von Anfang an Alles in sich so zusammenhängend, dass wir einen gemeinsamen Plan voraussetzen müssen, und dieser kann nur der Zeit angehören, da Kimon der leitende Staatsmann war.

Diese Anlagen stehen alle mit der Südmauer in Zusammenhang, die unter besonderen Schwierigkeiten und in besonders grossartigem Maßstabe ausgeführt worden ist. Es konnte aber nicht die Absicht sein, die Akropolis nur an einer Seite neu zu ummauern. Auch hat man im Norden, namentlich bei der Aglaurosgrotte, Mauerstücke freigelegt, welche ganz den Charakter der kimonischen Zeit tragen. An andern Stellen sind Baureste verwendet, welche solchen Werken angehören, die von Kimon begonnen, aber unvollendet gelassen sind. Hier muss also in der Zeit nach Kimon weiter gebaut worden sein. Man war aber gewöhnt, ihm das ganze Werk der Ummauerung zuzuschreiben, und in diesem Sinne konnte man sagen, der ganze Burgring sei theils von den Pelasgern, theils von Kimon angelegt worden (LXXVII 82).

Sein Hauptziel war kein anderes, als auf der mittleren Burghöhe einen grossen Bauplatz zu schaffen, um im Anschluss an die Anlagen der Pisistratiden zu Ehren der Burggöttin ein Prachtgebäude zu errichten, welches dem Fortschritte an Wohlstand und nationalem Ruhm entsprechen sollte. Peisistratos hatte sich noch so beengt gefühlt, dass er hart neben dem Erechtheion sein Hekatompedon errichten musste. Jetzt war wie durch ein Wunder an Stelle des schmalen Rückgrats eine breite Hochfläche hergestellt, auf der man mit voller Freiheit einen Prachttempel bauen konnte, mit einem geräumigen Tempelhofe, wie er für die grossen Festlichkeiten nöthig war.

Nun wissen wir seit Aufräumung der Akropolis, dass unter dem perikleischen Parthenon die Fundamente eines dorischen Tempels liegen, der ebenfalls je acht Säulen an den Frontseiten hatte. Die Gründung desselben kann nur der kimonischen Zeit angehören, und wir erhalten jetzt erst eine Anschauung von der rastlosen Energie, mit welcher damals nicht nur Terrassen und Terrassenmauern hergestellt, sondern auch die Hochbauten, für die sie bestimmt waren, unverzüglich in Angriff genommen worden sind.

Der achtsäulige Tempel sollte den in Schutt liegenden ersetzen: denn es ist nicht wahrscheinlich, dass man neben dem älteren Hekatompedon gleichzeitig einen zweiten durchaus gleichartigen Tempelbau aufrichtete. Dagegen ist es nicht unwahrscheinlich, dass man von dem älteren Gebäude einen Theil herstellte, und zwar denjenigen Theil, welcher zur Aufbewahrung von Edelmetall bestimmt war.

Der Raum hinter der Cella der Polias hat seit ältesten Zeiten als der sicherste Platz für Unterbringung heiliger Gelder gegolten; auch die Schätze der eleusinischen Gottheiten sind dort geborgen worden.* Seit aber Athen Seemacht war, musste ein der Stadt zur Verfügung stehender Baarschatz von jedem Staatsmann als unentbehrlich anerkannt werden, also auch ein Raum zur Unterbringung desselben. Dafür konnte aber nicht leichter und zweckmässiger gesorgt werden, als durch Erneuerung des alten Schatzraumes im Hinterhause des verbrannten Hekatompedon. Wenn man sich bei dem Neubau auf diesen Theil beschränkte, so hatte man zugleich den Vortheil, dass man bei der Wiederherstellung des Poliastempels, welche die erste Sorge der Athener sein musste, im Raum weniger beschränkt war, und die heiligste Stätte der Burg, ohne die durch den Gottesdienst gebotene Raumanlage zu verändern, durch Anbauten schmücken und erweitern konnte.

Es ist also auch wahrscheinlich, dass für das allein erneuerte Hinterhaus der Name „Thesauros" oder „Opisthodomos" üblich wurde, und dass es dieser Raum war, wo man den von Delos 454 herübergebrachten Bundesschatz unterbrachte.

Wenn also von Polygnotos berichtet wird, dass er in Athen den Thesauros mit Gemälden geschmückt habe,** so trage ich kein Bedenken, diese wohlbezeugte Nachricht auf das Hinterhaus des alten Hekatompedon zu beziehen, und erkenne darin die Absicht Kimons, der Bundesschatzkammer durch religiöse Malerei eine höhere Weihe zu geben.

---

* XXI 10, wo ich statt νερόθεν und statt ὀοφνᾶθεν: ὄπισθεν zu lesen vorschlage, und statt [ἐν περι]βόλῳ vielleicht: ἐν τῇ δόμῳ. Hinter den Tempelcellen waren, dem Herkommen gemäss, überall die Schatzräume. Daraus erklärt sich auch im Tempel von Korinth die Tiefe des Hinterraums. Mittheilungen des athen. Inst. XI, 301. Vgl. ὀπισθόδομοι στέλαι bei Polybius 12, 12 (11), 2.

** Harpocration v. Πολύγνωτος τὰς ἐν τῷ Θησαυρῷ καὶ τῷ Ἀνακείῳ γραφάς. Die Emendation ἐν τῷ Θησείῳ ἱερῷ ist vollkommen willkürlich und bürdet den beiden Geschichtschreibern der Malerei, Artemon und Iobas, einen Irrthum auf, an dem sie ganz unschuldig sind. Ich sehe mit Freuden, dass jetzt auch Dörpfeld unter dem Opisthodom als Schatzkammer das Hinterhaus des „alten Athenatempels" versteht: Mittheil. des ath. Inst. XII, 204.

Er hatte also bei dem neuen Prachttempel, den er anlegte, zu dessen Stufenbau er noch denselben Stein von Karä benutzte,* den die Pisistratiden eingeführt hatten, um so freiere Hand, indem er für Schatzräume nicht zu sorgen hatte.

Diese grossen Werke genügten noch nicht, den Unternehmungsgeist, der jene grosse Zeit beseelte, zu befriedigen. Auch der bildenden Kunst wurden neue Aufgaben gestellt, und es ist kein Grund, daran zu zweifeln, dass Kimon es gewesen ist, der in Pheidias den Mann erkannte, welcher vor Allen berufen sei, die Grösse Athens in Bildwerken zum Ausdruck zu bringen. Nachdem er in Delphi noch nach Weise der peloponnesischen Meister Gruppen von Erzbildern geschaffen hatte, welche den unverkennbaren Zweck hatten, Kimons Vater die höchste Ehre zu erweisen, wurde für die Akropolis ein im Geiste der Zeit neu erfundenes Weihebild oder Siegesdenkmal in Angriff genommen, ein kolossales Erzbild der Burggöttin, das an hervorragender Stelle westlich vom Erechtheion seinen Platz erhielt. In Herstellung von Bronzen, die durch ihre Grösse Staunen erregten,** waren die Peloponnesier vorangegangen, und ein äginetischer Meister war es, durch den die Thasier ihren Stadtgott Herakles zehn Ellen hoch in Olympia aufstellen liessen. In Athen sollte aber nicht nur ein Schaustück kolossaler Bildkunst hergestellt, sondern die Stadtgöttin selbst inmitten ihrer Stadtburg geehrt werden, als die Gemeindehüterin, Stadt und Land mit wachsamem Auge überblickend und zugleich in kühnem Vorschritt;*** zugleich aber war sie ein Bild der Stadt selbst, ein historisches Symbol der Bürgergemeinde; denn wenn die eherne Göttin unter dem Namen „Promachos" dem Volke vertraut war, so kann derselbe doch nichts Anderes bedeuten, als dass in ihr auch die Bürger geehrt wurden, welche im Kampf gegen die Barbaren, allen Hellenen vorkämpfend, vorangegangen waren. Das war bei Marathon geschehen, und so verräth auch dies Werk, das erste, das wir von Pheidias' Hand in Athen kennen, den Ursprung aus der kimonischen Zeit, in welcher der Marathonomachen Ruhm

---

* Karäquadern von den pentelischen Stufen des perikleischen Parthenon überbant: Lepsius, Griech. Marmorstudien, S. 116.

** exempla andaciae Plin. 34, 39.

*** Darauf beziehen sich Epigramme, wie das des Julian: τίπτε, Τριτογένεια, κορύσσεαι ἄστεϊ μέσῳ, Benndorf, Mitth. VII, 46. Vgl. τοῖς ἐπιοῦσιν ἐνίστασθαι μέλλουσα Zosimos V, 6, 2. Die ruhige Haltung kann ich aus den Münzen nicht für erwiesen halten, wie Michaelis Mitth. II, 92. Τὸ ἄγαλμα τὸ Μαραθωνόθεν: Aristides Or. ed. Dind. II, p 288. Man unterschied die legendarisch unzuverlässige Beziehung der Weihgeschenke auf Marathon von der wirklich bezeugten (ἀληθεῖ λόγῳ Paus. X, 10).

das Thema aller öffentlichen Kunstwerke war. Nach der Ueberlieferung, welcher Demosthenes folgt, war das Werk von dem Beuteantheile errichtet, den die Hellenen den Athenern zuerkannt hatten (XXII 77): es war also dann ein Siegespreis athenischer Tapferkeit, deren Ruhm auf die Göttin übertragen und in ihr persönlich dargestellt war. Attischer Ruhm aber war im Sinne Kimons von hellenischem Patriotismus unzertrennlich; deshalb stand der Vorkämpferin zur Rechten die Erztafel, in welcher über Arthmios aus Zeleia, der persisches Gold nach dem Peloponnes gebracht hatte, und über seine Nachkommen der Fluch ausgesprochen war. Auch sie war der Göttin geweiht, um das Gegenbild dessen, was in ihr geehrt wurde, den Bürgern vor Augen zu stellen, und so wurde der Standort des Kolosses für alle Zeiten eine besonders geweihte Stätte hellenischer Erinnerungen.*

Zu den Weihgeschenken dieser Zeit, welche sich unmittelbar den Freiheitskriegen anschlossen, dürfen wir auch wohl den Koloss eines Erzstieres rechnen, welcher zu den bekanntesten Denkmälern der Akropolis gezählt wurde. Er war von dem Areopag geweiht (LXIV 88), und da wir wissen, dass diese Behörde zur Zeit der Persernoth allgemeine Anerkennung fand, indem sie die ihr übertragenen Vollmachten mit glücklichem Erfolge benutzt hatte, um die Räumung des Landes zu leiten und der ärmeren Bevölkerung zu Hülfe zu kommen, so war ein Denkmal zum dankbaren Andenken dieses Erfolges auf der Burg sehr an der Stelle, und es wird schwer sein, eine andere gleich passende Gelegenheit der Stiftung aufzufinden, um so mehr, da ja schon zu Kimons Zeit die politische Bedeutung des Areopags aufgehoben wurde. Es war aber gerade in der Zeit der Freiheitskriege Gebrauch, das Symbol des Stieres zu benutzen, um den vaterländischen Boden zu bezeichnen, welchen man nach Vertreibung der Feinde als freien Boden wieder mit den Ackerstieren pflügen konnte.**

Endlich gehört in den Kreis der marathonischen Erinnerungen die Stiftung des Pancultus an den „Breitfelsen" der Burg, den sogenannten Makrai petrai, in der Felsgrotte am Nordwestfusse der Akropolis, welche der des Apollo Hypakraios benachbart ist; hier erhielt der peloponnesische Gott eine Heimstätte, in welcher er den Athenern ein sehr vertrauter Genosse wurde (XXXIII 95).

Dazu trug das volksthümliche Fest des Fackellaufs, das ihm ein-

---

* Die Urkunde der Acht über Arthmios: Aesch. g. Ctes. 248. Dinarchos 2, 24. Plut. Them. 6.
** ἱερὸν ἐλευθέρᾳ τῇ γῇ Paus. X, 16, 6. Archäol. Zeitung XVIII (1860), S. 37.

gesetzt wurde, wesentlich bei, und wir dürfen annehmen, dass der 5 Stadien 18 Fuss lange Umgang um die Burg der Schauplatz dieses Festes war (LXXV 12).

Nach dem Ergebniss der neuen Entdeckungen ist uns ein wesentlich klarerer und vollständigerer Ueberblick der Zeit vergönnt, in welcher Kimon die leitende Persönlichkeit war; es war eine Zeit von etwa zwanzig Jahren, welche durch eine beinahe fünfjährige Abwesenheit unterbrochen war, und man staunt über das, was diese kurze Zeit für Athen gewesen ist.

Nach Themistokles, dessen Unternehmungen alle etwas Gewaltsames und Ueberstürztes hatten, war es ein unvergängliches Verdienst Kimons, dass er die Entwickelung der Stadt in ein sicheres Geleise gelenkt hat. Die Verlegung ihres Schwerpunktes nach dem Peiraieus wäre nicht möglich gewesen, ohne die Athener ihren altheimischen Ueberlieferungen zu entfremden und den Zusammenhang ihrer Geschichte zu zerreissen. In Kimon sehen wir eine wesentlich neue, von engherziger Parteilichkeit freie Eupatridenpolitik sich entfalten. Bei treuer Anhänglichkeit an das Gute der Vorzeit, und lebhaft bestrebt, den alten Geschlechtern die Führung zu erhalten, weiss er die neue Zeit ehrlich und rückhaltlos anzuerkennen, und keiner hat mehr gethan, um Athen mit den Inseln und Küstenländern zu verschmelzen, als Kimon, weil auf diese Weise ein friedliches Zusammengehen mit der continentalen Macht Spartas am leichtesten durchzuführen war.

Athen ist durch ihn neu ionisirt worden, und in seiner Leitung der städtischen Angelegenheiten erscheint er uns jetzt nicht minder bewunderungswürdig, als in der Organisation und Führung der Flotte.

Rückhaltlos hat er die Agora als den Mittelpunkt der Stadt anerkannt und Alles gethan, der dort sich versammelnden Bürgerschaft den Boden von Neuem lieb und werth zu machen, wohnlicher, behaglicher, schöner als je zuvor. Fontänen sprudelten im Kerameikos, Platanen beschatteten ihn und Marmorhallen erhoben sich, welche den Bürger mit gerechtem Hochgefühl erfüllten. Was von den Inseln herüberkam, erkannte hier eine aufblühende Reichshauptstadt. Aus den Siegen erwuchsen die Siegesdenkmäler, welche der Gemeinde die Ehre gaben, und wenn er den Krieg ununterbrochen fortgesetzt sehen wollte, so konnte er auch auf immer neue Siegesbeute rechnen, um ohne Belastung der Bürger und Bundesgenossen aus dem Gelde der Barbaren die Stadt immer reicher ausstatten zu können. Mit leutseliger Freigebigkeit liess er den geringsten seiner Mitbürger am Genusse seiner Gärten theilnehmen und schuf für sie die Vorstädte, welche durch ländliche Anlagen den Städter erfrischten.

Die enge Hochburg war zu einem geräumigen Festraum und Tempelboden umgestaltet und die Häfen waren mit der Oberstadt so vereinigt, dass ohne Bruch mit der Vergangenheit Athen selbst eine unangreifbare Seestadt wurde.

Theseus, der schon die alte Eupatridenstadt geordnet haben sollte (LXVI 20), war jetzt der Genius der neuen Bürgerschaft. Seine festliche Heimführung belebte sein Bild wieder im Herzen des Volkes und wurde ein neues Band volksthümlicher Gemeinschaft. Wie in der Poesie, so wurde er in Wandgemälden, auf Vasenbildern und in Tempelreliefs neu gefeiert. Mit ihm lebten seine Genossen wieder auf, Phorbas, sein Wagenlenker, dem das Phorbanteion geweiht wurde (LIII 25), und Peirithoos: in der Nähe des neuen Theseion lag das Horkomosion an der Stätte, wo die Freunde ihr Bündniss beschworen haben sollten (LIV 72, LXIX 73); so genau wurden die alten Ueberlieferungen örtlich festgestellt. Vielleicht ist auch der Heros Epitegios, der das Bürgerhaus Hütende, der in Athen ein Priesterthum hatte, kein Anderer als Theseus.*

Seine Gestalt hatte aber auch eine nationale Bedeutung, welche Kimon sehr am Herzen lag. Durch ihn traten nun auch die fernen Inseln, wie Skyros, mit Athen in nahe Beziehung und ihre heimathlichen Sagen wurden den Athenern vertraut. So stellte Polygnotos, dessen Einbürgerung ein so schönes Beispiel friedlicher Vereinigung zwischen Festland und Inseln war, den Athenern die Königsfamilie des Lykomedes vor Augen und seinen gastfreundlichen Hof, die feindlichen Begegnungen verhüllend. Mikon malte im Theseion Theseus in der Meerestiefe, wo er sich als einen echten Sohn Poseidons bezeugt, und im Anakeion einen Vertreter des ältesten Stadtadels, Butes, unter den heimkehrenden Argonauten. Deutlicher konnte man nicht darauf hinweisen, dass kühne Seefahrt nichts sei, was dem Herkommen der Eupatriden widerspreche. Andererseits wurden die Dioskuren und ihre Vermählung mit den lakonischen Leukippiden benutzt, um der grossgriechischen Politik, die Kimon am Herzen lag, einen künstlerischen Ausdruck zu geben. Der alte Gott der Meliteer wurde mit dem Stammvater der spartanischen Könige verschmolzen; die Aufnahme der aus dem Peloponnes flüchtigen Herakliden wurde jetzt als die erste der athenischen Grossthaten gepriesen und die Bündnisstreue gegen die Stammgenossen in der Person des Theseus auf das Würdigste verherrlicht.

Unverkennbar ist hier eine Gemeinsamkeit des Strebens, ein Zug der Zeit, die wir die kimonische nennen können. Wir haben den Ein-

---

* CIA. III, 291. W. Vischer, Kleine Schriften, II, 360.

druck eines zielbewussten, in sich zusammenhängenden Wirkens und Schaffens, das sich an eine leitende Persönlichkeit anschliesst, wie es uns bei einer Reihe der Hauptwerke, der Ausstattung des Kerameikos und der Akademie wie bei der Planirung der Akropolis ausdrücklich bezeugt ist. Als echter Hellene war Kimon unablässig bestrebt, den öffentlichen Werken durch die Kunst eine höhere Weihe zu geben. Mit Dichtern, Malern und bildenden Künstlern in persönlichem Verkehr, hat er das Streben, die Vaterstadt nicht äusserlich aufzuputzen, sondern der thatenreichen Gegenwart einen verklärten Ausdruck zu geben und die Bürger geistig zu erheben, indem sie täglich daran gemahnt wurden, der Helden von Marathon und Salamis eingedenk, ihrem besonderen Berufe treu zu sein, dabei aber die Bande nicht aufzugeben, welche sie mit ihren alten Bundesgenossen zu einer Volksgemeinschaft vereinigten.

V.
Perikles — Lykurgos.

Zwischen der kimonischen und der perikleischen Zeit ist in der städtischen Baugeschichte der Unterschied geringer, als gemeinhin angenommen wird, und was Kimons Nachfolger für Athen gethan hat, ist zu sehr als etwas Neues und Unvergleichliches dargestellt worden, wie man in ähnlicher Weise das Zeitalter Leos X. auf Kosten seines Vorgängers verherrlicht hat.

Wenn Kimon im Gegensatze zu Themistokles das alte Athen als eine Reichshauptstadt darstellen und schmücken wollte, so ist Perikles nur in seine Fussstapfen eingetreten. Auf die von Kimon geebneten Terrassen hat er gebaut, die von Kimon begonnenen Tempelgründungen hat er ausgeführt und dieselben künstlerischen Kräfte benutzt, welche Kimon als die für die grosse Aufgabe geeigneten erkannt und verwerthet hatte. Es hat also in der Leitung der Stadtgeschäfte kein Systemwechsel stattgefunden, wie zwischen Themistokles und Kimon, aber das Programm des Perikles ist durch neue Gesichtspunkte wesentlich verändert worden. Athen sollte nicht nur den Bundesgenossen gegenüber als herrschender Seestaat sich geltend machen, sondern in ganz Hellas die erste und vorbildliche Stadt sein, die Anspruch darauf machen könne, dass Alles, was Hellenen von Nichthellenen unterschied, am vollsten zum Ausdruck komme. So wurde aus der attischen Stadtpolitik eine nationale, und auch, was an Bauunternehmungen zur Wiederherstellung von Athen im Werke war, erhielt nun einen neuen Charakter.

Nachdem Kimon aus attischem Beuteantheil mit reichlichem Zuschuss eigener Mittel so grossartige Werke geschaffen hatte, machte Perikles den Grundsatz geltend, der Neubau des Zerstörten sei nicht die Aufgabe einzelner Bürgerschaften, sondern eine Angelegenheit des ganzen Volks, welche auf dem Wege amphiktionischer Gesetzgebung durchzuführen sei; denn auf dem Volke der Hellenen liege noch eine ungelöste Schuld den Göttern gegenüber, welche das Vaterland vor dem Untergange bewahrt hätten, und auf Perikles Antrieb beschloss man, darauf anzutragen, dass ein Kongress nach Athen berufen werde, um die Ausführung der nationalen Verpflichtung ins Werk zu setzen (um 445).*

Dass dieser Plan, nach welchem die Hellenen sich zu weit aussehenden Leistungen verpflichten sollten, die vorzugsweise Athen zu Gute gekommen wären, keine Aussicht auf Erfolg haben konnte, darüber konnte Perikles sich nicht täuschen, aber er erreichte dadurch, dass seine Gedanken, deren grosser Inhalt bei den Besten des Volks Anklang finden musste, offen ausgesprochen wurde, dass den Bundesgenossen die Neubauten als eine nationale Aufgabe vor Augen gestellt wurden und dass man in Athen selbst die Fortführung des Begonnenen von einem ganz anderen Standpunkte auffassen lernte. Sie durfte nun nicht mehr an einzelne kriegerische Erfolge sich anschliessen und von gelegentlichen Beuteantheilen abhängig bleiben, die versiegen mussten, so wie das ägäische Seegebiet beruhigt war, noch weniger von der Freigebigkeit einzelner Mitbürger. Sie musste in grösserem Stil erfolgen, weil Athen seinen Beruf zu bewähren hatte, in Herstellung von Kunstwerken allen Hellenen voranzugehen, und endlich erwuchs daraus das Recht und die Verpflichtung, die Staatseinkünfte in grösserem Maßstabe heranzuziehen, weil es eine nationale Schuld abzutragen galt. Sie musste, den persönlichen Neigungen der Feldherren und Staatsmänner entzogen, als eine Staatsangelegenheit ersten Ranges in grossem Zusammenhange auf dem Wege der Gesetzgebung behandelt werden.

Es wurde also die Einrichtung getroffen, dass der Bürgerschaft die Pläne der öffentlichen Bauten vorgelegt und zugleich die erforderlichen Geldmittel beantragt werden sollten. Eine Kommission von Vertrauensmännern wurde ernannt, welcher die Oberaufsicht über die im Plane genehmigten Werke übertragen wurde, und zugleich bestimmt, dass der Rath der Fünfhundert die von den Kommissaren geschlossenen Baukontrakte so wie die Fortschritte der Arbeiten von Jahr zu Jahr kontrolire. Dadurch wurden die Fünfhundert für eine Reihe von Jahren zu einer Baubehörde, bei welcher sämmtliche Dokumente aufbewahrt wurden. In den Rechnungsurkunden, welche die Vorsteher der öffentlichen Werke aufstellten, wurden die jährlich wechselnden Rathskollegien gezählt; ein Zeichen,

---

* Der Kongressantrag wird von Holm, Gr. Gesch. I, 272, unter Beistimmung von Koepp, Jahrbuch des arch. Institutes V, 269, um 460 angesetzt. Aber der Antrag setzt bei den Athenern wie bei Perikles ein hohes Selbstvertrauen voraus. Perikles konnte nie daran denken, dass für Parthenon und Propyläen die Kosten von den Peloponnesiern und den andern Griechen mit übernommen würden. Was die Athener als eine religiös-patriotische Pflicht in Angriff genommen hatten, sollte als solche von ganz Griechenland anerkannt und die in Athen bewährte Kunst eine nationale werden.

welches Gewicht man darauf legte, die Bauten als ein Ganzes anzusehen; die Bezeichnung eines Raths als des zehnten oder vierzehnten gab sogleich den amtlichen Nachweis, in welchem Zeitabschnitte sich die von Staatswegen beschlossenen Bauwerke befanden.*

Perikles aber war die Seele des Ganzen; denn wenn es ihm als Redner gelungen war, seine Mitbürger für die Baupläne zu gewinnen, und wenn er, als der Sachverständigste von Allen anerkannt, den Vorsitz der Baukommissionen hatte, so konnte er, kraft dieser Vollmacht, im Vereine mit den um ihn versammelten Künstlern ohne Verletzung der demokratischen Staatsordnung Alles selbständig durchführen. Die Gebildeten huldigten den idealen Zielen einer Politik, welche der Vaterstadt einen ganz neuen Glanz verlieh, die Masse fühlte sich wohl bei dem reichen Verdienste und der Bürgschaft eines glücklichen Friedens, welche ihnen die grossartigen Bauunternehmungen gewährten.

Dennoch erhob sich ein scharfer Widerspruch, und zwar von Seiten der kimonischen Partei; ein Widerspruch, welcher erst durch die Entdeckungen der letzten Zeit in ein helleres Licht getreten ist. Denn je anschaulicher uns geworden ist, wie grossartig Kimon für die Schönheit der Stadt gesorgt hat, um so befremdlicher musste der leidenschaftliche Widerspruch von Seiten der Kimonier gegen Perikles' Bauten erscheinen. Jetzt sind unter dem Parthenon die Fundamente eines Tempelgebäudes freigelegt, von denen mit grösster Wahrscheinlichkeit angenommen wird, dass sie von Kimon herrühren. Die Marmorsäulen wurden aufgerichtet, als Kimon starb. Dann ist der Bau unterbrochen, der Bauplan verändert; die fertigen Säulentrommeln hat man anderweitig als Material verwendet und die mit unendlichem Aufwande von Mühe und Kosten hergestellte Terrasse für einen neuen Tempelbau benutzt.

Jetzt begreift man, warum die verwaiste Partei sich unter Thukydides, dem Sohne des Melesias, sammelte, um mit allem Eifer gegen ein so rücksichtsloses Verfahren Einspruch zu erheben. Es handelte sich dabei, wie aus den erhaltenen Fragmenten der Oppositionsreden hervorgeht, wesentlich um zwei Punkte. Der erste betraf die von den Bundesgenossen eingezahlten Gelder, welche nach kimonischen Grundsätzen nur zu dem Zwecke verwendet werden durften, für den sie gegeben waren, nämlich zur Sicherung des griechischen Meers gegen Persien. Ein zweiter Widerspruch galt dem künstlerischen Charakter der Neubauten, denen Kimons Anlagen zum Opfer fielen. Man bekämpfte eine üppige Prachtliebe, welche die Stadt wie ein eitles Weib mit Edelgestein behänge und mit

* *CIA.* 1, p. 159. Mitth. des athen. Inst. IV, 35.

Gold überlade; ein Angriff, der sich nur so erklärt, dass, im Gegensatze zu den bisherigen Leistungen attischer Kunst in Tempel- und Hallenbau, in Erzdenkmälern und sinnvollen Wandgemälden, eine neue Richtung sich Bahn machte, welche in kolossalen Prachtwerken, zu denen das kostbarste Material aus fernen Ländern herbeigeschafft wurde, den Reichthum der Stadt bezeugen wollte. Perikles und Pheidias hatten dabei von Anfang an etwas Höheres im Auge, indem sie mit allen Mitteln der Kunst Götterbilder herstellen wollten, welche einem der religiösen Ueberlieferung sich entfremdenden Zeitgeist gegenüber den Glauben der Väter und die Ehrfurcht vor dem Göttlichen neu beleben sollten, Werke, die an Pracht alles Frühere überboten, und doch an die alte Dädalidenkunst anknüpften, an die schlichte Einfalt ältester Holzbilder. In dieser Verbindung des Alten und Neuem erstrebte man, was in dieser Art noch nie die Aufgabe der Kunst gewesen war, die monumentale Veranschaulichung des göttlichen Wesens, wie es den besten Athenern vor der Seele schwebte und sie geistig vereinte. Ein solches Ziel stand Perikles und Pheidias vor Augen, und dass in der Parthenos etwas geschaffen worden ist, was an religiösem Gehalt und einer das Gemüth ergreifenden Würde alles Frühere übertraf, bezeugt der Alten einstimmiges Urtheil.

Die Gegner aber sahen in dem Goldelfenbeinkoloss nur eine üppige Prunksucht, welcher man die Gelder der Bündner in gewissenloser Weise opfere, und zugleich wohl auch einen Abfall von der einfachen und soliden Kunstweise der älteren Hellenen.*

Das Goldelfenbeinbild der Parthenos war von Anfang an das Hauptaugenmerk bei dem Entwurf des neuen Hekatompedos, und es ist wahrscheinlich, dass die Maße des kimonischen Baues sich dafür ungeeignet zeigten, weil der Koloss, den Pheidias entworfen, eine breitere Cella verlangte.** Nach den Rechnungsurkunden haben die Ausgaben für das Bild der Parthenos schon in der zweiten Hälfte des Jahres 447 begonnen, gleichzeitig mit dem Bau des Tempels; das Bauprogramm war im vollen

---

* Die Oppositionsreden der Kimonier (bei Plut. Perikles c. 12) gegen P. und seine Freunde (οἱ τὴν πόλιν καταχρυσοῦντες καὶ καλλωπίζοντες ὥσπερ ἀλαζόνα γυναῖκα) entdeckt von H. Sauppe „Quellen Plutarchs im Leben des Perikles". Vgl. Griech. Gesch. II⁶, 156.

** Urkunden auf das Bild der Parthenos bezüglich *CIA.* I, 299; Foucart, Bulletin de corr. 1889, p. 171. Köhler, Sitzungsber. der Berl. Akad. 1889, p. 223. Von den 44 Talenten Gold, die nach Philochoros im Ganzen verwendet wurden, sind in den drei Rechnungsjahren je 10—11 ausgegeben (zum Kurse von 14:1). Daraus kann man schliessen, dass Pheidias neun Jahre an dem Agalma gearbeitet habe, 447—438.

Gange der Verwirklichung. Aber der Widerspruch blieb, und die Parteien standen sich in Betreff der Verwendung des Baufonds so schroff gegenüber, dass ein Scherbengericht nöthig war, um in den Staatsangelegenheiten eine einheitliche Leitung herzustellen. Erst im Jahre 81.3 (44/3), als der gewaltige Führer der kimonischen Partei das Feld räumen musste, war die für die Stadtgeschichte entscheidende Krisis überwunden, und Perikles auch in seinen Bauplänen der unangefochtene Führer seiner Mitbürger.

Das älteste seiner Bauwerke, das wir nennen können, war das Odeion am Ostabhange der Burg, ein Werk, das mit seiner ganzen Politik eng zusammenhängt, da er darauf ausging, mit erhebenden Kunstgenüssen die Bürgerfeste immer reicher auszustatten, und dadurch sowohl den Kunstsinn der Athener auszubilden,* als auch die Fremden heranzulocken. Musikalische Aufführungen, denen er auch bei den Panathenäen neue Bedeutung verlieh, verlangten einen geschlossenen Raum; es war ein Rundbau, neu und eigenartig in seiner Form und Einrichtung, von einem zeltförmigen Holzdache bedeckt, im Innern mit einer Menge von Säulen ausgestattet. Gleich nach Entfernung des Thukydides wurde Perikles von Kratinos als der „zwiebelköpfige Zeus mit dem Odeion (d. h. dem spitzen Runddache) auf dem Kopfe" dem lachenden Publikum vorgeführt (LXXX). Es war eine Epoche im attischen Kunstleben, als der Zitherspieler Phrynis hier an dem Staatsfeste den ersten musikalischen Preis gewann (wahrscheinlich 446 v. Chr.).

Was die Burgbauten betrifft, so gab es hier eine Reihe von Aufgaben, bei denen kein Widerspruch sich geltend machte, und die neueren Funde haben gezeigt, wie in der Befestigung der Burg die kimonische und die perikleische Zeit einander begegneten, ohne dass es möglich ist, die Arbeiten im Einzelnen genau zu vertheilen. Kimon hatte sein Augenmerk vorzugsweise der Südmauer zugewendet und hier der Burg ein ganz neues Ansehen gegeben. Gewiss war seine Absicht, den ganzen Burgring zu erneuern, und es war eine Ehrensache, dies Werk nicht stocken zu lassen. Die Befestigungsarbeiten einer nachkimonischen Zeit sind am deutlichsten an der Aussenseite der Nordmauer bezeugt, welche S. 125 dargestellt und besprochen worden ist. Sie enthalten ein monumentales Archiv ganz verschiedener Epochen attischer Baugeschichte. Denn ausser den Gebälkstücken eines vollkommen fertig gebauten Tempels, des Hekatompedon der Pisistratiden, sind hier Säulentrommeln aus pentelischem

---

* διαπαιδαγωγῶν ἡδοναῖς οὐκ ἀμούσοις τὴν πόλιν Plut. Per. 11.

Marmor, und zwar von zwei verschiedenen Grössen eingemauert; sie sind unvollendet und gehören zu dem Tempelbau Kimons.

Auch an der Innenseite der nördlichen Burgmauer sind ansehnliche Stücke vom kimonischen Bau als Füllmaterial verwerthet worden. Säulentrommeln unterer Lagen sind, wie die folgende Skizze (Fig. 24) zeigt, nordöstlich vom Erechtheion neben und über einander eingebaut, auch mit Trümmern von Weihgeschenken untermengt.

Fig. 24.

Betrachtet man das so zusammengeraffte Material älterer Zeit und darüber einen sorgfältigen Aufbau von Quaderlagen, so hat man den Eindruck, als ob der untere Theil einem Eilbau angehöre, der bei einer plötzlichen Kriegsgefahr gemacht worden sei. Sicher ist nur, dass auch in der nachkimonischen Zeit am Nordrande gebaut worden ist, um den Mauerring zu vervollständigen, der im Wesentlichen der vorperikleischen Zeit angehörte, und in diesem Sinne konnte Kimon als der Urheber der ganzen Burgmauer gelten (S. 131).

Was hier zur Vervollständigung geschehen ist, mag unter Leitung des Kallikrates erfolgt sein, des Mauerbauers der perikleischen Periode. Sein Name steht in der Urkunde eines Baukontrakts, welche um 440 v. Chr. geschrieben worden ist. Sie bezieht sich auf die Akropolis und es handelt sich um den eiligen Verschluss eines bis dahin noch offenen Raums, um ihn vor unbefugtem Zutritt zu verwahren.*

Auch im Innern der Burg wurde an die Werkthätigkeit älterer Zeiten angeknüpft, indem man die Terrassirung der Burgfläche ununterbrochen fortsetzte. Vom Erechtheion nördlich erkennt man das Quadrat einer künstlich geebneten und gepflasterten Fläche; eben so vor der Westfronte des Parthenon, wo Werkstücke des alten Hekatompedon benutzt sind, um nach Westen hin eine künstliche Fläche herzustellen (Fig. 25).

Fig. 25.

Südwestlich vom Parthenon kreuzen sich zwei Quadermauern im rechten Winkel; die eine dient nur als Stützmauer der andern (Fig. 26); man sieht, welchen Aufwand von Arbeit es kostete, dem ungefügen Felsboden ebene Flächen abzugewinnen.

Auch zwischen Parthenon und Südmauer ziehen sich die Stützmauern tief hinunter, und die Ueberreste von Bauten perikleischer Zeit machen

---

* Gleichzeitig herausgegeben von Lolling, Deltion 1889, S. 256 und Foucart, Bulletin de corr. hell. 1890, p. 177. Ueber die kimonischen Baustücke an der Nordseite Dörpfeld, Mitth. XI, 341.

Burgbauten.

es wahrscheinlich, dass hier eine ausgedehnte Werkstätte und Bauhütte aus der Zeit des Iktinos und Pheidias gewesen sei.

Zu den Baufundamenten, welche bei den letzten Ausgrabungen zu Tage getreten sind, gehören die wohl erhaltenen Quaderanlagen unter dem jetzigen Akropolismuseum, so wie der Unterbau eines ansehnlichen Gebäudes bei den Propyläen nördlich von der oberen Thorhalle (Fig. 27).

Das sind vereinzelte Spuren einer grossartigen Bauthätigkeit, welche nur an Parthenon und Propyläen in vollerem Zusammenhange überblickt werden kann.

Ein charakteristischer Zug dieser Zeit ist, dass sich die Baukunst der Athener von ausländischem Marmor unabhängig machte.

Der Brilessos wurde jetzt in grossem Umfange methodisch ausgebeutet, und zwar, um den Transport zu erleichtern, vorzugsweise am Südwestabhange, rechts unter dem Gipfel, wo von der Akropolis aus die Brüche deutlich zu erkennen sind; offene Kammern mit senkrechten Wänden von 30 m Höhe, tief in den Berg eingehauen, weil man erkannte, dass das Gestein härter werde, wenn es

Fig. 26.

von der Einwirkung der Luft entfernter war. Die Bodenfläche gehörte zum Gau Pentele, von dem der Marmor seinen Namen erhielt. Ob das Terrain, das plötzlich einen so ausserordentlichen Werth erhielt, Gemeindebesitz war oder in den Händen Einzelner, lässt sich nicht sagen. Dass hier eine Concurrenz zwischen Grubenbesitzern stattgefunden hat, möchte man daraus schliessen, dass die einzelnen Brüche abgesondert liegen und zum Theil in einer Höhe bis 1020 m, obwohl die Güte des Steins von der Höhenlage unabhängig ist. Die Steinkammern, deren man fünfundzwanzig zählt, waren so eingerichtet, dass gleich beim Abbau rechtwinklige

Blöcke gehauen wurden. Man verstand es, Marmorblöcke von 6,35 m
Länge zu gewinnen. Vermittelst einer Schleifbahn, die bis zur halben
Berghöhe hinaufstieg, wurden sie auf die Fahrstrasse gebracht. Am Fuss
der Akropolis angelangt, wurden sie, wie wir vermuthen, durch Krahne
hinaufgewunden, um dann als Architravblöcke auf die Säulen gehoben zu
werden. Man lernte bald die verschiedenen Sorten genau unterscheiden
und die besten für die feinste Architektur auszuwählen.*

Fig. 37.

Der neue Prachttempel, der auf dem Fundamente des kimonischen
sich erhob, indem er etwas weiter nach Norden gerückt wurde, war mit
dem ersten, dem der Pisistratiden, in der räumlichen Eintheilung voll-

* Ueber die Marmorbrüche siehe jetzt vor allem Lepsius, Marmorstudien, S. 13.
Auf den Gebrauch von Krahnen schliesse ich aus der Schilderung des Lucian
(Piscator 47), der den Parrhesiades aus dem Pelasgikon Steine angeln lässt. Vgl.
die viereckigen Balken πρὸς λίθων ἀνολκήν Thuk. IV, 112. Die Festatrasse zur
Burg war zum Transport grosser Steinmassen nicht geeignet. Siehe meine Be-
merkungen zur Anodos der Akropolis: Arch. Zeitung 1853, S. 200.

kommen übereinstimmend, nur in der Anlage des Hinterhauses abweichend: denn während es bei dem vorpersischem Bau in ein Gemach und zwei Kammern gegliedert war, blieb es hier ein grosser Raum. Die Cella des Neubaues hatte 100 Fuss Länge im Lichten; sie war also ein Hekatompedos für sich, und die Aufrichtung des Goldelfenbeinbildes in demselben war so sehr die Hauptsache, dass von ihm das ganze Gebäude Parthenon genannt werden konnte.

Als das Bild vollendet war, galt auch das Tempelgebäude in der Hauptsache für fertig; es wurde zu der Panathenäenfeier des Jahres 438 zum ersten Male eröffnet, um vor dem Bilde die Vertheilung der Festpreise zu vollziehen. 434/33 war das vierzehnte und letzte Baujahr, in welchem die Tempelgiebel endlich ihre vollständige Ausstattung erhielten.*

Ehe der Parthenon vollendet war, nahm schon ein anderer grosser Bauplan die allgemeine Aufmerksamkeit in Anspruch. Denn nachdem die Burg neu mit Mauern eingefasst und auf der Höhe mit einem centralen Tempelgebäude ausgestattet war, sollte sie noch mehr zu einem künstlerischen Ganzen abgerundet werden, und dazu bedurfte es vor Allem eines neuen Eingangs. Der ältere Thorbau** war ein nach Südwesten gerichtetes Viereck. Nachdem der Pyrgos der Athena Nike gebaut war, wurde die Richtung des alten Aufgangs darnach wesentlich verändert, und schon in der kimonischen Zeit musste an einen neuen Thorbau gedacht werden, die Axe musste sich nach Westen richten und die Umbiegung nach Süden konnte erst unterhalb des Pyrgos erfolgen.***

Hier lag eine Aufgabe vor, deren Neuheit und Schwierigkeit den erfinderischen Geist genialer Künstler in besonderer Weise reizen musste. Denn es handelte sich hier um einen Bau auf abschüssigem Boden, der nicht durch Anschüttung auszugleichen war, um einen Bau an der Stirnseite der Akropolis, welcher Ober- und Unterstadt vermitteln sollte, und während man sich bei Tempelbauten an feste Normen gebunden fühlte, war hier Gelegenheit geboten, etwas wesentlich Neues zu Stande zu bringen. Zu diesem Zwecke verband sich Perikles mit dem Baumeister Mnesikles, und es erwuchs der Plan eines Bauwerks, welches sich an die gegebenen Bodenverhältnisse auf das genauste anschliessen und zugleich

---

* *CIA.* I 301, IV 297ᵃ ᵇ. Boeckh, Staatsh. II³ 306 Anm. 1.

** Die oben erwähnte (S. 68) Ante wird dem kimonischen Bau zugeschrieben. Jahrbuch des archäol. Instituts I, 187. Vgl. Mitth. des athen. Inst. X, 39.

*** Nach Bohn (Arch. Zeitung 1890, S. 88; Propyläen S. 29, 31) soll der Pyrgos seine Gestalt im Anschluss an den Propyläenbau erhalten haben. Dagegen Wolters, Bonner Studien 1890, S. 96, der nachweist, dass Mnesikles sich in seiner Bauanlage an die Richtung des Nikepyrgos anschloss.

die stolzen Mauerbauten Kimons in keiner Weise beeinträchtigen sollte, aber an Originalität und Grossartigkeit alle früheren Gebäude überbot. Es war eine vielgegliederte Anlage; denn sie umfasste den Aufgang aus der Unterstadt, zweitens den Eingang zur Burg mit einer vorgebauten Säulenhalle, durch welche die Festzüge zu Wagen, zu Pferde und zu Fuss feierlich einziehen sollten, und endlich die Verbindung der Thorhalle mit dem Innern der Akropolis. Die Säulenhalle vor dem Eingangsthore war der Haupttheil des Gebäudes. Darum nannte man es das Propylaion oder die Propyläen (LXXVII 44); es sollte der Abschluss aller Burgbauten sein und der Akropolis an ihrer Stirnseite das charakteristische Aussehen geben; der Uebergang aus dem Alltagsleben zu den Festräumen der stadtschirmenden Gottheiten sollte hier in würdevollster Weise zum Ausdruck kommen.*

Zu den technischen Schwierigkeiten kamen andere, welche erst fühlbar wurden, als der Bauplan gereift war. Der Raum war hier nicht so frei, wie auf den neu geschaffenen Terrassen oben; es kam also zu peinlichen Verhandlungen über die Verhältnisse an Grund und Boden; denn der Bauplan liess sich nicht durchführen, ohne Grundstücke in Anspruch zu nehmen, welche den benachbarten Heiligthümern zugehörten. Dabei verwahrten sich die Priesterkollegien gegen jede Beeinträchtigung von Tempelboden. Die Götter sollten in ihrem Besitze nicht aufgestört werden, die Bahnen des Gottesdienstes keine Aenderung erleiden; den rücksichtslosen Plänen dekorativer Prachtbauten sollte die religiöse Weihe der Burghöhe nicht geopfert werden.

Der priesterliche Einspruch wurde von den politischen Gegnern des Perikles unterstützt, so dass seine Lieblingspläne zum ersten Male auf unüberwindliche Schwierigkeiten stiessen.

Die ursprüngliche Absicht war, dem Mittelbau der Propyläen zwei einander vollkommen entsprechende Flügelbauten anzuschliessen, welche die ganze, 55 Meter messende Breite des Burgfelsens überspannen sollten. Im Norden stand nichts im Wege, bis an den abschüssigen Felsrand vorzugehen, wenn hier auch ältere Gründungen überbaut werden mussten S. 145); der Südflügel aber berührte das Tempelgebiet der Athena Nike, und würde, wenn er dem nördlichen entsprechen sollte, den festlichen Zugang zum Altar der Göttin gesperrt haben.

Ausserdem war die Anlage zweier geräumiger Hallen beabsichtigt, einer Südost- und einer Nordost-Halle, welche rechts und links vom Mittel-

---

* τὸ Προπύλαιον der offizielle Name *CIA.* I 314; Polyaen, Strategicon 8, 45. Mittheilungen des athen. Inst. II, 99.

bau den inneren Raum der Akropolis einfassen sollten. Der südliche Theil dieser Doppelhalle musste das Gebiet der brauronischen Artemis schneiden. Auch hier begegnete man einem zähen Widerspruch und sah sich zu wesentlichen Aenderungen des Bauprogramms gezwungen. Perikles wusste, wie unsicher die Aussicht auf eine längere Dauer der Friedensjahre sei, und that, was er konnte, um das Erreichbare so rasch wie möglich zu Stande zu bringen. Er setzte also durch, dass für die Propyläen und die damit zusammenhängenden Bauten eine Summe von 2012 Talenten (so viel ist im Ganzen in fünf Jahren ausgegeben worden) flüssig gemacht wurde (LXXVII 49); eine ständige Kommission wurde auch für diesen Bau eingesetzt; das erste Jahr (85, 4; 437/6) und das vierte ihrer Verwaltung sind in den Rechnungsurkunden verzeichnet.* Der Mittelbau wurde programmmässig ausgeführt, und ebenso der Nordflügel mit dem fast quadratischen Saale der Pinakothek und seiner Vorhalle. Der Südflügel dagegen wurde eingezogen, indem die südliche Mauer um sechs Meter nach Norden vorgerückt wurde. Damit war die Symmetrie der ganzen Bauanlage aufgegeben, aber nicht endgültig, denn wir glauben aus gewissen Kennzeichen schliessen zu dürfen, dass Vorkehrungen getroffen wurden, um unter günstigen Umständen den Bau nach dem ursprünglichen Plane des Mnesikles wieder aufnehmen zu können. Darauf weist besonders der Wandpfeiler am Südflügel hin, welcher einer Säulenstellung entspricht, die in dem zu Stande gekommenen Bau niemals ausgeführt worden ist; endlich ist von den nach dem Innenraume der Burg offenen Säulenhallen der südliche Theil, der die Terrasse der Artemis berührte, von Anfang an aufgegeben, der nördliche vorbereitet, aber niemals ausgeführt worden.

Auch in seinem verkümmerten Zustande war der Propyläenbau der Stolz von Athen, das am meisten anerkannte und bewunderte Denkmal seiner Grösse, so dass Epameinondas seinen Mitbürgern sagen konnte, wenn sie ihrer Stadt eine Stellung in Griechenland, wie die von Athen, geben wollten, müssten sie die Propyläen an den Aufgang der Kadmeia verpflanzen.**

Eine besondere Bedeutung für die Baugeschichte Athens erhielt das Werk dadurch, dass die beiden Baustile, die sich fern von einander entwickelt hatten, hier zuerst harmonisch mit einander verbunden wurden.

---

* *CIA.* I 314 f. Rechnungsablage der ἐπιστάται Προπυλαίου ἐργασίας. Auf der Vorderseite von den ersten drei Jahren (85,4—86,2), auf der Rückseite von den beiden letzten Jahren des Baues (86,3 und 4). Die Geschichte des Propyläenbaus verdanken wir Dörpfeld, Mitth. des athen. Inst. X, 29 ff. 131 ff.

** Aeschines de F. L. 105: τῆς τῶν Ἀθηναίων ἀκροπόλεως προπύλαια μετενεγκεῖν εἰς τὴν προστασίαν τῆς Καδμείας.

Das ionische Kapitell war längst vor den Perserkriegen in Athen einheimisch; wir können uns auch das älteste Heiligthum der Stadtgöttin nicht anders als ionisch denken. Meistens aber kamen diese Formen bei einzeln stehenden Kunstwerken zur Verwendung, wenn es galt, einen Pfeiler oder eine Säule aufzurichten, um eine stehende Figur, einen Reiter oder eine Gruppe aufzustellen und dafür eine geräumige Standfläche zu schaffen, die dann mit dem tragenden Körper durch Blattprofile und Spirale verbunden wurde. Farben, mit Kalk gemischt, dienten dazu, dem aus Poros gehauenen Kapitelle eine charakteristische Verzierung zu geben. Mancherlei Weihedenkmäler dieser Art, von den Persern zerschlagen, sind, in die Nordmauer verbaut, wieder aufgefunden worden.*

Mnesikles hat die ionische Säule zuerst mit dem dorischen Bau organisch verbunden und zwar in der Mittelhalle, wo schlankere Verhältnisse geboten waren. Er hat durch plastische Durchbildung dem Volutenkapitell die grossartig ernste Gestalt gegeben, die niemals übertroffen worden ist. So ist der attisch-ionische Stil festgestellt und auch hier der Beruf Athens bewährt, alles Hellenische in eigenthümlicher Weise sich anzueignen und zur Vollendung zu führen.

Die vierte Zahlung aus den Tributen der Bundesgenossen wurde an die Vorsteher des Propyläenbaues unter Krates angewiesen (86,3 : 434/3), demselben Archonten, in dessen Amtsjahr auch noch die letzten Ausgaben für den Parthenon fallen. Wie persönlich aber Perikles gerade bei dem Propyläenbau betheiligt war, erhellt aus der Erzählung, dass ihm, da er über das Unglück eines vorzüglichen, von den Baugerüsten gefallenen Arbeiters untröstlich war, Athena im Traume das Heilmittel offenbart habe, wodurch der Kranke gerettet worden sei. Man begreift, dass dies benutzt wurde, um der vielfach verstimmten Bürgerschaft zu beweisen, wie unmittelbaren Antheil die Burggöttin an dem Prachtbau des Mnesikles nähme. Die Erzstatue der Athena Hygieia (XIX 40), deren halbrunde Basis vor der südlichsten Säule der oberen Thorhalle der Propyläen erhalten ist, mag mit diesem Ereignisse in Zusammenhang stehen, wenn wir annehmen, dass sie von Perikles selbst gestiftet und die Weihung später im Namen der Bürgerschaft vollzogen worden sei. Den Liebling des Perikles glaubte man auch in dem Erzbilde des Styppax zu erkennen, welches neben dem Altare der Athena Hygieia stand; es war ein junger Sklave, der kauernd niedersass, um Kohlen zum Opfer anzu-

---

* Puchstein, Das ionische Kapitell (Winckelmanns-Programm, Berlin 1887); Borrmann, Jahrbuch des Inst. III, 276.

blasen (LXIV 63). Man sieht, wie beliebt und verbreitet in der perikleischen Zeit die persönlichen Züge waren, welche sich im Volksmunde an die Werke der Akropolis anschlossen.

Neben den Prachtbauten, welche die Mittel des Reichs ununterbrochen in Anspruch nahmen, war das älteste Heiligthum der Burggöttin äusserlich zurückgetreten. Dass hier aber auch unter Kimon und Perikles gebaut worden ist, kann man aus den Fundamenten der Ostfronte schliessen. Dieser Zeit muss die ionische Halle der Athena-Polias-cella angehören, welche mit dem Gnadenbilde der Göttin und dem ihr draussen gegenüberliegenden Altare immer der heiligste Raum der Burg geblieben ist. Eine durchgreifende Umgestaltung des Tempelgebäudes war nicht gestattet. Aber man war beflissen, durch verschiedene Anbauten, wie sie der enge Raum erlaubte, die Göttin und ihren Tempelgenossen Poseidon auch in ihrem Ursitze zu ehren. Das war im Süden die Halle, deren Dach die sechs Jungfrauen im panathenäischen Schmuck tragen, ein auf das Anmuthigste ausgestatteter Ausbau, der wie von einem Balkon den Blick auf den Parthenon und die Festzüge öffnete; im Norden die Säulenhalle, die durch eine Prachtthüre in die Cella des Poseidon-Erechtheus führte, endlich der von drei Fenstern erleuchtete westliche Raum, der die beiden Vorhallen mit einander verband und dem Innern des Erechtheion Licht zuführte.

Während der Zeit, da die Burg täglich voll von Menschen war, die rastlos arbeiteten, um die perikleischen Werke zu vollenden, wurde es auch nöthig, ausgiebiger für den Wasserbedarf zu sorgen. Die grosse Cisterne war überbaut, welche auf Belagerungen berechnet war (S. 68), aber die unterirdischen Wasserbehälter, deren fünf an der Nordseite des Parthenon in einer Reihe liegen, gehören der perikleischen Zeit an und dienten dazu, das vom Tempeldach fliessende Regenwasser aufzufangen.

So hat die Akropolis im Laufe der Geschichte ihre endgültige Gestalt erhalten. Aus dem formlosen Felsriff, das jeder Ansiedelung und Bebauung zu widerstreben schien, ist durch unermüdeten Fleiss eine vornehme Hochfläche geworden, welche sich über den Stadthügeln mit ruhigen Linien stolz erhob, der Götter Sitz, die Stadt und Land schirmen, zu dem die Bürger hinauf wandeln, wenn sie sich zu den gemeinsamen Landesfesten sammeln. Die ganze Akropolis war wesentlich ein Werk menschlicher Hand, doch ohne dass eine künstliche Absichtlichkeit zu Tage trat, und so in sich eins, dass auch, nachdem das Letzte, was ihr noch gefehlt hatte, das breite Stirngebäude der Propyläen, vollendet war, alles als ein natürliches Ganzes erschien, das nicht anders sein konnte. Auch die Spuren der Vorzeit waren nicht verwischt. Während der südliche Rand sich durch Kimon wesentlich verändert hatte, sind am Nordhange alle Felsgrotten geblieben, wie sie auf dem Plane der Akropolis dargestellt sind*, mit ihren bescheidenen kleinen Terrassen und den zahllosen Nischen, in welchen die Erechthiden ihre Weihegaben aufgestellt hatten. Diese vorzeitlichen Cultusstätten sind nie vergessen und verabsäumt worden, auch nachdem die Akropolis sich mit reichen strahlenden Marmorbauten und Bildwerken aus der Mitte der Stadt emporgehoben hatte, der vollendete Ausdruck dessen, was Athen den Hellenen sein wollte, eine stete Mahnung an die Bürger, dessen eingedenk zu sein, was sie an Segen den heimathlichen Göttern verdankten.

Die Akropolis war aber nicht nur der heiligste Raum, sondern auch der sicherste, weil sie der innerste Einschluss war, und weil auf Allem, was oben war, eine besondere Weihe ruhte, wenn auch nicht Alles in gleichem Sinne der Burggöttin geweiht war.**

Darauf beruht die Bedeutung der Burg für die städtischen Finanzen.

Perikles kannte die Schwäche demokratischer Verfassungen. Darum war die sauberste Ordnung in allen Geldangelegenheiten ein Hauptgesichtspunkt seiner Staatskunst. Die verschiedenartigen Gelder, die der Stadt zur Verfügung standen, sollten nicht bloss in der Rechnung auseinandergehalten werden, sondern auch räumlich getrennt liegen *** unter Aufsicht der Burggöttin. Sie war die Hüterin des Staatskredits; gewissenhafte Inventarisirung, Ergänzung jedes Defekts, regelmässige Verzinsung des Entliehenen war eine religiöse Pflicht.† Ausser Athena hatten auch andere Gottheiten, die ihren Sitz nicht auf der Burg hatten, ihren Schatz oben, schon vor der Zeit, da er mit dem der Stadtgöttin vereinigt war. So wurden die Gelder der eleusinischen Gottheiten in der Nähe des Poliastempels aufbewahrt und verwaltet.

Der eigentliche Schatzraum ist, wie oben vermuthet worden (S. 132), der Opisthodom des alten Hekatompedon geblieben, und auch die doppelte Schatzkammer ist aus der Tyrannenzeit beibehalten worden, indem nach Einrichtung des Centralschatzes auf der Burg (435) bestimmt wurde, dass die Gelder der Athenaia in der Abtheilung zur Rechten, die der „anderen Götter" in der Kammer links aufbewahrt werden sollten.††

---

* Siehe die Grotten im Atlas von Athen S. 21. Vgl. Jahn-Michaelis, Pausaniae descriptio arcis (zum Plan der Akropolis).
** Im Gegensatze zu Olympia sagt Pausanias V, 21 zu allgemein: ἐν ἀκροπόλει οἵ τε ἀνδριάντες καὶ ὁπόσα ἄλλα, τὰ πάντα ὁμοίως ἀναθήματα. Vergl. Furtwängler, Mitth. des athen. Inst. V, 30.
*** χωρὶς θέσθαι Thukyd. II, 24.
† ὅπως ἂν - σχῇ ταιβίστατα τὰ πρὸς τὴν θεόν CIA. II 61, Z.31. Philologus XV, 40s.
†† CIA. I, 32 B. ἐπὶ δεξιᾷ τοῦ Ὀπισθοδόμου — ἐπ' ἀριστερᾷ.

Zu den Schätzen des Staats, welche weder in Edelmetall niedergelegt noch in Kunstform aufgestellt waren, wie in dem Goldmantel der Parthenos, gehörten die Vorräthe an Kriegsbedarf und Kriegsmaschinen, in denen ein grosses Kapital angelegt war. Ein neuerdings aufgedecktes Gebäude, 40 Meter lang, vom Bezirk der Artemis bis zu den Felsstufen im Westen des Parthenon, südwärts an die kimonische Mauer angelehnt, nach Norden in eine Säulenhalle sich öffnend, ist mit grösster Wahrscheinlichkeit als das Waffenmagazin der Chalkotheke erkannt worden, dessen erste Erwähnung in die Zeit des Perikles fällt (LXXXIII 37).

Die Waffenvorräthe, auf denen die Sicherheit der Stadt beruhte, wurden auch wie etwas den Göttern Uebergebenes und unter Tempelhut Gestelltes angesehen;* die Uebergabe an die Feldherren, sowie die Zurücklieferung erfolgte also unter Aufsicht der Schatzmeister der Athena. Ebenso wurde das Geräth von den hundert besten Schiffen der attischen Flotte aufbewahrt; dem Tagesbedürfniss entgegen, hatte es, wie alles Auserwählte, oben seinen Platz. Auf der Burg waren auch die wichtigsten Urkunden des Gemeinwesens niedergelegt, so namentlich die Mustermaße und Mustergewichte, welche ausserdem an den wichtigsten Verkehrsplätzen, im Kerameikos und im Peiraieus, so wie in dem zweiten heiligen Centrum des Staats, in Eleusis, aufbewahrt wurden.** Unreine Thiere, namentlich die Hunde, wurden von der Akropolis ferngehalten; die heiligsten Gelöbnisse wurden hier vollzogen; ebenso die feierlichsten Rechtsprüche, indem die Richter von der Stufe des Altars der Athena Polias abstimmten.***

So hatte sich allmählich ein räumliches Verhältniss gestaltet, wie es den Alten für ihre Städte als ein normales und vorbildliches erschien. Oben die Hochstadt als das Haupt des Ganzen mit den Wohnungen der Gottheiten, in deren Schutz die Gemeinde sich geborgen fühlte, und vertraulich rings um ihren Fuss gelagert die volkreiche Unterstadt, von oben nach allen Seiten zu überblicken.†

Die Akropolis gehörte der ganzen Gemeinde an, sie stand aber in besonderem Verhältnisse zu einem der zehn Stämme, der Pandionis, welche durch Kleisthenes oben ihren heiligen Mittelpunkt erhalten hatte.

---

* Kirchhoff, Philol. XV, 402. *CIA.* II, 61. Lyc. c. Leocr. 44: ἡ χώρα τα δένδρα συνεβάλετο, οἱ ναοὶ τὰ ὅπλα. Vita Lyc.: ὅπλα — ἀνήνεγκεν εἰς τὴν ἀκρόπολιν.

** Böckh, Staatsh. II, 331. Seeurkunden 81.

*** Ueber die Hunde Plut. Comp. Demetr. et Ant. 4. — πίστιν δοῦναι ἐν ἀκροπόλει: Andoc. de myst. 72. Böckh, Staatsh. I, 245.

† Vitr. I, 7: aedes sacrae, quorum deorum maxime in tutela civitas videtur esse, in excelsissimo loco unde moenium maxima pars conspiciatur.

Darum hatte Pandion ausser dem Standbilde unter den Eponymen auch auf der Burg ein Bild und Heiligthum, wo Denkmäler aufgestellt wurden, welche denen bestimmt waren, die um den Stamm der Pandioniden sich verdient gemacht hatten (LII 46).

Im Innern der Burg bildeten sich besondere Gruppen von Stiftungen und Denkmälern.

Der Poliastempel, in dessen Umgebung die Wohnungen des priesterlichen Personals waren und der Spielplatz der Arrhephoren (LXI 38), war der Mittelpunkt der Ehrensitze und Standbilder von Priestern und Priesterinnen (XLVI 4. LXII 66). In seiner Nähe wird auch die Kolossalgruppe, welche den Kampf zwischen Erechtheus und Eumolpos darstellte, ihren Platz gehabt haben (LIX 68). Das alte Heiligthum der Burggöttin behielt immer einen gewissen häuslichen Charakter, insofern hier solche Weihegaben vereinigt waren, die mit dem bürgerlichen Leben der Gemeinde in Krieg und Frieden am nächsten zusammenhingen. So die von Fischern nach glücklichem Fang geweihten Angelruthen und die an Pfosten und Wänden aufgehängten Schilder. Diese Weihgeschenke konnten unter Zustimmung der Priesterin bei besonderen Anlässen auch dem Gebrauch übergeben werden. So wissen wir von Kimon, dass er vor dem Abgange eines wichtigen Flottenzugs mit seinen politischen Freunden zusammen vor Aller Augen durch den Kerameikos zur Akropolis hinaufging, den Zügel seines Rosses der Göttin weihte und mit einem der dort aufgehängten Weiheschilder zum Meere hinabstieg, um dadurch öffentlich zu bezeugen, dass er sich von einer einseitigen Eupatridenpolitik lossage und anstatt der Reiterei die Marine als die eigentliche Wehrkraft und Machtquelle der Stadt rückhaltlos anerkenne.*

In der Nähe des Parthenon war vermuthlich die Eule, welche Pheidias in Verbindung mit dem Tempel im Namen der Gemeinde geweiht hatte (LX 5).

Der Propyläenbau hat auf die Anordnung der Burgdenkmäler einen besondern Einfluss gehabt, weil, durch ihn in neuer Weise die ganze Hochfläche ein Ganzes wurde, ein Tempelbezirk der Göttin. Es muss dabei eine gewisse Neuordnung stattgefunden haben, eine Umstellung hervorragender Denkmäler. Das merkwürdigste Beispiel giebt das chalkidische Weihgeschenk.

Nach Besiegung von Chalkis 507 hatten die Athener aus dem Zehnten

---

* Plut. Kimon 5. Angelruthe und Angelschnur unter Obhut der Priesterin: Lucian Piscator 47. Fundort der Statuen von Athenapriesterinnen: Jane Harrison, Mythology and Monuments of Athens, p. 519.

der Beute ein Viergespann aus Erz der Göttin geweiht und die Fesseln der nach Athen geführten Gefangenen der Westfront des Erechtheion * gegenüber aufgehängt (LXV 53). Das Bildwerk war im Perserbrande zu Grunde gegangen und das Postament zertrümmert. Unter Perikles ist es als eines der wichtigsten Denkmäler der werdenden Grösse Athens erneuert worden und aus dem abgelegenen Platz, wo vielerlei Weihgeschenke sich drängten, an einen anderen versetzt, und zwar den glänzendsten, den man jetzt zur Verfügung hatte, vorn am Burgaufgange vor den Propyläen. Hier wurde auf einem Postamente von eleusinischem Stein auch die alte Inschrift hergestellt, wobei nur die Reihenfolge der Distichen geändert wurde mit Rücksicht darauf, dass das Viergespann von den an alter Stelle zurückgelassenen Fesseln zu weit entfernt war, als dass es passend schien, mit einer Beziehung auf dieselben das Epigramm zu beginnen. Von beiden Postamenten sind die Trümmer erhalten, welche die Verpflanzung des Denkmals urkundlich bezeugen (LXV 64).

Von einem gleichen Vorgang haben wir jetzt ein zweites Beispiel. Beim Aufgang zur Burg haben rechts und links zwei Erzbilder gestanden, die Ehrendenkmäler attischer Reiterführer, unter denen Lakedaimonios und Xenophon genannt werden (LXIV 27). Es handelt sich um Waffenthaten im Landkriege, und es kann nicht zweifelhaft sein, dass der Erstgenannte der Sohn Kimons war. Auch diese Denkmäler sind an die Fronte der Burg verpflanzt worden; das eine ist auf dem Pilaster aufgestellt worden, der vom Unterbau des südlichen Propyläenflügels gegen die kleine Treppe vorspringt, die in den Pyrgos eingeschnitten ist, das andere gerade gegenüber vor dem nördlichen Flügel. Wir dürfen darin wohl einen eigenthümlichen Zug monumentaler Kunst erkennen, der sich unter Perikles nach der Zeit des Pheidias geltend machte und von Mnesikles vertreten war: es war ein Zug zu dekorativer Verbindung von Architektur und Plastik, dem Perikles um so lieber folgte, weil er ihm Gelegenheit gab, das Gedächtniss älterer Grossthaten wieder aufzufrischen und darauf hinzuweisen, welcher Arbeiten und Kämpfe es bedurft habe, um die Grösse der Vaterstadt zu begründen. Wie er der Reiterei schon auf dem Parthenonfriese eine besonders reiche Anerkennung verschafft hatte, so erhielt ihr Ruhm jetzt an dem hervorragendsten Platze ein doppeltes Denkmal; auch von Errichtung eines neueren Denkmals des marathonischen Siegs hat sich eine unsichere Kunde erhalten. **

Die Hauptsache aber war, mit dem Propyläenbau die Einheit der

---

* An das Hinterhaus des Parthenon (Jahrbuch V, 271) ist nicht zu denken.
** CIA. I, 333, IV, p. 40.

ganzen Burg als eines Athenaheiligthumes hervorzuheben. Darauf zielte die enge Verbindung, in welche jetzt die Terrasse der Athena-Nike mit dem Aufgange gesetzt wurde, darauf das Standbild der Athena Hygieia am oberen Ausgang der Thorhalle und der Knabe mit dem Weihwasserbecken (LXI 34) an der Schwelle des inneren Burgraums, oberhalb der Propyläen, zum Zeichen, dass hier der heilige Boden beginnt.

Der Erzknabe war von demselben Lykios, der die Reiterbilder gemacht hat. Wir erkennen also, dass dieser Künstler, der Sohn des Myron, bei dieser perikleischen Neuordnung der Akropolis in hervorragender Weise betheiligt war.

Sonst wurde zusammengelassen, was geschichtlich zusammengehörte, und es wird von Demosthenes darauf hingewiesen, wie man bei freier Auswahl des Platzes auf der geräumigen Hochfläche die über den Verräther Arthmios aufgeschriebene Verfluchung doch an keinem anderen Orte habe aufstellen wollen als bei der Erzstatue der Promachos, dem göttlichen Vorbilde echter Vaterlandsliebe, und zwar rechts von dem Kolosse, wenn man von den Propyläen heraufkam.*

Der Hauptweg von den Propyläen her hatte jetzt den Parthenon zum Ziel. Hierher öffnete sich die Säulenhalle, welche das Heiligthum der Artemis einfasste, hier reihten sich auf beiden Seiten die meisten Weihgeschenke an einander, und während an das Erechtheion die religiösen Bilder sich anschlossen, war der Parthenon bei seiner mehr staatlichen Bedeutung von den Steinurkunden umgeben, welche die Staatswirthschaft betrafen, den in regelmässigen Zeitfristen aufgenommenen Inventaren der bei der Göttin aufbewahrten Gelder und Kostbarkeiten und den Uebersichten der Staatseinnahmen und -ausgaben. Nach Jahrgängen geordnet, pfeilerartig aufgestellt, waren die Marmorsteine selbst Denkmäler und eine höchst werthvolle Ausstattung der Akropolis, ein lebendiges Zeugniss republikanischer Oeffentlichkeit, welche jedem Athener täglich die Controle des Staatshaushaltes gestattete. Diese monumentalen Urkunden gaben dem Bürger ein stolzes Selbstgefühl; sie nährten den Sinn für gewissenhafte Ordnung in allen finanziellen Angelegenheiten und schärften das bürgerliche Gewissen. Denn zu den Staatsurkunden gehörten auch die Listen derer, welche Schuldner des Staats geblieben und durch die Aufzeichnung ihrer Namen ehrlos geworden waren.

Auch die wichtigsten Verträge erhielten ihre Aufstellung auf der Burg, wo die innige Verschmelzung zwischen Gottesdienst und Staatsverwaltung, welche die Seele perikleischer Politik war, allen Athenern

---

* Demosth. XIX, 271.

zum Bewusstsein gebracht wurde, wenn sie die Tempel der Burg umwandelten.

Von Denkmälern perikleischer Zeit kennen wir vor der Westfronte des Parthenon die Gruppe Myrons, Athena und Marsyas (XVIII 42), ein Werk, welches eine besondere Popularität hatte, wie die vielen Nachbildungen zeigen. Stellte es doch in leicht verständlichem Ausdruck die Stadtgöttin dar, wie sie mit den Bürgern ihrer Stadt auch sich selbst gehoben und untergeordnete Kunstbestrebungen, wie das Flötenspiel, Andern überlassen habe. Bedeutungsvoller war als historisches Denkmal das Erzbild der lemnischen Athena, das beliebteste und volksthümlichste Werk des Pheidias, die Stiftung der nach Lemnos übergesiedelten Athener, welches die treue Anhänglichkeit an die Vaterstadt bezeugte. Es war eine dankbare Anerkennung perikleischer Staatsleitung.

Auch Apollon, der Schutzgott von Stadt und Land, erhielt vor dem Parthenon als Heuschreckenabwehrer ein Standbild, das dem Pheidias zugeschrieben wurde.

Auch fehlte es nicht an mancherlei Stiftungen, welche die Burg als den Sitz einer alle Geistesschätze der Hellenen pflegenden Friedenspolitik kennzeichneten, und während unten die Dichter der Gegenwart in neuen Schöpfungen wetteiferten, wurden hier die Gesänge der Ilias in treuer Pietät am Feste der Brauronien vorgetragen. Unweit des Artemistempels liegen noch heute die Fundamentsteine, auf welchen das berühmte Erzbild des trojanischen Pferdes gestanden hat (LX 92), ein Zeichen, wie lebhaft hier durch alle Jahrhunderte die Gesänge des Epos gepflegt worden sind. Es war eine Hinterlassenschaft aus der Zeit der Pisistratiden, der man, wie Thukydides zeigt, erst in den Tagen des Perikles wieder gerecht zu werden lernte, und es ist sehr wahrscheinlich, dass seit jener Zeit auch der Dichter der Ilias im Bilde geehrt worden ist.[*]

Den versöhnlichen Charakter der perikleischen Zeit erkenne ich auch in dem von der Bürgerschaft gewidmeten Standbilde Kylons (LXII 25), der unmöglich als Olympionike nachträglich einen Ehrenplatz auf der Burg erhalten haben kann; es muss dazu ein besonderer Anlass vorgelegen haben, und da wir wissen, dass von solchen Personen, an denen eine Blutschuld begangen worden war, Bilder in Tempelbezirken aufgestellt wurden, um die Schuld zu sühnen (wie es z. B. mit König Pausanias im Heiligthum der Athena Chalkioikos zu Sparta geschehen ist, und mit dem Metragyrten in Athen),[**] so ist mit gutem Grunde auch bei Kylon eine

---

[*] Welcker, Epischer Cyklus I, 361.
[**] Schömann, Opusc. III, 435. A. Schäfer, Arch. Zeitung XXIV, 131.

gleiche Absicht vorausgesetzt worden. Wenn dies im Zusammenhange mit der Forderung der Lakedämonier geschehen ist, so war es doch keine Demüthigung vor denselben, sondern Perikles ist, um seine friedfertige Politik zu bezeugen, so weit wie er gehen konnte, gegangen, ohne der Ehre der Stadt etwas zu vergeben. Denn wenn die Burg durch das Blut der Kylonier befleckt war, so war es Pflicht, durch das Standbild ihres Führers nach delphischer Satzung den Flecken zu entfernen.

Die Denkmäler, welche sich auf einzelne Bürger bezogen, gaben ein reiches und mannigfaltiges Bild der Stadtgeschichte; es waren Denkmäler von ausgezeichneten Personen und Leistungen,* entweder von Staatswegen gestiftet oder mit Bewilligung der Behörden von einzelnen Bürgern.

Auf eine besondere Beziehung zum Erechtheion, wo sonst nur Priesterinnen, Arrhephoren und Kanephoren ihren Platz fanden, deutet das in der Sphäristra der Arrhephoren aufgestellte Bild des Isokrates als Knaben (LXI 39). Mit demselben Tempeldienste dachte man sich auch den Butaden Lykurgos in naher Verbindung, der mit seinen Söhnen in der Nähe dargestellt war (LXII 62). Die denkwürdigste Statuengruppe der Akropolis, Perikles und sein Vater, stand unweit des Parthenon (LXIII 24): ihnen war Anakreon angereiht, ihr Vertrauter, um die Bedeutung ihres Hauses für das geistige Leben der Stadt im Gedächtniss zu erhalten. Auf Parthenon und Opisthodom bezüglich mögen auch die sitzenden Schreiberstatuen gewesen sein, welche den emsigen Schatzmeisterdienst treffend darzustellen scheinen.

Auch wurde gelegentlich Einzelnen gestattet, für glückliche Lebensrettung, für agonistische Erfolge (LIX 55), für unerwartetes Glück Weihgeschenke zu stiften. So sah man eine Gruppe von Mann und Ross, des Anthemion Stiftung, der aus der vierten Vermögensklasse rasch in die der Ritter emporgestiegen war. Auch Proben wissenschaftlicher Arbeit wurden aufgestellt: so der Entwurf eines neuen Schriftsystems, ein Erzeugniss grammatischer Studien, wie sie nach der Mitte des fünften Jahrhunderts durch die Sophistik in Aufschwung kamen. Im Ganzen ist man mit der Erlaubniss zu persönlichen Stiftungen auf der Akropolis sparsam gewesen. Sie überragte die Sphäre des bürgerlichen Lebens und hatte einen internationalen Charakter; daher hatten die Vertragsurkunden hier ihre Stelle so wie die Denkmäler Fremder (LVII 35; LV 73).**

---

* μείζων ἀνδριὰς χαλκοῦς ἐν πόλει Arist. Ritter 267.

** Mann mit Ross: Pollux VIII, 131; Schreiberstatuen: Mitth. des athen. Inst. VI, 174; Schriftsystem: VIII, 359. Ueber Privatstiftungen auf der Burg Furtwängler, Mitth. V. 29.

So wunderbar reich und mannigfaltig auch im Laufe der Jahrhunderte die Burg ausgestaltet und ausgestattet worden ist, so ist doch den Athenern das Alte und Ursprüngliche unvergessen geblieben; mit zäher Anhänglichkeit an die Vorzeit haben sie fortgefahren, die Akropolis ihre Polis zu nennen (I 5); noch in der perikleischen Zeit hörten sie ihre Dichter gern von dem ersteiglichen Burgfelsen und der „alten Kranaa" reden und gedachten an Burg und Pelargikon als den festen Urkern ihrer Stadt.

Am Fusse der Burg war es das Eleusinion, dem um diese Zeit eine neue Bedeutung gegeben wurde durch eine Gesetzgebung, welche in merkwürdiger Weise bezeugt, wie man damals das Staatliche und das Städtische, den Gottesdienst und die polizeiliche Ordnung zu verbinden suchte. Die Urkunde (LXXVI 78) ist 1880 in Eleusis gefunden.

Man erkennt die gesammthellenischen Gesichtspunkte des Perikles, wenn auf Grund eines pythischen Orakels an die versäumten Verpflichtungen gegen das eleusinische Heiligthum gemahnt wurde, von wo die Segnungen des Landbaues in alle Welt verbreitet worden seien. Um das Versäumte gut zu machen, wird angeordnet, dass in Attika und allen Bundesorten ein Zehntel von Weizen und Gerste für Demeter erhoben werde. Zu einer gleichen Steuer sollten alle Hellenen aufgefordert werden und vom Ertrage des Zehnten Weihgeschenke im Eleusinion aufgestellt werden mit der Unterschrift: „Die Hellenen weihen es vom Fruchtzehnten der Göttin."

Es war also der Versuch, einem athenischen Heiligthum panhellenische Bedeutung zu geben und den attischen Seebund zu einer friedlichen Amphiktyonie zu erweitern. Bei der weitreichenden Anerkennung des eleusinischen Gottesdienstes glaubte man auch bei den Peloponnesiern auf Sympathie rechnen zu können; Demeter gegenüber war kein Gegensatz der Stämme. In Attika selbst aber sollte die Göttin wie eine Reichsgottheit geehrt und durch den Olivenzehnten mit der Stadtgöttin eng verbunden werden.

Der Abhang rings um die Burg, ein wüster Landstrich innerhalb der belebten Stadt, der herrenlose Raum des Pelargikon, wo Jedermann sich berechtigt glaubte, entweder nach Belieben Altäre zu stiften oder Baumaterial auszugraben, erhielt eine gottesdienstliche Weihe, welche sich auch in künstlerischer Ausstattung bezeugen sollte, und der Priesterschaft, die an der Burg im Eleusinion vertreten war, wurde die Aufgabe zugewiesen, das ganze Pelargikon neu vermessen und umhegen zu lassen so wie jeder willkürlichen Benutzung entgegenzutreten. Das Filial von Eleusis erhielt im Herzen der Landeshauptstadt die amtliche Stellung einer gottesdienstlichen Baupolizei.

Diese merkwürdige Gesetzgebung gehört der letzten Zeit vor dem Ausbruche des grossen Krieges an, vielleicht einer der letzten Versuche, in der gährenden Welt eine versöhnliche Friedensstimmung zu erwecken.*

Eine Neuordnung, wie sie am Burgfusse durchgeführt wurde, war in der Stadt unmöglich; hier hätte nur ein Gewaltherr es unternehmen können, den tumultuarischen Aufbau in ein wohlgeordnetes Strassennetz umzuwandeln. Attika sollte eben nach den Gedanken des Themistokles auch in der Kunst der Stadtanlage nicht zurückstehen. Zu diesem Zwecke war auf der piräischen Halbinsel durch Hippodamos eine regelrechte Neustadt entstanden (LI 66), wie es sonst nur in Kolonien der Fall war, eine Stadt, welche allen zur See Kommenden die neue Herrscherin des Meeres ankündigte. Sie hatte, wie Athen, als Stadtkern ein Asty (CIV 24), an das sich die Häfen und Hafenbauten anschlossen. In den themistokleischen Mauerring hineingebaut, hatte sie sich rasch mit Kaufleuten und Rhedern, Technikern, Handwerkern und Schiffsleuten angefüllt. Die praktischen Zwecke wurden mit künstlerischen Gesichtspunkten verschmolzen, und nachdem für die Kriegsflotte gesorgt war, wurde Alles, was zum friedlichen Seeverkehr gehörte, Waarenlager, Magazine aller Art und Kaufhallen am Strande glänzend aufgebaut.

In den regelrechten Strassen erhoben sich stattliche Häuser, geräumiger und zweckmässiger eingerichtet als die alten Bürgerwohnungen. Hippodamos hatte sein Haus, das als Modell dienen konnte, der Stadt überlassen (CV 3). Reiche Ausländer, die nach Athen übersiedelten und es vorzogen, ohne Betheiligung an den öffentlichen Angelegenheiten als Schutzbürger unter den Athenern zu leben, siedelten sich gern im Peiraieus an und hielten hier gastfreie Häuser, in denen die kantonalen Gewohnheiten zurücktraten und das allen Gebildeten Gemeinsame, das allgemein Hellenische zum Ausdruck kam, wie es ein Lieblingsgedanke des Perikles war. Eine solche Bedeutung gewann im Peiraieus das Haus des Kephalos aus Syrakus, der Sammelplatz der edelsten Zeitgenossen.

Wenn es die Ausrüstung einer Flotte galt, wurde die Staatsverwaltung selbst vorübergehend nach dem Peiraieus verlegt, indem der Rath der Fünfhundert auf dem Hafendamm die Ausrüstung prüfte (CIII 13); um aber die Bemannung der Trieren rascher ausführen und genauer beaufsichtigen zu können, hat man oberhalb der Häfen keilförmige Abtheilungen

---

* Ueber die Zeit Lipsius, Leipz. Studien III, 209: Einholung des delphischen Spruchs nach Vollendung des Weihetempels in Eleusis. Ebenso die Datirung Foucarts Bulletin IV, 225. Vgl. „Athen und Eleusis" Alterthum und Gegenwart III. Griech. Gesch. II⁶, 352.

eingerichtet, in denen die wehrpflichtigen Mannschaften sich nach Trittyen (das sind Phylendrittel) sammelten, ehe sie an Bord gingen (CIV 60). So ist, was unter Themistokles begonnen war, für Kriegs- und Friedenszwecke unter Perikles vervollständigt und unter höheren Gesichtspunkten verwirklicht worden.*

Je glänzender sich der Peiraieus als Musterbild einer kunstgerechten Neustadt entfaltete, um so verschiedenartiger erschien die Oberstadt. Sie hatte damals ungefähr 10 000 Häuser, deren jedes in der Regel einem Hausstande entsprach. Auf Steinfundamenten waren sie aus Lehm und Fachwerk aufgebaut; die Lehmwände gewährten gegen Einbruch einen sehr ungenügenden Schutz; Wandputz war in älterer Zeit schon ein Luxus. Im Oberstock pflegten die Frauenwohnungen zu liegen. Dass die Athener einen angeborenen Sinn für zweckmässig geordnete Hausanlagen hatten, davon zeugen schon die Spuren der im Felsen eingeschnittenen Wohnungen der ältesten Stadt, in denen eine gewisse Regelmässigkeit nicht zu verkennen ist.**

Dem Geiste der Republik entsprechend, sahen die Häuser eins wie das andere aus, und an den bescheidenen Bauten liess sich nicht erkennen, dass Männer wie Miltiades und Aristeides darin zu Hause waren (XCIV 72). Perikles vermied es grundsätzlich, sich im Aeussern vor seinen Mitbürgern auszuzeichnen.

Unvermeidlich aber war es, dass in den Friedensjahren bei glänzendem Aufschwunge aller Künste die altbürgerliche Anspruchslosigkeit aufhörte, und auch im Privatleben der Trieb sich regte, den neuen Wohlstand zur Schau zu stellen. Agatharchos, der die Bühne des Dionysostheaters gemalt hatte, musste seine Kunst auch der Prunksucht des Alkibiades widmen, von dessen üppigem Haushalte, dem Luxusgeräth der Küche, des Speisesaals und Schlafzimmers die Verzeichnisse der eingezogenen Güter, die nach dem Hermokopidenprozesse verkauft wurden, eine genaue Anschauung geben.*** Nachbarhäuser wurden angekauft und niedergerissen, um die enge Wohnung mit Gartenanlagen auszustatten (XCV 31). Man bewunderte das Haus der schönen Theodote,† das von den Ge-

---

* Peiraieus als ein Kunstwerk angesehen: ὡς δὴ καλόν σοι φαίνεται τὸ ἐμπόριον, ὡς καλὸς ὁ Παρθενών, καλὸς δ' ὁ Πειραιεύς Meineke, Com. Gr. Fragm. IV, 616. Πλεκροὶ ζῶν Πειραιέως Anthol. Pal. 6, 549. Wachsmuth 2, 134.

** Xenophon, Memor. II, 7, 2. Diebstähle kein Wunder: ὅταν τοὺς μὲν κλέπτας χαλκοῖς, τοὺς δὲ τοίχους πηλίνους ἔχωσιν. Vgl. Böckh, Staatsh. I³, 51. Wachsmuth I, 607. Die regelmässigen Anlagen der ältesten Felswohnungen: Atlas von Athen, S 18.

*** Köhler, Hermes 23, 397.

† Xenophon, Memor. III, 11.

schenken ihrer Liebhaber strahlte, und bald gab es eine ganze Reihe von
Häusern, die als Sehenswürdigkeiten galten, wie das des Morychos beim
Olympicion und des Pulytion im Kerameikos (XCV, XCVI). Das hoch-
gelegene Melite, wo wir Themistokles, Kallias und später Phokion an-
sässig wissen (XCVI 4), war noch immer eine beliebte Gegend, besonders
dort, wo der Markthügel sich gegen Norden vorstreckte. Das waren
Hausplätze der besten Lage, das gesuchteste Modequartier. Hier hat
Meton neben der Poikile gewohnt und der reiche Demophantos (XCV 21. 87).

Zu umfänglicheren Bauanlagen wurden die Athener auch durch ihre
Liebe zur Rosszucht geführt; denn auf die Einrichtung der Ställe und
aller dazu gehörigen Räume wurde besondere Aufmerksamkeit gerichtet.
Der Boden wurde so gesenkt, dass alle Feuchtigkeit abfloss, und mit
Steinen gepflastert, die den Hufen an Grösse entsprachen, um die Füsse
gesund zu erhalten und zu stärken.*

Die geschichtliche Wandelung der Stadtlage hatte sich längst voll-
endet. Was einst die Fronte der Burg gewesen, war jetzt die Rückseite
und das alte „Ehrenathen" eine abgelegene Gegend, wo die Hausplätze
wüste lagen und unsauberes Gesindel sich herumtrieb. In der demo-
sthenischen Zeit wurde einmal der Plan angeregt, diese Plätze wieder in
den Kreis des städtischen Lebens hereinzuziehen und daselbst wohlfeile
Bürgerwohnungen einzurichten (XCIV 17). Die Verhandlung darüber nahm
einen ganz persönlichen Charakter an, indem der Antragsteller Timarchos
darüber verhöhnt wurde, dass er in diesem verrufenen Quartiere besser
als alle andern Athener Bescheid zu wissen scheine. Timarchos hatte
selbst sein Haus „hinter der Burg" (XCVI 81), und es mochte wohl in
seinem persönlichen Interesse liegen, diese Gegend wieder zu heben. In
demselben Quartier zeigte man einen wüsten Hausplatz, der im Volks-
munde „Ross und Jungfrau" genannt wurde (LXX 26), weil der Kodride
Hipponicos hier seine Tochter mit einem Pferde eingesperrt haben sollte.
Von diesem Platze sagt Aischines der Athener: „er liegt in eurem
Asty" (LXX 30), ein Ausdruck, der zur topographischen Orientirung
dienen soll und deshalb doch nicht wohl auf die ganze Stadt Athen
gehen kann. In demselben engeren Sinne muss das Wort auch gebraucht
sein, wenn die Alterthumsforscher sagten, Theseus habe das Stadthaus dort
errichtet, wo jetzt das „Asty" liege.** Wir dürfen also annehmen, dass
dieser Name für die Altstadt, den Wohnsitz der Altathener, noch in
volksthümlichem Gebrauch war. Als eine abgelegene, dem städtischen

---

* Xenophon, de re equestri 4, 3.
** Plut. Thes. 24. Attische Studien II, 67. Mitth. d. athen. Inst. II, 56.

Verkehr entfremdete Gegend wird in den Volksscenen bei Aristophanes die Pnyx geschildert, wenn ihr Umkreis von dem Frauenchore nach allen Richtungen hin durchsucht wird, ob sich zwischen Hütten und Engwegen irgendwo ein Frevler verborgen habe. Auch von den Richtern heisst es, dass sie um die Pnyx herum bei altem Gemäuer in Felslöchern sich einnisten, wie in engen Bienenzellen. Endlich zeigen auch die Gräber, welche in den Felsboden der ältesten Hausplätze eingeschnitten sind, dass man während des vierten Jahrhunderts gewohnt war, diese Gegend wie eine verödete Vorstadt anzusehen.*

Je öder es im Süden wurde, um so mehr schwoll die Stadt gegen Norden an, und die Verwaltung hatte hier eine viel schwierigere Aufgabe als im Peiraieus, der gleich als Grossstadt angelegt war. Die grosse Reform der Pisistratiden war nicht zu Ende geführt; der Areopag, dem die Sorge für die äussere Wohlordnung der Stadt obgelegen hatte, wurde auch später noch, wie bei dem Projekt einer neuen Besiedelung der Pnyx, in baupolizeilichen Angelegenheiten herangezogen (XCIV 21). Für gewöhnlich aber war es der Archon-König, der darüber zu wachen hatte, dass heilige Grundstücke nicht mit profanen vermengt würden. Dazu diente ihm das Collegium der „Horisten," welche die Marken festzustellen hatten, und nach dem allgemeinen Gesetze, welches über heilige Grundstücke bestand,** lag es dem Archonten ob, die contraktlichen Verpflichtungen, welche in Bezug auf Unterhaltung solcher Grundstücke übernommen waren, an Ort und Stelle aufschreiben zu lassen, so wie die Ausführung zu beobachten. Von dem gewissenhaften Ordnungssinne der alten Athener zeugt die Menge der erhaltenen Marksteine, welche heiliges und bürgerliches Gut scheiden sollten und in den Versammlungsräumen die Plätze ordneten. War doch im Theater selbst für die Diener des Rathes ein besonderer Platz inschriftlich bestimmt.*** Für die Gaugenossen gab es Gebäude, wo sie sich ordnungsmässig versammelten, wie das „Haus der Meliteer" (LXXIII 68), die besonders zahlreich waren. Es war ein durch Grösse ausgezeichnetes Gebäude, dessen Räume auch vermiethet und zu dramatischen Proben benutzt wurden. Solche Versammlungsräume gab es auch im Freien, wo die Angehörigen eines Demos,

---

* Aristoph. Thesm. 657. Vesp. 1109, wo Meineke, Vind. Aristoph. p. 195 scharfsinnig πρὸς τοῖς τειχίοις ξυμπεπραμένοι πυκνός verbessert. ὥστε im engeren und weiteren Sinn, wie dies ja auch bei City of London u. s. w. der Fall ist.

** τοὺς ὁριστὰς ἐπιπέμψης ὁρίσαι τὰ ἱερά, εἶρξαι τὸ ἱερόν — — νόμος ὅσπερ κεῖται περὶ τῶν τεμενῶν Sitzungsber. der Akad. d. Wiss. 1885, S. 431.

*** CIA. I, 499.

in je drei Abtheilungen (Trittyen) gegliedert zu Verwaltungszwecken zusammen kamen (LXXV 55).

Alle städtischen Einrichtungen dieser Art waren ursprünglich auf einen kleinen Maßstab berechnet und im Ganzen zeigte sich die Astynomie den Ansprüchen, welche man an eine Reichshauptstadt zu richten berechtigt war, nicht gewachsen.

Es fehlte hier eine feste Concentration. Amtlich wurde nur eingeschritten, um gesetzliche Bestimmungen gegen willkürliche Ueberschreitungen zu sichern. Im Wesentlichen blieb die polizeiliche Ordnung eine communale Angelegenheit und die zu ihrer Aufrechthaltung bestimmte Mannschaft der „Bogenschützen" stand mit den Phylen im Zusammenhang, um z. B. bei Neubauten Aufsicht zu führen.* Die Hauptplätze und Feststrassen waren gepflastert; wie es aber bei Nacht wohl seine Schwierigkeit hatte, Steinhaufen und Pfützen glücklich zu umgehen, zeigen die Scenen der Komödie. Die Häuser hatten wieder die auf den Weg vorspringenden Anbauten, welche Hippias verpönt hatte; ebenso die vorgekragten Obergeschosse, die den Verkehr gefährdeten.

Die Industrie verlangte Wohnungen für nicht bürgerliche, kleine Leute; eine Menge von Arbeitern drängte sich mitten in die Stadt zusammen, nach den verschiedenen Gewerben vertheilt: so entstanden um den Markt herum die Quartiere der Hermenbildner, der Kistenmacher (LXXV 39) u. s. w.; es war ein Gedränge enger Gassen, die sich leicht überspannen liessen, wie in den Städten des Südens zu allen Zeiten die Bazare eingerichtet worden sind.

Neben den kleinen Wohnungen sah man hie und da hohe, breite Häuser emporragen, sogenannte „Synoikien," von Kapitalisten gegründet, um Wohnräume an Fremde zu vermiethen, die nur vorübergehend anwesend waren. Es waren z. Th. Gebäude an den bestgelegenen Punkten, wie die Synoikia Metons bei der „bunten Halle" (XCI 88) und die Demons auf dem Markthügel (XCV 11); eine dritte am Marktthore (XCIV 65).**

Für die Prozessionswege waren die Astynomen verantwortlich, dass sie in Ordnung gehalten wurden;*** die kleinen Verkehrsstrassen blieben den Anwohnern überlassen. So blieb in der Unterstadt der Charakter

---

* τοξόται: Foucart, Bulletin de corr. hell. XIV, 178. Deltion 1889, 254.

** συνοικίαι, ὅπου πολλοὶ μισθωσάμενοι μίαν οἴκησιν διλόμενοι ἔχουσιν Schol. Aeschines I, 120. Die besten Lagen: ἐν ἐπικαίρῳ XCI, 92.

*** Ersatz der Astynomen durch die Agoranomen im Peiraieus: ἐπιμελήθητε τοὺς ἀγορανόμους τῶν ὁδῶν καὶ τῶν λακκῶν ᾗ ἡ πομπὴ πορεύεται (CXVIII 1).

der Unordnung und Vernachlässigung vorherrschend; es war schwer in den Gassen und Gässchen sich zurechtzufinden, und die Fremden, welche der Ruhm Athens herbeilockte, waren erstaunt, dass sich die Reichshauptstadt so wenig stattlich ausnehme (LXIV 84).*

Damit hängt zusammen, dass es nicht gewöhnlich war, Bürgerwohnungen nach Strassen zu bezeichnen. Breite Verkehrstrassen, in welche die Gassen mündeten, waren nur die Ausgänge nach den Thoren, wie die zum Peiraieusthor (XLV 38). Zur Orientirung benutzte man gewisse Kreuzpunkte (LXXV 41), berühmte Standbilder (LXXXI 16), öffentliche Gebäude, wie die Poikile, allbekannte Grundstücke (LXVIII 1. LXXV 89); volksthümliche Entstehung verräth der Name des „goldenen Gässchens" (LXXXV 85). Die Hermen vertraten nach uraltem Herkommen den Gott der Wege, der sie beaufsichtigt, den „Alles schauenden" (XXXIV 54). Die Hermenform war die gewöhnliche Form aller Weihungen von Bürgern und Bürgerstämmen (XXXIV 44). Sie leuchteten mit ihrem Marmor weithin und dienten auch in der Stadt als Wegweiser, vor allen diejenigen, welche an Kreuzpunkten standen, die drei- und vierköpfigen (LXXV 30). Nächst Hermes war es Hekate, die am meisten mit den Strassen zu thun hatte. Von ihr hatte der Platz Trigla seinen Namen (LXXIV 50); auch Hestia finden wir unter den namengebenden Gottheiten (LXXV 61). Religiöse Namen blieben seit ältester Zeit am längsten im Gebrauche, und es ist charakteristisch für Athen, dass ein so ansehnliches Staatsinstitut, wie die städtische Münze, nur unter dem Namen des Heros bekannt ist, dem sie geweiht war, des „Stephanephoros" (LIV 23); er war, wie wir voraussetzen dürfen, kein Anderer als Theseus.

Weil das Innere der Stadt niemals einer gründlichen Neuordnung unterzogen worden ist, hat sich so viel Alterthümliches ununterbrochen erhalten, so Vieles von dem, was dem ländlichen Leben angehört, das der städtischen Zusammensiedelung vorangegangen war.

So ist die Stadt immer in Quartiere getheilt geblieben, die man „Komen" nannte, und die in denselben Zusammenwohnenden „Kometen," d. h. Dorfgenossen, Bürger, die schon auf den Schulbänken mit einander als Nachbarkinder vertraut waren (LXXII 64). Solche Bezirke nannte man auch „Amphoda," weil sie durch Strassen umgrenzt wurden; sie hatten aber keinerlei amtliche Geltung. Es waren nur Ortsgemein-

* Wie die Fremden sich getäuscht sahen: ἀπιστήσεις δ' ἂν ἐξαίφνης ἐπὸ τῶν ξένων θεωρούμενος, εἰ αὕτη ἐστὶν ἡ προσαγορευομένη τῶν Ἀθηναίων πόλις Dicaearch ed. Fuhr p. 140 (XCIV 3).

schaften, zufällige Nachbarkreise, während andererseits die in die Stadt hereingezogenen Landgaue Melite, Koile, Kollytos, Kerameikos, welche die amtliche Gliederung des Stadtbodens bildeten, mit dem Wohnorte nichts zu thun hatten. Die Gaugenossen kamen, wenn eine Versammlung der Demoten angezeigt war, um die Gauvorsteher zu wählen oder ein Gaufest zu feiern oder das Verzeichniss ihrer Mitglieder einer Durchsicht zu unterziehen, aus den entlegensten Wohnsitzen auf dem alten Gaumarkte zusammen. Die „ländlichen Dionysien" sind immer ein Lokalfest der Kollyteer geblieben, dessen Kosten aus der Vereinskasse bestritten wurden, und wenn die Kerameer zur Erledigung von Gauangelegenheiten zusammentraten, war der Kerameikos wieder, wie in ältester Zeit, nicht Stadtmarkt, sondern Gaumarkt, und der am Dipylon gefundene Grenzstein des Kerameikos (LXX 89) bezieht sich auf die Bodenvertheilung aus der Zeit des Kleisthenes, in welcher man zwischen innerem und äusserem Kerameikos keinen Unterschied machte, und bezeichnete den Punkt, wo ein anderer der alten Landgaue, vielleicht Lakiadai, anstiess.* Die älteren und jüngeren Bedeutungen des Namens gingen also durcheinander; denn nach dem gewöhnlichen Sprachgebrauch (LXX 62) dachte Jeder bei Kerameikos zunächst an den Stadtmarkt. Wie dieser Name, so hat sich auch der Name Kollytos im Laufe der Zeit auf eine besonders belebte Verkehrsstrasse innerhalb des alten Gaubezirks verengt (LXXI 53). Melite behielt seine alte Bedeutung, aber es gehörte antiquarische Gelehrsamkeit dazu, die Grenzen zu bestimmen, weil die Stadtgaue keine Wohnbezirke waren, sondern Sammelnamen für die Bürgerfamilien, welche vor Zeiten in ihre Listen eingetragen waren.

Bei dieser Verworrenheit der Lokalverhältnisse bedurfte es für solche Fälle, wo es darauf ankam, die Bürger in festen Gruppen rasch zusammenzubringen, also namentlich bei militärischen Aufgeboten, einer Aushülfe. Dazu diente die Drittelung der Bürgerstämme, ihre Gliederung in „Trittyen." Wohlgelegene Plätze wurden durch Steinpfeiler als Sammelörte bezeichnet, wo sich von dem Drittel eines der zehn Stämme die Dienstpflichtigen zur angesagten Zeit zu stellen hatten, wie zur Bemannung der Flotte (S. 161), so zum Landheer, und dieses Drittel, welches sechs bis acht Gauorte umfasste, wurde nach dem volkreichsten der Gaue benannt. Darauf beziehen sich die Inschriften, welche z. B. für die „Trittys der Lakiaden" den Sammelplatz genau begrenzen. Das

* Wachsmuth II, 246.

war eine Einrichtung, die — vielleicht zuerst für die Marine — wohl schon aus der Zeit des Themistokles stammt.*

Die Südstadt war verödet, aber nicht abgestorben; sie blieb ein lebendiges Glied des Ganzen, der stille Hintergrund der bewegten Gegenwart, der Boden, in welchem Athen mit den ehrwürdigsten Stiftungen des öffentlichen Rechts wurzelte.

Ursprünglich waren am Altmarkte alle Keime des Gemeindelebens vereinigt. Dort hatten einst neben dem alten Prytaneion auch die Archonten ihren Sitz im „Thesmothesion" und im Prytaneion wurde auch über Hochverrath zu Gericht gesessen, wie der Prozess der Kylonier beweist.** Die Regierung wurde nach dem neuen Staatsherde im Kerameikos verpflanzt, aber im alten Stadthause blieb die ursprüngliche Herdflamme der Gemeinde ununterbrochen brennen; als alte Hofbeamten besorgten die Kolakreten hier die Tafel, an welcher, wie in königlicher Zeit, die Ehrengäste der Gemeinde bewirthet wurden. Sie hat sich an alter Stelle durch alle Zeiten der Republik erhalten, um verdiente Staatsmänner und Feldherren, so wie die Gesandten auswärtiger Staaten von Staatswegen durch Theilnahme an der Tafel zu ehren. Hier erwuchs eine Art von Geburts- und Verdienstadel, indem auch den Nachkommen von Wohlthätern der Gemeinde, wie es Harmodios und Aristogeiton nach dem Glauben der Athener gewesen waren, eine fortdauernde Auszeichnung zu Theil wurde.

Was die Rechtspflege betrifft, so konnten die Blutgerichte von den alten Malstätten der Südstadt nicht gelöst werden. Das alte Prytaneion, das Palladion und das Delphinion blieben die Richtstätten, wenn es sich nur um Ceremonien handelte, um die Gemeinde von vergossenem Bürgerblut zu sühnen.

Bei dem Areopag theilte sich das Verfahren zwischen Alt- und Neustadt. Die geschäftlichen Vorverhandlungen fanden auf dem gemeinsamen Platze des öffentlichen Lebens statt, im Amthause des Archon-König am Kerameikos. Hier wurde über die Annahme der Klage, über das zuständige Forum und den Thatbestand verhandelt. Der Richterspruch aber erfolgte wie vor Alters auf dem vom Markttreiben entlegenen, einsamen Felsgipfel des Areopags.

Auch der Platz, wo sich nach altem Herkommen die Bürger als gesetzgebende Körperschaft versammelten, ist, obgleich er jetzt, seiner

---

* *CIA.* I 500, 502. Mitth. des athen. Inst. V, 88; VII, 108. Hermes XVI, 187.
** Schöll, Hermes VI, 20. Philippi, Rhein. Mus. 29, 3.

ursprünglichen Bestimmung widersprechend, in einem verödeten Stadttheile lag, nie verlegt worden.

Die Pnyx verblieb, als ein Stück von Altathen, immer in alterthümlicher Einfachheit: der Demos hiess scherzweise „Pyknites," wie Einer, der dort zu Hause ist, und das Sitzen auf Felsen blieb für die Versammlung charakteristisch.* Als es in der demosthenischen Zeit dort anfing dem Bürger unbehaglich zu werden, konnte man der Versuchung nicht widerstehen, das so nahe gegenüberliegende Dionysostheater, das bis dahin nur für besondere, auf die Festlichkeiten bezügliche Bürgerversammlungen benutzt worden war, in weiterer Ausdehnung für die Bürgerschaft zu benutzen.

Eine neue Ausstattung erhielt die Pnyx durch Meton, der oberhalb derselben bei der Stadtmauer ein Heliotropion errichtete. Es war ein Ereigniss in der Stadtgeschichte, das in den Jahrbüchern des Philochoros unter dem Archonten Apseudes (433) verzeichnet war (VII 79). Ob diese Stiftung mit dem Observatorium des Astronomen verbunden gewesen sei, wie man angenommen, ist durchaus zweifelhaft; wir können uns dieselbe nur nach Analogie des Heliotropion in Syrakus denken, einer hervorragenden Anlage des Dionysios, die hoch und weit sichtbar an der Burg gelegen war, wo Dion zur versammelten Bürgerschaft redete und zum Strategen gewählt wurde.** So war auch das athenische Heliotropion mit dem Volksversammlungsraume in Zusammenhange, eine an der innern Seite der Stadtmauer auf der Höhe des Museion weit sichtbar angebrachte Sonnenuhr, nach dem neuesten Stande astronomischer Wissenschaft eingerichtet, für die Athener, welche bis dahin mit dem Auge die Schattenlängen massen, um die Tagesstunden genauer zu bestimmen,*** die erste, offizielle Normaluhr, ein ausgezeichnetes Denkmal der perikleischen Stadt, der es ebenso zum Ruhme gereichte wie die Marmorpfeiler, auf denen Meton den Entwurf seines verbesserten Kalenders veröffentlichte, des neunzehnjährigen Zeitkreises, den man „das grosse Jahr" des Meton nannte.†

Endlich ist auch das Dionysostheater an seiner Stelle geblieben, noch

---

* Aristoph. Ach. 783.
** ἡλιοτρόπιον καταφανὲς καὶ ὑψηλόν· ἐπὶ τοῦτο προσβὰς ἐδημηγόρησε Plut. Dio 29. Horologia den Göttern geweiht: *CIGr.* II, 1947.
*** Man lud seine Gäste zu „zehnfüssiger Schattenlänge" ein: Arist. Eccles. 652. Ideler, Chronologie I, 235. Sonnenuhren an senkrechten Wänden von Mauern und Thürmen finden sich in vielen Städten.
† Vgl. die Erztafel des Oinopides auf Chios mit seinem 59jährigen Cyklus, Aelian V. H. X, 7.

mehr als das Horologion eine vorbildliche Einrichtung für Syrakus, und der **Tripodenweg**, der bis zu den Steilfelsen der Südseite reichte (LIX 1), bildete die schönste Verbindung zwischen Alt- und Neustadt. Es war nicht eine Strasse, sondern ein ganzes Quartier, und die Dreifüsse hatten z. Th. eine eigene Einfassung mit einem Zugang von dem Prozessionswege (LIX 40). Derselbe mündete durch eine Vorhalle in den Theaterbezirk zwischen den rechts und links aufgestellten Ehrenbildern des Miltiades und Themistokles, deren Jeder einen persischen Gefangenen zur Seite hatte (LXII 89).

So ist die Südstadt in Ehren geblieben. Das geschichtliche Leben aber hatte sich im Wesentlichen nach Norden gewendet und im Kerameikos seinen Sitz gefunden. Die Agora des Kerameikos war jetzt Athen im Kleinen; hier war der Mittelpunkt des bürgerlichen Treibens, die Wacht der öffentlichen Sicherheit, der Platz, wo alle Bürger gleichmässig zu Hause waren, wo man sich im vollen Strom der Gegenwart fühlte und zugleich von den erhebendsten Erinnerungen der Vorzeit umgeben sah, der Platz der Musse wie des ernsten Geschäfts, der Brennpunkt des öffentlichen Verkehrs wie des bürgerlichen Gewerbfleisses. Was die Stadt bewegte, das Alltägliche wie das Ausserordentliche, jede Tagesstimmung kam hier zum Ausdruck. An den Festtagen wurde die Agora zu einem Temenos, von Weihwasserbecken ringsum umstellt. Mit Fackeln erhellt kündigte sie die Feier der beiden Göttinnen an, und von der Poikile ertönte der Heroldsruf, dass die Nichteingeweihten von den Geweihten sich scheiden sollten (XXVI 3); Siegesbotschaften wurden hier zuerst mit Opferschmäusen gefeiert. Hier auf seinem eigensten Grund und Boden gab das Volk, nach den zehn Stämmen geordnet, im Scherbengericht die wichtigsten Entscheidungen des öffentlichen Lebens (LXVII 74). Bei allen Prozessen, die das Publikum beschäftigten, spürte man hier die Aufregung, wenn die Geschworenen sich zum Loose drängten und aus der Menge die Parteistimmungen für und wider sich kund gaben. Die Agora war der Sammelort Aller, die als Parteigenossen oder Geschäftsfreunde mit einander zu thun hatten, das Spiegelbild der Athener in der ganzen bunten Mannigfaltigkeit ihrer Interessen und Neigungen, und während die Einen nur den Neuigkeiten des Tages nachgingen, sah man die Andern den Kerameikos umwandern, um unter den Lehrern, die sich hier anboten, den besten ausfindig zu machen.

Die Marktanlagen waren der Stolz der Städte des Alterthums.[*] Die bauliche Einrichtung war dem Geiste der Demokratie entsprechend von

---

[*] Attische Studien (Abh. der Ges. d. Wiss., Göttingen XII. 1865) II, 12.

der Art, dass Staatsverwaltung und Marktverkehr nicht aus einander fielen. Wie einst die Burgwohnung des Königs, so war jetzt der Verkehrsplatz der Gemeinde des Staats Mittelpunkt. Um Ordnung zu halten, war aber eine gewisse Scheidung unerlässlich, und dieselbe war durch die Bodenverhältnisse vorgezeichnet. Denn die Mulde des Kerameikos zwischen den beiden Höhen, deren westliche durch das „Theseion", die östliche durch das Thor der Athena Archegetis gekrönt ist (S. 90), hebt sich nach Süden zum Felsrand des Areopags, während sie nach Norden allmählich abfällt. Dadurch ist von Natur eine obere und eine untere Fläche gegeben. Die obere, Burg und Areopag benachbart, war der für das öffentliche Leben geeignete Bürgermarkt, der untere der natürliche Verkehrsraum. Den Ueberblick des Ganzen versucht die beifolgende Skizze zu veranschaulichen (Fig. 28).

Eine feste Begrenzung bietet nur im Süden der Felsrand des Areopags. Für die Breite von Osten nach Westen giebt es keinen festeren Anhalt als die Linie der vom König Attalos gebauten Halle, von der wir voraussetzen dürfen, dass sie dem älteren Marktrande entsprochen und dass sie ungefähr in derselben Flucht gelegen habe, in welcher am oberen Marktraume die Poikile sich erstreckt hat (S. 116).

Neben der Poikile stand der Hermes Agoraios, eine Stiftung der kimonischen Zeit (XXVIII 10). In der Mitte des Ostrandes gelegen, bezeichnete er einen der Centralplätze des Marktverkehrs, den Ausgang nach der inneren Stadt, wo der obere und der untere Marktraum sich berührten. Wir dürfen also voraussetzen, dass der hier gestiftete Cultus des Handelsgottes den Zweck hatte, dem Verkehrs- und Handelsraume eine religiöse Weihe zu geben (XXXIII 26), eben so wie der obere Raum dem ältesten Staatsgotte, dem Zeus Agoraios, geweiht war.

Der ganze Marktraum ist ursprünglich von Hermen eingefasst gewesen, an deren Stelle in Kleisthenes' und Kimons Zeit auf drei Seiten die Hallenbauten getreten sind; an der vierten, der Nordseite, ist aber zu allen Zeiten eine Hermenreihe stehen geblieben. Sie war keine einheitliche Bauanlage, sondern eine aus vielerlei öffentlichen und Privatstiftungen erwachsene losere Reihe, die sogenannten „Hermen." Sie bildeten einen Abschluss, der in der Mitte von breiten Durchgängen unterbrochen war, so dass man sagen konnte, sie nähmen einerseits von der Königshalle, andererseits von der Poikile ihren Anfang (XC 91). Sie konnten also im weiteren Sinne des Wortes auch eine Halle genannt werden; sie bildeten die Schwelle des oberen Marktraumes, den Zugang vom Dipylon her. Hier hatte man also nach Norden wie nach Süden den besten Ueberblick über beide Markträume, und die oberhalb der

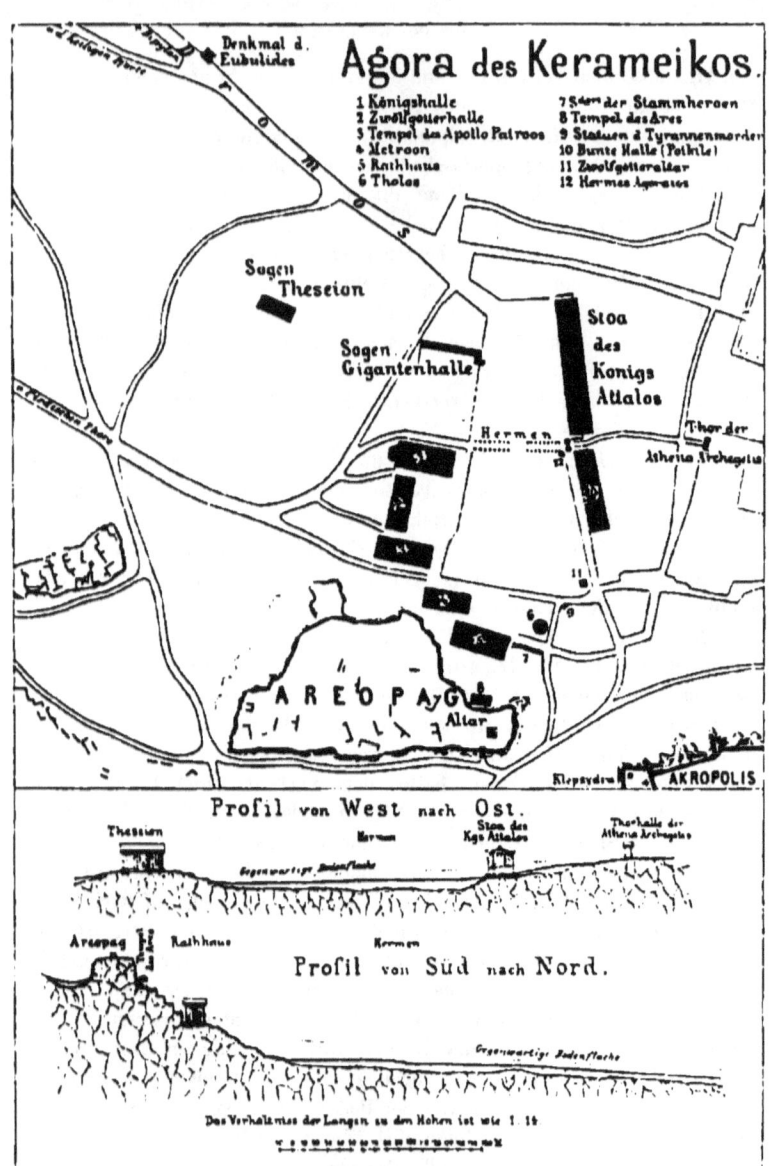

Fig. 2.

Hermenhalle eingerichteten Tribünen waren daher die besten Zuschauerplätze, um die Festzüge vom Thore hereinziehen und sich dann auf der inneren Agora entfalten zu sehen (XXXIV 24).

Innerhalb der Hermen erstreckte sich ungefähr 120 m lang bis an den Felsrand des Areopags der Theil, den wir den Staatsmarkt nennen können; er war keine symmetrische Bauanlage, sondern ein unregelmäßiges Viereck mit der Breitseite im Süden, aber von den Regierungsgebäuden (Archeia), Tempeln und Hallenbauten an den Seiten fest umgrenzt, mit seinen von Bäumen beschatteten Altären, mit einem grossen, für den Gottesdienst und für Bürgerversammlungen freigehaltenen Innenraum.

Dies war ein geweihter Raum; daher wird nach den Satzungen Drakons der Blutfrevler ferngehalten wie von den Festen der Stadt und ihren Heiligthümern, so auch von der Agora, und wie in alter Zeit die Könige des Marktfriedens Hüter und Schirmherren waren (S. 51), so jetzt die an ihre Stelle getretenen Beamten der Republik von dem Amthause aus, auf welches der königliche Name übergegangen ist. Die religiöse Weihe aber beruhte auf den Gottesdiensten, welche auf der Agora ihre Stätte hatten, dem des ältesten Landesgottes, dem als Agoraios der Altar geweiht war (XXXIX 96) und dem des jüngsten der Stadtgötter, der seit Solon allem Oeffentlichen die Weihe gab, des Apollo Patroos.

Auch die der Agora benachbarten Gottheiten sind an der Weihe des Bürgerplatzes betheiligt. Ares, der ihn von seinem Felsen überschaut, wird als Beistand und Hort des öffentlichen Rechts gefeiert; er wird angerufen, dass, stark durch ihn, die Athener ausharren in des Bürgerfriedens unverletzten Satzungen, und die ihm benachbarten Erinyen (S. 53) sind Wohlthäterinnen der Gemeinde, indem sie vor Freveln warnen, die den Marktfrieden brechen.*

Die Weihe des Stadtmarkts setzt eine feste Begrenzung voraus. Was ausserhalb der Hermen nach Norden lag, war nicht in gleicher Weise ein abgesondertes Stadtgebiet und hatte ein wesentlich anderes Aussehen. Hier war Alles aus dem Bedürfniss des Tags gelegentlich geworden. Es war der Handels- und Kaufmarkt, der mit den Gassen, welche das alte Handwerkerviertel bildeten, unmittelbar zusammenhing, dicht umgeben von den Werkstätten und Magazinen, den Herbergen, Kneipen, Barbierstuben; es waren die Plätze, wo die täglichen Geschäfte

---

* Heiligkeit des Staatsmarkts: χερνίβος εἴργεσθαι τὸν ἀνδροφόνον ἀποδεῖν κρατήρων ἱερῶν ἀγορᾶς Dem. Leptin 158. ἀπέχεσθαι ἀγορᾶς ἱερείας καὶ ἄθλων καὶ ἱερῶν Ἀμφικτυονικῶν Dem. Aristocr. 37, CIA. I 61; vgl. Köhler, Hermes 2, 34. ἀγορὰ ἱερεία ist noch unerklärt. Ares Homer. Hymnus VIII, 4: συνεργοὶ θέμιστος. 15: θάρσος δός, μάκαρ, εἰρήνη μένειν ἐν ἀπήμοσι θεσμοῖς.

Staatsmarkt. Kaufmarkt.

verabredet, Erkundigungen aller Art eingezogen und die Mußestunden verschwatzt wurden. Hier hatten auch die Leute von draussen ihre Plätze, wo sie sich aus ihren entlegenen Wohnsitzen zu treffen pflegten, wie die Dekeleer bei dem Bartscherer, der an den Hermen seine wohlgelegene Bude hatte (XXXIV 11), und die Platäer bei dem „frischen Käse", einer Kneipe, die von einem Aushängeschilde ihren Namen haben mochte. Hier wusste man also sofort Auskunft zu erhalten, wenn man sich in gerichtlichen oder geschäftlichen Angelegenheiten über die Persönlichkeit eines Platäers unterrichten wollte (LXIX 5).

Aus den umliegenden Gassen, ihren Werkstätten und Lagerräumen wurden die Waaren auf den freien Raum des Marktes hinausgetragen,* wo sich Alles zusammenfand, was zum alltäglichen Lebensbedarf gehörte, und zwar war hier unter Aufsicht der Marktpolizei der weite Raum so geordnet, dass Jeder wusste, wo Brod und Gemüse, Fleisch, Wein und Oel, wo Eisen- und Erzgeräthe, Topfwaaren, Möbel und Kleidungsstücke, wo Sklaven und Hausthiere ausgestellt waren. Um den Fischmarkt sammelten sich die Feinschmecker; die Wechslertische (LXVIII 88) wurden von den Geschäftsleuten umdrängt. Die ausgestellten Waaren wurden im Volksmunde zu Ortsnamen, mit denen man die verschiedenen Marktstellen bezeichnete; so gliederte sich der ganze Kaufmarkt in kreisförmige Abtheilungen, die sogenannten Marktringe oder Kykloi (LXVIII).

Dieser Kleinhandel blieb ganz sich selbst überlassen, nur für einen Gegenstand, der für das Wohl des Volkes eine hervorragende Wichtigkeit hatte, wurde von Staatswegen besondere Sorge getragen, damit der Verkauf geregelt und die Waare beaufsichtigt werden konnte: das war der Mehlverkauf. Dafür bestand in perikleischer Zeit ein Staatsgebäude, die Alphitopolis, eine Verkaufshalle, in welcher auch besondere Einrichtungen mit Holzgerüsten getroffen waren, um die Waare zweckmässig auszustellen (XC 39).

Die anderen Verkaufslokale waren Zelte, Bretterbuden, mit Decken überspannt und durch geflochtene Zwischenwände von einander getrennt, um die Uebersicht zu erleichtern und gegen Sonne, Wind und Staub Schutz zu gewähren. Das waren lauter bewegliche Einrichtungen, und, wenn es nöthig war, konnte der ganze Handelsmarkt rasch gesäubert werden, um das Volk zu ernsteren Angelegenheiten zu sammeln. Als die Einnahme von Elateia gemeldet wurde, erhoben sich die Prytanen von ihrem Abendtische in der Tholos, um den Kaufmarkt räumen zu lassen und durch Verbrennen der Marktgerüste ein Alarmzeichen zu

---

* εἰς τὴν ἀγορὰν ἐκφέρειν Aesch. Timarch. 93.

geben, das die Landbevölkerung von der unerwarteten Kriegsgefahr in Kenntniss setzte.*

So standen Kaufmarkt und Staatsmarkt in engem Zusammenhang. Des nahen Kaufmarktes wegen wurden in der Tholos die Normalmaße und -gewichte aufbewahrt; hinter der Poikile erstreckte sich nach dem Kaufmarkte hin der „Markthügel", wo die Tagelöhner ihren Standort hatten, die hier auf Bestellung warteten, und wenn es von Meton heisst, dass Hellas und der Kolonos ihn kenne (LXXII 9), so liegt darin eine spottende Anspielung auf die Gewinnsucht des berühmten Technikers, der hier seine Wohnung hatte. Die Mannschaft der fremden Bogenschützen, welche der Regierung** als Polizeisoldaten zur Verfügung waren, hatten am Areopag auf der Eponymenterrasse ihren Standort, wo man den ganzen, doppelten Marktraum überschaute und jede Ruhestörung, die im täglichen Menschengedränge unvermeidlich war, schnell unterdrücken konnte. Auch der Gottesdienst verlangte, dass beide Markträume als ein Ganzes angesehen wurden, damit die Festzüge ungestört aus der Vorstadt zu den Marktaltären gelangen konnten.

Wenn also die alten Philosophen von einer wohlgeordneten Stadt verlangten, dass sie einen doppelten Markt habe, einen „freien", wo sich die Bürger zu öffentlichen Angelegenheiten vereinigten, und einen für die Tagesbedürfnisse bestimmten,** so schliesst sich auch diese Vorstellung an das an, was in Athen verwirklicht war, und die Athener haben in der Organisation des Kerameikos etwas erreicht, was uralter Volkssitte entsprach und zugleich der vollen Entwickelung des gewerblichen Lebens keinen Eintrag that.

Kauf und Verkauf blieb aber nicht, wie die Philosophen wünschten, auf einen Platz beschränkt. Auch bei dem Theseion, wo die Sklaven eine Freistätte hatten, waren, wie im Kerameikos, Winkelschulen und Kaufläden (LVI 68, LV 30); der bazarartige Charakter der Unterstadt erstreckte sich auf die Thorstrassen und die Thore (XLI 61).

In künstlerischer Ausstattung war die Unterstadt nicht bestimmt, mit den Denkmälern der Burg zu wetteifern, welche nach grossen Gesammtplänen entworfen waren und Athen als Reichshauptstadt kennzeichnen sollten; doch blieben die Hauptplätze des bürgerlichen Gemeindelebens

* Demosthenes XVIII, 169. σκηναί Nissen Pomp. Stud. 634. σκηνῖται die Inhaber der Buden: Wilamowitz, Hermes 22, 119.
** Die Toxoten waren zum Theil Bürger, die also einer Phyle angehörten; aber die Phylen hatten keine Toxoten zur Verfügung.
** Aristoteles Pol. 1331. Att. Studien II, 6.

von der Kunst der perikleischen Zeit nicht verabsäumt, denn es kam darauf an, der Stadt den alten Ruhm zu wahren, die treueste Pflegerin ihrer Gottesdienste zu sein, und zwar musste es hier eine der nächstliegenden Aufgaben bilden, dem Bewusstsein der städtischen Herdgemeinschaft einen neuen Ausdruck zu geben. Hatte doch neben dem Stadtherde des Kerameikos die uralte Muttergöttin im Metroon, als deren Tochter Hestia galt, eine neue Bedeutung erhalten, und darum wurde ihr durch Pheidias ein Tempelbild geschaffen, welches der ganzen Gruppe von Staatsgebäuden eine höhere Weihe gab. Denn auf ihrem Grund und Boden stand das Rathhaus, wo alle Beschlüsse der Bürgerschaft vorbereitet wurden; in ihrem heiligen Bezirk stand ein Altar der Göttin, und wir dürfen voraussetzen, dass mit der Stiftung ihres Tempelbildes das ganze Heiligthum einen würdigen Ausbau erhielt, so dass hinter der Bildcella jetzt auch ein Schatzraum eingerichtet wurde, wo die neuen Gesetze, die Protokolle der Raths- und Volksversammlungen, auch die wichtigsten Prozessakten ihre Aufbewahrung fanden. Denn nachdem der Areopag, unter dessen Obhut die Staatsurkunden einst gestanden hatten, seine hohe Stellung verloren, hat Perikles Alles gethan, um für die Würde und Unverletzlichkeit des städtischen Archivs Sorge zu tragen. Zum Ersatze des hohen Raths ist damals die Behörde der „Gesetzwächter" eingerichtet worden, welche vor anderen Staatsbeamten durch die priesterliche Würde ausgezeichnet waren;[*] ein Hinweis darauf, dass auch hier religiöse und politische Vollmachten eng verbunden waren, wie es dem Geiste perikleischer Staatsleitung entsprach, und wenn um dieselbe Zeit verfügt wurde, dass die solonischen Gesetztafeln von der Burg heruntergebracht würden, so war dies der Abschluss einer ununterbrochenen Entwickelung, welche das öffentliche Leben von seinem alten Sitze, der Königsburg, in die Wohnstätte des Volks hinunterführte, wodurch der Stadtmarkt als der Schwerpunkt der staatlichen Gemeinschaft endlich voll anerkannt wurde. Hier sollte der Geist Solons in den Schriftzügen seiner Satzungen zum Volke reden und täglich gegenwärtig sein, die alten Blutgesetze in der Königshalle, wo die Areopagiten in einem besonders eingefriedigten Raum tagten, um ihren Richterspruch vorzubereiten, die anderen Gesetze in der Vorhalle des Buleuterions. Denn die Fünfhundert waren jetzt mit viel grösserer Verantwortlichkeit in den Mittelpunkt des Staatslebens eingetreten. So ist, nachdem die Bürgerschaft aus der Zucht des hohen Raths entlassen war, auf dem Staatsmarkte Alles geschehen, um das allgemein Verbindliche den Bürgern so lebendig wie möglich zum

---

[*] Pollux VIII, 94. Philippi Areopag S. 191.

Bewusstsein zu bringen, um sie zu freierem Gehorsam zu erziehen, und ebenso den Behörden der Republik ihre Pflichten und Rechte stetig zu vergegenwärtigen, damit jeder eigenmächtigen Willkür gesteuert werde.

Aber auch andere Urkunden von allgemeiner Bedeutung wurden in Steintafeln aufgestellt, auf heiliges Recht bezügliche Schriftdenkmäler in der Königshalle, Gesetze über Hochverrath, Verleihungen des Staatsgastrechts und andere Dekrete beim Rathhause. Auch gerichtliche Entscheidungen, Zeugnisse strafender Gerechtigkeit, welche den Schuldigen zu finden weiss, Listen eingezogener Güter, von denen das andere Exemplar im Heiligthum der Gottheit stand, an welcher der Frevel begangen war, die Aufzeichnungen der Poleten, welche ihr Geschäftslokal, das Poleterion, in der Nähe hatten. Es waren öffentliche Denkmäler, welche geeignet waren, das Gewissen der Bürger zu schärfen.

Die Athener haben es ja seit alten Zeiten besonders gut verstanden, ihre Stadt in sinniger Weise mit inschriftlichen Denkmälern auszustatten und ihr dadurch ein ganz eigenthümliches Gepräge zu geben. Schrifturkunden waren schon in der Pisistratidenzeit zugleich Kunstwerke, die in edlem Material hergestellt wurden (S. 73), beredte Zeugen des Schönheitssinnes und des öffentlichen Geistes. Als solche schlossen sie sich den Wegen an, den Staatsgebäuden, auf deren Inhalt und Bedeutung sie hinwiesen,* den städtischen Plätzen, die am meisten besucht waren, wie die Palästren. Auch die Privatverhältnisse wurden durch monumentale Urkunden offenkundig, indem man die verschuldeten Grundstücke durch Steinpfosten kennzeichnete, auf denen die Höhe der Schuld und die Gläubiger genannt waren (CIV 78). So stark war das Bedürfniss der Oeffentlichkeit im attischen Gemeinwesen.

Diese inschriftliche Ausstattung war für die Agora besonders charakteristisch, und wenn wir bedenken, dass auch die neuen Gesetzvorschläge, welche an die Bürgerschaft gebracht werden sollten, gleich oberhalb der Staatsgebäude bei den Eponymen auf Holztafeln aufgestellt wurden (XLVII 55), so erkennen wir, in welchem Umfange die Agora zum Platze der Gesetzgebung gemacht worden ist und wie man den inneren Zusammenhang des staatlichen Lebens auch äusserlich zum Ausdruck zu bringen wusste.

Seitdem Athen eine auswärtige Politik von immer steigender Bedeutung entfaltete, war neben den alten Amtshäusern der Feldherrnsitz (Strategion XCII 72), der eigentliche Mittelpunkt der Staatsleitung, vor dem das Archontenhaus zurücktrat. Von hier aus hat Perikles den Staat

---

* στήλαι ὀπισθόδομοι Polybios XII, 12.

regiert: hier war das Collegium der Feldherren den ganzen Tag auf dem Posten, um die äussere Sicherheit so wie die Ruhe der Stadt im Innern zu überwachen. Die Rednerbühne auf der Pnyx und das Strategion auf dem Markt waren die beiden Plätze, wo die Geschicke von Athen sich entschieden.

In der Umgebung der Agora bezeugte sich der demokratische Geist der perikleischen Epoche, indem man den dort einheimischen, volksthümlichen Gottheiten, welche in der Zeit der Geschlechterherrschaft vernachlässigt waren, volle Ehren spendete. So wurde auf dem Markthügel der Aphrodite Urania ein Bild von Pheidias' Hand gestiftet (XII 9) und der Stammvater des Handwerkervolks, Hephaistos, wurde durch das Standbild des Alkamenes hier zu einer ideraleren Persönlichkeit erhoben, als in irgend einer anderen Griechenstadt.* Auch der den alten Kydathenäern so anstössige Ehebund zwischen Athena und Hephaistos, an den die Kerameer glaubten, kam wieder zu öffentlichen Ehren, wie die Weihinschriften bezeugen (XXXII 19, 25). Alkamenes wurde unter den Schülern des Pheidias ein besonderer Liebling des attischen Volks, weil er die Idealbildungen der hohen Kunst am meisten über den engen Kreis der Burggottheiten hinaus erweiterte; er schuf oberhalb der Agora dem mit Aphrodite verbundenen Ares ein neues Bild (XV 19), er schmückte auch sonst die Unterstadt mit hervorragenden Werken. Der volksthümliche Dionysos wurde durch ihn mit einer Goldelfenbeinstatue geehrt und seine „Aphrodite in den Gärten" war das erste namhafte Bild attischer Kunst, in welcher die dort seit uralter Zeit ansässige Naturgöttin, ganz hellenisirt, als ein Muster weiblicher Schönheit dargestellt wurde (XXXVII 43, X 92). Endlich war ja auch die Hekate, welche Alkamenes oben bei der Athena Nike aufstellte, die dreigestaltete Wegegöttin, die mit Hermes und den Chariten verbunden wurde (XVI 46), eine echt volksthümliche, in der Unterstadt einheimische Gottheit.

Die Jahrzehnte höchster Kunstentfaltung haben sich auch auf den Strassen der Stadt vielfach bezeugt. Dahin gehört die Ausstattung der Hausfronten und Vorhöfe mit den Symbolen Apollons, des Ordners der Wege, die Aufstellung von Marmorhermen edelsten Stils, die Stiftung von Weihgeschenken an den Prozessionsstrassen. Ein Zug aristokratischer Ehrliebe war noch in den alten Familien lebendig; man rühmte als ein Prachtwerk das Siegesdenkmal, welches Aristokrates, des Skelias Sohn, unter den Dreifüssen des Pythion aufrichtete, ein Werk, dessen mit Inschrift versehenes Postament wir noch vor Augen zu haben glauben.**

---

* Cic. N. D. 1, 30.
** CIA. I 422.

Die Reihe der Ehrenstatuen, welche die öffentlichen Plätze und besonders die Agora allmählich füllten, sind wir nicht im Stande der Zeit nach zu ordnen. Aber es ist wahrscheinlich, dass Solon einer der Ersten war, der hier in Erz aufgestellt wurde, vor der Poikile, damit in der Nähe seiner Gesetzestafeln auch die Person des Gesetzgebers den Bürgern lebendig vor Augen trete. Mit ihm war im Bewusstsein der Athener die Gestalt des Epimenides verbunden, und da Perikles die Bedeutung des Demeterdienstes für den Staat so energisch zu heben suchte, dürfen wir die Vermuthung aussprechen, dass das Sitzbild des Epimenides beim Heiligthum der Göttin in Agrai derselben Epoche angehörte (XXXV 93).

Es lag aber ganz im Sinne des Perikles, dass nicht nur die Wohlthäter der Stadt öffentliche Anerkennung durch die bildende Kunst erhielten, sondern dass jedes Verdienst um hellenische Geistesbildung dankbar in Athen gewürdigt wurde. Wenn also des Pheidias Kunstgenosse Kolotes sich dadurch einen Namen verschaffte, dass er Philosophenbilder schuf, so glauben wir nicht zu irren, wenn wir diese Thätigkeit auf die Anregung des Perikles zurückführen, der hellenische Weisheit in Athen einbürgerte. Solche Standbilder waren am Eingange der Stadt am meisten an ihrer Stelle. Wenn also vor den Säulenhallen, die vom Dipylon hereinführten, rechts und links am Wege die Bildnisse hellenischer Männer und Frauen von hervorragendem Ruhme aufgestellt waren, so erkannte man schon an ihrer Schwelle die Stadt Athen als den Mittelpunkt des geistigen Lebens der Hellenen. Es war eine Anlage, der ein grosser Gedanke zu Grunde lag, wie er nur in glücklichen Zeiten reifen konnte, und deshalb ist es mir wahrscheinlich, dass sie der Zeit des Perikles angehört hat.*

Die Anlage hing mit dem Thorbau selbst zusammen, der, am Ausgange der Thalmulde gelegen, für den Verkehr die günstigste Lage hatte, aber zugleich nach aussen hin die angreifbarste Stelle einnahm. Um so wichtiger war es, dass auf breiten Strassen die Mannschaften rasch vorrücken konnten, wenn eine Kriegsgefahr drohte (LXXX 1), und es ist sehr wahrscheinlich, dass damals, als durch die dritte der langen Mauern die Stadt endlich landeinwärts in vollkommenen Vertheidigungszustand versetzt wurde, auch das Hauptthor einen Ausbau erhielt, welcher den militärischen Ansprüchen genügte und der Würde der Stadt entsprach. Eine Weihe der Stadtthore waren die Ehrengräber. Solon selbst ist an einem der Thore, hart an der Ringmauer bestattet worden (C 85), und als der Herold

---

* Paus. I, 2, 4. Colotes, qui cum Phidia Jovem Olympium fecerat, philosophos (fecit): Plin. 34, 87.

Anthemokritos von den Megareern erschlagen war, begruben ihn die Athener vor dem Kerameikosthore. Man dachte sich den zürnenden Geist des wider Völkerrecht Erschlagenen mit seinem Grabe verbunden und betrachtete es wie ein Palladium, das den Eingang der Stadt hütete (XLIV 34). Um dieselbe Zeit wird auch das Thor selbst neu eingerichtet und der Bau entstanden sein, welcher Veranlassung gab, dass für das alte „Thor nach Thria" allmählich der Name Dipylon in Aufnahme kam, der einzige unter den attischen Thornamen, welcher sich auf bauliche Einrichtung bezieht (LXXIX 86).

Vor den Thoren hatte man freiere Hand. Darum waren seit Kimon die Vorstädte schöner als die Stadt. Gärten lagen am Ilisos wie am acharnischen Thor; für ländliches Leben hatten die Athener eine angeborene Liebe und die villenartigen Gütchen draussen, wo man sich behaglich einrichten konnte, waren das Liebste, was ein wohlhabender Bürger sein nennen konnte.*

Breite Thorstrassen erstreckten sich vor dem Diocharesthore wie vor dem Dipylon. Das letztere aber hatte vor allen Stadtthoren seine ganz besondere Bedeutung, weil hier die beiden einzigen Orte, die ausser Athen Städte waren, mit der Hauptstadt zusammenhingen: Eleusis, für den Gottesdienst die unentbehrliche Ergänzung von Athen, und der Peiraieus für Verkehr und Sicherheit. Ein Theil des äusseren Kerameikos wurde als „am eleusinischen Wege gelegen" bezeichnet, es war der vor allen anderen Prozessionsstrassen sogenannte „heilige Weg" der Athener.

Diese Vorstadt erhielt durch die Begräbnisse eine neue Bedeutung.

In älterer Zeit war der Geschlechtszusammenhang so vorwiegend, dass die Familiengräber auf den Gütern draussen zusammenlagen. Nach den Perserkriegen erwachte ein neues Gefühl bürgerlicher Gemeinsamkeit, das auch die Verstorbenen enger um die Stadt schaarte, und während man früher gewohnt war, auf dem väterlichen Grundstücke einzelne Pfeilerbilder in Lebensgrösse aufzurichten, gaben die Wegegräber vor den Thoren zu mannigfaltigerer Ausstattung Anlass. Handwerk und Kunst beeiferten sich, nähere Beziehungen zum städtischen Leben bildlich darzustellen. Aus den Werkstätten des Kerameikos gingen die schlanken, figurenreichen Thonamphoren hervor, welche die Grabstätten schmückten. Es waren sinnvolle Geschenke an den Verstorbenen mit lebensvoller Darstellung der häuslichen Todtenklage und mit Bildern der Hochzeitsfeier, zu welcher die mit dem Wasser der Kallirrhoe gefüllten Krüge herbeigetragen wurden, um das Brautbad zu bereiten (S. 88). Denn es war attischer Brauch,

---

* κηπίον καὶ ἐγκαλλώπισμα πλούτου Thuk. 2, 62.

den früh verstorbenen Bürgersöhnen, denen die Feier des schönsten Festtags versagt geblieben war, das Bild der Hochzeitfeier auf dem Grabe zu weihen.*

Dann trat, dem Geiste der kimonisch-perikleischen Zeit entsprechend, auch im Grabschmuck der Zug zum Monumentalen hervor. An Stelle zerbrechlicher Thonkrüge, die man auf den Grabhügeln befestigte, wurden schon seit der Mitte des fünften Jahrhunderts steinerne Vasen in Relief und Rundwerk aufgestellt. Auf Marmorsteinen wurde in Schrift und Bild dafür gesorgt, dass die Abgeschiedenen den Nachlebenden persönlich gegenwärtig blieben. So sah man die 432 vor Potidaia Gefallenen, wie Heroen unbekleidet dargestellt, in kühnem Angriffe vorscheitend.**

Aber auch das friedliche Bürgerleben, die stille, treue Gemeinsamkeit der Ehegatten und Hausgenossen kam zum verklärten Ausdruck. Es sind schlichte Werke des attischen Flachreliefs, wie es unter Pheidias seine Vollendung erhalten hatte, und wir sehen an diesen Werken, wie harmonisch sich in jener grossen Zeit das geistige Leben entfaltet, wie wohlthuend und nachhaltig die perikleische Kunst auf das Volk eingewirkt hat. So hat der alte Grabpfeiler der vorpersischen Zeit eine neue Bedeutung gewonnen. Mit Palmette gekrönt, mit Giebeldreieck und Pilastern geschmückt, sind diese Grabsteine für die Stadt im fünften und vierten Jahrhundert eine besonders charakteristische Ausstattung.

Die Wegegräber hatten etwas dem Geiste der attischen Demokratie Entsprechendes im Gegensatz zu den altstädtischen Felskammern (S. 66) und den draussen am Hymettos aufgemauerten Terrassen, wo die Mitglieder der alten Familien zusammen bestattet waren, auch im Tode auf eigenem Grund und Boden noch eine für sich bestehende Gemeinschaft. Diese Familiengräber kamen nicht ausser Gebrauch. An dem Eingange solcher ummauerter Grabfelder haben wir uns die Sitzbilder trauernder Dienerinnen aufgestellt zu denken, welche dem vierten Jahrhundert angehören, und beim Kynosarges sah man Isokrates mit seiner Verwandt-

---

* Ἔϑος δὲ ἦν καὶ τῶν ἀγάμων ἀποϑανόντων λουτροφόρον ἐπὶ τὸ μνῆμα ἱστασϑαι Harpokration v. λουτροφόρος. Thonvasen als ἐπιστήματα von Gräbern: Milchhöfer, Mitth. des athen. Inst. V, 176. Herzog, Archäol. Zeitung XL, 131. Furtwängler, Sammlung Sabouroff LIX. Befestigung von Thonvasen auf dem Grabmal: ἄνωϑεν ἐπιπολῆς τοῦ σώματος κατασιπτώσαντας Eccles. 1108.

** Ueber die Geschichte der attischen Grabsteine Köhler, Mitth. des athen. Inst. X, 359; Brückner, Griech. Grabreliefs im Sitzungsberichte der phil. hist. Cl. der Wiener Akademie der Wiss. 1888. Das Grabrelief von Potidaia beschreibt nach Fauvel Böckh im C I Gr. I, p. 906.

schaft bestattet (XLIX 30).* Bei diesen Anlagen waren die Denkmäler und Inschriften ebenfalls dem Wege zugekehrt.

Auch in den eigentlichen Wegegräbern** blieben die Verwandten zusammen; aber der vorherrschende Gesichtspunkt war doch der, dass die Verstorbenen aller Stände sich als Mitglieder einer grossen Gemeinschaft angesehen wissen wollten. Je bescheidener der Raum der Privatgräber bemessen war, um so stattlicher erschienen die ausgedehnten Anlagen im Aussen-Kerameikos, die von Staatswegen angelegten und unterhaltenen grossen Friedhöfe der für die Vaterstadt gefallenen Bürger, der feierlichste Raum bei Athen und sein höchster Ehrenschmuck. Wie eine Schaar von Heroen lagerten die Tapferen, nach den Wahlstätten und den Waffengattungen geordnet, vor dem Hauptthore, und ihre Ruhestätte zu vertheidigen war für die Lebenden der kräftigste Antrieb zu eigner Tapferkeit. Hier hat sich Perikles am engsten an Kimon angeschlossen (S. 120), und es ist merkwürdig, wie Thukydides, der sonst kein Wort hat für das, was Athen an Denkmälern vor allen Städten des Alterthums voraus hatte, in erhobener Stimmung von der schönsten der Vorstädte spricht, wo Perikles als erwählter Volksredner die Tribüne besteigt, um die an den Gräbern andächtig versammelten Bürger an das zu mahnen, was die Vaterstadt von ihnen erwarte.***

Neben den Athenern ruhten die Bundesgenossen, die mit den Bürgern für dieselbe Sache gefallen, von ihnen gesondert, aber auch im Tode mit ihnen vereint, die Aegineten, Kleonäer u. a. (XCIX.)

Auch den in Friedenswerken hervorragenden Bürgern wurde im äusseren Kerameikos ein öffentliches Begräbniss zuerkannt, und welchen sittlichen Einfluss diese Gräber hatten, erhellt aus den Worten des Hypereides, dass man nicht ohne Scham an dem Grabe des Lykurgos (XCIX 65) werde vorüber gehen können, wenn man seinen Söhnen Unbill geschehen lasse.† Der Weg vom Dipylon zur Akademie war eine Ehrenstrasse, welche aus dem wüsten Treiben des Tags die Bürger zu geistiger Sammlung stimmte und ihnen die wichtigsten Thatsachen ihrer Stadtgeschichte in das Gedächtniss rief; sie war für alle gebildeten Ausländer diejenige Strasse, welche die grösste Anziehungskraft übte, und von allen

---

* Furtwängler, Die Sammlung Sabouroff zu II, 15—17.

** ἐγγὺς ὁδοῦ CIA. I 465, 477. μνήματα ἐνόδια CIA. II 1079.

*** Von den Denksteinen des grossen Friedhofs (μνῆμα) ist bis jetzt nur einer zu Tage gekommen. Siehe Atlas von Athen, Vignette. Dazu vergl. Brückner, Mitth. des athen. Inst. XIV, 406.

† Hyperides Fragm. p. 413 Didot.

Wegen, die Cicero in Athen gemacht hat, hat er nur den einen näher beschrieben, auf dem er, von der Thorstrasse ein wenig nach rechts ablenkend, das Grab des Perikles vor sich sah (C 16).

Wenn der Aussenkerameikos die bei weitem berühmteste Grabstätte war, so erscheint es wahrscheinlich, dass das sogenannte Gräberthor (LXXX 31) ein Seitenausgang des Dipylon war, da es im Sinne der Alten lag, für besondere Zwecke auch besondere Ausgänge herzurichten.*

Es waren natürlich rings um die Stadt an allen Wegen Grabplätze, und es wird darüber verhandelt, vor welchem Thore man am liebsten seine letzte Ruhe suchen solle (LXXX 58).

Vor dem diomeischen Thor hat sich eine Nekropolis gefunden mit Resten von Bau- und Bildwerk.** Zwischen Athen und Peiraieus lag unweit einer Fontäne das Grab des Sokrates, nach Art eines Heroenmals das Sokrateion genannt (C 75). Den im Auslande Verstorbenen, deren Asche man nicht hatte heimbringen können, wurden Kenotaphien errichtet. Das geschah besonders bei berühmten Männern, um ihnen für das Unglück, im Auslande bestattet zu sein, einen gewissen Ersatz zu gewähren und zugleich zu bezeugen, dass es Landeskinder seien, auf welche die Vaterstadt stolz wäre. So entstand das Denkmal des Euripides an der Hafenstrasse (XCIX 4); so soll auch Thukydides ein leeres Grab gehabt haben, bis es gelang, die Gebeine von Thracien heimzuholen und in Koile neben den Mitgliedern des kimonischen Geschlechts zu bestatten.*** Wie häufig solche Kenotaphien waren, kann man daraus schliessen, dass sie ein eigenthümliches Holzgerüste hatten, woran man sie erkannte; sie wurden dadurch als provisorische oder stellvertretende Denkmäler gekennzeichnet.

Von dieser ernsten Weihe abgesehen waren die Vorstädte Plätze der Erholung, die Jeder auf seine Weise suchte. Im Kerameikos war, neben dem eleusinischen Wege gelegen, an dem gleichnamigen Bache die Ortschaft Skiron, der beliebteste Sammelort der Herumtreiber, die sich hier an Würfeln und anderem gemeinem Zeitvertreib erfreuten. Hier war eine alte Mark gegen Westen, wo Skiros gegen Erechtheus gestritten haben sollte; hier floss der Bach Skiros, der untere Lauf des Fluss-

---

* So das Mystenthor (LXXXI 62), Reiterthor (LXXX 56), Prozessionsthore. Man könnte annehmen, dass alle Leichen aus einem Thore herausgebracht wurden, um sich ausserhalb desselben nach den verschiedenen Gegenden zu vertheilen. Darauf führt Theophr. Char. 14: πόσους οἴει κατὰ τὰς τρίας πύλας ἐξενεχθῆναι νεκρούς; ich lese: ἐξενίνεχθαι. Wie gross ist die Zahl der Todten, die im Ganzen zu diesem Thor hinausgetragen sind!

** Mitth. des athen. Inst. X, 404.

*** Herbst im Philologus XLIX, S. 361.

bettes, der vom Lykabettos kommt und dort vermuthungsweise Kykloboros genannt worden ist.*

Auch die Ilisosgegend ist unter Perikles' Staatsverwaltung gepflegt und verschönert worden. Denn er hat das Lykeion ausbauen lassen, und mit diesem Ausbau steht wohl die Anlage der breiten Strasse in Zusammenhang, welche vom nordöstlichen Stadtthore, dem des Diochares, nach dem Lykeion hinaus führte (LXXXVI 20).

Gymnasien und Ringschulen wurden die liebsten Verkehrsplätze, wo man neben schattiger Baumanlage die mannigfaltigste Unterhaltung fand. Die Schlacht von Chaironeia ist zuerst in einer Palästra den Bürgern bekannt geworden (LXXXVIII 60). Auch in der Stadt waren Palästren, wie die des Taureas, innerhalb des itonischen Thors, wo die Gegend von städtischen Bauten freier war (S. 80). Palästren und Bäder gehörten zur Ausstattung einer demokratischen Stadt. Das gewöhnliche Volk hatte auch eigene Unterhaltungsplätze, die zu behaglichem Zusammensitzen eingerichteten „Leschen", deren grosse Zahl beweist, dass sie durch alle Stadtbezirke und Vorstädte vertheilt waren (LXXXVII 33).

Burg, Stadt und Vorstadt wurden durch die Bürgerfeste zu einem Ganzen verbunden. Die würdige Einrichtung öffentlicher Feierlichkeiten war eine Kunst, die in Athen zu Hause war. Die Feste der Burggöttin waren das Erste, um dessen willen die Stadt unter den Hellenen genannt worden ist, und hier ist auf dem, was die Pisistratiden geschaffen haben, ununterbrochen fortgebaut worden. Was in Athen an Gebäuden, Strassen und Plätzen würdevoll war, haben die Feste in das Leben gerufen, an denen nach Anschauung der Alten die Götter ebenso wie die Menschen ihr Wohlgefallen hatten, und es galt für eine wesentliche Aufgabe der Staatsleitung, dieselben immer reicher auszugestalten, damit jeder Fortschritt des friedlichen Wohlstands zu vollem Ausdruck komme.

Auf die künstlerische Ausstattung von Athen haben die Feste einen wesentlichen Einfluss gehabt, indem sie das gelegentlich und aus persönlichen Anlässen Entstandene sammelten und ordneten, also vor Allem die Weihgeschenke.

Die Weihung war bei den Hellenen nicht etwas Ausserordentliches; sie gehörte vielmehr zum normalen Verkehre zwischen Menschen und

---

* Vgl. Milchhöfer, Text zu den Karten von Attika II, S. 15. Wachsmuth II, 274. Kykloboros ist jedenfalls ein der Stadt ganz naher und den Bürgern sehr vertrauter Giessbach gewesen; denn er wird mit den Werkstätten der Handwerker in nahe Verbindung gebracht: ὁ δ' ἐς τὸ πλησίον γενόμενος ἐξέρρευεν Aristophanes bei Pollux 10, 185.

Göttern;* es war die herkömmliche Ergänzung des Gebets, die freiwillige Bethätigung der Frömmigkeit, die dem Gemeinwesen zur Ehre gereicht. Spartas Ruhm war die Menge geweihter Dreifüsse. Was für die Athener charakteristisch ist, das ist der geschichtliche Sinn, der sich darin zeigt, dass man das Leben der Stadt in seiner ganzen Mannigfaltigkeit, ihr Können und Wissen auf allen Gebieten zur Darstellung bringt und die Ereignisse der Gegenwart nicht aus dem Gedächtniss verschwinden lassen will.** Durch die Inschriften, welche an bescheidener Stelle, aber mit grösster Sorgfalt beigefügt werden, erhält jede Weihung, auch das Erstlingswerk einer neu begründeten Töpferwerkstätte,*** ihre urkundliche Bedeutung. Den geschichtlichen Trieb begleitete und adelte der künstlerische Sinn, welcher, ohne den hergebrachten Formen untreu zu werden, denselben eine sinnvollere Ausstattung giebt, wie dem Dreifuss durch Architektur und Plastik. Viereckige, polygone, runde Steinpfeiler sind die monumentalen Träger der Votive; die Postamente werden noch mit Relief und Farbe geschmückt; die tragenden Kapitelle erhalten eine sparsame aber wirkungsvolle Bemalung.†

Die namhafteren Denkmäler schlossen sich an glänzende Erfolge reicher Bürger an, deren Ruhm über den Kreis des städtischen Lebens hinausging; das waren vor Allem Wagensiege, an denen ganz Hellas Antheil nahm. So wurde schon in der Tyrannenzeit Kimon, des Stesagoras Sohn, der drei olympische Siege nach einander gewonnen hatte, auf seinem Viergespann in einer Erzgruppe aufgestellt; die Renner waren mit der grössten Naturwahrheit dargestellt und wahrscheinlich auch mit Namen bezeichnet.††

Während die einzelnen Weihgeschenke an den heiligen Stätten in Ober- und Unterstadt vertheilt waren, wurden diejenigen, welche mit den städtischen Festen zusammenhingen, ohne die Freiheit der Stifter zu beeinträchtigen, unter staatlicher Aufsicht in Reihen und Gruppen vereinigt und erhielten dadurch für das Aussehen der Stadt eine besondere Bedeutung.

---

* προσομιλεῖν θεοῖς εὐχαῖς καὶ ἀναθήμασι Plat. Ges. 716 D. Vgl. Reisch, Griech. Weihgeschenke, 1890.

** Auch die Flottenkämpfe auf den Dipylonvasen sind Denkmäler der Geschichte aus der Zeit nach dem lelantischen Krieg (Gr. Gesch. I⁶, 419).

*** Klein, Meistersignaturen S. 213.

† Vgl. Borrmann, Stelen für Weihgeschenke im Jahrbuch des Inst. III, 269.

†† Herodot VI, 103. Aelian V. H. IX, 32: εἰκασμέναι ὅτι μάλιστα. Eine Hervorhebung des Individuellen, die man sich bei menschlichen Personen nicht erlaubt hätte.

Kleisthenes hatte in seiner kühnen Politik den zehn Stämmen, die er ins Leben gerufen, nicht bloss die Bestimmung gegeben, im Felde als Abtheilungen der wehrhaften Bürgerschaft mit einander zu wetteifern, sondern auch bei den Festen in Gesang und Tanz als Bürgerchöre, namentlich an den Dionysosfesten, die am meisten einen demokratischen Charakter hatten. Es war also eine Epoche des städtischen Lebens, dass 509 zum ersten Male unter Leitung eines Meisters aus Chalkis, des Hypodikos, die Männerchöre mit Flötenbegleitung den Dithyrambos aufführten.* Der singende Chor erhielt von Amtswegen einen Dreifuss als Ehrengabe, und der Bürger, der als Vertreter seines Stammes die Ausrüstung des Chors übernommen hatte, stellte ihn im Heiligthum des Dionysos auf; durch seine Hand ging er in den Besitz des Gottes über und wurde ein Schmuck des Tempelbezirks.

Verschieden davon waren die Weihgeschenke, die sich auf das Bühnenspiel bezogen. Die scenischen Chöre waren von den zehn Stämmen unabhängig; hier wurde kein Ehrengeschenk vom Staate gegeben. Hier hatte der Bürger, der den siegreichen Chor gestellt hatte, freiere Hand; Chorege und Dichter konnten hier selbständiger vortreten. Es ist also sehr wahrscheinlich, dass diese Wettkämpfe des Bühnenspiels der Zeit vor Errichtung der klisthenischen Phylen angehören, dass sie in der Zeit der Pisistratiden ihren Ursprung haben.**

Man blieb der ältesten Form des Weihgeschenks, dem Dreifuss, unerschütterlich treu. Dreifussspuren haben sich auch auf der Burg erhalten.*** In der Unterstadt war dasselbe Siegessymbol sowohl für das Heiligthum der Dionysos wie für das des Apollo durch väterliches Herkommen geheiligt; daher wurden auch im Bezirk des Pythion Dreifüsse aufgerichtet, welche sich auf die musischen Weltkämpfe der Thargelien bezogen.†

Der Platz, wo zuerst auf eine für die Stadt charakteristische Weise Gruppen von Tripoden sich erhoben, war der Bezirk des Dionysos. Hier wurden sie anfänglich auf ein- oder mehrstufigem Unterbau aufgestellt; es bildeten sich längere Reihen und es war ein Stolz angesehener Familien, wenn mehrere neben einander stehende Weihgeschenke von ihren Angehörigen herrührten.

---

* CIGr. II, p. 302. Hermes XX, 66.
** Reisch, Griech. Weihgeschenke S. 116. Isaios (V 36) unterscheidet deutlich: τῇ φυλῇ εἰς Διονύσια χορηγών, τραγῳδοῖς δὲ —. Das Erstere ist die Bezeichnung dithyrambischer Choregie.
*** Jahrbuch des Instituts I, 157. CIA. I, 373. 79.
† Reisch, S. 79.

Es waren Denkmäler, welche die Entwickelung der schönen Künste in Athen urkundlich bezeugten, und als Perikles, der sich nach dem Vorgange der Pisistratiden der Pflege der städtischen Feste mit besonderem Eifer annahm, seine Wirksamkeit begann, waren die Zeitverhältnisse ihm so günstig wie möglich. Als er 467 v. Chr. einen tragischen Chor auszurüsten hatte, war es ihm vergönnt, Aischylos als Dichter zu gewinnen, der damals, wie wir voraussetzen dürfen, mit seinen „Sieben gegen Theben" den Sieg gewann.* Perikles wird das Seinige gethan haben, dass auch die Komödie als ein Theil der dionysischen Festlichkeiten vom Staate voll anerkannt wurde.

Bald reichte der grosse Bezirk des Dionysos nicht mehr aus, die Weihgeschenke, welche sich an seine Feste anschlossen, aufzunehmen. Sie breiteten sich auf allen Seiten in die Unterstadt aus. Es bildete sich eine „Strasse der Tripoden," welche auch als ein Stadtquartier bezeichnet werden konnte (LVIII 60); denn sie zog sich von der Mitte der Nordseite in flachem Bogen, wie ein Kranz, um den Fuss der Akropolis, und auch im Süden standen hoch am Felsen hinauf die geweihten Dreifüsse, so dass die dazu gehörigen Inschriften an den Felswänden ihren Platz finden konnten (LIX 1). Weithin zerstreut, waren sie doch alle ein grosses Ganze, ein gemeinsames Archiv des attischen Dionysosdienstes.

Die Tripodenstrasse war ein Ehrenschmuck der Stadt, wie er nur in Athen denkbar war. Man wandelte zwischen Denkmälern, die lauter Zeugnisse eines edlen Bürgersinns waren; man erkannte die ordnende Hand der Staatsbehörden und zugleich die freieste Selbstthätigkeit des Einzelnen. Alle Künste, die in der Stadt zur Blüthe gekommen, hatte man hier im Zusammenhange vor Augen, Chorlyrik und Drama einerseits und andererseits die ihnen gewidmeten Werke der Architektur, des Erzgusses und der Marmorplastik, jedes ein Denkmal und Bild seiner Zeit. Was ursprünglich ein einfaches Erinnerungsmal gewesen, wurde in mannigfaltigster Form sinnvoll ausgestaltet. Man knüpfte auch diese Weihgeschenke an die Freiheitskriege an, indem man gebückte Persergestalten unter dem Kessel von Dreifüssen sah (LIX 41). Mehr und mehr aber entnahm man die Motive dem Kreise des Dionysos, dessen Gestalten im Tripodenquartiere ihre bleibenden Formen erhalten haben. So wurde es eine unvergleichliche Ergänzung dessen, was an Kunstwerken von der Burg herabschaute. Oben die einfach grossen Formen heiliger Architektur, hier die bunte Fülle kleinerer Denkmäler, welche von Jahr zu Jahr

---

* Köhler, Mitth. des athen. Inst. III, 10.

sich dichter aneinander reihten und alle an besondere Anlässe und Persönlichkeiten sich anschlossen.

Aber auch die Wehrhaftigkeit der Gemeinde sollte an den Festen sich bewähren, und da ausser der Reiterei keine stehende Truppe vorhanden war, gab nur sie Gelegenheit, auch in Friedenszeiten den Geist militärischer Zucht und Ehrliebe, sowie die Freude an kriegerischen Schauspielen in der Bürgerschaft zu nähren.

Der Parthenonfries und die Reiterbilder des Lykios (S. 155) beweisen, wie es Perikles am Herzen lag, die Reiterei an hervorragender Stelle zu Ehren zu bringen. Am deutlichsten aber zeigt Xenophon in seinen „Anweisungen an den Reiteroberste," wie ernst man die Sache nahm, indem er demselben zur ersten Pflicht macht, bei seinem Amtsantritt die Götter anzuflehen, dass sie ihm das zu reden und zu thun eingeben möchten, wodurch seine Führung ihnen wohlgefällig und dem Gemeinwesen erspriesslich sei. Auf den verschiedensten Plätzen innerhalb und ausserhalb der Stadt, bei den Paraden vor dem Rath wie auf den Umzügen werden immer neue Leistungen ersonnen, um den Eifer der Jugend wach zu erhalten (CXII 15). Der hart gestampfte Boden der Akademie verlangte besondere Vorsicht: die Strasse nach dem Lykeion war geeignet, die Geschwader in voller Breite, wie zum Kampfe, ausziehen zu lassen. Den Theatersitzen gegenüber wird eine Höhe bezeichnet (wahrscheinlich die Höhe der Pnyx mit ihren Abhängen nach dem itonischen Thore), welche Gelegenheit gab, in kühnem Bergabreiten die Sicherheit von Ross und Reiter zu bewähren,* während bei Annäherung an die heiligen Stätten ein feierlicher Paradegang geboten war. Die Hauptleistungen erfolgten im Hippodrom am Phaleron (CXII 45), und es ist nicht unwahrscheinlich, dass für den Auszug dahin das Reiterthor bestimmt war.

Auch bei den Reichsfesten war die Reiterei ausersehen, der Stadt Ehre zu machen, namentlich an den Dionysien, die sich zur perikleischen Zeit auf das Glänzendste entwickelten. Ihre Feier erstreckte sich auf die ganze Unterstadt; denn durch den Kerameikos sollte ja Dionysos seinen Einzug gehalten haben. Pindars Dithyrambos war für den Chor gedichtet, der um den Zwölfgötteraltar tanzte, um die Aufnahme des fremden Gottes in den Kreis der Olympier zu feiern. Darum hielten auch die Reiter ihren festlichen Einzug durch das Dipylon, machten ihre Runde um den Marktplatz, um an dem nationalen Feste allen dort geehrten

---

* Sehr schwierig und dunkel bleiben immer die Worte: ἐπειδὴ ἐστρώκασι τὸ κεφάλαιον τοῦ ἀντιπροσώπου θεάτρου, χρήσιμον ἂν οἶμαι φανῆναι, καὶ εἰ καθ᾽ ὁπόσους μέτρον εἰς τὸ κάταντες θεραπεύοντες τάχει ἐλαύνων ἐπιδείξαις τοὺς ἱππέας.

Gottheiten zu huldigen, kehrten zu den Hermen, wo sie den Markt betreten hatten, zurück und vollführten dann, wie Xenophon empfiehlt, (es war also keine bis ins Einzelne vorgeschriebene Ordnung, sondern es wurden immer neue Vorschläge von den Hipparchen erwartet), nach Schwadronen getheilt, quer über die Agora, einen Eilritt den Burgfuss hinauf bis zum Eleusinion, das immer eine Hauptstation der attischen Festzüge gewesen ist (XXVI 2).

Das Eleusinion hing aber in ganz besonderer Weise mit den ritterlichen Uebungen der Athener zusammen. Denn die Wettkämpfe der „Apobaten", welche im Auf- und Abspringen vom Rennwagen ihre kühne Geschicklichkeit zeigten, fanden im Eleusinion statt. Ebendaselbst stand auch das berühmte Erzross, das Simon geweiht hatte (XXVI 33), ein in Perikles' Zeit hervorragender Reiterführer, zugleich der Erste, der über Rosszucht und Reitkunst ein wissenschaftliches Werk geschrieben hat. Sein Weihgeschenk war, wie wir voraussetzen dürfen, ein Normalpferd, an dem alle Glieder so richtig gebildet waren wie der menschliche Leib nach den Proportionen Polyklets. Auf dem Postamente waren die Leistungen Simons, wie sie nur auf einem so geschaffenen und so gezogenen Pferde möglich waren, in Reliefbildern dargestellt (LXIV 52). Als einer der bedeutendsten Zeitgenossen hat er auch selbst ein Standbild erhalten durch den Bildhauer Demetrios.*

Das Eleusinion war also nicht nur ein ausgezeichneter Wendepunkt der die Burg umkreisenden Festzüge (S. 50), sondern auch ein Schauplatz ritterlicher Spiele, welche sich an die alten Traditionen der Burggeschlechter anschlossen. Erechtheus mit dem Apobaten zur Seite galt für den Erfinder des Wagenspiels. Der dreibuschige Helm war der Ehrenschmuck bei den ritterlichen Turnieren; eben so gehörte dazu der lange Linnenrock des Wagenlenkers.**

So grossartig nun auch das Eleusinion war, so kann sein Tempelbezirk doch nicht der Schauplatz der Wagenkämpfe gewesen sein. Diese müssen ausserhalb der Tempelmauern stattgefunden haben, und zwar auf der geebneten Terrasse, dem breiten Rundwege, welcher in einer Länge von 930 m die Burg umgab (S. 49).

Hier vor dem Thore der Burgstadt war der Platz, wo der fürstliche Adel, ehe der Hippodrom am Meere seine Bedeutung erhalten, seine Rennfahrten hielt zu Ehren der Burggöttin; daher wurden die Wagen-

---

* Demetrius · equitem Simonem qui primus de equitatu scripsit Plin. 34, 76. Vgl. Helbig, Arch. Zeitung 1864, S. 180, der ihn bei Arist. Rittern 212 nachweist.

** Erechtheus ἔχων παραστάτην ἀποβάτην ἔχοντα καὶ τριλοφίαν ἐπὶ τῆς κεφαλῆς Eratosth. Catast. 14.

lenker nach ihr genannt.* Diese uralten Spiele unter den Maue[r]
Herrenburg sind nie erloschen; sie sind, als Demeter hier einen [hervor]
ragenden Platz einnahm, an das Eleusinion angeschlossen worden, [eben]
so wie auch der Athena Pflug und Acker an die eleusinische G[ottheit]
überging (S. 51). Aufgegeben hat aber die Burggöttin ihre alten [Rechte]
nie und darum sind sie, wenn auch bei dem Eleusinion gefeier[t, ein]
Bestandtheil der Panathenäen geblieben.**

Für die Strecke des Festwegs zwischen Markt und Eleusinion [giebt]
das Thor der Athena Archegetis auf der Höhe des „Markthügels"
festen Anhalt. Denn es ist nicht denkbar, dass dies stattliche, der [Göt]
göttin geweihte Festthor von der grossen Festbahn der Panathenä[en ge]
trennt gewesen sei, oder dass man diese Bahn in römischer Zeit [will]
kürlich verändert habe.***

Für das Staatsfest der Panathenäen, das auch schlechthin die [Pan]
egyris genannt wurde, hat Perikles besondere Sorge getragen, un[d wir]
dürfen voraussetzen, dass er nicht allein den Zielpunkt, sondern in [An]
schluss an die Pisistratiden auch die ganze Festbahn neu und glä[nzend]
ausgestattet hat. Ihr Anfang war an der Schwelle von Athen, w[o die]
wichtigsten Verkehrswege von Stadt und Vorstadt zusammentrafe[n, so]
dass die Festtheilnehmer schon draussen sich sammeln mussten. D[a]
lagen gleich innerhalb des Dipylon neben einander die beiden Geb[äude,]
das eine nach aussen gerichtet, das andere nach innen, nämlich [das]
Heiligthum der eleusinischen Gottheiten (XXIV 47) und das Rüs[thaus]
für die Panathenäen, das sogenannte Pompeion, wo die für die [Pan]
athenäenzüge nöthigen Festkleider und Festgeräthe aufbewahrt w[urden]
(LXXXIX 10).

Da Perikles beflissen war, die Beziehungen zu Eleusis von N[euem]
zur Geltung zu bringen, dürfen wir voraussetzen, dass gleichzeitig [mit]
den Prachtbauten in Eleusis und der Hebung des städtischen Eleus[inion]
auch das Demeter-, Kora- und Iakchosheiligthum am Dipylon wür[dig]
ausgestattet wurde, und ebenso wird das Thorgebäude selbst wie auc[h das]
Pompeion damals den Kunstmitteln der Gegenwart entsprechend einger[ichtet]
worden sein.

Das Pompeion muss ein sehr geräumiger Bau gewesen sein. [Es]

---

* ἡνίοχοι Παλλάδος CIA. III 1, 202.
** Richtig erkannt von Mommsen, Heortologie 159 (ἤγετο τῇ Ἀθηνᾷ Lex. [Rhet.]
p. 426), während diese Wagenspiele früher zu den eleusinischen Festen gere[chnet]
wurden, so von Böckh. Vgl. CIA. II, 2 p. 392.
*** Wegebau bei den Griechen, S. 77 (285). Attische Studien II, Götti[ngen]
1865, S. 37.

es gleichsam der Hafen war, aus dem der panathenäische Festzug in voller Ausrüstung hervorging. Gurte, die für das Festschiff erforderlich waren, wurden aus dem Peiraieus hingebracht. Die inneren Wände waren mit Gemälden geschmückt. Auf einen Prachtbau weisen auch die Worte des Diogenes, der überall und nirgends in Athen zu Hause war und als ein Demokrat in seinem Sinne, Alles in Athen als sein Eigenthum ansah; so gut also hätten die Athener für ihn gesorgt, dass sie die Zeushalle am Kerameikos und das Pompeion ihm als Aufenthaltsort eingerichtet hätten (LXXXIX 10).

Ausserhalb Stadt und Vorstadt waren die „langen Mauern" die bei weitem denkwürdigste Anlage dieser Zeit. Wir wissen, welche Schwierigkeiten Perikles zu überwinden hatte, bis er die südliche Parallelmauer endlich zu Stande brachte. Sie gab der unteren Ebene ein neues Ansehen; sie legte dem ländlichen Betriebe und Verkehre unvermeidlich neue Beschränkungen auf, die durch eine Reihe von Pforten und Durchgängen nicht beseitigt werden konnten; sie war aber die unentbehrliche Ergänzung der kimonischen Werke, um die von Themistokles beabsichtigte Umwandlung der Binnenstadt in eine Seestadt, wenn auch in veränderter Form, fertig zu stellen. Jetzt erst konnte von „Schenkelmauern" die Rede sein, welche immer zu den grössten Sehenswürdigkeiten von Athen gerechnet worden sind. Stadt und Hafen waren jetzt in der That eine Festung, der an Grossartigkeit nichts in Griechenland zu vergleichen war.

Der lange, schmale Raum im Innern der Schenkelmauern war zu städtischer Bewohnung ungeeignet und unbehaglich, aber er war ein Glied des Ganzen, und man hatte nun die schwierige Aufgabe, drei weitläuftige Stadträume, deren fester Zusammenhang die Bedingung der allgemeinen Sicherheit war, stetig in Obacht und Ordnung zu halten, sie durch Wachposten und Signalstationen mit einander zu verbinden. Ein auserwählter Platz, um Häfen und Schenkelmauern zu überblicken, war die Höhe vor Munichia, die in unruhigen Zeiten als Wachtposten diente.[*] Es wurde in gefährlichen Zeiten die Bewachung auch in der Weise getheilt, dass für den Peiraieus der hippodamische Markt, für Athen die Agora des Kerameikos und für die langen Mauern ein dort gelegenes Theseion als Sammelorte dienten, wo bewaffnete Mannschaften ihren Standort hatten, um bei plötzlichen Ruhestörungen zur Verfügung zu stehen.[**]

---

[*] περίπολοι Μουνυχίασι Thuk. VIII, 92, 5.
[**] Von Milchhöfer mit grosser Wahrscheinlichkeit in dem eingehegten Platze

Bewässerung der Doppelstadt.

Ober- und Unterstadt immer mehr zu einem Ganzen zu verschme
sollte auch die gemeinsame Bewässerung dienen; von Natur war
eine Einheit vorgesehen, denn beide Landesflüsse vereinigten sich ja
der Richtung nach der grossen Seebucht, und man dachte sich den St
mit der Stadtburg so als ein zusammengehöriges Ganzes, dass man
der Burgquelle glaubte, sie flösse unterirdisch in die phalerische B
(V 93), und dass in die Asklepiosquelle versenkte Gegenstände
wieder auftauchten (VIII 19).

Im Laufe der Zeiten war aber zwischen unten und oben eine gr
Ungleichheit eingetreten.

Freilich war auch in der Oberstadt die grösste Oekonomie gebo
Selbst das Regenwasser unterlag einer genauen Controle und wir s
aus der Inschrift über das Neleion (S. 79), dass für die Oelbäume
selbst ein scharf begrenzter Bezirk angewiesen war, innerhalb dessen
das in Cisternen und Rinnen vorhandene Wasser benutzen durfte;
aber bei Reinigung der Gräben an feuchtem Schlamm herausgeför
war, wurde anderweitig als Dünger für trockenliegendes Erdreich
werthet. Auch am Kephisos war jedem der Anwohner ein bestimn
Maß aus den Kanälen angewiesen, und als Themistokles die Seh
würdigkeiten von Magnesia musterte, fiel sein Auge auf die Hydroph
von Erz, die er, als Aufseher der städtischen Wasseranlagen, aus
Strafgeldern hatte giessen lassen, welche für widerrechtliche Benutz
der öffentlichen Leitungen gezahlt worden waren.[*]

Auch die bürgerlichen Gewerbe hatten an bestimmten Plätzen
nöthigen Bedarf. Die Wäscher und Walker hatten ihren Stand an
Kallirrhoe und konnten inmitten der Stadt den Nymphen, unter de
Segen ihnen das Geschäft blühte, ihren Dank in sinnreichen W
geschenken darbringen (XXXVII 24).

Das andere Geschäft, das des fliessenden Wassers bedurfte,
das der Gerber, und es ist wahrscheinlich, dass sie einst ih
Arbeitsplatz hatten, wo noch heute die städtischen Gerbereien lieg
dort, wo der Kephisos den Rand des Oelwaldes verlässt, dessen ländli
Anmuth hier plötzlich aufhört.[**] Wo er die langen Mauern schnei

---

auf der von Munichia nach Osten in die Ebene vorspringenden Landzunge erka
Text zum Peiraieus S. 35. Waffenplätze innerhalb der Stadt ὅπλα genannt
Gegensatz zur Ringmauer: so ist Thukydides VIII 69 ἐφ' ὅπλοις örtlich zu verste
eben so VII 28 (οἱ μὲν ἐφ' ὅπλοις, οἱ δὲ ἐπὶ τοῦ τείχους).

[*] Plut. Them. 31.

[**] ἐργαστήριον δούλων βυρσοδεψῶν Schol. Arist. Eq. 44. Wegen der ü
Gerüche war eine grössere Stadtnähe in alter wie neuer Zeit unliebsam. Gerber

ist er wasserlos, und die Bewohner des Halipedon hatten von beiden Flüssen der Ebene keinen Vortheil; ja sie hatten nur die peinliche Aufgabe, durch Gräben unablässig dafür Sorge zu tragen, dass in feuchter Jahreszeit keine Stockung des Abflusses eintrete und die Gesundheit gefährde.

Es war also eine der wichtigsten Aufgaben der städischen Verwaltung, diese Ungleichheit zwischen oben und unten aufzuheben und die von der Natur vorgesehene, aber durch fortschreitende Vertrocknung des Landes zerstörte Gemeinsamkeit der Bewässerung durch technische Anlagen herzustellen. In dieser Absicht sind die Kanäle angelegt, welche von der Kallirrhoe unterirdisch nach dem Strande gehen, und wir dürfen annehmen, dass um dieselbe Zeit, da durch den Bau der dritten Mauer Ober- und Unterstadt sich neu verbanden, auch die Wasserleitungen nach dem Peiraieus mit allem Eifer betrieben wurden und dass bei dieser Aufgabe Meton an erster Stelle betheiligt war. Athen war durch lang ausdauernde Arbeit allmählich wohl versorgt; es waren Bäder an den Thoren eingerichtet (LXXXI 17, 61); Fontänen waren angelegt, welche Baumpflanzungen im Kerameikos möglich machten (LXXXII 10) und in dürrster Sommerzeit die Bürger mit frisch aufsprudelndem Bergwasser erquickten. Die Bewohner der Hafenstadt waren bei Ausbruch des Kriegs zum grossen Theil noch auf Cisternenwasser angewiesen.

Mit Vollendung der Schenkelmauern hing auch die endgültige Einrichtung der Wege zusammen, und zwar wurde jetzt, da man im vollen Genusse eines glücklichen Friedens die Sicherheit der Stadt gegen peloponnesische Landheere doch unverrückt im Auge hatte, auch zwischen Kriegs- und Friedenswegen streng unterschieden. Für die belagerte Stadt bildete der Weg zwischen den Schenkeln den bequemen Gang, welcher den Verkehr mit den Häfen sicherte. Den friedlichen Verkehr aber vermittelte die grosse Heerstrasse, welche, vom Dipylon ausgehend, alle Höhen der Südstadt umgehend den Kephisos überschritt und erst am Rande der Hafenbefestigung eine kleine Steigung machte, um in den Mauerkreis des Peiraieus einzutreten (LXVII 85). Das war die grosse „Hamaxitos," die belebteste Fahrstrasse der Athener, und von der Thätigkeit, welche in perikleischer Zeit diesem Wege, der Lebensader von Athen, zugewendet worden ist, zeugt das Wegedenkmal, welches noch dem fünften Jahrhundert angehört und den Weg zum Hafen, vom Zwölfgötteraltar gerechnet, auf 45, 46 oder 47 Stadien angiebt. So eng hat man sich einerseits

---

im Kydathenaion nehmen v. Wilamowitz (Hermes XXII, 113) und Wachsmuth II, 265 an. Das kann man doch nicht aus dem Demos Kleons folgern wollen?

Schon bei dem Propyläenbau war der Widerstand zu Tage getreten, der den maßgebenden Einfluss des Perikles hemmte. Auch der eingeschränkte Prachtbau konnte nicht ganz vollendet werden, und die öffentlichen Mittel mussten schon zwischen den Friedenswerken und den Kriegsforderungen getheilt werden. Mit dem Ausbruch des Krieges war die Zeit, in welcher die Stadt sich nach den Plänen leitender Staatsmänner in grossem Zusammenhang stetig entwickeln konnte, für immer zu Ende. Aeussere Begebenheiten unberechenbarer Art waren fortan das Entscheidende.

Das Befestigungssystem bewährte sich; aber schon die ersten Belagerungen hatten die Wirkung, dass die Grundbedingung städtischer Ordnung, welche Perikles so eifrig gehütet hatte, die strenge Scheidung zwischen heiligem und profanem Boden, in Verfall gerieth. Mit Ausnahme der Burghöhe und des Eleusinion (XXV 86), das nächst der Burgfläche die festeste Terrassenanlage der Stadt war, wurde das ganze Terrain der Stadt von der zusammengedrängten Menschenmenge überschwemmt, und die Pest kam dazu, um durch das Hinsterben alter Geschlechter die Grundlage des Gemeindelebens und die natürlichen Ueberlieferungen zu erschüttern.

Der Zusammenhang der Generationen wurde zerrissen, und dadurch, dass die ländlichen Beschäftigungen, die bis dahin eine so glückliche Ergänzung des Stadtlebens gewesen, aufhörten, traten plötzlich alle Uebelstände ein, welchen übervölkerte Großstädte ausgesetzt sind, wenn sich ein faules Proletariat ansammelt und die Menschen sich an ein Leben ohne Hausstand gewöhnen. Wie wildes Gevögel nisteten sich die Heimathlosen in Schlupfwinkeln aller Art, in Mauerthürmen und Wirthschaftsräumen ein.* Die lange verödeten Felshäuser auf dem Pnyxgebirge wurden wieder bewohnt, und zwischen den Schenkeln bildete sich eine neue unbehagliche Vorstadt. Freie Bewegung, nirgends mehr als bei den Hellenen die unentbehrliche Bedingung geistigen und leiblichen Wohlseins, war ringsherum gehemmt. Die vorstädtischen Uebungsplätze verödeten und die ritterliche Jugend allein war im Stande, ihrem Muthe Luft zu machen, um in kecken Reiterzügen das Weichbild der Stadt vor den Feinden zu schützen.

Als die Noth sich Jahr für Jahr wiederholte, trat an Stelle der stolzen Zuversicht, mit der man dem Kriege entgegengegangen, auch bei den kriegslustigen Führern der Volkspartei eine solche Entmuthigung ein, dass man selbst an der Widerstandsfähigkeit der Stadt irre wurde. In

---

* ἵ ἐνέρη τις οἰκήσιος Thuk. 2, 17.

raums (LXI 85). Grossartiger war das Weihgeschenk des Chairedemos, der durch Strongylion auf breiter Marmorstufe ein ehernes Ross aufstellen liess im Anschluss an die Sagen von Ilion, die hier von den Rhapsoden vorgetragen wurden, ein Kolossalwerk, dessen Aufrichtung in frischem Gedächtniss war, als die Vögel des Aristophanes gegeben wurden (LX 92). Gleichzeitig war Metons Name in Aller Munde, und es ist wahrscheinlich, dass damals die grossen Anlagen im Werke waren, welche endlich dahin führen sollten, dass der Peiraieus in die städtische Bewässerung hereingezogen wurde.* Drei Jahre nach dem Nikiasfrieden beantragte Adosios, dass das Heiligthum von Kodros, Neleus und Basile (S. 79) im Süden der Stadt sorgfältig erneuert werde; zur Sicherung desselben sollten auf dem Rande des heiligen Bezirks zweihundert Oelbäume gepflanzt werden, und zu ihrer Bewässerung wurde der Graben angewiesen, der die Feuchtigkeit nach Limnai hinabführte, und dann das Regenwasser innerhalb scharfgezogener Grenzlinien. Diese bildeten im Norden das Heiligthum des Dionysos, im Süden das Thor, durch welches die Mysten nach Phaleron zogen, im Osten die Pforte nach dem Bade des Isthmonikos, das in der Nähe der Kallirrhoe anzusetzen ist, und im Westen ein „öffentliches Haus", dessen Bestimmung ungewiss ist; die Urkunde darüber (LI 52) ist dadurch einzig in ihrer Art, dass sie uns in den städtischen Haushalt einen näheren Blick öffnet.

Durch den unheilvollen Ausgang der demokratischen Politik wurde die Gegenpartei an das Ruder gebracht, die Partei der Oligarchen, welche den Krieg mit Sparta von Anfang verwünscht hatte. Ihre Maßregeln zeigen recht deutlich, wie eng der Zusammenhang zwischen Verfassungsgeschichte und Oertlichkeit in Athen war. Denn man getraute sich nicht, mit den Umsturzplänen auf dem altgeheiligten Boden der Pnyx vorzugehen. Deshalb war die Bürgerversammlung, die mit der Geschichte der Stadt brechen sollte, nach dem Kolonos Hippios (S. 12), dem Heiligthum des Poseidon, hinaus berufen, damit sie hier, auf ungewohntem Terrain, von den Ueberlieferungen der Vorzeit entfernt, sich eher entschliessen möchte, Beschlüsse zu fassen, welche das Volk seiner verfassungsmässigen Rechte entkleiden und ein oligarchisches Parteiregiment einführen sollten.

Zu keiner Zeit sehen wir die Stadt so deutlich vor Augen wie in dieser unheimlichen Lage eines doppelten Belagerungszustandes.

Gegen die Lakedämonier von Dekeleia stand die ganze Bürgerschaft in Waffen, theils auf den Mauern und Thürmen, theils auf den Waffen-

---

* Gleichzeitige Anspielungen im Monotropos und in den Vögeln. Vergl. Ullrich, Beiträge zur Erkl. des Thukydides (1846), S. 87.

plätzen im Innern marschbereit. Da diese Truppen aber unzuverl
waren, wurden sie durch eine, von den Urhebern des Staatsstr
gesammelte fremde Mannschaft beobachtet, die nicht an den W
plätzen selbst, sondern ein wenig bei Seite aufgestellt war, eine Art
wache der Verschworenen, ausserdem hatten sie noch 120 junge M
zur Hand. Es waren Griechen, Parteigenossen, und als solche zu j
Schergendienste bereit; denn auf die alten, skythischen Polizeisol
konnte man sich nicht verlassen.*

Was auf dem Kolonos gefrevelt war, wurde auf der Pnyx w
gut gemacht. Hier war es, wo die Athener dem verrätherischen Tr
ein Ende machten, wo sie dem Volke die Staatshoheit zurückgaben,
der besten Zeiten ihrer Geschichte eingedenk, als Bürgergemeinde
und entschlossen handelten.**

Die Schmach, welche die Oligarchen über Athen gebracht ha
trug aber dazu bei, den Glanz, der durch Alkibiades' Siege über die
aufging, um so strahlender erscheinen zu lassen. Alkibiades hatte
Heimkehr in der Ferne lange vorbedacht und vorbereitet. Durch
gerettet, sollte die Vaterstadt in die alten Bahnen des Ruhms en
wieder einlenken. Der Verkannte und Verstossene wollte sich als
echten Sohn Athens bewähren; darum waren es vorzugsweise alt
würdige Gebräuche, durch deren Erneuerung er den verängsteten
müthern wieder Vertrauen einflösste. Die Todtenfeier draussen im k
meikos wurde so ruhig begangen, als wenn kein bewaffneter Feind
attischem Boden stände, und nachdem die Mysten Jahre lang zu See
Eleusis hatten hinübergefahren werden müssen, führte Alkibiades sie
gestört den heiligen Weg entlang, so dass alle Stationen desselben wi
ordnungsmässig besucht werden konnten. Die Tribute lieferten U
schüsse, der Gott des Reichthums hatte den Opisthodom wieder bezo
und es erwachte auf der Burg, wie zu den Tagen des Iktinos
Mnesikles, von Neuem das regste Leben, um die Stadtgötter zu eh

---

* Bei Thukydides VIII, 69, 2 erkennen wir deutlich die topographische
deutung von ὅπλα (τοῖς ἐν τῇ ξυνωμοσίᾳ εἴρητο, μὴ ἐπ' αὐτοῖς τοῖς ὅπλοις,
ἄπωθεν περιμένειν). Vgl. Arist. Lysistr. 633.

** Thuk. 8, 67: ξυνέκλησαν τὴν ἐκκλησίαν εἰς τὸν Κολωνόν· ἔστι ἱερὸν
ποσειδῶνος ἔξω πόλεως ἀπέχον σταδίους μάλιστα δέκα. Der Abschluss des Tem
gab den Oligarchen Gelegenheit, Missliebige von der Theilnahme auszuschlie
(Dieser Vorgang war, was die Römer „sevocare" nennen. Vgl. Livius 7, 16:
buni plebis, ne quis postea populum sevocaret, capite sanxerunt.) Nach
Unglück in Euboia war das Erste, dass sie ἐκκλησίαν ξυνέλεγον εὐθὺς εἰς τὴν Π
καλουμένην, οὕπερ καὶ ἄλλοτε εἰώθεσαν, ἐν ᾗπερ καὶ τοὺς τετρακοσίους κατα
σαντες etc. Thuk. cap. 97.

Hier war eine alte Schuld abzutragen. Der Poliastempel hatte hinter den Reichsbauten zurückstehen müssen; seine Vollendung war während des Nikiasfriedens eifrig in Angriff genommen. Dann waren alle Arbeiten plötzlich ins Stocken gerathen, wahrscheinlich in Folge des sicilischen Unglücks. Unmittelbar nach dem hellespontischen Siege im Frühjahr 409 wurde nach Vorgang der perikleischen Zeit auf Antrag des Epigenes der Beschluss gefasst, eine Baukommission niederzusetzen, um den Bestand des Baus sowie die zur Fortführung vorbereiteten Materialien amtlich aufzunehmen. Man hatte die frohe Aussicht, bald etwas Fertiges herstellen zu können. Der Ost- und der Westgiebel wurden schon mit Bildwerken gefüllt, Maler und Vergolder waren mit den Deckenfeldern im Innern sowie mit den Rosetten am Architrav beschäftigt.

Gewiss hat Alkibiades auch Neues zu schaffen unternommen, und unter allen Bildwerken, welche die Akropolis schmückten, ist keines, das so sicher dieser Zeit zu entsprechen scheint, wie die Marmorbrüstung des Nikepyrgos oberhalb der grossen Aufgangstreppe. Ein Abschluss und Gitter war hier oberhalb der senkrechten Wand unentbehrlich. Aber es war ein besonderer Gedanke, der vielleicht noch nicht in des Mnesikles Bauplänen gelegen hat, hier ein Marmorgeländer bis Schulterhöhe aufzuführen und mit Siegesgöttinnen auszustatten. Das figurenreiche Relief ist dem Parthenonfriese innerlich verwandt, aber wir glauben doch den Zug einer jüngeren Zeit zu spüren. Das Relief ist höher, bewegter, dramatischer, voll energischer Licht- und Schattenwirkung. Man hat den Eindruck einer jubelnden Volksstimmung, welche eine ganze Reihe von Siegen auf einmal feierte; persische und griechische Waffenbeute wird aufgehängt; Wasser- und Landschlachten sieht man im Geiste.

Wenn es auch nicht gestattet ist, diesen plastischen Siegeshymnus der Nikebalustrade der Zeit nach sicher zu bestimmen, so passt doch Alles zur Heimkehr des Alkibiades, der gewiss nicht damit zufrieden war, die stockenden Bauarbeiten am Poliastempel weiter zu führen, sondern auch etwas Neues, Glänzendes schaffen wollte, und wo war ein schönerer Platz als der, wo die Reliefbilder jeden zur Burg Hinaufwandelnden von der rechten Seite freudig begrüssten, wo das grosse unvollendete Lieblingswerk des Perikles, das Propylaion, dadurch einen neuen Schmuck erhielt.*

Als durch neuen Verrath die Niederlage von Aigospotamoi erfolgt war, zeigte sich, wie richtig Themistokles geurtheilt hatte, wenn er die

---

* In Betreff der Baugeschichte des Poliastempels und der Datirung der Nikebalustrade schliesse ich mich ganz an Ad. Michaelis an: Die Zeit des Neubaues des Poliastempels. Mitth. des athen. Inst. XIV, 349 ff.

Widerstandskraft der Stadt darin erkannte, dass sie, auf dem piräischen Vorgebirge gelegen, von unbezwinglichen Mauern umgürtet, mit dem Meere unzertrennlich verbunden sei. Nach Zerstörung der Mauerschenkel war Athen wieder, wie vor Themistokles, eine machtlose Binnenstadt, welche die Fortdauer ihrer Selbstständigkeit der Gnade eines lakedämonischen Königs dankte.

Für die Oligarchen war dieser Umschwung ein Sieg ihrer Partei. Die Bürgerschaft war ja nun endlich der verderblichen Atmosphäre des Seestrandes entzogen. Die Gunst der Zeit musste nach Kräften ausgebeutet werden; Athen sollte nicht nur keine Seestadt, sondern auch keine Großstadt mehr sein. Es wurde unter den Dreissig der ernsthafte Versuch gemacht, die ganze Geschichte der Stadt umzustossen und sie durch eine gewaltsame Entvölkerung von allen Gebrechen der unseligen Demokratie auf einmal zu heilen.

Die Bürgerschaft wurde auf dreitausend beschränkt. Von der Pnyx wagte man nicht wieder abzugehen, aber der Rednerplatz wurde nach der entgegengesetzten Seite umgekehrt (VII 55). Diese Maßregel kann keinen anderen Sinn haben, als dass jetzt nicht mehr zu einer auf theaterförmigen Stufen sitzenden Zuhörerschaft geredet werden sollte, vielmehr sollten die Bürger unterhalb des Halbrundes vor der Rednerbühne sich versammeln, um stehend die Vorlagen der Behörden entgegen zu nehmen und dann ohne Debatte stillschweigend wieder aus einander zu gehen.

Der Raum zwischen den Trümmern der Schenkelmauern wurde benutzt, um hier den vom Bürgerthum ausgeschlossenen, den Tyrannen verdächtigen Theil der Bevölkerung unter polizeilicher Aufsicht wohnen zu lassen (CV 22).

Nachdem die Oligarchen sich auch zum zweiten Male gänzlich unfähig erwiesen hatten, etwas Dauerhaftes zu schaffen, kehrte die Stadt unter Eukleides in die alten Bahnen ihrer Geschichte zurück, und mit Bewunderung sehen wir, wie nach der tiefsten Demüthigung, welche ein Staat erleiden kann, sofort der neue Aufschwung erfolgte. Im Gegensatz zu der kulturfeindlichen Reaktion wurde schon unter dem ersten verfassungsmässigen Archonten für Anlage von Schriftsammlungen in der Stadt Sorge getragen, und man hat gleich in den ersten Jahren der wiedergewonnenen Freiheit die heiligen so wie die für staatliche Unabhängigkeit unentbehrlichen Bauten in Angriff genommen. Auf der durch eine feindliche Besatzung entweihten Burg, welche man jetzt auch amtlich als „Akropolis" zu bezeichnen sich gewöhnte, wurde das ausgebrannte Erechtheion wieder hergestellt (395/94)* und in demselben Jahr ist man auch schon an den

---

* Hermes II, 22; V, 6.

Mauerbau gegangen: ein kühner Aufschwung, der nur dadurch gelingen konnte, dass Sparta sich in einen Perserkrieg verwickelte und in Griechenland so viel Abneigung erweckt hatte, dass die Korinther, Argiver und Böotier Athen ihre Sympathie zuwendeten. Die volle Wiedergeburt der Stadt würde aber nicht gelungen sein, wenn nicht Konon dieselbe durch seine ungemein kluge Verwerthung der politischen Verhältnisse von Cypern aus mit energischer Thätigkeit durchgeführt hätte. Er war jetzt der leitende Staatsmann, und wir dürfen voraussetzen, dass er schon aus der Ferne seine Mitbürger ermuthigt hat, Hand ans Werk zu legen, bis er durch den Sieg bei Knidos jede Intervention von Seiten Spartas unmöglich machte und zugleich durch persisches Geld und phönikische Flottenmannschaft den raschen Aufbau der Befestigung erwirkte. Von den drei Mauern, die neununddreissig Jahre neben einander bestanden hatten, wurden, da die phalerische schon durch den Bau der Mittelmauer überflüssig geworden war, nur die beiden Parallelmauern wieder aufgerichtet. Auch in der Oberstadt wurde die Gunst der Umstände benutzt, Athen so widerstandsfähig wie möglich zu machen; eine wesentliche Aenderung der ursprünglichen Mauerlinien ist nirgends vorgenommen.

Von der See war die Wiedergeburt der Stadt ausgegangen: daher erhoben sich hier auch die ersten Denkmäler der grossen Epoche, der Aphroditetempel am Ufer, der nach Knidos hinüberwies, dann in dem Haupttheiligthum der Hafenstadt, dem des Zeus Soter, ein Prachtaltar des Gottes, mit einem Reliefschmuck, welcher wohl den Sieg verherrlichte, und eine Athena von Erz, beides vielbewunderte Werke des Kephisodotos, des ersten Meisters dieser Zeit. Der Eindruck der wunderbaren Rettung war so gross, dass man über altes Herkommen hinausgehend kein Bedenken trug, die beiden Wohlthäter, deren seltenem Zusammenwirken man Alles verdankte, Konon und Euagoras auf dem Markte in Erz aufzustellen, die Ersten, denen bei Lebzeiten diese Heroenehre zu Theil wurde.

Mit der neuen Ummauerung standen mancherlei Einrichtungen im Zusammenhang, die Stadt und Vorstädten ein neues Ansehen gaben. Zwischen Stadt und Hafen entfaltete sich wieder der volle Verkehr, neue Anlagen entstanden und der Platz vor dem Dipylon hat für die Stadtgeschichte dadurch eine hervorragende Bedeutung erlangt, dass hier durch eine plötzliche Verschüttung (deren Anlass noch unerklärt ist) eine ganze Gruppe antiker Denkmäler an Ort und Stelle erhalten worden ist. Der Schutthügel, welcher sie Jahrhunderte lang überdeckt hat, mit der Kapelle der Hagia Triada an seinem Abhange, erschien wie eine natürliche Höhe, wie ein nördlicher Ausläufer des Athanasioshügels. Als er

Wege am Dipylon.

seit 1870 nach und nach abgetragen wurde, kam eine Gräberstras
vierten Jahrhunderts mit ihren der Reihe nach aufrecht stehenden
mälern zu Tage und damit zugleich ein Bild der alten Strassen,
hier beim Ausgange der langgestreckten Thalmulde des Kerameikos
Norden, Westen und Süden strahlenförmig auseinander gingen,
die beifolgende Skizze (Fig. 29) anschaulich zu machen sucht.
kommt darauf an, Wege und Thore in ihrem geschichtlichen Verh[ältniss]
zu verstehen.

Der Menschenverkehr folgt wie das Wasser der Senkung des B[odens]
wo dieser am tiefsten liegt, war der natürliche Ausgang des ganzen
lichen Stadttheils nach dem Thallande des Kephisos.

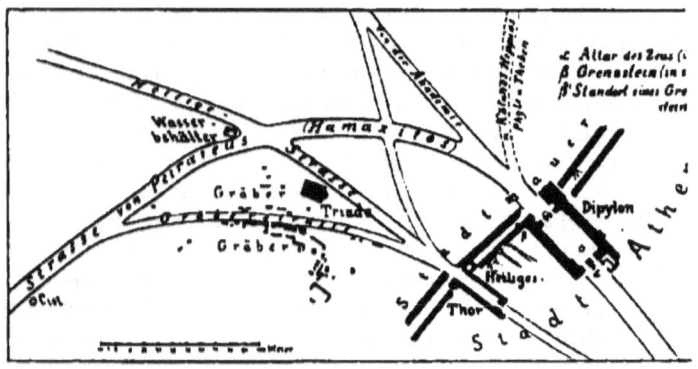

Fig. 29.

Die Wege sind älter als Mauern und Thore. Die erste Landstr[asse]
deren Richtung und Ziel gegeben war, ist die Strasse nach Eleusis,
unzertrennlich mit Athen zusammenhing. Schon im inneren Keram[eikos]
bei dem alten Brunnen (S. 114) ist die Strassenrichtung gegeben, w[elche]
nach Eleusis weist; keine ist von Natur so deutlich vorgezeichnet
diese durch den Pass von Dafni (S. 2); der Weg ist durch Grenzs[teine]
(LXXV 81) und durch den auf altem Gemäuer aufgebauten Wa[sser]
behälter sicher bezeugt. Genau in der Flucht des Wegs liegt das T[hor]
welches, als die Stadtmauer entstand, für die Prozessionen offen geh[alten]
wurde, das heilige Thor; denn es war den Hellenen Bedürfniss, bei go[ttesdienstlichen]

---

* Auf Blatt IV des Atlas von Athen ist die erste Uebersicht der Ter[rain]
verhältnisse gegeben.

dienstlichen Wegen Anfang wie Ende genau zu bestimmen. Vor Allem war dies bei den Geheimdiensten unerlässlich, weil es nöthig war, schon die ausziehende Schaar sorgfältig zu sichten. Darum war ja auch am Südrande der Stadt eine besondere Pforte für die Eingeweihten, die nach dem Phaleron auszogen (LXXXI 62).

So erklärt sich die sonst befremdliche Thatsache, dass zwei Stadtthore so nahe bei einander liegen; ihre Achsen sind, wie die Skizze zeigt (Fig. 29), nur 72 Meter von einander entfernt: das kleinere im Südwesten, welches als heilige Pforte immer in alterthümlicher Einfachheit geblieben ist, und das grosse im Nordosten, das „thriasische", das, wie der Name angiebt, dieselbe Hauptrichtung nach Westen hatte, dann aber, als der bestgelegene aller Ausgangspunkte von Athen, auch noch die Wege aufnahm, welche von Nordwesten und Südosten in die Stadt mündeten.

Das grössere Thor war seit der kimonischen Zeit vorzugsweise das Thor nach der Akademie; eine schnurgerade Strasse (LXXX 2), die ebenste aller Wegebahnen bei Athen, führte, sechs Stadien lang, hinaus. Auch hier waren der Feste wegen bestimmte Anfangs- und Zielpunkte nothwendig. Das Ziel war der Altar des Prometheus, am Rande der Akademie bei H. Georgios; der Anfang ein Rundaltar des Zeus Herkeios, des Hermes und des Akamas.* Er steht noch heute am innern Thore des Thorhofs, um an der Schwelle der Stadt den Hüter des Stadtherdes zu ehren, den Heros der Wettkämpfe und den Heros des Gaus, zu dem der Kerameikos gehörte (XL 94).

Von dieser Hauptstrasse hat sich zuerst die Strasse nach Nordosten abgezweigt, die an den Höhen des Kolonos Hippios und der Demeter Euchloos vorbei nach Phyle und Theben führte, und dann in kimonischer Zeit die breite „Hamaxitos", welche links umbiegend in flacher Curve die heilige Strasse schnitt. Den Kreuzpunkt bezeichnet der grosse offene Wasserbehälter, der auf alten Fundamenten ruht.

Je mehr gebahnte Strassen nach aussen heranführten, um so nothwendiger war es, den Zugang zur Stadt an der tiefsten und gefährlichsten Stelle durch Festungswerke zu sichern, und es ist nicht zu bezweifeln, dass Perikles, der den unvermeidlichen Krieg am klarsten voraussah, das Seinige gethan haben wird, das Thor zugleich würdevoll auszustatten und gegen Angriffe zu sichern. Die Alten liebten es, in ihren Städten ein Thor als das Hauptthor anzusehen und zu kennzeichnen;** das thriasische

---

* Köhler, Mitth. des athen. Inst. IV, 288.
** αἱ μάλιστα λεωφόροι πύλαι Herod. 1, 187. αἱ μεγάλαι πύλαι CIGr. p. 122. Peloponnesos II, 141.

Thor ist als Dipylon ein berühmtes Thorgebäude geworden* un[d]
hat seinen Namen gewiss mit Recht von seiner Bauanlage herg[...]
dem grossen, von starken Mauern umgebenen, viereckigen Thorho[f]
nach innen wie nach aussen einen festen Verschluss hatte. Er di[ente]
Friedenszeiten als ein bequemer mit fliessendem Wasser ausgest[atteter]
Verkehrsort, im Kriege als Sammelplatz von Mannschaften, welch[e vom]
Markte her auf breiter Strasse bequem einrücken konnten (LXXX [...])
das einzige Kriegsereigniss, das wir hier sich entwickeln sehen [— der]
Angriff König Philipps V — zeigt uns deutlich, wie ein Feind, d[er den]
äusseren Eingang erzwungen hat, innerhalb des Thorhofs in die [...]
Bedrängniss gerieth, so dass er sich nur mit Mühe wieder ins [...]
retten konnte.**

Das in bescheidenerem Maßstabe verbliebene „heilige Thor" [im]
vierten Jahrhundert v. Chr. für die Athener eine neue Bedeutu[ng er-]
halten, als man den (durch Abgrabung des Triadahügels aufgede[ckten]
Weg anlegte, welcher gleich vor dem Thore links abzweigt, um [im]
Westen in die Hamaxitos einzumünden.

Dieser elf Meter breite Weg ist nicht zu Verkehrszwecken an[gelegt]
worden, sondern um Grabstätten einzurichten, für die es an Platz ge[brach].
Sie waren gerade an dieser Stadtseite viel begehrt, auch von Fre[mden,]
die immer mehr eine besondere Ehre darin sahen, vor den Thoren [...]
ihre Ruhestätte zu erwerben; auch die Stadt musste Plätze haben[, um]
Fremde von Auszeichnung würdig zu bestatten. So sehen wir noch [...]
an der Curve des Wegs, 64 Meter vom Thore, die beiden Grab[mäler]
neben einander stehen, der eine zu Ehren der korkyräischen Gesa[ndten]
Thersandros und Simyla, der andere zu Ehren des Pythagoras aus Sely[...]
beide von Staatswegen errichtet. Das Gesandtengrab wird mit [Wahr-]
scheinlichkeit um 375 angesetzt, als die Korkyräer dem neuatti[schen]
Seebund beitraten.***

Auf ansteigendem Boden folgt dann die zusammenhängende [Reihe]
von Gräbern (XCVII 55), wie sie auf Blatt 4 des Atlas von Athe[n in]
Grundriss und Aufriss dargestellt sind, zunächst zur Linken das De[nkmal]
das Dexileos, der 394/3 einen ruhmvollen Reitertod bei Korinth gef[unden]
hat (XCVIII 76); darum ist ihm hier bei den Seinen ein Ehrenmal ge[...]

---

* Als solches von Livius (nach Polybios) genau beschrieben 31, 24.

** Vergl. meinen Aufsatz über das Dipylon in den Commentationes [in hon-]
norem Th. Mommseni p. 592.

*** CIA. II, 1678. Kaibel Epigr. 36. 37. Der Platz der Gesandtengräb[er ist]
auf Blatt 3 des Atlas von Athen angegeben.

während er draussen, wo sein Name auf dem uns erhaltenen Grabsteine zu lesen ist, mit seinen Kameraden bestattet lag (XCIX 45).

Wir haben hier die Anschauung eines Friedhofs aus der Zeit Konons. Wir erkennen die sorgfältigste Raumbenutzung, die polygone Aufmauerung der Grabterrassen, die eng an einander liegenden, knapp gemessenen Familiengräber; die vornehmeren vorn an der Strasse. Querwege führen nach Süden hinan, wo die hinteren Reihen einen geringeren Grad von Sorgfalt und Aufwand zeigen. Brunnen dienten zu Spenden und zur Pflege kleiner Gartenbeete. Grenzsteine regeln die Ordnung.*

Die künstlerische Herstellung der Grabmäler zeigt die reichste Mannigfaltigkeit architektonischer Formen und lebensvoller Ausstattung in Plastik und Malerei, in Relief und freien Figuren. Es war eine Zeit, in welcher auch die ersten Meister sich an solchen Arbeiten betheiligten. Im Gegensatze zu der monumentalen Kunst der kimonischen und perikleischen Zeit traten die menschlichen und Familieninteressen mehr in den Vordergrund. So hat Praxiteles vor dem Thore an der Hafenstrasse auf einem Grabe den Verstorbenen neben seinem Rosse dargestellt.**

Praxiteles hat auch das innerhalb des Dipylon neben dem Pompeion gelegene Heiligthum der Demeter mit den Bildern der Göttin, ihrer Tochter und des Iakchos ausgestattet (XXIV 47); ein merkwürdiges Zeichen, wie man damals bestrebt war, dieser Thorgegend allen Glanz zuzuwenden, den die Kunst bieten konnte. Der fackeltragende Jüngling, von dem auch das ganze Heiligthum Iakcheion hiess, war ein auserwähltes Kleinod der Stadt, der besondere Liebling des athenischen Volkes.*** Denn das ist ja auch ein Kennzeichen der jüngeren Zeit, dass sich eine fast leidenschaftliche Schwärmerei an einzelne Kunstwerke anschliesst.

Von den Staatsgebäuden im Innern der Stadt war es die Poikile, von der wir voraussetzen dürfen, dass sie damals eine neue Ausstattung erhalten hat, nämlich das Tafelbild der Schlacht von Oinoe (XCI 79), worin mit grosser Wahrscheinlichkeit die um 392 gekämpfte erkannt worden ist. Es war ein Gemälde zum Andenken an die Waffengemeinschaft mit den Argivern, welche unter Iphikrates so erfolgreich gegen die Lakedämonier gewesen war.†

---

* Vergl. C. Curtius, Der attische Friedhof vor dem Dipylon. Archäologische Zeitung 1871, Bd. 29. S. 12.
** Pausanias I, 2.
*** Cic. Verrin. IV, 60.
† Diese Deutung nach Brunn und Urlichs von Köhler ausgeführt Hermes V, S. 5; Wachsmuth II, 54. Nach Robert im Hermes XXV 412 ein Werk Polygnots. Vgl. Judeich in Fleckeisens Jahrbüchern 1890, S. 747.

Charakteristisch für das Athen des vierten Jahrhunderts ist das Hervortreten einzelner Persönlichkeiten, nicht solcher, wie Perikles war, in dem sich Alles vereinigte, was die besten Athener von dem leitenden Staatsmann verlangten: es waren Grössen von bescheidenerem Maße, Meister in einem besonderen Fach, namentlich in dem der Kriegführung. Denn so wie an Stelle der Bürgerheere Soldtruppen den Ausschlag zu geben anfingen, waren alle Erfolge an das Talent Einzelner geknüpft, welche die neuen Schaaren zu organisiren wussten, und ebenso war es im Seewesen, seit neben dem Zeus Eleutherios die Urkunde des neuen Seebundes aufgerichtet war (XL 61). Unter diesen Umständen geschah es bald, dass dem ersten Paare zeitgenössischer Ehrenstatuen Iphikrates, Chabrias, Timotheos folgten, die beiden letzteren auf dem Markt (LVII 65; LXII 5); Iphikrates' kriegerische Gestalt erhielt sogar, des Widerspruchs von Seiten der konservativen Adelsgeschlechter ungeachtet, in der Vorhalle des Parthenon ihren Platz (LXI 32).

Vielleicht ist es gestattet, auch das Denkmal eines durch seine Friedensgesandtschaft berühmten Atheners dieser Zeit zuzuweisen. Denn nachdem Konon durch Verhandlungen mit dem Grosskönige und seinen Satrapen zum Heil der Stadt so Grosses erreicht hatte, hatte man den natürlichen Wunsch, diesen Erfolg nicht als einen Bruch mit der Vergangenheit erscheinen zu lassen, sondern als etwas, was immer schon das Ziel einer vorurtheilsfreien Politik gewesen sei: ohne Beeinträchtigung städtischer Freiheit ein friedliches, geordnetes Verhältniss zu Persien herzustellen. Darum gedachte man älterer Versuche solcher Vereinbarung, welche in die glorreichsten Zeiten der Stadt hinaufreichten, und der Männer, die damals mit ihren Bestrebungen gescheitert waren und Unbill von ihren Mitbürgern erfahren hatten. Es mag also dieser Zeit das Standbild des Kallias (LXII 2) angehören, der unter Perikles den Frieden des ägäischen Meers herstellen sollte; es war dann eine nachträgliche Anerkennung des lange verkannten Patrioten, und zugleich der Ausdruck einer Zeitstimmung, welche die Dankbarkeit gegen den Grosskönig mit hellenischem Nationalgefühl zu versöhnen suchte, wie es in der That durch Konon zuerst erreicht worden ist. Es war eine neue, nach den Erfahrungen des peloponnesischen Kriegs sehr berechtigte Zeitströmung, und wir dürfen voraussetzen, dass damals auch der Inschriftstein aufgestellt worden ist, auf dem die Bedingungen eines älteren, niemals zu Stande gekommenen Staatsvertrags aufgezeichnet wurden; ein Stein, an den sich die Legende vom „kimonischen Frieden" angeschlossen hat.* Es waren Versuche, die

---

* Griech. Gesch. II⁶, 832.

Die Friedensgöttin.

Politik des Tages mit den besten Erinnerungen der Vorzeit in Einklang zu bringen.

Nachdem die Bürgerschaft ohne Gefahr und Kriegsnoth volle Selbstständigkeit und freien Seeverkehr so rasch und glücklich wieder erlangt hatte, musste nach den furchtbaren Erlebnissen der letzten Jahrzehnte der Friede zu Wasser und zu Lande, die Grundbedingung eines gewinnreichen Handelsverkehrs, mehr denn je als das höchste Ziel der Wünsche erscheinen, und auch nachdem der neue Seebund sich bewährt hatte, war es bei allen glänzenden Erfolgen nicht, wie vor Zeiten, die Freude am Siege, welche die Herzen bewegte, sondern die Hoffnung, dadurch endlich zu einer dauernden Befriedung des Meers und einer stetigen Entfaltung des bürgerlichen Wohlstandes zu gelangen. Daher der maßlose Jubel, als Konons Sohn Timotheos die Lakedämonier 375 bei Alyzia besiegte. Man träumte sich am Ziele und errichtete auf der Terrasse oberhalb des Markts neben dem Standbilde des Kallias das Erzbild der Friedensgöttin von Kephisodotos, ein Meisterwerk attischer Kunst, der ideale Ausdruck eines frohen Selbstvertrauens, ohne zu verbergen, was der Kern des Siegesjubels sei; denn die Göttin trug im mütterlichen Arm einen Knaben, der durch das Füllhorn als der Genius des Wohlstandes bezeichnet war (XXVIII 69).

Das Wichtigste aber und alle Tagesstimmungen Ueberragende, das sich in Athen gestaltete, lag weit ab vom Markte und allen städtischen Angelegenheiten.

Durch Sokrates hatte sich mitten in der Stadt gleichsam ein neues Menschengeschlecht entwickelt, dessen Denken weit über Stadt und Land hinausging. Die Sokratiker passten nicht in das alte Athen hinein. Mit ihnen wurde der fruchtbarste Keim des geistigen Lebens aus den Ringmauern hinaus in die Akademie verlegt, in den Garten, welchen Plato am Fuss des Kolonos Hippios erworben hatte, in der Nähe vom Thurme Timons (XLVI 88), aber nicht um wie dieser die Menschen zu fliehen, sondern um geistverwandte Männer und Jünglinge um sich zu sammeln, welche sich in bescheidenen Hütten um ihn ansiedelten (XCVI 35). Es war ein friedlicher Auszug ohne Verleugnung des Heimatlichen, um das geistige Leben, das unter den Athenern erwacht war, in immer engerem Kreise zu pflegen und das, was Sokrates gelegentlich auf Strassen und Plätzen in Gesprächen angeregt hatte, zum Mittelpunkt und Zweck eines stetigen Zusammenseins zu machen. Dadurch entstanden Anlagen neuer

Art, welche sich an Einrichtungen der attischen Gymnasien anschlossen,* halbkreisförmige Sitzräume zu wissenschaftlicher Unterhaltung, bedeckte Säle mit Zuhörerbänken, Studienplätze mit Unterrichtsgegenständen. Räume für gemeinsame Mahlzeiten und Opfer. Denn auch solche Privatvereine konnten der religiösen Weihe nicht entbehren, und wie Sophokles schon unter geistverwandten Männern eine Genossenschaft für gemeinsamen Musendienst gestiftet hatte,** so weihte Plato seine Schule denselben Gottheiten (XXXV 11). Nun wurde auch dem Gotte Eros, welcher seit der Tyrannenzeit hier seinen Sitz hatte (S. 89), eine neue verklärte Bedeutung verliehen, weil er in der platonischen Zeit das Symbol der unaufhaltsam zum Schönen und Guten aufstrebenden Menschenseele wurde. Die altheimischen Gottesdienste erhielten eine höhere Weihe, und die Rosengöttin Aphrodite, die seit Urzeiten am Kephisos wohnte (S. 90), konnte nun als eine Gottheit gefeiert werden, welche die der Weisheit gesellten, zu allen Tugenden anfeuernden Eroten aussendet.***

Nach dem Vorbilde der Akademie wurde das Lykeion mit Musendienst ausgestattet und auch Sitz eines Schulhauptes, das die leitende Vollmacht auf seinen Nachfolger überträgt. So entwickelte sich hier, nachdem die von Themistokles begründete Grossmacht verfallen war, eine neue Macht Athens, der Keim einer geistigen Ueberlegenheit, welche auf ungleich festerer Grundlage ruhte und ungleich weiter reichte. Davon zeugt schon die Huldigung des Persers Mitradates, der als dankbarer Schüler ein Bild Platons den Musen weihte (XXXVI 21). Platons bescheidenes Grundstück (XCVI 27) ist immer der Kern des Ganzen geblieben, und wie ein Gutsherr alter Zeit ist er hier auf seinem Grund und Boden bestattet worden (C 51). Als Stifter eines so lebensfähigen Vereins ist er, wie Sophokles, auch heroischer Ehre theilhaftig geworden, wie der von Aristoteles geweihte Altar bezeugt (L 55).

Während so in den ländlichen Vororten ganz neue zukunftreiche Lebenskeime sich entwickelten, die auch für den äusseren Glanz und den Wohlstand der Stadt von hervorragender Wichtigkeit waren, ist sie auch im Innern der Schauplatz regster Kunstthätigkeit geblieben, und das alte Athen bewährte sich noch immer darin, dass jeder freudige Anlass und

---

* θᾶκοι Lukian gymn. 16. ἡμικύκλια Plut. Alk. 17. Plato Charmides 155. Euthydemos 274. ἕδραι Pollux I, 79.

** Istros in der Vita Soph. p. 128. Deneken in Roschers Lexicon I, Sp. 2542.

*** Eur. Medea 831. Ueber die Philosophenschulen als Thiasoi v. Wilamowitz. Antigonos S. 279. Usener, Organisation der wissenschaftl. Arbeit. Preuss. Jahrb. LIII 1. Diels über die ältesten Philosophenschulen der Griechen in den Philos. Aufsätzen für Ed. Zeller, S. 242.

jede günstige Zeit benutzt wurde, die Heiligthümer und öffentlichen Plätze neu auszustatten.

Es waren keine Werke im grossen Stil der perikleischen Zeit, an denen alle Künste wetteifernd betheiligt waren, sondern gelegentliche Stiftungen, die sich meist an einzelne Begebenheiten anschlossen. Das Persönliche trat immer mehr hervor, wie z. B. in den Weihgeschenken, wo es jetzt üblich wurde, neben den Gottheiten die Figuren der Adoranten darzustellen.* Die Plastik aus der Schule des Pheidias und Alkamenes schloss sich den Stimmungen der Bürger fügsam an, wie die Eirene des Kephisodotos bezeugt. Die Stadtgöttin selbst konnte man nicht höher ehren, als es geschehen war; aber bei den andern Gottesdiensten war man eifrig bestrebt, das Vorhandene nach dem, was die Zeit erstrebte und leisten konnte, zu ergänzen. Neben dem alterthümlichen Zeus Polieus auf der Burg erhob sich ein modernes Bild des Götterkönigs von Leochares (XLIII 49), im Brauronion ein neues Bild der Artemis von Praxiteles (XVI 5). Am Areopag wurde das Wesen der „ehrwürdigen Frauen" unter Einfluss der tragischen Bühne in neuer Auffassung durch Skopas zur Anschauung gebracht, dessen Bildwerke rechts und links neben dem Bilde des Kalamis standen (XXIX 46). So erhielt der Apollon des Kalamis ein zeitgemässes Seitenstück durch des Leochares Apollon Patroos, vor dem Tempel des Gottes, dessen Cella eine Statue des Euphranor schmückte (XIV 10). Auch im Arestempel wurde der Kreis der verwandten Gottheiten durch die Gestalt der Enyo erweitert, welche von den Söhnen des Praxiteles geschaffen war (XV 21).

Gewisse Zeitrichtungen kamen in besonderer Weise zum Ausdruck. In den weichlichen Formen des jugendlichen Dionysos erkennt man das junge Athen des vierten Jahrhunderts, das sich der Palästra entwöhnte, und in den Begleitern des Gottes sah man zuerst ein träumerisches Sich-gehen-lassen, ein behagliches dolce far niente dargestellt; es waren männliche Gestalten, wie sie in der Stadt des Perikles undenkbar waren, während man gleichzeitig in den weiblichen Gefährten des Dionysos fanatische Erregung, in der Liebesgöttin aber sinnliche Reize zur Schau zu stellen wagte, wie es mit der strengen Zucht und der Frauensitte des alten Athen in grellem Widerspruch stand.

Das ist der Hauptunterschied der Zeiten, der sich auch in dem Aussehen der Stadt kund gab, dass nicht mehr wie in den Tagen des Kimon und Perikles der beste Inhalt des geistigen Lebens die schöpferische Kraft anregte, sondern untergeordnetere Triebe und Stimmungen vorwalteten.

---

* Mittheil. des athen. Inst. III, 186.

Die höchste Idee, welche die Zeit bewegte, die des platonischen Eros, konnte in der bildenden Kunst nicht zum entsprechenden Ausdruck kommen; um so mehr gefiel, was durch Neuheit Wohlgefallen erweckte, die Sinne reizte und Allen verständlich war.

Von allen Stadttheilen wurde der Bezirk des Dionysos am meisten gepflegt, und die auf seine Feste bezüglichen Denkmäler zogen sich immer dichter von der Mitte der Nordseite um den östlichen und südlichen Fuss der Akropolis bis in die Nähe der Propyläen. Sie kommen in verschiedenen Formen vor. Es waren Säulen, welche den gewonnenen Dreifuss der Choregen trugen, oder ionische Hallen, die sich an den Burgfelsen anlehnten, wie das Denkmal des Thrasyllos (LIX 10), oder tempelförmige Rundbauten, von denen man sagen konnte, dass sie für den Zweck, einen Dreifuss zu tragen, zu gross schienen (LVIII 62), oder endlich wirkliche Gebäude in Tempelform mit Säulenfronte und Giebeldach, wie das choregische Denkmal des Nikias, ein lehrreiches Zeugniss dafür, wie bis gegen Ende des vierten Jahrhunderts die Bauformen der perikleischen Zeit sich rein erhalten haben (LVIII 55).

Während die dionysischen Denkmäler über einen grossen Stadttheil ausgebreitet waren und sich auf den Abhängen der Burghöhe malerisch gruppirten, standen auf engerem Raum innerhalb des pythischen Heiligthums und an dem Wege dahin die dem Apollo geweihten Siegesdreifüsse. Hier wie dort fanden auch in den Zeiten der vollendeten Demokratie die Mitglieder vornehmer Geschlechter Gelegenheit, zu Ehren der Stadt durch prachtvolle Weihgeschenke ihren Reichthum zu bezeugen, wie Nikias der Feldherr und Aristokrates (LVIII 46).

In demselben Grade, wie der Sinn für grosse Staatsbauten im Erlöschen war, steigerte sich der Luxus in Privatanlagen, in Grabmälern und Weihgeschenken. Mit der Aufstellung der Dreifüsse verband sich die bildende Kunst in Relief und freien Bildwerken, wie der Fries des Lysikratesdenkmales bezeugt und das Sitzbild des Dionysos, das über der Marmorhalle des Thrasyllos thronte (LIX 10).*

Zu den alten Gottheiten, die mit treuer Pietät geehrt wurden, kam ein neuer Gott ins Land, welcher am Burgfuss neben Dionysos seinen Platz fand und rasch eine hervorragende Bedeutung gewann.

Seine Aufnahme entsprach dem Bedürfniss der Menschen, welche, je mehr das Gefühl staatlicher Gemeinschaft an Kraft einbüsste, die

---

* Nikiasdenkmal: Dörpfeld, Mitth. des athen. Inst. X, 219. Lysikrates: Reisch, Weihgeschenke, S. 101.

persönlichen Interessen immer mehr in den Vordergrund schoben und neben friedlichem Wohlstande körperliches Wohlbefinden als das höchste aller irdischen Güter erstrebten. Dafür bestanden mancherlei Culte von Heroen, welche in den Familien als wohlthätige Heildämonen verehrt wurden, einheimische wie fremde. Inmitten der Stadt hatte man den „Heros Iatros" an einem vielbesuchten Platze, wo des Aischines Vater als Schulmeister die Nachbarkinder um sich sammelte (L 1). Der Dienst galt einem Athener, Aristomachos, dessen Bürgername im Heroencultus erloschen war. Draussen vor dem Dipylon, links vom Wege nach der Akademie, lag der Grabhügel des Toxaris, der mit Anacharsis nach Athen gekommen sein sollte. Man sah das Grab, an dem man Todtenspenden darbrachte, immer mit Kränzen bedeckt. Er war der „fremde Arzt", bei dem man Heilung suchte (LV 58). Endlich hatten die Athener auch den Heildämon Alkon, dessen Priesterthum Sophokles bekleidet hat (XLV 23).

In den furchtbaren Pestjahren steigerte sich das Verlangen nach rettender Götterhülfe; man wollte sich nicht mehr an den alten Gottheiten genügen lassen, welche wie Zeus Soter, Apollon Alexikakos, Athena Hygieia neben allem anderen Segen auch Gesundheit spendeten; man wollte, so zu sagen, einen Spezialisten in diesem Fache, und so fand aus dem gegenüberliegendem Küstenlande ein neuer Heilgott Eingang.

Bei Epidauros war einer der berühmtesten Cult- und Kurorte des Asklepios. Es war dort eine sehr angesehene, unternehmende, im Missionswesen wohlerfahrene Priesterschaft, deren Mitglieder als Meister bewährter Kurmethoden galten.

Das erste Filial von Epidauros war unten am Strande, an der Ostseite des Zeahafens (CVII 61), wo Seebäder benutzt wurden. Der Plutos des Aristophanes wird noch zur Heilung nach dem Peiraieus geführt.[*] Dann erfolgte die Verpflanzung nach der Stadtburg, deren Gewässer mit der Uferstation in unterirdischer Verbindung stehen sollten (CXIX 28). Die Wasseradern am Südfusse der Akropolis (S. 34) erhielten eine neue Bedeutung. Alkippe wurde die heilige Quelle des Asklepios, die „Krene," deren Wasser in einer gewölbten Felsgrotte gesammelt wurde, und was weiter nach Westen von Trinkwasser herabsickerte, wurde sorgfältig in einer Cisterne zusammengehalten. Unterhalb der steilen, geglätteten Burgwand erstreckten sich die neu gebahnten Terrassen zwischen Dionysos' und Aphrodites Heiligthum, von Stützmauern gehalten, die östliche Terrasse mit dem Tempelsitze des Gottes und der Halle unterhalb der Quellgrotte, die westliche, etwas höhere, mit dem Brunnenschachte

---

[*] Aristoph. Plutos 621, 656.

und Wohnungen für das Tempelpersonal. Die ganze Doppelterrasse zeigt der Plan der Akropolis.

Wie sich der neue Dienst an die gegebenen Oertlichkeiten anschloss, so auch an die nachbarlichen Gottheiten. Von ihnen war Demeter die vornehmste, die Vorgöttin der Unterburg (S. 50), und wir sehen auf alten Steinen die im Eleusinion thronende Gottheit und den hinter ihr stehenden Asklepios und Kora zu einer Gruppe vereinigt.*

Die Gestalt der Hygieia, vom Wesen der Athena abgelöst, wurde mit Asklepios als Tochter verbunden (XXXV 6); mit ihr bilden seine männlichen und weiblichen Kinder, deren auf Medicin bezügliche Namen den jüngeren Ursprung verrathen, das stattliche Gefolge, mit dem der neue Gott am Burgfusse Wohnung macht.

Sicher bezeugt ist der Dienst im vierten Jahrhundert. Wir dürfen aber annehmen, dass schon Sophokles an dieser epochemachenden Gründung Antheil gehabt hat. Er hat bei feierlichem Anlass einen Päan auf den Gott gedichtet; er hat ihm Altäre errichtet und wesentlich dazu beigetragen, ihm Bahn zu machen, so dass das attische Asklepieion mit seinen klinischen Anstalten bald einen grossen Ruf erlangte und in vielerlei Bauten, Stiftungen und Pflanzungen seine rasch gewonnene Volksthümlichkeit bewährte.

Die Arzneikunde trat mit der Gesundheitspflege in Verbindung. Wir finden den berühmten Mnesitheos zusammen mit fünf Männern, in denen wir ein Collegium attischer Aerzte erkennen dürfen, als Stifter eines Weihgeschenks im Asklepieion, und wenn wir den nahen Zusammenhang zwischen dem Gotte von Epidauros und den eleusinischen Gottheiten ins Auge fassen, so begreift sich, warum Mnesitheos, der Zeitgenosse des Praxiteles, ein Bild des Iakchos geweiht hat, ein Werk, das seines hohen Kunstwerths wegen unter allen Weihebildern der Stadt einen hervorragenden Ruhm hatte. Da nun das Demeterheiligthum am Dipylon mit Bildern der „beiden Göttinnen" und des Iakchos von der Hand des Praxiteles ausgestattet war, so ist es sehr wahrscheinlich, dass die ganze Gruppe das Weihgeschenk des Mnesitheos war.**

Der Asklepiosdienst überschwemmte den Fuss der Akropolis mit einer Masse von Votivbildern, welche um so mehr in handwerksmässige Dutzendarbeit übergingen, je mehr es im Interesse des priesterlichen

---

* v. Sybel, Asklepios und Alkon, Mitth. des athen. Inst. X, 97. Alkon schon mit Asklepios verbunden (XLV, 24). Die eleusinischen Göttinnen mit Asklepios: Mitth. II, 244. v. Sybel, Katalog n. 4007. Epidauria als Theil der Eleusinien: Mommsen, Heortologie, S. 240.

** Köhler über Praxiteles: Mitth. IX, 50.

Kurortes lag, kein Votiv zu verschmähen, wenn es auch von dem ärmsten Bürger herrührte (XC 50).* Andere Motive neuer Art gaben die Nebengestalten der Olympier, welche immer zahlreicher auftauchten und Gestalt gewannen, wie die neben der Stadtgöttin selbständig gewordene Segens- und Friedensgöttin mit dem Plutos auf dem Arme, und die modernen Personifikationen. So der personificirte Demos, den man nach der wiedergewonnenen Volkssouveränität neben Zeus im Peiraieus aufstellte, die Gruppe des Leochares (LXI 57), ein stolzes Aushängeschild den Fremden gegenüber, um Athen als den Ursitz bürgerlicher Freiheit zu verherrlichen.** Man gedachte auch des Theseus wieder, als des Gründers der Volksfreiheit, und liess ihn zwischen dem Demos und der Demokratie in der Markthalle des Zeus malen. Das war der Uebergang aus der Unbefangenheit klassischer Kunst in die Phrase und absichtliche Rhetorik. Man begann das, was sich früher von selbst verstanden hatte, jetzt, nachdem es aufgehört hatte, einen geschichtlichen Werth zu haben, als etwas Besonderes prahlend hervorzuheben. Daneben blieben aber die alten Ueberlieferungen nicht verabsäumt; im Erechtheion wurden Lykurgos und seine Söhne als ein priesterliches Geschlecht in Holzbildern aufgestellt (LXII 62); hier sah man in dem Gemälde des Ismenios Habron, den Sohn Lykurgs, seinem Bruder Lykophron das priesterliche Amtszeichen des Dreizacks überreichen.

Im Grossen und Ganzen konnte man, wenn man die städtischen Denkmäler musterte, das Persönliche immer anspruchsvoller vortreten sehen. Damit hängt der rasche Aufschwung des Asklepiosdienstes und die Fülle der darauf bezüglichen Werke zusammen. Persönliche Eitelkeit gefiel sich auch darin von allen Ehrenbezeugungen, die immer reichlicher gespendet wurden, Abschriften, in Stein ausgeführt, öffentlich aufstellen zu lassen und durch bildliche Ausstattung die Aufmerksamkeit der Vorübergehenden noch mehr auf diese kleinlichen Denkmäler zu lenken.

So trat die Kunst mehr und mehr in den Dienst persönlicher Interessen, und es ist charakteristisch für die Plastik des vierten Jahrhunderts, dass sie im Gegensatze zu den Idealschöpfungen perikleischer Zeit ihre Meisterschaft in voller Wiedergabe der Individualität suchte, wie Silanion, der Bildner Platons (LXIII 87), und Demetrios, welcher eine Priesterin, die 64 Jahre der Polias gedient hatte, neben dem Heiligthum aufstellte (LXII 65). Das Staatsinteresse trat auch in der Beziehung

---

* Zu schlechte Arbeiten wurden als ἀνάξια τοῦ ἱεροῦ draussen untergebracht. Vgl. τύποι καταμακτοὶ πρὸς πτυκίῳ Bulletin II, 420 f. Reisch, S. 20.

** δοκλὶς und δῆμος ohne Artikel. Es liegt in diesem Sprachgebrauch schon etwas Personificirendes: Classen zu Thuk. VIII, 66, 3.

zurück, dass unter den Zeitgenossen nun auch litterarische Persönlichkeiten Standbilder erhielten und wegen des Ruhms, den sie der Vaterstadt brachten, als Wohlthäter derselben öffentlich geehrt wurden, wie Isokrates auf der Burg und im Olympieion (LXI 33).

Seit dem Bundesgenossenkriege war auch von Staatswegen nichts geschehen, um die Kunst für öffentliche Zwecke in Anspruch zu nehmen: unter Eubulos' Leitung, welcher während der Friedenszeit am längsten von maßgebendem Einfluss war, hat das Band des Gemeingefühls sich nur gelockert und der Trieb nach persönlichem Lebensgenuss in der Bürgerschaft überhand genommen. Von Demosthenes geleitet, erhob sie sich noch einmal zu dem vollen Patriotismus alter Zeit, und wenn die äusseren Erfolge ausblieben, so war die heldenmüthige Ermannung für die Stadt selbst eine Thatsache von segenreichster Wirkung. Der Sinn für das Oeffentliche war wieder lebendig, und während seit Ausbruch des grossen Kriegs Alles, was in Athen an Denkmälern zu Stande kam, nur gelegentlich geworden ist und des inneren Zusammenhangs entbehrte, wurde jetzt zum ersten Male wieder an die Zeit des Perikles angeknüpft und in seinem Sinn die Ausstattung Athens in Angriff genommen. Das war die Zeit des Lykurgos.

Wenn es Demosthenes vermocht hat, die Bürgerschaft sittlich so zu heben, dass sie der Patriotenpartei, die sich um ihn gesammelt hatte, durch alle Misserfolge unbeirrt, treu blieb, so war es das hohe Verdienst seines nächsten Gesinnungsgenossen, des Lykurgos, dass er durch seine Persönlichkeit den Aufschwung der Gemeinde zu erhalten und mit rastloser Energie zum Besten der Stadt zu verwerthen wusste. Sein Wirken war ein Wiederaufleben der besten Zeit, die enge Verbindung sachkundiger und gewissenhafter Verwaltungskunst mit dem idealen Bestreben, alle geistigen Güter der Vaterstadt wieder voll zu Ehren zu bringen. Zu dem Zweck wusste er die Jahreseinkünfte der Stadt, die sich durch Gewerbfleiss und Seehandel auch in den dunkelsten Zeiten einen ansehnlichen Wohlstand bewahrt hatte, auf 1200 Talente zu heben und benutzte die Gunst der Verhältnisse, die jeden Augenblick umschlagen konnten, um Alles, was zur Sicherheit und Würde der Stadt nöthig war, kräftig ins Werk zu setzen.

Die Wehrhaftigkeit musste die erste Sorge sein.

Häfen und Schiffe waren auch unter Eubulos nicht verabsäumt. Der Geist der themistokleischen Zeit, der bei dem neuen Seebunde 378 wieder wach geworden, war nicht erloschen. Während das Bürgerheer verfiel, stieg die Zahl der Trieren ununterbrochen und verlangte auch neue

Gebäude.* Gleich nach dem Fall von Olynthos wurden Steuern ausgeschrieben, um Schiffshäuser anzulegen und die hölzernen Magazine, wo das hängende Geräth der zeitweilig ausser Dienst gestellten Kriegsschiffe aufbewahrt wurde, durch ein Arsenal von Stein zu ersetzen. Man besass in Philon einen bewährten Architekten, in welchem der grosse Sinn des perikleischen Zeitalters fortlebte. 347 wurden die ersten Raten für seinen Bau eingezahlt; dann stockte er, weil der Krieg alle Mittel für das Heer in Anspruch nahm. Es war also eine der ersten Maßregeln Lykurgs, das Unterbrochene wieder aufzunehmen, und um 330 stand nordöstlich bei dem Hafen Zea die Skeuothek Philons fertig (CLX 84), deren Bauprogramm so vollständig erhalten ist, dass man den Bau darnach ganz wieder herstellen könnte. Es war ein dreischiffiges Langhaus mit zwei Reihen von je 35 über 30 Fuss hohen Säulen, mit einem breiten Gange in der Mitte, damit die Bürger bequem hindurch wandeln konnten, um von dem wohlgeordneten Kriegsmaterial Kenntniss zu nehmen. Für Ventilation des inneren Raums war durch Wandöffnungen gesorgt. Gleichzeitig wurde die Zahl der Schiffshäuser wieder auf 373 gebracht; 116 umgaben die Zeabucht, einzeln oder je zwei unter einem Dache vereinigt, nach der Landseite durch eine starke Mauer wie ein festes Lager geschützt.

Auch die Stadtmauer, welche, zweimal in Eile aufgebaut, unaufhörlich Ausbesserung bedurfte, war nicht ganz ausser Acht gelassen, aber man hatte es mit Anstreichen der Zinnen und allerlei kleinen Nachhülfen bewenden lassen, die so unwesentlich waren, dass bei jeder ernstlichen Gefahr Alles in rathloser Bestürzung war. Deshalb hatte schon Demosthenes nach der Schlacht von Chaironeia eine gründliche Wiederherstellung zum Volksbeschluss erhoben; die Arbeit war nach Sectionen den zehn Stämmen übergeben, um den reicheren Bürgern Gelegenheit zu geben, im patriotischen Wetteifer mehr als das Geforderte zu leisten. Demosthenes selbst hatte ansehnlich zugeschossen, um dem Peiraieus von der Landseite durch Festungsgräben grössere Sicherheit zu geben. Auch dies Werk nahm Lykurgos auf und liess in den Jahren, da sein Sohn Habron im Einverständniss mit ihm die Finanzverwaltung leitete, um 307/6, eine vollständige Erneuerung der Stadt-, Schenkel- und Hafenmauern nach einem genau vorgeschriebenen Programm zur Ausführung zu bringen (LXXVIII 89). Es war kein Bau nach themistokleischem Maßstab; man erstrebte nur, was unentbehrlich war, um den Bürgern innerhalb ihres Mauerrings wieder ein Gefühl von Selbständigkeit zu geben. Man begnügte sich mit einer soliden Fundamentirung. Der Oberbau wurde in Lehm ausgeführt, dem

* Mittheilungen des athen. Inst. VI, 28.

Mauerbauten.

man durch Beimischung von Stroh eine grössere Zähigkeit gab. Gebrannte Ziegel dienten zur Ueberdeckung.

In grösserem Stil unternommen und durchgeführt wurden die Friedenswerke, die ein frohes Selbstgefühl wieder beleben sollten. Wie in perikleischer Zeit, wurden von Rath und Bürgerschaft Baucommissionen erwählt, in denen Lykurgos die leitende Persönlichkeit war.* Die städtischen Feste sollten zeigen, dass das alte Athen noch lebendig sei, aber nicht um in Opferschmäusen die öffentlichen Mittel zu verthun, wie es unter Eubulos geschehen, sondern in dauernden Werken sollte bezeugt werden, wie ernst man die Aufgabe nahm, den alten Ruhm der Stadt in der Pflege nationaler Kunst zu erhalten.

Das Theater war von Anfang an etwas so echt Attisches, wie nichts Anderes in Athen. In Athen ist es etwas Hellenisches geworden und nach allen Seiten vorbildlich, wo man griechisches Leben ausgebildet hat; vorbildlich in seiner inneren Einrichtung, wie z. B. in der Anordnung der Sitzreihen, unter denen die Vorderreihen den Würdenträgern der Gemeinde vorbehalten blieben; den centralen Sitz hatte der Priester des Dionysos als Ehrenpräsident des Festspiels, der seines Platzes wegen schon von Aristophanes scherzweise in das Spiel hereingezogen werden konnte.** Vorbildlich war das Theater Athens auch in seiner Umgebung, denn an den verschiedensten Orten finden wir wie in Athen neben dem grossen, offenen Gebäude das kleinere und geschlossene des Odeion.***

Das Dionysostheater war als ein vorzüglicher Ehrenschmuck von Stadt und Land auch immer am meisten ein Gegenstand öffentlicher Aufmerksamkeit geblieben. Darum wurde schon 343/42 nach einer wohlgelungenen Dionysosfeier der Rath belobt, dass er für die würdige Ausstattung des Theaters wirksam gesorgt habe, und einer der Rathsherren, Kephisophon, des Kephalion Sohn, hatte sich dabei ein besonderes Verdienst erworben (XCIII). Aber auch hier galt es, was gelegentlich in patriotischem Eifer zu Ehren der Stadt geleistet war, in grösserem Maßstabe durchzuführen.

Die beiden Dionysosheiligthümer sind in ihrer bescheidenen Anlage unverändert geblieben. Das jüngere hatte durch das Goldelfenbeinbild des Alkamenes im Innern eine durchgreifende Umgestaltung erfahren, und an dem Baumaterial, das hier verwendet ist, glaubt man zu erkennen, dass auch im vierten Jahrhundert an dem Tempel gearbeitet worden sei.†

---

* Vgl. οἱ ἐπὶ τὸ στάδιον ἡρμμένοι Böckh, Seeurkunden S. 72.
** Frösche 297.
*** Statius Silv. III 5, 91: geminae moles nudi tectique theatri. Ueber die vorbildliche Bedeutung des attischen Theaters Nissen, Pompejanische Studien, S. 251.
† Jahrbuch des Arch. Instit. V, 276.

Die Hauptsache aber war der grosse Volksraum des Theaters. Hier begann unter Lykurgos ein umfassender Umbau, von dem sich noch nicht nachweisen lässt, was wieder hergestellt oder erweitert und was durchaus neu war. So sehr erscheint der ganze Theaterbau, wie er uns in den Trümmern vor Augen steht, als einheitliche Gesammtanlage, mit den concentrisch über der Orchestra ansteigenden Sitzstufen, den mächtigen Abschlussmauern des Zuschauerraums und dem Bühnengebäude. Von den breiten Gängen, welche die am Burgfuss ansteigenden Sitzstufen unterbrechen, ist der obere noch deutlich zu verfolgen; auch der Verbindungsweg, der im Osten vom Odeion heranstieg und nach Westen zum Asklepieion hinabführte. Künstlerische Ausstattung gab dem ganzen Bau eine neue Weihe, so namentlich die von Lykurgos beantragte Aufstellung von Standbildern der grossen Dramatiker, welche die Festgenossen wie die Dichter mahnen sollten, der grossen Vorzeit würdig zu sein (LVI 55). Auch lebenden Dichtern, wie dem Nachkommen des Aischylos, Astydamas, wurden nach Aufführung ihrer Stücke Ehrenstatuen gesetzt.* Nach Vollendung des Neubaues ist das Theater wahrscheinlich immer mehr auch als Volksversammlungsraum benutzt worden.

Was in diesen Räumen seit den Tagen des Themistokles sich so reich entwickelt hatte, das erschien Lykurg als das, was Athen vor allen anderen Städten auszeichnete. Sein Blick war schon wesentlich der Vergangenheit zugewendet, welche etwas unvergleichlich Grosses gereift hatte, an dessen Vergegenwärtigung die lebende Generation sich stärken und erheben müsse.

Dafür zeugt die Sorgfalt, welche den Urkunden der dichterischen Wettkämpfe zugewendet wurde, und zwar in doppelter Weise. Unten beim Theater wurden der Reihe nach die Aufführungen an den Dionysosfesten mit den Namen der Tragödien- und Komödiendichter bis in die Tage des Aischylos hinauf amtlich aufgeschrieben und aufgestellt, so dass man die ganze Geschichte der dramatischen Kunst in Athen auf Marmorpfeilern vor Augen hatte. Ausserdem aber wurden oben auf der Burg Verzeichnisse derer aufgestellt, welche aus den dionysischen Wettkämpfen als Sieger hervorgegangen waren, nach den Archontenlisten geordnet; Annalen des geistigen Lebens, einer ununterbrochenen, dichterischen Produktion, wie sie nur in Athen geschrieben werden konnten und darum des auserwählten Ehrenplatzes würdig waren. Wir dürfen voraussetzen, dass auch diese Denkmäler der Anregung entstammen, welche Lykurgos gegeben hat.**

---
* CIA. II, 3 Nr. 1363.
** Siegerverzeichnisse auf hymettischem Marmor bis ins fünfte Jahrhundert hinaufgehend, in denen neben den Dichtern auch die Protagonisten genannt werden:

Ein anderes Bauwerk, das unmittelbar mit den Panathenäen zusammenhängt, war das Stadium (LXXXIX 95). Wenn auch die Thalmulde am Ilisos schon früher bei den Bürgerfesten benutzt worden sein mag, der eigentliche Rennplatz war der Hippodrom geblieben, den die see- und rossliebenden Ionier am Phaleron eingerichtet hatten (S. 43). Als Bauanlage war das Stadium jedenfalls ein neues Werk, das seitdem ein hervorragender Schmuck der Stadt gewesen ist, und der patriotische Wetteifer, den Lykurgos wieder zu entzünden gewusst hatte, bezeugte sich darin, dass der Bürger Deinias (XC 3) seinen Grundbesitz hergab, damit die grosse Anlage mit der Flussbrücke, über welche man den Einzug hielt, würdig hergestellt werden könne. Der Bau der Rennbahn hing damit zusammen, dass Lykurg die Liebe zu körperlichen Uebungen in der verweichlichten Jugend wieder anzufrischen strebte; darum suchte er ihr auch das Gymnasium am Lykeion durch neue Anlagen lieb zu machen (LXXXVI 47).

Eine Wirksamkeit dieser Art, die das Beste im Charakter der Athener wieder wach rufen wollte, war ohne lebendige Theilnahme der Bürgerschaft undenkbar; es waren also keine phrasenhaften Ehrendekrete, wie sie der Zeit des Eubulos geläufig waren, sondern echte Zeugnisse einer besseren Zeit, wenn den opferfreudigen Patrioten, wie Deinias (XC 2), dem Platäer Eudemos, der tausend Stück Zugvieh geliefert hatte, um den Bau von Stadium und Theater bis zum Panathenäenfeste fertig stellen zu helfen (XC 7), und dem Neoptolemos, der den Altar vor dem Tempel des Apollon Patroos vergoldet hatte, auf Lykurgs Antrag die dankbare Anerkennung öffentlich bezeugt wurde (XIV 15).

So entsprang Alles, was Lykurgos für die Schönheit von Athen gethan hat, nicht aus persönlichen Liebhabereien oder Gefallen an Pracht, sondern es beruhte auf dem lebendigem Gefühle, dass der sittliche Charakter einer Bürgergemeinde in dem Aeussern der Stadt zum Ausdruck kommen sollte, denn man erkenne den Geist derselben in der Art, wie sie ihre öffentlichen Plätze ausstatte. So sehe man in andern Städten den Markt von Athletenbildern umgeben, in Athen aber von den Gestalten hervorragender Bürger, wie sie anderswo nicht zu finden seien, von grossen Feldherren und Helden der Freiheit.*

Auch in der gastfreundlichen Gesinnung, der die Stadt zum guten Theil ihren Aufschwung zu verdanken hat, trat er in die Fußstapfen von Themistokles und Perikles. Namentlich wurde dem gewerbtreibenden

---

Köhler, Mitth. des athen. Inst. III, 112. *CIA*. II, 973. Was das Odeion betrifft, so ist die Erwähnung dieses Baues unter den lykurgischen Werken zweifelhaft (LXXXVII 90).

* Lycurg. c. Leocr. 51.

Metökenstande, den die Oligarchen wie das Gift der Stadt verfolgt hatten, wieder die alte Gunst zugewendet.

Der Peiraieus wurde immer mehr von überseeischen Handelsleuten aufgesucht. Man hatte eine Abneigung gegen ihre fremdländischen Gottesdienste und fürchtete wohl auch eine Beeinträchtigung des einheimischen Geschäfts. Als daher dort ansässige Kaufleute aus Kition in Cypern beim Rath das Gesuch einbrachten, dass ihnen der Erwerb eines eigenen Grundstücks für ein Heiligthum ihrer Aphrodite gestattet werde (CVI 70), machte man Schwierigkeiten. Lykurgos aber trat für die Bewilligung ein, indem er sich auf einen älteren Vorgang berief, da ein ähnliches Gesuch in Betreff einer ägyptischen Niederlassung von der Bürgerschaft gewährt worden sei. Hierbei war sein Grossvater thätig gewesen: der Zug liberaler Gastfreundschaft war also eine Familientradition. *

Wie mannigfach auch das grossartige Wirken Lykurgs erscheint, es war doch Alles in sich zusammenhängend und harmonisch. So fassten es auch seine Mitbürger auf, welche ihm dauernder als einem anderen ihrer Staatsmänner ein treues Zutrauen schenkten und dasselbe auf seine Nachkommen ausdehnten, indem sie gegen die Ordnung der Demokratie gestatteten, dass er in der Person seines Sohnes und Amtsnachfolgers Habron die eigenen Vollmachten über das gesetzliche Maß ausdehnte. Auch das zeugt von einem tiefen Verständniss seiner Persönlichkeit, dass seine gesammte öffentliche Thätigkeit als ein einheitliches Ganze von seinen Mitbürgern angesehen wurde, indem man beschloss, alle auf seinen Antrag gefassten Volksbeschlüsse wie eine in sich zusammenhängende Gesetzgebung in Marmortafeln einzugraben und neben den von ihm gestifteten Weihgeschenken auf der Akropolis aufzustellen (LXII 54). **

Es war eine kurze Zeit innerer Sammlung, frei von Parteikampf im Innern und von aussen ungestört, eine Rückkehr zum väterlichen Herkommen, eine Schule der Zucht und Ordnung auch durch die gewissenhafte Pflege der bürgerlichen Feste, in denen das Gemeingefühl neu belebt wurde. So ist es Lykurg gelungen, die grosse Aufgabe, für welche Demosthenes als Märtyrer gefallen, die sittliche Erhebung der Gemeinde, in friedlicher Verwaltung eine Zeitlang glücklich durchzuführen.

Er ist der Vermittler zweier grossen Epochen. Er hat die Geschichte des alten Athens abgeschlossen, indem er die Kräfte der Republik noch einmal sammelte und sie in perikleischem Geiste leitete, zugleich aber auch klar erkannte, was unter allen Wechselfällen der Staatenverhältnisse die bleibenden Güter seiner Vaterstadt waren.

---

* Köhler, Hermes V, 352. Der Präcedenzfall betraf den Isisdienst.
** Dekrete des Stratokles behandelt von Carl Curtius im Philologus XXIV 83f.

VI.
Die hellenistische Zeit.

Wenn man von Seiten Macedoniens Athen ruhig gewähren liess, wie es, von der antimacedonischen Partei geleitet, unter Lykurgs Verwaltung sich neu ordnete und neue Festigkeit gewann, so lag der Grund darin, dass Alexander, der Politik seines Vaters treu, Alles vermied, was zu einem Bruche mit Athen führen und zu gewaltsamen Maßregeln nöthigen konnte.

Als erwählter Feldherr der Hellenen unternahm der König den Perserkrieg, um für die Stadt, welche am schwersten von den Achämeniden zu leiden gehabt hatte, an ihnen Rache zu nehmen. Was Athen inzwischen an Wohlstand gewann, konnte ihn nicht beunruhigen, weil die Bürger sich dadurch gewöhnen mussten, in friedlicher Zurückgezogenheit von den Welthändeln ihr Glück zu erkennen. Nach dem über Theben ergangenen Strafgericht war eine besonnene Stimmung die vorherrschende, und um dieselbe Zeit, da Alexander nach Asien aufbrach, entwickelte sich ein neuer Zusammenhang zwischen Athen und Macedonien.

Wie Platon am Ilisos ein geistiges Leben entzündet hatte, das aus unscheinbaren Anfängen eine weitreichende Macht wurde, wodurch das, was Athen eine besondere Ehre und Anziehungskraft verlieh, in die Sphäre wissenschaftlicher Forschung verlegt wurde, so gründete nach Platons Vorgang der Lehrer Alexanders am Ilisos eine eigene Schule, indem er mit seinen näheren Genossen in den Laubgängen des Lykeion wandelnd philosophische Unterredungen hielt, während er dem grösseren, rasch anwachsenden Zuhörerkreise in den Abendstunden Vorträge hielt. Dadurch erhielt Athen eine neue Bedeutung für die Welt der Gebildeten, und man konnte erwarten, dass eine besonnene Beurtheilung der Zeitverhältnisse, ein Verständniss für die wahren Interessen der Stadt sich allmählich befestigen werde.

Zu dem Gefühle aufrichtiger Pietät für Athen, das im Hoflager des Königs herrschte, kamen die Erwägungen einer weisen Politik.

Athen war noch immer der einzige Staat, der durch seine Flotte den Macedoniern Verlegenheit bereiten konnte. So wenig also auch in allen wesentlichen Punkten auf die Bundesverträge Rücksicht genommen wurde, vermied man doch sorgfältig jede Einmischung in die inneren Verhältnisse, übersah die Zeichen widerstrebender Gesinnung und suchte durch ehrerbietige Huldigung der Eitelkeit der Bürgerschaft zu schmeicheln. Darum schickte Alexander von seinem ersten Siege auf asiatischen Boden 300 Rüstungen vornehmer Perser nach Athen, welche, wie einst der Panzer des Makistios und das Schwert des Mardonios, der Stadtgöttin übergeben wurden, und zwar als ein nationales Weihgeschenk „Alexanders und der Hellenen ausser den Lakedämoniern von den Barbaren, welche Asien bewohnen." Diese Aufschrift zeigt, dass die Rüstungen als ein besonderes Tropaion auf der Burg aufgestellt worden sind, wobei die Athener, als wenn sie am Siege persönlichen Atheil gehabt hätten, im Andenken an ihre eigene Heldenzeit, als die ersten der Hellenen geehrt wurden.* Die Gottheiten von Athen wurden als die Sieg verleihenden und Gefahr abwendenden angesehen. So hat nach der Genesung des Königs von einer schweren Krankheit seine Mutter der Hygieia auf der Akropolis eine Goldschale geweiht (XXXV 14), und was in den Hauptstädten des Orients an namhaften Beutestücken aus Athen zerstreut war, wurde zurückgeschickt. So wird auch die Rückgabe der Erzstatuen der Tyrannenmörder mit grosser Bestimmtheit auf König Alexander zurückgeführt (LV 76).**

Andererseits liess man es auch in Athen an Huldigungen nicht fehlen, die von den macedonisch gesinnten Volksführern beantragt wurden, und nicht nur Alexandros selbst und Philippos erhielten Standbilder (LVI 59), sondern es wurde auch durchgesetzt, dass dem Ballschläger Aristonikos von Karystos, einem Genossen des Königs, auf der Akropolis eine Statue errichtet wurde (LVII 19).

Das war schon ein Zeichen der Erniedrigung, welche auf Antrieb von Demades und seinen Genossen eintrat, als das ideale Verhältniss zwischen Athen und dem Schüler des Aristoteles sich unhaltbar erwiesen hatte, als Alexander selbst, aus dem Morgenlande heimkehrend, ein Anderer geworden war und den Unterschied asiatischer und europäischer Cultur nicht

---

* Arrian I, 16. Es ist also nicht daran zu denken, dass die Athener diese Rüstungen getheilt und eine Anzahl der Schilde am Epistyl des Parthenon angebracht haben sollten, wie man vermuthungsweise angenommen hat. Michaelis, Parthenon, S. 43.

** Alexander im Verhältniss zu Athen: ἴσχε ϑεραπευτικῶς, Aristides, Panathen. 184.

mehr anerkennen wollte. Ausser Ehrenstandbildern muss damals auch in Athen eine Opferstätte für den neuen Olympier von Staatswegen eingerichtet worden sein, und da man die Zahl der Zwölf nicht verändert haben wird, so ist es am wahrscheinlichsten, dass man Namen und Cultus von einem derselben auf ihn übertragen hat; da lag es aber am nächsten, den Besieger des Morgenlandes, der sich selbst in maßlosen Festlichkeiten zu Ehren des Gottes in Ekbatana und anderen Orten gefiel, als einen neuen Dionysos in Athen einzuführen. Von Diogenes wird berichtet, dass er die Athener verhöhnt habe, weil sie Alexandros zum Dionysos gemacht hätten, und so dürfen wir annehmen, dass damals in Limnai ein solcher Alexandercultus eingerichtet worden sei, der bald wieder aufgehoben und vergessen worden ist.*

Das Verhältniss Athens zu Macedonien, das sich schon bei Alexanders Lebzeiten wesentlich verändert hatte, konnte nur so lange Bestand haben, als der unbesiegbare König durch den Schrecken seines Namens jeden Erhebungsgedanken lähmte. So wie er todt war, drang die Ansicht der demosthenischen Partei wieder durch, dass die macedonische Macht, an einzelne Persönlichkeiten geknüpft, in sich hinfällig sei.

Alexander selbst hatte das Seinige gethan, den Stolz und die Grossmachtsidee bei den Athenern zu nähren. Es hatten aber auch asiatische Küstenstädte, wie Kolophon, welche sich in dem grossen Alexanderreiche führerlos fühlten, der alten Gemeinschaft eingedenk, Waffenbeute nach Athen geschickt und waren dafür an den Panathenäen als treue Bundesgenossen belobt worden. So lebendig war noch das Gefühl des alten Reichszusammenhanges, und die Athener bestätigten den Kolophoniern ihre Privilegien, als wenn das Reich noch bestände.**

Die Flotte war vorhanden, den Seebund zu erneuern. Wie ist es also zu verwundern, dass man die Zeit gekommen glaubte, mit den unter Lykurg im Stillen gesammelten Hülfsmitteln jetzt offen in die Schranken zu treten. Die alten Zeiten lebten wieder auf; Athen stand wieder in einem nationalen Kriege an der Spitze der Hellenen, wie einst gegen Xerxes und gegen König Philipp,*** und am Ende des Jahres 323 konnte

---

* Den Alexandercultus in Athen bezeugt Hypereides, Leichenrede 8. Schäfer, Demosthenes III², 319. Diogenes Laert. VI, 63: ψεφισαμένων Ἀθηναίων Ἀλέξανδρον Διόνυσον, κἀμέ, ἔφη, Σάραπιν ποιήσατε. Sollte darauf nicht des Kratinos Διονυσαλέξανδρος sich beziehen, den freilich Meineke, Fragm. Com. 2, 37 und Bergk, Griech. Litt. IV, S. 56 dem älteren Kratinos zuschreiben? Vergl. Welcker, Götterlehre II, 625.

** CIA. II, 164.

*** Der lamische Krieg ein ἑλληνικὸς πόλεμος. So richtig bei Plutarch Phokion 23. Vergl. meinen Aufsatz über die „hellenischen Kriege" im Rhein. Museum 24, 308.

sich die Bürgerschaft wieder im äusseren Kerameikos versammeln, um die Leichenrede zu hören, welche Hypereides für Leosthenes und seine Waffengenossen hielt, damals noch hoffnungsreich; wenig Monate später aber war die Stadt zu Wasser wie zu Lande besiegt, und nun trat der vollständigste Umschlag aller Verhältnisse ein. Jedem täuschenden Scheine wurde ein Ende gemacht; an Stelle der redensartlichen Bundesformen trat unverhüllt die Unterthänigkeit eroberter Provinzen. Die Führer der nationalen Partei, die bis dahin ruhig am Ruder gesessen, waren jetzt Hochverräther, und am Feste der Iakchosprozession, dem Erinnerungstage von Salamis, zogen macedonische Soldaten auf die Burg Munichia.

Diese Höhe, von Natur der allerwichtigste Punkt für die Stadtgeschichte von Athen, der für seine Macht und Ohnmacht entscheidende Platz, der Felsberg, von dem Epimenides, als er sich das Land anschaute, das berühmte Wort gesagt haben soll, die Athener würden ihn, wenn sie in die Zukunft blicken könnten, mit den Zähnen aus dem Boden reissen (CXV 45) — diese Munichia erhielt jetzt eine neue Bedeutung.

Als festester Punkt der Landschaft war sie schon von Hippias erkannt, der sich hier verschanzte, als ihm die Oberstadt unsicher wurde;[*] dann von Themistokles, durch den sie das Centrum der städtischen Befestigung werden sollte; jetzt wurde sie durch die Macedonier, welche unter den Athenern die kundigsten Berather zur Hand hatten, zur Zwingburg von Attika. Sie beherrschte Stadt und Häfen; allen Gedanken an Seeherrschaft sollte ein Ende gemacht werden.

Gleichzeitig wurde die Verfassung umgestaltet und ein Bürgercensus eingeführt. Wer den Vermögensatz von 2000 Drachmen nicht erreichte, gehörte zum Haufen derer, die als ein unruhiges Proletariat ausgewiesen wurden, so dass nur 9000 Bürger blieben.

Der Peiraieus wurde als Stadt ganz aufgelöst und gerieth in Verfall, so dass der Markt- und Strassenverkehr gestört wurde, ebenso die Festzüge zu den Tempeln. Es war ein Zustand des öffentlichen Aergernisses. So ist zu erklären, dass auf Demades' Antrag von der Bürgerschaft beschlossen wurde, nach Aufhebung der Astynomie sollten die Agoranomen für Markt und Strassen Sorge tragen. Das war unter dem Archontate des Xenichmos, vier Jahre nach der Schlacht bei Krannon (CXVII 93).

Sichere Zustände wurden auch jetzt nicht begründet. Bei jedem Thronwechsel erfolgten neue Bewegungen, und so tief Athen gedemüthigt war, hörte es doch nicht auf, eine Rolle in der Zeitgeschichte zu spielen. Denn es war einmal die Anschauung, welche von Alexander auf die Macedonier

---

[*] Aristoteles Ἀθηναίων πολιτεία edited by Kenyon 1891, p 49.

überging, dass man Athen nicht als eine gewöhnliche Stadt, wie jede andere, behandeln könne, und die ihr eigenthümliche Macht lag darin, dass auch unter ihren offenen Feinden alle, welche auf höhere Bildung Anspruch machten, gewissermaßen selbst Athener waren. Es war das Programm athenischer Staatsmänner, nach welchem man die Häfen in Zucht hielt und den Census einführte, und man konnte sich dabei nicht bloß auf gekaufte Volksredner stützen, sondern auf Männer wie Phokion, welche von der Bürgerschaft mit den höchsten Vertrauensämtern geehrt worden waren und die sich nicht scheuten mit vollem Freimuth auszusprechen, dass es blinde Thorheit sei, mit den Milizen einer unkriegerischen Stadt der grossen Militärmonarchie im Feld entgegentreten und ihrer Uebermacht sich entziehen zu wollen.

So war es möglich, dass man Athen nothgedrungen bekriegen und mit Heeresmacht überwältigen und dabei doch im Einverständniss mit athenischen Patrioten und im wohlverstandenem Interesse der Stadt zu handeln glauben konnte.

So wenig wie Antipater, der Freund des Aristoteles, konnte Kasandros seiner tyrannischen Gemüthsart ungeachtet als ein Feind der Athener auftreten. Alexanders Verhältniss zu Athen blieb für die Macedonier maßgebend; auch Kasandros konnte sich der Tradition nicht entziehen.* Als er daher von seinem sterbenden Vater zum Chiliarchen ernannt worden war, beeilte er sich, Nikanor als Kommandanten nach Munichia zu schicken, um bei der streitigen Thronfolge vor Allem in Athen festen Fuss zu fassen. Nikanor war mit den Führern der Friedenspartei in Athen vertraut und zeigte sofort eine philhellenische Politik. Man sollte erkennen, dass er nicht bloß eine Zwingburg in Händen haben, sondern der Stadt so rasch wie möglich den Genuss voller Ruhe wiedergeben wolle. Im Einverständniss mit Phokion machte er zur Feier der bevorstehenden Dionysien ein Geldgeschenk und erhielt selbst dabei, wie überliefert wird, in ausserordentlicher Weise das Amt eines Festordners oder Agonotheten.** So geschah es, dass das Fest mit besonderem Glanze gefeiert wurde, und, wie drei Jahre nach der Schlacht von Chaironeia das Denkmal des Lysikrates entstanden ist, so erhoben sich im dritten Jahre nach der Niederlage von Krannon zwei glänzende Denkmäler agonistischer Siege, das des Thrasyllos mit dem Sitzbilde des Dionysos

---

* Strabon 398: πρὸς μὲν τὰ ἄλλα δοκεῖ τυραννικώτερος γενέσθαι, πρὸς Ἀθηναίους δὲ εὐγνωμόνησε λαβὼν ὑπήκοον τὴν πόλιν.

** Plut. Phokion 31: φιλοτιμίας τινὰς ἔπεισε καὶ δαπάνας ὑποστῆναι γενόμενον ἀγωνοθέτην.

vor der Felsgrotte oberhalb des Theaters, und das des Nikias, des Sohnes des Nikodemos, ein Marmortempel mit sechssäuliger Fronte am Aufgange der Burg unterhalb des Athena-Niketempels, ein Gebäude, an dem man nur die ganz mit Farbe überzogenen Bauglieder, wie namentlich die Triglyphen, aus Porosstein gearbeitet hat.* Thrasyllos wie Nikias hatten beide an demselben Tage gesiegt, der erstere mit einem Männer-, der andere mit einem Knabenchore. Man sieht, dass von Seiten der Friedenspartei Alles geschehen ist, um wohlhabende Bürger zur Betheiligung an der Feier anzuregen.

Das Jahr 319 unter dem Archonten Neaichmos war also ein denkwürdiges Jahr in der Stadtgeschichte. Damals beantragte Demades die Neuordnung der Hafenstadt, um im Anschluss an lykurgische Verwaltung für die Prozessionsstrassen Sorge zu tragen, und gleichzeitig entstanden die beiden Prachtbauten, um auch in den schwersten Zeiten die unerschöpfliche Triebkraft des Bodens von Athen zu bezeugen.

Wenn Nikanor so eifrig war, sich nicht als Zuchtmeister, sondern als Wohlthäter zu erweisen, so hatte das seinen Grund darin, dass er so rasch wie möglich eine für Kasandros günstige Stimmung erwecken wollte. Dennoch gelang es ihm nicht, den mit dem Thronwechsel eintretenden Stürmen vorzubeugen. Kasandros' Gegner Polysperchon schloss sich der demokratischen Partei in Athen an; er zog die von Antipatros ausgewiesenen Bürger an sich und stellte die alte Republik wieder her. Ja, das demokratische Athen erhob sich so energisch, dass dem heranrückenden Bruder Kasanders die Reiterei entgegen zog und die königlichen Truppen zurückwarf. Mit Ehrenpforten wurden die durch den Kerameikos einziehenden Geschwader gefeiert, und zum bleibenden Andenken dieses Erfolges wurde am Rande des Markts neben der Poikile ein Siegesdenkmal erbaut, ein mit erbeuteten Waffen geschmücktes Marktthor, der erste Triumphbogen, den wir aus einer Stadt des klassischen Alterthums kennen (LXXVII 90).

Diesem Aufschwunge demokratischer Erhebung machte Kasandros 317 ein Ende und stellte, der Politik seines Vaters entsprechend, die königliche Autorität wieder her; doch verfuhr er schonender und rücksichtsvoller. Es war ein Zeichen seiner Milde, dass der Triumphbogen am Markte nicht zerstört wurde, und dass die Besatzung der Munichia als eine Maßregel bezeichnet wurde, die nur vorübergehend zur Sicherung

---

* Es ist das Verdienst Dörpfelds, dies Denkmal aus dem Gemäuer des Beuléschen Thores wieder ans Licht gezogen zu haben. Mitth. des athen. Inst. X, 219. Ueber die Zeitverhältnisse Köhler, ebd. S. 231.

der Ruhe nöthig sei. Der Census wurde auf die Hälfte herabgesetzt u
eine weise Verbindung republikanischer Selbstverwaltung mit königlic
Machtvollkommenheit hergestellt. Der König enthielt sich aller unmit
baren Eingriffe und trennte die Verwaltung durchaus vom Heerbefel
er übergab einem Mannne seines Vertrauens, und zwar einem geborei
Athener, dem Phalereer Demetrios, das Amt eines ihm verantwortlicl
Gemeindevorstehers, der aber nicht kraft königlicher Vollmachten, sonde
als Inhaber städtischer Aemter, als Archon und Strateg, wozu er v
seinen Mitbürgern erwählt wurde, mit Rath und Bürgerschaft die öffe
lichen Angelegenheiten leitete.*

Es sollte der Anfang einer neuen Aera der Stadtgeschichte sein.

Die ganze Griechenwelt war in Gährung, und alles unternehmunj
lustige Volk war nach dem Morgenlande geströmt, um Ruhm und Gewi
zu suchen. Der Werbeplatz von Cap Tainaron war der belebteste (
in Hellas. Nicht weniger als 50 000 sollen vom Grosskönige und d
Satrapen angeworben worden sein; ungezählt ist die Menge derer, die de
macedonischen Heerzuge folgten. Auch die von den Asiaten Angeworben
sollten für Alexanders Politik verwerthet und als Colonisten in Persi
angesiedelt werden. Das Mutterland sollte sozusagen auf den Altenthe
gesetzt werden, und die Steinschriften zeigen uns, dass seit Alexand
auch in Athen eine Reihe alter Familien mit ihren Namen verschwinde

Dieser Entvölkerung zu steuern war eine Aufgabe, welcher sich d
nationale Partei mit grossem Eifer annahm. Leosthenes war Alexande
zuvorgekommen und hatte es durchzusetzen gewusst, dass gegen de
Willen des Allgewaltigen die Mannschaften dem Vaterlande gerettet wurde:
Es war ein glänzender Erfolg, der noch zu des Königs Lebzeiten m
attischen Schiffen erreicht wurde.**

In dieser Beziehung schloss Demetrios sich den Bestrebungen de
nationalen Partei an, dem Mutterlande seine selbständige Bedeutung z
sichern, und seit dem Zerfall des Weltreichs erschien es als die Aufgab
der Macedonier, in vollem Verständniss der Vorzeit von Hellas hier ein
neue Geschichte zu begründen; Athen sollte, nachdem Sparta sich spröd
zurückgezogen, jetzt voll und ganz, wie es immer erstrebt hatte, de
Mittelpunkt der Hellenen sein.

---

* Solche Epimeleten finden sich auch sonst in Hellas. Deinarchos ἐπιμελητὴς
Πελοποννήσου καταστὰς ὑπ' Ἀντιπάτρου bei Suidas; Schäfer, Dem. III², 40. Es wa
ähnlich, wie es die Perser machten, welche griechische Städte durch einheimische
Vögte regierten.

** τὸ Ἑλλήνων μισθοφορικὸν ἀνίασοι καὶ ἄκοντος Ἀλεξάνδρου Paus. VIII, 52, 5

Demetrios war der Vermittler der alten und neuen Zeit. Als Peripatetiker war er erfüllt von dem Berufe des Königthums: ohne Einbuße an seiner Eigenart sollte Athen unter einer die Parteien ausgleichenden Obergewalt endlich das zu Theil werden, was ihm bis jetzt immer gefehlt hatte, die ruhige Entwickelung eines wohlgeordneten Gemeinwesens. Aus den Wogen einer gährenden Zeit sollte Athen in einem sicheren Hafen geborgen werden und, ohne mit seiner Vergangenheit zu brechen, sich in einen wohlgesicherten Wohlstand einleben.

Für diese Friedenspolitik blieb, wie es nicht anders sein konnte, die lykurgische Verwaltung maßgebend; denn nichts konnte in einer so zerfahrenen Zeit die Gemüther mehr beruhigen, als die treue Pflege der einheimischen Gottesdienste, deren stetige Ueberlieferung die Generationen der verschiedenartigsten Zeitalter mit einander verband. Unter Aufsicht des Archon-Königs waren es nach wie vor die Töchter derselben Familien, welche es als ihr Recht ansahen, als Arrhephoren und Ergastinen den Dienst der Burggöttin wahrzunehmen. Die Normen des alt-volksthümlichen, mit den Anfängen der Stadt verbundenen Dienstes der Aphrodite Pandemos (S. 43) wurden in Bezug auf Opfer und Reinigungen neu eingeschärft.* Wie zähe sich alte Familientraditionen an den Cultus anschlossen, zeigt am deutlichsten das Institut der Dionysiasten im Peiraieus, wo wir das Priesterthum an ein altes, von Marathon stammendes Geschlecht gebunden und das Heiligthum dem Wohnhause desselben angeschlossen sehen (CVIII 65).

Auch in der Sorge für die Feste schloss Demetrios sich an Lykurg an, um den Glanz der Stadt nicht sinken zu lassen und das lebendige Gefühl bürgerlicher Gemeinsamkeit zu heben. Wie viel er namentlich für die Dionysien gethan hat, geht daraus hervor, dass er in den Festchören neben Dionysos gepriesen wurde.** Hier bedurfte es für die Bürgerfeste neuer Einrichtungen, von denen die Denkmäler Zeugniss ablegen. Es werden jetzt in den Siegesinschriften nicht mehr die Phylen an erster Stelle genannt, sondern der Demos, an zweiter Stelle die Agonotheten und an dritter die Phyle mit dem Dichter oder Musiker. Wir finden also ein neues Amt, dem es anheimgegeben war, für den Glanz des Festes zu sorgen. Wir dürfen voraussetzen, dass diesen Agonotheten, wenn die eigenen Mittel nicht reichten, Zuschüsse von

---

* Die Inschrift XI 83, herausgegeben von Foucart, Bulletin de corr. 1889, der p. 164 auf den nachwirkenden Einfluss Lykurgs hinweist. Durch diese Urkunde sind frühere Vorstellungen, welche man von der Pandemos hatte (Mittheil. des athen. Inst. II, 175; Welcker, Griech. Götterlehre I, 672), widerlegt.

** Athenaeus 542. Mittheilungen III, 240.

Staatswegen gegeben wurden; man huldigte dabei dem demokratis‹
Geiste, indem man die Ehre der Choregie auf die Bürgerschaft übert
Es war eine Neuerung, welche wir der Zeit des Demetrios zuschre
dürfen, eine Reform, welche glänzenden Erfolg hatte, wie wir aus
Ruhme des Regenten in Betreff der Bürgerfeste schliessen, und es
greift sich, wie er seinen Feinden gegenüber behaupten konnte, er l
die demokratischen Einrichtungen nicht aufgehoben, sondern wieder
gestellt.*

Als Schüler des Peripatos wendete Demetrios der attischen Philoso›
seine besondere Pflege zu. Sie sollte das Salz der Erde sein, die rich
Anschauung von den wahren Interessen der Stadt allmählich verbre
und die Jugend im Sinne der vom Standpunkt des Königthums ‹
gehenden Politik denken lehren. Darum erhielt auf seine Veranlass
Theophrastos in der Nähe des Lykeion, wie wir voraussetzen dürfen, n
Aristoteles' Tode ein ländliches Grundstück als Eigenthum, welches
Akademie entsprechend mit einem Musenheiligtum und anmuthi
Wandelbahnen ausgestattet war, von Säulenhallen umgeben, mit Un
richtsräumen, wo auf Wandtafeln auch Länderzeichnungen angebra
waren (XCVI 75).

In diesen vorstädtischen Anlagen wachte die alte Liebe zum La
leben wieder auf; die geistig vornehme Welt lebte draussen, und wer
echter Akademiker sein wollte, war stolz darauf, den Weg zur Ag
nicht zu kennen.**

Indessen liessen sich diese neuen Strömungen doch nicht von
Stadt abgetrennt halten. Zenon ging wieder auf die sokratische W‹
zurück, mitten im bürgerlichen Treiben die weisheitsbedürftigen See
zu suchen.

Er hielt seit etwa 310 v. Chr. seine Vorträge auf den Stu
der „bunten Halle" und war doch verdriesslich, wenn ein Haufen N
gieriger ihn in dichten Reihen umstand. Als man daher um jene Z
den Marktaltar, wahrscheinlich den der zwölf Götter (S. 81), von ein
hohen Bretterzaune, der den Altarplatz einhegte, befreit hatte, weil
den Verkehr störte, war er offenherzig genug den Wunsch auszusprech

---

* Strabo 398. Ueber die Einrichtung der Choregie seit Ende des vier
Jahrhunderts Köhler, Mitth. III, 231; V, 330. Fränkel zu Böckh, Staatsh. II, 1
Der Agonothet war der Commissar von Seiten der Regierung, welche dadu
Gelegenheit fand, Männer ihrer Farbe populär zu machen. So begreift sich au
dass Nikanor selbst als Agonothet auftreten konnte (S. 223).

** Plat. Theaetet 173 c.

er möge doch auch, wie der Altar, von seiner hölzernen, das heisst verständnisslosen, Umgebung befreit werden.*

Noch populärer war Stilpon, der gleichzeitig mit Theophrast lehrte. Wenn er von Megara herüber kam, lief ihm die Menge nach. Die Handwerker liessen ihre Buden offen stehen und die Hetären drängten sich unter die Zuhörer. Es war ein wunderliches Gemisch von Dialektik, platter Neugier und Liederlichkeit, in dem die Meister der neuen Comödie reichlich Gelegenheit hatten, psychologische Studien zu machen.**

Gemeinsam war diesen verschiedenen Richtungen die Ablösung der geistigen Interessen vom heimathlichen Boden. Das Vaterländische war den Megareern vollkommen gleichgültig, und ein Phönizier war es, welcher die peisianaktische Halle zu einem philosophischen Schullokale machte; Athen wurde der Sitz einer von allen örtlichen Ueberlieferungen unabhängigen Weltbildung, welche hier von nah und fern aufgesucht wurde. Aristoteles' Lehre wurde durch Theophrast so populär, dass bis 2000 Schüler sich am Ilisos um ihn sammelten.

Ein wissenschaftliches Leben von solcher Vielseitigkeit verlangte auch ein reiches Material an Hülfsmitteln. Athen war ein Mittelpunkt des Schriftenhandels und versorgte die Griechen des Auslandes; es waren gewiss verschiedene Plätze, an denen Bücher feilgeboten wurden. Wenn als einer derselben die Orchestra genannt wird, so erscheint ein Raum bei dem tief und bequem gelegenen Chorplatze des Theaters sehr passend, um so mehr, da der Lesedurst des attischen Publikums sich mit Vorliebe auf die Tragödien des Euripides u. a. warf. Die neuen Stücke konnten nach einer begeisternden Aufführung nirgends mehr als hier auf Absatz rechnen.***

Demetrios wollte das alte Athen wieder aufrichten, und wenn er auch nach dem Geschmack des Antipater und Kassander von Hause aus eine haushälterische Natur war und jedem Prunk abgeneigt, wenn man ihn auch den Perikles meistern hörte, wegen des Aufwandes für die Propyläen, so war er doch zu sehr Athener, um sich seine Vaterstadt ohne neue Kunstschöpfungen denken zu können. Er folgte auch hier dem

---

* Diog. Laert. VII, 14. Die im Rhein. Museum 1839 S. 297 vorgeschlagene Emendation scheint mir unnöthig; auch wäre vor den Stufen der Poikile ein rundes Gerüste unpassend. Es war eine Art περισχοίνισμα.

** Diog. Laert. II, 11.

*** Die hochgelegene, enge Terrasse der Tyrannenmörder war zur Verkaufstation nicht geeignet und hatte nur eine sacrale Bedeutung. Bei dem Namen „Orchestra" dachte auch Jeder zuerst an das Theater. Diogenes ἐν τῷ θεάτρῳ βιβλίδια κολλῶν: Epistologr., p. 247 ed. Hercher. Euripideslektüre: Aristoph. Frösche 54.

Beispiel Lykurgs, welchem er ja in der Ordnung des Staatshaus[halts]
glücklich nacheiferte, und vielleicht gelingt es auch, noch Werke se[iner]
Verwaltungsperiode nachzuweisen.

Zu grossen Bauwerken, die mit denen der alten Zeit wette[ifern]
konnten, fehlte es an Muth und Mitteln. Näher lag es, die Malerei,
damals in frischer Blüthe war, für öffentliche Werke zu benutzen, und
ist unter den hervorragenden Malern jener Zeit auch der Meister [aus]
Kaunos, Protogenes, berufen worden, das Rathhaus mit Gemälden
Thesmotheten auszuschmücken (LXXXIII 1).

Dieser Auftrag muss mit der Verfassungsgeschichte im Zusamm[en]
hang stehen.

Wir wissen, dass eine der Aufgaben, welche den Thesmotheten
alten Zeit oblag, darin bestand, die Stetigkeit der Gesetzgebung zu ü[ber]
wachen. Zu demselben Zweck hat Demetrios das Amt der „Gesetzwäch[ter]
(Nomophylakes) neu eingerichtet, und es ist mir sehr wahrscheinl[ich]
dass Protogenes von dieser eingreifenden Reform des Staatswesens
bildliches Denkmal schaffen sollte, und zwar im Rathhause, da du[rch]
die Reform dem Rathe wieder neue Vollmachten gegeben worden wa[r].
Mit ihm hatten die Gesetzwächter zunächst zu verhandeln, und ihre [Ge]
stalten sollten dazu dienen, den Rathsherren bei jeder Sitzung gewiss[en]
hafte Berücksichtigung des öffentlichen Rechts einzuschärfen. Wir wer[den]
sie uns, auf Thronen sitzend, in voller Würde ihres Ehrenamts mit [den]
weissen Kopfbinden, die ihnen als besondere Amtszeichen verliehen war[en]
dargestellt denken. Zu Pausanias' Zeit war der Ursprung der Bilder v[er]
gessen; mit den reactionären Reformen jener Zeit ist dann auch d[er]
Name der Gesetzhüter verschollen und dafür der altrepublikanische Na[me]
der Thesmotheten üblich geworden, unter dem die Fremdenführer je[ne]
Wandbilder des Protogenes zeigten.*

Der Erzguss war in vollem Schwunge. Dreifüsse, die allmähli[ch]
eine schlankere Form annahmen, erhoben sich als choregische Denkmäl[er].
Von Ehrenstatuen sind uns die bekannt, welche zu Ross und zu Wag[en]
dem Stadtverweser selbst errichtet worden sind, und wenn von 360 [die]
Rede ist, welche innerhalb 300 Tagen zu Stande gekommen sein solle[n]
so lässt sich diese Ueberlieferung nur so erklären, dass es sich dabei u[m]
ein Jubiläum — etwa die Feier der zehnjährigen Amtsführung — handel[te]
an welchem eine früher verschmähte Ehrenerweisung gestattet word[en]
ist (LVII 85).

---

* Ueber die Verwechslung der Namen Thesmotheten und Nomophylakes v[gl.]
Philippi, Areopag S. 183. Suidas: οἱ νομοφύλακες.

Wo es sich um Kunstleistungen handelte, welche zur Auszeichnung einzelner Familien und Bürger bestimmt waren, wurde durch strenge Gesetzgebung sehr energisch eingegriffen: namentlich in Betreff der Bestattungen.

Solon hatte zuerst, soviel bekannt, den Grabluxus durch feste Normen eingeschränkt. Dann hatte die Anlage der Gräberstrassen um die Stadt herum wieder Anlass gegeben, dass die reichen Bürger ihre Ruhestätten mit prachtvollen Anlagen ausstatteten. Es erfolgte also, wie überliefert wird, geraume Zeit nach Solon* eine neue Gesetzgebung, welche scharf eingriff und bestimmte, dass zu keinem Grabmale mehr Arbeit in Anspruch genommen werden dürfe, als innerhalb dreier Tage von zehn Männern geleistet werden könne. Auch Anwendung von farbigem Stuck, Aufstellung von Hermen u. s. w. wurde verpönt. Seit wir Aristoteles' Buch von der athenischen Staatsverfassung in Händen haben, können wir mit Sicherheit sagen, dass dies Bestimmungen des Areopags waren, der um die Zeit der Perserkriege die Leitung der öffentlichen Dinge in die Hand nahm und bis in die Zeit des Ephialtes ein sittenpolizeiliches Regiment bei den Athenern führte. Als gegen Mitte des fünften Jahrhunderts diese Machtvollkommenheit aufhörte, entfaltete sich, wie von einem Banne gelöst, der bildnerische Trieb in einer Fülle figurenreicher Marmorsteine, welche die Wege um Athen schmückten, und von der ins vierte Jahrhundert hineinreichenden Gräberpracht zeugen die Denkmäler von Hagia Triada (S. 203).

Gegen Ende des Jahrhunderts ging Demetrios auf die alten Satzungen zurück, und zwar griff er noch eigenwilliger als seine Vorgänger in die künstlerischen Neigungen seiner Mitbürger ein, indem er den Grabschmuck auf drei bestimmte Formen gesetzlich beschränkte, die Rundsäule, den liegenden Grabstein und die Gefässform; ein besonderer Magistrat hatte die Durchführung dieser Bestimmungen zu überwachen.**

Demetrios hatte das Vertrauen, seine Vaterstadt auf die richtige Weise in das macedonische Reich eingegliedert zu haben. Nach äusserlichem Maßstabe war ein glänzender Erfolg unleugbar. Um also die glückliche Epoche der Stadtgeschichte unter seinem Regimente offenkundig zu bezeugen, veranstaltete er eine Volkszählung, welche eine Bürgerzahl von 21 000 ergab, denen 400 000 Sklaven zur Verfügung standen; 10 000 waren als Schutzgenossen ansässig.*** Fremde kamen immer zahlreicher

---

* aliquanto post: Cic. Leg. II, 26.

** sepulcris novum finivit modum; nam super terrae tumulum noluit quidquam statui nisi columellam tribus cubitis ne altiorem aut mensam aut labellum, et huic procurationi certum magistratum praefecerat: Cic. Leg. II, 26.

*** ὁ Ἀθήνησιν ἐξετασμὸς ὑπὸ Δημητρίου: Ktesikles bei Athenaeus 272.

alle Jahre und brachten der Stadt reichen Gewinn. Das Bedürfnis
attischen Fabrikaten verbreitete sich immer weiter im Morge[n]
Handwerk und Kunstindustrie waren in Blüthe, der Mittelstand w[ar]
frieden und die aristokratischen Kreise sahen den Idealstaat verwi[rklicht]
in welchem die Philosophen am Ruder sitzen.

Befriedigen konnte aber dieser Zustand der Dinge nicht. Ein[e]
Unwahrheit ging durch Alles hindurch. Aeusserlich spielte man n[och]
Formen alter Sittenstrenge und drang mit polizeilichen Maßregeln [in das]
Familienleben ein, aber der Stadtgebieter selbst huldigte einen
schweifenden Luxus und wandelte nach seinen üppigen Gelagen w[ie ein]
Satrap durch die Tripodenstrasse, wo sich Mädchen und Knaben
drängten, um seine lüsternen Blicke auf sich zu ziehen.* Seine Reg[ierung]
artete in das Zerrbild einer Tyrannis aus, welche um so unerträ[glicher]
war, je mehr sie sich in die Formen einer schulmeisterlichen W[eisheit]
kleidete, und bei dem selbstgefälligen Prunken mit hellenischer B[ildung]
hatte die Eigenwilligkeit, mit welcher der Kunst versagt wurde,
anmuthige und warm empfundene Bilder des häuslichen Lebens die
zu schmücken, einen Charakter von Barbarei, der alle wahren Pa[trioten]
tief verletzen musste.

Aeusserlich war Friede, aber im Innern gährte der Groll der [demo]
kratischen Partei, welche die von Jahr zu Jahr fortdauernde Bes[etzung]
der Munichia, die Beschränkung des Bürgerrechts, die Ohnmac[ht der]
Rednerbühne nicht verschmerzen konnte. Sie war um so gereizter
sie in den bestehenden Verhältnissen nur den Sieg ihrer alten G[egen]
partei, welche der Stadt nichts als Schande gebracht hatte, den Sieg
oligarchischen Reaktion erkennen konnte. Das Selbstgefühl der A[thener]
sträubte sich gegen die von macedonischen Waffen gestützte Zucht
theoretischen Staatsweisheit, welche abgelebte Satzungen und Institu[tionen]
Stadt zu ihren Zwecken missbrauchte, und da eine Erhebung aus e[igener]
Kraft unmöglich war, fand sich eine unerwartete Hülfe in dem E[ifer]
der Antigoniden, welche bei der Zerrissenheit des Alexanderreichs in
den Schauplatz erkannten, wo sie etwas vollbringen konnten, das
Dynastie einen weitreichenden Ruhm eintragen musste; denn diese
sei, wie Antigonos sagte, die „hohe Warte des Erdkreises." **

Dazu kam, dass die Befestigung der macedonischen Hausmach[t den]
überseeischen Herrschergeschlechtern ein Dorn im Auge war; den[n sie]
wollten nach der Idee Alexanders den Mittelpunkt der hellenisti[schen]

---

* Phaedrus V, 1.
** σκοπή τῆς οἰκουμένης Plut. Dem. 9.

Welt dem Morgenlande gesichert sehen, sie wollten, wie die alten Grosskönige, den europäischen Continent als ein Stück von Asien betrachtet wissen.

Es konnte also kein glücklicheres Programm aufgestellt werden, als die Befreiung Athens von einem unwürdigen Joche. Der erste Erfolg war leicht. Von der stattlichen Seemacht, die Antigonos nach dem Peiraieus schickte, angegriffen, musste Kasandros' Bruder Munichia aufgeben. Die Zwingburg wurde geschleift, vom syrischen Königssohne den Athenern die Freiheit verkündigt und die alte Volksherrschaft hergestellt.

Die Vorgänge beim Sturz der Pisistratiden erneuerten sich. In ausgelassener Wuth werden alle Standbilder des flüchtigen Stadtverwesers vernichtet bis auf eins, das als Denkmal der Vergangenheit auf der Burg seinen Platz behauptete. Neben Harmodios und Aristogeiton wurden auf dem geweihten Festraume der Orchestra, den man von jeder weiteren Benutzung frei zu halten gelobt hatte, die beiden Könige Antigonos und Demetrios auf Viergespann in vergoldetem Erz aufgestellt, um ihnen als rettenden Heroen auch vom Polemarchos Opfer darbringen zu lassen (LIII 87).

Auf dem Rande des Areopags oberhalb des Marktplatzes wurden sie den zehn Landesheroen angereiht, und man scheute sich nicht, den ganzen seit Kleisthenes bestehenden, vom delphischen Gott bestätigten Organismus des Gemeinwesens und der Staatsverwaltung den fremden Fürsten zu Liebe umzuwälzen; ja man errichtete dem Demetrios dort, wo er, vom Wagen herabsteigend, den Boden von Athen zuerst mit seinem Fusse berührt hatte, als dem „Niedersteigenden" nach dem Vorbilde des Zeus Kataibates einen Altar. Selbst den Buhlerinnen und Günstlingen des Fürsten wurden religiöse Ehren zuerkannt (LVI 16). Es war der jähe Rückschlag einer gewaltsam aufgenöthigten Reaction, welche durch ihre Unwahrheit wesentlich dazu beigetragen hatte, die Sittlichkeit der Gemeinde zu untergraben.

Es waren aber bei Herstellung der Demokratie auch die Patrioten der nationalen Partei von Neuem zu Ehren gekommen, so namentlich die Söhne des Lykurgos. Habron war wieder an der Spitze der Verwaltung, und, wie die Sorge für die Stadtmauer, als das Palladium der Freiheit, immer ein Hauptpunkt im Programm der Republikaner war, so wurde auch jetzt auf Habrons Antrag eine umfassende Erneuerung der Stadt-, Hafen- und Schenkelmauern, wie sie erst nach Befreiung der Munichia möglich war, energisch in Angriff genommen. So ist die uns erhaltene Urkunde des Mauerbaues ein Ehrendenkmal der neuen Demokratie (LXXVIII 89).

Die Erinnerung an Lykurgos war das Beste, was in dieser wüsten

Zeit die Athener noch zusammenhielt, und derselbe Stratokles, wel‹ der Selbsterniedrigung der Stadt die schwerste Schuld trug, stel Antrag, dass Lykurgos' Erzbild oberhalb der Agora errichtet (LXII 46), und zugleich die monumentale Abschrift aller von i antragten Gesetze auf der Burg, um den Bürgern ein Gesammtbild öffentlichen Wirksamkeit vor Augen zu stellen.*

Am meisten geschah für die Häfen, die so lange der Stadt en und nun, wie zu Konons Zeit, die Wiege der neuen Freiheit war das Band mit den überseeischen Wohlthätern. Aus asiatischem l wurden die neuen Trieren erbaut; die Werften und Schiffshäuser erneuert und das Heiligthum des Zeus Soter mit seiner Vorhalle scheinlich um dieselbe Zeit glänzend ausgebaut (CXII 19). Mi Aufschwunge des attischen Trierenbaues wird auch das berühmte B Protogenes zusammenhängen, das, in den Propyläen, wie wir vorau: müssen, aufgestellt, die Paralos und Ammonias darstellte; nebe beiden Prachtschiffen sah man als Beiwerke kleine Kriegsfahrzeug denen anschaulich werden sollte, von wie bescheidenen Anfängen si Bau von Kriegsschiffen bis zu der gegenwärtigen Höhe entwickelt Was Demetrios zu Stande gebracht, sollte wie die glückliche Volle dessen erscheinen, was von den Athenern vor Zeiten begonnen war. Man begreift, dass die Athener auf dies Bild besonders stolz und dass es nächst dem Iakchos des Praxiteles und der Kuh des als das auserwählteste Kleinod ihres Kunstbesitzes angesehen wurd‹

Demetrios war ein besonderer Gönner des Protogenes, und wei Thesmotheten der Zeit des Phalereers angehören, so war der Maler mal in Athen thätig. Gewiss ist, dass das Paralosbild nicht v‹ Epoche des Antigoniden gemalt sein kann; auch der Name der Amn passt nur in die Zeit des Fürstenhauses, welches die Erinnerunge den vergötterten Alexander, auf den sich der Schiffsname bezieht, wieder belebte.**

---

* Zwei Exemplare, eines oben bei den Weihgeschenken, das andere vie auf der Agora neben der Bildsäule, nach Carl Curtius, Philologus XXIV, 91

** (Protogenes) cum Athenis celeberrimo loco Minervae delubri pr‹ pingeret, ubi fecit nobilem Paralum et Hammoniada — adiecierit parvolas longas in iis, quae pictores parerga appellant, ut appareret a quibus init arcem ostentationis opera sua pervenissent. Plinius XXXV, 101. „sua" hal für ein Glossem, das aus Missverständniss entstanden ist. Wie kann ein Kü auf einem öffentlichen Bilde seine stümperhaften Anfänge haben verewigen w Ammonias ist an Stelle der Salaminia getreten: Aristoteles, p. 152 Kenyon.

Für vorübergehende Vortheile hat der Bund mit den Antigoniden über die Stadt Athen unersetzlichen Schaden gebracht. Als sie sich selbst wiedergegeben glaubte, büsste sie, in den Strudel abenteuernder Fürstenpolitik hineingezogen, ihre alte Würde sowie jede selbständige Haltung vollständig ein. Die ehrwürdigsten Stätten wurden entweiht. Auf der Akropolis neben der jungfräulichen Stadtgöttin durfte Demetrios im Opisthodom des Parthenon eine liederliche Hofhaltung einrichten, und in Folge dieser empörenden Misswirthschaft der Demokraten konnte es den macedonischen Parteimännern gelingen, einen Menschen wie Lachares an die Spitze zu bringen, der als unumschränkter Kriegsherr die Burg inne hatte und seine kurze Macht benutzen konnte, das Bild der Göttin seines Goldmantels zu entkleiden und von den Schätzen, die Lykurgos so glänzend vermehrt hatte, Alles, was er bergen konnte, bei seiner Flucht mitzunehmen.*
Demetrios selbst aber, sowie er König von Macedonien geworden, nahm die macedonische Politik vollständig auf, und liess sich nicht nur Munichia und Peiraieus übergeben, sondern war auch der Erste, der innerhalb der Stadt eine Zwingburg errichtete, indem er den Gipfel des Museion befestigte und besetzte (VI 63).

Während die Stadt in ihren äusseren Verhältnissen ein Spielball rücksichtsloser Fürstenlaune war, blieb das wissenschaftliche Leben, dessen Keime Plato gepflanzt hatte, das einzige Gebiet, wo sich ein selbständiger und stetiger Zusammenhang erhielt. Zwar wurde gleich nach dem Sturz des Phalereers von Seiten der Demokratie gegen die Peripatetiker vorgegangen, deren Schule man als den Schooß und die Hauptstütze jeder Reaction ansah; durch das Gesetz des Sophokles wurde die Lehrfreiheit aufgehoben, indem man jeden Schulunterricht von einer besonderen Genehmigung der Behörden abhängig machte. In Folge dessen musste Theophrast mit seinen Schülern Athen verlassen, und die blühende Vorstadt am Ilisos verödete. Die öffentliche Meinung schlug aber bald um: nach Jahresfrist wurde das Gesetz schon wieder aufgehoben und die Peripatetiker konnten mit besseren Beweisen als zuvor das Unheil zügelloser Massenherrschaft lehren. Die Athener konnten sich ihre Stadt nicht mehr ohne Philosophen und Philosophenschulen denken. Je schlaffer und verächtlicher das öffentliche Leben wurde, um so mehr hob sich nach und nach das Ansehen der wissenschaftlichen Studien, unter deren Vertretern allein noch Männer zu finden waren, deren unabhängige Gesinnung und mannhafter Charakter einen Eindruck machte, dem sich auch der demokratische Volksmann gewöhnlichen Schlags nicht entziehen konnte.

---

* Pausanias I, 26. **Michaelis, Parthenon** S. 43, 293.

Darum hörte der Gegensatz auf zwischen Stadt und Vorstädten, wo wie in zwei verschiedenen Lagern einerseits das Markttreiben und die Tagespolitik, andererseits die Philosophie herrschte. Die Cyniker hatten die vornehme akademische Zurückgezogenheit von Anfang an verschmäht; es war ein Ausdruck von trotzigem Selbstbewusstsein, dass sie auf Strassen und Plätzen ihre Lehre von wahrer Menschenwürde vortrugen. Zeno sammelte seine Zuhörer aus der Mitte des Marktvolks, und er wurde trotz seines Widerspruchs gegen die Neigungen der Menge ein Vertrauensmann des Volks, bei dem man in ausserordentlichen Fällen die Schlüssel der Stadtthore niederlegte.*

Eine weitere für die Stadtgeschichte wichtige Aenderung erfolgte, als Epikur die ländliche Einrichtung der Sokratiker mit dem städtischen Leben verband. Die Entvölkerung der Stadt erleichterte es, Beides zu vereinen. In Melite wohnhaft, richtete sich Epikur mitten in Athen seinen Garten ein, wo er, um alle bürgerlichen Angelegenheiten unbekümmert, mit seinen Jüngern der philosophischen Muße pflegte (XLV 36).

Was sich, von den Lehren der Stoa genährt, an republikanischer Gesinnung erhielt, knüpfte sich besonders an die städtischen Feste, die man nicht sinken lassen wollte. Hier bewährte sich in einzelnen Bürgerfamilien, welche durch alle Stürme der hellenistischen Zeit in der Vaterstadt sich erhalten hatten, echter Athenersinn und ein Zug uneigennütziger Ehrliebe; so vor allem in der Familie des Philomelos. Am Aufgange der Burg war eine Gruppe von Denkmälern, von ihren Mitgliedern und zu ihren Ehren gestiftet, und als um die Zeit, da Demetrios von Macedonien aus seine Herrschaft ausbreitete, die Verhältnisse für Athen günstig waren, um sich des Wohlwollens der philhellenischen Fürsten im Norden zu versichern, da war es des Philomelos Sohn Philippides, der Dichter, der für die Stadt bei König Lysimachos thätig war. Er fand ihn zu jeder Aufmerksamkeit bereit. Er trug ihm vor, wie bei den letzten Panathenäen den Bürgern ein Unglück, und zwar ein wohlverschuldetes, begegnet sei. Das heilige Schiff sei mitten im Kerameikos zu Schaden gekommen und durch einen plötzlichen Windstoss das Segel zerrissen worden, in welches man gottloser Weise neben Zeus und Athena die Bilder des Antigonos und Demetrios eingewebt habe. Dem Könige war es sehr erwünscht, sich in einem so besonderen Falle als Athenerfreund zu bezeugen. Er schickte für die Herstellung der Triere Mast und Segelstange, gewiss von vorzüglicher Güte, aus seinen thrakischen Forsten, und die Athener

---

* Diog. Laert. VII, 6: τῶν τειχῶν τὰς κλεῖς παρακατατίθεσθαι. Droysen, Hellenismus III, 223.

waren entzückt über diesen huldvollen Antheil an ihren städtischen Angelegenheiten.*

Aber auch unabhängig von aller Fürstengunst erstarkte noch einmal die republikanische Partei, indem ein Kern national gesinnter Männer sich zusammenfand und die alte Freiheitsliebe wieder in der Bürgerschaft erweckte. Man wollte vor Allem wieder im eigenen Hause Herr sein und die Schandflecken tilgen, mit denen die Partei des Stratokles den Boden der Stadt besudelt hatte. Man hatte saure Arbeit. Die Besatzung des Museion wurde vertrieben, aber die Häfen blieben für die nächsten Jahre noch in Feindes Hand, und es war jetzt ein Ehrenposten der jungen Mannschaft, den noch immer gefährdeten Museiongipfel und damit den Zugang von der Seeseite zu hüten.

Als Athen endlich frei war, folgte eine grössere Aufgabe, an welcher der neu erwachte Muth sich bewähren konnte. Zweihundert Jahre nach den Tagen des Leonidas war Griechenland wiederum von einer Ueberschwemmung durch Barbaren bedroht; die Kelten standen vor den Thermopylen. Die gemeinsame Gefahr weckte von Neuem einen Aufschwung des ganzen Volks, und wir sehen die Athener noch einmal als Vorkämpfer der Hellenen in Waffen treten.

Diese Zeiten würdevoller Erhebung im Anfang des dritten Jahrhunderts fanden auch in städtischen Denkmälern ihren Ausdruck.

Man war noch immer im Stande, den Königen des Nordens, welche der Stadt eine uneigennützige Liebe bezeugt hatten, ohne Selbsterniedrigung Auszeichnungen zu gewähren, welche hoch geschätzt wurden. Das alte Odeion am Ilisos (S. 54) erhielt eine neue Bedeutung, indem man hier die Standbilder von Lysimachos und Pyrrhos aufstellte, die den immer zahlreicher zuströmenden Fremden als Wohlthäter Athens gezeigt wurden (LXXXVII 22).

Audoleon der Päonier wurde zu Ross auf dem Markt aufgestellt (LVII 47), Spartokos, König vom Bosporos, im Kerameikos so wie auf der Burg (LXIV 82). Im Jahre nach dem delphischen Heerzuge der Kelten (278/7 v. Chr.) erfolgte ein Beschluss der Bürgerschaft, in jenen unruhigen Zeitläuften die Thorwege des Dipylon und der heiligen Pforte für die herkömmlichen Prozessionen neu zu ordnen und sicher zu stellen (LXXX 23). Im Aussenkerameikos aber konnte man wiederum in erhebender Feier echte Helden bestatten, wie Olympiodors Genossen bei der Erstürmung des Museion. Der Schild des Leokritos, der zuerst die Mauer erstiegen, wurde mit einer seinen Heldentod berichtenden Ehreninschrift an der Markthalle

---

* *C.I.A.* II, 314. Schubert, Hermes X, S. 447. Dittenberger, Sylloge p. 143.

dem Zeus Eleutherios geweiht. Olympiodoros selbst, der Freund des Theophrast, ein leuchtendes Beispiel, dass auch Anhänger des Peripatos heldenmüthige Patrioten sein konnten, erhielt, wie auf der Burg, so auch im Prytaneion ein Standbild (LXIII 11). Von den Kämpfen am Parnass aber zeugte der neben dem des Leokritos aufgehängte Schild des Kydias, der bei seiner ersten Waffenthat von den Kelten erschlagen war, und Olbiades malte an der Wand des Rathhauses das Bild des Kallippos, der bei dem neuen Thermopylenkampfe die Athener geführt hatte.*

Demochares, der dem Stratokles hatte weichen müssen, war wieder an der Spitze der Bürgerschaft, und nachdem man früher unter den alten Führern der nationalen Partei nur Lykurgos geehrt hatte, stieg jetzt auch der Schatten des Demosthenes wieder aus dem Dunkel, und es war in jener Zeit glorreicher Erhebung aus tiefem Fall ein Gelöbniss, seiner würdig zu sein, als man 270 sein Erzbild auf dem Markte zu errichten beschloss. So fasste es vor Allen der Antragsteller Demochares auf, welcher neun Jahre später in der Nähe des Oheims eine Statue erhielt (LVII 93; LVIII 6).

Es entstanden auch neue Feste in dieser Zeit der Nachblüthe. Denn nachdem das Pythion am Ilisos unter den Antigoniden schon einmal als Schauplatz der delphischen Pythien gedient hatte, wurde nun zur gemeinsamen Feier der wunderbaren Errettung von Delphi ein Nationalfest gegründet, das Fest der Soteria, dem rettenden Zeus und dem pythischen Gotte zu Ehren, und wenn der vatikanische Apollon attischen Ursprungs ist und diesem Feste seine Entstehung verdankt, so ist nicht unwahrscheinlich, dass sein Urbild im Tempelhofe des Pythion gestanden hat.**

Demochares war der letzte Republikaner in Demosthenes' Sinn, der von reiner Freiheitsliebe getrieben wurde. Der Unabhängigkeitstrieb erhielt sich, aber man konnte sich nicht entwöhnen, die Gunst auswärtiger Machthaber immer als das beste Capital anzusehen, worüber man zu verfügen habe. Die Philosophen waren bei ihrer weltbürgerlichen Stellung die geeignetsten Vermittler mit dem Auslande, und so hatte auch der Phalereer Demetrios, nach Alexandrien flüchtig, die Verbindung mit Aegypten angeknüpft. Er zog Ptolemaios Philadelphos in den Kreis der Wohlthäter Athens.

Das erste Zeichen gegenseitiger Annäherung war die Einführung

---

* Leokritos: Paus. I, 26, 2. Kydias: X, 21, 5. Vergl. über die Zeit Olympiodors Droysen, Hellenismus II, 300.

** Vgl. Hermes XII, 498. Feier der Pythien in Athen 290 v. Chr. Droysen, Hellenismus II, 2, S. 281.

ägyptischer Gottesdienste. Nachdem der Isisdienst schon zur Zeit Lykurgs eingebürgert war (S. 218), erfolgte jetzt die Stiftung des Serapeion in der östlichen Stadt unweit des Olympieion. Es war eine Huldigung für Ptolemaios,* der von allen philhellenischen Fürsten zuerst seine Ehre darin suchte, in Athen eine Anstalt zu gründen, die seinen Namen trug, eine mit königlichen Mitteln ausgestattete Anstalt zur Pflege der Wissenschaft, welche im Anschluss an die Anschauungen des Demetrios jetzt die Hauptlebensaufgabe von Athen sein sollte, ein grossartig angelegtes Gymnasium mit vorwiegender Berücksichtigung der geistigen Jugenderziehung und zugleich ein Schatzhaus hellenischer Litteratur. Er wusste es durch seine in Athen herrschende Partei zu erreichen, dass ihm im Mittelpunkte der Stadt, zwischen Markt und Theseusheiligthum, ein grosser Bauplatz angewiesen wurde. Die Athener erblickten in dem Ptolemaion (LXXXVI 73) eine ungemein zeitgemässe, vielversprechende Wohlthat, welche den alten Zwiespalt zwischen Wissenschaft und städtischem Leben vollends beseitigen werde. Sie hofften einen neuen Aufschwung der Stadt und hielten mit ihren höchsten Ehrenbezeigungen nicht zurück. Als elfter der Landesheroen erhielt Ptolemaios sein Standbild oberhalb des Stadtmarkts, und vor dem Odeion wurde sein und der Seinigen Bildniss den Wohlthäterstatuen angereiht (LXIV 4).

Das geschah Alles, während die Stadt noch sich selbst überlassen war. So wie aber nach Pyrrhos' Tode Antigonos Gonatas sich in seiner Herrschaft wieder fest einrichtete, war es mit der von den Freunden Aegyptens klug benutzten Ruhe vorbei. Es erwachte der alte Widerspruch. Athen sollte wiederum rein macedonische Provinzialstadt werden, während die Partei des Ptolemaios, durch des ehrgeizigen Königs Versprechungen aufgeregt, sich ganz der neuen, lockenden Aussicht hingab, wie eine Schwesterstadt Alexandriens einem grossen Insel- und Küstenreiche anzugehören, in welchem man auf die in Aussicht gestellte Unabhängigkeit um so eher rechnen zu können glaubte, je weiter der Mittelpunkt desselben entlegen war. Vom Muth der Stoa beseelt, trat Chremonides, Zenons Freund, als Haupt der Patriotenpartei an die Spitze der Bewegung; von Athen erging der Aufruf für nationale Freiheit durch ganz Hellas und fand einen überraschenden Erfolg, so dass das ganze Volk sich erhob: die peloponnesischen, selbst kretische Städte nahmen Theil; die Bundesurkunde wurde am Tempel der Athena Polias aufgestellt; die Stadtmauer wurde namentlich am Südrande beim itonischen Thore erneuert (LXXIX 1). Die ägyptische Flotte kam, Athen zu schützen; die Bürger kämpften

---

* παρὰ Πτολεμαίου θεὸν ἐισηγάγοντο Paus. I, 18, 4.

heldenmüthig, aber sie mussten sich Antigonos 263 bedingungslos e
und nicht nur Museion und Munichia wurden jetzt besetzt, sonde)
Salamis und Sunion, um jede überseeische Verbindung abzusch
Das war für die Politik der Macedonier, welche Attika ihrem festlän
Territorialbesitze endlich fest eingliedern wollten, die Hauptsache.
gab Antigonos den Athenern das Museion zurück, damit die
Garnison nicht täglich durch ihre Strassen ziehe, wahrscheinlich
eher, als nachdem die langen Mauern niedergerissen waren.* V
Seeseite wurde die Blokade fortgesetzt; auch die Landschaft war
schweren Kriegszeiten so verödet, dass wohlhabende Patrioten, die G(
Eurykleides und Mikion aus Kephisia, Geld spendeten, um den
Anbau vieler Landstriche zu erleichtern.

So blieb es unter Antigonos und Demetrios; Athen war geb
Nationale Widerstandskraft war nur im Peloponnes vorhanden, \
dieselbe Zeit, als Demochares sich in Athen erhob, Bewegungen be;
hatten, welche im Achäerbunde einen glücklichen Fortgang fande
dehnte sich Schritt für Schritt aus, und nun wurde den gekne(
Athenern nicht von fremden Dynasten, sondern von Volksgenoss
rettende Hand geboten. Aratos erreichte es, dass der macedo
Commandant Diogenes, durch ein Geldgeschenk gewonnen, bei den
des Demetrios, als vermuthlich die Soldzahlungen aus der köni;
Kasse stockten, seine Truppen sämmtlich entliess. Urplötzlich war
wieder frei; die patriotischen Brüder gaben Geld für den Mauerb;
Stadt und Hafen (LXXIX 16), und in Diogenes wird ein neuer B
und Retter mit heroischen Ehren gefeiert. An der Nordseite der I
wird ihm ein Bezirk geweiht, das Diogeneion, und im Anschluss ;
Heroon eine neue städtische Bildungsanstalt eingerichtet, die s(
einer der wichtigsten Plätze des Gemeindelebens in Athen gewes
(LXXXV 57).**

Der eigentliche Befreier war Aratos, der den günstigen Zeitpu:
glücklich benutzt hatte, um für seine Sache Athen zu gewinnen.
Athener verhielten sich aber gegen die achäische Politik eben so spröd
einst gegen die thebanische unter Epameinondas. Selbst völlig ohnmä
konnten sie sich doch nicht entschliessen, einem griechischen
beizutreten, der nicht in Athen seinen Mittelpunkt hatte. Durc

---

* Droysen, Hellenismus III, 247. Wachsmuth I, 629.
** Köhler: Ein Verschollener. Hermes VII, 1. Die Heroisirung wird
Alexander zum Ausdruck des gemeinsten Servilismus. Nach Deneken in R(
Lexikon Sp. 2545 erstes Beispiel öffentlicher Heroisirung.

Gunst überseeischer Dynasten verwöhnt, schauten sie immer wieder nach dem Auslande hinüber, und ihre Hoffnungen täuschten sie auch jetzt nicht.

In der Philosophie wurzelten auch die neuen Beziehungen, welche sich jetzt anknüpften, die zu den Pergamenern. Denn die Bürgerfamilie von Tieion am Schwarzen Meere, welcher Philetairos angehörte, war der attischen Weisheit zugethan. Sein Nachfolger Eumenes war mit Arkesilaos und mit dem Peripatetiker Lykon, der sich im chremonideischen Kriege als freigebiger Patriot bewährt hatte, eng verbunden,[*] eben so wie sein Sohn Attalos mit des Arkesilaos Nachfolger Lakydes. Ihm zu Ehren baute er in der Akademie eine neue Gartenanlage, das Lakydeion (XCV 69). Hier also war die Liebe zu Athen keine hohle Phrase, sondern ein persönliches Verhältniss, und von allen Stiftungen, welche durch auswärtige Wohlthäter in Athen gemacht sind, war es bei Weitem die sinnvollste, dass König Attalos die Geschichte seines jungen Reichs an die von Athen und an die Götter- und Heroensage der Hellenen in einer vierfachen Reihe plastischer Gruppen anknüpfte, die auf der kimonischen Burgmauer den würdigsten Platz erhielt. Oberhalb des Theaterrundes standen die Götter als Besieger der Giganten, mit denen man die Kelten als frevelhafte Störer des Weltfriedens zu vergleichen liebte; es folgten die Helden Athens im Amazonenkampfe und in der Schlacht von Marathon; endlich die Pergamener, welche auf den Schlachtfeldern Mysiens vollendet hatten, was von den Athenern 278 bei Thermopylai begonnen war, die Rettung hellenischer Bildung vor den Barbaren des Westens (LVII 35).

Die Pergamener waren von allen auswärtigen Fürsten diejenigen, deren Liebe zu Athen die aufrichtigste war. Wie sie auch in Asien Athener sein wollten, bezeugt die Stiftung der Panathenäen in Pergamon;[**] in Athen aber betrieben sie nicht allein dynastische Politik, sondern traten in die Aufgabe der nationalen Partei ein, indem sie für die Sicherheit der Stadt Bauten aufführen liessen (LXXIX 20), und um auch selbst im Mittelpunkte von Hellas zu Hause zu sein, verschafften sie sich von den Aetolern den Besitz der Insel Aigina. Und die Athener bedurften in der That naher Freunde: denn König Philippos machte jetzt furchtbaren Ernst, der unerträglichen Unbotmässigkeit der Stadt ein Ende zu machen. Er war der Erste, der mit allen Rücksichten brach, welche seine Vorfahren von Philipps und Alexanders Zeiten her noch immer genommen hatten, und behandelte die Athener nun mit grösserer Erbitterung als alle anderen Feinde seines Reiches. In ihrer Bedrängniss riefen sie den befreundeten

---

[*] Dittenberger, Sylloge p. 164, 70.
[**] Fränkel, Inschriften von Pergamon Nr. 18, Z. 17.

König, der mit den Rhodiern von Aigina herüberkam, durch das Dipylon seinen feierlichen Einzug hielt und neben Ptolemaios als zwölfter Eponymos den Ehrenplatz einnahm.

Diesen Festlichkeiten folgte die schwerste Kriegsnoth. Denn nachdem die Athener in ihrem neuen Freiheitstaumel Alles erschöpft hatten, was in ihrer Stadt geschehen konnte, um jede Spur einer Verbindung mit Macedonien zu vernichten,* mussten sie den König in ihrem eigenen Stadtthore bekämpfen. Philipp hatte schon das äussere Thor durchbrochen, wurde aber in dem Thorhofe, ehe er die Stadt betreten, so heftig von den Geschossen der Bürger bedrängt, dass er sich nur durch einen schnellen Rückzug retten konnte. Die Athener waren aber, wie in der Zeit des archidamischen Kriegs, auf ihre Ringmauern beschränkt, und mussten ruhig zusehen, wie die vorstädtischen Anlagen, auf die sie am meisten stolz waren, Lykeion, Kynosarges, Akademie mit einer leidenschaftlichen Wuth, welche auch der Gräber nicht verschonte, verwüstet wurden. Dennoch gelang es dem Könige nicht, die volle Rache an der Stadt zu nehmen. Sie empfing bei eigener Verarmung immer neue Wohlthaten von den Pergamenern, die jetzt Gelegenheit hatten, in glänzendem Lichte zu zeigen, wie verschieden sie von den Barbaren des Nordens seien. König Eumenes (197—159) baute ihnen am Südfusse der Burg die „eumenische Halle" (XCI 18), von Vitruv unter den Bauten genannt, welche, den offenen Theaterräumen benachbart, der zu den Vorstellungen zusammenströmenden Menschenmenge als geschützte Wandelhallen zu dienen bestimmt waren, Attalos II. aber (159—138) eine neue Markthalle, die uns bis 1864 nur aus Athenaios bekannt war; sie wurde an der Ostseite des Kerameikos, ungefähr in der Flucht der Poikile, 110 Meter lang, von Nordwesten nach Südosten errichtet. Ausserhalb des von Staatsgebäuden eingefassten Stadtmarktes gelegen, sollte sie an dem grossen Verkehrsplatze, anstatt der bisherigen Buden, als eine nach orientalischem Muster angelegte Bazarhalle dienen. Das Terrain musste im Süden abgetragen, im Norden um 3—4 Meter erhöht werden (XC 54).

Kolossale Standbilder von Eumenes und Attalos bezeugten die Dankbarkeit des Volks gegen die Pergamener, deren treue Anhänglichkeit Alles überboten hat, was fürstliche Wohlthäter jemals für Athen gethan haben.

Ihr Beispiel war im Orient wie in Athen wirksam, und nachdem die Athener durch die Niederlage des erbittertsten Feindes bei Kynoskephalai endlich aus ihrem fortdauernden Angstzustand erlöst waren, sehen wir wohlhabende Bürger zusammentreten, um im Peiraieus, der so lange nicht

---

* Livius 31, 44.

in sichern Händen der Stadt gewesen war, ein neues Theater einzurichten. (CXVIII 48) und von den überseeischen Fürsten sind es jetzt die Syrer, welche ihre Ehre darin suchen, der Stadt Huldigungen darzubringen.

Schon Seleukos Nikator hatte sich im Sinne Alexanders als ein besonders aufmerksamer Gönner bewährt, indem er die aus der Tyrannenzeit stammende, von Xerxes fortgeschleppte Schriftensammlung den Athenern zurücksandte (LXXXV 61): sein oder des Antiochos Verdienst war es, dass die alten Erzbilder von Harmodios und Aristogeiton wieder heimkehrten. Es war ein seltsames Schauspiel, wie auf einem Festschiffe asiatischer Dynasten die Heroen der attischen Demokratie durch das ägäische Meer gefahren, wie sie, als das Schiff in Rhodos landete, von den Bürgern feierlich empfangen und in Prozession nach der Stadt geführt wurden, um daselbst wie Götter mit Opfern und Lektisternien verehrt zu werden. Dann wurden sie neben den Standbildern von Kritios und Nesiotes auf der Orchestra wieder aufgestellt (LVI 8). Ein Erzbild des Seleukos auf dem Markte unweit der Poikile bezeugte die Dankbarkeit der Stadt (LXIV 45).*

Alle philhellenischen Könige aber suchte Antiochos Epiphanes zu überbieten, indem er, ein leidenschaftlicher Gründer prunkender Denkmäler, den Athenern ein Bauwerk errichtete, welches auch die Werke der perikleischen Zeit verdunkeln sollte. Er nahm den vor viertehalb Jahrhunderten verlassenen Bauplan der Pisistratiden am Ilisos wieder auf und gründete dem olympischen Zeus, dessen Ehre ihm besonders am Herzen gelegen hat, einen Tempel, dessen Maße und reiche Ausstattung an dem wichtigsten Schauplatze griechischer Bau- und Bildkunst zeigen sollten, welche Fortschritte inzwischen gemacht worden seien. Es war ein Hypäthraltempel mit acht Frontsäulen im korinthischen Stil, und es lag eine Aufmerksamkeit gegen die neuen Weltherren darin, dass der Römer Cossutius der erkorene Baumeister war, wie man damals auch in Antiocheia römische Monumente nachahmte.** Den Bau unterbrach des Königs Tod (164), und von Neuem lag auf der grossen Terrasse ein halbfertiger Marmortempel (XLII 17). Ein zweites Denkmal des Antiochos war das

---

* Ueberfahrt der Tyrannenmörder: Valerius Maximus ed. Halm p. 109. Vgl. Hermes XV, 148. Seleukos oder Antiochos: Paus. I, 8. Wahrscheinlich hat es in Athen verschiedene Nachbildungen der Statuen des Antenor gegeben: so erklärt sich die Nachricht bei Arrian III 16; VII 19. Eine Orchestra ohne Altar und Festtänze kann ich mir nicht denken und begreife nicht, wie die auch im Skolion so deutlich ausgesprochene Thatsache der Heroisirung bestritten werden kann.

** O. Müller, Antiquitates Antiochenae p. 55.

Gorgoneion aus vergoldeter Bronze, das oberhalb des Theaters befestigt wurde, ein weithin glänzendes Wahrzeichen der Akropolis, das zugleich nach einem auch die hellenistische Zeit beherrschenden Aberglauben als monumentales Schutzmittel dienen sollte (LX 24). *

Auch einzelne Philhellenen betheiligten sich an der Ausstattung Athens, und einem von ihnen ist das Glück geworden, dass er ein gemeinnütziges Bauwerk vollständig herstellte, ein Werk, das schon in alter Zeit lebhafte Anerkennung fand, das sich bis auf den heutigen Tag in gutem Zustande erhalten hat und dadurch für die Stadtgeschichte von hervorragender Bedeutung ist: der achtseitige Marmorthurm mit den Reliefbildern der Winde, dessen Aussenwände den Sonnenstand erkennen liessen, dessen zeltförmiges Dach einen beweglichen Triton trug, der die Windrichtung zeigte, während das Innere eine Wasseruhr als amtlichen Zeitmesser enthielt. Es ist das von Varro und Vitruv beschriebene Werk des Andronikos aus Kyrrhos, dessen Haus in attischen Inschriften angeführt wird (LXXXVII 1, 20).

Seiner Bedeutung nach ist das Gebäude mit dem Horologium zu vergleichen, das Scipio Nasica 158 v. Chr. in Rom erbaute, und es kann kein Zweifel darüber obwalten, dass dieser sogenannte Windethurm die Bestimmung hatte, einem Mittelpunkte des städtischen Verkehrs als Schmuck zu dienen und der Volksmenge daselbst Gelegenheit zu geben, sich zu jeder Stunde über Tageszeit und Witterung zu unterrichten. Es war ja für den Geschäftsverkehr der Bürger sehr wichtig, auch mitten in der Stadt jederzeit zu wissen, ob zum Auslaufen oder zum Ankommen ihrer Seeschiffe der Wind günstig sei.

Dieser Bau ist also ein deutliches Zeugniss dafür, dass im städtischen Verkehr eine wesentliche Veränderung eingetreten ist; denn eine früher abgelegene Gegend erscheint jetzt als der belebteste Stadttheil. Von einer Verlegung dieser Art zeugt auch die Ueberlieferung, dass ein Ort Eretria zu Athen in späterer Zeit als Marktplatz gedient habe (LXX 20). Der alte Gau aber, zu dem diese Gegend nördlich von der Akropolis gehörte, war, wie wir gesehen haben (S. 21), Kollytos, und es wird auf das Bestimmteste bezeugt, dass dieser von der Altstadt weit entlegene Gau im Laufe der Zeiten ein städtischer Centralplatz wurde, das gesuchteste Quartier der wohlhabenden Bürger, wie Kraneion in Korinth, und diese neue Bedeutung, die der alte Gauort gewonnen hat, wird dem Umstande zugeschrieben, dass er der Platz des Marktverkehrs geworden sei (LXXI 65).

---

* Vgl. den in Fels ausgehauenen Charonkopf als Apotropaion oberhalb Antiocheia. Müller a. a. O. 62. Monumentale Gorgoneia: Ramsay Hellenic Studies III, 15.

Es hat also vom Kerameikos aus eine nach Osten gerichtete Verschiebung des städtischen Verkehrs stattgefunden, wie ja auch die Gründungen vom Ptolemaion und Diogeneion in dieser Richtung erfolgten. Dass diese Veränderung aber keine zufällige und allmählich eingetretene gewesen sei, sondern auf einer staatlichen Einrichtung beruhte, wird dadurch bezeugt, dass in derselben Gegend, in der Mitte der nördlichen Burgseite, oberhalb des Windethurms ein öffentliches Gebäude lag, welches als das Stadthaus oder Prytaneion der Athener bezeichnet wird. Das Stadthaus von Altathen mit dem Stadtherde kann nicht in einem ursprünglich vorstädtischen Gau gelegen haben. Das alte Stadthaus ist vom Kydathenaion nicht zu trennen (S. 51), und wie Thukydides die Lage der Altstadt im Süden der Burg aus den dort gelegenen Heiligthümern beweist (S. 42), ebenso benutzt Aristoteles die Gebräuche der Anthesterien, um die unmittelbare Nachbarschaft des alten Königsitzes und des Dionysos in Limnai zu erweisen.*

Es muss also im Zusammenhange mit dem Zuge der Bevölkerung nach der bequemeren Nordseite, der sich schon in der Pisistratidenzeit bemerklich macht, eine Verlegung stattgefunden haben, eine neue Verpflanzung des Stadtherdes.** Athen entbehrte eines würdigen Stadthauses, und der Neubau wird einer Zeit angehört haben, da man die moderne Stadt von den Erinnerungen der Vergangenheit zu lösen suchte. Das entspricht dem Geist der macedonischen Zeit, und ich wage die Vermuthung, dass kein Anderer als Demetrios der Phalereer das neue Prytaneion gegründet habe. Seine Verwaltungszeit war die ruhigste und für städtische Umbauten geeignetste; seine Popularität wäre nicht so gross gewesen, wenn er nicht viel für den Glanz der Stadt und den Wohlstand der arbeitenden Klassen gethan hätte; sein philosophischer Geist war zu Reformen aller Art geneigt; seine Werke sind aber durch den jähen Umschwung der Volksgunst am meisten in Schatten gestellt. Seinem Sinne entsprach es, die Athener mehr und mehr nach der Landseite herüber zu ziehen, und im Anschluss an die natürliche Bewegung der Bevölkerung eine zeitgemässe Umgestaltung durchzuführen, die ein dauerndes Zeugniss seiner Friedensregierung sein sollte.

---

* Ἀθηναίων πολιτεία ed. Kenyon p. 7: ὁ βασιλεὺς εἶχε τὸ νῦν καλούμενον βουκόλιον, πλησίον τοῦ πρυτανείου (σημεῖον δέ· ἔτι καὶ νῦν γὰρ τῆς τοῦ βασιλέως γυναικὸς σύμμιξις ἐνταῦθα γίνεται καὶ ὁ γάμος). Das σημεῖον δέ entspricht ganz dem τεκμήριον δέ bei Thuk. II, 15. Die Gottestrauung war wie eine Nachbarhochzeit (S. 57) im alten Asty. Ueber das Bukoleion vgl. S. 51.

** Schöll, Hermes VI, 49. Ich glaubte früher (Attische Studien II, 62, 65) die Gründung des neuen Prytaneion in die römische Zeit setzen zu müssen.

VII.
Die römische Zeit.

Im Gefolge des Königs Attalos, als er 201 v. Chr. von Aigina herüberkam und seinen Einzug durch das Dipylon hielt (LXXX 10), sind die ersten Gesandten Roms nach Athen gekommen. Von den Pergamenern eingeführt, haben die Römer in ihrem Sinne die Verhältnisse aufgefasst und den Krieg mit Macedonien aufgenommen. Nach dem Siege von Kynoskephalai sind sie einfach in die hellenistische Politik eingetreten, indem sie an den Isthmien den Griechen die volle Unabhängigkeit als ein unveräusserliches Ehrenrecht zurückgaben. Sie sind aber nicht bloß in die Geleise der orientalischen Philhellenen eingetreten, sondern es gestalteten sich ganz eigenthümliche Verhältnisse, als die beiden von Hause aus verwandten Nationen nach langer Entfremdung in einer Zeit, wo beide einander bedurften, sich zusammenfanden. Es war also nicht Fürstenlaune oder Hofpolitik, welche die staatlichen Beziehungen bestimmte, sondern die Nationen selbst in ihren würdigsten Vertretern verbanden sich, und während den Macedoniern gegenüber Männer wie Phokion immer nur die Erfolglosigkeit des Widerstandes betonen konnten, war die neue Continentalmacht der Art, dass Führer der nationalen Partei in ihr die einzige Gewähr einer glücklichen Zukunft Griechenlands erkannten.

Diese Anschauung der Zeitverhältnisse wurde nach dem zweiten macedonischen Kriege durch die achäischen Geisseln in Rom auf beiden Seiten zum klaren Bewusstsein gebracht. Es war eine denkwürdige Fügung, dass inmitten der Achäer zuerst die Ueberzeugung ausgesprochen wurde, im römischen Reiche finde die griechische Geschichte ihre Vollendung, und dass derselbe Stamm, in welchem am meisten politische Einsicht, aber auch am meisten Selbstgefühl und Freiheitsliebe lebendig war, wiederum den Anlass geben musste, dass die philhellenische Gesinnung der Römer in das Gegentheil umschlug und dass das feierlich befreite Volk der Hellenen von ihnen nach unbarmherzigem Kriegsrechte mit voller Rücksichtslosigkeit behandelt wurde.

Athen und der Westen.

Den Athenern gegenüber hat ein solcher Umschwung nich[t] gefunden. Sie hatten die Genugthuung von der neuen Weltma[cht als] Bürger einer Stadt angesehen zu werden, welche einen wohl begr[ündeten] Anspruch habe, anders als alle Städte des Erdkreises behan[delt zu] werden. Hier folgten die Römer ganz den Anschauungen, welc[he] Alexander für die Philhellenen des Ostens maßgebend gewese[n war.] Athen, zu ohnmächtig, um irgend welche Besorgnisse einflös[sen zu] können, blieb ein heiliger Ort, an welchem Niemand sich ve[rgehen] könne, ohne sich selbst zu verunehren, und die Athener waren [voll-] seits wohl geschult, mit einschmeichelnder Liebenswürdigkeit den [Römern] entgegen zu kommen.

Die Philosophen waren nach wie vor die verbindenden Per[sönlich-] keiten, welche zwischen Aus- und Inland, zwischen Osten und [Westen] wichtige, lebensvolle Beziehungen knüpften.

Karneades, der Stifter der neuern Akademie, war von Cy[pern in] Athen eingebürgert. Zu seinen Füssen sassen Attalos und Aria[rathes,] Attalos, der seinem Bruder Eumenes 159 in Pergamon folgte, Aria[rathes] seit 162 König von Kappadocien, das durch die Pergamener in de[n Kreis] der hellenischen Bildung hereingezogen war; beide errichteten gem[einsam] dem Philosophen ein Standbild im Kerameikos (XLI 10). D[erselbe] Karneades war es, welcher 155 v. Chr. mit den Vertretern der St[oa und] des Peripatos als Gesandter Athens in Rom auftrat und durch sei[ne Per-] sönlichkeit solchen Einfluss gewann, dass die altrömische Parte[i sein] längeres Verweilen hintertrieb, damit die jungen Römer nicht zu A[thenern] würden.

So reichte die Macht der Akademie vom Pontus bis zum [Tiber.] Als Sitz dieser geistigen Weltmacht wurde Athen in immer w[eiteren] Kreisen geehrt, immer mehr von Ausländern jeglicher Herkun[ft auf-] gesucht, welche als Freunde attischer Weisheit bezeugen wollten, [dass] sie keine Barbaren seien, sondern an höherer Geistesbildung voll[en An-] theil hatten.

Auch von Staatswegen wurde die Stadt noch immer als [in] seinen bescheidenen Grenzen sich selbständig bewegendes Gemei[nwesen] angesehen.

Sie muss auch noch eine kleine Marine gehabt haben; sonst [wäre] der Rest einer Inselherrschaft undenkbar, der durch Entscheidunge[n des] Senats den Athenern zugesprochen wurde, und die Kleruchen von [Delos] errichteten nach dem dritten macedonischen Kriege auf der Ak[ropolis] neben dem Tempel der Polias die Steinurkunde, in welcher sie auf [Grund] des von Rom neu erkannten Besitzrechts Athens auf Delos und L[emnos] ihre alte Zusammengehörigkeit mit der Mutterstadt dankbar von Neuem bezeugten.*

Auch in der Weise schloss man sich an die alten Zeiten an, dass man die Römer als Bundesgenossen ansah; je mehr man sich aber von ihrem Wohlwollen abhängig fühlte, um so eifriger war man bestrebt, sich dasselbe durch ehrerbietige Aufmerksamkeiten zu sichern. Die waffentragende Jugend wurde angewiesen, hochgestellte Römer feierlich zu empfangen und sie durch Ehrengeleite auszuzeichnen.**

Dem Dankgefühle suchte man auch einen religiösen Ausdruck zu geben und benutzte dazu das Heiligthum der Chariten vor der Burg (XXIII 32). Diesen Göttinnen war schon in der demosthenischen Zeit die ihrem Namen entsprechende Bedeutung dankbarer Gesinnung gegeben, wie wir daraus schliessen dürfen, dass die Cherronesier, durch Athen gerettet, einen Altar der Chariten und des Demos der Athener errichtet haben sollen.*** Nachdem also diesem Dienst, der sich an uralten Nymphendienst angeschlossen hatte (S. 40), eine ethische Bedeutung gegeben und mit ihm der personificirte Demos von Athen (S. 212) verbunden war, erweiterte man die Gruppe, indem man die Stadtgöttin der Römer als eine Genossin derselben aufnahm, und es wurde ein Priesterthum der Chariten, des Demos und der Roma eingesetzt (XXIII 77). Dieses Heiligthum wurde nun, wie früher das Odeion am Ilisos, benutzt, um Ausländern, die sich um das Gemeinwesen verdient gemacht hatten, eine Huldigung zu erweisen. So wurde auch dem Ethnarchen und Hohenpriester aus dem Stamme der Hasmonäer, Johannes Hyrkanos, ein Erzbild in dem erweiterten Heiligthum der Chariten errichtet (XXXIII 81).

Gewiss haben bei dem neueröffneten Zuge aus Italien nach Athen die römischen Philhellenen sich nicht damit begnügt, auf der Akropolis ihr Opfer oder einzelne Weihgeschenke darzubringen, sondern auch monumentale Stiftungen gemacht, und wir dürfen die sogenannte „Halle des Römers" (XCII 25) wohl als eines der Erstlingswerke dieser Art ansehen. Von den städtischen Heiligthümern war es das Asklepieion, welches eine besondere Anziehungskraft übte; die Tempelanlagen hatten sich sehr

---

* *CIA.* II 593: ὑπὲρ τῆς γεγονυίας ἐπὶ τῆς Ῥωμαίων συγκλήτου βεβαιώσεως τῶν πρότερον ὑπαρχουσῶν νήσων τῷ δήμῳ τῷ Ἀθηναίων. Polybios 30, 18. Kirchhoff, Hermes I, 21.

** συμμάχοις ἀπαντήσεις ἐποίησαν — τοῖς παραγινομένοις φίλοις καὶ εὐεργέταις Ῥωμαίοις: Grasberger, Erziehung und Unterricht im klass. Alterth. III, 137.

*** Demosth. XVIII 256: χάριτος δήμου καὶ δήμου Ἀθηναίων. So sieht Aristoteles in dem Charitenheiligthum die Anerkennung einer Verpflichtung zur ἀνταπόδοσις. Eth. Nicom. p. 88, 28.

erweitert, und da die Bauten, wie es scheint, nicht sehr solide ausgeführt wurden, war das Portal des älteren Eingangs und ebenso der Tempel, der als das ursprüngliche Filial des epidaurischen Heiligthums galt, in Verfall gerathen, und der Priester des Heilgottes und der Hygieia, Diokles, erbat sich vom Rathe die Erlaubniss, aus seinen Mitteln den älteren Theil des Tempelbezirks neu herzurichten (XVII 47).

Von der herkömmlichen Feier der dionysischen Feste zeugen die hymettischen Steintafeln mit den Verzeichnissen der aufgeführten Komödien, welche nach zehnjährigen Abschnitten auf den einzelnen Tafeln zusammengestellt waren.* Die bildenden Künstler waren in voller Thätigkeit, namentlich die Familie, in welcher die Namen Eucheir und Eubulides wechselten. Es war eine sehr angesehene, begüterte, auch in Delphi hoch geehrte Familie,** und von ihren Mitgliedern wurden um dieselbe Zeit, da Korinth verwüstet wurde, im Kerameikos grossartige Weihgeschenke errichtet, welche auf gemeinsamer Grundmauer Gruppen glänzender Marmorstatuen vereinigten.***

An dem friedlichen Gedeihen der Stadt hatten die Römer einen wesentlichen Antheil, indem sie dafür sorgten, dass keine Parteiwirren die Ruhe störten und den Fremdenverkehr unterbrachen. Diese Maßregeln hingen mit den Anordnungen zusammen, welche nach dem Ende des achäischen Kriegs ganz Griechenland betrafen: Einführung eines Census und Aufhebung der demokratischen Verfassungen. Den Hauptanstoss bildeten immer die im Theater oder in theaterähnlichen Räumen tagenden Volksversammlungen, ein nach römischen Begriffen unerträgliches Unwesen. Man liess also vor der Attaloshalle eine Tribüne errichten, vor welcher die Bürgerschaft zusammenberufen wurde; es war eine ähnliche Maßregel wie die der Dreissig (S. 199). Die römischen Reformen erfolgten ganz nach dem Programm der alten Oligarchen, und so waren die Römer thatsächlich in die Geleise der macedonischen Politik eingelenkt, indem dem Statthalter in Thessalonike die Oberaufsicht der städtischen Verfassungen übergeben und für die ganze Hämushalbinsel ein gleichartiges Regiment hergestellt wurde, wie einst für das Königreich des Kasander.

Die Einbusse an alten Volksrechten wurde auch bei dem Genusse eines friedlichen Wohlstandes nicht verschmerzt, und die wachsende Verstimmung kam zum Ausbruch, als plötzlich ein neuer Dynast im Morgenlande auftrat, wilder und abenteuerlicher als alle früheren Philhellenen des Ostens, dem die Bundesgenossenschaft Athens wichtig war, um seinen

---

* *CIA.* II 2 p. 403.
** Löwy, Inschriften griech. Bildhauer n. 542.
*** Löwy, n. 228.

Unternehmungen Glanz zu verleihen und sich die europäischen Häfen zu sichern. Von des Mithradates Herrlichkeit berauscht, kehrte Aristion aus Asien heim und entzündete die Bürgerschaft, die schon gewohnheitsmässig vor der Attaloshalle zusammen zu kommen pflegte. Die Athener, sagte er, seien in dem unwürdigsten Zustande; die ehrwürdigen Versammlungsplätze der Vorfahren, wie Pnyx und Theater, seien verödet. Im Bunde mit dem reichsten und kühnsten Gegner des verhassten Roms müsse Athen sich jetzt aus den Banden los machen, welche es immer fester einschnürten.

So wurde, vom Golde des Orients verlockt, Athen noch einmal in die Wogen eines blutigen Völkerkriegs hereingezogen. Der Peiraieus wurde ein Stützpunkt der pontischen Kriegsmacht; deshalb kam die Strafe für die unbesonnenste aller Erhebungen um so schneller und schwerer. Auch die Mauern der Stadt, die für das Unterpfand ihrer Selbständigkeit gegolten, deren Abbruch man einst wie die Befreiung von Hellas begrüsst hatte, die dann von Griechen und Persern erneuert waren, um Griechenland vom Joche Spartas zu befreien, diese Mauern wurden, als sie nun zum ersten Male dazu dienen sollten, die vom Feind umringte Stadt zu schützen, ihr Verderben, weil ihre Widerstandsfähigkeit den Feind aufhielt und erbitterte, ohne auf die Dauer Trotz bieten zu können. Sie zwangen Sulla zu einem Belagerungskampfe, für den alle vorstädtischen Baumpflanzungen abgeholzt wurden. Die Schenkelmauern waren nicht wieder hergestellt; der Kampf vollzog sich also in zwei Belagerungen, und der Schaden, der nur durch das kühne Programm des Themistokles (S. 103) hätte vermieden werden können, kam im vollen Maße zu Tage. Archelaos und Aristion waren ausser Stande, gemeinschaftlich zu handeln und sich gegenseitig zu helfen. Die Häfen waren offen, aber das flüchtige Landvolk überschwemmte die Stadt, die Zufuhr fehlte. Im Peiraieus bewährten sich die Werke des Themistokles unter der muthigen Vertheidigung des Archelaos, der, auf das kleine Kastell am munichischen Hafen zurückgedrängt, nur auf Befehl seines Kriegsherrn die unbesiegte Stellung aufgab.

In Athen wurde die Demagogie, wie in den Tagen des Lachares, zum wildesten Terrorismus und die Burg zur Tyrannenfeste. Endlich war am 1. März 86 v. Chr. zwischen dem piräischen Thore und dem heiligen beim Heptachalkon (LXXXVI 90) Bresche gelegt, um den einrückenden Legionen Bahn zu machen.* Zum ersten Male erfuhr Athen ungemildert

---

* Die räthselhafte Verschüttung der Gräberstrasse bei Hagia Triada (S. 200) hat Ath. Rhusopulos aus sullanischen Belagerungsarbeiten, einem agger ad promovendas machinas zu erklären versucht. Vgl. meinen Aufsatz über das Dipylon in den Commentationes philologae in honorem Th. Mommseni p. 593.

alle Schrecknisse einer gestürmten Stadt. In der Burg eingeschlossen, liess Aristion das Odeion des Perikles anstecken, damit seine Balken dem Feinde nicht zum Angriffe dienten (LXXXVIII 31), und hielt sich, bis das letzte Wasser in den Cisternen versiegte. Die Hafenstadt wurde mit ihren Anlagen am gründlichsten zerstört, um Alles zu vernichten, woran eine tollkühne Demokratie neue Seeherrschaftsgelüste anknüpfen könnte, und das letzte grosse Bauwerk der Republik, die Skeuothek, wurde von Grund aus verwüstet; ebenso die Schiffswerfte (CXVII 30), und das, was von den Werken des Themistokles als letzte Merkwürdigkeit berichtet wird, ist die Entdeckung einer rothen Farbe, welche auf der Brandstätte des Peiraieus zum Vorschein gekommen sein soll, wie man aus dem Brande von Korinth neue Bronzemischungen ableitete (CXVII 32).

Nachdem Athen die bitterste Kriegsnoth erprobt hatte, traten mildere Rücksichten ein, denen ein Feldherr von hellenischer Bildung, wie Sulla, nicht unzugänglich war. Dazu kamen äussere Einflüsse. In seinem Gefolge waren Consularen, welche mit dem Scipionenkreise geistig zusammen hingen. Dann waren Athener im Lager, welche als Gegner der mithradatischen Partei geflüchtet waren und für die Vaterstadt des Siegers Grossmuth anflehten, namentlich Meidias und Kalliphon.* Wenn daher auch Einzelne das Kriegsrecht in voller Strenge geltend machen wollten und von der Halle des Zeus Eleutherios die geweihten Schilder herunternahmen, um alle Erinnerungen athenischen Heldenmuths zu vernichten (XL 56), siegte am Ende doch die Milde. Sulla konnte nun erst mit seinem Siege und dann mit seiner Grossmuth prahlen, die ihn veranlasst habe, die Lebenden der Todten wegen zu schonen.

Auswärts aber erweckte das Schicksal der Stadt neue Theilnahme, und der kappadocische Fürst Ariobarzanes II. Philopator war mit seinem Nachfolger sofort bestrebt, den Kriegsschaden nach Kräften zu mildern und vor Allem das Odeion wieder in alter Weise herzustellen (LXXXVIII 35). Auch die Römer vergassen grossmüthig die Ausbrüche feindseliger Gesinnung und fühlten sich wieder wohl in der Stadt, seit römischer Ordnungsgeist in ihr waltete und die Bürger an einem bescheidenen Wohlstande sich genügen liessen. Was ihnen am meisten zu Gute kam, war die wachsende Liebe zu attischer Bildung in den vornehmen Kreisen der Hauptstadt. Allen Freunden Platos war Athen eine geistige Heimath, und sie konnten dem Reize nicht widerstehen, auch persönlich dort heimisch zu werden. Sie kauften das Bürgerrecht, sie bewarben sich

---

* Plutarch, Sulla 14. clades Sullana: περίστασις CIA. II 386.

um die Gemeinschaft an den Mysterien; es erschien ihnen als ein Glück auf attischem Boden zu leben und bestattet zu werden.

Das anschaulichste Bild dieser römischen Athener ist Titus Pomponius Atticus, der sich seinen Wohnsitz am Ilisos aussuchte und dort, wo nach Platos Phaidros Oreithyia geraubt war, ein altes Bürgerhaus zu seinem Wohnsitz erwarb (XXIII 25).

In Atticus tritt uns eine ganz neue Art des Philhellenismus entgegen, wie er nur in einem stammverwandten Volke sich entwickeln konnte, dessen edelste Geister in Athen fanden, was sie zu Hause entbehrten, eine ideale Sphäre des Daseins. Es war aber keine weichliche Schwärmerei, kein müssiges Schwelgen in wohlthuenden Erinnerungen, sondern ein Sich-Einleben in griechisches Wesen, ohne das heimathliche zu verleugnen; denn er suchte auch den Athenern zu geben, was ihnen gebrach, namentlich Pünktlichkeit und Gewissenhaftigkeit in allen geschäftlichen Angelegenheiten.* Er sprach griechisch wie ein Kind von Athen. Doch hatte er einen Athener als Vertrauensmann neben sich, Namens Phidias, der seine rechte Hand war, indem er alles ausführen half, was sie zusammen beschlossen hatten. Beide erschienen unzertrennlich, als ein Paar unermüdlicher Wohlthäter, so dass sie nach der Heimkehr des Atticus an verschiedenen heiligen Plätzen (man denkt zunächst an das Charitenheiligthum) neben einander von den dankbaren Athenern durch Standbilder geehrt wurden.**

Nach des Atticus Beispiel wurde Athen der Sitz einer immer wachsenden Römercolonie, einer Auswahl gebildeter und ideal gestimmter Männer, die sich kürzer oder länger dort zusammenfanden, und die, so lange sie lebten, der athenischen Jugendjahre mit dankbarer Begeisterung gedachten. Von Staatswegen enthielt man sich aller Eingriffe, und ehrte die Festigkeit des Areopags, welcher auch einem Servius Sulpicius das

---

* Cornel. Nepos, Atticus c. 2: Ita se interposuit, ut neque usuram iniquam acceperit neque longius, quam dictum esset, debere passus sit.

** c. 3: quam diu affuit, ne qua sibi statua poneretur restitit; absens prohibere non potuit. Itaque ipsi et Phidiae locis sanctissimis posuerunt: hunc enim in omni procuratione rei publicae actorem auctoremque habebant. Ich lese: habebat, weil hier nach meiner Meinung von einem Athener die Rede ist, welcher der Anstifter und Ausführer dessen war, was Atticus in seiner Pflege des Gemeinwesens (procuratio, ἐπιμέλεια) that. Er war der Zweite neben Atticus; darum kann er nicht ein unbedingter Vertrauensmann des Volkes, der erste Staatsmann Athens gewesen sein. Dafür sind auch die Bezeichnungen seiner Wirksamkeit zu unbestimmt. Die in der Berliner Philol. Wochenschrift 1890, S. 1128 vorgeschlagene Lesart Fidel ist schon wegen des „hunc" unmöglich. Berühmte Namen der klassischen Zeit waren im römischen Athen sehr beliebt. Vgl. Index zu CIA. III.

Gesuch abschlug, dem M. Marcellus gegen das solonische Gesetz innerhalb der Stadt die Bestattung zu gewähren.*

In der Zeit der Bürgerkriege fehlte die Zucht einer stetigen Oberaufsicht, und deshalb wagte die Stadt wieder kecker vorzutreten und eine selbständige Stellung einzunehmen. Vermochte sie also auch nicht mehr in die Weltbegebenheiten einzugreifen, so waren die Bürger doch zu verwöhnt, um nicht den Grossen der Erde gegenüber ihrer Stimmung freien Ausdruck zu geben; das Auftreten berühmter Männer in Athen war immer ein weltkundiges Ereigniss, das mit freigebigen Geschenken und glänzenden Festlichkeiten verbunden war, und die Athener wurden nicht müde, für jeden Ehrengast neue Huldigungen zu ersinnen. Für Pompeius schmückte man das Thor mit doppelten Wahrsprüchen, in denen er wie ein Gott bewillkommt und entlassen wurde.** Bei der Anwesenheit von Brutus und Cassius schlug das demokratische Feuer wieder aus der Asche empor, und auf der vielfach entehrten Orchestra am Kerameikos wurden den neuen Tyrannenmördern ihre Standbilder neben Harmodios und Aristogeiton errichtet, die man als die Vorbilder aller Freiheitshelden angesehen wissen wollte (LVII 56).

Antonius verweilte mit Vorliebe bei den Athenern, die er wieder mit einer Reihe von Inseln beschenkte und mit neuen Seemachtsträumen erfüllte, hierin wie in seiner orientalischen Hoffart mit der Dynastie des Antigonos wetteifernd. Liess er sich doch gleich Demetrios wie einen neuen Dionysos feiern und veranstaltete phantastische Zauberfeste, indem er oberhalb des Theaters ein mit frischem Buschwerk bedecktes Gerüst ausspannen liess, um darauf mit seinen Genossen üppige Zechgelage zu halten, und wenn er auf die Burg hinaufstieg, liess er von allen Dächern der Stadt die Fackeln leuchten. Er wollte ein ganzer Athener sein, so dass er auf den parthischen Feldzug einen Zweig des heiligen Oelbaums und einen Krug mit Klepsydrawasser mitnahm. Sein Untergang aber wurde, wie die Athener erzählten, in ihrer Stadt durch schreckende Wahrzeichen angekündigt: als ein gewaltiger Sturm von den Bildsäulen des Attalos den Dionysos in die Tiefe des Theaters hinabwarf, und ebenso die Kolosse, welche man mit göttlichen Attributen auf der Akropolis für Antonius und Kleopatra errichtet hatte (LVII 9).***

---

* Cicer. Epistol. IV, 12: ab Atheniensibus locum sepulturae intra urbem ut darent, impetrare non potui etc. Philhellenische Sehnsucht nach einem Grabe in Athen: κεῖμαι κλιτναῖς ἐν Ἀθήναις CIA. II 3004. Schon bei II. Triada überwiegend Fremde: Mitth. V, 187.

** Plut. Pomp. 27.

*** Athenaios 148. Plut. Antonius 34.

Octavian hatte in der That keinen Grund, den Athenern gewogen zu sein, aber die Stadt war auch bei völliger Unselbständigkeit immer eine Macht, mit der man rechnen musste. Darum kam er von Actium gleich nach Athen, spendete Getreide und liess sich in Eleusis weihen.* Der Principat beruhte darauf, dass in einer höheren und weiteren Geistesbildung die stadtrömischen Ueberlieferungen zurücktreten sollten; dazu bot sich aber kein wirksameres Mittel dar, als die Kunst und Wissenschaft der Hellenen. Darum mussten die Julier in die philhellenische Politik der Nachfolger Alexanders einlenken. Schon Julius Caesar hatte die Athener beschenkt. Octavian erkannte seine Aufgabe darin, durch eine richtige Verbindung von philhellenischen Rücksichten mit einer verständigen Reichspolitik der Stadt endlich eine ihrer würdige, aber festgeordnete Stellung zu geben. Dem eitlen Grossmachtsdünkel sollte nicht geschmeichelt werden. Er liess die Athener den ernsten Geist römischer Zucht empfinden, indem er dem Unwesen steuerte, welches zu Gunsten der städtischen Kasse mit dem Verkaufe des attischen Bürgerrechts getrieben wurde, aber die Ausnahmestellung, welche Athen im neuen Weltreiche beanspruchen konnte, erkannte er in vollem Maße an. Nach seinem Vorgange hat kein Herrscher Roms seinen Kopf auf attische Münzen zu setzen gewagt. Eine schrankenlose Macht hat sich vor Athen selbst eine Schranke gesetzt.

Auch im städtischen Cultus musste etwas Neues geschaffen werden, denn gottesdienstliche Gemeinschaft war die unerlässliche Bedingung jedes dauernden Verhältnisses der Staaten und Völker zu einander.

Im Anschluss an die Personifikation von Städten und Gemeinden war die Göttin Roma schon eingebürgert; sie war die beste Ueberleitung zum Cultus der Persönlichkeit, durch welche Rom Mittelpunkt eines Reichs wurde, das die Völker und Städte des Erdreichs wie in einem friedlichen Hafen aufnahm, zum Cultus des Staatsoberhaupts. Dieser Fürstencultus wurzelte im Morgenlande, und die Römer hatten bis dahin eine durchaus schwankende Stellung zu den ihren Machthabern dargebotenen, göttlichen Ehren eingenommen. Die Einen hatten spröde Zurückhaltung gezeigt, die Anderen, wie Antonius, waren auf die orientalische Ueberschwänglichkeit voll eingegangen und hatten sich als Götter ehren lassen. Der Dionysoscultus hatte sich seit Alexander als der geschmeidigste bewährt (S. 221).

Man suchte etwas Neues, um die Epoche, welche für den Erdkreis eingetreten war, mit richtigem Ausdruck zu kennzeichnen, so dass den

---
* Dio Cass. 51, 4. Plut. Anton. 68.

Anschauungen des Morgen- wie des Abendlandes Rechnung getragen wurde. Hier ist der richtige Weg in Pergamon gefunden, das die Römer in die östliche Welt eingeführt hat.*

Ungleich weiser als Alexander, wollte Octavian nicht in den Olymp eindringen, sondern nur in Verbindung mit der von den Hellenen aus eigenem Antriebe vergötterten Roma göttliche Ehre in Anspruch nehmen. So wurde, wie in Pergamon, auch in Athen der neue Cultus eingeführt, und hier verband sich das Neue mit dem Alten um so natürlicher, weil Athena selbst wesentlich Stadt- und Staatsgöttin war, die waffentragende Roma also wie eine neue Form der einheimischen Stadtgöttin auftrat. Die römisch-kaiserlichen Feste konnten sich unmittelbar den Athenafesten einreihen.

Auch in dem Punkte schloss sich der neue Cultus alter Volkssitte an, dass Stadtgründer oder die, welche ihnen vergleichbar ein neues Leben und Gedeihen begründet hatten, von jeher wie übermenschliche Wesen geehrt wurden. So hat Augustus auch in Italien nur an solchen Orten, die seine Colonien oder seine besonderen Schutzorte waren, göttliche Verehrung seiner Person gestattet. Deshalb war mit der Einführung des Cultus auch die Verpflichtung einer besonderen, landesväterlichen Fürsorge eng verbunden.

So wurde in Athen auf der Akropolis vor dem Parthenon schon in der ersten Hälfte der Regierung Octavians, wie wir voraussetzen dürfen, bald nach 27 v. Chr. von der Bürgerschaft der Rundtempel geweiht für den Cultus der Göttin Roma und des Augustus, und zwar unter amtlicher Betheiligung der Priesterin der Athena Polias (XXXVIII 86). Neuerdings ist auch dieser Marmorbau mit seinen Grundmauern, seinen neun Säulen, welchen die des Poliastempels zum Vorbilde dienten, und seinen Architraven wieder zu Tage getreten, das wichtigste Denkmal einer neuen Aera der Stadtgeschichte.**

Ein zweites steht wohl erhalten in der Unterstadt, das aus den Geldspenden des Julius Caesar und Augustus von der Bürgerschaft unter der Leitung des Strategen Eukles errichtete Marmorthor, das sein Vater Herodes begonnen hatte (LXXII 93). Die Höhe des Giebels krönte das Standbild des Lucius Caesar, welcher im Jahre 12 v. Chr. adoptirt wurde und dreizehn Jahre nachher starb. Darnach bestimmt sich die Zeit des Gebäudes, und wenn in der Inschrift einer Gesandtschaft des Herodes Erwähnung geschieht, so darf man voraussetzen, dass er in Rom gewesen sei, um die kaiserliche Gunst für Athen zu gewinnen und über den Thorbau

---

* O. Hirschfeld, Sitzungsberichte der Akad. der Wiss. 1888, S. 837 f.
** Kawerau, Antike Denkmäler I, 25, 26.

zu verhandeln. Man hatte die Absicht, die ganze neue Dynastie in diesem Denkmal zu feiern. Es war ein Festthor, dessen mittleres Intercolumnium, für Wagen und Reiter bestimmt, zweieinhalb Mal so breit ist, als die beiden Seitengänge; es stand also auf einer Prozessionsstrasse, und da es der Athena geweiht war, kann nur an die panathenäische Feststrasse gedacht werden.

Seit Kurzem ist es möglich, das hervorragende Denkmal in seinem örtlichen Zusammenhange zu erkennen, wie es die beifolgende Skizze (Fig. 30) veranschaulicht.

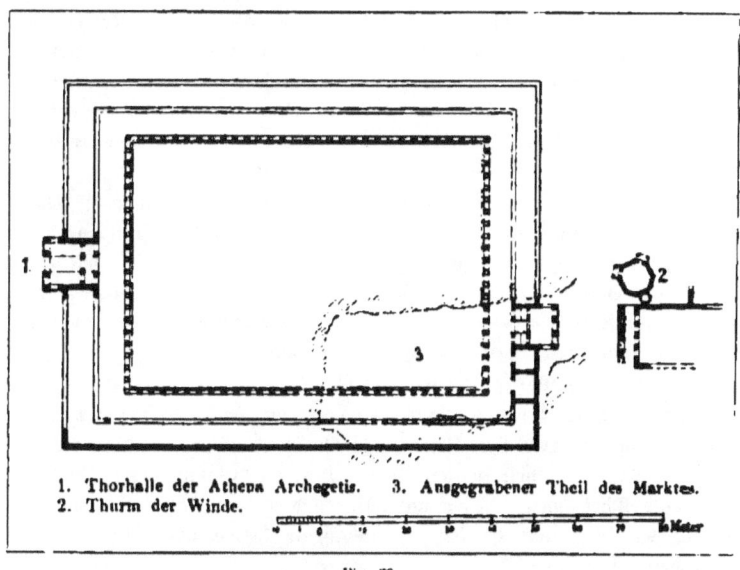

1. Thorhalle der Athena Archegetis.   3. Ausgegrabener Theil des Marktes.
2. Thurm der Winde.

Fig. 30.

Es bildete den westlichen Eingang zu einem mit ionischen Säulen eingehegten, mit Marmorquadern gepflasterten Platze, der sich ostwärts nach dem Thurm der Winde erstreckt. Hinter dem Säulengange lagen quadratische Gemächer neben einander, welche als Magazine und Kaufläden gedient haben. An der Südseite ist eine zweite Säulenhalle errichtet worden, wie die noch unvollendete Ausgrabung zeigt. Im Osten öffnet sich ein Portal, dessen Thorgänge an Breite denen des westlichen Hauptthors entsprechen, und es ist wahrscheinlich, dass weiter nach Norden ein zweites Portal vorhanden war, um den Verkehr mit dem Platze, auf dem der Windthurm steht, zu erleichtern. Dieser Platz ist höher gelegen. Eine Reihe von Stufen führt zu der in einigen Bogen erhaltenen

Arkadenreihe, deren Fries die Widmung des Gebäudes an Athena und die kaiserliche Familie trägt (XVIII 74.) Es stösst unmittelbar an die Rückseite des Windethurms, dessen Achse genau nach dem astronomischen Norden gerichtet ist.

Es sind also wie in Rom so auch in Athen zur augusteischen Zeit inmitten der Stadt Marktanlagen, wie sie damals modern und beliebt waren, grosse, rechteckig umsäulte Verkehrsäle eingerichtet worden. Nirgends aber war ein Prachtbau zu Ehren des regierenden Hauses mehr am Platze als hier, und wir sehen, wie der neue Cultus sich auch in der Unterstadt an den altheimischen angeschlossen hat, an Hestia oder an Apollon (XXXIV 79), an Ares (XV 32), vor Allen aber an Athena, deren Cultus durch den der Cäsaren neu belebt wurde. Als Archegetis erhielt sie, von Zeus gelöst, eine höhere, eine ökumenische Bedeutung, indem ihre Stadt als die Mutterstadt aller höheren Bildung und sie selbst als die Urheberin dieses geistigen Segens verehrt wurde.*

Nach dem Tode des Augustus ist unter gleicher Widmung an Athena und das Cäsarenhaus der Arkadenbau gegründet worden. Im Anschluss an das neue Prytaneion (S. 244) und an das Horologium des Andronikos wurde diese Gegend im alten Kollytos allmählich das glänzendste Stadtquartier: die Kollyteer waren jetzt ein ihrer Gewandtheit wegen bekanntes Marktvolk und man sagte im Sprichwort, dass die Kinder hier früher als anderswo zungenfertig würden (LXXI 73).

Das waren in der Unterstadt die monumentalen Zeugnisse der neuen Aera, welche das zwischen Orient und Occident so lange hin und her geworfene Athen endlich in den sichern Hafen eines mächtigen Friedensreichs eingeführt hatte. Auch die bürgerlichen Feste fanden neues Gedeihen, wie die nun wieder regelmässigen Listen der Choregen und Agonotheten bezeugen.**

Unter den Rathgebern Octavians, welche in den attischen Angelegenheiten von Einfluss waren, nahm Agrippa eine hervorragende Stellung ein. Des Atticus Schwiegersohn, war er ein Erbe seiner Gesinnung und mit Athen von Jugend auf vertraut. Seine Liebe zu attischer Bildung bezeugt das für wissenschaftliche Vorträge und Redeübungen erbaute Theater, das Agrippeion (XCII 81), und wie hoch die Athener sein Verdienst um ihre Stadt geschätzt haben, zeigt noch heute der viereckige Marmorthurm vor den Propyläen, zwischen 12 und 27 n. Chr. errichtet,

---

* Ein Nachklang dieser Verklärung der Athena bei Aristeides Athena § 11: χρηστὸν οὐδὲν ἄτερ τῆς Ἀθηνᾶς. § 12: ἡ τοῦ παντὸς ἡγησαμένη θεός.
** Mittheilungen des athen. Inst. III, 24. *CIA.* III, 78.

auf dem Agrippa zu Wagen dargestellt war (LVI 25); die Vorderseite war dem Aufgange zugewendet. Eine ausgezeichnetere Aufstellung ist keinem Ehrendenkmale gegeben worden, und wir dürfen voraussetzen, dass dieser Platz besonders geeignet war, an seine Wirksamkeit zu erinnern.

Es wird aber ein grossartiges Bauwerk am Burgfusse erwähnt, das dieser Zeit angehören muss, eine rampenartige Bauanlage unter den Propyläen (LXXVII 23). Es ist also sehr wahrscheinlich, dass der Aufgang zur Akropolis, der im sullanischen Kriege, als Curio der Besatzung die Klepsydra abschnitt, arg verwüstet worden war, nach der neuen Weihe, welche der Burg durch den Roma-Augustustempel zu Theil wurde, für die Festzüge der Panathenäen, mit denen die Kaiserfeste verschmolzen wurden, eine würdige Erneuerung erhalten hat, und dass Agrippa bei diesem Werke betheiligt gewesen ist.

Auch die Bewachung der Burg wurde neu geordnet, nachdem sie schon in alter Zeit mehrfach ein Gegenstand öffentlicher Sorge gewesen war: denn einerseits wollte man innerhalb der ummauerten Stadt keine abgesonderte Festung haben, andererseits konnte die militärische Wichtigkeit der Burg und die Fülle der Schätze daselbst nicht ausser Acht gelassen werden. Aus der perikleischen Zeit stammt ein Volksbeschluss, der auf das Schleunigste die Herstellung eines Wachthauses anordnet, da sich die Verwahrung der Burg ungenügend erwiesen hatte, Diebsgesindel fern zu halten. Er stammt aus der Zeit, da die grossen Bauten oben ausgeführt wurden und da es vor Vollendung der Propyläen unmöglich war, die hinaufsteigende Volksmenge zu controliren.*

Neu geregelt wurde diese Angelegenheit im Anfange der Kaiserzeit und zwar im Zusammenhange mit dem neuen Aufgange, der „Anabasis".** Aus dieser Zeit stammen die Verzeichnisse von „Akrophylakes" und „Pyloroi", welche mit einem Trompeter zusammen den Ehrendienst einer Thorwache versahen. Unmittelbar beim Postament des Agrippa haben die Pyloren einen Altar errichtet, an welchem sie dem Apollon Agyieus opferten (XII 75). Befestigungswerke werden noch aus späterer Zeit erwähnt, aber das Institut der Pyloren verschwindet wieder nach der Mitte des ersten Jahrhunderts.***

---

* Bulletin de Corr. Hell. XIV, 177. Vergl. Hermes 26, 51, wo ohne Grund eine Suspension des Asylrechts angenommen ist. Kallikrates wird mit dem Bau des Wachthauses beauftragt; der Wachdienst soll getheilt werden zwischen τοξόται und Bürgersöhnen. Foucart hat vollkommen richtig die Lücke im Text erkannt.

** ἀνάβασις, ἄνοδος Arch. Zeitung 1854, S. 202. K. Keil, Zeitschrift für Alterthumswiss. 1849, S. 513.

*** Vergl. Richard Schöne, Hermes IV, 293.

Germanicus in Athen. 259

Dass man den in neuer Würde hergestellten Aufgang damals zu ehrenden Bewillkommnungen benutzt hat, bezeugt die Inschrift auf Augustus' Enkel Germanicus, der mit besonderer Ehrerbietung die Stadt betreten hatte und mit den ausgesuchtesten Ehren begrüsst wurde. Ein Denkmal

Fig. 31.

desselben ist, wie die vorstehende Skizze (Fig. 31) zeigt, neuerdings zu Tage gekommen,* dem Agrippathurm gegenüber, an dem Eckpfeiler der

---

* Lolling, Δελτίον V, S. 179; die Inschrift B ist nicht älter als das erste Jahrh. v. Chr. Der Eckpfeiler ist Aufang 1889 von Kawerau hergestellt worden. Vgl. Tacitus, Ann. II, 56: quaesitissimis honoribus excepere.

Treppe, welche von dem grossen Aufgange rechts zur Terrasse der Athena-Nike hinaufführt. Hier ist die Ehreninschrift der Bürgerschaft für Germanicus unmittelbar unter dem Reiterdenkmal (S. 155) angebracht; es wurde also dem römischen Fürstensohne zugeeignet, als wenn es für ihn gemacht worden sei, nach der unwürdigen Sitte, die damals üblich geworden war, alte Ehrenstatuen auf neue Wohlthäter umzuschreiben, wie es vielleicht zuerst für Antonius geschah mit den pergamenischen Königsbildern; dann mit Miltiades, Themistokles u. A. (LXII 86).*

Ueber die städtischen Interessen weit hinausgehend waren die Absichten Octavians, welche ihm bei dem Olympieion vorschwebten. Hier waren es amphiktyonische Gedanken, welche wohl schon von den Pisistratiden bei diesem Heiligthume gehegt wurden (S. 74). Es sollte jetzt, wie ein geistiger Mittelpunkt aller hellenistischen Staaten des Ostens und Westens angesehen, von allen Verbündeten und Freunden des Kaisers gemeinsam aufgebaut werden (XLII 47). Octavian hatte nach Cäsars Vorgange im fernen Osten dem jüdischen Volke eine besondere Aufmerksamkeit zugewendet, und unter seinen Freunden war Herodes eine hervorragende Persönlichkeit, dessen ganzes Streben dahin ging, hellenische Cultur in Palästina einzuführen und wiederum an den berühmtesten Plätzen Griechenlands seine Person wie sein Volk zu Ehren zu bringen. Wenn uns von ihm bezeugt wird, dass er auch auf der Akropolis Stiftungen gemacht habe, so sind wir berechtigt, den Spuren derselben nachzugehen, und ich glaube in dem Heiligthum der Athena Ergane eine herodische Stiftung nachweisen zu können; denn es wird nicht zu gewagt erscheinen, in dem göttlichen Wesen, das daselbst mit einer vollständig unerklärlichen und zweifellos verdorbenen Bezeichnung erwähnt wird (XIX 7), mit leichtester Aenderung den „Gott der Juden" herzustellen; es ist eine so nahe liegende Aenderung, dass sie nur deshalb abgelehnt wurde oder unbeachtet blieb, weil man sich nicht zu erklären wusste, woher der Jehovadienst auf der Akropolis stammen sollte. Athena Ergane war die Vertreterin aller

---

* Alte Unsitte (odi falsas inscriptiones statuarum alienarum: Cicero ad Atticum VI, 1, 25), entstanden aus dem leidenschaftlichen Verlangen, in Athen irgend wie bezeugt zu sein (volo esse aliquod monumentum). Εἰκόνες μετεγγεγραμμέναι: Götterbilder (Ποσειδῶν ἐφ᾽ ἵππῳ XXXVIII 28), Porträtstatuen (Isokrates' Mutter LVI 70); hier war die alte Inschrift beseitigt. Man liess auch die ursprüngliche Dedication stehen und setzte die neue einfach darunter wie bei Germanicus, oder man kehrte alte Fundamentsteine um und machte die ursprünglich abgekehrte Seite zur Fronte. So wurde aus einem Fundamente, das ein Werk von Leochares und Sthennis getragen hatte, eine neue Basis zusammengestellt für eine Statuengruppe der kaiserlichen Familie (Augustus, Germanicus, Drusus, Tiberius) *CIA.* III, 447 bis 50; 462. Wachsmuth I 668, 679.

künstlichen Technik, und da auf diesem Gebiete die Hellenen am meisten von den Völkern des Morgenlandes gelernt haben, so mag darin ein Grund liegen, dass ihr Heiligthum gewählt wurde, um darin für den Gott eines semitischen Volkes von König Herodes ein Denkmal errichten zu lassen. Es ist, wenn unsere Vermuthung richtig ist, nach dem Standbilde des Hohenpriesters Hyrkanos (S. 248) die zweite, auf die Geschichte der Juden bezügliche Stiftung unter den Athenern.*

Augustus ist der grösste Wohlthäter Athens gewesen. Durch ihn ist die Stadt, welche Jahrhunderte lang einer eigennützigen Politik des Auslandes preisgegeben war, von den nordischen Gewaltherren gezüchtigt, von denen des Ostens verzogen und verdorben, endlich fest mit dem Westreiche verbunden worden, in welchem schon Polybios den einzigen Rückhalt für die Zukunft seines Volks erkannt hatte. Hier allein war ein gegenseitiges Verständniss, eine ehrliche Vereinigung der beiderseitigen Interessen möglich. Denn es handelte sich nicht um die kleine Zahl derer, die es als ein persönliches Glück empfanden, in Athen heimisch zu werden, sondern nach dem Programm des Principats war es auch der Staat Rom, der des Anschlusses an Athen bedurfte, und die Dichter wie die Geschichtschreiber der augusteischen Zeit, Griechen wie Römer, wurden nicht müde, das Gefühl uralter Stammverwandtschaft beider Nationen zu beleben.

Die friedliche Verschmelzung war in vollem Gange. Der Vesta von Rom wurde ein Cultus eingerichtet, um den römischen Stadtherd als einen heiligen Gemeinherd des griechisch-römischen Erdkreises anzuerkennen (XXXIV 85). Die Menge römischer Namen bezeugt, wie rasch durch Adoption und Ertheilung des Bürgerrechts die Nationen mit einander verwuchsen. Die Römer waren nicht nur die Empfangenden; sie wirkten wohlthätig auf den Charakter der Athener, wie Atticus es gethan hat. Auch ungünstige Einwirkungen konnten nicht ausbleiben, wenn hauptstädtische Moden, wie Thierhetzen und Gladiatorenspiele, Nachahmung fanden und den Boden attischer Theater entweihten.

Athen war mehr als je die einzige Griechenstadt, welche einer Berücksichtigung würdig war; sie war das Reiseziel aller Gebildeten, welche die dem Römer angeborene Neigung zu einem von allen Welthändeln zurückgezogenen, ländlichen Leben mit der neuerwachten Liebe zu Philosophie und Poesie hier so glücklich verbinden konnten, das anmuthige Gegenbild der tobenden Weltstadt.

---

* Herodes Stiftungen in Sparta und Athen: Josephus, Bell. Jud. I, 21. Berenike, die Nichte Herodes des Grossen μεγάλων βασιλέων εὐεργετῶν τῆς πόλεως ἔκγονος CIA. III, 556.

Athen war immer stiller geworden.* Der Seehandel, der nur durch die Macht der Stadt nach Athen gezogen war, ging an den attischen Küsten vorüber. Für den äusseren Weltverkehr hatte es aufgehört, ein centraler Platz zu sein, um so mehr blieb es ein solcher für den der Geister. Die Lehrsitze der alten Philosophen wurden wie Heiligthümer unversehrt erhalten. Darum baten die Epikureer Cicero um seine Verwendung bei Memmius, er möge doch darauf Verzicht leisten, Epikurs Wohnhaus, dessen Grundstück er erworben hatte, umzubauen.** Aber nicht nur die einheimischen Schulen lebten an den alten Plätzen fort, sondern auch diejenigen, welche der Ueberlieferung selbständig und kühn entgegentraten, machten Athen zum Schauplatz ihrer reformatorischen Bestrebungen.

Apollonios von Tyana eiferte gegen den Zeitgeist, gegen die fortschreitende Verwelschung der Stadt, gegen die Romanisirung der Familien, gegen die Brutalität der Gladiatorenkämpfe, die mit dem Altar der „Barmherzigkeit" im Kerameikos (S. 65) unverträglich sei: das alte Griechenvolk sollte von Neuem erstehen.*** Bald darauf war Paulus in Athen, um in der gottesfürchtigsten aller Städte die Hellenen von der Thorheit des Bilderdienstes zu überzeugen. Er wurde von denen, die er am meisten erbittert hatte, nach der Königshalle geführt, wo die vom Areopag zu entscheidenden Rechtssachen anhängig gemacht wurden (S. 68); es war derselbe Platz, wo nach Platon auch Sokrates und Euthyphron sich trafen. Hier musste erst darüber entschieden werden, ob eine Anklage wegen Einführung neuer Götter begründet sei, und hier konnte der Apostel vor der Königshalle, inmitten der Vertreter des Areopags, einer grossen Versammlung von Menschen verständlich, die Rede halten, in welcher er die Anklage zurückwies, weil er keinen neuen Gott einführe, sondern nur den „unbekannten", dessen Altar er bei seiner Durchwanderung der Denkmäler gesehen hatte, ihnen bekannt machen wolle. Vieles von dem, was aus seinem Munde kam, musste bei echten Athenern inneren Anklang finden, denn mit uralt pelasgischer Anschauung stimmte es ja durchaus überein, dass der Herr des Himmels und der Erde nicht in Tempeln, von Händen gemacht, wohnen könne. Der hohe

---

* vacuae Athenae: Horat. Epist. III, 2, 9 im Gegensatz zur regia Roma.
** Cicero ad Famil. XIII. Philippi, Areopag S. 300.
*** Lucian Demon. 57: Ἀθηναίων σκεπτομένων κατὰ ζῆλον τὸν πρὸς Κορινθίους καταστήσασθαι θέαν μονομάχων, προσελθὼν εἰς αὐτούς, μὴ πρότερον, ἔφη, ταῦτα, ὦ Ἀθηναῖοι, ψηφίσασθε, ἂν μὴ τοῦ Ἐλέου τὸν βωμὸν καθέλητε. Friedlaender, Sittengesch. I, 253.

Rath hat die Klage nicht angenommen, und Dionysios war gewiss der Wortführer derer, welche diese Entscheidung herbeigeführt haben.*

Die meisten Einrichtungen des Augustus wurden von den Nachfolgern nicht gepflegt und geachtet. Schon der Legat des Tiberius, Cn. Piso, verspottete und befeindete die sentimentale Athenerliebe des Germanicus und sah in den Athenern seiner Zeit nur ein zusammengelaufenes Gesindel.** Unter Nero schaltete wieder die unbesonnenste Willkür, indem man einerseits nach dem Vorgange der orientalischen Despoten mit der Freiheit der Hellenen ein frivoles Spiel trieb, andererseits das Waffenrecht des Siegers nachträglich in rücksichtslosester Weise geltend machte. Commissare mit unumschränkten Vollmachten wurden ausgeschickt, um die griechischen Städte zu plündern und die Reichshauptstadt mit auserlesenen Kunstwerken zu schmücken. Der Freigelassene Akratos, der vor keinem Frevel sich scheute, war der Führer, und sein Genosse Secundus Carrinas, der durch seine Mundfertigkeit im Griechischen das barbarische Verfahren äusserlich verkleiden sollte, dessen Gemüth aber, wie Tacitus sagt, jeder hellenischen Bildung fremd war. Damals soll auch die Akropolis schwere Einbusse erlitten haben, und es wird berichtet, Nero habe den Boden von Athen nie zu betreten gewagt, weil ihm die Stadt unheimlich war, in welcher die Erinyen am Fuss des Areopags einen so ehrwürdigen Dienst hatten.***

Von besonderer Bedeutung für die Stadt der Kaiserzeit ist das stattliche Denkmal, dessen Ruine dem Gipfel des Pnyxgebirges seinen heutigen Namen gegeben hat (S. 6), ein weit sichtbares Wahrzeichen des alten Stadtbodens (S. 7), zwischen 114—116 n. Chr. als Grabmonument dem Antiochos Philopappos errichtet (C 23). Er war der Enkel des 72 n. Chr. abgesetzten, letzten Königs von Commagene und durfte den Titel seiner Ahnen fortführen. Zugleich war er Mitglied des römischen Senats und Bürger von Athen, das ihm eine zweite Heimath geworden war, wie

---

* Apostelgeschichte 17, 19: ἐπὶ τὸν Ἄρειον πάγον ἤγαγον d. h. nach dem Geschäftslokale des Areopags in der Königshalle. v. 22 ἐν μέσῳ τοῦ Ἀρείου πάγου: von den dort versammelten Areopagiten umgeben. Man verwechselt Gericht und Vorverhandlung. Auf der Felskuppe oben war weder zum Reden noch zum Hören der richtige Platz.

** Tac. Ann. II, 59: Ihm war die Auslieferung eines Theophilus „Areo iudicio falsi damnatus" abgeschlagen. falso? Philippi, Areopag, S 110.

*** Annal. XV, 45. Dio Chrys. ed. L. Dindorf, p. 394, 7. Summarische Angabe (3000) der in Rhodos, Athen, Olympia, Delphi zurück gebliebenen Statuen bei Plinius XXXIV, 36. Vgl. Sillig V, p. 141. Man hat bei den geraubten Kunstwerken besonders an die Kuh des Myron gedacht. Nero mied Athen διὰ τὸν περὶ τῶν Ἐρινύων λόγον Dio Cass. 63, 14.

Kyzikos für die thrakische Königsfamilie. Er muss sich um seine neue Vaterstadt verdient gemacht haben, da ihm ausnahmsweise ein Grab innerhalb der Stadt gestattet wurde, wenn auch hart an der Ringmauer. Es war eine Tradition der augusteischen Zeit, dass man die Fürsten des fernen Morgenlandes wie eine Art Reichsadel in die Gemeinschaft des römischen Staats hereinzog, sie mit Staatswürden bekleidete und mit ihren alten Ehrentiteln zum Schmuck des neuen Weltreichs verwendete. So machte es Caligula mit der thrakischen Dynastie, so Trajan mit den am Euphrat einheimischen Seleuciden. Seit wir dies Geschlecht in seinen heimathlichen Monumenten kennen gelernt haben, tritt uns eine gewisse Uebereinstimmung des Philopappos mit Nemrud-dagh entgegen. Auch der späte Enkel des grossen Herrschers von Commagene sucht sich für sein Grabmal die höchste Spitze der Stadtgegend aus und findet seine Ehre darin, zwischen dem Gründer und dem letzten Inhaber des Königthums in der Mittelnische des Denkmals sein Bild aufzustellen. *

Beim Philopapposdenkmal tritt uns die Stellung, welche Augustus der Stadt gegeben, in der Osten und Westen mit einander sich verschmelzen, syrische, attische, römische Nationalität in einander übergeht, am deutlichsten vor Augen. Damit waren aber die alten Gegensätze nicht ausgeglichen, die vom Principat erstrebte Versöhnung nicht erreicht. Zu tollkühnen Erhebungen fehlte es an Muth und Mitteln, aber eine tiefe Verstimmung war doch bei den Hellenen zurückgeblieben, ein bitteres Gefühl davon, dass sie, die sich im Mittelpunkte der Menschengeschichte zu fühlen gewohnt waren, unter römischen Statthaltern, gleich Illyriern und Thrakern, als Provinzialen einer fernen Hauptstadt unterworfen sein sollten.

Um eine wirkliche Versöhnung herbeizuführen, blieb noch ein Weg übrig, der Weg, den Kaiser Hadrian eingeschlagen hat. Selbst kein Italiker und Römer von Herkunft, konnte er zuerst den Gedanken fassen, dass die Welt nicht vom palatinischen Hoflager aus zu regieren sei, sondern dass der Regent dem ganzen Reiche angehören, überall gegenwärtig und heimisch sein sollte. Die Reichsländer sollten aufhören, Provinzen zu sein, in denen habsüchtige Statthalter sich ablösten. In dem grossen Friedensreiche geborgen, sollte jedes Land und Volk seiner Vergangenheit gemäss gepflegt werden, und da er ein leidenschaftlicher Freund hellenischer Weisheit war, sollte den Griechen vor Allen die neue Friedensära zu Gute kommen.

---

* Kyzikos als Rückzugsort der thrakischen Fürsten: Monatsber. der Akad. der Wiss. 1874, S. 14. Vgl. über Nemruddagh Puchstein, Reisen in Kleinasien S. 345.

Unter Trajans Herrschaft hatte er schon ganz ausserordentlicher Weise die Würde eines Archonten der Stadt übernommen, um sein persönliches Verhältniss zu ihr zu erkennen zu geben. Als er die Herrschaft angetreten hatte, wurde er für Hellas, wie für ein eigenes Vaterland, der landesväterliche König,* und während seine Vorgänger auf dem Cäsarenthrone die Griechenstädte für Rom ausgebeutet hatten, wurden nun die vollen Reichsschätze ausgeschüttet, um Griechenland zu neuem Glanze zu erheben, vor Allem Delphi und Athen.

In Athen unterscheiden sich zwei Gebiete seiner schöpferischen Wirksamkeit.

Einmal hat er sich, wie Augustus, den Anlagen der hellenistischen Zeit angeschlossen, indem er die Fläche im Norden der Akropolis, welche durch das neue Prytaneion, durch das Ptolemaion und Diogeneion, durch das Horologium und den römischen Markt der belebteste wie glänzendste Stadttheil geworden war, mit neuen Prachtbauten ausstattete. Dieser Anschluss zeigt sich am deutlichsten bei der sogenannten „Stoa des Hadrian", dem grossen Viereck von 376/252 Fuss, dessen Südseite, dem Nordrande des Neumarkts parallel, mit ihm eine stattliche Strasse bildete, während das Portal der Westseite so gelegen ist, dass der Weg vom Dipylon her, an der Attaloshalle vorbei, wie von selbst zu der Eingangshalle hinaufführt. Westfronte und Ostfronte liegen in einer Flucht mit den entsprechenden Ein- und Ausgangshallen des neu entdeckten Marktplatzes.

Es war ein centrales Gebäude der Nordstadt, wie die Uebersichtskarte Tafel VI deutlich macht. Im Innern des grossen Vierecks lag ein Marmorbau, dessen Ueberreste in die Kirche der „Megale Panagia" verbaut worden sind. Man erkennt die Grundmauern, grössere und kleinere, von dicken Wänden eingeschlossene Räume, in denen, wie es scheint, besonders werthvolle Gegenstände eine würdige und sichere Aufnahme finden sollten. Darum ist die Ansicht sehr ansprechend, dass hier eines der berühmtesten Gebäude Hadrians, die Bibliothek, zu erkennen sei. Sie enthielt eine Reihe von Räumen, deren Decken von Gold und Alabaster strahlten, und die durch Statuen wie durch Gemälde ausgezeichnet waren. In diesen Räumen, setzt Pausanias nachdrücklich hinzu, hat man die Bücher untergebracht (LXXXII 70). Sie waren gewiss ihrem Inhalte nach in verschiedene Säle vertheilt, und dieselben durch passende Kunstwerke gekennzeichnet. Wir dürfen also wohl annehmen, dass die beiden in der Nähe gefundenen Marmorstatuen, welche Odyssee und Ilias als heroische Jungfrauen dar-

---

* Dittenberger, Sylloge 282: Ἀδριανῷ σωτῆρι ῥυσαμένῳ καὶ θρέψαντι τὴν ἑαυτοῦ Ἑλλάδα. Ueber das Archontat Hadrians Hermes VII, 221.

stellen, am Eingange des für Homer bestimmten Marmorsaals ihre Plätze hatten. Auch eine Sophoklesbüste ist hier gefunden worden: von den Säulen aus phrygischem Marmor, welche das Gebäude auszeichneten, glaubt man die Ueberreste nachweisen zu können.*

Eine Reihe Gründungen Hadrians sind bei Pausanias nicht nach ihrer Lage bezeichnet; daher können einzelne derselben, wie der Tempel der Hera, der des panhellenischen Zeus und das Heiligthum aller Götter (XXXII 56) bis jetzt nicht bestimmt werden. Nur ein Denkmal zeugt noch jetzt an Ort und Stelle von der Pflege der inneren Stadt unter Hadrian. Das ist der kolossale Marmorpfeiler, welcher auf kaiserlichen Befehl** den attischen Oelverkauf ordnet, so dass die Besitzer von Olivenpflanzungen verpflichtet wurden, von dem Jahresertrage den dritten Theil für die städtischen Bedürfnisse zurück zu halten (LXXVIII 13).

Die Urkunde zeigt, dass das attische Oel noch immer einer der gesuchtesten Handelsgegenstände war, dass die Halle der Athena Archegetis wie zur Zeit des Augustus am Eingange eines belebten Marktplatzes lag und dass Hadrian die Marktpolizei ernsthaft handhaben liess, damit für die Gymnasien, die Heiligthümer und Festspiele der Oelbedarf aus heimathlichem Boden geliefert werden könne.

Innerhalb des nördlichen Stadtquartiers war kein Raum für die ins Grosse gehenden Baupläne des Kaisers. Er wollte freie Hand haben für eine umfassende Neugründung. Das war nur im Südosten möglich, wo einst die älteste Stadt gelegen und wohin sich die neue Stadt in den letzten Jahrhunderten wieder hinübergezogen hatte. Hier am Ilisos hatte schon Pomponius Atticus seine Wohnung. An seine Ufer knüpften sich die ehrwürdigsten Erinnerungen. Die Ortsgelehrten, mit denen sich Hadrian viel zu thun machte, wussten ihm die Stelle nachzuweisen, wo Kodros sich geopfert habe. Der Platz wurde durch ein Denkmal ausgezeichnet, eben so wie der Platz bei Mantineia, wo Epameinondas gestorben sein sollte, von Hadrian ein Denkmal mit kaiserlichem Epigramm erhielt.*** Auch das Kodrosepigramm war wenigstens ganz in des Kaisers Sinne, indem Athen darin als die Metropole von Asien gefeiert wird (LI 75).

Im Osten der Stadt gab es aber keinen Raum, wo man eine grosse Baufläche hatte und zugleich an die Vorzeit anknüpfen konnte, als die

---

* Als Bibliothek erkannte diese Ruinen Kumanudes, Praktika 1885, S. 20. Genauerer Nachweis bei Nikolaides, Ephemeris 1888, p. 27. Die beiden Statuen erkannte Treu, Mitth. des athen. Inst. XIV, 161.

** νόμος θεοῦ Ἀδριανοῦ nach Dittenbergers Deutung der Ueberschrift von *CIA.* III, 38.

*** Pausanias VIII, 11.

Terrasse oberhalb der alten Stadtquelle, wo der Ursitz des einheimischen Zeusdienstes war, wo der Felsspalt gezeigt wurde, in welchen die Fluth des Deukalion abgeflossen sein sollte (S. 29). Dieser Stätte hatten nach einander die Pisistratiden, die Seleuciden, die Julier eine neue, glänzende Weihe zu geben versucht. Nichts war zu Stande gekommen, und der Frevel Sullas (XLII 45) war noch ungesühnt. Dieser heilige Platz sollte nun der Mittelpunkt eines Neu-Athen werden. Hadrian fasste das damals bestehende Athen als Altstadt zusammen; das Thor mit seiner Doppelinschrift, die nach alterthümlicher Ausdrucksweise die Hadrianstadt von der des Theseus schied (LXXVIII 15), war aber nicht die Grenze der bewohnten Stadt; es stand wahrscheinlich in der Flucht einer alten Mauerlinie, welche das Olympieion noch ausschloss (S. 91). Das hadrianische Athen umfasste also einen Theil der themistokleischen Stadt und breitete sich als offene Vorstadt mit ländlichen Wohnungen nach dem Ilisos aus. In den Thürmen der alten Ringmauer liegen noch heute die Mosaikböden der römischen Villen; ein neuer Mauerring ist aber nie gebaut worden, und die scharfe Trennung von Stadt und Land war für immer aufgehoben.

Den heiligen Mittelpunkt der Neustadt bildete der Tempelhof, den die umstehende Skizze (Fig. 32) nach den neuesten Ausgrabungen darstellt. Er ist über die ältere Bauterrasse nach allen Seiten erweitert worden; der Nordrand des Peribolos hat frühere Bauanlagen, welche aus Tempeltrümmern von Porosstein aufgerichtet waren, geschnitten und zerstört. Oestlich davon haben sich wiederum neue Bauten an die Peribolosmauer angelehnt. Ein Haupteingang war im Nordosten; eine zweite Vorhalle ist vielleicht im Nordwesten gewesen. Hier in der Nähe des Thores wurde ein runder Ausbau gemacht, eine Art Exedra, die von innen den Zugang hatte.

Hier sollte römischer Tempelbau, welcher schon durch Cossutius an dieser Stelle sich glänzend bewährt hatte (XLII 15), in einem Hypäthralbau von acht Säulen an den Schmalseiten zu Ehren Athens sein Bestes leisten; gleichzeitig wurde aber auch die althellenische Technik zu neuen Leistungen erweckt; ein neues Goldelfenbeinbild des Zeus sollte mit dem Zeus des Phidias wetteifern; ein Streben, welches nach dem Urtheil eines so begeisterten Kaiserverehrers, wie Pausanias, doch nur in Betreff der Maße als gelungen angesehen werden konnte.*

* ἔχει τέχνης τὸ πρὸς τὸ μέγεθος ὁρώσιν Pausanias I, 18, 6. Der Tempel ist früher als dekastylos angesehen. Nach den neueren Untersuchungen von Penrose und Dörpfeld verstehen wir erst Vitruvius III, 1, 10: huius (hypaethri) exemplar — Athenis octastylon templo Olympio.

Bild und Tempel waren ein Weihgeschenk des Kaisers. Darum wurden schon vor dem Eingange in den Tempelhof zwei Hadrianstatuen aus thasischem und zwei aus ägyptischen Marmor aufgestellt. In langen Reihen von Erzbildern erhielten aber alle Städte, welche als Pflanzorte von Athen angesehen werden konnten, hier ihren Platz. Im Innern des Tempelhofs wurden die alten Stiftungen und heiligen Stätten sorgfältig geschont, die Schlucht, das Grab des Deukalion, das Heiligthum der Ge Olympia (XXX 58), und die alten Weihgeschenke, wie der von gebückten Persern getragene Dreifuss: es füllte sich aber der weite Raum mit

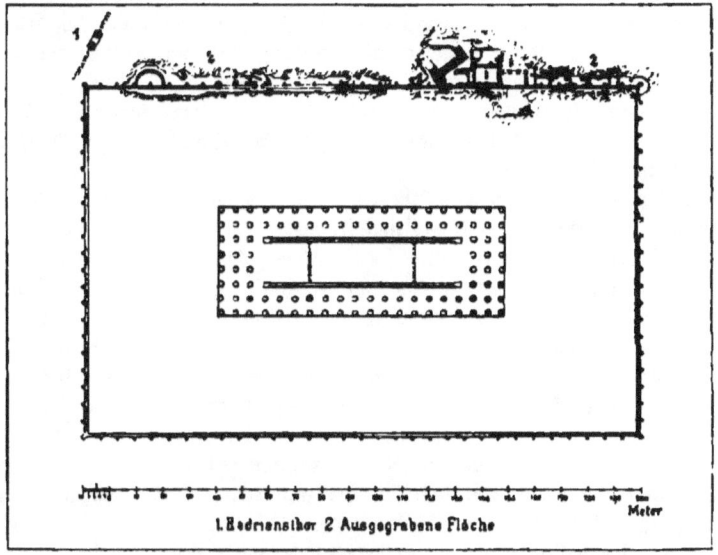

1. Hadriansthor 2 Ausgegrabene Fläche

Fig. 83.

einem Walde von Standbildern, indem jede der Colonien ein Bild des Herrschers aufstellte, welcher der persönliche Mittelpunkt der Zeitgeschichte war, das Band der Gemeinschaft, in welcher das alte Athen wieder aufzuleben schien. Alle überragte der von Athen selbst errichtete Kaiserkoloss hinter dem Tempel.

Athen sollte also nicht bloss die erste Stadt des Mutterlandes sein, von allen Banden des Provinzialregiments möglichst befreit, sondern auch in die alte Hegemonie von Neuem eintreten. Diesseits wie jenseits des Meeres sollten die Hellenen nicht nur durch Sprache, Sitte und Cultur sich geistig neu verbunden fühlen, sondern auch durch gemeinsame Feste und gemeinsame nationale Behörden, und der Sitz des „Synedrions der Panhellenen" konnte nur Athen sein. Die Hellenen sollten wieder eine Nation sein. So phantastisch diese Politik war, so ist sie doch mit grosser Sympathie weit und breit aufgenommen und eine Macht geworden, welche Hadrians Zeit überdauerte. Die Stadt wurde von zahlreichen Festgesandtschaften aufgesucht, mit neuen Denkmälern geschmückt; man erforschte emsig den Zusammenhang der asiatischen Städte mit dem Mutterlande; die Magneten am Maiandros wurden als echte Hellenen anerkannt, und das Bild ihres heroischen Stadtgründers Leukippos verband man mit der Steintafel des Dekrets, durch welches sie von Athen als Mitglied der Panhellenen anerkannt wurden.* Thyateira und viele andere Städte des fernen Ostens wurden durch ähnliche Denkmäler in Athen geehrt. Ja auch die Stammverbände, welche noch im Mutterlande bestanden, zeigten sich bereit, der neuen Metropole zu huldigen. So verzichteten die Achäer, welche sonst in Argos ihre Zusammenkünfte hatten, ihrerseits auf den Ehrennamen der Panhellenen und stellten in Athen ihre Denkmäler auf.**

Wie Rom in seinem weltlichen Regiment zurücktrat, so auch im Cultus. Der Dienst von Roma und Augustus blieb in Ehren, aber jede Verschleierung des Kaisercultus, jede scheue Zurückhaltung wurde aufgegeben. Im Parthenon war eine Statue, welche ausnahmsweise Hadrian als König nannte (LX 34); sonst wurde die Gottesehre voll für den Kaiser in Anspruch genommen. Er regierte, wie die Dynasten des Morgenlandes, als Gott, und zwar schloss er sich, während frühere Machthaber mit Dionysos oder Helios verschmolzen wurden,*** an die . älteste Landesgottheit (S. 22) als Olympios an, wurde ihr Tempelgenosse, baute sich Altäre (XLII 63) und wurde im Kerameikos zur Seite des Zeus Eleutherios als Retter der Stadt und Befreier aus unwürdiger Unterthänigkeit wie ein Gott in kolossalem Erzbilde aufgestellt (XL 71).

So gleichgültig sonst die Selbstvergötterung von Fürsten ist, so war sie hier doch von ganz ausserordentlichen Umständen begleitet; denn es kommt selten in der Staatengeschichte vor, dass etwas so Phantastisches und in sich Unmögliches, wie die künstliche Wiederbelebung der hellenischen Städte, mit so planvoller Energie und so unerschöpflichen Geldmitteln

---

* *CIA.* III, 16.
** *CIA.* III, 18.
*** Nero Dionysos XXVII, 18. Caligula Helios: Monatsber. der Akad. 1879, S. 16. Zur Tempelgenossenschaft vgl. Livia als σύνναος der Burggöttin in Kyzikos S. 11; ihr ἄγαλμα ἐπὶ ταῖς ὁμοίαις τιμαῖς ἱερωθέν: Dio Cass. LIX, 11.

in Angriff genommen wird. Daher mussten auch ernst denkende Männer, wie Plutarch, bekennen, dass sie sich ohne eine unmittelbare Betheiligung der göttlichen Vorsehung den wunderbaren Erfolg der Wirksamkeit Hadrians nicht erklären könnten. Sie wurde getragen von der Sympathie der edelsten Zeitgenossen beider Nationen. Plutarch stand als Freund und Vertrauter zwischen ihnen, wie einst Polybios. Was der Kaiser erstrebte, war ein Ganzes, das er lange vorbereitet hatte und worüber er selbst nach Augustus Vorgange in seiner Lieblingsstadt, im Heiligthume aller Götter urkundliche Rechenschaft abgelegt hat (IX 6). Die Griechen lernten sich mehr als Römer fühlen, seitdem Rom als alleiniger Mittelpunkt zurückgetreten war. Man fühlte den Anbruch eines neuen Zeitalters, und so konnten schon von der ersten Anwesenheit Hadrians wie von der Epiphanie einer segenbringenden Gottheit, in Athen die Jahre gezählt werden.*

Es erfolgte ja gleichzeitig eine Belebung von Handel und Wandel. Zu den alten Festen kamen neue, Hadriancia und Antinocia, deren Pracht die Fremden lockte; der Zusammenhang mit den überseeischen Colonien führte eine Menge von Festgesandtschaften herüber. Athen stand wieder in vollem Weltverkehre. Aus den fernsten Gebirgen von Asien und Afrika wurde das kostbarste Material an Metall und Gestein herbeigeschafft, um der massenhaften Herstellung von Gebäuden und Bildern zu genügen, die alle etwas Ausserordentliches sein sollten. Schlangen aus Indien wurden von Hadrian im Olympicion geweiht (XLII 59). Eine Menge von Technikern und Künstlern wanderten ein, und in allen Werkstätten von Athen wurde es wieder lebendig. Durch die der Stadt zugewiesenen Einkünfte von Kephallenia und immer neue Kaiserspenden wurde es den Athenern möglich, auch selbst wieder colonisirend thätig zu sein. So erwuchs in Delos ein Olympicion, gleichsam ein Nachbild vom hadrianischen Neu-Athen am Ilisos.** Man huldigte dem Alten, Einheimischen; das Tempelamt der Phädynten wurde aus Pheidias' Zeit im Olympicion erneuert.*** Man liebte selbst in alterthümlichen Schriftzügen zu schreiben. Aber zugleich fand Alles Eingang, was der im römischen Reich herrschenden Mode entsprach und den Fortschritt moderner Technik so wie die Fülle des Reichthums glänzend bezeugte. Die Architektur hatte sich längst aus den Fesseln des Architravbaus befreit; der Bogenbau, mit keilförmig

---

* Dittenberger, Hermes VII 213 über die Aera Hadrians. Inschrift im Pantheon verglichen mit den res gestae divi Augusti: v. Wilamowitz, Hermes XXI 623.
** Steph. Byz. unter Ὀλυμπιεῖον, wo es nicht gestattet ist ἐν Δήλῳ in ἐν Ἀθήναις zu ändern, wie Meineke gethan hat.
*** C I A. III 291. Vischer, Kleine Schriften II, 354.

geschnittenen Steinen, auf Pfeilern aufsetzend, überspannte spielend alle Zwischenräume.

Mit dem Ernste der antiken Steinbauten wurde aber auch die Solidität preisgegeben; der Marmor diente zur Verkleidung eines Kerns von Ziegelgemäuer; die Säule löste sich aus dem in sich nothwendigen Zusammenhange, die Triglyphen wurden willkürlich vermehrt, aber es wurde Neues, Staunenerregendes geschaffen, und Athen eine moderne Weltstadt.

Wie sich ein schrankenloses Selbstherrscherthum mit republikanischen Formen vereinigen lasse, zeigte die grossartige Feier, welche der Kaiser nach Vollendung des Olympicion im Theater hielt, wo er als athenischer Beamter in landesüblicher Tracht den Vorsitz der grossen Dionysien übernahm.

Er war ein Freund und Gönner des Dionysosdienstes, welcher Asien und Hellas so verband, wie er die Länder wieder zu vereinigen suchte; er begünstigte die zwischen beiden umherziehenden dionysischen Künstlervereine, und das athenische Heiligthum erhielt eine neue Gestalt. Hier war die Kunst unablässig thätig geblieben. Im Anfang der Kaiserzeit war der Marmorfries entstanden, welcher die Geschichte des Gottes auf attischem Boden darstellt; eines der letzten Bildwerke, das noch, echt attisch gedacht, in grösserem Zusammenhang einen Mythenkreis zur Ausstattung eines öffentlichen Gebäudes verwendete. Noch älter ist die mit dem Friese zusammengestellte Figur eines kauernden, gebälktragenden Silens. Diese Skulpturen sind später willkürlich am Bühnengebäude als Schmuck benutzt worden.* Was der hadrianischen Zeit angehört, lässt sich nicht genau ausscheiden. Die Pflasterung der Orchestra, die Herrichtung derselben für Thier- und Gladiatorenkämpfe gehört der Kaiserzeit an, und der Zuschauerraum erhielt unter Hadrian die Gestalt, in welcher er uns wieder sichtbar geworden ist, mit den dreizehn Kaiserstatuen, von denen eine in der Mitte stand, während die anderen auf die zwölf keilförmigen Abtheilungen des Sitzraums vertheilt waren. Die zweisprachige Inschrift der Basis im Mittelkeil bezeugt die Verbindung der beiden Nationen in der Person des Imperators, dem Genius dieses neuen Weltalters (LX 54).

Die neue Aera war nicht an seine Person gebunden. Die auf Bogen ruhende Wasserleitung, welche aus der (1870 ausgeräumten) Brunnenkammer am Lykabettos Neu-Athen tränkte, wurde von Antoninus Pius vollendet (LXXXII 17), und nicht nur die Nachfolger nahmen in treuer Pietät seine Thätigkeit auf, sondern auch in Hellas waren Familien,

** Matz, I rilievi del teatro in Atene, Annali 1870, p. 97.

die, durch wunderbare Glücksumstände begünstigt, im Stande waren, dem fürstlichen Wohlthäter Athens in glänzender Weise nachzueifern.

Der Cäsarencultus hat in allen griechischen Städten dazu gedient, einzelne durch Adel, Reichthum, Bildung und persönlichen Einfluss hervorragende Bürgerhäuser mit Rom und römischer Politik aufs Engste zu verbinden. So war es in Kyzikos mit den Nachkommen des Rhetors Zeno, so in Athen mit dem in Marathon einheimischen Geschlechte, in dem der Name Herodes erblich war; es konnte sich rühmen, mit den Aeakiden und Erechthiden zusammenzuhängen. Ein Herodes war Gesandter in Rom und baute mit seinem Sohne das Marktthor (S. 255). Der Enkel war Priester des Tiberius; unter den Claudiern erhielt die Familie römisches Bürgerrecht. Seitdem vereinigten sich in ihren Mitgliedern römische und athenische Würdenämter, und das altattische Adelsgeschlecht wurde in den römischen Patrizierstand aufgenommen.* Der erste genauer bekannte Mann dieses Geschlechts, Tiberius Claudius Atticus Marathonius, tritt uns als ein auserwählter Vermittler beider Nationen und Staaten entgegen. Er wurde von dem hellenischen Festverein in Plataiai als ein um das ganze Vaterland hochverdienter Mann gefeiert; er erfreute seine Mitbürger durch freigebige Spenden; er verwaltete das erbliche Priesterthum des Cäsarenhauses und hatte unter Nero den alten Wohlstand des Hauses durch die Auffindung eines in der Nähe des Theaters vergrabenen Schatzes zu einem beispiellosen Reichthum erhöht.**

Sein Sohn war der Tiberius Claudius Atticus Herodes, welcher zu dem Glanze des Hauses den Ruhm des Redners und eines hervorragenden Lehrers der Redekunst hinzubrachte, der zweimal Consul war und als Wohlthäter seiner Vaterstadt unmittelbar in die Wirksamkeit Hadrians trat, wie es sich der volksfreundliche Kaiser nicht schöner hätte wünschen können. Unter den Ehrenbildern, welche Ephesos und andere Städte im Olympieion dem neuen Olympier weihten, finden wir ihn als ersten Priester der Cäsaren verzeichnet.*** Merkwürdig ist die geistige Uebereinstimmung zwischen ihm und dem Kaiser, ein Zeichen, wie eine gleiche Strömung durch die gebildete Welt ging. Wir finden bei ihm dieselbe an Aeusserlichkeiten haftende Alterthumsliebe, wenn er z. B. bei seinen Landgütern Thore errichtete mit der Inschrift „Der Boden, den du betrittst, ist des Herodes Land", und auch denselben Zug von Sentimentalität, indem er seinen Freigelassenen unter Platanen, an Quellen, im Walde.

---

* *CIGr.* 6185.

** Keil, Sylloge inscr. Boeot. XXXII. Dittenberger, Hermes XIII 73. Philostratos p. 547 f.

*** *CIA.* III, 485. Vgl. IV p. 122 n. 526 mit der ficta antiquitatis species.

wo er mit ihnen verkehrt hatte, Standbilder errichtete mit Inschriften von schwärmerischem Gefühlsausdruck.*

Herodes war kein einseitiger Träger des Cäsarencultus. Als echter Athener war er ganz besonders eifrig, für die heiligste Gemeindefeier, die der Panathenäen, Sorge zu tragen. Zum Amte des Agonotheten berufen, erwarb er sich die begeisterte Dankbarkeit seiner Mitbürger, indem er für das panathenäische Schiff einen neuen Schmuck des Segels herstellen liess und für die Bewegung desselben eine neue unterirdische Mechanik.** Zugleich versprach er, die Bürger und ihre Festgäste demnächst in einem Marmorstadium zu empfangen. So erklärt sich, dass innerhalb einer vierjährigen Frist mit einem ungeheuren Aufwande von Geld und Arbeitskräften, welche den ganzen Brilessos (S. 145) zu erschöpfen schienen, das Werk fertig wurde, das von allen seinen Stiftungen am meisten angestaunt worden ist. Die altgriechischen Rennbahnen pflegten sehr einfach zu sein; auch in Olympia sass das Volk auf den Erdwällen. Das ganze Langthal, am Fusse des Ardettos, welches Lykurgos baulich eingerichtet hatte (S. 217), strahlte beim nächsten Feste in vollem Marmorglanze; es war für die Hellenen ein so ungewohnter Anblick, dass auch Pausanias sich zu dem Ausspruch bewogen fühlte, so etwas müsse man mit Augen sehen, beschreiben lasse es sich nicht (XC 22).

Zu dem Bau gehörte ein Heiligthum der Tyche (XXXIX 45), welche hier in Gold und Elfenbein als die alles menschliche Streben beherrschende Gottheit dargestellt war, wahrscheinlich auf dem westlichen Vorsprunge, wo ionische Architekturreste gefunden sind, weit sichtbar errichtet, und ebenso eine breite Ilisosbrücke, welche die Prozessionen hinüberführte.***

Der ganze Bau machte Epoche in der Stadtgeschichte, so dass man ihn als den Anfang einer neuen Festära ansah und die Panathenäenfeste von seiner Vollendung zählte.†

Für die innere Ordnung der Stadt machte Herodes sich verdient durch den Neubau eines Agoranomion (LXXXI 35; LXXVIII 10), den Sitz der Marktbehörden, welche bei der rasch gestiegenen Zahl von Ein-

---

* *CIA.* III, 1408. Statuen des Achilleus, Polydeukes, Memnon: Philostratos p. 247 ed. Kayser.
** Was Atticus neu gemacht hat, lässt sich aus Philostratos (p. 236 ed. Kayser) unklaren Worten nicht genau entnehmen (πέπλον ἀνῆφθαι νεὼς ἰδίᾳ γραφῆς ξὺν οὐρίῳ τῷ κόλπῳ, δραμεῖν δὲ τὴν ναῦν οὐχ ὑποζυγίων ἀγόντων ἀλλ' ὑπογείοις μηχαναῖς ἐπολισθάνουσαν.
*** Wachsmuth I, 240, 696.
† Dittenberger, Die attische Panathenaidenära: Commentationes in honorem Th. Mommseni, p. 242.

wohnern und Fremden eine erhöhte Thätigkeit hatten. Wir dürfen in den Arkaden beim Windethurm (S. 251) wohl die Ueberreste jenes Gebäudes erkennen.*

Am deutlichsten steht uns von den Werken des Herodes Atticus in grossartigen Ueberresten das Odeion vor Augen, das er am Südwestfusse der Burg erbaut hat. Da ein so ungemein wohlgelegener Bauplatz unmöglich bis auf diese Zeit leer geblieben sein kann, so ist die Vermuthung nicht unbegründet, dass hier der Platz der alten Heliaia gewesen sei (S. 62), und es würde dem Geist der kaiserlichen Zeit entsprechen, dass man den Schauplatz einer vorzugsweise demokratischen Einrichtung von Alt-Athen gern durch einen modernen Prachtbau bedeckte.

Es ist ein Bau von hervorragender Bedeutung für die Stadtgeschichte: das erste öffentliche Gebäude, das von einem Privatmanne aus persönlichem Anlass in Athen errichtet worden ist, und zugleich das letzte von allen, welche der Stadt ihr monumentales Aussehen gegeben haben, der Abschluss der langen Reihe städtischer Bauwerke an einem der ansehnlichsten Plätze.

Das Odeion ist ein charakteristisches Denkmal der letzten Bauzeit Athens. Von keinem Bedürfniss des Gemeindelebens noch vom Gottesdienste veranlasst, verdankte es seine Entstehung dem leidenschaftlichen Bestreben, die verstorbene Gattin des Stifters in ausserordentlicher Weise zu ehren; daher nach ihr auch Regillatheater genannt (LXXXVIII 53). Ihre Asche war in attischer Erde beigesetzt; aber dem Zuge der hadrianischen Zeit entsprechend, musste auch Rom an der Trauer theilnehmen; darum wurde an der via Appia ein heiliger Bezirk eingerichtet, wo die Verstorbene mit Athena und Nemesis, mit Demeter und der Kaiserin Faustina zusammen als neue Heroine gefeiert wurde.** Dieser Zeitrichtung gemäss, welche Rom mit Athen, die Gottheiten Griechenlands mit den Cäsaren und mit dem Cäsarencultus wiederum die eigenen Familienglieder zu verschmelzen suchte, ist auch das Odeion der Regilla entstanden und künstlerisch ausgestaltet worden.

So modern der ganze Bau erscheint und von persönlichen Launen abhängig, so hatte er doch einen inneren Zusammenhang mit alten Anlagen. Er schmiegte sich nach griechischer Weise in den natürlichen Abhang des Burgfelsen und reihte sich den für poetische und musikalische Aufführungen bestimmten Gebäuden der Südstadt an. Es war bei geschickter

---

* CIA. III, 98, 160, 461. Milchhöfer, Anzeige von Wachsmuth II s in Wochenschrift für klass. Philologie 1890. Lolling im Δελτίον 1888, p. 189.

** Kaibel, Inscriptiones Italiae n. 1389.

die Nationen verschmelzenden Wissenschaften wiederum, wie an den Höfen der Diadochen, ein staatliches Interesse, und es war daher nur eine Durchführung des hellenistischen Prinzips und die Vollendung dessen, was Augustus begonnen und Hadrian durch seine Bibliothek wesentlich gefördert hatte, wenn Hadrians Nachfolger an dem Orte, der für die Verschmelzung am wichtigsten war, die Besetzung der Lehrstühle als eine kaiserliche Angelegenheit in Anspruch nahmen.*

Staatliche Einwirkung auf die Philosophenschulen war nicht neu; von Gesichtspunkten des öffentlichen Interesses aus hatte man Schulen geöffnet und geschlossen (S. 234); der hohe Rath auf dem Areopag übte eine gewisse Aufsicht, und wir wissen, dass Cicero sich bei demselben verwendete, um einen als Lehrer hervorragenden Peripatetiker, den Kratippos, der Stadt erhalten zu sehen.**

Es war also nur eine neue Anerkennung für Athens einzigartige Stellung im Reich, dass die Kaiser erklärten, die Blüthe einer solchen Centralstelle allgemeiner Bildung dürfe nicht von Verhältnissen und den Finanzen privater Vereine abhängig sein, sondern müsse auf öffentlichen Mitteln beruhen. Der geborene Berather bei diesem Staatsakte war Herodes Atticus, welcher der eigenen Geisteskraft seine hervorragende Stellung als Lehrer verdankte, aber die Zukunft der Vaterstadt und ihre Blüthe als Studienort doch mit der Gunst des Herrscherhauses verbunden fühlte. Ihm übertrug Marc Aurel die Auswahl der für die neu dotirten Lehrstühle geeignetsten Männer. Die Errichtung der vier Philosophenkatheder war eine Verstaatlichung dessen, was auf dem Boden Athens aus geistigem Keime frei entsprossen war, einem Kunstgarten ähnlich, in den eine natürliche Flora umgewandelt wurde; es war aber eine neue Bürgschaft für den Glanz und Wohlstand der Stadt, eine Sicherheit dafür, dass die Wahl der Lehrer vom Schwanken der öffentlichen Stimmung und einseitig vorwaltender Geschmacksrichtungen unabhängig sei, und deshalb hatten die Athener allen Grund, Marc Aurel als einem neuen Wohlthäter im Theater ein Ehrenbild aufzustellen.***

Das Dionysostheater blieb ein Gegenstand besonderer Aufmerksamkeit und der letzten Aufwendungen öffentlicher Mittel für Bauzwecke. Nachdem im Anfange der Kaiserzeit die Bühne neu ausgeschmückt und unter Hadrian der Zuschauerraum mit Kaiserbildern ausgestattet worden war, wurde im dritten oder Anfang des vierten Jahrhunderts die Vorderwand der

---

* Ephemeris Arch. 1890, S. 143.
** Plutarch, Cicero 24.
*** CIA. III, 59. Herodes als erster Curator der Universität Athen: Philostratos p. 245 ed. Kayser.

Die letzten Werke. 277

Bühne wieder umgebaut durch den Archonten Phaidros, des Zoïlos Sohn, dessen Name oben an der fünfstufigen Marmortreppe steht, die aus der Orchestra zum Proscenium hinaufführt (XLIII 82). Es ist die letzte Form, welche der viel umgestalteten Bühne des Aischylos gegeben ist, ein auffälliges Zeugniss von der Verarmung des Geistes attischer Kunst. Phaidros muss ein damals namhafter und werkthätiger Bürger gewesen sein, da auch eine marmorne Sonnenuhr seinen Namen trägt.*

Die Verse des Phaidros am Proscenium zeigen, wie attische Kunst in zierlichen Epigrammen unermüdlich thätig blieb, den Denkmälern eine poetische Weihe zu geben. Sie zeigen zugleich, wie die attischen Sophisten fortdauernd eine angesehene Stellung behaupteten und mit römischen Würdenträgern Beziehungen hatten, welche der Stadt zu Gute kamen. So muss sich auch im Anfange des fünften Jahrhunderts ein Präfekt des Prätoriums in Illyrien, Namens Herculius, durch seine Liebe zu attischer Bildung ausgezeichnet haben; denn zwei Sophisten haben ihm in Athen Standbilder errichtet, Apronianos eines bei der Pallas Promachos (LX 65), Plutarchos ein anderes.** Derselbe Plutarchos war es, welcher mit grossem Aufwande aus seinem Vermögen es möglich machte, das panathenäische Schiff glücklich bis an die Pforten des Poliastempels zu bringen; eine patriotische Leistung, von der wir annehmen können, dass dadurch nach längerer Unterbrechung die Trierenfahrt endlich wieder in ihrer ursprünglichen Feierlichkeit vollständig durchgeführt worden sei (S. 85).

Das sind die letzten Nachklänge des Zeitalters, das wir das hadrianische nennen können, weil der Geist des Kaisers, welcher es als eine wesentliche Aufgabe der römischen Herrschaft auffasste, das verkommene Griechenland zu heben, zu pflegen und zu ehren, noch vorwaltend blieb. Das, was Polybios als die einzige Bürgschaft einer erspriesslichen Zukunft seines Volks erkannt hatte, der enge Anschluss an Rom, war in ungeahnter Weise zur Vollendung gekommen. Die beiden Nationen, so lang einander vollständig fremd, dann in blutigen Kriegen mit einander verwickelt, sind friedlich verschmolzen. Die vornehmsten Familien Athens tragen römische Namen. An griechische Götter schliessen die Herren der Welt ihre

---

* *CIA*. III 427 wo ἐποίει wohl (wie fecit) den Stifter bezeichnet und nicht den technischen Urheber.

** *CIA*. III, 637, 638. Kaibel, Epigrammata 911, 912; beide mit frostigen Wortspielen, wie sie damals besonders beliebt waren; der Soph'st feiert als μύθων ταμίης den θεσμῶν ταμίης; der andere den bei der πρόμαχος Παλλάς aufgestellten πρόμαχος θεσμῶν.

Verehrung an. Griechische Sprache und Sitte sind der Maßstab aller höheren Bildung. Philosophen von Athen sind die Vertrauten der Kaiser, attisches Geld beherrscht den Erdkreis, und auch der reducirte Denar wird wieder nach attischer Gliederung in Drachmen und Obolen getheilt.* Der Geist des alten Athens liess sich nicht erwecken und der neue Glanz ist eine kurze Nachblüthe gewesen. Viel Gemachtes, Unwahres, Verschrobenes hat sich eingeschlichen; aber wenn wir sehen, wie Athen den besten Römern eine zweite Heimath geworden ist, wie die treuesten Patrioten Griechenlands sich in dieser Zeit zu neuen Hoffnungen erhoben, wie das, was Athen vor allen Städten des Erdkreises auszeichnete, unter diesem Friedensregiment wieder zu Ehren kam, so können wir den segensreichen Inhalt des hadrianischen Zeitalters nicht verkennen. Die Denkmäler der kimonischen wie perikleischen Epoche standen in unverletzter Schönheit, und Plutarch bewundert nichts mehr an ihnen, als dass es in kurzer Zeit gelungen sei, etwas Unvergängliches zu schaffen, das noch in seinen Tagen den vollen Zauber der Frische an sich trage, als wenn es eben fertig geworden wäre.** Wie aber Perikles einst die knapp gemessenen Friedensjahre rastlos ausgebeutet hat, so haben auch Hadrian und Herodes Atticus mit bewundernswürdiger Energie Alles aufgeboten, um die Werke, mit denen sie der grossen Vorzeit nacheiferten, fertig herzustellen.

Um uns das Bild der hadrianischen Stadt in Einzelheiten zu ergänzen, liegen dreierlei gleichzeitige Urkunden vor, die einer Rentenstiftung, welche bezeugt, wie der seit Nerva und Trajan lebhaft angeregte Wohlthätigkeitssinn der Cäsaren sich auch auf Athen erstreckt hat, dann die Ephebenurkunden und endlich die Inschriften der Theaterplätze.

Die Stiftungsurkunde*** giebt einen Einblick in die Oertlichkeiten Die verschiedenen Arten von Grund und Boden werden unterschieden, das baumlose Terrain, der Felsboden, der nur für Steinbruch und Bienenzucht zu verwerthen ist, die Gartengrundstücke. Gärten wurden von reichen Bürgern auch in der Stadt eingerichtet, indem sie, wie es in Pompeji geschah, durch Ankauf von Nachbarhäusern sich Raum schafften, und die sogenannten Gartenphilosophen (S. 235) wohnten mitten in Athen.†

---

* Mommsen, Hermes V, 135.

** ἀκμὴ μέχρι νῦν πρόσφατον καὶ νεουργόν· οὕτως ἐπανθεῖ καινότης ἀεί τις ἄθικτον ὑπὸ τοῦ χρόνου διατηροῦσα τὴν ὄψιν Plutarch, Perikles 13.

*** obligatio praediorum: Mommsen, Hermes V 121, und die topographischen Bemerkungen in der Archäol. Zeitung XXIX, 3 ff. CIA. III, 61.

† ψιλὸς τόπος, πέτρα, ἀγεώργητος Arch. Ztg. a. a. O. S. 4. Vergl. οἰκίαν — τραύματος καὶ κατασκάψας τὸν κῆπον ἐποίησατο πρὸς τῇ αὐτοῦ οἰκίᾳ τῇ ἐν ἄστει Isaios III, 11.

Vor den Thoren waren Gärten, ein „Keionios" genannter am acharnischen (LXXIX 68), einer am Ilisos, ein dritter an einer feuchten Niederung, welche vielleicht dieselbe ist, wie die nach Athena benannte (LXXIX 76, LXXXII 45) vor dem Diocharesthore, wo auch eine Badeanstalt war.

Von Baumland werden Wallnusspflanzungen namhaft gemacht.* Besitzer der Grundstücke sind Einzelne oder Gemeinschaften, Innungen. So kommen die Komöden als Innung vor, wie auch die tragischen Dichter und Schauspieler eigene Lokale in der Stadt hatten (S. 163); die Kyprier haben ihren gemeinsamen Besitz, um ein einheimisches Heiligthum vereinigt (S. 212). Den Uebergang von Stadt und Landschaft bilden die Gaue, deren Oberland sich vom Ilisos ins Gebirge hinaufzog, während sie unterwärts Vorstädte von Athen waren.** Auf dem Lande werden Thürme erwähnt, grössere und kleinere, Gebäude auf hohem Unterbau, wo die Magazine lagen; darüber hohe, die Gegend überschauende Wohnräume; ich denke, etwa so, wie sie auf pompejanischen Wandgemälden dargestellt werden; die anliegenden Aecker werden nach dem Pyrgos bezeichnet. Diese Bauten kommen auch in Gruppen als „Tetrapyrgia" vor. Dazu gehörige Wirthschaftsgebäude, Ställe, Gasthäuser, Töpfereien, werden in der Umgegend der Stadt als Hypotheken aufgeführt.*** Aus den Ortsbezeichnungen erhellt, dass so uralte Höhennamen, wie Sikelia (VIII 78, 82), noch im Volksmunde lebendig waren. Genauere Bezeichnungen richten sich nach Heiligthümern, bei denen die nur den Priestern zugänglichen Wege von den für das Volk geöffneten Zugängen unterschieden werden (XLVI 18).

Die fremden Gottesdienste sind am meisten in Mode, wie namentlich das Isisheiligthum bei dem Asklepieion (XXXV 24); das Asklepieion selbst hatte ein weitverbreitetes Ansehen, und die zahlreiche Gruppe männlicher und weiblicher Dämonen, die sich allmählich um den Heilgott sammelten, zeigt, wie sehr dieser Cultus die Aufmerksamkeit in Anspruch nahm. Charakteristisch ist auch für die hadrianische Zeit der pantheistische Zug, der von Rom herüberkam. Das erste Pantheon, das wir in Athen kennen, war eine Stiftung Hadrians (IX 10). Man vertauscht die Götter und ihre Bezirke, indem man dionysische Denkmäler im Asklepieion

---

* περσικωτές Böckh, Staatsh. II⁴, 322.
** χωρίον Ἀνκυλῆσι καὶ Ἀγρυλῆσι πρὸς τῷ Ὑμηττῷ CIA. III 6, A. II 21.
*** πύργος, πυργίδια, χωρίον πυργιδίου a. a O. Vgl. Helbig, Wandgemälde no. 1563 (Villenanlagen mit hohen Substruktionen). ϑαῦλοι (ϑῶκλοι) μικροὶ καὶ μεγάλοι, πανδοκεῖα, κεραμεῖα Arch. Ztg. a. a. O. S. 6.

weiht.* Endlich zeigt sich aber auch, wie nach vielfachem unsteten Umhertasten das religiöse Gefühl wieder zu dem Aeltesten und Ursprünglichen sich zurückwendet: eine Umkehr, welche dem archaisirenden Zuge der Zeit entsprach. So sind die vielen Weihgeschenke (S. 20) zu erklären, welche bei der uralten Zeusterrasse dem bildlos verehrten „Höchsten" dargebracht worden sind (XLI 17).

Was die Stadtwohnungen betrifft, so erkennt man überall den Studienort: in vielen Häusern waren Hörsäle eingerichtet mit aufsteigenden Sitzreihen, die man als „Privattheater" bezeichnen konnte. So hatte ein Julian dort eine Wohnung, äusserlich klein und unscheinbar, im Innern aber spürte man den „geistigen Hauch des Hermes und der Musen": Büsten bewunderter Studiengenossen schmückten die Räume (XCV 50).

Vor der Stadt zogen sich Grabstätten den Lykabettos hinauf. Dort stand der Denkstein des Priskos (XXXVII 10) „neben den Nymphen, von denen die Stadt Athen getränkt wird", eine Bezeichnung, welche sich wahrscheinlich auf die am Abhange gelegene Brunnenkammer Hadrians (S. 271) bezieht. Inschriften derselben Zeit, auf Hermen, von deren Fuss Trinkwasser sprudelte, zeugen davon, wie man auch mit neuen Fontänen die Stadt auszuschmücken beflissen war.** Die altattische Liebe zu Hermenbildern war von Neuem lebendig geworden, je mehr die persönlichen Beziehungen alle anderen überragen. Mit grösster Treue suchte man die geliebten Züge eines Arztes festzuhalten; es kommt vor, dass von einer Frau das gemalte Bild im Heiligthume der Athena Ergane geweiht wird (XIX 33), während das Relief den Grabstein schmückt. Nach dem Vorbilde der hipparchischen Hermen werden auch wieder kurze Sprüche an den Hermen aufgeschrieben;*** charakteristisch aber für die Gräber des kaiserlichen Athens war die Ueberschwänglichkeit des poetischen Ausdrucks, der z. B. einen sechzehnjährig verstorbenen Jünger der Kunst als einen neuen Praxiteles feiert.

Athen war durch Hadrian in einen neuen Weltverkehr eingetreten, aber gleichzeitig verengte sich die Stadt, weil die staatlichen Interessen ganz zurücktraten, immer mehr zu einem beschränkten Communalwesen, in welchem die Sorge für die städtischen Bedürfnisse an Wasser, Lebensmitteln, Oel u. s. w. so wie für Sicherheit und Ordnung das Wichtigste war. Diesen Gemeindeinteressen entsprach das hadrianische Dekret beim Marktthor; in der Nähe war das Agoranomion, der Sitz der Stadtpolizei, und

---

* Reisch, Weihgeschenke, S. 107.
** Kaibel, Epigrammata n. 162. *CIA.* III 120.
*** αἰδοῖ τὸν θεὸν 3569. Denkmal des Arztes 1322. Der junge Bildhauer 1306.

es bestand noch eine besondere Behörde, welche für den Mark
Versorgung der Stadt mit Allem, was zur Nothdurft gehörte.
Auch der oberste Beamte, der Stratege, hatte seine Wirksamk
Stadt, vor Allem die Aufsicht über die Waffenplätze, von denen
Störung der Ruhe rasch beseitigt werden konnte.**

Diese Beschränkung der Stadt auf ihre inneren Angelegenhe
schon Demetrios der Phalereer vorbereitet, um sie von politi
strebungen fern zu halten. Er wollte, dass die Pflege der
gereiften Bildung dem städtischen Wesen einen neuen Mittelpun
sollte, und in seinem Sinne ist das Ptolemaion gestiftet word
Wissenschaft sollte nicht vor den Thoren der Stadt bleiben,
innerhalb derselben ein neuer Herd des Gemeindelebens werden.

Diese Gründung hat für die letzten Jahrhunderte einen
greifenden Einfluss gehabt und wesentlich dazu beigetragen, d
geschichte einen neuen, dauernden Inhalt zu geben, wie die Epheben
anschaulich machen. Unter ptolemäischem Einfluss ist die ö
Ausbildung der Bürgersöhne auf geistige Bildung erweitert;
Mitte des zweiten Jahrhunderts sind zu den Söhnen der Stadt
hinzugetreten, welche auf attischem Boden Griechen werden und
eifer mit der eingeborenen Jugend ihre geistigen und körperliche
ausbilden sollten. Athen wurde eine hellenistische Stadt, eine I
anstalt für die griechisch-römische Welt.

Nirgends zeigt sich so deutlich wie hier der Anschluss r
Einrichtungen an das Altheimische.

Schon Plato verlangt, dass die männliche Jugend, ehe sie zum
dienste tüchtig ist, im öffentlichen Gottesdienste Zucht und G
lerne, dass sie bei festlichen Aufzügen sich zuerst bewaffnet und z
zeigen sollte; auch waren die Prozessionen zum Theil Vorübun
Marsches; zu Wasser wie zu Lande wurden Probeleistungen a

Die Festzüge, an denen die Epheben in bestimmter Folg
nahmen, sind ein Spiegelbild des städtischen Lebens, ein lebendige
attischer Geschichte. Nachdem sie, wie die alten Epheben, in der A
grotte (XLIV 64) vereidigt,*** im Theater dem Volke vorgestellt
am gemeinsamen Herde der Bürgerschaft im Prytaneion geopfert

---

* *Ἡ ἐξ Ἀρείου πάγου βουλὴ καὶ ἡ βουλὴ τῶν ἑξακοσίων καὶ ὁ δ*
ἐπιμελητὴν τῆς κατὰ τὴν πόλιν ἀγορᾶς Φιδίαν Φιδίου. Inschriftpfeiler am
der Attaloshalle (noch unpubliciert?).

** *στρατηγὸς ἐπὶ τὰ ὅπλα* CIA. III, 218. Ueber den Sprachgebrau
S. 191.

*** **Ephebeneid im Agrauleion:** Conze, Annali XL, 264.

(LXXXIX 76), ziehen sie über den Ilisos zur Artemis Agrotera hinaus, um mit der Gedächtnissfeier des marathonischen Sieges das Festjahr zu beginnen; an die Zeiten Konons mahnt die mit Ruderwettkampf verbundene Feier des Zeus Soter im Peiraieus (CXI 80).* Wir folgen den Epheben bei der Iakchosprozession, bei dem Zuge, der die Stadtgöttin nach dem Phaleron und zurück geleitet (S. 55) und zu dem Abschiedsopfer, das sie auf der Akropolis der Athena Polias und den anderen Burggöttern so wie der Kurotrophos und Pandrosos darbringen.**

Das Ptolemaion ist für die wissenschaftliche Ausbildung der Epheben der Mittelpunkt geblieben; mit Bildern von Philosophen ausgestattet, enthielt es Räume für Vorträge und eine Bibliothek, welche wohl wesentlich den Unterrichtszwecken diente und durch jährliche Beiträge der Epheben regelmässig vermehrt wurde. Im Diogeneion, von dem das „Gymnasion der Epheben" vielleicht nicht verschieden ist (LXXXV 59) nahm der Strateg an den Prüfungen in Geometrie, Rhetorik und Musik theil. Das Wohlverhalten und Gedeihen der Epheben war das höchste Interesse der städtischen Regierung.

Das Epheheninstitut war keiner weiteren Entwickelung fähig; aber es war für eine Reihe von Jahrhunderten das, was neben den kaiserlichen Lehrstühlen dem städtischen Leben einen Inhalt gab und der Bürgerschaft ihren Wohlstand sicherte. Es vereinigte das bunte Leben der Gegenwart mit dem Alterthümlichsten, da die Athener mit bewunderswürdiger Treue an ihrem väterlichen Herkommen festhielten. So werden unter den geistlichen Beamten, welche bei den Leistungen der Epheben mitwirken, auch die Exegeten erwähnt, die Sachverständigen in Angelegenheiten des heiligen Rechts, und auch im Theater haben die beiden Exegeten ihren Ehrensitz, der eine, in alter Weise aus den Eupatriden durch Handmehr auf Lebenszeit erwählt, der andere vom delphischen Orakel ernannt, als sein Vertreter in Athen. So ergänzen und bestätigen sich die Epheben- inschriften und die Bezeichnungen der Theatersitze, welche uns einen amtlichen Ueberblick aller geistlichen und staatlichen Aemter des kaiserlichen Athen gestatten.

Weil Alles, was nach Athen kam, das dort Einheimische suchte, ist so wenig Fremdes eingedrungen, und darum ist das Ursprüngliche nicht vom Fremdartigen überwuchert worden. Nichts ist verloren gegangen, was einmal religiöse Geltung erlangt hat, und wir sehen die ritterlichen

---

* Köhler *C.I.A.* II¹, p. 277.
** *C.I.A.* II, n. 481, 4—14, 18. Ueber die Gattungen der Ephebenurkunden Dittenberger, De ephebis 1863. Köhler a. a. O.

Spiele, welche einst von den Erechthiden unter der Ringm[a]
Akropolis gehalten wurden (S. 188), in altherkömmlicher Weise
Römern gefeiert.*

Es ist eine wunderbare Fügung, für welche die Freunde des gri[ec]
Alterthums nicht dankbar genug sein können, dass in dem Zeitp[unkt]
Athen zu seinen alten Denkmälern den neuen Schmuck der hadri[anischen]
Periode empfangen hatte, ein wissbegieriger Grieche die Städte v[on]
durchwanderte, um ihre Sehenswürdigkeiten aufzuzeichnen, und d[ass]
Tagebücher uns erhalten sind.

In seiner lydischen Heimath war Pausanias schon eifrig den [Spuren]
nachgegangen, welche dort von griechischer Urgeschichte, von Pel[ops]
Tantalos, am Boden hafteten. Unter Hadrian waren die Erin[nerungen]
der alten Gemeinsamkeit neu belebt, und Festgesandtschaften z[u den]
panhellenischen Festen von Magnesia und Thyateira nach Athen [wie]
Plutarch zeigt, wie das hellenische Nationalgefühl sich damals [re]
regte, wenn er mit Stolz meldet, dass in seiner Heimath die Fest[e auf]
dem Schlachtfelde von Plataiai noch in vollem Gange sei,** und [jen]
seits des Meeres Wohnenden fühlten sich wie Ausgewanderte, [vom]
Verlangen ergriffen werden, das Mutterland wieder zu sehen.

Pausanias hatte ein sehr lebhaftes Nationalgefühl. Er ereif[ert sich]
gegen Alle, welche die Denkmäler der Barbaren gegen die einhei[mischen]
überschätzen. Für ihn giebt es nichts Ergreifenderes und Wohlthu[enderes]
als das Schicksal der Messenier, welche die Gottheit aus wei[ter Zer]
streuung in die alte Heimath zurückgebracht hat; er preist Le[onidas]
weil er das Mutterland vor zunehmender Entvölkerung gerett[et hat]
(S. 225); er ist voll Begeisterung für Alle, welche Einheit, Frei[heit,]
Unabhängigkeit der Hellenen treu und mannhaft vertreten hab[en, wie]
Aratos, Olympiodor, Leokritos, Kydios (S. 227), und ebenso hasst [er,]
welche das Volk im Besitz seiner höchsten Güter beeinträchtigt[en.]

Darum kann er die Erneuerung von Korinth nicht als W[ieder]
anerkennen, weil es fremdes Volk war, das Julius Caesar ansiede[lte;]
zwei Jahrhunderte römischer Herrschaft sind für ihn keine gri[echische]
Geschichte, sondern eine Unterbrechung derselben.*** Den Rom[ern]

---

* CIA. III, p. 1202. ἡνίοχος Παλλάδος nach Dittenberger in den Comm.
rem Momms. p. 249 „der, welcher das Bild der Göttin gefahren hat". Der Nam[e muss]
mir doch ein feststehender Ehrenname zu sein für einen siegreichen Wage[nlenker.]
** Aristides c 21. Keil, Sylloge Inscr. Boeot. XXXII.
*** λέγουσιν ἀνοικίσαι Κόρινθον II, 1, 2. Die „sogenannte Hers[teller",]
die Ansiedler waren ἐπήλυδες, V 1, 2.

Augustustempel sieht er nicht, weil er ihn nicht sehen will. Die launenhaften Gunstbezeugungen eines Nero haben für ihn keinen Werth, weil doch der Grundsatz Vespasians maßgebend bleibt, dass die Griechen verlernt hätten frei zu sein.* Weil er die Einverleibung ins Römerreich für den Untergang Griechenlands hält, hat er kein Auge und kein Wort für Alles, was der Principat den Athenern Gutes gethan hat. Seit der Schreckenszeit Sullas ist es erst Hadrian, der das alte Unrecht sühnt, der wie ein griechischer Fürst in Athen waltet, dem neuen Vororte der Panhellenen; Griechenland hört auf, ein erobertes Land zu sein.

Pausanias glaubt wie Plutarch an eine Auferstehung von Hellas: denn für ihn sind die alten Götter noch lebendig. Von Allem, was Sulla gefrevelt hat, ist ihm das Aergste, dass er den Aristion vom Bilde der Göttin weggeschleppt habe; dafür, glaubt er, habe ihn Zeus Hikesios mit der Todeskrankheit heimgesucht.** Er war eine religiöse Natur, voll Ehrfurcht vor den Satzungen und Gebräuchen der Väter. Das Aelteste war ihm das Theuerste, wie ja auch das Volk in später Zeit wieder zum Zeus Hypsistos zurückkehrte (S. 280). Er hatte das Bedürfniss eines persönlichen Verkehrs mit der unsichtbaren Welt, erforschte die Orakel, empfing die Weihen und liess sich, wie sein Zeitgenosse Aristeides, von gottgesendeten Träumen leiten; das Geheimnissvolle war für ihn von dem Wesen der Religion unzertrennlich.

Was Pausanias zum Topographen machte, war ein Zug der Zeit. Mit Trajan war das Interesse für die grossen Weltbegebenheiten, deren Mittelpunkt Rom war, erloschen. Unter den friedliebenden Nachfolgern wendet man sich einer beschaulichen Betrachtung der Staaten und Völker zu, und damit tritt der griechische Geist wieder in eine ihm entsprechende Thätigkeit. Der alte Trieb, Geschichte und Erdkunde zu verbinden, kam von Neuem zur Geltung. Arrian, Appian, Aristeides zeugen davon, wie man die Darstellung des geschichtlichen Lebens durch genaue Kenntniss seines Schauplatzes zu beleben sucht; Plutarch ist der Erste, der von den Denkmälern Athens mit Begeisterung redet. Die den Griechen eingewurzelte Liebe zur Vergangenheit*** erwachte wieder in voller Stärke; das antiquarische Interesse wurde eine Modesache; es war jetzt ein Kennzeichen schöngeistiger Bildung, und der Kaiser selbst wurde nicht müde, den klassischen Boden zu durchwandern, verschollene Alterthümer ans Licht zu ziehen und denkwürdige Plätze mit Monumenten auszuzeichnen.

* Paus. VII, 17.
** I, 20.
*** Laetum antiquitatibus Graecorum genus: Tacitus Hist. II, 4. Plutarch als Wanderer: Othon 14: ἐμοὶ οἰδοῦντι etc.

Dem griechischen Volke war ein historischer Sinn angeboren, und deshalb hatte sich auch an den kleinsten Orten heimische Ueberlieferung von Vater auf Sohn erhalten. Die Pflege derselben wurde ein gewerbmässiger Betrieb, denn die Erinnerungen der Vorzeit waren ja das beste Capital des verkümmerten Landes. Eine Menge kleiner Leute, sagt Lucian, würde verhungern, wenn die Fremden aufhören sollten an den Legenden Gefallen zu finden, welche ihnen von den Ortsführern erzählt werden. Plutarch schildert sie in ihrer erlernten Redseligkeit, in welcher sie sich durch unbequeme Fragen nicht gerne stören lassen.*

Diese Ortsführer sind uns nur in Delphi näher bekannt, aber wie wenig Quellen haben wir überhaupt, welche das Stillleben des geschichtlich verschollenen Griechenlands beleuchten! Aus Pausanias kennen wir die Fremdenführer in Megara, Patrai und Andania, aus Julian in Ilion.** An kleinen Orten, wie Andania, war eine Mehrzahl von Periegeten, deren Uebereinstimmung bei einer Frage betont wird;*** denn es kam natürlich häufig vor, dass Einer klüger sein wollte als seine Collegen.

Die Ortsführung wurde aber nicht dem Belieben des Einzelnen überlassen; in Patrai war es eine amtliche Person, welcher dieselbe oblag.*** Der Regel nach war sie mit dem Cultus verbunden und ruhte auf priesterlichem Wissen und Tempeltradition, ebenso wie in Aegypten, wo Opferpriester Exegeten waren und die Fremden herumführten.† In Athen wird aus römischer Zeit ein Priester als officieller Fremdenführer genannt.†† In Olympia war für die Fremden besonders gesorgt. Hier finden wir in der Reihe der priesterlichen Würdenträger eigene Periegeten, erst einen, später zwei.††† Das waren vornehme Leute aus dem elischen Patriziat, welche ein Personal von Beamten unter sich hatten, eine Art von Bureauvorsteher, bei denen man sich meldete, wenn man kundig geleitet sein wollte. Auch Pausanias erkundigt sich über Beinamen der Götter bei priesterlichen Personen.

In hadrianischer Zeit hatten die griechischen Ortsperiegeten eine neue Bedeutung erhalten. Sie waren wichtige Leute, da eine schwärmerische Liebe zur Vorzeit erwacht war und auch von höchster Stelle aus immer nach denkwürdigen Plätzen gesucht wurde, um Sage und Ge-

---

* Lucian, Philopseudes 4, Plutarch. de Pyth. or. Vgl. Friedländer, Sittengeschichte II⁴, 110.

** Hermes IX, 261. Paus. I 41, 2; VII 6, 5. IV 33, 6.

*** ὁ τῶν ἐπιχωρίων τοῖς Πατρεῦσιν ἐξηγητής Paus. VII, 6, 5.

† Strabo 806: ἱεροποιοὶ καὶ ἐξηγηταὶ τοῖς ξένοις τῶν περὶ τὰ ἱερά.

†† ἱερεὺς πυρφόρος ἐξ ἀκροπόλεως — περιηγητὴς καὶ ἱερεύς CIA. III, 721ᵃ.

††† Arch. Zeitung 1859 S. 58; 1866 S. 60.

schichte lebendig zu machen. Aristeides unterscheidet solche Plätze, wo
der geschäftige Cicerone nichts als unscheinbare Spuren der Vergangenheit
nachzuweisen im Stande sei, und solche, wo Denkmäler der Vorzeit noch
in voller Frische zu schauen waren,* wie das in Rhodos der Fall war
und in Athen.

Dieser Zug ging durch die hellenische Welt: von ihm geleitet kam
auch Pausanias nach dem Mutterlande herüber, um das, was Jedermann
aus Schriftrollen lernen konnte, durch eigene Anschauung und ein-
heimische Ortskunde zu ergänzen. Das heroische Zeitalter ist ihm am
vertrautesten; in die alten Historiker hat er sich eingelebt. Was er aus
seinen literarischen Studien beizubringen weiss, benutzt er, um sein
Reisebuch damit auszustatten, denn er thut sich auf seine Belesenheit was
zu Gute. Die Hauptsache aber, der Hauptinhalt seiner Bücher ist das,
was er gesehen hat. Er ist immer als Wandernder zu denken und zwar
an der Seite seines Führers. Bei seinem rastlosen Lerneifer war er mehr
als alle Andern auf die Periegeten angewiesen, da er jeder eigenen Orts-
kunde entbehrte. Wo er sich selbst überlassen ist, macht er Verwirrung,
das zeigt sich am deutlichsten bei der Küstenfahrt von Skyllaion aus.**
In Attika macht er den ersten Anlauf auf eigene Hand; erst vom Dipylon
an spürt man die sichere Leitung des Führers.

Er zeichnet auf, was ihm nach der üblichen Reihenfolge über Aus-
stattung und Inhalt der Bauwerke mitgetheilt ward, und es kommt vor,
dass er die Einzelheiten angiebt, ohne das Gebäude, zu dem sie ge-
hören, zu nennen.*** Das sind Nachlässigkeiten, in denen sich ein
unbegabter und ungeübter Schriftsteller verräth, den nur das aufrichtige
Interesse für den Gegenstand zum Autor gemacht hat. Die angeborne
Unbehülflichkeit und Unselbständigkeit zeigt sich auch darin, dass er,
dem alterthümelnden Zeitgeiste folgend, an die alten Muster, Herodot
und Thukydides, sich anlehnt.

So unangenehm diese Mängel vom Leser empfunden werden, so haben
sie doch das Gute, dass sie unser Vertrauen wesentlich erhöhen. Denn
ein Mann von so wenig Phantasie und Originalität hatte nicht den Trieb

---

* Aristeides XLIII, 539: παρὰ μὲν τοῖς ἄλλοις λόγος ἐστὶν ἀκοῦσαι καὶ τρο-
παῖόν τι λοιπὸν ἰδεῖν καὶ μνήμην καὶ κρήνην καὶ διήγησιν ὁ περιάγων ἐν ἀμφοῖς·
γνωρίσμασι — παρ' ἡμῖν δὲ μόνοις γενόμενον ἦν ἰδεῖν ἀκριβῶς, οὐκ ἀκοῦσαι τὴν
πόλιν ἥτις ἦν, ὥσπερ γὰρ ἀρτίως ἀπειργασμένης ἅπαντα ἐφαίνετο.

** Vgl. Gurlitt, Pausanias S. 430.

*** Nachträgliche Nennung des Tempels mit dem bestimmten Artikel: ὁ ναός,
ἐν τῷ ναῷ. Vergl. Ulrichs, Reisen II 49, der mit der ihm eigenen Klarheit auch
hierüber urtheilt.

zu erfinden; ihm fehlte das Talent der Darstellung, das einen
Versuchung führen kann, den Leser täuschen zu wollen und durch
des Vortrags die Unwahrheit seiner Berichte zu verkleiden.

Das eigene Sehen, das überall vorausgesetzt wird, tritt an e
Stellen in lebhafterem Ausdruck hervor. Die Pracht des her
Marmorstadiums „muss man sehen," um von der Wirkung eine Vo
zu haben (XC 22); ebenso spürt man beim Aufgange zur Akrop
Eindruck, den der erste Ausblick über das Meer auf ihn gema
Die verschiedenen Abschnitte seiner Beschreibung sind „Gänge", d
Text sich anschliesst,* und durch verschiedene Participien vom
des Gehens werden die Räume vor den Tempelhöfen und in
derselben, Vorhalle und Cella eines Heiligthums unterschieden.**

Pausanias war ein Mann ohne angeborenen Ortssinn, oh
graphische Uebung. Er versteht kein Terrain zu überblicken, er h
Karten vor sich und orientirt seine Leser auch in Gebirgen r
Himmelsgegenden, sondern nach „rechts" und „links". „Nahe be
Reihe nach", „darüber", „darunter" — das sind seine Ortsbezeich
mit denen er sehr ungenau die verschiedenen Gegenstände, die ihm
wurden, an einander reiht.

Wie abhängig er im Allgemeinen von den Ortsführern is
daraus hervor, dass er es ausdrücklich anzugeben pflegt, wenn
weichender Meinung ist. Auch genügt ihm das Sehen an des
Hand nicht; er betheiligt sich an den Festen, er befragt die Or
unterrichtet sich von dem, was die mündliche Ueberlieferung in
schiedenen Landestheilen über die Vorzeit zu sagen weiss; der
hierin erkennt er eine schätzbare Ergänzung dessen, was man aus l
lernen kann.***

Pausanias ist Jahre lang in Griechenland gereist; er hat all
wandern und schreiben gelernt. Es ist daher ein Unglück für u
er, von seinem Wissensdrange getrieben, zuerst nach Athen gin
durch Hadrian ein Mittelpunkt des neu erblühenden Hellas geword
Er begann mit der schwierigsten Ausgabe, als er noch am wenig
Stande war, eines massenhaften Stoffes Herr zu werden. Die Atth
hinter den andern Büchern weit zurück. Sie entbehrt der geschie
Einleitung, welche bei den andern Landschaften die topographische

---

* ὁ λόγος συμπεριοστεί V, 14, 10.
** ἀνδρὶ ποιουμένῳ τὴν ἔφοδον κατὰ τὰ ἡμῖν εἰρημένα VI, 17, 1. ὁδὸς
— παρελθοῦσιν ἐς τὸν περίβολον — ἐς τὸ Ἀσκληπιεῖον ἰοῦσι — ἰσελθ
II, 10, 2.
*** ἃ ἕκαστοι παρὰ σφίσι λέγουσιν VI, 11. Λακεδαιμόνιοι αὐτοὶ III, 1,

vorbereitet, während hier Geschichte und Topographie bunt durch einander gehen; sie entbehrt der sorgfältigen Beschreibung des Landes ausserhalb der Stadt und auch innerhalb der Stadt der übersichtlichen Klarheit.

Die Atthis hat dem Verfasser, wie es nicht anders sein konnte, besondere Mühe gemacht. Denn wie er sein Tagebuch zur Veröffentlichung vorbereitete, erschien ihm die Masse des Materials übergross, und er beschloss in seinem Buch nur einen Auszug von seinen Reisenotizen, eine Auslese des Wissenswürdigsten zu geben, wie er dies in der Einleitung zur Topographie von Sparta sagt.* Das ist für uns ein grosser Nachtheil; denn eine lückenlose Aufzeichnung aller der Reihe nach gezeigten Gegenstände wäre ungleich werthvoller. Durch das Streichen vieler Einzelheiten ist es schwerer, genau und sicher zu folgen, und der Schaden ist um so grösser, da wir nicht wissen, nach welchen Grundsätzen er in dem einzelnen Falle ausgeschieden hat; theils erschienen ihm die Gegenstände zu unbedeutend, theils hielt er sie für zu bekannt, und er sagt ausdrücklich, er lasse etwas aus, weil Andere darüber geschrieben.**

Pausanias brachte kein fertiges System mit, nach dem er die Länder beschrieb; erst allmählich gewann er eine festere Stellung den Ortsführern gegenüber, die selbst nach den Orten verschieden waren. An den berühmtesten Plätzen, die Jahr für Jahr der Zielpunkt schaulustiger Pilgerzüge waren, musste die Ortsführung eine besondere Organisation haben, hier war ein grösseres Personal, das an bestimmten Stationen der Fremden wartete, und der Dienst war getheilt.

Das Gewöhnliche war, dass die einzelnen Stadttheile oder Wegestrecken ihre besonderen Leute hatten, welche darauf eingeschult waren, die Sehenswürdigkeiten der Reihe nach zu erklären. Dies war eben nicht überall durchzuführen. Denn wo auf engem Raume, wie z. B. in der Altis, eine grosse Fülle von Denkmälern dicht zusammen stand, war eine nach Distrikten getheilte Ortsführung unmöglich. Sie musste sich vielmehr nach den Gegenständen richten, und so finden wir die Beschreibung von Olympia der Ortsführung entsprechend in Abschnitte getheilt, von

---

* ὃ δὲ ἐν τῇ συγγραφῇ μοι τῇ Ἀτθίδι ἐπανόρθωμα ἐγένετο, μὴ τὰ πάντα με ἐφεξῆς, τὰ δὲ μάλιστα ἄξια μνήμης ἐπιλεξάμενον ἀπ᾽ αὐτῶν εἰρηκέναι III, 11, 1. ἐπανόρθωμα heisst immer „Verbesserung" trotz Schubart in Fleckeisens Jahrb. 1868 S. 922 und Wachsmuth. P. sagt aber zugleich, dass dies eklektische Prinzip schon in seinem ursprünglichen Plane gelegen habe. Es sei also die Revision der Atthis keine grundsätzliche Änderung seiner Schriftstellerei. συγγραφή ist der revidirte Text im Gegensatze zu den Notizen, ὑπομνήματα.

** γραφάντων ἑτέρων παρίημι I, 23, 10.

denen der eine sämmtliche Altäre, der andere die Weihgesch[...]
dritte die Siegerstatuen behandelt.* Hier kommt der Reisende [...]
an dieselbe Stelle; denn der Altarperieget kreuzt die Wege d[...]
Ortsführer, weil er nicht die räumliche Gruppirung der Altäre
hat, sondern die Folge des Opferdienstes, der von den Prie[...]
ihnen nach alter Opferordnung wahrgenommen wird.

Diese Gliederung des Stoffs erschwert den Ueberblick des G[...]
solchem Grade und ist für den Schriftsteller so unpraktisch, dass
aus der Periegese verstanden werden kann, der sie vollkommen e[...]

In Athen finden wir beide Formen der Ortsführung vereini[...]
räumliche Ordnung ist die durchaus vorherrschende, und wir fol[...]
Faden der Periegese vom Hauptthore der Stadt zum Markt, von[...]
durch die Unterstadt im Norden, Osten und Süden und endlich
Burg. Es schliesst sich aber an den Areopag eine Betracht[...]
Gerichtsstätten an, bei denen, wie bei den Altären in Olympia, d[...]
lichkeit das Gleichgültige ist. Wie bei der Altarperiegese ein be[...]
Interesse für religiöses Ceremoniell vorausgesetzt wird, so [...]
Rechtsalterthümer, ein Interesse, das bei den Römern ein vo[...]
lebendiges war; sie ehrten Athen als den Ursitz der juristisch[...]
dung, auf welche sie selbst besonders stolz waren, und der [...]
seitdem Rom in Hellas gebot, wieder zu altem Ansehen erhobe[...]
das ehrwürdigste und weltbekannteste Institut von Athen.** S[...]
fällt dieser Abschnitt gänzlich aus der Periegese heraus, und n[...]
daher die Ansicht aufstellen können, es sei derselbe nichts And[...]
ein antiquarischer Excurs, den er an jedem andern Orte ebe[...]
hätte schreiben können.*** Pausanias reist aber in Hellas, um a[...]
heimischer Ortskunde sein Wissen zu ergänzen, und die klugen [...]
haben es gewiss nicht versäumt, für römische Bildungsinteres[...]
geeigneter Weise zu sorgen. Die Voraussetzung, dass inmitte[...]
Reisehandbuchs ein Abschnitt, der lauter athenische Oertlichkeiten
an der Zahl, nennt, nichts mit der Periegese zu thun habe, is[...]
gewiss sehr unwahrscheinlich; wir dürfen also annehmen, dass Pa[...]
auch diese Stätten, an denen die mit heiliger Sage verbundener[...]
gerichtshöfe für ihn ein ganz besonderes Interesse haben musste[...]
dem dazu berufenen Periegeten besucht habe.

Eine zweite Gruppe athenischer Sehenswürdigkeiten, welche sacl[...]

---

* τὰ εἰς ἅπαντας τοὺς βωμοὺς, ὁ λόγος εἰς τὰ ἀναθήματα, ἡ ἐξήγη[...] ἀνδριάντων. Peloponnesos II, 109.
** δίκας δοῦναι καὶ λαβεῖν εὗρον Ἀθηναῖοι πρῶτοι Aelian V. H. VIII, [...]
*** Wachsmuth I, 132.

Zusammenhang haben, ist die der Bauten Hadrians, und es ist gewiss vorauszusetzen, dass der Kaiser, nachdem er die Stadt wieder zu einer glänzenden Metropole gemacht hatte, auch dafür gesorgt haben wird, dass Leute vorhanden waren, welche den Beruf hatten, für die sinnvoll entworfenen und mit beispiellosem Aufwande ausgeführten Werke bei den Reisenden das rechte Verständniss zu erwecken. So erklärt es sich, dass nach dem Olympieion die andern Kaiserbauten aufgezählt werden, welche, wie wir annehmen müssen, z. Th. inmitten der Nordstadt lagen. Sie werden an das Olympieion angeschlossen, wie die Gerichtshöfe an den Areopag, ebenfalls ohne Bezeichnung der Lage.

Endlich glaube ich noch einen Abschnitt zu erkennen, wo beide Formen der Periegese, die örtliche und die sachliche, mit einander verbunden sind. Denn wenn mitten in der Beschreibung der Ilisosufer, deren hervorragendes Heiligthum der Demetertempel war, der Sitz der „kleinen Mysterien" (XXV 6), auch das Eleusinion erwähnt wird, das am Abhange der Burg lag (S. 50), so kann ich diese Erwähnung nur so verstehen, dass Pausanias diesen Gang mit einem Führer machte, der in die Mysterien eingeweiht war. Denn wenn selbst Handwerker eingeweiht werden mussten, welche nur einen Tag im Mysteriengebäude zu thun hatten, wieviel mehr war die Weihe dem Ortsführer unentbehrlich, der den Fremden die mystischen Heiligthümer zeigte! Darum ist das Eleusinion ausser der Ordnung und ohne Bezeichnung seiner Lage angeschlossen worden. Pausanias hat es mit demselben Führer besucht, fühlt sich aber aus religiöser Scheu verhindert, etwas Näheres darüber mitzutheilen und kehrt sofort zum Demetertempel am Ilisos wieder zurück.[*]

Diese Ilisoswanderung, deren Centrum die Kallirrhoe ist, hat noch in anderer Beziehung etwas Ausserordentliches, indem sie den folgerichtigen Rundgang der Unterstadt unterbricht. Die Unterbrechung ist deutlich bezeugt; denn nachdem zwei Seiten des Kerameikosmarktes beschrieben sind, wird der Markt verlassen; nach der Ilisostour wird die halbfertige Beschreibung desselben wieder aufgenommen und mit Anknüpfung an die frühere Hälfte folgerecht vollendet. Diese Störung der örtlichen Periegese ist auch durch die verzweifeltsten Mittel nicht zu beseitigen, und ist einmal etwas Abgelegenes zwischen die beiden Markthälften eingeschoben, so kommt ja wenig darauf an, ob es etwas näher oder ferner liegt. Am wenigsten ist man berechtigt, dem Pausanias, dessen Zuverlässigkeit in allen topographischen Punkten sich immer

---

[*] Mit den Worten πρὸ τοῦ ναοῦ τοῦδε (XXIV 90) kommt Pausanias zum Demetertempel zurück. Das Eleusinion wird nie als ναός bezeichnet.

Neuem bestätigt hat,* einen so schweren Missgriff aufzubürden, dass er einen Marktbrunnen mit der Enneakrunos verwechselt habe. Keine Anlage der Stadt war gefeierter, berühmter (S. 88). Eine Entstellung des Textes ist auch nicht anzunehmen, weil das Einlenken in den unterbrochenen Gang der Periegese so deutlich angegeben ist. Ich weiss also keine andere Erklärung, als dass der dritte Theil der Stadtwanderung vor dem zweiten stattgefunden hat. Das Pensum des ersten, welches den Gang vom Eingangsthore bis zur Orchestra der Tyrannenmörder umfasste, war vollendet. Zur weiteren Führung bot sich aus irgend einem zufälligen Grunde der Mystagoge für die Demeterheiligthümer und die damit zusammenhängenden Plätze an, der eigentlich erst später eintreten sollte, und es war das Ungeschick des Pausanias, dass er in der Redaction der Atthis diese Unregelmässigkeit der Periegese nicht verbessert hat.

Wie unvorbereitet Pausanias seine Aufgabe antrat, zeigt die Unsicherheit im Anfange seines attischen Tagebuchs. Denn wenn er von Phaleron her auf nächstem Wege nach Athen hereinkommt und dann wieder hinausgeht, um an den Trümmern der langen Mauern vorüber um die halbe Stadt herum nach der Westseite zu gehen und bei dem zweiten Eintritt erst die eigentliche Stadtwanderung zu beginnen, so ist diese Seltsamkeit doch wohl nur so zu erklären, dass ihm beim itonischen Thore deutlich gemacht wurde, dies sei nicht der Punkt, wo ein Reisender die Periegese von Athen zu beginnen habe.

Die Alten legten grosses Gewicht auf den Eingang ihrer Städte. Die Stadtthore waren der besondere Schmuck und der Stolz derselben, und es war herkömmlich, ein Thor als das Hauptthor zu kennzeichnen, als das an der Stirnseite der Stadt gelegene, wo die bedeutendsten Wege von aussen zusammentrafen und der solenne Empfang stattfand. Das Dipylon ist das einzige Thor der Athener, das von seiner Bauart den Namen hat. Hier haben sie die pergamenischen Könige sowie alle fremden Gönner und Wohlthäter empfangen; hier warteten auch die Ortsführer auf die Reisenden, welche der gewöhnliche Weg vom Peiraieus, die Hamaxitos (S. 201), sowie die Wege von Megara und von Theben hier an die Schwelle der Stadt führten.**

Am untern Ende der Thalmulde, welche sich vom Areopag nach Norden senkt, war das Thor für den Verkehr so günstig wie möglich gelegen, ungünstig aber für die Vertheidigung. Zu diesem Zweck bedurfte

---

* Wachsmuth, Rhein. Museum 1881, S. 327.
** αἱ μάλιστα λεωφόροι πύλαι Herod. I, 157. αἱ μεγάλαι πύλαι C I Gr. II, 123. porta in ore urbis LXXIX 93. Wegebau S. 68 (276). B. Schmidt, Die Thorfrage in der Topographie Athens 1879. Gurlitt, Pausanias S. 317.

es eines Aufbaus, wie er unter Themistokles, Kimon, Perikles (S. 118. 189) hergestellt worden ist. Dadurch erhielt das Thor eine solche Lage, dass der Weg nach innen eine geringe Senkung hatte und „von oben" den Kerameikos durchschnitt (XLI 60), wie es für die Fahrt des panathenäischen Festschiffs erforderlich war. Denn das war der Eindruck, welchen der Fremde schon am Eingangsthore hatte, dass er eine Stadt betrat, welche nicht nur in Bezug auf sichern Verschluss, auf Wasserabfluss, auf bequeme Verkehrseinrichtungen, auf Brunnenanlagen u. s. w. sich als ein wohl geordnetes Gemeinwesen zu erkennen gab, sondern dass hier die Beziehungen zu den Gottheiten und die Pflege des Gottesdienstes die wichtigsten aller öffentlichen Angelegenheiten waren. War doch das Erste, sobald man die Schwelle überschritten hatte, das Pompeion mit dem Festgeräth der Panathenäen (S. 189) und daneben der Tempel von Demeter, Kora und Iakchos, ein Denkmal der religiösen Einheit von Athen und Eleusis, während das Pompeion an der Stadtschwelle den Punkt bezeichnete, wo die Prozessionen ausgingen, welche Ober- und Unterstadt zu einem gottesdienstlichen Ganzen zusammenschlossen. Das Thor war gleichsam der Hafen, von dem das Festschiff auslief.*

Das Dipylon trennte den äusseren Kerameikos von dem inneren. Darum stand am inneren Thorschlusse an der Stadtseite der Rundaltar des Zeus Herkeios, des Hermes und des Akamas (XL 93). Der älteste Landesgott wird an erster Stelle genannt; es ist derselbe, der oben bei der Athena Polias seinen Dienst hatte, die ganze Bürgergemeinde um seinen Herd sammelnd; dann, als Thor- oder Wegegott, Hermes, und endlich Akamas, der Schutzpatron der Phyle Akamantis, zu welcher der Kerameikos gehörte.**

Wenn Pausanias dennoch vom Dipylon eine Strecke Wegs geht und dann erst den Kerameikos nennt, so erklärt sich dies dadurch, dass die Ortsnamen sich bei den Griechen auf den wichtigsten Theil, den Kern eines grössern Gebiets zu verengen pflegen, ebenso wie der Bergname Pnyx zur Bezeichnung des an der Pnyx gelegenen Volksversammlungsraums geworden ist (S. 62). Den weitern Gebrauch bezeugt die Altarinschrift, den engern der Text des Periegeten, bei dem Kerameikos so viel wie Agora ist. Dieser Sprachgebrauch ist zu seiner Zeit besonders üblich geworden, da es ja auch neu eingerichtete Plätze gab, welche als Agora dienten.***

---

* Daher ἀποστέλλειν τὴν πομπήν Aristot. Πολ. Ἀθηναίων ed. Kenyon, p. 47.
** Köhler, Mitth. des athen. Inst. IV 288.
*** Kerameikos im weiteren Sinne z. B. Isaios VI 20: συνοικία ἐν Κεραμεικῷ. Im engeren Sinne: ἐν Κεραμεικῷ und ἐν ἀγορᾷ von demselben Stand bilde Lykurgs in den Vitae X orat.

Die Strasse, welche Dipylon und Kerameikos verband, schloss sich unmittelbar an das Thor an, indem sie auch auf das Innere der Stadt vorbereitete, Denkmäler von allgemeinem Interesse enthielt und solche, die sich auf Zuzug von aussen bezogen, namentlich auf den des Dionysos, der von Eleutherai kommend hier von König Amphiktyon gastlich aufgenommen sein sollte (XXVII 8). Die gastfreundliche Gesinnung der Stadt zu ehren war diese Fremdenstrasse besonders geeignet; darum standen vor den Säulen rechts und links die Erzbilder hervorragender Männer und Frauen, welche Zeugniss ablegten, dass bei den Athenern jedes Verdienst um hellenische Bildung Anerkennung finde. Die Säulenhallen, die den Weg begleiteten, müssen in ihrer Anlage einer Zeit angehören, und es ist oben versucht worden, sie der perikleischen Zeit zuzuweisen (S. 178). Sie waren entweder nur Einfassung der Strassen oder sie dienten älteren Gebäuden zum Schmuck, die sich hinter ihnen ausbreiteten. Zwischen den Säulen und oberhalb derselben waren die besten Standorte, um die Festzüge des Dromos (LXXV 19) anzusehen. Unter den hervorragenden Kunstwerken, welche am Wege standen, war ein figurenreiches Werk und Weihgeschenk des Eubulides (IJX 91), und es ist mit Wahrscheinlichkeit angenommen worden, dass die Fundamente, Inschriften und Skulpturreste, welche am Westende der heutigen Hermesstrasse aufgedeckt worden und als Werke von Eubulides, dem Sohne des Eucheir, inschriftlich bezeugt sind, dem von Pausanias aufgezeichneten Weihgeschenke angehören.* Jedenfalls schmückten sie dieselbe Thorstrasse, welche, den natürlichen Bodenverhältnissen entsprechend, mit dem untern Theile der heutigen Hermesstrasse zusammenfällt; wo diese aber östlich abbiegt, ging der alte Weg in gerader Linie südöstlich weiter, bis er den Nordrand des alten Markts erreichte.

Der Dromos mündete in den Kaufmarkt (S. 171) und führte erst durch die „Hermen" auf den Staatsmarkt. Was ausserhalb der Hermen lag, hatte für Pausanias, den Freund der alten Zeiten und ihrer geschichtlichen wie religiösen Ueberlieferungen, kein Interesse. Darum schweigt er von dem Prachtbau der Attaloshalle, an welche sich auch unliebsame Erinnerungen aus römischer Herrschaft anschlossen (S. 249). Der Platz, dessen Ostrand sie bildete, hatte seine Bedeutung als Verkaufslokal nicht verloren; am Südende der Halle standen Ehrenbilder von Beamten, welche sich um die Aufsicht des städtischen Markts verdient gemacht hatten. Zum Amtskreise der Marktaufseher gehörte auch die Aufstellung der

---

* Julius in den Mittheil. des athen. Inst. VII 51. Dagegen neue Bedenken von Lolling ebenda XII, 365.

Ephebeninschriften, welche, seitdem das Ephebeninstitut die wichtigste der öffentlichen Angelegenheiten geworden war, massenweise den Markt umstanden.*

Den periegetischen Faden des Pausanias, dem ich nur in allgemeinem Ueberblicke folge, können wir erst an dem Punkte wieder aufnehmen, wo er, von der langen Thorstrasse herkommend, den durch die öffentlichen Gebäude scharf begrenzten, freien, viereckigen grossen Platz betritt, den er als den eigentlichen Kerameikos bezeichnet (LXVI 26).

Wie der Eintritt auf den Platz, so ist auch die Bewegung innerhalb desselben deutlich angegeben. Er nennt die Königshalle zur Rechten (d. h. an der Westseite) und zwar als das Erste, also den Anfang einer Reihe von Gebäuden, welche den Westrand des Kerameikos bilden.

Der Uebergang zu einer zweiten Reihe ist nicht so genau angegeben; aber es ist in der Hauptsache keine Unklarheit, weil die drei Regierungsgebäude** (Metroon, Buleuterion, Tholos) als eine in sich zusammenhängende Gruppe bezeichnet werden und zwar als eine solche, welche unterhalb eines Felsabhanges liegt. Es kann also diese zweite Marktseite nur die Südseite sein, wo der Felsrand des Areopags die natürliche Grenze bildet. Das Metroon lag schon auf Felsgrund.*** Die überragende Terrasse, welche Pausanias erwähnt (XLVII 37), ist die Felsstufe des Areopags, welche die Standbilder der Eponymen trug und sich ostwärts zum Burgaufgange entlang zog.

Wie Pausanias im Süden die natürliche Grenze des Kerameikos bezeichnet, so auch an der Ostseite, indem er von seinem Ilisosgange, also von Osten her zum Kerameikos zurückkehrend, eine Höhe betritt, von welcher er auf denselben hinabschaut (XXXI 90).† Er nennt daselbst das Heiligthum des Hephaistos, das auf dem „Kolonos agoraios" lag (LXXI, 92). Wir können unter diesem Namen also nur die Höhe verstehen, welche sich, wie die Skizze S. 70 zeigt, von der Akropolis nach Norden vorschiebt und näher als jede andere Höhe die Niederung des Kerameikos überragt, so dass keine mehr Anspruch auf den Namen des „Markthügels" hat. Höher als der sogenannte Theseushügel, senkt sie sich ganz allmählich nach Westen, so dass das Hephaisteion zwar noch

---

* ἡ ἐξ Ἀρείου πάγου βουλὴ καὶ ἡ βουλὴ τῶν ἑξακοσίων καὶ ὁ δῆμος τὸν ἐπιμελητὴν τῆς κατὰ τὴν πόλιν ἀγορᾶς Φιδίαν [Φι]δίου Ῥαμνούσιον ἀρετῆς ἕνεκα. Inschriftstein an der Attaloshalle (S. 281 Anm.).

** τὰ ἀρχεῖα (public offices).

*** Unter dem Gebäude ein Felsschlund, χάσμα, βάραθρον Suidas v. βάραθρον μητραγύρτης.

† ὑπέρ „oberhalb" Milchhöfer in den Philol. histor. Aufsätzen, 1884, S. 348.

oberhalb des Marktes lag (XXII 7), aber so bequem, dass der Bazar der Schmiedewaaren sich bis an das Heiligthum hinanzog (XXXII 5) und die dienstsuchenden Tagelöhner keinen günstigeren Standort finden konnten. Auch die Ueberreste von Weihgeschenken an Hephaistos und Athena Hephaistia haben sich in dieser Gegend gefunden. *

Vom Kolonos Agoraios, wo auch Aphrodite Urania ihren uralten Sitz hatte (S. 32), kommt Pausanias also zum zweiten Male an den Stadtmarkt im Kerameikos, und zwar auf der Strasse, welche von dem Punkte, wo sie den Markt erreichte, zu dem Erzbilde des Hermes Agoraios führte (S. 170). Es war bestimmt, dem belebtesten Verkehrsplatze der inneren Stadt eine religiöse Weihe zu geben. Neben dem Hermes stand das zum Andenken des Reitergefechts von 317 (S. 224) errichtete Triumphthor. Ehrenbogen dieser Art standen immer auf den Hauptstrassen der alten Städte, und hier kann man nicht zweifeln, dass es die panathenäische Feststrasse war, auf welcher Pausanias, der mit Vorliebe den Prozessionswegen folgte, auch zum zweiten Male den Stadtmarkt betrat. Das Triumphthor entsprach aber, wie die Marktskizze (S. 171) zeigt, dem Thore der Athena Archegetis, das ebenfalls auf derselben Feststrasse stand (S. 256).

Von diesem Eingang beim Hermes Agoraios, wo Stadt- und Kaufmarkt sich berührten, wendet Pausanias sich links, um von den Gebäuden des Marktrandes das letzte noch übrige, die Poikile, zu beschreiben. Dann folgen nach vollendeter Periegese der Markträuder die Gegenstände des inneren Marktraums.

Jenseits des Kerameikos nach Westen lässt sich keine Spur von der Wanderung des Pausanias nachweisen; den sogenannten „Theseustempel" (S. 121) übergeht er, wie ich nicht anders denken kann, absichtlich, und zwar, wie ich vermuthe, deshalb, weil die den Athenern eigenthümliche, göttliche Verehrung des Herakles seinem nationalen Gefühle widerstand.**
Doch wer kann bei einem im Reden und Schweigen launenhaften Schriftsteller, dessen wissenschaftlicher Forschersinn nicht stark genug war, um persönliche Neigungen und Abneigungen zu überwinden, in den einzelnen

---

* Meine in den Attischen Studien II, 33 aufgestellte Ansicht über den Kolonos hat Milchhöfer a. a. O. S. 341 wieder aufgenommen und in der Rec. von Wachsmuth, Stadt Athen II (Wochenschrift für klass. Philologie 1890), durch die Fundthatsachen im Umkreise des Marktes neu begründet. Vier Inschriftensteine (CIA. I, 318, 319; II, 114, 117), die sich alle auf Hephaistos oder Hephaistos und Athena Hephaistia beziehen, sind alle in östlicher Gegend gefunden; eine Thatsache, welche unerklärlich bleibt, wenn das Hephaisteion im Westen des Kerameikos gelegen hätte. Vgl. über den Kolonos Agoraios oben S. 21, 82, 174.

** Den ungriechischen Charakter des Heraklescultus betont nach eigener Forschung Pausanias VII 5, 3, die tyrische Herkunft auch IX 27, 8.

Fällen die Motive nachweisen, welche ihn bestimmt haben, hervorragende Denkmäler zu übergehen! Auch vom Zwölfgötteraltar wissen wir nicht, ob die Gründung durch die von ihm gehassten Pisistratiden oder ein anderer Umstand das Uebergehen veranlasst hat. Den Cultus der Zwölf im innern Kerameikos bezeugen attische Denkmäler aus späterer Zeit.*

Von Osten her hat Pausanias die zweite Markthälfte beschrieben, nach Osten geht er weiter, zu dem benachbarten Ptolemaion (S. 238), zum Heiligthum der Theseus, zu dem der Dioskuren und dem darüber gelegenen Bezirke des Aglauros. Diese Stätten harren sämmtlich noch der Auferstehung durch eine den Nordrand der Burg aufräumende Ausgrabung. Die Lage im Allgemeinen sowie die Reihenfolge sind gesichert: den örtlichen Zusammenhang beleuchtet der neu aufgefundene Aristoteles, wo er die Entwaffnung der Athener durch Peisistratos (S. 82) beschreibt.** Er nennt als den Platz, wo die Waffen der ins Anakeion beschiedenen Bürger niedergelegt wurden, „die benachbarten Räume des Theseion". Es bestätigt sich dadurch, was S. 121 angedeutet worden ist, dass die heiligen Stätten an der angreifbarsten Seite der Burg als Waffenplätze benutzt wurden. Was von den Tyrannen für ihre Zwecke gelegentlich ausgebeutet wurde, ist in der Zeit nach Vertreibung der Perser planmässig durchgeführt worden. Mag es auch in der Tyrannenzeit schon ein Theseusheiligthum hier gegeben haben, die Waffenmagazine daselbst werden doch erst in der kimonischen Zeit errichtet worden sein. Truppensammlungen im Theseion (LIV 91), Waffen im Anakeion (XLVI 59) sind bezeugt. Auch bei der Orchestra des Burgaufgangs war ein Standort, wo in Zeiten der Gefahr Mannschaften zusammentraten. Wir sehen also, dass sich an der ganzen Nordseite, welche nach Abbruch des Pelargikon die am meisten gefährdete war, eine Reihe solcher Stationen entlang zog, wo in Zeiten der Gefahr die Bürger sich rasch sammeln und bewaffnen konnten, um die Burg zu hüten und die untere Stadt zu überwachen (S. 121).***

Das Prytaneion ist der Schlusspunkt der dritten Wanderung und zugleich der Anfang von zwei neuen Gängen, also der centrale Punkt in

---

* v. Sybel, Mittheilungen des athen. Inst. IV 337. Antinationale Gesinnung der Pisistratiden: Paus. IX 6, 2.

** Aristoteles Πολιτεία Ἀθηναίων p 42 ed. Kenyon. Wachsmuth, Rhein. Museum 46, S. 328.

*** Waffenplatz bei den Tyrannenmördern: Aristoph. Lysistr. 633 (ἀγορασω ἐν τοῖς ὅπλοις ἑξῆς Ἀριστογείτονος); τὰ ὅπλα wie bei Thuk. VIII, 92 (ἐπὶ τὰ ὅπλα ἰέναι) örtlich im Gegensatz zur Agora. Da die Amtssphäre der Strategen in späterer Zeit örtlich begrenzt wird, so wird auch wohl der στρατηγὸς ἐπὶ τὰ ὅπλα auf diese Waffenplätze zu deuten sein.

der Nordstadt. Die Entstehung und ungefähre Lage des Prytaneions in der Mitte des nördlichen Burgabhanges habe ich S. 244 zu bestimmen gesucht. Pausanias machte es hier, wie so vielfach in seinen späteren Büchern, dass er nämlich von demselben Punkte verschiedene Gänge beginnt und sich hütet, von einem derselben auf den anderen hinüberzugehen; eine etwas pedantische Methode, welche nur aus dem Streben nach möglichster Deutlichkeit zu erklären ist und sich am natürlichsten an die Fremdenführung anschliesst.

Folgen wir Pausanias auf dem vierten Gange, so leitet uns dieser in die unteren Stadttheile (XXXIX 4) zum Ilisos, also in dieselben Gegenden, wohin der zweite Gang gerichtet war. Bei dem Olympieion stand Pausanias wieder unmittelbar den „mystischen Felsufern" (XXV 16) des Ilisos gegenüber; eine Seltsamkeit, die ihren besonderen Grund gehabt haben muss und darin die einfachste Erklärung findet, dass bei dem früheren Gange die Mysterienplätze den Kern der Wanderung bildeten: es war also ein Gang von ganz besonderer Art, von religiösem Inhalt, auf dem man Dinge erlebte, deren Mittheilung an Unberufene durch gottgesendete Träume verboten wird. Mit dem Geheimdienste der Demeter war auch die Enneakrunos verbunden, welche darum beim zweiten Gange erwähnt wird (XXV 10).

Der vierte Gang ist wieder ein gewöhnlicher *giro*; er ist dem ganzen Ilisosthale gewidmet, dessen reiche Geschichte durch die hier zusammentreffenden Culte von Zeus, Aphrodite, Apollon, Musen, Artemis bezeugt wird. Der Weg führte den Wanderer vom Olympieion und Pythion (S. 54) zur Aphrodite in den Gärten (X 84), aufwärts zum Kynosarges am Lykabettos, dem äussersten Punkte in NO, südöstlich zum Lykeion; flussabwärts am rechten Ufer an den Musengrotten vorbei, dann nach Agrai hinüber, wo die Artemis Agrotera oder Agraia ihr Heiligthum hatte (XV 56), und endlich zum panathenäischen Stadium, dem Schlusspunkte dieser Wanderung; sie umfasste die alte Iioniervorstadt (S. 58), welche, durch Hadrian von Neuem mit dem Kern der Stadt vereinigt, zu einem glänzenden Neu-Athen geworden war. Die alte Ziegelmauer (LXXIX 35) war weggeräumt, und eine offene ländliche Villenstadt zog sich über den Ilisos hinüber.

Vom Prytaneion beginnt auch die fünfte Wanderung, welche von allen Gängen der Unterstadt durch Terrain und Denkmäler am sichersten bestimmt ist. Der Tripodenstrasse (S. 186) folgend, geht sie am Odeion (S. 142) vorüber nach dem Heiligthum und Theater des Dionysos. Sie folgt den Weihgeschenken bis auf die Höhe des Theaterbaus, wo bei dem Bilde der Niobe (LIX 6) die heimathlichen Erinnerungen vom Sipylos lebendig wurden (vgl. S. 210, 224). Dann das anliegende Asklepieion

(S. 211), die mit dem ältesten Stadtmarkte verbundenen Heiligthümer von Themis und Aphrodite Pandemos (S. 52, 60, 226). Ueber den von den Bauten des Herodes noch freien Boden am Südwestfusse der Burg führte der uralte Weg (S. 42) zum Burgthore hinan.

Die Akropolis ist schon beim Theater (L 84) als Ziel der Wanderung angegeben und dann als ein besonderer Theil der Periegese dadurch bezeichnet, dass der Beschreibung der Denkmäler kurze Bemerkungen über die natürliche Lage und die Befestigung vorangestellt sind.

Der Burgaufgang hat den Athenern viel zu schaffen gemacht, weil hier zwei verschiedene Gesichtspunkte mit einander in Widerspruch traten; man wollte den Sitz der Götter so eng wie möglich mit der Stadt verbinden und doch die Sicherheit der Burg nicht aufgeben. Unter den Tyrannen war sie noch wesentlich Festung und ihren Fuss schützte das Pelargikon. Nachdem dieser untere Ring beseitigt war, suchte man ihn durch eine Reihe von Waffenplätzen am Abhang der Burg zu ersetzen (S. 296), und der Aufgang konnte, wie es Perikles wollte, ein offener, für die festlichen Gottesdienste bestimmter Zugang bleiben. Unter den Römern ist zu verschiedenen Malen am Aufgange gearbeitet worden; darauf weist das Agrippadenkmal hin (S. 258), und die Münzen hadrianischer Zeit bezeugen einen breiten Treppenweg, der zu den Propyläen hinanführte und offenbar als Prachtwerk jener Zeit angesehen wurde.* Bei Anlage dieser römischen Freitreppe sind die Altäre, welche einst innerhalb des Pelargikon errichtet waren (S. 159), verschüttet und überbaut worden; einer derselben ist neuerdings an alter Stelle wieder aufgefunden worden.**

Bei Herstellung der grossen Freitreppe, auf welcher Pausanias zur Burg hinaufstieg, hat man, wie es scheint, den Burgverschluss nicht ausser Acht gelassen und denselben nun an den Fuss des Aufgangs verlegt. Darauf führt die Erwähnung von Eingangsthürmen (Pylonen) und von neuer Ausstattung der Festungswerke (LXXVII 33, 37), die auch dem Zeitalter der Antonine angehören.*** Aber auch diese Werke werden als

---

* Imhoof-Blumer and Percy Gardner, Numismatic Commentary of Pausanias p. 128: „the staircase is the principal feature of the view", ein ἔργον τῆς ἀναβάσεως. Die Münzen sind aus der Zeit der Antonine.

** Mitth. des athen. Inst. XIV 414. Wir hoffen, auf Grund der neueren Aufgrabungen von Dörpfeld eine monumentale Geschichte der ἀνόδος zu erhalten.

*** Standen diese Pylonen zu Pausanias' Zeit, so ist es mir sehr wahrscheinlich, dass mit der ἴσοδος μία (LXXVII 44) das untere Thor gemeint ist. Dann erwähnt er erst die Propyläen. Einen Versuch zur Veranschaulichung eines unteren Verschlusses giebt die Skizze in meiner „Akropolis von Athen" 1844; wiederholt in „Leake, Topographie von Athen". Zürich 1844.

Weihegabe an Athene Polias bezeichnet; so sehr ist also das, was Perikles geschaffen, als er durch die Propyläen die ganze Burghöhe als den Tempelbezirk der Stadtgöttin darstellte, für alle Zeit maßgebend geblieben (S. 154).

Bei den Propyläen kann auch der einsilbige Perieget den Eindruck nicht verschweigen, welchen das Gebäude auf ihn macht, dem bis auf seine Zeit nichts an Grossartigkeit an die Seite gestellt werden könne.* Beim Eintritt in die Burg wendet er sich rechts zum Heiligthum der Athena Nike und steigt die Treppe hinauf, welche S. 259 mit dem Pfeiler und dessen Inschriften abgebildet ist. Ihre Entdeckung wirft auf das Tagebuch des Periegeten ein merkwürdiges Licht. Er hat sie, in Benutzung von Inschriften damals noch wenig geübt, nur flüchtig notirt, und es scheint, dass auch sein Führer nicht Bescheid wusste; sonst würde er auf diese Denkmäler der Heldenzeit von Athen aufmerksam geworden sein. Von den Reiterbildern zur Rechten und Linken hatte er den vollkommen richtigen Eindruck einer decorativen Aufstellung (LXIV 20) und dachte um so weniger an historisch wichtige Monumente. Den Namen Xenophon hatte er sich aber doch gemerkt, und als er sein Tagebuch wieder vornahm, machte er, da auch der Name Lakedaimonios in die Familie zu passen schien, die sehr verfehlte, aber auch durchaus zweifelnd vorgetragene Combination, dass die Söhne des Sokratikers Xenophon hier dargestellt sein möchten. Ob dieser Missgriff ganz seine Schuld ist, kann Niemand sagen; auf jeden Fall ist er hier in Aufzeichnung und Deutung dessen, was er gesehen hat, sehr flüchtig gewesen, und ich glaube nicht zu irren, wenn ich annehme, dass seine Antipathie gegen das ganze vorhadrianische Rom auch hier maßgebend gewesen ist. Er war verstimmt über die Inschrift auf Germanicus, den er eben so übergangen hat wie Agrippa, dessen Denkmal an der Burgtreppe kein Fremder übersehen konnte.

Die Burgwanderung ist von allen Theilen der Atthis der am meisten übersichtliche und deutlichste; denn die Akropolis ist der einzige Platz des alten Griechenlands, wo wir, wie in Olympia, den vollen Eindruck des ursprünglichen Zusammenhangs haben und zugleich von der Wirkung der alten Bauwerke noch heute einen lebendigen Eindruck empfangen. Die Hauptgebäude bilden eine Reihe fester Punkte, die verschiedenen Bauterrassen sind sicher zu unterscheiden, die Zielpunkte und die Wege sind gegeben. Auch in der Burgperiegese erkennt man den planmäßig geordneten Rundgang, der sich innerhalb der Propyläen vom Weihwasserbecken des Lykios (S. 156) rechts ansteigend zum Parthenon wandte, dann nach Betrachtung der Südseite zum Erechtheion, um durch die nördliche

---

* κόσμῳ καὶ μεγέθει τῶν λίθων μέχρι ἐμοῦ προσίχει: c. 22, 4.

Burghälfte zum Eingange zurückzukehren. Nur am Schlusse löst sich ein kleiner Abschnitt aus der Reihenfolge, indem vier Gegenstände nachträglich erwähnt werden, welche keinen örtlichen, sondern nur einen sachlichen Zusammenhang haben, zwei Paare von Weihgeschenken, welche ein ganz besonderes Interesse in Anspruch nehmen, die Statuen des Perikles und die Athena Lemnia, zweitens die beiden Weihgeschenke vom Beutezehnten der grössten Waffenthaten, Athena Promachos und das chalkidische Viergespann (S. 155), welches Herodot gleich beim Aufgange zur linken Hand vor den Propyläen als eines der hervorragendsten Denkmäler der Akropolis namhaft macht (LXV 57).

Auf der Akropolis können wir die Methode des Pausanias am genauesten controliren; hier zeigt sich, wie auch die Beschreibung der einzelnen Heiligthümer nur vom Standpunkt der Periegese verständlich wird, die von einem Theile zum anderen führt, ohne das Ganze ins Auge zu fassen. So namentlich beim Erechtheion. Wir werden durch die grosse Nordhalle in das Heiligthum des Poseidon-Erechtheus eingeführt und mit Allem bekannt gemacht, was sich auf den Cultus des Poseidon bezieht. Dann folgt, wie etwas ganz Neues, mit einer besonderen Einleitung über die Weihe, welche auf dieser Stätte und dem hier aufgestellten Bilde ruhe, die Beschreibung der nach Osten gerichteten und nur von Osten zugänglichen Cella der Athena; endlich kommt, wieder als etwas Besonderes, das Pandroseion an die Reihe, von dem gesagt wird, dass es baulich mit dem Athenatempel zusammenhänge; also wird stillschweigend angedeutet, dass sich der Athenatempel im weiteren Sinn über den ganzen Mittelbau von Osten nach Westen erstrecke. Den drei Zugängen entsprechen drei Besichtigungen, drei Beschreibungen, bei denen die religiöse und bauliche Einheit nicht zum Ausdruck kommt. Das ist der den Schriftsteller beherrschende und die Klarheit seiner Baubeschreibungen beeinträchtigende Einfluss der Ortsführer, von denen Pausanias sich nicht frei zu machen im Stande war.

Vom Westfusse der Akropolis beginnt die Schlusswanderung, welche nahe zusammenliegende Oertlichkeiten und auch weit entlegene, nur sachlich zusammengehörige Gegenstände umfasst.

Zu den erstern gehört Apollon Hypakraios (S. 50) nebst Klepsydra und Pansgrotte, der Areopag mit dem Heiligthum der Semnai (S. 52) und die benachbarte Station des panathenäischen Festschiffes, das dort in seinem Schiffshause den Fremden gezeigt wurde.

---

* τοῦ Ἀρείου πάγου πλησίον δείκνυται ναῦς ποιηθεῖσα εἰς τὴν τῶν Παναθηναίων πομπήν: c. 29.

Zwischen Areopag und Triere wird ein Bericht eingeschoben, der als ein besonderer Abschnitt der Periegese daran zu erkennen ist, dass, wie beim Kerameikos und beim Prytaneion, ausdrücklich darauf aufmerksam gemacht wird, dass man an einen schon früher genannten Ort wieder zurückkehre; ferner daran, dass bei dieser Wanderung ein besonderes, nicht bei allen Reisenden vorauszusetzendes sachliches Interesse, das Interesse für Gerichtsalterthümer angenommen wird; hier war also eine dem entsprechende, sachkundige Führung erforderlich.*

Der Areopag war für alle ernsteren Geschichtsfreunde etwas in seiner Art Einziges. Mit seinen Anfängen in die Mythenzeit hinaufragend, von den Dichtern gefeiert, in seiner politischen Stellung die Epochen der Stadtgeschichte bestimmend, von allen Einschränkungen immer wieder zu vollen Ehren aufsteigend und auch von römischen Statthaltern bei verwickelten Criminalfällen in Anspruch genommen, hatte er von allen städtischen Instituten am meisten eine internationale Bedeutung. Pausanias sagt ausdrücklich, dass an den heiligen Stätten daselbst (S. 52) Fremde sowohl wie Bürger opferten.

Daran knüpfte sich also der Wunsch, von den attischen Gerichtsstätten im Ganzen einen Ueberblick zu gewinnen, und wie sollte Pausanias bei seiner leidenschaftlichen Vorliebe für alles Alterthümliche die Gelegenheit versäumt haben, über die weltberühmten Stätten der athenischen Blutgerichtsbarkeit sich an Ort und Stelle genau zu belehren!**

Die räumliche Periegese konnte sich leicht an die sachliche anschliessen. Denn die Gerichtshöfe, wo von Geschworenen über Civilsachen geurtheilt wurde, lagen sämmtlich in der Umgegend des Kerameikos. Ueber sie wird kurz hinweggegangen, um bei den Malstätten zu verweilen, wo über vergossenes Blut gerichtet wurde, die mit Heiligthümern und uralten Legenden verknüpft waren.*** Sie lagen in der Altstadt südlich von der Burg (S. 167). Hier waltete das patrizische Ephetencollegium, das von einem Gerichtshofe zum andern zog,† um kriminal-rechtliche Fragen zu entscheiden, die für den Staat bedeutungslos waren, weil es sich nur um Sühngebräuche handelte. Sie wurden beim Palladion über unvorsätzliche, beim Delphinion über gerechte Tödtung vollzogen (LXXXIII). Der Rund-

---

* ὁπόσαις μέτεστι σπουδῆς εἰς τὰ δικαστήρια c. 23, 11. Hertzberg, Geschichte Griechenlands I, 445.

** Er unterscheidet selbst die Reisenden darnach, ob die Sehenswürdigkeiten wegen der Kunsttechnik besonderen Reiz für sie haben oder τὰ εἰς ἀρχαιότητα ἔχοντα I, 29, 1.

*** Die Plätze, welche „Mythen haben" wie Strabon sich ausdrückt LIV 77.

† περιιόντες: Müller, Eumeniden, S. 151, Anm.

gang bei diesen Heiligthümern, welche aus Asylen zu Gerichtshöfen geworden sind, war für Pausanias um so wichtiger, weil es sich nicht um Legenden handelte, welche ihm von verödeten Plätzen nach mündlicher Ueberlieferung von den Ortsführern erzählt wurden, sondern das Alte überall noch lebendig war. Erfolgte doch geraume Zeit nach seiner Wanderung auf Befehl des pythischen Apollon im Palladion die Erneuerung des Pallasbildes, das von einem Zeuspriester als Buzygen geweiht wurde (XLIII 13).

Unter Aufsicht des Apollon, in dessen Dienst sich das Rechtsbewusstsein des Volks einst entwickelt hatte, standen also damals noch diese Heiligthümer im Südosten der Stadt, wo die Verschmelzung zwischen dem Ilisosthal und der Kekropia, zwischen Theseiden und Erechthiden sich in vorgeschichtlicher Zeit vollzogen hatte (S. 55, 58). Hier wurden in aller Stille durch die Jahrhunderte hindurch die altväterlichen Sühnegebräuche vollzogen.

Der dritte altstädtische Gerichtshof war am Prytaneion (LXXXIII 79), dem alten Königssitze unterhalb der Burg neben dem Bukoleion (S. 51), wo die Rinderherden für die königlichen Opfer gehalten wurden; es war der älteste Amtssitz der Unterstadt, wie Aristoteles nach derselben Methode historischer Topographie, welche auch Thukydides befolgte (S. 42), erkannt hat.* Es war das Urprytaneion, ein kleines Ziegelhaus (LXXXIX 48). Als politisches Centrum ist es erst durch die Tholos (S. 93), später durch das neue Prytaneion (S. 244) ersetzt worden;** für die Gebräuche des heiligen Rechts ist die Stätte unverändert geblieben; hier wurde das durch leblose Gegenstände veranlasste Blutvergiessen gesühnt, und Pausanias hörte hier von dem ersten blutigen Opferbeil berichten, über welches Jahr für Jahr eine feierliche Ceremonie abgehalten wurde.***

Diese Gegend der alten Südstadt, den ersten Mittelpunkt der Kydathenäer, hat er hier zum ersten Mal betreten, da er vom Dionysosheiligthum auf der Höhe des Burgfusses entlang zum Burgthore gegangen war. Auch den vierten Gerichtshof bei Phreattys (CXV 31), wo der Angeklagte sich vom Bord des Schiffs vertheidigte, hat Pausanias in seinen juristischen Rundgang aufgenommen: denn ich glaube nicht, dass ein Mann, der von Lydien herüberkommt, um alle örtlichen Alterthümer sich zeigen zu lassen und Jahre lang ganz Hellas durchforscht, den Weg nach

* Πολιτεία Ἀθηναίων ed Kenyon p. 7.
** οἶκος μέγας Schol. Thuk. II, 14.
*** Dass Pausanias mit dem Prytaneion als Gerichtshof dasselbe Prytaneion gemeint haben sollte, das er in der Mitte der Nordstadt beschreibt (LXXXIX 34) ist undenkbar. Niemals beschreibt Pausanias ein Gebäude zweimal.

dem Peiraieus gescheut habe, um den letzten der vier Criminalhöfe, den mit der Teukrossage verknüpften, durch Augenschein kennen zu lernen.

Der letzte Rundgang ist eine ungemein wichtige Ergänzung der vorangehenden Aufzeichnungen, ein unentbehrlicher Abschluss der Stadtwanderung. Er beleuchtet die patrizische Urstadt mit ihren Heiligthümern und Cultusbräuchen, die sich an Ort und Stelle in den Händen der Adelsgeschlechter erhalten hatten. Wir erkennen hier noch die alte Doppelgemeinde, da Aigeus am Delphinion wohnte und richtete, sowie die im Synoikismos vollzogene Einigung der Gemeinden, welche in dem Prytaneion zwischen Dionysos und Aphrodite Pandemos ihren gemeinsamen Mittelpunkt erhielten. Auch der Uebergang aus der Königszeit in die Republik zeigt sich in der Criminaljustiz der Südstadt am deutlichsten, da es nach den Landeskönigen „Phylenkönige" waren, welche im Prytaneion für die Entsühnung der befleckten Stadt zu sorgen hatten (LXXXIV 3).

VIII.
Die Zeiten nach Pausanias.

Mit dem Odeum des Regilla schliesst die Baugeschichte von Athen, welcher wir von den ältesten Felsgründungen an zu folgen gesucht haben. Von jetzt an sind es keine weiteren Entwickelungen oder Neugestaltungen, welche unsere Aufmerksamkeit fesseln, sondern das Fortbestehen des Alten und Einheimischen; denn schon hundert Jahr nach Pausanias drangen die gothischen Schaaren vor, welche den Anbruch eines neuen Weltalters verkündigten. Von der Höhe, auf welche Hadrian die Stadt noch einmal zu heben suchte, ist sie rasch herabgesunken, aber der Ruhm einer unvergleichlichen Geistesbildung ist ihr Erbe geblieben und das Band, welches alle höher Gebildeten um die Heimath Platons vereinigte.

Aus der Zeit fürstlicher Gönnerschaft war eine ehrerbietige Scheu geblieben, das Vermächtniss der philhellenischen Kaiser anzutasten, und so hat Athen Jahrhunderte lang die städtischen Gewohnheiten und Einrichtungen bewahrt, wie sie in den Ephebenurkunden bezeugt sind.

Athen war eine stille Landstadt; die Strategie ein friedliches Amt, das für den Unterhalt der Bürger sorgte und die Unterrichtsanstalten beaufsichtigte. Berühmte Professoren, wie Lollianos, waren selbst Strategen.* Die alten Priesterämter gehen von Vater auf Sohn über: der Familienname wechselt nach alter Weise, und die unattischen Namen bezeugen die mannigfachen Einwirkungen des Auslandes von den Ptolemäern an durch die verschiedenen Dynastien der Caesaren hindurch. Die Jahresfeste werden regelmäßig gefeiert, der Dreifuss bleibt ein Ehrenschmuck der Stadt. Standbilder aus Marmor und Erz erheben sich für Bürger und für Fremde, die sich in Athen eingebürgert haben, wie der Proconsul Rufius Festus, der Mitglied des Areopags war und ein Wohlthäter der Stadt.** Athen war noch immer eine Stadt der Hermen. Gymnasien und Hörsäle wurden mit den Büsten berühmter Männer und verdienter

* Philostratos, Vit. Soph. I 23.
** *CIA*. III 635 aus der zweiten Hälfte des vierten Jahrh.

Lehrer geschmückt; die Epheben waren wie in alter Zeit von ihren Pädagogen begleitet und in „Chöre" vertheilt.

So mechanisch sich auch Jahr für Jahr unter Aufsicht der Stadtbehörden die Uebungen wiederholten, so konnte es doch nicht ohne Bedeutung sein, dass so viel junge Leute jährlich im Peiraicus landeten, die schon durch ihr Kommen bezeugten, dass sie Häusern angehörten, in welchen ein gewisser idealer Sinn lebendig war. Athen konnte nicht zu einer gewöhnlichen Provinzialstadt verkümmern. Man fühlte sich in anregendem Verkehr mit jungem Volk der verschiedensten Herkunft, und die einheimische Jugend spornte der Ehrgeiz, vor den Ausländern nicht zurückzustehen.

Es blieb ja auch der althellenische Grundsatz in Kraft, dass leibliche Tüchtigkeit die unentbehrliche Voraussetzung aller Geistesbildung sei. Dadurch wurde die in den Gymnasien sich sammelnde Jugend vor den Nachtheilen einer einseitigen Beschäftigung mit rhetorischen Uebungen geschützt und bewährte sich, als die langen Friedenszeiten unvermuthet unterbrochen wurden und fremdartige Kriegsvölker den attischen Boden betraten, wie einst die Meder bei Marathon.

Aus dieser Zeit sind Urkunden erhalten, welche nicht in einförmiger Weise den pflichtmässigen Eifer der Lehrer und Lernenden bezeugen, sondern auch Leistungen ausserordentlicher Art im Waffendienste. So die Ehreninschrift eines eleusinischen Beamten, die neben dem Ruhm der Weisheit die tapfere Abwehr feindlicher Mächte preist.* Dem Herennios Dexippos ist ein Denkmal von seinen Söhnen errichtet, von denen der ältere, wie der Grossvater, Ptolemaios heisst. Es feiert den Historiker, der die Begebenheiten seiner Zeit schildert und zugleich die Kunde der Vorzeit aus Bücherrollen sammelt.** Derselbe ist aber auch als ein Mann der That in die Zeitgeschichte eingetreten und hat mit der Jugend, die sich freiwillig um ihn schaarte, die Gothen aus der Kephisosebene hinausgetrieben; eine Heldenthat, die auch von römischen Historikern als ein zeitgeschichtliches Ereigniss aufgefasst worden ist.*** Die Epheben hatten wieder einmal, ihrer ursprünglichen Bestimmung gemäss, die Vertheidigung der Landschaft in ernstem Kampfe übernommen. Derselbe Dexippos war Festordner der fünfunddreissigsten Panathenaïs, welche 132 Jahre nach

---

* *CIA.* III 713.
** *CIA.* III 716; vgl. 717.
*** Trebellius in den Scriptores Hist. Aug. ed. Jordan II p. 53. Dexippos als Führer von Freiwilligen: Dittenberger a. a. O. S. 246; als Redner vor dem Kampf: Fragm. Hist. Graecorum IV p. 680.

Vollendung des Marmorstadiums (S. 273) stattfand; er hat auch das Pallasbild auf der Akropolis erneuert und dem panathenäischen Schiff einen neuen Schmuck verliehen. So leuchtet uns aus diesen Urkunden noch einmal der Glanz der alten Zeiten entgegen, die echt attische Verbindung höherer Geistesbildung, religiöser Pflichttreue und patriotischer Heldenkraft. Auch war diese Erhebung eine ganz selbständige, aus der Mitte der Bevölkerung hervorgegangene. Bei den Imperatoren zeigt sich wohl hier und da auch noch etwas von dem philhellenischen Zuge hadrianischer Zeit; Gallienus selbst legte noch Werth auf attisches Bürgerrecht und attische Archontenwürde.* Im Wesentlichen war die Stadt sich selbst überlassen, und nun bewährte sich in dem Eifer, mit dem man die nationalen Feste ausgebildet hatte, eine erhaltende Kraft; die Bürger sammelten sich um ihre Stadtgöttin immer in neuer Begeisterung: im Jahr 400 war es Plutarchos, der vom Demos des Erechtheus geehrt wurde, weil er sein Vermögen hingegeben hatte, um den Panathenäenzug wieder in voller Ehre durchzuführen (XXI 70; vgl. S. 85).

Bürgerliche Eintracht war aber, wie in alten Zeiten, nur in Folge äusserer Bedrängniss vorhanden. Denn der eingeborene Parteigeist war nicht erloschen und entbrannte um die zu dieser Zeit leitenden Persönlichkeiten, die Inhaber der Lehrstühle; auch auf diesem Gebiete freier Concurrenz sollte Einer immer der unbedingt Erste sein. Von attischem Parteigeiste wurden auch die Ausländer ergriffen. Es bildeten sich Landsmannschaften pontischer, syrischer, armenischer Griechen. Aus heimlichen Umtrieben werden Tumulte; Akademie, Lykeion, Ptolemaion wurden blutige Kampfplätze; der Proconsul musste einschreiten, um die Ordnung herzustellen.

Dennoch war die Ueberlieferung, auf welcher die Nachblüthe der Stadt beruhte, so mächtig, dass sie Jahrhunderte lang den innern Unfrieden wie die äussern Drangsale überdauerte. Auch der zweite Gothensturm wurde überwunden und Athen von Alarich mit schonender Achtung behandelt (395 n. Chr.). Die grössten Gefahren lagen in dem Auftreten anderer Städte, welche in dem Bildungskreise der ostgriechischen Welt Athen die hervorragende Stellung streitig machten; das waren erst Alexandreia und dann Byzanz.

Die Eifersucht der Alexandriner bezeugt sich in den Briefen des Synesios, der einige Jahre nach Alarichs Heerzuge Athen besuchte. Hier machte sich zuerst ein greller Misston geltend, der durch die hellenistische Welt ging, der erste Spott über die hohlen Ansprüche, welche Athen als

---

* Script. Historiae Augustae II p. 80.

Sitz der Weisheit mache, und über die Thorheit der Menschen, welche der Stadt mit abergläubischem Cultus anhingen und durch einen Aufenthalt daselbst andere Menschen zu werden glaubten, so dass sie mit vornehmem Dünkel wie Halbgötter auf die anderen Sterblichen hinabschauten. Athen sei verkommen, ein leerer Name, einem Opferthiere gleich, von dem nur das Fell übrig geblieben.*

Der Hohn des Alexandriners wurde dadurch entkräftet, dass gerade um diese Zeit ein Umschwung stattfand, welcher davon zeugte, dass die Stadt noch eine Macht im geistigen Leben der Gegenwart sei. Denn das, worin Alexandreia den Vorsprung gewonnen hatte, der Ernst des nach Wahrheit ringenden Denkens, lebte von Neuem auf. In der Philosophie erwachte ein neuer Heimathzug nach Athen, und während der Sophisten Vorträge nach dem Vorbilde des Herodes Atticus alle Bedeutung verloren und der Glanz attischer Rhetorik erblasste, erstand auf dem Boden, den Sokrates und Plato geweiht hatten, eine neue Philosophenschule.

Proklos verliess Alexandreia und landete 429 im Peiraieus. Auf dem heissen Wege zur Stadt ruhte er bei einem Brunnen am Rande der staubigen Heerstrasse, und als er sich erkundigte nach dem Ort, wo er die erste Erquickung gefunden, war es eine dem Andenken des Sokrates geweihte Stätte, und dankbar erkannte er darin eine göttliche Bestätigung, dass er den richtigen Lebensweg eingeschlagen habe. Er fühlte sich den Geistern, denen er nachwandelte, persönlich näher und schloss sich auch dem Glauben der Vorzeit um so enger an.**

Wie einer der alten Athener suchte er die unmittelbare Nachbarschaft der Götter (S. 42). Er nahm seine Wohnung unterhalb der Akropolis bei dem Asklepieion (XVII 27). Die alten Stiftungen fand er noch bestehend, die platonischen Studien wurden durch ihn wieder in Schwung gebracht: mit der Philosophie wurde das gesammte geistige Leben neu angeregt, auch die theosophische Speculation, welche sich angeschlossen hatte.

Dieser neuplatonischen Schule verdankt Athen als Sitz der Wissenschaft seine letzte Blüthe. Es war die letzte Frucht einer selbständigen Thätigkeit des griechischen Geistes, der noch einmal seine Kraft sammelte, um die alten Volksgüter der Hellenen in Glauben und Wissen mit frommer Begeisterung zu vertreten. Die nothwendige Folge aber war, dass der Widerspruch zwischen Athen und Byzanz, der das Schicksal der Stadt endgültig entscheiden sollte, nun viel schärfer hervortrat.

---

* Synesios Epist. 135.
** Marinos, vita Procli X p. 156 ed. Didot.

Schon in der Neugründung von Byzanz lag eine Beeinträchtigung der Stadt, welche bis dahin der Ort gewesen war, wo der Zug der Römer nach Osten, dem Schauplatz griechischer Bildung, seine Befriedigung gefunden hatte. Um der Stadt am goldenen Horn den Charakter einer Reichshauptstadt zu geben, bedurfte sie einer umfassenden Ausstattung mit Kunstwerken aller Art. Ausser Stande, dieselben aus eigenen Mitteln herzustellen, war sie genöthigt, die Küstenstädte des Archipelagus systematisch auszubeuten, um mit den Denkmälern auch die glorreichen Erinnerungen, welche sich daran anschlossen, in die neue Metropole zu verpflanzen. Athen, das am meisten locken musste, ist nicht ausgebeutet worden. Was Synesios von der Fortführung der Wandgemälde aus der Poikile meldet (XCI 83), war die Gewaltthat eines Proconsuls. Die den Athenern freundliche Stimmung des Kaiserhauses ging auf die Oströmer über, und es war noch ein Nachklang hadrianischer Zeit, dass man Byzanz als eine Tochterstadt von Athen anzusehen liebte.* Auch die Universität der neuen Hauptstadt wurde keine gefährliche Nebenbuhlerin. Die Constantiner zeigten sich im Ganzen wohlwollend; Kaiser Constans stand mit den athenischen Professoren in persönlichen Beziehungen. Man konnte die alte Ehrerbietung nicht verleugnen, und auch nachdem durch den Umschlag unter Julian der Gegensatz der alten und neuen Zeit in voller Schärfe zu Tage getreten war, wurde zu Ehren der Kaiser Arkadios und Honorius in Athen durch den Proconsul Achajas zwischen 396 und 401 ein Prachtbau ausgeführt, dessen Ueberreste noch erhalten sind;** er zeigt, wie man die Stadt nach der Heimsuchung durch die Gothen mit neuen, grossartigen Anlagen zu schmücken bestrebt war. Der Marmorarchitrav mit seiner würdevoll eingegrabenen Inschrift ist ein Zeugniss, wie nahe sich die byzantinische Kunst den Bauten der Vorzeit anzuschliessen wusste; dasselbe erkennen wir aus den vielfachen Ausbesserungen und Zuthaten am Erechtheion und anderen Gebäuden, wo es in hohem Grad schwierig ist, griechische und byzantinische Arbeit sicher zu unterscheiden.***

So unmerklich hier der Uebergang aus der alten in die neue Zeit erscheint, um so tiefer und unversöhnlicher war der Gegensatz, der im geistigen Leben sich geltend machte, seitdem das von den Philosophen

---

* Ammianus Marcellinus XXII 6, 8.

** Swoboda in den Mittheilungen des athen. Instituts VI 312. Architrav, in zwei Hälften gebrochen, 1881 bei Grundlegung eines Hauses unmittelbar südlich von der alten Metropolis gefunden.

*** Bormann ebenda VI 388.

Athens bespöttelte Wort des Paulus vom unbekannten Gotte eine Weltmacht geworden war, die dem Hellenismus, auf dem Athens Bedeutung ruhte, Schritt für Schritt den Boden abgewann.

Wie die hellenische Bildung zuerst nur durch geistige Mittel über die heimathlichen Grenzen hinaus verbreitet war, dann seit Alexander durch die Mittel staatlicher Macht, so geschah es auch mit dem Christenthum.

Man konnte der Ansicht sein, dass Athen, die anerkannte Hochschule aller Geistesthätigkeit, auch den Beruf habe, dass hier nicht nur die verschiedenen Schulen der Philosophie mit einander an geistigem Inhalt sich messen sollten, sondern auch die christliche Weltanschauung mit der antiken. Proairesios, der Vertraute des Kaisers Constans, hatte ja Jahrzehnte lang als Christ eine glänzende Stellung an der Universität; als ein geborener Vermittler der alten und neuen Zeit, konnte er nach Julian unter Valentinian I seine Professur in Athen wieder aufnehmen. Man konnte die Ueberzeugung haben, dass die Wahrheit durch eigene Kraft siegreich sein, dass das welke Laub von selbst den frischen Trieben weichen werde. Das war der Grundsatz, dem Valentinian I huldigte, indem er volle Religionsfreiheit verkündete.

Seitdem aber durch die Neuplatoniker Athen wieder eine Hochburg des alten Glaubens geworden war, wurde der Kampf unvermeidlich, und zwar nicht nach einer im Christenthum wurzelnden Anschauung, sondern nach dem Grundsatze der alten Welt, demzufolge jeder Staat, wie seine Gesetze, so auch seine Religion hatte, der die Staatsangehörigen alle ebenso wie den Gesetzen unbedingt huldigen sollten.

Die Zeit war gekommen, da es mit der so lang geachteten Ausnahmestellung Athens zu Ende gehen musste, die Zeit der Codificationen, welche die geschichtliche Mannigfaltigkeit des antiken Lebens der Gleichförmigkeit eines grossen Reichsganzen schonungslos unterwerfen wollte. Wo noch am meisten Sonderleben war und sogar die kühnsten Versuche zur Neubelebung des religiösen Heidenthums gewagt wurden, dort musste auch mit jeder aus dem früheren Cäsarenregimente überkommenen Scheu am entschlossensten gebrochen werden. Athen wurde der Schauplatz einer Reihe gewaltsamer Maßregeln; sie erzielten erst die Einschränkung, dann die Vernichtung der Gottesdienste, welche einst den Kern des athenischen Gemeindelebens gebildet und die alle staatlichen Ordnungen überlebt hatten.

Die glänzendste Bethätigung des alten Glaubens musste auch am meisten ein Gegenstand des Aergernisses sein. Das waren die alten Volksfeste, an welchen ein lebendiger und opferfreudiger Patriotismus sich immer von Neuem wieder kräftig gezeigt hatte. Hier musste rücksichtslos eingeschritten werden, und dies geschah, indem man den Festzügen mit der Triere, den Wagen und Reitergeschwadern den Weg auf die Burg sperrte. Von solchen Maßregeln zeugt der Bau, welcher durch Beulé 1858 aus dem Schutte des Burgaufgangs freigelegt worden ist, 36 Meter vor den Propyläen, ein Burgverschluss von 22 Meter Länge mit einem von zwei viereckigen Thürmen eingefassten Thore, das 1.75 Meter Breite hat und genau in der Achse des mittleren Intercolumniums der Propyläen liegt. Er ist aus Werkstücken der verschiedensten Bauten aller Zeiten, Marmor und Tuff, aufgebaut; auch vom Nikiasdenkmal ist hier ein Giebelstück eingemauert (S. 209).

Während man früher aus der Enge des unteren Thors hatte schliessen wollen, dass zu allen Zeiten die Akropolis für Wagen- und Reiterzüge unzugänglich gewesen wäre, erkennen wir jetzt, dass der untere Bau im Widerspruch zu den Propyläen errichtet wurde. Es ist möglich, dass die alten Pylonen (S. 298) zu diesem Bau benutzt worden sind; der Thorverschluss selbst gehört zweifellos zu der Umgestaltung, welche die Akropolis in der christlichen Zeit erhielt.*

Die Propyläen waren das herrlichste Bauwerk des alten Athen; der Zauber musste gebrochen werden, mit dem sie immer von Neuem die Festzüge hinauflockten.

Die Einführung des Christenthums auf dem Boden alter Städte erfolgte in zwiefacher Weise, entweder durch Zerstörung der Cultusplätze, aus deren Trümmern sich später die Kapellen der Heiligen erhoben, oder die Marmortempel wurden mit möglichster Schonung für den neuen Cultus eingerichtet und geweiht.

Das Letztere war das Gewöhnliche, wo nicht mit Heeresgewalt das Christenthum einzog. Es war ja auch seit Constantinus Grundsatz, Alles, was die Kunst der Alten geschaffen, zur Verherrlichung des wahren Gottesdienstes zu verwenden. Der zerstörende Glaubenseifer beschränkte sich also auf die Gegenstände, welche dem heidnischen Cultus gewidmet waren; die Räume des Gottesdienstes wurden erhalten, nachdem sie durch Besprengung gereinigt und durch Errichtung von Altären wie durch Stiftung von Reliquien zu Kirchen umgeweiht worden waren.**

---

* Archäol. Zeitung 1853, S. 201. Michaelis, Rhein. Museum 1861, S. 216.
** Vgl. die Anordnung Gregors des Grossen (Mansi Sacrorum concil. ampl. collectio X p. 309): quia fana idolorum destrui ... minime debeant, sed ipsa quae in eis sunt, idola destruantur. Aqua benedicta fiat, in eisdem fanis aspergatur, altaria construantur, reliquiae ponantur, quia si fana eadem bene constructa sunt, necesse est ut a cultu daemonum in obsequium veri Dei debeant commutari, ut, dum gens

Schon vor Julian hatten Einschränkungen des öffentlichen Cultus stattgefunden, so dass er als der Wiederhersteller desselben von seinen Anhängern gefeiert werden konnte.* Aber Niemand hatte gewagt, an den wie für die Ewigkeit gebauten Marmortempeln sich zu vergreifen: man legte sogar Gewicht darauf, dass das Volk an den althergebrachten Stätten zum wahren Gottesdienste sich bekehre. Die Burg wurde ein byzantinisches Kastell, aber in der Hauptsache wohl erhalten und nach wie vor als das Denkmal einer grossen Vergangenheit von Pilgern besucht, welche das Andenken der Alten in Ehren hielten.

So eilte auch Proklos, nachdem er den Manen des Sokrates seine Huldigung dargebracht hatte, am ersten Abend zur Akropolis hinauf, als der Thorwächter gerade im Begriffe stand, das Eingangsthor zu schliessen.** Einsam stand er noch in später Stunde vor dem Bilde der Parthenos, zu der man keinem andächtigen Pilger den Besuch wehrte; denn man wusste zwischen den verschiedenartigen Tempelbauten wohl zu unterscheiden. So wird es in einem Gesetze des Theodosios von einem Tempel in Osroene ausdrücklich vorgeschrieben, er solle geöffnet und dem Volke zugänglich bleiben, weil die darin aufgestellten Bildwerke mehr nach ihrem Kunstwerthe als nach ihrer religiösen Bedeutung zu beurtheilen seien.*** So ist auch, nachdem das Erechtheion für den christlichen Dienst eingerichtet war, der Parthenon, bei dem man keinen heidnischen Opferdienst vorfand, eine Art Museum geblieben, eine Stätte der harmlosen Erinnerung und des Kunstgenusses.

Als nun aber an Stelle der abgelebten, gedankenlosen Sophistik eine Philosophie in Athen sich einbürgerte, welche den alten Cultstätten eine neue nationale Bedeutung zu geben versuchte, wurde die byzantinische Kirchenpolitik zu scharfen Eingriffen veranlasst. Man beschloss auch solche Bilder, welche keine Cultusbilder waren, zu entfernen, und von dieser Katastrophe meldet die Legende im Leben des Proklos, dass die Göttin, welcher er seine Treue bewiesen hatte, und der er in seiner

---

ipsa eadem fana sua non videt destrui, de corde errorem deponat et Deum verum cognoscens ac adorans, ad loca quae consuevit familiarius concurrat. Dies muss eine gewöhnliche Praxis gewesen sein. So ist unter Anderem auch das Pantheon mit Erlaubniss des Kaisers Phokas in die Kirche der Maria semper virgo et omnes Sancti umgeweiht worden.

* Mamertinus, Grat. act. p. 147.
** Marinus X p. 156 ed. Didot.
*** Cod. Theod. 16, 10. 8: aedem in qua simulacra feruntur posita, artis pretio quam divinitate metienda, jugiter patere publici consilii auctoritate decernimus.

Wohnung ein vertrauter Nachbar geworden war, ihm persönlich im Traume erschienen sei, um in ihrer Bedrängniss bei ihm eine Unterkunft zu suchen.

So hat der Dienst der Athena auf der Burg in Legenden seinen Abschluss gefunden. Als geschichtliche Thatsache können wir daraus entnehmen, dass zur Zeit des Proklos, der 485 gestorben ist, auch der Parthenon in eine christliche Kirche umgewandelt worden ist. Es war die Ausführung des kaiserlichen Edikts von 435, welches die Aufhebung und Umweihung aller gottesdienstlichen Gebäude anordnete. Die Platoniker waren die letzten Stammhalter von Alt-Athen; die Huldigung, welche von ihnen der Parthenos des Pheidias erwiesen wurde, ist ihr Verderben gewesen. Ihre Entführung war ein Ereigniss, das in weiten Kreisen tiefen Eindruck gemacht hat, während die Beseitigung des alten Gnadenbildes der Polias spurlos vorübergegangen ist.*

Es ist eine bedauerliche Lücke in der Stadtgeschichte von Athen, dass uns von seiner Umgestaltung in eine Christenstadt keine Urkunden vorliegen. Die erhaltenen Baudenkmäler allein reden von dem, was im fünften Jahrhundert mit ihnen geschehen ist. Sie zeigen, dass man ohne gewaltsame Umgestaltung mit sicherer Technik die durch den Cultus geforderten Aenderungen vorgenommen hat. Die steinernen Felderdecken blieben erhalten, während man die Säulenstellung im Innern veränderte; man verstand es, die Säulen unter den Architraven zu entfernen und sie durch Bogen oder andere Stützen zu ersetzen. Es ist eine ansprechende Vermuthung, dass Athenaïs, welche als Gemahlin Theodosius II 421 auf den Cäsarenthron gehoben wurde, die Christianisirung ihrer Vaterstadt in milder Form begünstigt habe. So ist das „Theseion" in eine Georgskirche umgebaut worden; das Olympieion wurde eine Kirche des h. Johannes. Der Musterbau der perikleischen Zeit behauptete seinen Vorrang, indem er der bischöfliche, dann erzbischöfliche Sitz wurde. Athenaïs selbst soll zwölf Kirchen geweiht haben.**

Der umgewandelte Parthenon ist nur als Marienkirche bezeugt. Es ist aber eine alte Ueberlieferung, dass sie der heiligen Sophia gewidmet

---

* Es war die Zeit der τὰ ἀκίνητα κινοῦντες, ἡνίκα τὸ ἄγαλμα αὐτῆς τὸ ἐν Παρθενῶνι τέως ἱδρυμένον μετεφέρετο Marinus, Vita Procli p. 166 Didot. Theodosios befahl cuncta fana, templa, delubra ... destrui conlocationeque venerandae religionis signi explari. Codex Theodos. 16, 10 p. 25. Mittheil. des athen. Instituts XIV 272.

** Athenaïs als Kirchengründerin: Gregorovius, Geschichte der Stadt Athen im Mittelalter, 1889 S. 67. Man wundert sich, das Andenken des Paulus in Athen nicht geehrt zu finden.

worden sei.* Die Idee einer christlichen Sophia stammt aus dem Geiste der griechischen Nation: sie ist die Personifikation der neuen, durch Christus geoffenbarten Gottesweisheit.** Eine geschichtliche Entwickelung dieser religiösen Idee ist, so viel ich weiss, noch nicht nachgewiesen; doch liegt der Gedanke nahe, dass hier eine Anknüpfung an athenische Ueberlieferung zu erkennen sei, um das geistige Gut, das von den Athenern am meisten geschätzt und gesucht worden ist, in seiner höchsten Vollendung zum Mittelpunkte der griechischen Nation zu machen. So wurde auch die byzantinische Sophienkirche von Justinian aus griechischen Säulen und dem kostbarsten Baumaterial, das in Athen, Ephesos, Kyzikos zu finden war, aufgebaut, als die neue Metropole der alten Welt.

Wenn in der Idee der göttlichen Weisheit noch ein Anschluss an das Alterthum zu erkennen ist, so wurde der menschlichen Wissenschaft, der Athen den letzten Rest seiner Bedeutung verdankte, ein schroffes Ende gemacht.

Es war die Vollendung des vom ersten Theodosios Begonnenen; denn wenn die Gleichmachung aller Reichsländer die höchste Aufgabe war und jedes Sonderleben wie eine Auflehnung angesehen wurde, so durfte auch in Athen das natürliche Hinwelken und Absterben des geistigen Lebens nicht abgewartet werden, und die Gewaltsamkeit, welche hier geboten erschien, war die letzte Anerkennung, welche Athen als Sitz der Wissenschaft erlebt hat. Die Schulen wurden 529 geschlossen, die Einkünfte der platonischen Stiftungen eingezogen; die letzten Vertreter von Akademie und Lykeion flüchteten an den Hof der Sassaniden, welcher attische Weisheit pflegte, und es bedurfte eines besonderen Paragraphen in dem Vertrage zwischen Persien und Byzanz, damit Simplicius und seinen Genossen durch den König Khosru eine ungehinderte und von Glaubenszwang gesicherte Heimkehr nach Athen verbürgt wurde.***

Wenn die Byzantiner das geistige Leben Athens zu ertödten als ihre Regentenpflicht ansahen, haben sie andererseits nicht versäumt, für äussere Sicherheit der Stadt Sorge zu tragen. In verschiedenen Zeiten ist an der Befestigung gearbeitet worden; hundert Jahre nach Pausanias unter

---

* Die Inschrift bei Pittakis Ancienne Athènes p. 387: μετὰ τὸ σωτήριον ἔτος, ἐγκαινιάσθη, ὁ ναὸς οὗτος τῆς ἁγίας Σοφίας kann nicht als Urkunde verwerthet werden, doch kann sie ihrem Inhalt nach nicht als durchaus falsch erwiesen werden. Vgl. Strzygowski in den Mittheil. des athen. Inst. XIV 276.

** Paulus diac. I 25: exstruxit (Justinianus) Christo domino, qui est sapientia Dei patris, templum.

*** Zeller, Geschichte der griech. Philosophie III^b 770.

Valerian (LXXIX 39) und dann unter Justinian (LXXIX 57). Der früheren Periode gehören die Epigramme an, welche einen Dichter Illyrios als Urheber von Festungsmauern verherrlichen.

Nach diesen unsicheren Ueberlieferungen hat man die Entstehungszeit einer in grossartigen Ueberresten erhaltenen Befestigung zu bestimmen gesucht, welche in den Anfängen des mittelalterlichen Zeitalters gegen Einfälle von Barbarenstämmen erbaut worden ist. Es ist eine Mauer, welche vom Aufgange zur Akropolis über 500 Schritt gegen Norden in die Tiefe des Kerameikos sich hinabzieht; die Attaloshalle ist in rohester Weise zur Fortführung der Mauer benutzt; dann biegt sie nach Osten um und zieht sich an der Nordseite der „Hadrianstoa" entlang, um sich dann, gegen Süden umlenkend, wieder an den Burgfels anzuschliessen. Es ist eine gewaltige Mauer, mit einem inneren Gange versehen,* mit grossem Kraftaufwande aus lauter chaotisch über einander aufgethürmten Alterthümern, Architraven, Sesseln, Altären und Weihgeschenken aller Art hergestellt und absichtlich so gerichtet, dass sie das Gemäuer grosser Gebäude in sich aufnahm. Sie muss sich einst wie ein verwüstender Strom über die noch erhaltenen Bauwerke der Stadt erstreckt haben; sie hat aber auch, ebenso wie die mittelalterlichen Mauern von Pergamon und Olympia, dazu gedient, eine Menge von Alterthümern, die sie verschlungen hat, vor Zerstörung und Verschleppung zu bewahren. Diese jüngste Ringmauer der alten Stadt, deren Zug auf Tafel VI zu verfolgen ist, hatte die Bestimmung, in Zeiten einbrechender Kriegsgefahren eine kleine Nordstadt am Fusse der Burg zu sichern. Es ist aber auch der Südfuss damals befestigt worden, wie die gleichartigen Mauern zeigen, welche das Scenengebäude des Dionysostheaters bedeckten.**

Man hat bei dieser Befestigung zuerst an die Zeit des Kaisers Valerianus (253—260 n. Chr.) gedacht, daher die üblich gewordene Benennung der „valerianischen Mauer", später an Justinian. Am wahrscheinlichsten ist wohl, was zuletzt ausgesprochen worden ist, dass sie ein Werk der fränkischen Zeit sei.***

---

* Daher von K. Bötticher als eine Wasserleitung angesehen. Bericht über die Untersuchungen auf der Akropolis 1863, S. 223.
** W. Vischer, Kleine Schriften II 385.
*** Pervanoglu im Philhistor I 271. In den „Attischen Studien" I 78 suchte ich unter Beistimmung von Hopf (in Ersch und Gruber, Encykl. I. Section, Band LXXXV S. 60) Justinian als Urheber wahrscheinlich zu machen. Für die Frankenzeit Wachsmuth I 723 f.; so auch Vischer, Kleine Schriften II 386.

Bis in die Zeit Justinians steht Alles, was die Stadtgeschichte betrifft, in einem inneren Zusammenhange. Nach Justinian hört die Stadt auf, ein Boden eigener Geschichte zu sein; sie wurde der Schauplatz von Niederlassungen, die zufällig nach Athen gelangten. Das war die Zeit, als der vierte Kreuzzug die allmählich ganz auseinander gefallenen Hälften der klassischen Welt unvermuthet wieder in Berührung brachte. Fränkische Herzöge befestigen Stadt und Burg; die Akropolis ist wieder ein Herrensitz; über dem Südflügel der Propyläen erhebt sich aus alten Quadern ein hoher Wartthurm, im Nordflügel wird die herzogliche Kanzlei eingerichtet, an der Kallirrhoe ein herrschaftliches Lusthaus. Eine innere Berührung zwischen den Einheimischen und Fremden fand aber so wenig statt, wie in der türkischen Zeit (seit 1456), da der Gouverneur in der Hadriansstoa seine Residenz nahm. Der Parthenon wurde Moschee; zum Treppenhause des Minarets verwandte man die Baustücke eines nah gelegenen Heiligthums, vielleicht des der Athena Ergane,* den Südfuss der Burg befestigte man durch die „Serpentze"-Mauer.**

Die Jahrhunderte der Barbarei haben für die Alterthumswissenschaft nur in so weit Interesse, als sie auf das Schicksal der alten Gebäude Einfluss hatten. Eine neue Aera beginnt mit der Zeit, da im fernen Westen ein geistiger Zug sich regte, der mit allmählich wachsender Stärke dahin führte, das verlorene Griechenland als eine unentbehrliche Ergänzung des Abendlandes wieder aufzusuchen. Das ist die wahre Fortsetzung der alten Stadtgeschichte, weil die geistige Bedeutung von Athen und seinen Denkmälern von Neuem zur Geltung kam und auf die Entwickelung der neuen Culturwelt einen tief eingreifenden Einfluss gewann.

Dieser Zug nach Osten musste an den Küsten zuerst erwachen, welche alte Coloniallinder der Hellenen waren. Italien machte den Anfang, den zerrissenen Zusammenhang wieder herzustellen. 1435 ging das erste Entdeckerschiff, das des Cyriacus, von Ancona aus. Das Verlangen nach Anschauung des Ostens war die natürliche Frucht einer neu erwachten Begeisterung für die Kunst und Wissenschaft der Hellenen. Daher die rastlose Thätigkeit des Cyriacus, um gleich einen möglichst vollständigen Ueberblick der Denkmäler zu gewinnen;*** es war ja keine persönliche Liebhaberei, um die es sich handelte, sondern eine Lebensaufgabe der ganzen Christenheit, wofür er Kaiser und Papst in Bewegung setzte.

---
* Ulrichs, Reisen und Forschungen II 151.
** Der Name wird „Löwentatze" gedeutet.
*** Mittheil. des athen. Instituts XIV 216.

Viel nachhaltiger war die Thätigkeit, welche von einem anderen Küstenlande des Mittelmeers, von Frankreich, ausging. Die alte Colonie von Phokaia, Marseille, wurde jetzt, rückwärts gewandt, der Hafen für die Levante. Von dort kommen die ersten Missionen der Abendländer nach Athen, und der Brief eines französischen Jesuiten entzündet die Reiselust. Der Lionneser Spon, ein feingebildeter Arzt, war der erste wissenschaftlich vorbereitete Europäer, der den Boden von Athen durchforschte.

Inzwischen war auch in Deutschland die Sehnsucht erwacht, von der Stadt Athen zu erfahren, ob sie irgendwo auf Erden noch zu finden sei. Martin Kraus in Tübingen wendete sich daher nach Konstantinopel. Hier hatte sich ja alles griechische Wissen gesammelt; hier musste bei Erklärung der Historiker doch auch nach den namhaftesten Plätzen der alten Geschichte gelegentlich gefragt werden, und man musste einige Notizen zu bieten haben. Davon geben die beiden „Anonymi" und die Correspondenzen der „Turcograecia" eine Anschauung. Es sind verworrene Erinnerungen der Vorzeit, wie sie bei den Byzantinern in Umlauf waren, die immer noch an Athen als Universität anknüpfen; daher werden die wichtigsten Gebäude als Schullokale bezeichnet.*

Von den Seemächten war Frankreich die Vormacht des Mittelmeers m siebzehnten Jahrhundert; es hat seine Stellung wohl zu bewähren gewusst, und es bleibt das unvergessliche Verdienst von Nointel, dem Gesandten König Ludwigs XIV bei der Pforte, dass er vom Bosporus aus Athen sogleich aufsuchte und die noch wohl erhaltenen Bildwerke in umfassender Weise durch Jacques Carrey zeichnen liess. Es ist das Einzige, das nach der venetianischen Katastrophe (18. September 1687) als eine Art von Trost und Entschädigung angesehen werden kann.

Bei den germanischen Völkern war es nicht die äussere Machtsphäre, welche zu den Alterthümern von Athen hinüber leitete, sondern ein um so tieferer, rein geistiger Zug nach der Heimstätte alter Cultur, welche nur hier verständlich werden könne. Das war der Trieb, welcher Stuart und Revett 1781 von Venedig nach Athen führte; was sie ins Leben riefen, war die Grundlegung einer wissenschaftlichen Erkenntniss des attischen Landes. Durch England ist auch uns Hellas aufgeschlossen, und es ist eine denkwürdige Fügung, dass in demselben Jahre, da Martin Leake seine sorgfältige Lokalforschung über Athen herausgab, Otfried Müller in seiner Bücherstube das geschichtliche Bild der alten Stadt aus allen ihm zugänglichen Hilfsmitteln aufbaute. Sie arbeiteten vollkommen

---

* διδασκαλία, vulgär: Daskalió.

unabhängig von einander; ihre Arbeiten sind bis heute die besten Grundlagen einer wissenschaftlichen Topographie von Athen geblieben.

Otfried Müller schrieb seine Topographie nur, um sich auf die eigene Anschauung vorzubereiten; der Meister des Fachs fühlte sich dieser Ergänzung seiner Forschung bedürftig, und, seinem Beispiele folgend, hat sich die deutsche Wissenschaft immer mehr an Ort und Stelle an der geistigen Wiederherstellung von Alt-Athen betheiligen können.

Seitdem diese Arbeit als ein wesentlicher Theil der hellenischen Alterthumskunde in Angriff genommen worden ist, sind auch die Schwierigkeiten der Aufgabe immer fühlbarer geworden. Das Terrain selbst und seine Ueberreste sind auch noch im letzten Jahrhundert Zerstörungen unterworfen gewesen, theils solchen, welche von Naturgewalten, wie Erdbeben und Felsstürzen, herrühren, theils in Folge kriegerischer Ereignisse vor dem Freiheitskriege und während desselben. In Folge einer Landung der Russen wurden Albanesen von der Pforte aufgeboten, um die Griechen niederzuhalten, und als man der aufgebotenen Schaaren selbst nicht Herr werden konnte, wurde 1778 in stürmischer Eile eine Ringmauer hergerichtet, welche, um Baumaterial zu gewinnen, den ionischen Tempel am Ilisos, die hadrianische Wasserleitung, die Stadionbrücke vernichtete. In den Befreiungskämpfen ist die Burg mehrfach ein Mittelpunkt von Kriegsereignissen gewesen, und noch im Jahre 1828 errichtete der Capitän Odysseus das mächtige Aussenwerk unter dem Nordflügel der Propyläen, um das Wasser der Klepsydra einzuschliessen.*

Nach Herstellung eines selbständigen Griechenlands erschien es als eine Ehrensache, die altberühmten Stätten der Geschichte zu neuem Leben zu erwecken. Nauplia wurde als Hauptstadt mit Athen vertauscht. Die wichtige Angelegenheit wurde noch vor der Thronbesteigung von König Otto in grosser Eile betrieben. Man hätte, wie zur Zeit des Themistokles, sehr wohl daran denken können, die Höhen am Peiraieus zum Sitze der Hauptstadt zu machen, aber die Hafengegend war damals wegen Versumpfung des alten Halipedon so ungesund, dass man diesen Gedanken leider aufgeben musste. So wurde das neue Athen über das alte gebaut, und um den Forderungen der Wissenschaft zu entsprechen, wurde angeordnet, dass der Kern von Alt-Athen für umfassende Ausgrabungen am Fusse der Burg freigehalten werden sollte; die Ruinenstätten sollten als Gartenanlagen an die Neustadt sich anschliessen.** Die Demarcations-

---

* Wordsworth, Athens and Attica 1873, p. 83.
** So schon nach den ersten Bauplänen Schauberts. Vgl. Koepp, Jahrbuch des Arch. Instituts V Arch. Anzeiger S. 132, 133.

linien wurden aber bald überbaut und über dem alten Schutt, der 25 Fuss hoch den Kerameikos deckte, erhoben sich die neuen Häuserreihen.

Seitdem sind die Uebelstände, welche die Anlage einer neuen Hauptstadt für die Wissenschaft herbeiführen musste, immer fühlbarer geworden. Jeder Hausbau, der auf alte Fundamente stösst, wird polizeilich unterbrochen; aber mit einzelnen zufälligen Funden ist der wissenschaftlichen Forschung nicht gedient, und nach einigen Tagen ärgerlicher Zänkereien pflegen die Spuren des Alterthums wieder rettungslos verloren zu gehen. Andere Uebelstände liegen darin, dass bei dem grossen Bedarf von Baumaterial die Felsspuren uralter Niederlassungen völlig zerstört und sogar die natürlichen Felshöhen, welche der Stadt ihr geschichtliches Gepräge geben, allmählich verändert werden. Endlich haben auch Anlagen, wie die der Boulevards, welche Athen als eine moderne Residenz ausstatten sollten, dazu beigetragen, das ursprüngliche Bodenrelief zu verändern.

Inzwischen ist aber auch für die Wissenschaft eine neue Epoche eingetreten; sie hat von Beobachtungen und Forschungen zu Thaten übergehen können. Nach dem Abzuge der Türken sind schon 1833 auf der Burg die ersten bescheidenen Ausgrabungen und Sammlungen gemacht. Von Herbst 1834 bis 1836 hat Ross mit Ed. Schaubert und Chr. Hansen den Aufgang zur alten Götterburg wieder freilegen lassen und ihr den Schmuck des Athena-Niketempels zurückgeben können. Durch Ross und Ulrichs ist deutsche Wissenschaft in Athen heimisch geworden und die mit ihr eng verschwisterte Forschung griechischer Gelehrter. Als Kaiser Wilhelm I die Regentschaft übernahm, gingen auf seine Veranlassung im Frühjahr 1862 Gelehrte und Künstler nach Athen, und der Chef des Grossen Generalstabes machte es möglich, durch die Aufnahme des damaligen Majors von Strantz das erste genauere Bild der Stadtlage und ihrer Befestigungen zu geben. Carl Bötticher untersuchte die Denkmäler der Akropolis, und Heinrich Strack machte damals eine der schönsten Entdeckungen, weil er nicht durch ein Glück des Zufalls, sondern durch methodische Berechnung, welche er allen Zweifeln des Unglaubens gegenüber mit Entschlossenheit durchführte, die alten Theatersitze an Ort und Stelle auffand; ein denkwürdiger Beweis dafür, was wir seitdem so vielfach auf anderen Punkten erfahren haben, dass nicht leicht eine bedeutende Gründung des Alterthums gänzlich vom Boden zu verschwinden pflegt. Seitdem ist unser Vaterland mit Athen immer enger verbunden. Wilhelm I hat, was er als Regent begonnen, als Kaiser fortgeführt, indem er der deutschen Forschung 1873 einen festen Sitz in Athen gründete, nachdem uns Frankreich schon im Jahre 1846 mit einer solchen

Gründung vorangegangen war. Auch Graf Moltke hat nie seine Hand von Athen wieder fortgezogen. In seinem Auftrage hat der Vermessungsdirigent im Grossen Generalstabe J. A. Kaupert 1875 die Aufnahme von Athen und Umgebung gemacht und gleichzeitig das Kartenwerk eingerichtet, das vom Boden der Stadt ausgehend, allmählich das erste wahre Bild der Landschaft gegeben hat. Endlich ist es eine der grössten Leistungen wissenschaftlichen Unternehmungssinnes, dass in den Jahren 1885—89 durch die archäologische Gesellschaft in Athen unter Leitung des Herrn Kavvadias die ganze Oberfläche der Akropolis wieder freigelegt wurde. England und Amerika sind in Anlage wissenschaftlicher Schulen dem Vorgange der Franzosen und Deutschen gefolgt.

So ist Athen von Neuem ein Mittelpunkt wetteifernder Geistesthätigkeit geworden, eine vor allen auserwählte Stätte des Erdbodens, wo die Fremden mit den Einheimischen zusammen für ein gemeinsames, die Interessen der Gegenwart und alle Volksunterschiede überragendes, ideales Ziel thätig sind. Hiermit durfte ich also den Ueberblick der Stadtgeschichte beschliessen; Athen ist wieder eine Hochschule der gebildeten Welt, und von hier bis zu den Zeiten des Hadrian, Lykurgos, Perikles, Kimon und Peisistratos, ist ein lebendiger innerer Zusammenhang.

A.

Erläuterungen zu den kartographischen Beilagen

von

J. A. Kaupert.

No. I. Uebersichtskarte von Athen mit Umgebung.

Die „Uebersichtskarte von Athen mit Umgebung" soll dazu dienen, die im ersten Abschnitte enthaltene „Stadtlage" kartographisch zu erläutern. Dieses Kärtchen stützt sich auf die seit 1875 ausgeführten topographischen Aufnahmen in 1:25 000 bez. 1:12 500, welche jedoch den Nordwesten, die Gegend von Eleusis und Phyle, noch nicht erreicht haben; gegenwärtig wird diese Lücke in der topographischen Aufnahme Attikas ausgefüllt. Deshalb konnte die Darstellung dieses Theiles sich noch nicht auf Originalaufnahmen stützen; den zuverlässigsten Anhalt boten die bereits vorhandenen trigonometrischen Punktbestimmungen, an welche dieser Geländetheil so gut als möglich angeschlossen wurde. Richtige Lage der einzelnen Gegenstände, sowie Vollständigkeit in der Gliederung der Berggruppen sind hiernach zu bemessen. Das Kärtchen ist orientirt; die Randlinien zeigen die Richtungen der Meridiane und Parallelkreise; diese Anordnung gilt auch für alle folgenden kartographischen Darstellungen.

Die Verbindungen zwischen den vorhandenen, in leicht erkennbarer und hergebrachter Weise zur Darstellung gebrachten, Ortslagen sind in üblicher Weise ausgedrückt. Eisenbahnen in Doppellinien mit Schwellensignatur; Chausseen erster Klasse in Doppellinien, leichter Schattenstrich nach unten und rechts nebst Knötchensignatur; Chausseen zweiter Klasse in schmaleren Doppellinien, Schattenstrich nach oben und links ohne Knötchen; die mit einer Linie bezeichneten sonstigen Verbindungswege sind ohne jeden Kunstbau (Naturwege), erheblichere Fusswege erscheinen in gerissenen Linien. Kirchen und Kapellen in den Ortslagen und deren Umgebung sind durch kleine Kreischen nebst Kreuzchen, sowie auch durch blosses Kreuzchen gekennzeichnet. Die Olivenhaine, Garten- und Weinpflanzungen liegen besonders dicht gedrängt in der breiten Thalsohle des Kephisos; sie sind ihrer allgemeinen Lage nach durch Bäumchen, leicht schraffirte Flächen, sowie durch Weinstocksignaturen kenntlich gemacht.

Wasserläufe erscheinen, je nach ihrer Erheblichkeit, in feinen oder stärkeren geschlängelten bez. gewellten Linien; die Meeresküste ist durch blaues Kolorit hervorgehoben.

Das Gerüst zur Darstellung der Oberflächenformen bilden Schichtlinien (Niveaulinien) in Verticalabständen von 100 zu 100 Meter; in dem seit 1875 aufgenommenen Theile stützen sie sich auf die bereits veröffentlichten topographischen Karten Attikas in 1:25000, in dem noch nicht topographisch bearbeiteten Theile sind sie näherungsweise, im Anschlusse an die trigonometrischen Höhenbestimmungen und das vorhandene Kartenmaterial entstanden. Die in bräunlichem Tone angebrachte Schummerung, je nach der Böschung der geneigten Flächen in hellerem oder dunklerem Tone erscheinend, versinnbildlicht die Oberflächengestaltung. Die absolute Höhenlage der Schichtenlinien ist an einzelnen Stellen durch Eintragung kleiner liegender Zahlen erläutert; Berggipfel und wichtige Sattelstellen sind in ihrer Höhenlage durch kleine stehende Zahlen bezeichnet.

No. 2. Der vorgeschichtliche Boden Athens.

Das in der Verjüngung von 1:25000 zur kartographischen Darstellung gebrachte Gelände umfasst den im „Atlas von Athen" enthaltenen, in 1:12500 aufgenommenen „Plan von Athen nebst Umgebung." Es enthält diese Darstellung die Oberflächenformen, welche für die Entwickelung der Stadtgeschichte Alt-Athens in Betracht kommen. Der Zweck der 1875 ausgeführten topographischen Aufnahme war: alle noch vorhandenen, wenngleich oft gering sichtbaren, der antiken Zeit angehörenden Spuren im Plane einzuzeichnen; sie erstrecken sich auf Gebäude, Denkmäler, Grundmauern, Gräber und sonstige Anlagen, auf Felsenbearbeitungen und Glättungen, Cisternen, Wegespuren u. s. w. — Von besonderer Bedeutung für die Beurtheilung der antiken Bodenbildung waren solche Stellen, welche seit antiker Zeit in ihrer Höhenlage sich nicht verändert haben konnten. Auf Grund solcher Beobachtungen während der 1875 vorgenommenen topographischen Aufnahme und der 1877 ausgeführten nochmaligen Durchforschung der antiken Reste stützt sich das vorliegende Kärtchen.

Es ist ein Versuch, den vorgeschichtlichen Boden Athens so darzustellen, wie derselbe vor Einwirkung der menschlichen Thätigkeit beschaffen war. Deshalb fehlt die Namengebung; sie ist aus dem Vergleiche mit der Karte No. IV zu entnehmen.

Gilt es doch als Thatsache, dass durch die ununterbrochenen Einwirkungen der Atmosphärilien auf die Erdkruste die Oberfläche derselben in zwar wenig sichtlicher, dennoch aber fortdauernder Veränderung sich befindet. Ausser den durch Erdbeben verursachten Zertrümmerungen von Erdkrustentheilen werden nicht nur Felsgrate benagt und verengt, sondern es werden auch die erdigen Teile nach den tiefer liegenden Bodenstellen entführt. Während Felsen an dieser oder jener Stelle ihre kühnen Formen einbüssen, werden an andern Stellen durch Umspülung des festen Gesteins solche hervorgehoben; Thäler und Mulden füllen sich mehr und mehr mit Geröll und feineren Erdtheilen, in welche sich Wasserrisse scharf eingraben.

Mit dem Auftreten der menschlichen Thätigkeit werden die atmosphärischen Einwirkungen auf die Bodenform beschränkt, dagegen treten durch Bauten, Steinbrüche und dergleichen Veränderungen ein, sowie durch Verschüttungen, welche in Folge von Kriegsereignissen grössere Ausdehnung gewinnen.

Deshalb zeigt das Kärtchen No. II die Felsbildungen des blaugrauen Kalksteins in ihrer Ursprünglichkeit dargestellt; vom Barathron, der vielgenannten „Felsspalte", ist noch nichts vorhanden; denn dasselbe ist nach Lepsius' geognostischen Untersuchungen ein antiker Steinbruch. — Im Norden der Berggruppe Pnyx, Areopag und Akropolis befindet sich eine erhebliche Mulde; in ihr musste sich die vom Lykabettos in westlicher und südwestlicher Richtung, sowie von der genannten Berggruppe herabströmenden Niederschlägen ein Wasserriss bilden; gegenwärtig ist von diesem an der Oberfläche nichts mehr zu bemerken. Bereits in antiker Zeit wurde dieser Wasserriss in Folge der Stadterweiterung am Nordabhange der Akropolis theils überbrückt, theils überbaut; später diente er zur Anlage der grossen Cloake. Der Wasserabfluss aus dieser Muldenbildung wendete sich in der Urzeit, nach Lepsius' Ansicht, in südwestlicher Richtung zum Ilissos.

Alle diese Verhältnisse zusammengefasst und gegen einander abgewogen, führten, wie bereits erwähnt, zur vorliegenden kartographischen Darstellung des Blattes No. II. Dieselbe schliesst sich in ihrem Ausdrucke ganz den kartographischen Bezeichnungen des „Atlas von Athen" sowie der „Karten von Attika" an. Die Wasserläufe sind in Blau gegeben, je nach ihrer Erheblichkeit in kräftigeren oder feineren Linien. Der Oberflächengestaltung wird durch sogenannte „Schummerung" (grünschwärzlicher Ton) plastischer Ausdruck gegeben, die Böschungswechsel der geneigten Flächen in hellerer oder dunklerer Abstufung, im Anschlusse an die schroff ansteigenden Felsenbildungen, welche schwarz hervorleuchten; die Grundlage hierzu, das Gerüst, geben die in gegenseitigen Höhenabständen von 5 zu 5 Metern in feinen braunen Linien (die 20 metrigen etwas kräftiger) gezeichneten „Schichtenlinien" (Niveaulinien), deren absolute Höhenlage über dem mittleren Meeresspiegel durch kleine, in die Linien gesetzte, Zahlen angegeben ist.

Die einzelnen, auf Bergspitzen angegebenen Höhenzahlen sollen sich ebenfalls auf den Urboden beziehen. Die eingezeichneten Schichtenlinien, welche dem vorgeschichtlichen Boden folgen, stimmen an den Stellen mit den gegenwärtigen, durch die topographische Aufnahme von 1875 ermittelten überein, an welchen die Höhenlage des Bodens unverändert geblieben ist. Die Wasserrisse sind, gleich den Felsenbildungen, in Schwarz gezeichnet und leicht erkennbar.

No. III. Die Urgaue von Alt-Athen nebst Einzelplänen aus der Felsenstadt.

Die Darstellung der Urgaue Athens auf Blatt III ist dem Inhalte der Blätter II und IV entnommen. Ausser den Hauptgefliessen und der Angabe der Oberflächenformen durch Schichtenlinien in Abständen von 5 Meter, wie sie sich auf Blatt II finden und einzelner Namen aus Blatt IV, wurde keinerlei Bebauung in das Kartenblättchen übernommen; nur das Barathron, der uralte Steinbruch an der Westgrenze des Gaues Melite, ist hinzugefügt. In Anbetracht der Unsicherheit in den Grenzen der Urgaue musste die scharfe Abgrenzung derselben vermieden werden.

Auf demselben Kartenblatte sind unten zwei Stellen aus dem sogenannten alten Felsathen zur Darstellung gebracht, um durch diese den im Texte auf Seite 25 u. folg. darüber Gesagten zur Erläuterung zu dienen (siehe Atlas von Athen p. 18 und 19). Diese im Südwesten Athens, bez. der Sternwarte, gelegenen hochinteressanten, ausgedehnten Reste, zeigen, wie die Ureinwohner den gewachsenen Felsen für ihre Häusergründungen und sonstigen zur Bewohnung erforderlichen Anlagen benutzten; die Hausbettungen sind aus dem Felsen herausgemeisselt und geglättet, die Zwischenwände im Felsen stehen geblieben und dadurch der Grundriss der Gründung genau zu erkennen.

Den Eindruck jedoch in der Grundrissdarstellung zu versinnlichen, welchen der Beschauer in der Natur empfängt, ist schwierig. Zur Kennzeichnung der senkrecht stehen gebliebenen Felswände sind Böschungsschraffen verwendet; die Höhe der stehen gebliebenen Felswände kann nur durch Profile veranschaulicht werden; die Hausräume sind punktirt und die sonstigen freien Stellen, welche Plätze bildeten oder als Gassen dienten, sind durch feine unregelmässige Längsschraffen, den von Rissen durchfurchten Felsboden nachahmend, bezeichnet.

Die sonstigen, innerhalb der Hausbettungen befindlichen Gegenstände sind numerirt und erläutert.

Die rechts unten angebrachte Darstellung des Felsaltares soll zur Vergleichung dieser Anlage mit der Altarterrasse an der Pnyx (siehe S. 31) dienen. Die Aehnlichkeit beider in der Grundanlage ist unverkennbar; die diesen Platz im Norden und Nordosten abschliessenden Felsabstürze scheinen denselben in historischer Zeit durch Abbröckelung mehr und mehr verengt zu haben.

Erkennt man schon in den dargestellten beiden Stellen aus der ausgedehnten Felsenstadt eine planmässige Regelmässigkeit in der Anlage (vgl. S. 161), so zwingt die Beobachtung der Gesammtgründung zu demselben Schlusse. Man erkennt regelmässige Strassenzüge, welche zumeist rechtwinklig kreuzen und sich in Gruppen (Quartiere) gliedern, deren Anlage verschiedenen Zeiten anzugehören scheint.

Die merkwürdigen Reste der sogenannten Felsenstadt werden nicht nur durch Verwitterung, sondern auch noch mehr durch die Anlage von Steinbrüchen benagt; mit der Zeit werden sie theils verschwinden, theils unkenntlich werden. Es dürfte deshalb noch heute als eine wichtige Aufgabe anzusehen sein, diese Reste mit allem Aufwande geometrischer Genauigkeit in der Verjüngung von 1:500 zur Darstellung zu bringen. Geschähe dieses in Verbindung mit theilweisen Abräumungen des bedeckenden Erdreiches bis zum bearbeiteten Felsboden und mit gründlicher Durchforschung und Beschreibung der Einzelheiten in Anlehnung an den Plan, so würden damit diese eigenartigen Reste auf attischem Boden für die Wissenschaft erhalten bleiben.

No. IV. Athen zur Zeit des Pausanias.

Blatt IV, im Anschlusse an die Blätter II und III und in gleicher Verjüngung wie diese ein Auszug des Kartenblattes No. II in 1:25000 im „Atlas von Athen", giebt ein Bild der Stadt bis zur Zeit des Periegeten Pausanias. Das Gelände, auf welchem die Stadtgründung entstand, ist dem Blatte II entnommen, nur mit dem Zusatze, dass sich hier das Barathron vorfindet und der Wasserriss etwa 450 Meter nördlich von der Akropolis (welcher theils zur Anlage der grossen Cloake benutzt wurde) zugebaut ist. Die Höhenschichtenlinien (Niveaulinien) sind dieselben, wie auf Blatt II, und auch die Belebung des Ausdrucks der Oberflächengestaltung durch Schummerung schliesst sich demselben an.

Die von der Stadt nach aussen, bez. von aussen zur Stadt führenden Wege sind in Doppellinien gegeben und an den Stellen, wo die Lage derselben im Gelände als gesichert anzunehmen ist, mit Schattenstrich, unten und rechts, versehen. Die Stadt- und Schenkelmauern sind, wo ihre Lage als zweifellos angenommen wird, in kräftigen schwarzen Strichen; da wo sie als nicht feststehend gilt, in unterbrochenen Linien gleicher Stärke gegeben. Der muthmasslich älteste Stadtring im Osten (S. 91), in dessen Zuge das „Thor des Hadrian" sich befindet, ist in gerissenen Linien dargestellt.

Die Thore der Ringmauer sind bezeichnet und etliche durch Schrift erläutert; die hier nicht benannten werden in den Erläuterungen zum Blatte VII Berücksichtigung finden. Das innerhalb der Ringmauer zur Darstellung gebrachte Strassennetz zeigt die vermuthlichen Hauptstrassenzüge; es stützt sich auf die Lage der vorhandenen antiken Gebäude und Denkmäler in Verbindung mit den gegenwärtig noch bestehenden ältesten Gassen und den im Zuge derselben liegenden Kirchen und Kapellen, sowie im Anschlusse an die Oberflächenformen. Die von den Strassen eingeschlossenen Räume, mit Häusern und Gärten bedeckt, sind fein schraffirt, im östlichen Theile, dem „Novae Athenae", in hellerem Tone. Die vorhandenen antiken Gebäude und Denkmäler sind schwarz ausgefüllt, die in ihrer Lage noch unsicheren nur schraffirt. Die Gräberanlagen vor dem Dipylon und an der Strasse zur Akademie sind durch Stelensignatur und Schrift hervorgehoben. Von der Bezeichnung der vor anderen Thoren vorhanden gewesenen Begräbnissstellen ist Abstand genommen. Die sowohl im Innern der Stadt als auch ausserhalb derselben vorkommenden, meist rechtwinklig umgrenzten Stellen beziehen sich auf das Vorkommen antiker Spuren, deren Bedeutung noch zweifelhaft ist. Die hervorragenden Gebäude und sonstigen bemerkenswerthen Stellen sind mit kleinen stehenden Ziffern bezeichnet, deren Benennung (da sie sich in dem Kärtchen nicht anbringen liess, ohne Undeutlichkeit und Verwirrung herbeizuführen) hier folgt:

1. Akropolis.
2. Theater des Dionysos.
3. Asklepieion.
4. Odeion des Herodes Atticus.
5. Halle des Eumenes.
6. Areopag.
7. Museion mit dem Monumente des Philopappos.
8. Nymphenhügel.
9. Altarterrasse an der Pnyx.
10. Sogenanntes Theseion.
11. Agora des Kerameikos.
12. Stoa des Königs Attalos.
13. Sogenannte Gigantenhalle.
14. Stoa des Hadrian.
15. Marktraum mit der Thorhalle der Athena Archegetis.
16. Thurm der Winde (Horologium des Andronikos).
17. Prytaneion (?).
18. Diogeneion.
19. Eleusinion (?).
20. Denkmal des Lysikrates.
21. Olympieion.
22. Pythion.
23. Kallirrhoë.
24. Thor des Hadrian.

No. V. Akropolis mit nächster Umgebung.

Dieser Plan wurde bereits 1879 für die Michaelis'sche Neuausgabe von „Pausaniae Descriptio Arcis Athenarum" bearbeitet.

Er stützt sich theils auf eigene Messungen aus dem Jahre 1875, welche jedoch wegen Zeitmangels unterbrochen und erst später mit Zuhilfenahme des vorhandenen sonstigen Grundrissmaterials vervollständigt wurden. Die jetzige Ausgabe enthält die aus dem Kawerau'schen Plane entnommenen Ergebnisse der Ausgrabungen bis Ende 1890. Die geographische Lage des Parthenon (Spitze des Westgiebels) ist an den Randlinien bemerkt; die geographische Länge bezieht sich auf Ferro (Paris = 20°) und wurde trigonometrisch von der Athener Sternwarte abgeleitet, deren Lage den astronomischen Jahrbüchern entnommen ist.

Im Anschlusse hieran wurden weitere Fixpunkte durch polygonometrische Bestimmungen in Verbindung mit Nivellements gewonnen; diese gaben den Anhalt für die Eintragungen der Grundrisse der antiken Gebäude und sonstiger Grundmauerreste.

Die Ringmauer ist, gleich den noch im Hochbau vorhandenen Gebäude- und Mauerresten, schwarz ausgefüllt; in schraffierten Grundmauern sind die durch die jüngsten Ausgrabungen aufgedeckten Gebäude eingetragen und die mit Farbe überlegten (Stahlblau) Grundmauerreste als die ältesten Gründungen angesehen.

Die Oberflächengestaltung ist durch Schraffur veranschaulicht, welche sich auf Höhenschichtenlinien in Verticalabständen von 5 zu 5 Meter stützt; durch die Felsenbildungen, welche schroff sich vom Boden abheben, sind sie nicht durchgeführt, sondern es sind die Felsen ihrer Eigenart entsprechend zur Darstellung gebracht. Die absolute Höhenlage der Schichtenlinien wird durch kleine stehende Zahlen erläutert, welche hie und da in die Linien gestellt sind; mit derselben Zifferart sind auch diejenigen Punkte ihrer absoluten Höhenlage nach bezeichnet, welche für die Beurtheilung der Höhenunterschiede von Wichtigkeit sind.

Zur Auffindung der Benennung der im Plane enthaltenen einzelnen Gegenstände dienen liegende Zahlen, grösser und kräftiger als diejenigen, welche zur Bezeichnung der Höhenverhältnisse angewendet wurden, deren Reihenfolge am Westaufgange beginnt.

Das Verzeichniss derselben ist folgendes:

1. Thor. von Beulé ausgegraben (S. 319).
2. Altar (S. 298).
3. Polygonmauer (S. 45, 47).
4. Moderner Eingang.
4*. Niedrige Felsstufe mit Felsnische darüber (gewöhnlich als Platz der Ge Kurotrophos (XXX 26) angesehen; nach Lolling, Mitth. des athen. Inst. XI 323. Heroon des Aigeus, das ich oben ansetze.
5. Athena Nike.
6. Propyläen.
7. Agrippamonument (S. 257).
8. Gang zur Quelle Klepsydra (S. 36, 47, 49).
9. Athena Hygieia (S. 150).
10. Cisterne.
11. Wasserkanal.
12. Pelasgische Ringmauer.
13. Artemis Brauronia (S. 24, 157).
14. Stufen im Felsen.
15. Chalkothek (S. 153).
16. Mauertreppe (S. 48).
17. Stützmauer (S. 145).
18. Altes Gebäude.
19. Weihgeschenke des Attalos (S. 249).
20. Modernes Museum.
21. Baufundamente, von dem „kleinen Museum" überbaut.
22. Parthenon.
23. Terrassenstufen.
24. Ge Karpophoros (XXX 16). In der Nähe heiliger Platz des Zeus Kataibates (CXXII 45).
25. Cisternen (S. 151).
26. Romatempel (S. 255).
27. Terrasse (höchster Punkt).
28. Moderner Ausbau.
29. Grundmauern des Palastes (S. 45).
30. Treppe mit Ausgang (S. 44).
31. Erechtheion.
32. Gepflasterte Terrasse (S. 51, wo 32 statt 36 zu lesen ist).
33. Felsbettungen.
34. Hekatompedon (S. 11).
35. Grundmauern pelasgischer Wohnungen (S. 45).

36. Rechtwinkeliges Gebäude.
37. Halle, darunter eine Cisterne.
38. Ausgangstreppe bei dem Aglaurion.
39. Alter Brunnenbau.
40. Standort der Athena Promachos.
41. Postament.
42. Dionysostheater.
43. Alte Orchestra (S. 78).
44. Zwei Tempel des Dionysos (S. 78).
45. Thrasyllos-Denkmal.
46. Dreifusssäulen.
47. Asklepieion (S. 211).
48. Grottenquelle.
49. Brunnenschacht.
50. Terrassenmauer mit dem Markstein (S. VIII 12).
51. Halle des Eumenes.
52. Odeion der Regilla.
53. Quelle Klepsydra (S. 49).
54. Grotte des Apollon.
55. Grotte des Pan.
56. Gang (unterirdischer, gewundener. S. 49).
57. Felsspalt mit Treppe (S. 57).
58. Inschriftstein des Peripatos (S. 49, LXXV 10).
59. Votivnischen im Felsen (S. 43).
60. Höhlen im Felsen (S. 11).
61. Seraphimkapellenruine.
62. Simeonkapelle.
63. Georgioskapelle.
64.)
65.} Mauerreste des Pelargikon.
66. Alter Weg.

No. VI. Der Nordabhang der Akropolis.

Dieser Plan ist (ähnlich wie No. IV) ein Auszug aus dem Kartenblatte III des „Atlas von Athen" in 1:4000; er ist dazu bestimmt, die gegenseitige Lage der am Nordabhange der Akropolis liegenden antiken Baulichkeiten zu zeigen, sowie ihre Verbindungen mit dem im Nordwesten liegenden Dipylon und dem im Südosten liegenden Denkmale des Lysikrates zu veranschaulichen. Das Strassennetz des gegenwärtigen Athen erscheint in Blaudruck; in diesen sind die in Lage und Ausdehnung als erforscht anzunehmenden Gebäude ihren Grundrissen nach eingetragen. Ausser diesen, je nach den Ergebnissen der Durchforschung schwarz gefüllten oder in Schraffur dargestellten Gebäudelagen, sind noch die vorhandenen Kirchen, Kapellen und Kapellenruinen in schwarz angegeben, um durch diese (da viele auf antiken Gründungen errichtet sind) auf die Lage neuer Ausgrabungen schliessen und sie fixiren zu können. Deshalb ist auch, ausser einigen der bemerkenswerthesten absoluten Höhenzahlen, auf die Hinzufügung der Oberflächengestaltung durch Höhenschichtenlinien und Schraffur verzichtet, und ist dieserhalb auf die drei Kartenblätter des Atlas von Athen zu verweisen.

No. VII. Uebersichtskarte der Befestigungsmauern Alt-Athens.

Dieses Uebersichtskärtchen diente bereits als kartographische Erläuterung zu dem, in dem Monatsberichte der Königlichen Akademie der Wissenschaften zu Berlin vom 17. Juli 1879 p. 608 u. w. enthaltenen, Aufsatze über „Die Befestigungsmauern Alt-Athens nach der themistokleischen Erweiterung derselben." —

Hier soll das Kärtchen ähnlichen Zwecken dienen. Die auf S. 99 u. w. entwickelten und zur Ausführung gekommenen Gedanken des Themistokles über die Befestigung des Peiraieus, sowie die später herbeigeführte Verbindung des erweiterten Athener Mauergürtels mit der Hafenbefestigung, wird in ihrer Gesammtlage durch die kartographische Darstellung erläutert.

Die mit Befestigungsmauern umschlossenen Räume sind mit brauner Farbe überlegt; die Küstenlinie nebst den drei in den piräischen Festungsring eingeschlossenen Häfen ist durch blaues Colorit hervorgehoben. Die Mauerzüge erscheinen in starken, schwarzen Linien, aus welchen die Mauerthürme hervortreten und die Thore ausgespart sind; letztere sind mit Nummern versehen, über deren Bedeutung bez. Benennung weiter unten Aufschluss gegeben werden wird. Die aus den Thoren führenden Wege sind in ihren Hauptrichtungen in scharfen Doppellinien gezeichnet; da wo Unsicherheiten obwalten, wie an der Nordfront des Peiraieus, in gerissenen Linien; dasselbe gilt auch für den dort vorkommenden Mauerzug. Die Oberflächenformen werden durch Schraffur veranschaulicht.

Für das Studium der Lokalverhältnisse der Mauerzüge muss auf den „Atlas von Athen", auf die „Karten von Attika, I. Lieferung", so wie auf die obenerwähnte Schrift zurückgegriffen werden.

Die Erläuterung der Nummern an den Thoren der Ringmauern ist folgende:

A. Für den Mauerring von Athen.

1. Das Dipylon.
   1ª. Das heilige Thor.
2. Das Piräische Thor.
   Pforte am Nordwestabhange des Nymphenhügels gegenüber dem Barathron.
3. Das Melitische Thor . . . .⎫ innerhalb der
4. Das Reiterthor (?) am Demetrios Lumbardaris ⎭ Schenkelmauern.
5. Das Itonische Thor.
6. Das Sunische (?) Thor.
7. Das Thor zur Kallirrhoë.
8. Das Thor gegenüber dem Stadium.
9. Das Thor des Diochares.
10. Das Diomeische Thor.
11. Thor in der Nordfront (vermuthungsweise als Eriai bezeichnet). Vgl. S. 182.
12. Das Acharnische Thor.
    12ª. Pforte oder Thor bei Ioannis Kolonnäs.

B. Für den Mauerring des Peiraieus.

1. Thor in der Nordfront; Ausgang nach Athen und in das nördlich gelegene Gelände.
2. Thor zur Verbindung mit Athen ⎫ innerhalb der
3. Thor zu demselben Zwecke . . ⎭ Schenkelmauern.
4. Thor in der Ostfront; Ausgang nach der phalerischen Bucht.
5. Thor im nördlichen Mauerzuge auf der Eetioneia mit Ausgang nach Westen.

B.

Verzeichniss
der
in den Text eingedruckten bildlichen Darstellungen.

No.		Seite
1.	Die Flussläufe	4
2.	Ansicht des Lykabettos mit Brilessos im Hintergrunde	5
3.	Durchschnitt durch die Höhen von Athen	5
4.	Ansicht des Areopags von Süden mit dem Aufgange zur Burg	5
5.	Ansicht von Philopappos, Akropolis und Lykabettos. Im Hintergrunde der Brilessos, weiter links die Kapelle der H. Marina (vgl. S. 26, 2. 4. 5a): nach der Natur von Herrn Gillieron gezeichnet	7
6.	Ansicht der Doppelterrasse am Pnyxgebirge; im Hintergrunde die Philopappeshöhe	29
7.	Grundriss der Doppelterrasse mit zwei Profilen derselben	31
8.	Ansicht des Felsstufenbaus daselbst („bema Chandlerianum", S. 30) . . .	32
9.	Mauerstücke vom Königspalaste, östlich vom Erechtheion } nach Photogr. {	46
10.	Probe der alten Burgmauer, nordöstlich vom Parthenon	46
11.	Treppenbau innerhalb der alten Burgmauer	48
12.	Treppenweg zur Klepsydra im Grundriss	49
13.	Terrainskizze zur Veranschaulichung der Altstadt, mit einer gebrochenen Linie, welche die Ausdehnung des Pelargikons (S. 47 f.) anzudeuten versucht . .	61
14.	Grundriss des Hekatompedon nach Dörpfeld	71
15.	Grundriss der Dionysosheiligthümer mit der alten Orchestra, nach Dörpfeld .	78
16.	Terrainskizze zur Veranschaulichung der natürlichen Lage des Stadtmarkts im Kerameikos	80
17.	Terrainskizze der Kallirrhoë nach der Aufnahme des Herrn Architekten Herzog	87
18.	Skizze, welche den Versuch macht, die Linie einer älteren Stadtmauer (S. 90) und die der themistokleischen Mauer zu veranschaulichen	105
19.	Ansicht der nördlichen Burgmauer mit den eingemauerten Säulentrommeln .	125
20.	Eingemauerte Gebälkstücke aus Porosstein nach Penrose	125
21.	Ansicht der innern Mauerseite, östlich vom Erechtheion. Nach Photographie	126
22.	Grundmauer der Tempelterrasse und Stützmauer darunter. Nach Photographie	128
23.	Durchschnitt von Norden nach Süden zur Veranschaulichung der Terrassirung des Burgfelsen	129

No.		Seite
24.	Werkstücke des kimonischen Tempelbaus als Füllmaterial der nördlichen Burgmauer. Nach Photographie	143
25.	Terrassirung des Bodens westlich vom Parthenon. Nach Photographie	144
26.	Stützmauern südwestlich vom Parthenon. Nach Photographie	145
27.	Unterbau bei den Propyläen, nördlich von der obern Thorhalle (S. 145)	146
28.	Versuch einer Reconstruction des Stadtmarkts im Kerameikos, mit zwei Profilen	171
29.	Skizze der Wege, welche vom Dipylon und dem heiligen Thore ausgingen	201
30.	Grundriss des neuen Marktplatzes beim Thurm der Winde. Nach Dörpfeld	256
31.	Ansicht des Treppenaufganges zur Terrasse der Athena Nike mit dem Postamente des Reiterdenkmals. Nach Lolling und Kawerau gezeichnet von Herrn Architekt Herzog	259
32.	Planskizze des Olympieion, nach Dörpfeld	268

Register.

Adosion 196.
Agatharchos 161.
Ageladas 122.
Aglauros 37, Aglaurosgrotte 49, 101, 121, 281, 296.
Agonotheten 226.
Agora, alte 43, 51, 60; neue 81 f. 96, 114 f. 135, 169 f.
Agoranomen 164, 222; Agoranomion 273, 280.
Agra, Agrai 55, 65, 297.
Agraulos, Agraulion, Agrauliden 37.
Agrippa 257, 299; Agrippeion 257.
Aiakos 98.
Aidos 65.
Aigaleos 2.
Aigeis 21.
Aigeus 39, 58.
Aigineten 98, 103.
Aischines 162.
Aischylos 97, 101, 130, 186.
Akademie 89, 119, 206, 241.
Akamas 202, 292.
Akratos 263.
Akrophylakes 258.
Akropolis: Berg 5; Burg 34 f. 45, 100, 311, 315, 317; Mauern 45, 125 f. 142, 317; Rundweg 49, 135, 188; Pelargikon 47 f.; Entfestigung 92, 124; Aufgang und Verschluss 68, 258, 299, 310, 318; Hochbauten: pisistratische 68 f., kimonische 124 f., perikleische 142 f. 258; Weihgeschenke und Denkmäler 134, 154 f.; Beschreibung des Pausanias 295 f.

Aktites 14, 70, 122.
Alexander d. Gr. 219 f.
Alkamenes 177, 215.
Alkibiades 161, 197 f.
Alkippe 37, 210.
Alkon 210.
Alphitopolis 173.
Amazonen 53, 54, 101.
Ammonias 233.
Amphiktyon 32, 293.
Amphoda 165.
Anaideia 65.
Anakes 41; Anakeion 82, 121, 296.
Anakreon 158.
Andronikos Kyrrhestes 243.
Anthemion 158.
Anthemokritos 179.
Anthesterien 76.
Antigonos 231 f.
Antigonos Gonatas 239.
Antinoeia 270.
Antiochos Epiphanes 242.
Antiochos Philopappos 6, 263.
Antonius 253, 260.
Anydros 2.
Apaturien 35.
Aphelein 65.
Aphidna 41.
Aphrodite 23, 35, 90, 207; A. Apaturos 43; „in den Gärten" 50, 90, 177, 207, 297; auf dem Kolonos Agoraios 177; Pandemos 43, 226, 298; im Peiraieus 200, 218; Urania 23, 32, 177, 295.
Aphros 43.
Apobaten 189.

Apollon 39 f. 56. 64 f. 75; A. Agyieus 64. 258; Alexikakos 117; vom Belvedere 237; Delphinios 39. 54; Hypakraios 50. 300; Lykios 39. 54. 58. 75; Parnopios 157; Patroos 64. 115. 123. 172. 298; Prostaterios 64; Pythios 39. 42. 54. 74.
Apollonios von Tyana 262.
Apronianos 277.
Ara 102.
Aratos 239.
Archageten s. Heroen.
Archeia 60. 95. 294.
Archelaos 250.
Archiv 95. 117. 175.
Archonten 94.
Ardettos 54. 58.
Areopag: Berg 6. 20; Gerichtstätte 52; Behörde und Geschäftslokale 94. 167. 175. 263. 301.
Ares 35. 172. 177. 208; A. und Aphrodite 177.
Ariarathes 247.
Ariobarzanes Philopator 251.
Aristion 250.
Aristokrates 177. 209.
Aristomachos 210.
Aristonikos 220.
Aristophanes 102. 163. 168.
Aristoteles 17. 59. 207. 244. 296.
Arkaden des Herodes 256. 271.
Arkadios und Honorius 308.
Arrhephoren 40. 158. 226.
Artemis 24. 34; A. Agrotera 282; Aristoboule 53; Brauronia 149. 208.
Arthmios von Zeleia 134. 156. 158.
Asklepios 209 f.; Asklepieion 36. 248. 279.
Asty 44. 56. 162; Asty im Peiraieus 44. 160.
Astydamas 216.
Astynomen 164.
Asyle 58. 60. 82. 121. 174. 258.
II. Athanasios 105.

Athen: älteste Ansiedelungen (Melite, „Kranaa") 24 f.; „Polis" der Kekropiden 34, Erechthiden 38; Stadt der Ionier 39. 42 f. 55. Zerstörung durch die Perser 101. Wiederaufbau oder Verlegung? 102 f., Themistokles' Plan 99. 108 f., Stadt und Hafen 111. 250; Hadrianopolis 266; Neuathen 317.
Athena 35 f. 70 f.; A. Archegetis 257; und Demeter 51. 189; Ergane 74. 260. 280. 315; und Eros 89; Hephaistia 56. 177. 295; Hygieia* 150. 156. 211; Lemnia 157. 300; und Marsyas 157; Nike 38. 130. 318; Parthenos 141. 147. 311. 312; im Peiraieus 110. 200; Polias 124. 151 f. 198. 255. 282. 299 f. 312; Promachos 133. 195. 300.
Athenaïs 312.
Athenapriesterinnen 127. 154.
Athmoneer 32.
Attalos I 240; Attalos II 241. 247.
Atticus, Pomponius 252. 266.
Audoleon 236.
Augustus 254 f.; A. und Roma 255; A., Hestia und Apollon 257.

Barathron 18. 20. 21. 53.
Basileion 51. 94.
Baupolizei (Areopag) 102. 134. 163. (Eleusinion) 159.
„Bema" Chandlerianum 30.
Beulé's Thor 224. 310.
Bibliotheken 199. 265. 282.
Bötticher, Karl 318.
Brauron, Brauronien 75. 78.
Brilessos s. Pentelikon.
Brunnen im Kerameikos 114. 201.
Brutus und Cassius 253.
Buchhandel 226.
Bukoleion 51. 244. 302.
Buleuterion 95. 117. 175. 229. 294.
Burgquellen 37. 245.

---

* Das Standbild der Athena Hygieia, dessen Stiftung durch Perikles mir immer zweifelhaft gewesen ist (S. 150), wird jetzt von Wolters (Athen. Mittheilungen XVI S. 160) in die Zeit des pelop. Krieges gesetzt, vermuthungsweise nach dem Ende der grossen Pest.

Butes **38**. **136**.
Buzyges **55**.
Byzantiner **305** f.

Caesareon **255** f. **260**.
Caligula Helios **263**.
Carrey **316**.
Chabrias **205**.
Chairedemos **196**.
Chalkidisches Weihgeschenk **154**. **300**.
Chalkotheke **153**.
Chariten **40**; Ch. Demos Roma **248**. **252**; Ch. Hermes Hekate **177**.
Charmos **82**.
Chersonesier **248**.
Chremonides **239**.
Christenthum **309** f.
Cicero **182**. **262**. **276**.
Cisternen auf der Burg **68**. **86**. **130**; aus perikleischer Zeit **151**.
Cossutius **242**.
Cyriacus **315**.

Dafnipass **2**. **201**.
Dardaner **24**.
Deinias **217**.
Delos **54**. **75**.
Delphinion **58**. **301**.
Demades **222** f.
Demeter **50**. **211**; D. in Agrai **55**. **65**. **178**. **290**; D. Asklepios Kore **211**; D. und Athena **51**. **189**; Chloe **50**; beim Dipylon (D. Kore Iakchos) **54**. **65**. **189**. **201**. **292**; Euchloos **202**; bei der Kallirrhoe **65**.
Demetrios (Bildhauer) **212**.
H. Demetrios Lombardaris 6. **25**.
Demetrios Phalereus **225** f. **281**.
Demetrios Poliorketes **232** f.
Demochares **237**. **245**.
Demophantos **162**.
Demophon **55**.
Demos **212**. **218**.
Demosthenes 156. **237**.
Deukalion **29**. **267**. **268**.
Dexileos **203**.
Dexippos, Herennios **305** f.
Diasia **25**.

Diogeneion **239**. **282**.
Diogenes der Kyniker **190**. **221**.
Diokles **249**.
Diomeia **21**. **106**.
Dionysalexandros **221**.
Dionysiasten im Peiraieus **226**.
H. Dionysios Areopagita **5**. **263**.
Dionysien **76** f. **249**; städtische **21**. **77**; ländliche **19**.
Dionysische Denkmäler **209**.
Dionysos **41** f. **51**. **75** f. **215**; Eleuthereus **79**. **177**.
Dioskuren s. Anakes.
Dipylon **107**. **118**. **175** f. **189**. **200** f. **236**. **250**. **291** f.
Drabeskos **119**.
Dramatikerstatuen **216**.
Dreifüsse **184** f.
Dromos **86**. **293**.

Eikones metepigrammenai **260**.
Eileithyia **40**. **54**.
Einwanderer, semitische, minysche **22** f.; ionische **39** f.
Eirene **57**. **206**. **245**.
Ekklesia **60** f.
Eleos **65**. **262**.
Eleusinion **41**. **50**. **65**. **159**. **188**. **191**. **290**.
Eleusis **2**. **41**.
Eleutherai, Eleutherer **41**. **75**.
Empedo **38**.
Enneakrunos s. Kallirrhoe; Enneapylon s. Pelargikon.
Entwaldung **15**.
Enyo **208**.
Epameinondas **149**.
Ephebenurkunden **281** f. **294**.
Epheten **301**.
Epidaurier **70**. **75**.
Epikurs Haus **235**. **262**.
Epimenides 63 f. **65**. **175**.
Eponymoi s. Heroen.
Erechtheus, Erechthiden **36** f.; Erechtheus und Eumolpos **154**.
Erechtheion **38**. **151**. **199**. **300**. **308**. **311**.
Eretria **213**.
Eriai pylai **192**.
Erichthonios **55**.

Eridanos 3. 68.
Erinyen 52.
Eros 89. 207.
Erysichthon 54.
Euagoras 200.
Eucheir und Eubulides 249. 293.
Endemos 217.
Eukleia 121.
Eukleides 199.
Eule 154.
Eumenes II 241.
Eumeniden 52. 208. 300.
Eupatriden 44. 56. f.
Euphranor 208.
Euripides 16. 36. 123; Kenotaphion 182.
Euryalos und Hyperbios 27.
Eurykleides und Mikion 239.
Eurysakeion 21.
Exegeten 282.

Fackelläufe 89. 119. 134; „Fackelträger" 204.
Faustina 274.
Felsengräber 65; Felsinschriften 29. 32; Felsenstadt 25 f. 161.
Festzüge 53. 84. 187 f. 310.
Feuerbringer 50.
Franken 315.
Fremdenführer 255. 268; Fremdengräber 203. 253 f. 263; „Fremdenstrasse" 58. 107. 203.

Gärten 114. 119. 179. 275 f.
Galater 236.
Gallienus 306.
Ge 42. 52; Kurotrophos 50. 262; Olympia 268.
H. Georgios 4.
Gerbereien 191.
Gerichtstätten 52 f. 153. 167. 259. 301 f.
Germanicus 259. 299.
Gesetzwächter 175.
Götter: autochthone 22; semitische (Aphrodite) 22 f. 218. 279. (Jehova) 260; minysche 24. 34; nordischer Herkunft 35. 41. 75; ionische 39 f. 54; Burggottheiten 34. 36 f.; „Hypakrier" 50; Heilgötter 209 f.; ägyptische 218. 238. 279.

Göttermutter 175.
Gorgoneion 243.
Gothen 304 f.
Grabgesetze 64. 230; Grabschmuck 179 f. 201. 230.
Gräber: Felsengräber 64. 65; im Kerameikos 119 f.; in Kydathen 163; bei Hagia Triada 179 f. 201 f. 250; öffentliche („reine") Gräber 119 f. 181; Wegegräber 180 f.
Gregor d. Gr. 310.
Gymnasien 90. 183. 206 f. 227. 238. 239. 282. 306 f.

Habron 212. 214. 232.
Hadrian 265 f.
Halipedon 10. 91. 113. 317.
Halirrhotios 36. 37. 47.
Halle s. Stoa.
Hamaxitos 192. 202. 291.
Hansen, Christian, 315.
Harmodios s. Tyrannenmörder.
Hausbauten, älteste 25, in perikleischer Zeit 161.
Hekate 165. 177.
Hekatompedon 71 f. 126. 142. 144.
Heliaia 52. 274.
Heliotropion 168.
Hephaistos 35. 37. 123. 177. 294 f.
Heptachalkon 250.
Hera 266.
Herakles 21. 23. 33; in Melite 121 f. 136. 295.
Herculius 277.
Hermen 165. 170. 197. 260.
Hermes 35. 38. 52. 202; H. Agoraios 116. 170. 295; Altar am Dipylon 292; am Hafenthor 100.
Herodes und Eukles 255 f.
Herodes Atticus 272 f.
Herodes, König 260.
Herodot 38.
Heroen, zehn, 95. 117. 232. 235. 241. 294.
Heros Epitegios 136; Heros Iatros 210.
Herse 37.
Hestia 51. 165. 245.
Hesychos 52.
Heuschrecke 65.
Hipparchos 83. 90. 92.

Hippias (in Munichia) 222.
Hippodamos von Milet 109 f. 160.
Hippodrom 43. 59. 187. 217.
Hippomenes 162.
Horisten 163.
Horkomosion 136.
Horme 65.
Hunde 153.
Hybris 65.
Hygiena 211. 220.
Hymettos 2. 11. 65. 180.
Hypakrier 50.
Hypodikos 185.
Hypopolis 50.
Hyrkanos 248.

Iakchos 204. 211 (vgl. Demeter), Iakchosprozession 282.
Ikaria 75.
Ikria (Tribünen) 43. 97. 172.
Ilias und Odyssee (Statuen) 265.
Ilisos 3. 39. 87 f. 290. 297.
Illyrios 314.
Innungen 279.
Ioannes Theologos 3.
Ion 39 f.
Ion von Chios 116.
Ionier 39 f. 51 f. 55.
Ionische Tracht 81; in Kunst 113 f. 150.
Iphikrates 205.
Isis 218. 238. 279.
Ismenios 212.
Isokrates 158. 213; Grab 180.
Isthmonikos 196.
Juden 249. 260.
Julian 133. 395. 311; Wohnung 280.
Justinian 314.

Knisariani, Kloster 3.
Kaiserstatuen 271.

Kalamis 117.
Kalamites 76.
Kalender 168.
Kallias, Haus 162; Standbild 205.
Kallikrates, Stadtbaumeister, 143. 258.
Kallippos 237.
Kallimachos 195.
Kallirrhoe 89. 179. 191. 290. 297. 315.
Kalos Grab 47.
Kara, Stein von, 14. 69. 70. 73. 115. 133.
Karneades 247.
Kasandros 223 f.
Kaufmarkt 172 f.
Kebris 116.
Keionios 279.
Keiriadai 21.
Kekrops, Kekropiden 33 f.; Kekropion 38.
Kenotaphien 182.
Kephisodotos 200. 206.
Kephisophon 215.
Kephisos 3. 89 f. 119. 191 f.
Kerameikos 29. 35. 56. 63. 79 f. 106.
114 f. 166. 292 f. 318; der äussere K.
83. 90. 118 f.; Grenzstein 166.
Kimon 113 f. 154. 170; Erbbegräbniss 21;
kimonischer Friede 205; kimonische
Partei 140.
Kimon, Stesagoras Sohn 184.
Kleisthenes 93 f. 170.
Kleomenes 91 f.
Kleon 192. 195.
Kleopatra 253.
Klepsydra 36. 47. 49. 253. 317.
Klima 10 f.
Knabe mit Weihwasserbecken 156.
Kodros 79. 197. 266.
Koile 21. 106.
Kolakreten 167.
Kollytos 21.* 106. 166. 243. 257. 265;
Eponym 33; Winzerfest 78. 166.

* Ich muss bekennen, dass ich S. 21 noch unter dem Eindruck der von O. Müller
in seinen Anmerkungen zu Leake befolgten Auffassung von Strabo (LXXI 35) gestanden
habe. Von einem Marksteine mit doppelter Inschrift ist aber in dem Citat aus Eratosthenes nicht die Rede. Es gab eine Stelle zwischen Kollytos und Melite, wo der
Grenzsaum unkenntlich, aber wahrscheinlich überbaut war. Man konnte also mit Zuversicht sagen: „Hier sind wir auf dem Boden von Melite, dort auf dem von Kollytos"
— aber die Grenzlinie liess sich nicht genau ziehen.

Kolonos Agoraios 20. 82. 174. 177. 294 f.
Kolonos Hippios 22. 82. 106.
Kolophonier 221.
Kolotes 178.
Komödienverzeichniss 216. 249.
Konon 200.
Korydalos 2.
Korythalis 64.
Kranaa 25. 159; Kranaos 32.
Kraus, Martin, 316.
„Krene" 37. 210.
Kreusa 39.
Kritios und Nesiotes 39.
„Kruniskos" 36.
Kydathenaion 44. 51 f. 162. 167.
Kylias 237.
Kykloboros 18. 89. 106. 183.
Kylln Pera 3.
Kylon 60. 157. 167.
Kynosarges 21. 241. 297.

Lachares 234.
Lakedaimonios 155. 299.
Lakedaimonische Schilde 195.
Lakiadai 166.
Lakydeion 240.
Landeserzeugnisse 12 f.
Landstrassen 83 f. 118. 192. 201.
Leaina 92.
Leake, Martin 316.
Leïta (Archeia) 60. 95. 294.
Lenaion 76 f.
Leochares 208. 212; L. und Sthennis 260.
Leokorion 63 f.
Leokritos 236.
Lesehen 114. 183.
Leukippiden 121. 136.
Leukippos 260.
Limnai 7. 43. 76.
Luft 11.
Lykabettos 4. 6.
Lykeion 54; Gymnasion 90. 183. 207. 217. 219. 241. 297.
Lykios 155 f. 187. 299.
Lykon 240.
Lykos 59.
Lykurgos 212. 213 f. 233; Grab 181; L. und Söhne (Statuen) 155.

Lysikrates 209.
Lysimachos 235. 236.

Magnesia 191. 269. 283.
Makistios 124.
Makrai Petrai 43. 134.
Marathon 39 f. 75. 119. 120. 133.
Marc Aurel 276.
Marcellus 253.
H. Marina 26. 32.
Markt s. Agora, Marktaltäre 21 f. 65. 227; Marktfrieden 51. 172; Markthallen 114. 241; Marktpappel 43. 77; Marktpolizei 222. 281. 294; Marktthor 221. 256; Markthügel s. Kolonos Agoraios.
Marmorarten 14. 69.
Mauern, die langen, 111 f. 190. 199. 200. 239.
Megale Panagia 265.
Melite 20. 28. 32. 33. 106. 162; Haus der Meliteer 183.
Memmius 262.
Metageitnion 40.
Meton 162. 168. 174. 192. 196.
Metragyrten 157.
Metroon 95. 175. 294.
Mikon 115. 120. 136.
Miltiades 245. 260.
Minyer 24. 34.
Mithradates, Schüler Platons 207; König von Pontus 250.
„Mnema" (Friedhof) 181.
Mnesikles 147 f. 150. 155.
Mnesitheos 211.
Moiren 23.
Moltke 319.
Moriai 69.
Morychos 162.
Müller, Otfr. 316.
Münze 165.
Munichia 9. 24. 222. 232. 234. 239.
Museionhügel 6. 234. 236. 239.
Musen 40. Musengrotten 297.
Myrina, Klerchen von, 247.
Myron 157; Schüler des M. 195.
Mys 195.
Mysterien 290; mystisches Ufer 54. 297.

Naxos 73.
Neleion 79. 196.
Neoptolemos 217.
Nero 263; Nero Dionysos 269.
Neuplatoniker 307 f.
Nikanor 223 f.
Nike 195; Nikebalustrade 131. 198.
Nikias (choregisches Denkmal) 209. 224. 310.
Nikiasfrieden 195.
Niobe 297.
Nointel 316.
Nomophylakes 229.
Normaluhr 168.
Nymphen 22. 36 f. 43.
Nymphenhügel 6. 20. 21. 53.
Nysa 37. 76.

Odeion, ältestes 54. 236; des Perikles 142. 217. 251; des Herodes 274.
Odysseus, Capitän, 49. 317.
Oelbäume 12. 35. 70. 59. 101. 196; Oelverkauf 266.
Oinoe 204.
Olbiades 237.
Olympieion 74. 92. 242. 260. 267. 312.
Olympiodoros 236 f. 245.
Opisthodomos 132. 152.
Orchestra der Tyrannenmörder 92. 117. 232. 242. 253. 296; im Theater 78. 228. 271.
Oreithyia 54. 252.
Ostrakismos 96. 169.

Pagos 52.
Palladion 54. 55. 58. 301.
Pallas 55; P. auf der Akropolis 195. 302. 306.
Pan 43. 134.
Panainos 115.

Panathenäen 41. 71. 73. 169. 235. 273. 300. 305; Panathenäenstrasse 84 f. 256. 292; Panathenäen in Pergamon 240.
Pandionis 153.
Pandroseion 35. 300.*; Pandrosos 37. 282.
Panhellenen, Synedrion der, 269.
Pantheon 266. 279.
Paralos 233.
Parasition 57.
Parnes 1.
Paros 69. 73. 122.
Parrhasios 195.
Parthenionkraut 47.
Parthenon 146 f. 156 f. 234. 266. 279. 311. 312. 315.
Paulus in Athen 282.
Pausanias Perieget 293 f. 265. 266. 267. 273.
Peiraieus: Hafen 9; Stadt 109 f. 160 f. 222. 251.
Peisianax 115.
Peisistratos 67 f.
Pelargikon ** 47 f. 59. 90. 159. 298.
Pelasger 22. 24. 45. 129. 131.
Pentelikon L. 4; pentelischer Marmor 69. 122. 142. 145. 273.
Pergamener 240 f.
Periegeten 285 f.
Perikles 109. 112. 138 f. 178. 181. 186; Grab 182; P. und Xanthippos *** 158. 300.
Perser 100 f. 156.
Personifikationen 65. 212.
Petrizi 59.
Pferdeställe 162.
Pferd, trojanisches, 157; des Simon 188.
Phaidros 277.
Phaleron 9. 35. 39. 58. 91. 112.
Pheidias 133. 141. 154. 157. 175. 177; der Genosse des Attikos 252.
Phelia 10.

* Mit dem Erechtheion baulich verbunden (LII 55); wie? noch unklar. Die bei E auf dem Borrmannschen Plane (Mittheil. VI T. XVI) bezeichnete Mauer war nach Dörpfeld keine Tempelmauer, sondern Stützmauer einer Terrasse. Nach ihm lag unter der Südwestecke des Erechtheion das Kekropion. Bei D Grenzmauer eines Temenos.
** Als Festungsring LXXVI 47. 48.
*** Von Kresilas auf der Burg geweiht. LXIII 39.

Pheme 65.
Philia 65.
Philippides 235.
Philippos, König, 220.
Philippos V 203. 240.
Philomelos 235.
Philon 214.
Philopappeshöhe (Museion) 6. 25. 234. 236. 263.
Philosophenbilder 178.
Philosophenschulen 227. 234 f. 276.
Phokaia 103.
Phöniker 23.
Phokions Haus 162.
Phorbanteion 136.
Phreattys 302.
Phylenkönige 303.
Pinakotheke 149.
Pindaros 187.
Piso, Cn. 263.
Platon 6. 17. 56. 66. 261. 207. 212.
Plutarchos, Athener 55. 277. 306; aus Chaironeia 103. 270. 276. 284.
Pluton 52.
Pnyx: Berg 6. 25; Volksversammlung 61 f. 163. 199; Doppelterrasse 29 f. 60. 280.
Poikile 115 f. 195. 204. 227.
Polemarchos, Amtssitz des 58.
Poleterion 176.
Polygnotos 115. 120. 121. 132. 136. 204.
Pompeion 189. 292.
Pompeius 253.
Porosstein 72. 126. 224. 267.
Porphyrion 33.
Poseidon 24. 35 f. 54; Poseidon-Erechtheus 37. 151. 300.
Potidaia 180.
Praxiteles 204. 205; Söhne des Pr. 206.
Priskos 280.
Proairesios 309.
Proklos 307. 311.
Prometheus 57. 119. 202.
Propyläen 147 f. 258. 299.
Protogenes 229. 233.
Prytaneion 51. 57. 60. 302; das neue 244. 297; vgl. Tholos.
Ptolemaios 238; Ptolemaion 238. 282. 296.
Pulytion 162.

Pylon aktios 100.
Pylonen 298. 310.
Pyloroi 258.
Pyrgoi (Tetrapyrgia) 279.
Pyrgos (der Athena-Nike) 130. 147.
Pyrrhos 236.
Pythagoras von Selymbria 203.
Pythion 51. 55. 74. 64. 177. 185. 209. 237. 297.

Quellen 36.

Rednerbühne 30. 62. 199. 249.
Regilla 274.
Reiterdenkmal 155. 260. 299.
Reiterzüge 187 f. 283.
Rentenstiftung 278 f.
Revett 316.
Römer 246 f.
Roma 248. 254; R. und Augustus 255.
Ringmauer der Peisistratiden 90. 104; des Themistokles 104 f.; des Lykurgos 214. 232. 238. 239; „valerianische" 116. 313 f.; türkische 317.
Ross, Ludwig 318.
„Ross und Jungfrau" 162.
Rufius Festus 304.

Salamis 23. 239.
Schandsäulen 92. 93.
Schatzräume 132. 152.
Schaubert, Eduard 318.
Schiffshäuser 214; Schiffswerften 251.
Schreiberstatuen 158.
Schriftensammlungen 72. 199.
Secundus Carrinas 263.
Seleukos Nikator 242.
Semnai 52. 300.
Serapeion 238.
Seraphinkapelle 49.
Serpentenmauer 315.
Siebensesselplatz 27.
Sikelia 7. 113.
Silanion 212.
Silen 271.
Simon 188.
Simylos' Grab 203.
Skenotheke 214. 251.

Curtius, Topographie.

22

Skias (Tholos) 93. 174. 245.
Skiron, Skiros 182.
Skopas 208.
„Sokratesgefängniss" 66.
Sokrates' Grab 182. 307.
Solon 60 f.; Grab 178.
Solonische Tafeln 175. 245.
H. Sophia 312.
Sophokles 207. 210. 211. 266.
Soteria 237.
Spartokos 236.
Sphäristra 158.
Sphakteria 195.
Spon 316.
Staatsmarkt 96. 172.
Staatstafel 94. 167. 245.
Stadion 217. 273.
Stadionbrücke 273. 317.
Stadtmauer s. Ringmauer.
Städte als Standbilder 268.
Ständekampf 59.
Steinbrüche 14. 69. 145.
Steinurkunden 156. 176. 216. 218.
Stephanephoros 185.
Sternwarte 6.
Stier des Areopags 134.
Stilpon 228.
Stoa: des Attalos 116. 241. 249; Basileios 94. 115. 175. 294; des Eumenes 241; Hadrians 265. 315; der Hermen 116; Poikile 115 f. 195. 204. 222; „des Römers" 248; beim Windethurm 256. 274; des Zeus Eleutherios 115. 212. 251.
Strack, Heinrich 318.
v. Strantz, Major 318.
Strassen 164 f.
Strategenamt 251. 282. 296. 304.
Strategion 176.
Stratokles, Dekrete des. 218. 233.
Strephiberg 106.
Strongylion 196.
Stuart, James 316.
Styppax 150.
Sulla 250 f.
Sulpicius 252.
Sunion 239.
Synesios 306. 308.
Synoikien (Fest) 41. 57; (Miethhäuser) 164.

Synoikismos 41. 302 f.
Syssition 93. 167. 245.

Taurus 183.
Terrainveränderungen 18. 26. 45. 124 f. 151. 200. 241. 250. 317. 318.
Terrassenbau 16.
Thargelien 55. 75. 84. 185.
Theater 97. 168. 215 f. 271. 276; Theatersitze 163. 282. 318.
Theater im Peiraieus 242.
Themis 52. 57. 295.
Themistokles 90. 95 f. 117. 162 (Haus). 245 u. 260 (Standbild).
Theodosios 311. 312.
Theobote 161.
Theophrastos 227. 234.
Thersandros' Grab 203.
Thesauros 132. 152.
Theseus 39 f. 54 f. 136. 212.
„Theseustempel" (Herakleion) 20. 82. 121 f. 295. 312.
Theseion 120 f. 296; Th. innerhalb der langen Mauern 190.
Thesmothesion 94.
Thesmotheten 229.
Tholos 93. 174. 245. 294. 302.
Thore 106 f. 182; Th. der Athena Archegetis 20. 170. 189. 256. 295; Diochaesthor 179. 183. 279; das dionysische 107. 182; Gräberthor 182; Hadrianthor 91. 267; das heilige 201. 236. 250; das itonische 107. 118. 187. 238. 291; das melitische 107; Mysenthor 182. 196. 202; das piräische 107. 250; Reiterthor 107. 182; das thriasische s. Dipylon.
Thrasyllos 209. 223.
Thukydides 42. 88. 100. 181. 193. 197; Grab 182.
Thurm des Agrippa 257.
Thurm der Nike 130. 147.
Thyateira 269. 283.
Timarchos 162.
Timon 206.
Timotheos 205 f.
Toxaris 210.
Toxotai 164. 174.

Tragikerstatuen 216.
Treppenwege 49.
H. Triada 88. 250.
Tripodenstrasse 169. 186. 245. 297.
Trittyen 161. 164. 166.
Triumphbogen 224. 295.
Troglodyten 26.
Troia (Tetrakomia) 24.
Türken 315.
Türkenberge (Turkovuni) 3 f.
Tychetempel 273. 317.
Typaion 52.
Tyrannenmörder 92. 101. 117. 210. 232. 242. 253.

Universität 276.
Urakropolis Platons 6. 17.
Urorte Athens 19 f. 166.

„Valerianische" Mauer 116. 314.
Vegetation 12. 15.
Versammlungsräume, bürgerliche: Pnyx 61 f.; Agora, alte, 60; neue, 63. 96. 172; Heliaia 62; Theater 168; Attaloshalle 249. 293; Odeion des Herodes 275; militärische: 63. 52. 121. 166. 190. 296; Gauversammlungen: 163. 166.
Vesta 261.
Vororte 56 f.

Wachthaus an der Burg 255.
Wäscher und Walker 191.
Waffenplätze in der Stadt 82. 121. 166. 190. 197. 296. 298.
Wagenkämpfe 185.
Wallgang um die Burg 49. 135. 188.
Wallnusspflanzungen 279.
Wegedenkmal 192.
„Windethurm" 243.
Wohnhäuser 161 f.

Xenophon 17. 187.
Xenophon (Reiterdenkmal) 155. 299.
Xerika 12.
Xerovuni 10.

Zea Hafen 99. 214.
Zenon 227. 235.
Zeus 22. 29 f. 31. 55; Z. Agoraios 62. 170; und Athena 55. 110; Astrapaios 75; Herkeios 38. 202. 292; Hikesios 284; Hypsistos 25 f. 280; Kataibates 232; Meilichios 22. 40; Olympios 42. 74. 242 (vgl. Olympieion); Panhellenios 266; im Peiraieus 110. 200. 233. 252; Polieus 34. 205; Soter oder Eleutherios 117. 205.
Zoster Cap. 2.
Zwölfgötteraltar 79. 96. 227. 296.

Berichtigungen.

S. 55 Z. 14 von unten lies: Aus einer mütterlichen Gottin
„ 156 „ 5 „ oben „ : 84 statt 54.
„ 160 „ 8 „ „   „   Athen sollte aber
„ 170 „ 7 „ „   „ : S. 80 statt 90.
„ 175 „ 18 „ unten „ : durch die priesterliche Binde.
„ 182 „ 4 „ „   -   ἐξετελέχϑαι.
„ 196 „ 11 „ unten „ : S. 22 statt 12.
„ 208 „ 14 „ „   „ : Thersandros und Simylos.
„ 273 „ 14 „ „   „ : und von der Agonothesie des Herodes die Panathenäenfeste zählten.
„ 274 „ 2 „ oben „   S. 256 statt 251.
„ 279 „ 11 „ „   „ : S. 218 statt 212.
„ 280 „ 4 „ „   „ : S. 29 statt 20.
„ 283 „ 13 „ unten „   S. 227 statt 227.
„ 284 „ 12 „ „   „   S. 80 statt 70.
„ 298 „ 9 „ „   „   feature statt fetaure